EDITH STEIN

AUS MEINEM LEBEN

EDITH STEIN
AUS MEINEM LEBEN

MIT EINER WEITERFÜHRUNG
ÜBER DIE ZWEITE LEBENSHÄLFTE

VON
MARIA AMATA NEYER OCD

HERDER

FREIBURG · BASEL · WIEN

Originalausgabe: *Aus dem Leben einer jüdischen Familie.*
Edith Steins Werke, Band VII,
Hrsg. von L. Gelber u. P. Romaeus Leuven OCD.
Vollständige Ausgabe 1985.

Sonderausgabe

Gesamtherstellung: Freiburger Graphische Betriebe 1987
ISBN 3-451-20940-3

VORWORT DER HERAUSGEBER

Die Lebensgeschichte einer deutschen Frau jüdischer Herkunft steht mehr und mehr im Brennpunkt öffentlichen Interesses. Aktueller Anlaß dazu ist die jahrelang in gebührender Stille vorbereitete Seligsprechung dieser Frau durch Papst Johannes Paul II. am 1. Mai 1987 in Köln: *Edith Stein*, unter ihrem Ordensnamen Schwester *Teresia Benedicta a Cruce*. Sie ist eine Karmelitin, die sich vor ihrem Eintritt in das Kloster Köln-Lindenthal gerade auch als Frau zu streng philosophischer Arbeit berufen fühlte. Als phänomenologische Studien ihr wachsendes Ansehen verschafften, als zu gleicher Zeit religionsphilosophische Untersuchungen sie zum katholischen Glauben und zu seinem Bekenntnis führten, traf sie ein erster, beruflicher Schicksalsschlag, den sie – noch in weltlichem Kleid – mit großem gläubigem Gleichmut hinnahm. Ihre Habilitationsschrift, eine Studie von hohem wissenschaftlichem Rang, wurde abgelehnt. „Da die Habilitation von Damen noch immer Schwierigkeiten" machte, war ihr der Zugang zu einer akademischen Laufbahn versperrt.

Edith Stein war bei ihrem Eintritt in den Karmel eine reife Frau, die schon viele Jahre vorher neben dem Lehrberuf und einer umfangreichen Vortragstätigkeit ein zurückgezogenes, geistlich ausgerichtetes Leben führte. Nur wenige Jahre waren ihr gegönnt, in denen sie nach der Einkleidung als Unbeschuhte Karmelitin in Frieden und in Verbundenheit mit ihren Mitschwestern in der Kölner Klostergemeinschaft beten und arbeiten konnte. Ganz unauffällig verließ sie am späten Nachmittag des Silvestertages 1938 im Auto eines mit dem Karmel verbundenen Arztes, Dr. Paul Strerath, das Kloster und suchte im niederländischen Karmel zu Echt Zuflucht. Damit entzog sie sich der unmittelbaren nationalsozialistischen Judenverfolgung und kam zugleich einer Gefährdung des Karmels in Köln zuvor.

In der Klostergemeinschaft zu Echt fand Schwester Benedicta liebevolle Aufnahme. Die Geborgenheit im Karmel bot ihr auch dort Möglichkeiten zu fruchtbarer religionsphilosophischer Arbeit. Doch bald traf sie ein zweiter, tödlicher Schicksalsschlag: die Verhaftung durch die SS mit Deportation in das Lager Westerbork und von dort in die Gaskammern von Auschwitz.

Leben und Werk dieser „großen Frau unseres Jahrhunderts" durften nicht unvollendet bleiben. Pater Romaeus Leuven OCD, Lektor und später Provinzial der niederländischen Unbeschuhten Karmeliten, wurde von Rom zum Zensor von Edith Steins schriftlichem Nachlaß ernannt und zugleich mit der authentischen Veröffentlichung von Edith Steins Werken beauftragt. – Unter ihren Schriften befand sich auch, zum Teil in losen, noch ungeordneten Blättern, das handschriftliche Manuskript der vorliegenden *Autobiographie*, das Pater Romaeus dem Archivar des von ihm gegründeten „Archivum Carmelitanum Edith Stein" zur Rekonstruktion und Vorbereitung der Veröffentlichung anvertraute. Er selbst vertiefte sich immer mehr in Leben und Geist Edith Steins. Nach dreimaliger Amtszeit als Provinzial, während der er vorbildliche Aufbauarbeit im Dienst seiner Provinz geleistet hatte, ging er daran, Edith Steins Lebensbild in einer biographischen Studie zu vollenden. Sein Werk erschien 1983 in deutscher Übersetzung kurz vor seinem Tod unter dem Titel „Heil im Unheil" als X. Band der Ausgabe „Edith Steins Werke".

Das schon eingangs erwähnte gewachsene Interesse an der Person Edith Steins legte es nahe, ihr zweifellos wichtigstes Selbstzeugnis, ihre Autobiographie, einem breiteren Leserkreis in einer Sonderausgabe zugänglich zu machen. Dieses Werk bietet über die lebendige Darstellung der Lebensgeschichte Edith Steins hinaus auch einen tiefen, unmittelbaren Einblick in „die Geschichte einer jüdischen Familie" in den ersten Jahrzehnten unseres Jahrhunderts.

Um dem Leser dieser Sonderausgabe einen vollständigen Blick auf das Leben Edith Steins zu ermöglichen, haben die Herausgeber die heutige Priorin des Mutterhauses Edith Steins, Sr. Maria Amata Neyer OCD, gebeten, die Autobiographie mit einer „Weiterführung über die zweite Lebenshälfte" Edith Steins zu ergänzen. Sr. Amata hat diese Aufgabe entgegenkommend übernommen und mit bekannter großer Sachkenntnis kurzfristig ausgeführt. Dafür sei ihr hier aufrichtig gedankt. Ebenso danken wir dem Verlag Herder für die jahrzehntelange Förderung der Werke von Edith Stein und ihrer Verbreitung im deutschen Sprachraum.

Bruxelles, im März 1987

Namens der Herausgeber
Dr. L. Gelber
Archivar und Schatzmeister
des „Archivum Carmelitanum Edith Stein"

INHALT

Vorwort

Die letzten Monate haben die deutschen Juden aus der ruhigen Selbstverständlichkeit des Daseins herausgerissen. Sie sind gezwungen worden, über sich selbst, ihr Wesen und ihr Schicksal, nachzudenken. Aber auch vielen andern, jenseits der Parteien Stehenden hat sich durch die Zeitereignisse die Judenfrage aufgedrängt. Sie ist z.B. in den Kreisen der katholischen Jugend mit großem Ernst und Verantwortungsbewußtsein aufgegriffen worden. Ich habe in diesen Monaten immer wieder an eine Unterredung denken müssen, die ich vor einigen Jahren mit einem Priester und Ordensmann hatte. Es wurde mir darin nahegelegt aufzuschreiben, was ich als Kind einer jüdischen Familie an jüdischem Menschentum kennengelernt habe, weil Außenstehende so wenig von diesen Tatsachen wüßten. Vielerlei andere Aufgaben hinderten mich damals, diesen Vorschlag ernstlich aufzugreifen. Als im letzten März mit der nationalen Revolution der Kampf gegen das Judentum in Deutschland einsetzte, fiel er mir wieder ein. „Wenn ich nur wüßte, wie Hitler zu seinem furchtbaren Judenhaß gekommen ist", sagte eine meiner jüdischen Freundinnen in einem jener Gespräche, in denen man um Verständnis dessen, was da über einen hereinbrach, rang. Die programmatischen Schriften und Reden der neuen Machthaber gaben Antwort darauf.

Wie aus einem Hohlspiegel blickt uns daraus ein erschreckendes Zerrbild an. Mag sein, daß es in ehrlicher Überzeugung gezeichnet wurde. Mag sein, daß die einzelnen Züge lebenden Modellen nachgebildet wurden. Aber ist das jüdische Menschentum schlechthin die notwendige Auswirkung des „jüdischen Blutes"? Sind Großkapitalisten, schnoddrige Literatur und die unruhigen Köpfe, die in den revolutionären Bewegungen der letzten Jahrzehnte eine führende Rolle spielten, die einzigen oder auch nur die echtesten Vertreter des Judentums? In allen Schichten des deutschen Volkes werden sich Menschen finden, die diese Frage verneinen: sie sind als Angestellte, als Nachbarn, als Schul- und Studiengefährten in jüdische Familien hineingekommen; sie haben dort Herzensgüte,

Verständnis, warme Teilnahme und Hifsbereitschaft gefunden; und ihr Gerechtigkeitssinn empört sich dagegen, daß diese Menschen jetzt zu einem Pariadasein verurteilt werden. Aber vielen andern fehlen diese Erfahrungen. Vor allem wird der Jugend, die heute von frühester Kindheit an im Rassenhaß erzogen wird, die Gelegenheit dazu abgeschnitten. Ihnen gegenüber haben wir, die wir im Judentum groß geworden sind, die Pflicht, Zeugnis abzulegen.

Was ich auf diesen Blättern niederschreiben will, soll keine Apologie des Judentums sein. Die „Idee" des Judentums zu entwickeln und gegen Verfälschungen zu verteidigen, den Gehalt der jüdischen Religion darzulegen, die Geschichte des jüdischen Volkes zu schreiben — zu all dem sind Berufene da. Und wer sich darüber unterrichten will, der findet eine ausgebreitete Literatur vor. Ich möchte nur schlicht berichten, was ich als jüdisches Menschentum erfahren habe; ein Zeugnis neben andern, die bereits im Druck vorliegen [1] oder in Zukunft erscheinen werden: wem es darum zu tun ist, sich unbefangen aus Quellen zu unterrichten, dem will es Kunde geben.

Es war zunächst meine Absicht, die Lebenserinnerungen meiner Mutter aufzuzeichnen. Sie war immer unerschöpflich im Erzählen, und wenn ich auch nicht hoffen konnte, daß ihr in ihrem hohen Alter — sie steht im 84. Jahr — noch die Niederschrift gelingen würde, so wollte ich doch versuchen, mir erzählen zu lassen und ihre Worte möglichst getreu wiederzugeben. Aber auch das erwies sich als sehr schwierig. Es fanden sich nicht genug ruhige Stunden dafür. Ich mußte bestimmte Fragen stellen, um in den Strom der Erinnerungen so viel Ordnung und Klarheit zu bringen, wie für einen fremden Leser zum Verständnis unerläßlich war, und oft war es nicht möglich, greifbare und zuverlässige Tatsachen festzustellen. Ich stelle im Folgenden die kurzen Aufzeichnungen im Anschluß an die Gespräche mit meiner Mutter voran. Darauf soll ein Lebensbild meiner Mutter folgen, wie ich es selbst zu geben vermag.

Breslau 21.9.1933 Edith Stein

[1] Vgl. die Denkwürdigkeit der *Gludert von Hamehr* herausgegeben von Alfred Veilchenfeld, Jüdischer Verlag, Berlin 1920; Pauline Wengeroff, *Memoiren einer Großmutter, Bilder aus der Kulturgeschichte Rußlands*, Verlag Poppelaner, Berlin 1913.

I

Aus den Erinnerungen meiner Mutter

1

Der Vater meiner Mutter, Salomon *Courant*, ist i.J.1815 geboren. Wo seine Familie herstammt, daran erinnert sich meine Mutter nicht mehr; sie meint, von der französischen Grenze [1]. Später wohnten seine Eltern in Peiskretscham O.S. Er war Seifensieder und „Lichtzieher“. Auf seinen Wanderungen kam er ins Haus meiner Urgroßeltern in Lublinitz O.S. Er sah meine Großmutter, die damals 12 Jahre alt war, und sie gefiel ihm gleich. Von da an kam er jedes Jahr. Als sie 17 Jahre alt war, wurden sie verlobt, und im Jahr darauf war die Hochzeit. Das war das Jahr 1842.

Der Urgroßvater, Joseph *Burchard*, stammte aus der Provinz Posen, ebenso seine Frau, Ernestine geb. *Prager*. Im ersten Jahr ihrer Ehe lebten sie in Hundsfeld i.Schl. Als ihr Häuschen dort niederbrannte, gingen sie nach Lublinitz. Der Urgroßvater war viele Jahre Kantor und Vorbeter. Als er diesen Posten aufgeben mußte, richtete er eine Wattefabrik ein. Er hatte einen Beetsaal im eigenen Hause. Dort kamen an den hohen Festtagen alle Schwiegersöhne zum Beten zusammen. Er war ein sehr strenger Vater und Lehrer. Die Enkelsöhne mußten zu ihm kommen, um beten zu lernen. Er schalt viel, schlug aber nie. Und nie ging ein Kind ohne ein Geschenk aus dem Hause. Die Urgroßeltern hatten 11 Kinder, 4 Söhne und 7 Töchter. Vom 70. an wurden die Geburtstage als große Feste gefeiert, zu denen sich möglichst alle Kinder und Enkel einfanden. In einem Tafellied, das ihr Sohn Emanuel zu einer solchen Gelegenheit dichtete, hieß es: „Selten gab's wohl einen Vater, der seiner Kinder so bedacht, anscheinend rauh und doch voll zarter

---

[1] Das ist aber wohl nur eine Vermutung, die durch den französischen Namen nahegelegt wurde. Der kann aber ebensogut von der damals üblichen Münzbezeichnung „Preußisch Courant“ herrühren.

Sorge über sie gewacht". „In den 78 Jahren, / die Dir heut verflossen sind,/ hast Du Gottes Huld erfahren,/ der Dir gnädig stets gesinnt./ Immer treu steht Dir zur Seite / Großmama in Freud' und Leide./ Sie schützt Dich und ist auch uns allen so gut,/ vor Unglück und Kummer hält sie uns in Hut". Dies hat ein Enkelsohn, Jakob *Radlauer*, gedichtet, der Sohn der ältesten Tochter Johanna, der Liebling der ganzen Familie. Er lebte als hochangesehener Kaufmann in Breslau und starb vor einigen Jahren als Greis von 85 Jahren nachdem er seine beiden Söhne im Weltkrieg verloren hatte. (Der ältere, Ernst *Radlauer*, stand bei Ausbruch des Weltkrieges als Jurist im Verwaltungsdienst in Ostafrika. Es gelang ihm, in abenteuerlicher Verkleidung nach Deutschland zurückzukehren, um wichtige Papiere zu retten und ins Heer einzutreten). Die Urgroßeltern lebten als alte Leute in großer Armut, aber sie wußten immer noch etwas für Ärmere zu ersparen. Wenn die Urgroßmutter Kaffee kochte — damals noch eine Kostbarkeit — legte sie jedesmal ein paar Bohnen beiseite und sammelte so die ganze Woche. Jeden Freitag bekam eine arme Frau das Gesammelte. Alle abgetragenen Sachen aus dem eigenen Haushalt und aus denen der verheirateten Töchter wurden sorgfältig ausgebessert, um sie an Arme zu verschenken. Bei diesen Näharbeiten mußten die kleinen Enkelinnen tüchtig helfen. Die Großmutter versammelte sie um sich, leitete sie zur Arbeit an und wachte streng darüber, daß alles mit der größten Sorgfalt gemacht wurde. Von 6 Jahren an mußten die Kinder Säume nähen, die größeren bekamen die langen Nähte anvertraut. Ganze Aussteuern für befreundete Familien wurden in dieser Nähschule gearbeitet.

In den letzten Lebensjahren führten die Urgroßeltern keinen Haushalt mehr. Das Essen wurde ihnen von den Großeltern gebracht. Das ganze Leben hindurch hatte der Urgroßvater seine Frau zärtlich geliebt, nie geduldet, daß sie eine grobe Arbeit anrührte. In seiner letzten Krankheit wurde er von der Wahnidee geplagt und faßte Verdacht gegen sie, sodaß man sie schließlich aus dem Haus nehmen mußte. Er starb mit 89 Jahren. Seitdem lebte die Urgroßmutter bei ihrer Tochter Adelheid *Courant*, meiner Großmutter. Sie war schon leidend, als sie herüberzog und ist viele Jahre von ihrem Schwiegersohn und den Enkelinnen mit der größten Liebe und Sorgfalt gepflegt worden — ihre Tochter hat sie lange überlebt. Bis zuletzt war sie geistig völlig rege, sie ließ sich gerne vorlesen — dazu wurden noch die Urenkelinnen angestellt, die am Ort lebten oder zu den Ferien kamen — und folgte mit dem größten Interesse. Sie wurde 93 Jahre alt; sie mußte körperlich sehr viel leiden und fühlte sich auch sehr bedrückt durch die viele Mühe, die sie verursachte. Meine Mutter hat sie immer eine „wahrhaft fromme Frau“ genannt. In der Synagoge und auf dem Friedhof betete sie mit der größten Sammlung und Innigkeit, ebenso am Freitagabend, wenn sie die Sabbatlichter anzündete und die dazugehörigen Gebete sprach. Am Schluß pflegte sie hinzuzufügen: „Herr, schicke uns nur so viel, wie wir ertragen können“.

Meine Großmutter, Adelheid *Burchard*, war von Kindheit an gewöhnt, viel zu arbeiten. Sie und ihre Schwester Johanna mußten die jüngeren Geschwister hüten. Und weil das kleine Gehalt, das ihr Vater als Kantor hatte, für den Unterhalt der großen Familie nicht ausreichte, mußten sie sehr zeitig aufstehen, um in den frühen Morgenstunden feine Handarbeiten zu machen und dadurch etwas zu verdienen.

Als die Großeltern heirateten, eröffneten sie eine kleine Kolonialwarenhandlung. Nach der Anschaffung der Waren blieben ihnen als „Barvermögen“ 25 Pfennige. Das Geschäft richtete sich durch den Fleiß und die Tüchtigkeit beider in kürzester Zeit sehr gut ein. Alle Unternehmungen berieten sie gemeinsam, die Bücher wurden immer von der Großmutter geführt; ohne sie zu befragen, hätte der Großvater nichts unternommen. Als das Geschäft sich vergroßerte, wurden die jüngeren Geschwister *Burchard* zur Hilfe herangezogen und arbeiteten unter der Leitung ihrer Schwester. Fast jedes Jahr kam ein Kind zur Welt. Das älteste starb als Säugling, die andern 15 sind alle herangewachsen, und die meisten haben ein hohes Alter erreicht. Von diesen 15 Kindern war meine Mutter das vierte.

Wie die Großmutter ihre eigenen Eltern hoch in Ehren gehalten und ihnen alle Liebe erwiesen hatte, so erntete sie von ihren Kindern die größte Verehrung und Liebe. Alle Töchter wurden vom Alter von 4 Jahren an zur Arbeit angehalten, zur Hilfe im Geschäft, das sich von Jahr zu Jahr vergrößerte, zum Haushalt, den sie später abwechselnd führten, und zu Handarbeiten. Den Anfangsunterricht erhielten die älteren Geschwister in der öffentlichen Schule (meine Mutter von 5 Jahren an in einer katholischen Volksschule). Später begründete mein Großvater für seine vier Ältesten und die Kinder von noch drei andern jüdischen Familien eine Privatschule.

Meine Mutter wurde schon mit 12 Jahren aus der Schule genommen, um zu Hause zu helfen. Sie bekam aber einige Privatstunden in Deutsch und Französisch. Alle Söhne wurden nach außerhalb, schließlich alle nach Breslau, aufs Gymnasium geschickt; fünf wurden Kaufleute, zwei Akademiker (Apotheker und Chemiker).

Der Religionsunterricht wurde von dem jüdischen Lehrer in der Schule erteilt. Es wurde etwas Hebräisch gelernt, aber zu wenig, um später selbständig übersetzen und mit Verständnis beten zu können. Die Gebote wurden gelernt, Teile aus der Hl. Schrift gelesen, manche Psalmen (deutsch) auswendig gelernt. Meine Mutter sagt, daß sie mit der größten Begeisterung diesem Unterricht beigewohnt habe. Es sei ihnen immer eingeprägt worden, daß sie jede Religion achten, niemals gegen eine fremde etwas sagen sollten. Die Knaben wurden, wie schon früher erwähnt, vom Großvater in den vorgeschriebenen Gebeten unterrichtet. Am Sonnabend nachmittag nahmen beide Eltern alle Kinder, die zu Hause waren, zusammen, um mit ihnen Vesper- und Abendgebet zu beten und es ihnen zu erklären. Das tägliche Schrift- und Talmudstudium, wie es in früheren Jahrhunderten als Pflicht jedes jüdischen Mannes galt und bei Ostjuden auch heute noch häufig gepflegt wird, war im Hause meiner Großeltern nicht mehr üblich. Aber alle gesetzlichen Vorschriften wurden aufs strengste beobachtet.

(Ich lasse nun folgen, was mir aus früheren Erzählungen meiner Mutter und meiner Geschwister in Erinnerung geblieben ist und was ich selbst miterlebt habe).

Über dem Sofa in unserm Wohnzimmer hängen die Bilder meiner Großeltern. Das feine, zarte Gesicht meiner Großmutter, von einem weißen Häubchen umrahmt, ist sehr ernst und spricht von viel Leiden. Sie starb lange vor meiner Geburt; was ich von ihr weiß, stammt also nur aus Erzählungen. Aber ich glaube, sie innerlich zu kennen und herauszufühlen, welche ihrer Töchter und Enkelinnen ihr besonders gleichen und was vielleicht in mir selbst von ihr herstammen mag. Noch heute klingt ehrfürchtige Scheu aus der Stimme meiner Mutter, wenn sie von ihr spricht. Die Kinder liefen mit ihren kleinen Nöten eher zum Vater als zu ihr. Zu meiner Großmutter ging man, wenn man ernsten Rat brauchte: nicht nur

Mann und Kinder und Geschwister, auch viele Freunde. Adlige Damen von den großen Gütern der Umgegend fuhren oft in ihren Wagen vor, um sie zu besuchen und rechneten es sich zur Ehre an, sie als Freundin zu haben.

Mein Großvater guckt munter und humorvoll auf den Beschauer herab. An ihn habe ich noch eigene Erinnerungen. Er starb, als ich fünf Jahre alt war. Er war ein kleiner, lebhafter Mann. Wenn er uns in Breslau besuchte, zog er aus seinen Taschen für jedes Kind eine Tafel Schokolade. Aber auch die fremden Kinder auf der Straße wußten, daß er immer etwas für sie bei sich hatte. Wenn bei großen Familienfesten Torten mit schönen Verzierungen bereitstanden, holte er die kandierten Früchte herunter und steckte sie uns in den Mund. Er war immer voller lustiger Einfälle und unerschöpflich im Erzählen von Witzen. Als hervorragend tüchtiger Kaufmann hatte er sich aus den kleinsten Anfängen heraufgearbeitet, hatte 15 Kinder großgezogen und immer noch für andere, besonders für arme Verwandte, etwas übrig gehabt. Er lebte im eigenen, geräumigen Hause, umgeben von Kindern und Enkeln, und übte eine unbegrenzte Gastfreundschaft. Nicht nur in dem kleinen Städtchen, wo er wohnte, sondern in ganz Oberschlesien war er hochgeachtet. Das größte Vertrauen genoß er bei den Bauern der Umgebung, die am Sonntag zur Kirche und am Mittwoch zum Wochenmarkt in die Stadt kamen und dabei ihre Einkäufe machten. Einmal brachte ihm ein Bauer Geld zum Aufheben. Der Großvater nahm es und sagte: „Wart, ich will dir einen Schuldschein dafür geben". Er brachte den Schein, der Bauer betrachtete ihn aufmerksam und gab ihn dann zurück: „Heben Sie mir den mit auf". Die Erinnerung an den alten Herrn *Courant* ist heute noch bei denen lebendig, die ihn kannten. Vor zwei Jahren besuchte mich öfters eine Dozentin von der pädagogischen Akademie in Beuthen. Als ich meiner Mutter ihren Namen nannte, meinte sie, die Familie stamme sicher aus Lublinitz. Wir stellten fest, daß ihr Vater tatsächlich dort aufgewachsen, aber schon mit 16 Jahren fortgezogen war. Als ich sie einmal zu einem Spaziergang abholte, kam er herein, um mich als Sprößling der Familie Courant zu begrüßen; das sei ja eine der angesehensten Familien der Stadt gewesen, er könne sich gut an den alten Herrn erinnern.

In den letzten Jahren war mein Großvater halsleidend (ein Blasenleiden) und suchte öfters das Bad Salzbrunn auf. Ich erinnere mich, daß wir ihn dort besucht haben. Auch an seinen 80. Geburtstag erinnere ich mich, zu dem meine Mutter meine Schwester Erna und mich mitnahm. Es war eins jener großen Feste, wie sie in unserer Familie als Ausdruck kindlicher Liebe und verwandtschaftlicher Zusammengehörigkeit üblich sind; das erste, an dem ich teilnehmen durfte. Im Jahr darauf starb mein Großvater. Er wurde 83 Jahre und war nur wenige Wochen wirklich krank.*

2.

Haus und Geschäft wurden von seinem jüngsten Sohn und zwei unverheirateten Töchtern übernommen und in seinem Sinn weitergeführt. Das Haus blieb der Mittelpunkt der weitverzweigten und weit verstreuten Familie. „Ich fahre nach Hause", sagte meine Mutter noch als alte Frau, wenn sie in ihre Heimat fuhr. Und für uns Kinder war es die größte Ferienfreude, wenn wir zu den Verwandten nach Lublinitz fahren durften. Der Direktor, der den Geographieunterricht in unserer Schule gab, erkundigte sich jedesmal nach den großen Ferien, was für Reisen man gemacht hätte, und quittierte mit ironischem Lächeln, wenn man nicht weiter als bis Lublinitz gekommen war. Aber das störte uns nicht. In dem kleinen Städtchen hatten wir die größte Freiheit. Wir wurden nicht viel beaufsichtigt, wir sollten es nur gut haben und vergnügt sein. Schon in dem großen Haus konnte man sich ganz anders bewegen als in der engen Mietwohnung, die wir in unsern Kinderjahren in Breslau hatten. Jeder Winkel war einem schon vertraut und mit jedem feierte man Wiedersehen. Da war der große Laden mit den verlockenden Bonbonkrausen, den Schokoladenvorräten und den Schubladen, in denen Mandeln und Rosinen zu finden waren. Es stand uns alles offen; wir waren aber von zu Hause streng gewöhnt und es bedurfte erst wiederholten Zuredens, bis wir uns trauten, selbst etwas zu nehmen. Daneben war das Eisengeschäft, das hauptsächlich das Reich meines Onkels war. Auch da gab es verlockende Dinge, von denen wir gewöhnlich etwas zum Abschied geschenkt

---

* Dieser Satz ist im Manuskript hinzugefügt. Das Schriftbild läßt erkennen, daß er von der Hand *Rosa* Steins ergänzt ist.

bekamen: Taschenmesser, Scheren u.dgl. Am Wochenmarkt, wenn die Bauern hereinströmten und gar nicht genug Hände da sein konnten, durften wir später auch etwas helfen. Wie stolz war man, wenn man ein paar Brocken Wasserpolnisch aufgeschnappt hatte, um sich mit den Bauern zu verständigen, oder gar, wenn einem die Bedienung der Kasse anvertraut wurde! Abends saß man plaudernd auf den Stufen der Ladentür oder ging um den „Ring" spazieren [1]: dort saßen auf den Bänken vor den Häusern alte Bekannte, und in der Mitte stand zwischen hohen Bäumen der hl. Johannes. Am Sonnabend wurden wir manchmal in die Synagoge mitgenommen.

Mitunter wurde ein Spaziergang in den Wald gemacht und ein Besuch auf dem schönen Friedhof am Walde, wo unsere Großeltern begraben liegen und in kleinen Kindergräbern Geschwister, die lange vor unserer Geburt gestorben sind. Den Höhepunkt der Ferienfreuden bedeutete eine Wagenfahrt zu Verwandten in einer andern oberschlesischen Kleinstadt. Am meisten zog uns aber doch in die Heimat unserer Mutter die Liebe zu ihren Geschwistern. Der Onkel war etwas kurz angebunden, aber immer gut und freundlich. Seine Frau und die jüngere unserer beiden Tanten standen den getrennten Haushalten vor. Sie überboten sich an jugendlichem Übermut, an Witzen und Neckereien; mit ihnen konnten wir Kinder wie mit unseresgleichen verkehren. Dagegen schauten wir mit Ehrfurcht zu unserer Tante *Mika* (*Friederike*) auf: sie nahm den Platz im Hause ein, den einst die Großmutter innehatte, führte die Bücher, war die Beraterin des Onkels in allen geschäftlichen Angelegenheiten und die Vertraute aller ihrer Geschwister, der älteren wie der jüngeren, und später auch ihren Neffen und Nichten. Wir bezitzen ein Jugendbild von ihr, das von einer wunderbaren Anmut, mädchenhaften Reinheit und tiefem Ernst ist. Sie war die Einzige im Hause, die den Glauben der Eltern bewahrt hatte und für die Erhaltung der Tradition sorgte, während bei den andern der Zusammenhang mit dem Judentum von der religiösen Grundlage losgelöst war. Sie stand einsam in ihrer andersgearteten Umgebung, und ihr Geist sehnte sich hinaus über die engen Schranken der häuslichen und geschäftlichen Angelegenheiten und des Kleinstadtlebens. Sie las gern, machte zu den Familienfesten — gemeinsam mit einer andern Schwester —

---

[1] So heißt in den schlesischen Städten der Marktplatz, um den sie gebaut sind.

kleine Theaterstückchen, in denen die Personen mit scharfem Blick und liebevollem Humor gezeichnet waren, besuchte bei Aufenthalten in Breslau oder andern größeren Städten gern das Theater. Einer ihrer Brüder, der wie sie unverheiratet geblieben war, pflegte sie auf seinen Sommerreisen mitzunehmen. Als wir heranwuchsen, wurden auch unsere Besuche für sie bedeutungsvoll. Sie ließ sich gern von unsern Studien erzählen, forschte nach unsern Ansichten über dies und jenes und ließ es, wo es ihr nötig schien, auch an Ermahnungen und Tadel nicht fehlen. Übrigens waren wir etwas zu ernst und zu wenig weltfreudig. Sie hatte, wohl als Gegengewicht gegen ihre eigene Schwere, heitere und lebenslustige Menschen gern, hätte uns wohl auch ein sonnigeres Leben, als das ihre es war, gegönnt. Das Ende ihres Lebens hängt aufs engste zusammen mit dem Verlust der oberschlesischen Heimat. Lublinitz liegt nicht weit von der polnischen Grenze. Den ganzen Krieg hindurch kamen Truppentransporte hindurch und meine Tanten betätigten sich eifrig bei der Verpflegung der Soldaten. Manche Nacht haben sie damals auf dem Bahnhof verbracht. Mein Onkel war Vertrauensmann der deutschen Behörden bei der Verteilung der Lebensmittel. Die ganze Familie zog sich durch ihr entschiedenes Eintreten für die deutsche Sache den Haß der Polen zu. Während der Abstimmungszeit wurden alle Kräfte aufgeboten, um ein (im deutschen Sinne) günstiges Ergebnis zu erzielen. Über 50 Abkömmlinge der Familie Courant, die in Lublinitz geboren waren, kamen zur Abstimmung hin. So viel wie möglich wurden im eigenen Hause untergebracht; die übrigen wurden anderswo einquartiert, aber alle täglich am eigenen Tisch aufs beste verpflegt. Das traurige Ergebnis war nach solchen Anstrengungen umso schmerzlicher: Lublinitz wurde polnisch (in der Stadt überwogen die deutschen Stimmen, aber da die Stimmen von Stadt- und Landkreis zusammengezogen wurden, konnte eine polnische Mehrheit errechnet werden), meine Verwandten konnten und wollten nicht daran denken, dort zu bleiben, sie verkauften das Stammhaus unserer Familie und verließen die Heimat.

Mein Onkel zog mit Frau und Kindern nach Oppeln, in den deutschgebliebenen Teil von Oberschlesien, die beiden Tanten gingen nach Berlin, um dort mit ihrem unverheirateten Bruder einen gemeinsamen Haushalt zu begründen. Es war in der Zeit der größten Wohnungsnot. Um ein Unterkommen zu finden, kauften sie selbst ein Haus, konnten aber keine Wohnung darin frei bekommen. Sie hatten ihre Möbel auf dem Speicher stehen und wohnten im eigenen Haus in zwei möblierten Zimmern, die sie ihren eigenen Mietern teuer bezahlen mußten. Die übermäßigen Anstrengungen und Aufregungen der letzten Jahre, der Verlust der Heimat, das Aufhören der gewohnten Arbeit, der Mangel einer geregelten und gemütlichen Häuslichkeit — das alles zehrte die Kräfte meiner Tante auf. Gelegentlich einer Reise nach Schlesien erlitt sie in Breslau einen schweren Schlaganfall. Es dauerte lange, ehe sie wieder zum Bewußtsein kam. Die ganze Familie zitterte um ihr Leben, obgleich die Ärzte sagten, man könne es ihr nicht wünschen, wieder zu erwachen. Nach anfänglicher Lähmung erlangte sie zunächst Sprach- und Sehfähigkeit wieder. Dann kam ein allmählicher Rückgang aller Fähigkeiten.

Sie war nacheinander in verschiedenen verwandten Familien zur Pflege, bis schließlich die meisten ihrer Geschwister zu der Überzeugung kamen, daß die Überführung in ein Krankenhaus nötig sei. Dagegen setzte sich meine Mutter entschieden zur Wehr, und ihre Kinder unterstützten sie darin. Wir sahen, wie sehr die Kranke darunter leiden würde, wenn sie in einer fremden Umgebung leben müßte. Die große Liebe zu ihren Angehörigen, die sie früher in so vielen Wohltaten betätigt hatte, war unvermindert geblieben. Der einzige Dank, der in Betracht kam, war, daß man ihr den Trost ließ, unter vertrauten Menschen zu sein. So nahm meine Mutter sie mit ihrer Schwester *Clara*, die immer mit ihr zusammengelebt hatte, in unser Haus. Sie hat noch zwei Jahre bei uns gelebt, und meine Mutter hat das langsame Sterben dieser geliebten Schwester, die 10 Jahre jünger war als sie selbst, mit ansehen müssen. Hand und Fuß waren gelähmt, die Sprachfähigkeit nahm mehr und mehr ab; es blieben schließlich nur wenige Worte, die mechanisch wiederholt wurden oder auch beschwörend, weil sie einen Sinn kundgeben sollten, für den kein angemessener Ausdruck gefunden werden konnte. Allmählich versagte nicht nur die Ausdrucksfähigkeit, sondern auch das Verständnis. Es war schließlich sehr schwer zu beurteilen, was überhaupt noch aufgefaßt wurde. Eine beständige Unruhe war in ihr. Man konnte sie nicht mehr ohne Aufsicht lassen, weil sie versuchte aufzustehen und fortzugehen. Offenbar hatte sie das Gefühl, in einer fremden Umgebung zu sein, und wollte nach Hause. Aber der Verfall aller geistigen Fähigkeiten konnte den

Kern der Persönlichkeit nicht zerstören. Sie blieb gut und liebevoll, rührend dankbar für jeden kleinen Liebesdienst. Als sie keine Worte mehr fand, dankte sie mit Liebkosungen; in gesunden Tagen war sie damit zurückhaltend gewesen. Sie war 67 Jahre alt, als sie starb. Ich war damals nicht zu Hause. Aber meine Mutter und meine Schwester Rosa sind in der letzten Stunde bei ihr gewesen. Es war eine der großen schmerzlichen Erfahrungen in ihrem langen, leidensreichen Leben.

3.

Meine Mutter war, wie ich schon sagte, das 4. der 15 Geschwister Courant. (Wir haben als Kinder die Namen dieser 15 Geschwister rhythmisch auswendig gelernt wie in der Religionsstunde die Namen der 12 Söhne Jakobs: Bianca, Cilla, Jakob, Gustel,/ Selma, Siege, Berthold, Mälchen,/ David, Mika, Eugen, Emil,/ Alfred, Clara, Emma). Von früher Jugend an war sie an unermüdliche Arbeit gewöhnt. Vom 6. Jahr an strickte sie mit ihrer Schwester Selma um die Wette. Der Strickstrumpf gehört bis heute notwendig zu ihr. Wenn sie keine dringendere geschäftliche oder häusliche Arbeit hat, strickt sie und liest dabei. Das war aber zeit ihres Lebens nur eine Erholung. Ich erwähnte schon, daß sie abwechselnd mit ihren Schwestern den großen Haushalt führte und im Geschäft tätig war. Schon mit 8 Jahren war sie so tüchtig, daß die Eltern sie auswärtigen Verwandten im Notfall zur Hilfe schickten. Es war ihr die härteste Arbeit nicht zu schwer, und man schätzte sie so, daß der sonst geizige Onkel ihr zum Dank teure Geschenke machte, z.B. einen Hut, der für eine Dame gepaßt hätte. Mitten im Winter ging sie mit ihm zum Markt und kassierte das Geld ein, während er verkaufte. Es ist sehr charakteristisch, wie dieser Aufenthalt endete: der Onkel ließ sich im Ärger hinreißen, in häßlichen Ausdrücken von ihren Eltern zu sprechen. Das konnte sie nicht ertragen. Sie lief heimlich davon und ließ sich von einem Lastwagen nach Hause mitnehmen.

Wenn große Wäsche im Haus war, standen die Mägde schon in der Nacht auf. Als meine Mutter 10 Jahre war, wollte sie waschen lernen. Obgleich man sie auslachte, stand sie nachts mit auf und ging mit an die Arbeit. Weil sie sich noch nicht darauf verstand, rieb sie sich die Finger wund, und die beißende Seifenlauge verursachte heftige Schmerzen; aber sie biß die Zähne zusammen und hielt aus, und das nächste Mal war sie wieder mit dabei.

Wenn neue Angestellte (oft männliche Verwandte) im Geschäft anzulernen waren, wurden sie meiner Mutter anvertraut. In dem arbeits- und kinderreichen Hause ging es sehr fröhlich zu. Es wurde gescherzt, gelacht und gesungen. Besonders, wenn die studierenden Brüder und Vettern zu den Ferien nach Hause kamen, und bei den großen Familienfesten, Geburtstagen und Hochzeiten, war bewegtes, lustiges Leben. Meine Mutter hat als Kind etwas Klavierspielen gelernt; später war keine Zeit mehr dazu, aber ein paar Takte des Straußschen Walzers „Wein, Weib, Gesang" kann sie noch heute auswendig spielen. An ihrem 70. Geburtstag hat sie noch mit ihrem ältesten Enkelsohn, und das Jahr darauf bei der Hochzeit meiner Schwester Erna mit dem Bräutigam Walzer getanzt.

Als meine Mutter meinen Vater kennen lernte, war sie 9 Jahre alt. Aus dieser Zeit stammt auch der älteste Brief von ihm. Er und seine Schwestern haben die briefliche Verbindung aufrecht erhalten. In den Briefen der späteren Jahre tauchen allmählich Anspielungen auf, die zeigen, wie sehr sie eine Verlobung wünschten. Die Familie meines Vaters hat auch nach seinem Tode stets eine große Verehrung und Anhänglichkeit für meine Mutter bewahrt. Sie war 21 Jahre, als sie heiratete. Mein Vater war damals in der Holzhandlung *S. Steins Witwe* in Gleiwitz tätig. Inhaberin der Firma war meine Großmutter *Johanna Stein geb. Cohn*. Sie war eine ebenso strenge wie zärtliche Mutter. Keins ihrer Kinder wagte ihr zu widersprechen, selbst wenn sie offenkundig irrte. Meine Mutter wurde von ihr sehr geschätzt und durfte es am ehesten wagen, einmal eine abweichende Überzeugung zu äußern. So nahm sie sich um ihren jungen Schwager Leo an, als er der Mutter die „Schande" antun wollte, Schauspieler zu werden. Sie nahm ihn bei sich auf, als seine Mutter ihn nicht mehr im Hause dulden wollte; und da sie ihn nachts aufstehen und seine Rollen deklamieren hörte, überzeugte sie sich von der Echtheit seines Berufs und suchte zwischen ihm und der Großmutter zu vermitteln. (Er ist später als Lustspieldichter und Bühnenleiter unter dem Namen *Leo Walter Stein* bekannt geworden ... Einige seiner Bühnenwerke — „Die Ballerina des Königs", „Liselotte von der Pfalz" — sind sogar ihres nationalen

Gehalts wegen für würdig befunden worden, auf den deutschen Bühnen des dritten Reichs aufgeführt zu werden). Meine Großmutter war keine Geschäftsfrau, wie es meine Mutter war. Sie verließ sich auf einen Geschäftsführer, der sie betrog, und ließ sich durch niemanden überzeugen, daß er ihr Vertrauen nicht verdiente. Das bewog meine Eltern schließlich, die geschäftliche Verbindung zu lösen und Gleiwitz zu verlassen. Sie gingen in die Heimat meiner Mutter, um mit der Unterstützung ihrer Eltern ein eigenes Geschäft zu beginnen.

Es war schon eine sechsköpfige Familie, die nach Lublinitz übersiedelte *. Meine Mutter hat 11 Kinder geboren, von denen 4 im Kindesalter starben. Zu den traurigen Erinnerungen, von denen meine Mutter immer wieder sprach, gehörte eine Scharlachepidemie in Gleiwitz. (Solche Epidemien sind in Oberschlesien häufig). Die kleine *Hedwig*, ein besonders liebes Kind, das schon anfing, der Mutter etwas zu helfen, starb daran. Mein ältester Bruder *Paul* überstand die Krankheit, aber meine Mutter meint, daß er seitdem verändert war. Er war ein bildschönes, hochbegabtes und lebhaftes Kind. Später wurde er ein stiller, schüchterner, verschlossener Mensch, der sich und seine Gaben nie zur Geltung zu bringen vermochte.

Die Jahre in Lublinitz waren ein beständiger Kampf mit wirtschaftlicher Not. Für meine stolze Mutter ist es sicher eine harte Demütigung gewesen, daß sie immer wieder die Hilfe ihrer Eltern in Anspruch nehmen mußte. Auch ein Kind, an dem sie mit besonderer Liebe hing, den kleinen *Ernst*, hat sie hier wieder hergeben müssen. (Die andern beiden Kinder, die ihr starben, waren so klein, daß der Schmerz des Verlustes noch nicht so groß war wie bei den schon etwas herangewachsenen).

Meine Eltern wohnten in der sogenannten „Villa", einem netten kleinen Haus mit großem Garten, das den Großeltern gehörte. Es machte meiner Mutter große Freude, selbst Gemüse und Obst zu bauen, und sie hatte dabei eine glückliche Hand. Sie hat damals eine Reihe von Apfelbäumchen gepflanzt, hat aber nicht mehr selbst die Früchte ernten können. Haus und Garten gingen später in den

* Wir lesen im Manuskript in Bleistift verbessert, wahrscheinlich von *Rosa* Steins Hand oder unter ihrem Einfluß: „Es war schon eine fünfköpfige Familie, die ..."

Besitz einer befreundeten Familie über. Als Feriengäste durften wir darin spielen und uns soviel Äpfel holen, wie wir wollten. Meine Mutter erzählte oft eine nette kleine Geschichte aus jener Zeit. Eine meiner Cousinen, damals ein Kind von etwa 3 oder 4 Jahren, besuchte sie, als gerade die Gurken reif waren. Sie schenkte ihr ein paar und legte sie ihr in die Schürze. Das Kind lief voller Freude nach Hause, hielt die Schürzenzipfel fest und rief schon von weitem aufgeregt: „Die Tante Gustel läßt die Gurken wachsen“. Dann breitete sie die Schürze aus und blieb entsetzt stehen: sie hatte alle Gurken unterwegs verloren.

Bis heute macht es meiner Mutter die größte Freude, selbst zu säen und zu ernten und von der Ernte reichlich andern zu schenken. Sie hält dabei an der alten jüdischen Sitte fest, daß man die ersten Früchte von jeder Sorte nicht selbst ißt, sondern verschenkt. (Allerdings kann sie sich nicht immer entschließen, sie an wirkliche Arme zu geben, wie es eigentlich sein sollte, weil sie dabei mit der großen Liebe zu ihren Blutsverwandten, besonders zu ihren Geschwistern, in Konflikt kommt).

In jenen Jahren starb meine Großmutter. Meine Schwester *Rosa,* die damals gerade geboren war, bekam ihren Namen — Adelheid — noch nachträglich hinzu. (Es ist bei Juden nicht üblich, die Kinder nach noch lebenden Angehörigen zu nennen). Drei Cousinen, die im Jahr darauf zur Welt kamen, erhielten ihn als Rufnamen.

Weil es in Lublinitz nicht möglich war, wirtschaftlich hochzukommen, beschlossen meine Eltern, nach Breslau überzusiedeln. Es geschah wohl auch der Kinder wegen, die man sonst aus dem Hause geben mußte, um sie höhere Schulen besuchen zu lassen. Mein Bruder hatte schon in Oppeln und Kreuzburg das Gymnasium besucht und unter unverständiger Behandlung durch die Verwandten, bei denen er untergebracht war, viel gelitten. Von meinen sechs älteren Geschwistern sind drei in Gleiwitz und drei in Lublinitz geboren. Meine Schwester *Erna* war bei der Übersiedlung nach Breslau sechs Wochen alt (Ostern 1890). Meine Eltern bezogen eine kleine Mietwohnung in der Kohlenstraße. Das kleine Häuschen, in dem ich geboren wurde, ist jetzt längst abgerissen und ein großes, neues an seiner Stelle erbaut. Ganz in der Nähe wurde ein Lagerplatz gemietet, um ein neues Holzgeschäft zu eröffnen. Die Hauswirtin war ein zänkisches, altes Weib, das sich alle Mühe gab, meiner

Mutter das Leben schwer zu machen. Schwere Nahrungssorgen kamen hinzu; das neue Geschäft war mit Schulden belastet und richtete sich nicht so schnell ein. Daß meine Mutter auch in ihrem Eheleben Schweres zu ertragen hatte, darüber hat sie nie ein Wort gesagt. Sie hat immer nur im Ton herzlicher Liebe von meinem Vater gesprochen, und wenn sie heute, nach so vielen Jahrzehnten, an seinem Grab steht, sieht man, daß der Schmerz um ihn nicht erloschen ist. Sie hat nach seinem Tode immer schwarze Kleider getragen.

Mein Vater starb auf einer Geschäftsreise am Hitzschlage. Er hatte an einem heißen Julitage einen Wald zu besichtigen und mußte eine größere Strecke zu Fuß gehen. Ein Briefträger, der über Land ging, sah ihn von weitem liegen, nahm aber an, daß er sich zum Ausruhen hingelegt habe, und kümmerte sich nicht weiter darum. Erst als er ihn nach Stunden auf dem Rückweg noch an derselben Stelle sah, ging er hin und fand ihn tot. Meine Mutter wurde benachrichtigt und holte die Leiche nach Breslau. Der Ort, wo mein Vater starb, liegt zwischen Frauenwaldau und Goschütz. Nahe dabei ist eine Holzschneidemühle, in der oft die frisch geschlagenen Stämme für uns geschnitten wurden. Die braven Müllersleute haben in jenen schweren Tagen meiner Mutter beigestanden, und sie hat es ihnen nie vergessen. Wenn sie später selbst in dieser Gegend Wälder einkaufte und schlagen ließ, holte Herr *Ludwig* sie mit seinem Bauernwägelchen an der Bahnstation ab und begleitete sie oft auf ihren Wegen. Wenn unterwegs ein Wasser zu durchwaten war, trug er sie auf den Armen hinüber. Und seine gute Frau stärkte sie an heißen Sommertagen mit kühler Buttermilch und in bitterer Winterkälte mit heißem Kaffee. So ist eine Freundschaft fürs ganze Leben erwachsen. Meine Mutter schickte für die vielköpfige Familie Kleider und Kolonialwaren aus der Stadt. Dafür brachten Ludwigs, wenn sie nach Breslau kamen, Landbrot und Butter, frischen Weißkäse und manchmal einen Karpfen oder ein paar Schleien. Als die älteste Tochter heiratete, mußte unsere Familie bei der großen Bauernhochzeit vertreten sein. Besonders geehrt fühlten sie sich, als meine Mutter ihnen meine Schwester Erna und mich einmal für die ganzen Sommerferien anvertraute. Wir wurden in der „guten Stube“ untergebracht, wo die sauber gescheuerten Dielen mit weißem Sand bestreut waren, bekamen wie Herrschaften serviert, während die andern in der Küche alle aus einer Schüssel aßen, und genossen alle unbekannten Freuden des Landlebens: Kühe hüten, Garben binden, lebendige Fische mit der Hand aus dem klaren Bach holen. Es waren die schönsten Ferien während unserer ganzen Schulzeit.

4.

Zur Beerdigung meines Vaters kamen die Verwandten und berieten hinterher, was meine Mutter mit ihren sieben Kindern ohne alle Mittel nun anfangen sollte: natürlich das verschuldete Geschäft verkaufen, vielleicht eine größere Wohnung nehmen und möblierte Zimmer vermieten; was fehlte, würden die Brüder beisteuern. Meine Mutter schwieg zu allem und warf nur ihrer ältesten Tochter, die damals 17 J. alt war, einen vielsagenden Blick zu. Ihr Entschluß war gefaßt. Sie wollte sich selbst durchschlagen und von niemandem eine Unterstützung annehmen. Freilich verstand sie noch nicht viel vom Holzhandel, weil die vielen Kinder ihre ganze Zeit ausgefüllt hatten. Aber sie war eine Kaufmannstochter und besaß von Natur aus die spezifisch kaufmännische Begabung: sie konnte ausgezeichnet rechnen, sie besaß den richtigen Blick dafür, was ein „Geschäft" ist, Mut und Entschlossenheit, um im rechten Augenblick zuzugreifen, und doch genügend Vorsicht, um nicht zu viel zu wagen; vor allem im höchsten Maß die Gabe, mit Menschen umzugehen. Materialkenntnis und das besondere Verfahren der Holzrechnung machte sie sich schnell zu eigen. Und ganz allmählich, Schritt für Schritt, gelang es ihr, sich emporzuarbeiten. Es war schon nicht einfach, sieben Kinder satt zu bekommen und zu bekleiden. Wir haben nie gehungert, aber an größte Einfachheit und Sparsamkeit sind wir gewöhnt worden, und etwas davon ist uns bis heute geblieben. Ich bin in den Kreisen, in denen ich später verkehrte, immer wieder durch wenig standesgemäßes Auftreten aufgefallen; und obwohl mir dies, wie jedes Aufsehen, peinlich war, ist es mir doch nie gelungen, mich wesentlich zu bessern.

Es genügte meiner Mutter nicht, das Nötigste für den täglichen Bedarf zu beschaffen. Zunächst hatte sie sich eine große Aufgabe gestellt: niemand sollte meinem toten Vater nachsagen, daß er seine

Schulden nicht gezahlt hätte; sie wurden nach und nach bis zum letzten Pfennig abgetragen. Dann galt es, den Kindern eine gute Ausbildung zu geben. Mein Bruder *Paul* war 21 Jahre alt, als mein Vater starb. Er hatte das Gymnasium bis Prima besucht, aber zum Universitätsstudium langten die Mittel nicht. Vielleicht hätte man doch einen Weg gefunden, wenn er darauf bestanden hätte. Aber es war nicht seine Art, „sich durchzusetzen". Weil er ein leidenschaftlicher Bücherwurm war, gab man ihn als Lehrling in eine Buchhandlung. Aber er ist nicht dabei geblieben. Meine Mutter mußte darauf hinarbeiten, Hilfe ins Geschäft zu bekommen. Es ist mir immer als sehr charakteristisch erschienen, daß sie niemals Buchführung erlernt und ihre Bücher geführt hat. Sie verhandelte mit Kunden: meist Tischlern, Stellmachern, Holzbildhauern, Bauunternehmungen, und mit Lieferanten: Großhändlern, Großgrundbesitzern, polnischen Juden, die als Zwischenhändler kamen; sie maß und verrechnete Bretter, und wenn eine Wagenladung schnell abgeladen werden mußte, so kletterte sie gern auf den Wagen und schob mit den Arbeitern um die Wette schwere Bohlen hinunter.

Aber die trockene Büroarbeit lag ihr nicht. (Auch mir hat sie immer widerstanden, wie keine andere Beschäftigung). Längere Zeit hat ihr Schwager und Onkel *Jakob Burchard* für sie die Bücher geführt. (Er war der Bruder meiner Großmutter und hatte seine Nichte Cilla geheiratet). Dann tat es mein Bruder Paul, bis er seinem jüngeren Bruder Platz machte. Er selbst fand Unterkunft in einem Bankgeschäft; er ist jahrzehntelang Bankbeamter gewesen und hat seinen Posten mit übergroßer Gewissenhaftigkeit und Pünktlichkeit ausgefüllt, ohne je die verdiente Anerkennung zu finden. Für die wenig befriedigende Berufsarbeit entschädigte er sich in seinen nur zu knappen freien Stunden durch Bücher, Musik und Wanderungen. Seit einigen Jahren ist er mit einem bescheidenen Ruhegehalt pensioniert, und ich habe den Eindruck, daß er sich dabei wohler fühlt als je in seinem Leben. (Wenn ich auf diesen Blättern manches niederschreiben muß, was meinen lieben Geschwistern als Kritik ihrer Schwächen erscheinen mag, so werden sie mir das verzeihen. Man kann das Leben einer Mutter nicht schildern, ohne auf das einzugehen, was sie mit ihren Kindern erlebt und durch sie gelitten hat. Wenn ich schließlich selbst an die Reihe komme, werde ich mit mir nicht glimpflicher verfahren als mit den andern).

Meine Schwester *Else* hätte die Stütze meiner Mutter sein und ihr den Haushalt abnehmen sollen. Sie war aber sehr gut begabt und hatte beschlossen, Lehrerin zu werden (der einzige höhere Bildungsweg, der damals für Mädchen offen stand). Meine Mutter gab ihr schließlich die Erlaubnis, das Seminar zu besuchen. Trotzdem mußte sie sich um die Wirtschaft und die kleinen Geschwister kümmern, bis die jüngeren Schwestern so weit waren, diese Pflichten zu übernehmen. Sie führte das häusliche Regiment mit großer Strenge und äußerster Sparsamkeit, sodaß alle etwas unter diesem Joch seufzten. Nur ich machte eine Ausnahme, weil ich, als ein kleines Kind, noch mit Kosenamen und Zärtlichkeiten verwöhnt wurde; auf diese Auszeichnung war ich sehr stolz und hing mit großer Liebe an meiner schönen Schwester. Meine Mutter hat manchmal gesagt, jedes ihrer Kinder gebe ihr besondere Rätsel auf. Ihre Älteste war als ein ungewöhnlich schönes, begabtes und vielseitig interessiertes Mädchen stets umschwärmt von Verehrern beiderlei Geschlechts.

So kam sie dazu, sich für etwas Besseres zu halten als ihre Umgebung, sah auf die Geschwister als auf minder ausgezeichnete Menschen etwas herab [1] und war zu Hause niemals zufrieden. Sie war oft lange Zeit als Gast bei auswärtigen Verwandten — manchmal zur Pflege von Kranken, denn sobald irgendwo in der weitverzweigten Verwandtschaft eine Hilfe nötig war, schickte meine Mutter eine ihrer Töchter hin; manchmal auch nur zur Abwechslung. Einigemal nahm sie auch Erzieherinnenstellen in der Provinz an. Aber sobald sie fern von der Familie war, sehnte sie sich noch viel mehr zurück als sie sich vorher fortgesehnt hatte. Diese Unruhe hat sie niemals verlassen, auch nicht, seit sie eigene Familie hat; beinahe hätte ihre Ehe daran Schiffbruch gelitten. Schon bald nach der Hochzeit begann der Jammer darüber, daß sie von den Ihren getrennt sei; am liebsten hätte sie immer jemanden von den Geschwistern bei sich gehabt. Auch jeder entfernte Verwandte, ja jeder Fremde, der nur irgendwelche Beziehungen zur Heimat hat, ist ihr ein hochwillkommener Gast. Die Mutter bedeutet für sie das höchste Ideal und sie hat auch ihren Kindern eine herzliche Liebe zur Großmutter und

---

[1] Auch darin betrachtete sie mich als Ausnahme. Als ich anfing in die Schule zu gehen und die erste „Prämie“, ein schönes Märchenbuch, nach Hause brachte, sagte sie stolz: „Das ist m e i n e Schwester“.

allen Angehörigen eingepflanzt. Sie spart das ganze Jahr, um eine Reise „nach Hause" zu ermöglichen. Und dann leiden beide Teile darunter, daß kein harmonisches Zusammensein möglich ist.

Mein Bruder *Arno* besuchte eine Realschule in Breslau. Nach der Einjährigenprüfung gab ihn meine Mutter nach außerhalb, um den Holzhandel zu erlernen. Nach Ablauf seiner Lehrzeit kam er noch zu gründlicher kaufmännischer Ausbildung in eine Breslauer Ölfabrik. Dann nahm ihn meine Mutter als Mitarbeiter ins Geschäft. Er war erst „Junger Mann", dann Prokurist, bis ihm meine Mutter vor einigen Jahren die Stelle des „Chefs" abtrat. Sie arbeitet noch heute an seiner Seite und ist ihm unentbehrlich. Meine beiden Brüder ehren sie als das Haupt der Familie und fragen in allen Dingen um ihren Rat. Trotzdem hat meine Mutter in der jahrzehntelangen täglichen Zusammenarbeit manches zu leiden gehabt.

Mein Bruder ist sehr heftig und verliert im Zorn die Herrschaft über sich selbst. Wenn das bei einer Meinungsverschiedenheit mit meiner Mutter geschieht, geht sie still hinaus, „damit er sich nicht versündige". Aber seine Heftigkeit macht ihn auch ungeeignet zum Verkehr mit den Kindern, sodaß sie oft vermitteln muß. Ein weiterer Kummer war es meiner Mutter, daß ihr Sohn nicht wie sie seine ganze Kraft dem Geschäft widmete, sondern sich durch eine vielfältige Vereinstätigkeit und Übernahme immer neuer Ehrenämter zersplitterte. Am meisten Sorge aber haben meine Brüder der Mutter durch die Wahl ihrer Ehefrauen gemacht. Mein Bruder *Paul* war sehr jung, als er sich heimlich verlobte. Er hat den Verkehr mit seiner Braut jahrelang gegen den Willen meiner Mutter fortgesetzt, und schließlich, weil er ihre Einwilligung zur Verlobung nicht erlangen konnte, heimlich das Haus verlassen. Meine Schwester Erna und ich waren damals noch Kinder. Wir wachten eines Abends auf und sahen unsere Mutter weinen. Wir liefen zu ihr hin, kletterten auf ihren Schoß und suchten sie zu trösten. Erst nach Jahren haben wir erfahren, daß an jenem Abend unser ältester Bruder vermißt wurde und daß unsere andern Geschwister ihn suchten. Er war seiner Braut nach Berlin nachgereist und meldete sich erst schriftlich von dort. Die Ehe wurde geschlossen, die Hochzeit als Familienfest von uns gefeiert, das junge Paar in allen Notfällen selbstverständlich unterstützt, das älteste Enkelkind mit der zärtlichsten Liebe umgeben — aber ein herzliches Verhältnis zur Schwiegertochter hat sich niemals hergestellt, obgleich meine Schwägerin Trude sich immer wieder darum bemühte.

Mein Bruder Arno hat seine Braut im Einverständnis mit meiner Mutter und uns allen gewählt. Sie war eine alte Freundin unserer Familie, eine Klassengefährtin meiner Schwester Else vom Seminar her. Sie war sehr jung mit ihren Angehörigen nach Amerika gegangen, hatte dort geheiratet, aber die Ehe später wieder gelöst. Sie verdiente sich selbst ihren Unterhalt und verwandte ihre Ersparnisse zu Reisen nach Deutschland, um meine Schwester in Hamburg und uns in Breslau zu besuchen. Sie war sehr lustig, laut und lebhaft und brachte immer viel Leben in unser ruhiges Haus. Sie hatte wohl längst die Heirat mit meinem Bruder ins Auge gefaßt, ehe er selbst auf den Gedanken kam. Sie war überglücklich, als ihr Wunsch in Erfüllung ging, und wurde mit Freuden in die Familie aufgenommen. Das junge Ehepaar zog sogar in unser eigenes Haus, das wir kurz zuvor gekauft hatten; ja, anfangs versuchte man sogar einen gemeinsamen Haushalt zu führen. Aber auch hier war kein harmonisches Zusammenleben möglich. Was meine Mutter an meinen beiden Schwägerinnen beständig kränkt, ist, daß sie beide nicht gelernt haben, einen geordneten Haushalt zu führen. Die eine ist musikalisch begabt und hat immer viel Zeit zum Stundennehmen und Stundengeben gebraucht. Die andere liebt es, Einkäufe und Besuche zu machen und immer neue Anregungen außerhalb des Hauses zu suchen. Und beide sind meiner Mutter durchaus wesensfremd. So gütig und hilfsbereit meine Mutter sonst allen Menschen gegenüber ist, gegen gewisse Charakterfehler ist sie durchaus unduldsam: das sind vor allem Unwahrhaftigkeit, Unpünktlichkeit und ein übersteigertes Selbstbewußtsein. Leute, die am liebsten von sich selbst sprechen und ihre eigenen Leistungen nicht genug rühmen können, sind ihr unerträglich, und sie gibt ihrem Mißfallen auch unverhohlen Ausdruck. Sie war immer sehr unglücklich, wenn wir ihr — halb im Scherz, halb im Ernst — manchmal sagten, daß sie eine schlechte Schwiegermutter sei. Es ist aber die stark ausgeprägte Familieneigenart ein großes Hemmnis für die Aufnahme fremder Elemente. Das Urteil: „Die sind ganz anders als wir“ bedeutete im Munde meiner Mutter und meiner Schwestern Frieda und Rosa immer einen entschiedenen Trennungsstrich. Meine Brüder sind dadurch in eine schwierige Lage gekommen, und nur eine große

Herzensgüte und Treue machte es ihnen möglich, einen Bruch zu vermeiden. Beide leben glücklich mit ihren Frauen und stehen in andern Dingen stark unter ihrem Einfluß. Aber meine Schwägerinnen wissen, daß sie an das Verhältnis zur Mutter nicht rühren dürfen; die Anhänglichkeit an sie ist unvermindert geblieben. Mein Bruder Paul kommt die ganzen Jahrzehnte hindurch, seit er verheiratet ist, am Freitagabend in das Haus seiner Mutter, um den Sabbatbeginn zu feiern. In den ersten Jahren kam meine Schwägerin mit. Da sie es aber nie fertig brachte, pünktlich zu erscheinen, sich oft eine Stunde und mehr verspätete und dadurch immer wieder Ärger erregte, blieb sie schließlich zu Hause und ließ ihn allein gehen. Das andere Paar nimmt das Abendessen mit seinen vier Kindern zu Hause und kommt erst hinterher zu uns. Sobald meine Schwägerin Martha im Zimmer ist, braucht niemand mehr für Unterhaltung zu sorgen. Sie hat immer einen ganzen Vorrat von lustigen Geschichten auf Lager und vergnügt sich damit, alle Anwesenden zu necken. Es ist der Ton, in dem sie mit ihrer Mutter und Schwester zu verkehren gewöhnt war, und es ist ihr nicht leicht gewesen, sich bei so ernsthaften Menschen eizuleben. In einem ausgebreiteten Freundes- und Bekanntenkreis findet sie die Resonanz, die in der Familie fehlt. Meine Mutter ärgerte sich immer, wenn Martha nicht genug von Amerika schwärmen konnte. Sie selbst ist immer eine deutsche Patriotin gewesen. Sie hat i.J. 1871 geheiratet, und das Hochzeitslied ist auf die Melodie: „Es braust ein Ruf wie Donnerhall“ gedichtet worden. Darum kann sie auch heute gar nicht darüber hinwegkommen, daß man ihr ihr Deutschtum abstreiten will.

Neben meinem Bruder Arno wirkt seit Jahrzehnten als treue Stütze unserer Mutter im Geschäft meine Schwester *Frieda.* Unser Ältester hat uns als Kindern allen Spitznamen gegeben. Frieda war der „Frosch“. Von den andern Geschwistern unterschied sie sich durch ein ausgesprochenes Phlegma. Sie hat wohl am wenigsten theoretische Begabung mitbekommen und mußte sich in der Schule sehr plagen. Sie brauchte lange Zeit, um sich etwas einzuprägen, dann saß es aber sehr fest. Es machte ihr Freude, die Gedichte, die sie für die Schule auswendig lernen mußte, immer wieder laut herzusagen. Dadurch habe ich schon als kleines Kind Schillers und Uhlands Balladen kennen gelernt und mit fünf Jahren „Bertran de Born“ auswendig deklamieren können. Durch ihren großen Fleiß gelang es ihr, den Klassenanforderungen zu genügen und die höhere Mädchenschule (wir haben alle die Viktoriaschule besucht) ohne Anstoß zu absolvieren. Dann erlernte sie den Haushalt und auf einer Handelsschule Buchführung. Von ihrer Einführung in die häuslichen Geschäfte hat sich mir ein Bild unauslöschlich eingeprägt: sie sollte die Küche scheuern; dazu nahm sie in der Mitte der Küche auf einem Stuhl Platz und begann mit der Scheuerbürste den Fußboden um sich herum zu bearbeiten. Das laute Gelächter der Zuschauer brachte sie schnell auf die Beine. Schwere körperliche Arbeit hat ihr nie gelegen, nicht nur aus Bequemlichkeit, sondern weil sie sehr klein und schwächlich war. Dagegen hatte sie Talent, einen Haushalt einzurichten und zu leiten. Es machte ihr große Freude, Pläne für die Einrichtung einer Wohnung zu entwerfen. Und seit wir im eigenen Hause wohnen, liebt sie es, von Zeit zu Zeit eine Umorganisation vorzunehmen. Ebensogern entwirft sie Lebenspläne für sich und andere. Sie hat auch Geschick und Liebe zu Handarbeiten; ihre Aufgabe ist es, die Wäsche in Ordnung zu halten und auch neue für die ganze Familie zu nähen; in den letzten Jahren, seit es im Geschäftsbetrieb sehr still geworden ist, hat sie sich eine große Fertigkeit im Stricken von Wollsachen erworben, um damit alle Angehörigen zu versorgen. Im Geschäft führt sie die Bücher und versieht die Kasse. Sie ist nicht so großzügig wie meine Mutter, wirkt aber sehr nützlich als hemmendes Element, das vor gewagten Unternehmungen warnt, vor allem wenn die andern sich überreden lassen wollen, unsicheren Kunden auf „Pump“ zu geben.

Meiner Mutter ist sie immer eine gehorsame Tochter gewesen und ist noch heute gewöhnt, sich wie ein Kind befehlen zu lassen. Ihre eigene erwachsene Tochter protestiert jetzt häufig und nennt die Großmutter einen „Diktator“, wenn sie sie mit dem Kommando „Frieda, hopp!“ dahin oder dorthin schickt. Ihre beiden jüngsten Schwestern sind von ihr mit erzogen worden; wir haben mit großer Liebe und zugleich mit Respekt an ihr gehangen. Sie teilte alle unsere Schulfreuden und -leiden, war für uns überaus ehrgeizig und nur mit den besten Noten zufrieden, immer hilfsbereit — mir hat sie meine Schulaufsätze aus dem Konzept in die Reinschrift diktiert und später meine großen Arbeiten getippt — und wußte sehr schön mit uns zu spielen. Aber sie ließ keine kindliche Unart durchgehen, und wenn wir ungezogen waren, mußten wir sie abbitten, ehe sie wieder mit uns sprach. Wie sie äußerlich auf sich hielt, ihre Kleider sorgfältig schonte und immer in Ordnung hatte, so war sie streng auf moralische Sauberkeit bedacht. Es läßt sich nicht leugnen, daß dieses Tugendstreben einen Anstrich von Selbstgerechtigkeit hatte und daß sie zu scharfen Urteilen über andere neigte. Als Einzige aus der Familie hat sie ein Tagebuch geführt. Ihr stilles und gleichförmiges Leben hat eine kurze, an harten Erfahrungen reiche Unterbrechung gefunden, als sie sich entschloß zu heiraten.

Meine Schwestern Frieda und Rosa kamen wenig mit Menschen außerhalb des Verwandtenkreises zusammen. Da Frieda sich nach einer eigenen Häuslichkeit sehnte, ließ sie sich zu einer „vermittelten Partie“ bestimmen. Ich war damals noch Gymnasiastin. Aber nach dem ersten Besuch des Bewerbers wandte ich meine ganze Beredsamkeit auf, um sie von ihrem Vorhaben abzubringen. Auch unsere Verwandten rieten entschieden ab. Aber meine Schwester war nicht mehr umzustimmen, und selbst meine kluge Mutter ließ damals den klaren Blick durch ihre Wünsche trüben. Der Bräutigam war Witwer und hatte zwei schon ziemlich große Kinder. Meine Schwester freute sich darauf, ihnen Mutter zu sein, und auch sie kamen ihr freundlich entgegen. Den Anlaß zur Trennung gaben die wirtschaftlichen Verhältnisse. Frieda erkannte sehr bald, nachdem sie die Führung des Haushalts übernommen hatte, daß er auf unsolider Basis stand. Sie wollte gern mitarbeiten und mit der bescheidensten Lebenshaltung zufrieden sein; aber von fremdem Geld zu leben, wie ihr Mann und seine Kinder es gewohnt waren, darein konnte sie sich nicht finden, und so verlor sie alles Vertrauen zu ihm. Mit ihrem sechs Monate alten Kinde kehrte sie in unser Haus zurück und mußte noch einen überaus peinlichen Scheidungsprozeß durchmachen, ehe sie frei war. Nach den strengen Anschauungen, in denen wir erzogen waren, empfanden wir eine Scheidung als Schande. Aber meine Mutter ließ meine Schwester nichts davon spüren. Sie nahm sie auf, wie eine Henne ein verirrtes Küchlein wieder unter ihre Flügel nimmt, und suchte ihr durch verdoppelte Liebe über die schwere Zeit hinwegzuhelfen. Die kleine Erika, die zu früh geboren und sehr schwächlich war, begann sich in der großmütterlichen Pflege bald gut zu entwickeln. Sie ist heute ein kräftiges Mädchen, das uns allen über den Kopf gewachsen ist.

Meine Schwester *Rosa* ist nur 2 Jahre und 2 Tage jünger als Frieda. Die beiden wurden wie ein Zwillingspaar behandelt. So bildeten wir Geschwister drei Paare: „die Jungen", „die Mädel" und „die Kinder"; nur Else stand allein. Es waren sehr ungleiche Paare.

Rosa hieß mit ihrem Spitznamen „der Leu". Das kam von dem lauten Wutgebrüll, das sie anstimmte, wenn sie gereizt wurde. Sie war am schwersten von allen Kindern zu erziehen. Obgleich sie durchaus nicht schlecht begabt war, war sie immer eine schlechte Schülerin. Die ungezogensten Jungen aus dem Haus und der Nachbarschaft waren ihre besten Freunde. Mit ihnen zog sie durch die Straßen, riß an allen Doktorklingeln und verübte ähnliche Bubenstreiche. Es gab immer jemanden, an dem sie mit leidenschaftlicher Schwärmerei hing. Als Backfisch stellte sie einmal selbst eine lange Liste von „Flammen" auf, für die sie zu gleicher Zeit schwärmte: Lehrerinnen, Schauspielerinnen, Verwandte. Später war es immer nur eine Person, die ihr Herz ausfüllte. Der Gegenstand ihrer Verehrung erschien ihr als vollkommenes Ideal, als Ingebriff alles Guten; sie konnte sich nicht genug tun in Liebesbeweisen und vernachlässigte darüber die andern Menschen. Dabei waren es meist Menschen mit recht handgreiflichen Schwächen, die von dem Ideal weit entfernt waren und sich auch in einer solchen Rolle sehr merkwürdig vorkamen. Riß dann der rosige Schleier, so war die Ernüchterung umso größer, und die Entthronten mußten sich nun eine umso schärfere Kritik *

keine besondere Neigung zu einem Beruf zeigte, wurde beschlossen, daß sie gründlich die Hausarbeit erlernen sollte, um später den mütterlichen Haushalt zu führen. Zur Ausbildung wurde sie zu den Tanten nach Lublinitz geschickt, um dort in einem musterhaft geleiteten Hause in alle Arbeiten eingeführt zu werden. Das Jahr,

* Hier fehlt 1 Blatt (Blatt 75) im Manuskript. Diese bedauerliche Lücke gerade an dieser Stelle des Manuskripts ist nicht schwer zu erklären. Welch anderes überempfindliches Herz hätte der Versuchung widerstanden, Jugendschwächen vor dem grellen Licht der Geschichte zu verbergen? Welch hoher Grad von Selbstverlengnung spricht aus der Tatsache, daß hier nur ein einziges Blatt entwendet wurde.

das sie dort zubrachte, ist ein sehr glückliches für sie gewesen, und sie hat es immer in dankbarer Erinnerung behalten. In der lustigen Gesellschaft der beiden Hausfrauen, unserer Tante *Clara* und ihrer Schwägerin Else, fühlte sie sich so wohl wie früher beim Spiel mit den Gassenjungen. Sie schloß sich aber auch an die ernste Tante *Mika* an und nahm erzieherische Anregungen von ihr dankbar und leichter als zu Hause an. Als sie dann unsern Haushalt übernahm, bekam er einen andern Zuschnitt als früher. Rein äußerlich wurde das dadurch ermöglicht, daß unsere wirtschaftliche Lage sich wesentlich gebessert hatte. Es entsprach aber auch ihrer Natur. Während die beiden ältern Schwestern immer mit äußerster Sparsamkeit wirtschafteten, war es ihr ein Bedürfnis, reichlicher zu geben. Sie selbst hatte als Kind gern genascht und war als junges Mädchen übermäßig stark; später war sie für ihre Person mehr als genügsam, und von der früheren Fülle blieb keine Spur übrig. Es freute sie, wenn es uns schmeckte, und sie dachte sich gern von Zeit zu Zeit neue Leckerbissen aus. Ihre selbstgebackenen Kuchen sind allmählich in der ganzen Verwandtschaft und Bekanntschaft berühmt geworden.

Weil ich immer etwas blaß und blutarm war, wurde ich mit besonderer Fürsorge betreut. Wenn ich mit ihr in die Stadt ging, um Besorgungen zu machen, unterließ sie es selten, mit mir in eine kleine Konditorei zu gehen und mir ein Stück Apfelkuchen mit Schlagsahne geben zu lassen, oder im Sommer ein Glas Eis mit Schlagsahne. Ich bat nie darum; aber wenn wir in die Nähe unseres Stammlokals kamen (die Konditorei von Illgen in der Schmiedebrücke, wo es solche Herrlichkeiten für 15 Pfg. gab), schielte ich unwillkürlich etwas nach dem Schaufenster hin, und dann wandte sie sich wortlos dem Eingang zu. Eine besondere Liebe hatte sie zu kleinen Kindern; viele kleine Vettern und Cousinen, später Neffen und Nichten, sind in den ersten Lebenswochen und -jahren von ihr mit betreut worden. Mit größeren Kindern verstand sie es weniger gut. Sie redete dann zu viel über alle kleinen Unarten; das kühlte die kindliche Liebe ab, ohne ihr den nötigen Respekt zu verschaffen. Sie hat dadurch viel weniger Dank geerntet als sie wirklich verdiente. Im Gegensatz zu meiner Schwester Frieda verstand sie es weniger, andere zur Arbeit anzuleiten als selbst zu arbeiten. Wenn sie ein Dienstmädchen zur Hilfe hatte, ärgerte sich meine Mutter immer, daß sie sich zu wenig entlasten ließ. Jetzt läßt sie seit Jahren nur noch einmal in der Woche eine Frau kommen, um Hausflur, Treppen und Küche gründlich zu scheuern, und Fenster zu putzen und in längeren Abständen zur großen Wäsche; alles andere macht sie selbst, von Mutter und Frieda unterstützt. Beim Kochen und beim Putzen ist sie ganz in ihrem Element, und dabei macht ihr nicht leicht jemand anders etwas recht. Dagegen liegen ihr Näharbeiten gar nicht; auch Besorgungen, soweit sie nicht die Küche betreffen, überläßt sie Frieda gern. Als wir Jüngsten heranwuchsen, das Gymnasium und später die Universität besuchten, viel freundschaftlichen Verkehr hatten und die vielseitigsten Anregungen, da begann sie ihre eigene Arbeit als untergeordnet anzusehen und sich unbefriedigt zu fühlen.

Sie bedauerte, daß sie keine Berufsausbildung bekommen hatte, und machte von Zeit zu Zeit Pläne, noch etwas Neues anzufangen. Erst dachte sie daran, Krankenschwester zu werden. Später hatte sie den Wunsch, ein Haus im Gebirge zu kaufen und Freunde als Sommergäste aufzunehmen. Meine Mutter schlug ihr nie etwas rundweg ab — einmal hat sie sogar ein Haus im Riesengebirge mit ihr besichtigt —, aber vor den vielen Einwänden, die man ihr machte wich Rosa schließlich immer wieder zurück und blieb an ihrem Platz. Eine Zeitlang versuchte man, sie mit Frieda im Geschäft abwechseln zu lassen, aber es stellte sich bald heraus, daß das nicht zweckmäßig war. So ergab sie sich schließlich in das Los der Haustochter und versuchte nur, noch nebenher etwas zu leisten. Eine ganze Reihe von Jahren ist sie ehrenamtliche städtische Waisenpflegerin gewesen. Sie bekam eine Reihe von Kindern zugewiesen, die von der Stadt in Familienpflege untergebracht waren, mußte sie von Zeit zu Zeit besuchen, um festzustellen, ob sie gut versorgt waren, und die nötigen Anträge an die Behörden für sie stellen. Es war ein schwieriges und peinliches Amt, aber Rosa suchte das Beste daraus zu machen. Sie beschenkte die Kinder zu Weihnachten; wenn sie in der Schule schlecht mitkamen, ließ sie sie zu sich kommen und beaufsichtigte sie bei den Schularbeiten. Die politischen Umwälzungen haben sie vor einigen Jahren aus diesem Amt verdrängt. Aber an Schützlingen, denen sie Gutes tun kann, fehlt es ihr auch ohne Amt nie. In den letzten Jahren hat sie mit Freude Abendkurse der Volkshochschule, literarische und kunstgeschichtliche, besucht und mit großem Eifer darin mitgearbeitet. Sie hat allmählich auch einen Kreis von Menschen gefunden, mit denen sie freundschaftlich verkehrt und die sie hochschätzen. Vor allem aber hat ihre religiöse Entwicklung ihr eine Welt erschlossen, die es ihr ermöglicht, auf alle äußere Befriedigung zu verzichten und still an ihrem Platz auszuharren. Darüber werde ich später noch mehr sagen müssen.

5.

Während die älteren Geschwister ziemlich dicht aufeinander folgten, sind wir Jüngsten „nachgeboren". Zwischen Rosa und *Erna* ist ein Abstand von 6 Jahren; wir beide sind nur um ein Jahr und 8 Monate auseinander. Wir sind in der Zeit des Aufstiegs unserer Familie herangewachsen. Es wurde in unsern Kinderjahren in Wohnung, Nahrung und Kleidung noch die größte Einfachheit gewahrt, aber wir hatten nie das Gefühl, arm zu sein. Wir sahen, daß unsere Mutter von morgens bis abends schwer arbeitete, und darum war es uns selbstverständlich, keine unbescheidenen Wünsche zu äußern. Meine Mutter sorgte von selbst dafür, daß wir hinter andern Kindern nicht zurückstehen mußten. Wir sind zeitweise drei auf einmal in dieselbe Schule gegangen, und für das dritte Kind hätte kein Schulgeld gezahlt werden müssen. Aber das nahm meine Mutter nicht an. Es wäre ihr als „öffentliche Armenunterstützung" erschienen, und davon wollte sie nichts wissen. Noch heute kann sie es sich nur mit einem Mangel an Ehrgefühl erklären, wenn Leute „stempeln gehen". Wir durften uns nie von einem Schulausflug, nie von einer Sammlung ausschließen. Dagegen wurde an Schulbüchern gespart; wir bekamen sie zu unserm Leidwesen nur im äußersten Notfall neu gekauft, sonst mußten wir sie von älteren Vettern und Cousinen leihen. Meine Mutter duldete es nicht, wenn wir nach Schülerart in unehrerbietiger Weise von unsern Lehrern sprachen. Wir hatten Gesang- und Schönschreibunterricht — in den Vorschulklassen auch Rechnen und Naturkunde — bei einem alten Volksschullehrer, der zu allem andern als zum Erziehen geboren war. In seiner Jugend mußte er ein schöner Mann gewesen sein, später war er unförmig dick. Er war sehr gutmütig, aber jähzornig. Während der Stunde regnete es Tadel und andere Strafen, aber sobald es zur Pause läutete, wurde alles wieder erlassen. In der Tasche hatte er immer eine Schnupftabakdose und eine Bonbontüte, die abwechselnd hervorgezogen und benützt wurden. Es gab für uns keinen größeren Schrecken, als wenn wir aus dieser Tüte zur Belohnung etwas geschenkt bekamen. Wenn wir zu Hause erzählen wollten, was „der *Freier*" sich wieder geleistet hätte, unterbrach uns meine Mutter und verbesserte: „Der H e r r Professor Dr. Freier".

Sie ging fast nie in die Schule, um mit den Lehrern Rücksprache zu nehmen. Ein einzigesmal hat sie sich entschlossen, über eine Lehrerin Klage zu führen: die Zeichenlehrerin hatte meiner Schwester Erna vorgeworfen, sie hätte unerlaubterweise ein Lineal benützt und es dann abgeleugnet. Dem Kinde, das nicht begabt zum Zeichnen war, war eine Linie einmal ausnahmsweise geglückt, und das trug ihr diese Verdächtigung, einen Tadel und Anzeige beim Direktor ein. Den Vorwurf der Lüge wollte meine Mutter auf ihrem Kinde nicht sitzen lassen. Lehrer und Eltern von Mitschülerinnen, die meine Mutter niemals gesehen hatten, fragten uns oft nach ihr und versicherten uns, wir dürften stolz auf sie sein. Das war mir immer etwas peinlich. Es war für uns so selbstverständlich, daß sie war, wie sie war. Sommer und Winter stand sie in aller Morgenfrühe auf und ging auf den Holzplatz. Wohnung wie Lagerplatz waren viele Jahre hindurch gemietet, und sie hat viel von bösen Wirtsleuten leiden müssen. An die Wohnung in der Kohlenstraße, in der ich geboren wurde, habe ich nur eine einzige Erinnerung; es ist die früheste, die ich überhaupt habe. (Sie muß aus meinem 2. Lebensjahr stammen, denn bald nach dem Tode meines Vaters zogen wir um). Ich sehe mich schreiend vor einer hohen weißen Tür stehen und mit beiden Fäusten dagegen trommeln, weil meine ältere Schwester dahinter war und ich zu ihr wollte. Auch von der nächsten Wohnung, in der Scheßwerderstraße, wo auch unser erster Lagerplatz war, weiß ich nichts mehr. Sehr gut ist mir dagegen die Wohnung Jägerstr. 5 in Erinnerung; dort habe ich meinen 3. Geburtstag gefeiert, und wir haben viele Jahre darin gewohnt. Den Lagerplatz hatten wir damals in der Rosenstraße; er grenzte an den Hof unseres Wohnhauses. Um meiner Mutter den Weg abzukürzen, ließ der Hauswirt, Herr *Böse*, meine Mutter ein Pförtchen in die Mauer machen. Das ging so lange, bis Herr Böse mit der Inhaberin des Lagerplatzes in Streit geriet. Frau *Olschowka* war eine leidenschaftliche Polin (Viktor, der zugehörige Ehegatte, spielte eine untergeordnete Rolle). Zum Zeichen, daß zwischen den feindlichen Nachbarn jeder Verkehr abgebrochen sei, mußte das Pförtchen zugemauert werden. Die Leidtragende war meine Mutter: sie mußte nun einen ganzen Häuserblock herum von der Jägerstraße nach der parallelen Rosenstraße gehen. Aber bald verfiel Herr Böse auf einen Ausweg, um seiner Feindin ein Schnippchen zu schlagen: es wurde zu beiden Seiten eine Leiter an die Mauer gestellt, und nun kletterte meine Mutter oftmal am Tage hinüber und herüber.

Später brachte der findige Wirt noch eine Verbesserung an. Er ließ einen Ausschnitt in die Mauer machen — es könne ihm ja niemand vorschreiben, wie hoch sie sein müsse —, sodaß nun eine Leiter mit wenigen Stufen genügte. Für uns Kinder war das Hinüberklettern natürlich ein Vergnügen. Aber für meine Mutter, die damals etwa 50 Jahre alt war, war es mühsam, besonders im Winter, wenn die Stufen glatt und vereist waren. Von den Fenstern unserer Wohnung konnte man auf den Holzplatz hinunterschauen. Ehe Erna und ich zur Schule gingen, waren wir oft stundenlang allein in der Wohnung. Wir hatten dann strenge Weisung, niemanden Fremden hereinzulassen. Wenn wir uns keinen Rat wußten, konnten wir vom Fenster aus die Mutter rufen. Wir waren sehr gewissenhaft und hätten eher noch in Gegenwart meiner Mutter als in ihrer Abwesenheit etwas Verbotenes getan. Manchmal war mein Bruder Arno vormittags zu Hause. Dann kochte er für Mama eine Mehlsuppe zum 2. Frühstück. An schönen Tagen durften wir auf dem Holzplatz spielen. Es war ein Paradies für Kinder, in den schulfreien Stunden waren nicht nur wir alle dort, sondern auch die Spielgefährten aus dem kinderreichen Haus, aus der Schule und aus der Verwandtschaft. Platz war für alle da. Meine Mutter gab die Parole aus: „Aufs Wort folgen und nicht stören! Sonst könnt ihr machen, was ihr wollt“. Das einfachste Vergnügen war, eine Wippe zu bauen. Es wurde ein Brett über einen Holzblock gelegt; je ein Kind setzte sich rittlings auf ein Ende, und dann schnellte man abwechselnd in die Höhe. Das konnte man stundenlang fortsetzen, ohne es satt zu bekommen. Herrlich konnte man Versteck spielen. Es gab viele Holzstöße, hohe und niedrige. Was unter der Witterung leiden konnte, war in Schuppen untergebracht. Manche waren mehrstöckig; es führten Treppen hinauf, und drinnen war es dämmerig, man konnte sich in einen heimlichen Winkel zurückziehen, träumen oder Geschichten erzählen. Wir durften auch Holz zusammentragen und Häuser bauen. Manchmal wurden wir auch zum Helfen angestellt, Waggons abzuladen oder Felgen und Speichen zu regelmäßig gebauten hohen Türmen aufeinanderzuschichten. Kinder, die sich zu beschäftigen wußten, hatte meine Mutter immer gern da. Störenfriede dagegen wurden fortgeschickt. Unnachsichtig war sie gegen Angeberei. Wenn man zu ihr kam, um sich über ein anderes Kind zu beklagen, wurde einem sofort das Wort abgeschnitten: „Klatschen will ich nicht hören". Oft wurde dann erzählt, wie es ihr Lehrer in solchen Fällen gehalten hatte. Er gab beiden Kindern eine Ohrfeige, dem einen für die Unart, dem andern fürs Klatschen.

Ein Liebling meiner Mutter und einer der treuesten Stammgäste auf dem Holzplatz war ihr Neffe *Ernst Courant*. Er war nur einige Wochen jünger als ich, wurde mir aber oft zur Beaufsichtigung anvertraut. In den Schulferien mochte er lieber zu uns kommen als verreisen. Er konnte mit uns oder auch allein stundenlang spielen. Wenn wir brav waren, bekamen wir manchmal ein paar Pfennige geschenkt und durften uns beim Bäcker nebenan „Dreierkuchen" kaufen. Beim Umgehen mit dem ungehobelten Holz jagten wir uns oft einen Span in die Finger; dann sprangen wir zu einem unserer Arbeiter und ließen ihn mit dem Taschenmesser herausholen.

Das Verhältnis meiner Mutter zu ihren Arbeitern war ein durchaus patriarchalisches. Zu Weihnachten wurden sie mit Geld, Lebensmitteln und Kleidern für die Kinder beschenkt. Das Geld bekamen sie aber nicht bar in die Hand (damit es nicht vertrunken würde), es wurden Sparkassenbücher für sie angeschafft und die Geschenke regelmäßig eingezahlt. Jahrelang hatten wir einen jungen, besonders tüchtigen Arbeiter, den meine Mutter sehr gern leiden mochte. Er hatte schon vorher in andern Holzgeschäften gearbeitet, war den meisten Kunden bekannt und wurde von allen mit seinem Vornamen — Hermann — genannt. Er stand ganz allein und hatte niemanden, der sich um ihn kümmerte. Auch er trank gern etwas zuviel und ging immer sehr zerlumpt und abgerissen herum. Meine Mutter gab sich große Mühe, einen ordentlichen Menschen aus ihm zu machen. Er war ein bildhübscher Bursch und sah blühend und kräftig aus, war aber lungenleidend. Schließlich mußte er ins Krankenhaus gehen; er hatte lange nicht daran glauben wollen und hoffte bis zuletzt, daß er bald wieder anfangen könnte zu arbeiten. Meine Mutter besuchte ihn jeden Sonntag und nahm ihm die besten Kräftigungsmittel mit. Sie betrauerte ihn sehr, als er starb.

Ein anderer, der mit ihm zusammengearbeitet hatte, blieb noch viele Jahre bei uns. *Meißner* war sehr unfreundlich und ließ sich wenig sagen. Aber er arbeitete tüchtig und meine Mutter hätte auf seine Ehrlichkeit geschworen. Darum behielt sie ihn immer wieder und war auch für ihn und seine vielen Kinder sehr besorgt. Sie ließ ihm regelmäßig durch einen Geschäftsfreund aus Polen ein besonderes Mittel gegen sein Asthma kommen. Seine erste Frau half öfters bei uns im Haushalt. Sie war sehr sauber und ordentlich, sehr auf ihre Kinder bedacht, aber nicht ganz ehrlich. Eines Tages wurde bei uns ein Bügeleisen vermißt. Meine Mutter hatte keinen Zweifel, wo es steckte, und fing es sehr schlau an, es wiederzubekommen. Sie sagte zu dem Ehemann, seine Frau hätte sich unser Bügeleisen geborgt; er solle sie doch erinnern, daß sie es wiederbrächte. Daraufhin war es bald wieder zur Stelle. Für die Kinder war es ein großes Unglück, als sie diese Mutter verloren. Der Mann heiratete bald wieder, die zweite Frau behandelte seine Kinder unmenschlich, und er wußte sie nicht dagegen zu schützen. Ein kleines Mädchen hatten wir einmal ein paar Tage bei uns im Haus, weil es bei der Stiefmutter seines Lebens nicht mehr sicher war. Es wurde dann im Kinder-Obdach untergebracht. Seit der zweiten Verheiratung war der Mann auch im Geschäft nicht mehr zu brauchen. Sich alles Brennholz für den häuslichen Gebrauch mitzunehmen, hatte er immer als sein gutes Recht angesehen. Er hatte es offen getan und meine Mutter hatte es geschehen lassen. Als sie aber erfuhr, daß er heimlich vor und nach der Geschäftszeit für seine Rechnung aus unserm Lager Bretter verkaufte, mußte sie ihn entlassen.

Dagegen ist sein langjähriger Arbeitsgefährte *Seidel* bis zu seinem Tode bei uns gewesen. Er stammte aus dem schlesischen Gebirge; ein hagerer, langer Mensch, auch lungenschwach. Er war still, fleißig und solide; nur wenn seine Frau ihn von Zeit zu Zeit antrieb, Lohnaufbesserung zu verlangen, trank er sich erst etwas Mut an und verlangte dann barsch sein Buch (zur Entlassung); da man schon wußte, was das bedeutete, kam es immer schnell zu einer gütlichen Einigung. Als wir unser Wohnhaus kauften, zog er mit seiner Familie als Hausmeister in die Giebelwohnung ein. Die Frau war sehr tüchtig in aller Hausarbeit, ihren beiden Kindern eine sehr zärtliche Mutter und eifrig bemüht, etwas „Besseres" aus ihnen zu machen; der übrigen Welt gegenüber nahm sie ihren Vorteil energisch wahr und verfügte dazu über eine scharfe und geschwinde Zunge. Der Mann ging still wie ein guter Geist im Hause umher, um überall nach dem Rechten zu sehen. Wenn er in aller Früh aufstand, ging er mit den Schuhen in der Hand die Treppe hinunter (um niemanden, vor allem nicht seine Frau, im Schlaf zu stören) zur Heizung. Tagsüber arbeitete er wie früher auf dem Holzplatz. Er starb in unserm Hause. Die Frau rief uns zu Hilfe, als der Todeskampf kam. Mein Bruder Arno und ich gingen mit ihr (wir beide standen während des Krieges im Dienst des Roten Kreuzes); ich habe ihm die Augen zugedrückt.

Der Holzplatz war das Reich meiner Mutter. Bis der Achtstundentag gesetzlich eingeführt wurde, war das Geschäft geöffnet, solange es Tag war. Nur zu einer kurzen Mittagspause kam sie (und kommt sie noch heute) nach Hause. Eine kleine Holzbude war, so lange das Lager auf der Rosenstraße war, das „Contor". Als er nach der Elbingstraße auch noch auf einen gemieteten Platz verlegt wurde, kaufte man ein etwas größeres, transportables Holzhäuschen. Schließlich konnte es meine Mutter wagen, einen großen eigenen Lagerplatz, der ihr angeboten wurde, zu kaufen. Dort wurde ein fester, gemauerter Schuppen und anschließend ein Contor gebaut. Einen großen Teil des Tages war meine Mutter aber immer im Freien. Sie ging mit den Kunden umher, um die gewünschten Waren auszusuchen, vermaß und berechnete, was ausgesucht war; sie war zugegen und legte mit Hand an, wenn Wagen ausgeladen und die neuen Sendungen eingeräumt wurden; und wenn ein Handwagen mit Brettern — von einem Arbeiter und, in früheren Jahren, von einem großen Hund gezogen — hinausfuhr, half sie von hinten stoßen, bis er zum Tor hinaus war. Auf dem geräumigen, eigenen Grundstück konnte sie es sich auch gönnen, einen Teil für Gemüse- und Obstbau zu nehmen. Noch heute ist es ihre Freude, sich täglich von dem Wachstum zu überzeugen und Erdbeeren, Bohnen, Erbsen und Tomaten selbst zu pflücken. Gewiß hat der ständige Aufenthalt in frischer Luft dazu beigetragen, sie bis ins hohe Alter rüstig und frisch zu erhalten. Auch bei bitterer Winterkälte kam sie gewöhnlich mit warmen Händen nach Hause und konnte mir noch die meinen wärmen. Das ist mir immer ein Symbol dafür gewesen, daß alles Leben und alle Wärme im Hause von ihr kam. Aber rechtschaffen müde war sie, wenn sie abends heimkam. Zuerst mußten immer die Schuhe von den schmerzenden Füßen. Zum Abendessen nahm sie am liebsten nur Tee und Butterbrot. Und wenn nichts Dringendes vorlag, ging sie dann bald zu Bett. Dabei sagte sie gewöhnlich mit großem Behagen: „Das Beste auf der Welt ist mein Bett". Weil sie selbst die Ruhe so nötig hatte, war es ihr immer schrecklich, jemand anders zu wecken. Sie hat oft gesagt: „Es ist die größte Sünde, einen Menschen im Schlaf zu stören". Das wirkt bei mir heute noch nach. Wenn ich früh den Kopf aus den Kissen hob, winkte sie mir gewöhnlich ab: „Bleib, bleib, es ist noch lange Zeit".

Wenn sie sich abends zur Ruhe gelegt hatte, ließ sie sich sehr gern noch vorlesen. Mit der größten Freude besorgte das mein ältester Bruder, und er war mit solchem Eifer dabei, daß er von Zeit zu Zeit fragte: „Hörst du?". Meine Mutter fuhr dann auf, sagte: „Ja, ja" und schlief sofort wieder ein. Sie träumte sehr lebhaft und sprach oft laut aus dem Schlaf, manchmal so, daß man ganze Zwiegespräche verfolgen konnte. Bis zu meinem 6. Jahre schlief ich bei meiner Mutter; viele von den vorgelesenen Erzählungen, die sie verschlief, habe ich angehört, was natürlich keineswegs beabsichtigt war. Das war noch in der Jägerstraße. Die Wohnung bestand dort aus drei großen Zimmern und einem „Kabinett". Das „gute Zimmer" bewohnte meine Schwester Else. Sie hatte einen Schreibtisch darin und arbeitete oft bis in die Nacht hinein; manchmal löschte ihr meine Mutter die Lampe aus. Ein zweites Zimmer hatten „die Jungen". „Die Mädel" mußten sich mit dem fensterlosen Kabinett begnügen, das nur von dem Schlafzimmet meiner Mutter Licht und Luft bekam. Wenn ich mich recht erinnere, haben sie anfangs auch Erna noch bei sich gehabt. Später waren wir beide bei der Mutter untergebracht. In diesem Zimmer stand auch der große Eßtisch.

Zeitweise war das „gute Zimmer" noch an einen Studenten vermietet. Einmal war es ein Jurist, aus guter katholischer Familie. Es war fast unvermeidlich, daß er sich in meine schöne Schwester Else verliebte. Es kam auch zur Verlobung; sie wurde aber wieder gelöst, wohl weil beide Familien wegen der Glaubensverschiedenheit dagegen waren. Später kam ein lustiger Mediziner, den seine Mutter zu uns brachte, weil sie meine Eltern von Oberschlesien her kannte und ihr Kind gut untergebracht haben wollte. Meine Schwester mußte ihm oft beim Lernen helfen; zum Dank nahm er ihr dann etwas von der häuslichen Arbeit ab, z.B. mich anzuziehen. Ich habe von ihm noch in Erinnerung, daß er immer zu mir sagte: „Edith, du wächst ja wie ein Kuhschwanz nach unten". Die Ausdrucksweise mißfiel mir ebenso sehr wie die Anspielung auf meine Kleinheit.

Zu den Abendgeschäften gehörte das „Kassemachen". Die Losung des Tages mußte festgestellt und in ein Kassenbuch eingetragen werden. Es waren oft Geldrollen dabei, die aufgemacht und nachgezählt werden mußten. Mit solchen Rollen spielte ich gern. Einen Kunden gab es, der gewöhnlich mit Rollen von Geldstücken zahlte. Die gefielen mir besonders gut, und ich bat oft: „Gib mir doch eine *Pukade*". (Das war der Name des Kunden). Überhaupt lernten wir unversehens die Kunden und den ganzen Geschäftsbetrieb kennen. Meist waren es Handwerker, mit denen meine Mutter zu tun hatte. Sie kannte von jedem die ganze Familiengeschichte. Die erfuhr sie gewöhnlich, wenn die Leute Waren ohne Geld haben wollten oder die Wechsel, mit denen sie zahlten, nicht einlösen konnten. Meine Mutter ist immer wieder ihrem guten Herzen gefolgt; manchmal hat sie den „faulen Kunden" noch Geld hinzugegeben, wenn sie in Not waren. Sie ist viel betrogen worden, und das Geschäft hat immer mit großen Verlusten gearbeitet. Trotzdem ging es voran. Meine Mutter hat das immer dem Segen von oben zugeschrieben. In späterer Zeit, als ich meinen Kinderglauben verloren hatte, sagte sie mir einmal, gleichsam als ihren Gottesbeweis: „Ich kann mir doch nicht einbilden, daß ich alles, was ich erreicht habe, meiner Kraft verdanke". Das war gewiß richtig. Aber ihre natürlichen Gaben haben doch auch mitgewirkt. Eines Tages besuchte uns eine alte Freundin meiner Mutter und sagte: „Ich muß euch doch gleich erzählen, was ich eben in der Sraßenbahn gehört habe. Ein paar Herren unterhielten sich vom Breslauer Holzhandel, und einer sagte: „Wissen Sie, wer hier der tüchtigste Kaufmann in der ganzen Branche ist? Das ist die Frau Stein ..."

II

Aus der Welt der beiden Jüngsten

1.

Die Mutter, die Geschwister, der große Verwandtenkreis, der Holzplatz — das war die Welt, in der die beiden Jüngsten heranwuchsen. Meine Schwester *Erna* und ich lebten miteinander wie Zwillinge. Sie ist ein Jahr und acht Monate älter als ich — als kleines Kind fragte ich einmal, wie es käme, daß sie manchmal 1 Jahr und manchmal 2 Jahre älter sei — und wir waren äußerlich und innerlich sehr ungleiche Zwillinge. Erna war immer groß und kräftig für ihr Alter, hatte zwei lange und dicke braune Zöpfe, große dunkle Augen, das Gesicht weiß und rosig wie ein Schneewittchen. Ich war klein und zart, trotz aller Pflege immer blaß, die damals blonden Haare (später sind sie nachgedunkelt) trug ich meist offen, nur mit einem Band zusammengehalten. So hielt man dem Äußeren nach Erna meist für viel älter als mich. Freilich, sobald ich zu reden anfing, staunte man, was für eine Naseweisheit der „Knirps" entfaltete. Im zoologischen Garten meines Bruders war Erna die „Krähe" und ich die „Mietzekatze". Ob ich den Namen dem Umstand verdankte, daß meine großen Brüder gern mit mir wie mit einem Kätzchen spielten, oder der Farbe meiner Augen oder der Gewandtheit, mit der ich mich in allen Ringkämpfen mit den Großen immer auf den Füßen zu halten wußte und niemals „unterkriegen" ließ, das weiß ich nicht. Die Krähe besagte jedenfalls, daß Erna leicht zu reizen war, daß ihre Zornesausbrüche sich aber zu Rosas verhielten wie das Schreien der Krähe zum Gebrüll des Löwen. Es waren nur leichte und rasch vorüberziehende Gewitter.

Im übrigen war sie ein gutes und leicht lenkbares Kind. Die älteren Schwestern sagten von ihr gelegentlich, sie sei durchsichtig wie klares Wasser, während sie mich ein Buch mit sieben Siegeln nannten. Wir waren als Kinder fast nie getrennt, machten gemeinsam unseren

Schulweg und unsere Ferienreisen, trugen gleiche Kleider (die neuen Sommerkleider bekam ich gewöhnlich im Februar zu Ernas Geburtstag, die neuen Winterkleider im Oktober zu meinem). So lange unsere Lektüre von den älteren Schwestern sorgfältig überwacht und bestimmt wurde, lasen wir auch dieselben Bücher — dagegen protestierte Erna gelegentlich, weil sie doch älter sei und ich darum erst später an dieselben Sachen herandürfte. Aber das war nur eine augenblickliche Anwandlung. Für gewöhnlich war sie mit dem Zwillingsdasein sehr zufrieden. Wir hatten auch unsere Freundinnen wenigstens so weit gemeinsam, daß eine von denen der andern mit eingeladen wurde. Erna kam ganz normal nach beendetem 6. Lebensjahr zur Schule; sie tat ihre Pflicht, ohne sich besonders anzustrengen, war immer eine recht gute, aber keine hervorragende Schülerin. Ehrgeiz war ihr völlig fremd, außerhalb der Schule zeigte sie keine besonderen wissenschaftlichen Interessen. Leichte Unterhaltungsbücher las sie gern, wie das Lesen in unserer Familie überhaupt eine große Rolle spielte; nach schwerer Kost hatte sie kaum Verlangen.

Als sie in der I. Klasse der höheren Mädchenschule war, äußerte sie den Wunsch, danach in das Mädchenrealgymnasium überzugehen, das seit einigen Jahren darauf aufgebaut war; er wurde ihr ohne weiteres gewährt. Sie war damals noch nicht für ein bestimmtes Studium entschieden. Ich hatte den Eindruck, daß es ihr überhaupt noch nicht um einen Beruf zu tun war; sie wollte gern noch länger in der gewohnten und lieben Umgebung bleiben, der Entschluß einer Freundin wirkte wohl auch etwas mit. Es war aber bei der ganzen Einstellung unserer Familie selbstverständlich, daß der Gymnasialbesuch keine Luxusangelegenheit sein konnte, sondern Vorbereitung auf ein ernstes Berufsstudium. Da sie neue Sprachen gern und leicht lernte, dachte sie am ehesten an das Philologiestudium. Ich hatte schon mit 6 Jahren, als unsere Schwester Else das Lehrerinnenexamen machte, erklärt, ich wollte auch Lehrerin werden. So malten sich unsere Verwandten gern aus, wie wir später einmal gemeinsam unsern Beruf ausüben würden. Aber es sollte anders kommen. Als Erna ihr Abitur gemacht hatte, lud unser Onkel *David*, ein Bruder meiner Mutter, sie für ihre „Muluszeit“ zu sich ein und mich zur Gesellschaft mit. Es waren herrliche Ferien in dem großen Apothekershaus in Chemnitz. Meine Tante war das einzige Kind sehr wohlhabender Eltern und verstand es, ein großes Haus zu führen, sich mit erlesenem Geschmack zu kleiden und für gesellige Freuden zu sorgen. Da sie selbst keine Töchter hatte, fand sie einen besonderen Reiz darin, die jungen Nichten wenigstens für die Dauer des Besuchs in elegante Damen zu verwandeln. Die Freunde des Hauses bemühten sich um die Wette, uns zu erfreuen: Kahnfahrten, Autopartien, Theaterbesuche und Abendeinladungen wechselten einander ab. Aber unser guter Onkel hatte noch eine ernstere Absicht. Nach seiner Auffassung war für uns das Medizinstudium das einzig sinnvolle. Er wollte uns beide für den ärztlichen Beruf gewinnen und sah uns schon im Geist in einer gemeinsamen Privatklinik mit verschiedenen Spezialfächern einander in die Hände arbeiten. Da ich noch 2 Jahre Zeit hatte bis zum Beginn des Studiums, beschränkte er sich vorläufig darauf, meine Schwester in vertraulichen Unterredungen zu bearbeiten. Jeden Abend, wenn wir in unserm gemeinsamen Schlafzimmer allein waren, sagte ich: „Laß Dich nicht beeinflussen; tu, was Du selbst für das Richtige hältst". Und sie versicherte, daß sie festbleiben werde. Aber meine Ferien gingen schneller zu Ende als die ihren, und sie blieb nach meiner Abreise noch einige Wochen zurück. Kurz vor ihrer Heimkehr schrieb sie an meine Mutter, es sei ihr Wunsch, Medizin zu studieren und sie bäte um die mütterliche Einwilligung. Meine Mutter stimmte zu, weil sie uns gerade in dieser Frage frei entscheiden lassen wollte. Ich glaube nicht, daß Erna ihre Wahl je bereut hat. Sie hat das anstrengende Studium, zeitweise unter mancherlei körperlichen Beschwerden, zu Ende geführt und ihren Beruf gründlich erlernt. Wenn ich ihr später manchmal in der Sprechstunde half, sah ich mit stiller Freude, mit welcher Ruhe und Sicherheit sie ihn ausübte — einer Ruhe und Sicherheit, wie sie ihr im persönlichen Leben keineswegs im selben Maß eigen war. Ich habe hier zum ersten Mal den Wert einer festen Lehrtradition erfahren. — Als ich 2 Jahre nach meiner Schwester die Reifeprüfung bestand, wurde ich wiederum liebevoll nach Chemnitz eingeladen. Ich sagte mit freudigem Dank zu, fügte aber sogleich bei, meine Berufswahl sei getroffen und stünde nicht mehr zur Diskussion. Vor dieser Erklärung streckte mein Onkel die Waffen. Er machte nicht den mindesten Versuch, mich umzustimmen. Zu meiner Schwester äußerte er einige Monate später, vielleicht werde er als alter Mann einmal vor mir den Hut abnehmen müssen, aber vorläufig habe er für eine Berufswahl rein nach persönlicher Anlage und Neigung kein Verständnis.

Ich bin mit dieser Erzählung den Ereignissen weit vorausgeeilt, aber diese Tatsachen schienen mir besonders kennzeichnend für uns beide. In unserer Kindheit spielte die Schule eine große Rolle. Ich glaube fast, daß ich mich dort heimischer fühlte als zu Hause. Unser Schulhaus auf dem Ritterplatz war ein ehemals Schaffgotsch'sches Palais, moderner Schulhygiene wenig entsprechend, aber mit romantischen Ecken und Winkeln. Gegenüber lag das schöne Kloster der Ursulinen; auf dem freien Platz davor, unter den hohen, alten Bäumen durften wir um 10 Uhr, in der „großen Pause", spazierengehen. Der gestrenge Herr Direktor (im Schülerjargon „Rex" genannt), die Lehrer und Lehrerinnen kannten schon unsere älteren Schwestern und von den An- und Abmeldungsbesuchen meine Mutter. Und auch wir waren durch die Erzählungen der älteren Geschwister schon mit der Schule vertraut und verwachsen, ehe wir noch hineinkamen. Die Klassengefährtinnen schließlich teilten mit uns die Freuden und Leiden des Schullebens, die ja die Erwachsenen doch in ihrer Bedeutung nicht mehr fassen können: die Spannung vor den wöchentlichen „Klassenarbeiten" und die bange Erwartung der Rückgabe; und dann die großen Ereignisse des Schuljahres: die Trimesterzeugnisse und die Versetzung. Am Ende des Schuljahres wurden alle Klassen in der großen Aula versammelt. Es gab eine Schlußandacht, und der Direktor verlas die Liste der „Versetzten", von der untersten Klasse angefangen, für jede in der Reihenfolge der Klassenplätze, sodaß man hier zugleich erfuhr, ob man „herauf-" oder „heruntergekommen" war. Schließlich wurde aus jeder Klasse eine der besten Schülerinnen vorgerufen und empfing aus der Hand des Direktors eine Prämie. Es war für mich immer ein sehr peinlicher Moment, wenn ich zwischen den dichtgedrängten Reihen der Schülerinnen hindurchgehen mußte bis ganz vorn hin vor das Podium, auf dem das versammelte Lehrerkollegium saß; wenn alle Augen von vorn und von hinten sich auf einen richteten, während der Direktor einige freundliche Worte sprach.

Ich legte auch auf die Prämie weniger Wert als auf den Klassenplatz, so sehr ich mich über jedes neue Buch freute. Meine Schwestern, Cousinen und Freundinnen aber begrüßten mich mit freudigem

Stolz, wenn ich wieder in der Menge untertauchen durfte. Auch das Vorzeigen der Zeugnisse zu Hause erweckte in mir gemischte Gefühle. Mutter und Geschwister begrüßten die guten Noten mit lebhafter Freude und beschenkten uns dafür; aber ich mochte es nicht, daß so viel Wesens davon gemacht wurde und daß alle Verwandten und Bekannten davon erzählt bekamen.

Für unsere Schularbeiten brauchten wir nicht viel Zeit. Die freien Stunden brachten wir im Sommer meist auf dem Holzplatz zu, im Winter mit Spielen im Hause. An Gesellschaft fehlte es nicht: Schulfreundinnen, Kinder aus dem Haus, vor allem auch unsere vielen Vettern und Cousinen. Eine Schwester meiner Mutter hatte, wie sie selbst, 5 Töchter und 2 Söhne (nur daß die Söhne hier die Jüngsten waren); die Jüngste war nur wenige Monate älter als ich und kam in meine Klasse, als die Familie von Lublinitz nach Breslau zog. Wir waren nach Temperament und Neigungen denkbar verschieden, hielten aber gute Kameradschaft. Mit rührender Gutherzigkeit freute sie sich an meinen Schulerfolgen. Sie hatte schwarzes, wolliges Negerhaar und große, schwarze Augen, war ein kleines Sprühteufelchen und fing gern Streit an. Ich sagte dann wohl, ich wollte nicht streiten, beharrte aber in aller Ruhe auf meinem Standpunkt; ich erinnere mich, daß sie einmal ganz erregt sagte: „Laß mich doch auch einmal Recht haben!“ Solche kleine Szenen störten aber die Anhänglichkeit nicht. Wenn wir in größerer Zahl zusammen waren (z.B. an den Familien-Geburtstagen, bei denen die Kinder immer in einem besonderen Zimmer ihre Kaffeetafel hatten), spielten wir gern Schule oder Gesellschaftsspiele. Beim Auslösen der Pfänder bildeten den Höhepunkt „drei Fragen auf Ehre und Gewissen“. Wer sie gestellt bekam, mußte zuerst hinausgehen, während die andern mit glühendem Eifer berieten, was sie fragen wollten. Mit Herzklopfen kam man zurück, wenn man gerufen wurde: man mußte ja „auf Ehre und Gewissen“ wahrheitsgetreu antworten, und wußte doch, daß man jetzt auf Herz und Nieren geprüft wurde. Beliebte Fragen waren, wen man von seinen Geschwistern am liebsten hätte, wem von den Erwachsenen man ähnlich werden wollte. Es war das Verlangen, in die Geheimnisse des menschlichen Herzens einzudringen, das sich in diesem kindlichen Spiel geltend machte; und wenn die Antwort auf solche Fragen manchmal schwer fiel, so fühlte man sich doch auch merkwürdig erhoben bei diesem Hinabsteigen in die eigenen Tiefen. In der Dunkelstunde erzählten wir uns gern gruselige Geschichten. Manchmal gelang es mir auch, die andern zum Theaterspielen zu begeistern. Die Handlung dachte ich mir im Augenblick selbst aus; gelegentlich schrieb ich wohl auch so ein „Drama" auf.

Unsere täglichen Kameraden, von uns fast so unzertrennlich wie wir beide voneinander, waren während vieler Jahre zwei Vettern, Zwillinge, die aus ihrer oberschlesischen Heimat nach Breslau geschickt wurden, um das Gymnasium zu besuchen. Sie waren mehrere Jahre älter als wir und standen im 12. Jahr, als sie kamen. Sie glichen sich so, daß sie beständig verwechselt wurden, wir aber konnten sie so gut unterscheiden, daß wir die Verwechslung nicht begreifen konnten. Im Temperament waren sie sehr verschieden. Der Lebhaftere und Schlagfertigere schloß sich näher an meine Schwester Erna an, der Ernstere und Schwerfälligere an mich. Ich habe ihn mit meinen Neckereien, gegen die er wehrlos war, oft sehr gequält und wenig merken lassen, wie gern ich ihn hatte. Die beiden wohnten ganz in unserer Nähe, bei gemeinsamen Verwandten, bei denen auch wir zu Hause waren. Sie fanden sich gewönlich am frühen Nachmittag bei uns ein und wurden von uns mit der Frage empfangen, ob sie ihre Schularbeiten schon gemacht hätten. Wir taten das immer sofort nach Tisch, und ich hätte an nichts Freude haben können, wenn die kleinen Pflichten unerledigt auf mir gelastet hätten. Die Jungen nahmen es natürlich nicht so genau. Sie waren sehr musikalisch, wir verbrachten viel Zeit am Klavier. Mit großer Geduld hielten sie uns zum Vierhändig-Spielen an; sogar ich wurde zu den Beethovenschen Symphonien herangeholt, obgleich ich es nie zu der geringsten Fingerfertigkeit bringen konnte. Als wir etwas älter waren, besuchten wir öfters zusammen Konzerte und Theater. Die langjährige Freundschaft löste sich ohne jede äußere Veranlassung, als ich 16 Jahre alt war und anfing das Gymnasium zu besuchen.

Es mag zwischen beiden Tatsachen ein innerer Zusammenhang bestanden haben: es war die Zeit, in der in den jetzt 19-jährigen Zwillingen das Verlangen erwachte, „ihr Leben zu genießen", und dies in Formen, für die sie bei uns kein Verständnis voraussetzen konnten. In den Kreisen der jüdischen Bourgeoisie galt weitgehend die „doppelte Moral", die meine Schwester und ich leidenschaftlich ablehnten. Aus dieser Verschiedenheit der Anschauungen heraus hat sich die nähere Verbindung mit unsern Verwandten überhaupt wesentlich gelockert. Es blieb der äußere Verkehr und die herzliche Teilnahme bei allen freudigen und traurigen Familienereignissen; aber man glaubte bei uns einen verstiegenen und weltfremden Idealismus zu finden, während uns bei den andern vieles als frivol abstieß. Davon wurde auch meine Mutter mit ergriffen. Bei aller herzlichen Liebe zu ihren Geschwistern und dem Bedürfnis, sie häufig zu sehen und über Gegenwärtiges und Vergangenes mit ihnen zu plaudern, fühlte sie sich mehr und mehr nur noch im eigenen Heim ganz zu Hause.

Zu häuslichen Arbeiten hatten wir wenig Neigung und liebten es gar nicht, wenn wir zum Staubwischen oder Geschirrabtrocknen kommandiert wurden. Je mehr die Studien uns in Anspruch nahmen, desto mehr ließ man uns davon frei; nicht zu unserm Vorteil, denn es ergab sich daraus eine Einseitigkeit der Ausbildung, die ich später noch oft bedauern sollte.

2.

Zu den großen Ereignissen des häuslichen Lebens gehörten neben den Familienfesten die hohen jüdischen Feiertage: vor allem das Peßach- (= Paschafest) zeitlich etwa mit Ostern zusammenfallend, sowie das Neujahrsfest und der Versöhnungstag (im September oder Oktober je nach der Verschiebung des jüdischen zum gregorianischen Kalender). Es ist den meisten Christen nicht bekannt, daß das „Fest der ungesäuerten Brote“, die Erinnerung an den Auszug der Kinder Israels aus Ägypten, noch heute so gefeiert wird, wie der Herr es mit den Jüngern feierte, als er das allerheiligste Altarsakrament einsetzte und von ihnen Abschied nahm. Es wird zwar kein Osterlamm mehr geschlachtet, seit der Tempel zu Jerusalem gefallen ist, aber noch immer verteilt der Hausherr unter den vorgeschriebenen Gebeten das ungesäuerte Brot und die bitteren Kräuter, die an die Trübsal der Verbannung erinnern, segnet den Wein und liest den Bericht über die Befreiung des Volkes aus Ägypten vor. Mit der eigenwilligen Konsequenz, die dem jüdischen Geist eigen ist, sind die Festbräuche ausgebaut worden: eine ganze Woche lang wird kein gesäuertes Brot und auch sonst nichts Gesäuertes genossen oder auch nur im Haus geduldet. Natürlich braucht eine vielköpfige Familie einen großen Vorrat an ungesäuerten Broten („Mazzen"). Sie werden in großen Bäckereien nach bestimmten Vorschriften und „unter Aufsicht des Rabbinats" hergestellt. Wir bekamen sie schon einige Zeit vor dem Fest in großen Rollen von braunem oder grauem Papier, sie durften aber vor dem ersten „Sederabend" (nach der festen Ordnung genannt, nach der das Mahl gehalten wird) nicht angerührt werden. Am Rüsttage vor dem Fest wird das ganze Haus auf den Kopf gestellt. Es wird alles Gesäuerte entfernt, die letzten Brotkrumen werden zusammengefegt und verbrannt. Damit nicht genug: es wird alles Geschirr auf den Speicher oder in den Keller gebracht und dafür anderes herbeigeholt, das das ganze Jahr geruht hat und nun gründlich gesäubert werden muß. (In meinen Kinderjahren wurde das alles bei uns so gehalten; später haben die liberalen älteren Geschwister meiner Mutter manches „abgehandelt"). Die Hausfrauen haben an solchen Rüsttagen viel Arbeit und sind froh, wenn der Abend und damit das Fest endlich anbricht. (Die jüdischen Feste beginnen am Vorabend, wenn der erste Stern am Himmel steht).

Wir Kinder freuten uns natürlich immer sehr auf diese Unterbrechung des Alltagsdaseins, begrüßten die Töpfe und Schüsseln, die wir ein Jahr lang nicht gesehen hatten, und freuten uns auf die guten Gerichte, die es nun während dieser Zeit gab. Allerdings wurde die Woche doch recht lang, und es war wiederum ein Fest, wenn das langentbehrte Butterbrot zum erstenmal wieder auf den Tisch kam. Wir freuten uns auch auf die Abende mit der feierlichen Speisefolge und den vielen Gebeten. Ich hatte dabei eine besondere Rolle: die Liturgie des Sederabends enthält eine Reihe von Fragen, in denen das jüngste Kind sich erkundigt, warum an diesem Abend alles so anders sei als an andern Abenden. Der Hausherr antwortet darauf und erklärt den Sinn der einzelnen Bräuche. Später, als ich schon „aufgeklärt" war, begrüßte ich es, daß Neffen und Nichten da waren, die mich ablösten. Überhaupt litt die Weihe des Festes darunter, daß nur meine Mutter und die jüngeren Kinder mit Andacht dabeiwaren. Die Brüder, die anstelle des verstorbenen Vaters die Gebete zu sprechen hatten, taten es in wenig würdiger Weise. Wenn der ältere nicht da war und der jüngere die Rolle des Hausherrn übernehmen mußte, ließ er sogar deutlich merken, daß er sich innerlich über all dies lustig machte.

Noch höher im Rang als dieses Fest stehen das Neujahrs- und Versöhnungsfest. Das Neujahrsfest wird zwei Tage lang gefeiert. Am Vorabend beginnt es wiederum mit einem Festmahl. Die Hausfrau backt dafür (wie für jeden Sabbat) „Barches", ein feines Weißbrot; aber sonst wird es, auch auf bestimmte vorgeschriebene Weise, zu länglichen Zöpfen geflochten, zu Neujahr dagegen rund geformt. Dieses Brot wird hauptsächlich zum Fleisch genommen. Zum Beginn der Mahlzeit wird es angeschnitten und jeder Tischgenosse erhält ein Stück; die Verteilung geschieht genau nach dem Alter. Ehe man davon kostet, betet man den Segensspruch: Gepriesen seist Du, Gott, Herr der Welt, der Du aus der Erde Speise hervorbringst. An diesem Abend gab es außerdem Honig und die ersten Weintrauben. Meine Mutter nahm nie vor Neujahr welche. Für die Kaffeemahlzeiten wurden große Vorräte von vorzüglichen Kuchen gebacken. Die Gebetsordnung ist für die Neujahrsabende nicht so ausgedehnt wie für die Sederabende; d.h. für die häusliche Feier. In der Synagoge ist am Vorabend wie an beiden Festtagen großer Gottesdienst. Das Judentum hat eine ausgebildete Liturgie, feste Gebetszeiten für jeden Tag und für die hohen Feste eine Gottesdienstordnung, die einen großen Teil des Tages ausfüllt. (Aus dieser Liturgie, die sich aus Psalmen und Schriftlesungen zusammensetzt, ist die Liturgie der Kirche erwachsen). Meine Mutter pflegt am Vorabend nicht den öffentlichen Gottesdienst zu besuchen, sondern betet ihn zu Hause still für sich aus ihrem Gebetbuch mit, nachdem sie andächtig, auch unter den vorgeschriebenen Gebeten und zur vorgeschriebenen Stunde, die Kerzen in den hohen silbernen Leuchtern angezündet hat, die den Beginn des Festes ankünden.

Aber am Morgen begibt sie sich in die Synagoge (zu Fuß, weil man an den Festtagen kein Gefährt benützt; denn es ist ja jede Arbeit untersagt, und man darf auch nicht anderer Menschen Arbeit ausnützen) und kommt erst zum Mittagessen zurück. Wir begleiteten sie als Kinder gewöhnlich nicht, holten sie aber mittags ab. Wir trugen dann unsere besten Kleider und Schuhe und fanden uns in dem Vorhof mit vielen andern Kindern zusammen, die festlich geschmückt ihre Eltern erwarteten. Die Schule besuchten wir an den hohen Festtagen nicht. Meine größte Festfreude war es, mit unbeschränkter Zeit ein schönes Buch zu lesen; wir versorgten uns schon immer vorher mit Lesestoff.

Der höchste jüdische Feiertag ist der Versöhnungstag: der Tag, an dem einst der Hohepriester ins Allerheiligste eintrat und das Versöhnungsopfer für sich und das ganze Volk darbrachte, nachdem der „Sündenbock“, auf den alle Vergehen des Volkes geladen wurden, in die Wüste hinausgetrieben war. Das alles hat aufgehört. Aber noch heute wird der Tag mit Beten und Fasten begangen, und wer auch nur ein wenig noch auf sein Judentum hält, der geht an diesem Tage zum „Tempel“. Obwohl ich die Leckerbissen der andern Feste keineswegs verschmähte, hat es mich doch immer besonders angezogen, daß man an diesem Fest 24 Stunden und länger keinen Bissen und keinen Schluck zu sich nahm, und ich liebte es mehr als alle andern. Am Vorabend mußte man das Nachtmahl schon am hellen Tage nehmen; denn wenn der erste Stern am Himmel stand, begann der Gottesdienst in der Synagoge. An diesem Abend ging nicht nur meine Mutter hin, sondern die großen Schwestern begleiteten sie, und auch die Brüder betrachteten es als Ehrenpflicht, nicht zu fehlen. Die herrlichen alten Melodien dieses Abends locken sogar Andersgläubige herbei. Am nächsten Morgen stand meine Mutter etwas später auf als sonst (ihre gewöhnliche Zeit ist heute noch halb sechs Uhr), aber immer noch früher als alle andern.

Dann ging sie von Bett zu Bett und nahm von allen zärtlich Abschied, denn sie blieb den ganzen Tag in der Synagoge. Wir blieben möglichst lange im Bett (es war für diesen Fall erlaubt, im Bett zu lesen), unsere Schwester Frieda stand überhaupt nicht auf, weil sie sonst das Fasten nicht vertragen konnte. Wir Kleinen gingen zur Totenfeier in die Synagoge; darauf hielt meine Mutter, weil wir dabei unseres Vaters gedenken sollten. Es brannten auch Tag und Nacht zu Hause zwei große, dicke, weiße Kerzen zum Andenken an unsere Verstorbenen. Abends holte meist einer meiner Brüder die Mutter heim. Es war immer eine große Freude, wenn die ganze Familie sich wieder zusammenfand und wenn alle den Tag gut überstanden hatten. Die Pflicht zu fasten besteht für Knaben vom vollendeten 13., für Mädchen vom 12. Jahre an [1]. Ich hätte mich gern gewissenhaft daran gehalten, man hielt mich aber im 12. Jahr noch zu zart und erlaubte mir nur, bis mittag nüchtern

---

[1] Das Gesetz rechnet mit der frühen Reife des Orients.

zu bleiben. Vom 13. Jahr an aber habe ich immer ausgehalten, und niemand von uns dispensierte sich vom Fasten, auch als wir alle den Glauben unserer Mutter nicht mehr teilten und uns außerhalb des Hauses nicht mehr an die rituellen Vorschriften hielten.

Für mich hatte der Tag noch eine besondere Bedeutung: ich war am Versöhnungstag geboren, und meine Mutter hat ihn immer als meinen eigentlichen Geburtstag betrachtet, wenn auch der Glückwunsch- und Geschenktag der 12. Oktober war. (Sie selbst feierte ihren Geburtstag nach dem jüdischen Kalender — am Laubhüttenfest —, für ihre Kinder aber hielt sie an diesem Brauch nicht mehr fest). Sie hat auf diese Tatsache großen Wert gelegt, und ich glaube, daß dies mehr als alles andere dazu beigetragen hat, ihr ihr jüngstes Kind besonders teuer zu machen. Und weil unser Schicksal in eigentümlicher Weise verflochten ist, darum ist es wohl angebracht, daß ich in diesem Lebensbild meiner Mutter von meiner eigenen Entwicklung etwas mehr sage als von der meiner Geschwister.

3.

Meine Eltern wohnten seit anderhalb Jahren in Breslau, als ich am 12. Oktober 1891 zur Welt kam. Im Juli 1893 starb mein Vater. Ich berichtete schon, daß meine Mutter mich auf dem Arm hielt, als er von uns Abschied nahm, um die Reise anzutreten, von der er nicht lebend zurückkehren sollte, und daß ich ihn noch einmal zurückrief, als er sich schon zum Gehen gewandt hatte. So war ich für sie das letzte Vermächtnis meines Vaters. Ich schlief bei ihr im Zimmer, und wenn sie abends müde aus dem Geschäft heimkam, dann war ihr erster Weg zu mir. Ja, wenn ich krank war, nahm sie sich kaum Zeit, den Mantel abzulegen, setzte sich zu mir auf den Bettrand und ließ sich das einfache Abendessen dorthin bringen.

Ihre Gegenwart verscheuchte aber auch bei mir alle Leiden und Schmerzen. Als ich 7 Jahre alt war, durfte ich für die Weihnachtsferien mit Erna nach Lublinitz fahren. Am Heiligen Abend bekam ich heftige Schmerzen und konnte von dem guten Weihnachtskarpfen nichts mehr herunterschlucken. Der Arzt stellte eine Infektion fest, und ich mußte die ganzen Ferien als Patientin zubringen. Da meine Mutter ihr Geschäft nicht im Stich lassen konnte, schickte sie meine Schwester Else, um mich zu pflegen. Am Sonntag aber war sie selbst, ohne Anmeldung, plötzlich da. Weil es mir in dem großen Schlafzimmer im Giebel etwas einsam war, hatten mich die guten Tanten heruntergeholt und auf das Sofa im gemütlichen Eßzimmer gebettet. Als meine Mutter plötzlich im Türrahmen stand, war ich mit einem Sprung an ihrem Hals und blieb dann auf ihrem Schoß, bis sie am Abend wieder heimfahren mußte.

Trotz dieser innigen Verbundenheit war meine Mutter nicht meine Vertraute — so wenig wie sonst jemand. Ich führte für den äußeren Betrachter unbegreifliche, sprunghafte Umwandlungen durch. In den ersten Lebensjahren war ich von einer quecksilbrigen Lebhaftigkeit, immer in Bewegung, übersprudelnd von drolligen Einfällen, keck und naseweis, dabei unbezähmbar eigenwillig und zornig, wenn etwas gegen meinen Willen ging. Meine älteste Schwester, die ich so sehr liebte, hat ihre junge Erziehungsweisheit vergeblich bei mir angewandt. Ihr letztes Mittel war, mich in eine dunkle Kammer zu sperren. Wenn diese Gefahr drohte, legte ich mich steif auf den Boden, und meine zarte Schwester konnte mich nur mit äußerster Anstrengung aufheben und forttragen. In dem finstern Gefängnis ergab ich mich keineswegs in mein Schicksal, sondern schrie aus Leibeskräften und trommelte mit beiden Fäusten gegen die Tür, bis meine Mutter schließlich sagte, dies könne man den Mitbewohnern des Hauses nicht zumuten, und mich befreite.

Das war es, was meine Angehörigen für gewöhnlich äußerlich an mir beobachten konnten. Aber in meinem Innern gab es noch eine verborgene Welt. Was ich am Tage sah und hörte, das wurde dort verarbeitet. Der Anblick eines Betrunkenen konnte mich tage- und nächtelang verfolgen und quälen. Ich bin später oft dankbar gewesen, daß von meinen Brüdern in diesem Punkte nichts zu befürchten war und daß ich auch keinen andern mir nahestehenden Menschen in diesem schauderhaften Zustand sehen mußte. Es blieb mir immer unbegreiflich, wie man über so etwas lachen konnte, und ich habe in meiner Studentenzeit angefangen, ohne einer Organisation beizutreten oder ein Gelübde abzulegen, jeden Tropfen Alkohol zu meiden, um nicht durch eigene Schuld etwas von meiner Geistesfreiheit und Menschenwürde zu verlieren. Wenn in meiner Gegenwart von einer Mordtat gesprochen wurde, lag ich nachts stundenlang wach, und das Grauen kroch aus allen dunklen Ecken auf mich zu. Ja, ein etwas derber Ausdruck, den meine Mutter in meiner Gegenwart erregt aussprach, schmerzte mich so, daß ich die kleine Szenen (eine Auseinandersetzung mit meinem ältesten Bruder) nie vergessen konnte. Von all diesen Dingen, an denen ich heimlich litt, sagte ich niemandem je ein Wort. Es kam mir gar nicht in den Sinn, daß man über so etwas sprechen könnte. Nur selten verriet ich meinen Angehörigen etwas davon; ich bekam nämlich manchmal ohne erkennbare Ursache plötzlich Fieber, und im Delirium sprach ich dann aus, was mich innerlich beschäftigte. Einen solchen Fall haben mir meine Geschwister oft erzählt. Als ich etwa 5 Jahre alt war las meine Schwester Frieda in der Schule „Maria Stuart" und durfte dann mit meiner Mutter ins Theater gehen, als das Stück aufgeführt wurde. Es war vorher viel davon die Rede, und ich hatte wie gewöhnlich mehr aufgeschnappt als für mich bestimmt war. Während die beiden im Theater waren, kamen bei mir die Fieberphantasien, und ich rief ein über das andere Mal in großer Erregung: „Schlagt doch der Elisabeth den Kopf ab!" Ich erinnere mich noch wie nachhaltig dieser Eindruck war. Als ich im nächsten Jahr anfing, zur Schule zu gehen, und so weit war, daß ich Gedrucktes notdürftig lesen konnte, suchte ich mir den richtigen Band von Schillers Werken aus dem Familienbücherschrank, ging damit zu meiner Mutter in die Küche und fragte sie, ob ich ihr „Maria Stuart" vorlesen dürfte. Sie sagte ganz ernsthaft: „Lies nur". Wie weit ich damals gekommen bin, weiß ich nicht mehr. Man kann sich denken, daß solche plötzlich hervorbrechenden Feuergarben meine Angehörigen erschreckten. Man nannte das „Nervosität" und suchte mich nach Möglichkeit vor Überreizung zu schützen.

Die erste große Umwandlung vollzog sich in mir, als ich etwa 7 Jahre alt war. Ich wußte keine äußere Ursache zu nennen. Ich kann es nicht anders erklären, als daß damals die Vernunft in mir zur Herrschaft kam. Ich erinnere mich gut, daß ich von da ab die Überzeugung hatte, meine Mutter und meine Schwester Frieda wüßten besser als ich, was für mich gut wäre, und daß ich ihnen in diesem Vertrauen bereitwillig gehorchte. Der alte Eigenwille schien verschwunden, ich war in den folgenden Jahren ein leicht lenksames Kind. Hatte ich mir eine Unfolgsamkeit oder eine ungezogene Antwort erlaubt, so bat ich bald wieder um Verzeihung, obwohl mich das jedesmal die größte Überwindung kostete, und war glücklich, wenn dann der Friede wieder hergestellt war. Zornesausbrüche kamen kaum noch vor; ich erreichte schon früh eine so große Selbstbeherrschung, daß ich fast ohne Kampf eine gleichmäßige Ruhe bewahren konnte. Wie das geschah, weiß ich nicht; ich glaube aber, daß der Abscheu und die Scham, die ich bei Zornesausbrüchen anderer empfand, das lebhafte Gefühl für die Würdelosigkeit eines solchen Sich-gehen-lassens mich geheilt haben.

Allmählich wurde es auch in der inneren Welt lichter und klarer. Gehörtes und Gesehenes, Gelesenes und Selbsterlebtes boten einer regen Phantasie Stoff zu den kühnsten Bauten. Ein großes Ereignis, das mich lange beschäftigte, war der 80. Geburtstag einer Großtante, zu dem aus der weitverzweigten Verwandtschaft wohl 100 Personen geladen waren. Die alte Dame (Frau Ernestine *Radlauer*; ich habe den Namen schon früher erwähnt) hatte selbst ihren jugendlichen Frohsinn noch bewahrt, und ihre vielseitig begabten Kinder und Enkel verstanden es, glänzende Feste vorzubereiten. Auf dem reichhaltigen Programm stand diesmal ein Tanz aus Großmutters Jugendtagen, den 8 Kinderpaare in Kostümen der Zeit aufführen sollten. Die Ballettmeisterin des Stadttheaters, eine Französin, übte ihn ein. Meine Schwester und ich waren eins der Paare; wir waren damals 9 und 7 Jahre alt. Da wir zu den Jüngsten gehörten und in keiner Kindertanzstunde vorgebildet waren, traute man uns nicht viel zu und stellte uns ganz in den Hintergrund. Aber schon in der ersten Probe holte uns Mme. *Prochère* in die vorderste Reihe. Sie war begeistert von der Fixigkeit, mit der ich ihre Ideen erfaßte und ihnen entsprach. Sie fragte mich öfters, ob ich nicht ganz zu ihr ins Ballett kommen wollte. Ich hielt diese Frage für gar keiner ernsthaften Antwort wert; trotzdem schmeichelte sie meiner Eitelkeit sehr. *Erna* war etwas steifer; aber das schadete nichts, weil sie der „Herr" war. Sie bekam einen Frack aus braunem Samt und hellblaue Kniehosen, ich ein Kleidchen aus hellem, geblümtem Stoff, dazu hochfrisierte Haare mit Rosen darin. Man hatte uns angekündigt, daß wir auch geschminkt werden müßten. Dagegen protestierte ich lebhaft und zu meiner Freude erwies es sich an dem Festabend als völlig überflüssig, weil wir alle vor Erregung glühten und keines künstlichen Rot mehr bedurften. Man klatschte uns reichlich Beifall; ich wurde zusammen mit einer Cousine, der man neben mir den

Preis der besten Tänzerin zusprach, zu dem greisen Geburtstagskind geführt, um einen besonderen Dank zu empfangen. Dann hob mich mein Onkel *David* mit beiden Händen empor und stellte mich auf eine Fensterbank, damit alle Menschen in dem großen Saal das winzige Persönchen recht sehen könnten. An diesem Abend guckte ich den Erwachsenen alle Tänze ab und wurde schließlich zu ihnen mit aufgefordert. In den nächsten Wochen brachte mir mein Bruder *Arno,* der ein guter Tänzer war, zu Hause bei, was mir etwa noch fehlte. Er war damals 22 Jahre alt und von stattlicher Länge, mußte sich also tief herunterbücken, um mit mir zu tanzen. Das störte aber beide Teile nicht. Als wir von jenem strahlenden Fest heimgehen mußten, schenkte mir eine schöne und vielbewunderte Cousine die Schneeglöckchen, die sie im Gürtel getragen hatte. Damit zog ich dann beglückt ab. Am nächsten Morgen fanden es meine großen Schwestern für gut, mir zu berichten, es hätten sich alle Leute über meine koketten Blicke beim Tanzen gewundert. Ich sagte: „Wie lächerlich!"; denn der „Kavalier", mit dem ich kokettierte, war ja nur meine Schwester Erna. Daß die Siebenjährige den Vorwurf verstand und zurückwies, zeigt genügend, wie es in dem kleinen Köpfchen aussah.

In meinen Träumen sah ich immer eine glänzende Zukunft vor mir. Ich träumte von Glück und von Ruhm, denn ich war überzeugt, daß ich zu etwas Großem bestimmt sei und in die engen, bürgerlichen Verhältnisse, in denen ich geboren war, gar nicht hineingehörte. Von solchen Träumen sprach ich ebenso wenig wie von den Beängstigungen, die mich früher gequält hatten. Man merkte nur, daß ich verträumt war, und schreckte mich oft auf, wenn ich nicht merkte, was um mich herum vorging. Für diese wuchernde Phantasie war es gut, daß ich früh zur Schule kam und daß der lebhafte Geist solide Nahrung bekam. Als Erna mit 6 Jahren anfing, in die Schule zu gehen, und ich nicht mitdurfte, war ich sehr unglücklich. Weil ich nun zu Hause keine Gesellschaft mehr hatte, wurde ich in einem Kindergarten angemeldet. Das hielt ich für tief unter meiner Würde. Es kostete jeden Morgen einen heftigen Kampf, mich hinzubringen. Ich war unliebenswürdig gegen die andern Kinder und schwer zum Mitspielen zu bewegen. Meine Geschwister hatten abwechselnd die unangenehme Aufgabe, mich hinzuführen. Einmal war mein ältester Bruder an der Reihe. Als wir zum Haus herauskamen, merkte ich, daß es etwas regnete. Ich erklärte sofort, ich könnte auf dem nassen Boden nicht gehen, ich wollte umkehren oder er sollte mich tragen. Der gute Paul nahm mich sofort auf den Arm und trug mich den ganzen Weg. Mittags erklärte mir meine Mutter, ein so großes Mädchen müßte sich doch schämen, sich tragen zu lassen. Ob ich mich wenigstens bedankt hätte? Sonst sollte ich das jetzt nachholen. Das kostete wieder schwere Überwindung. Denn mein großer Bruder pflegte alles zu tun, was ich wollte, ohne Bitte und Dank zu beanspruchen. Er konnte mich stundenlang auf seinen Schultern im Zimmer herumtragen, während ich mich an seinen Haaren festhielt; dazu sang er mir unermüdlich Studenten- und Volkslieder vor. Zu seinem und meinem Vergnügen zeigte er mir oft die Bilder in seiner großen Literaturgeschichte und fragte mich, wen oder was sie vorstellten; und in seinem Eifer hielt er dabei die Unterschriften zu, obgleich ich noch nicht lesen konnte.

Als mein 6. Geburtstag herannahte, beschloß ich, dem verhaßten Kindergartendasein ein Ende zu machen. Ich erklärte, daß ich von diesem Tage an unbedingt in die „große Schule" gehen wollte, und wünschte mir das als einziges Geburtstagsgeschenk; jedenfalls wollte ich ohne dieses keine andern annehmen. Es traf sich, daß in diesem Jahr die Schule nach den Herbstferien am 12. Oktober wieder begann. Immerhin war es nicht ganz einfach, meinen Willen durchzusetzen; denn das Schuljahr lief schon seit Ostern, und ich konnte zwar große Balladen aufsagen und mit meinen Geschwistern „Dichterquartett" spielen, weil ich alles auswendig wußte, was auf den Karten stand, aber lesen und schreiben konnte ich noch gar nicht.

Meine älteste Schwester ging zum Direktor der Viktoriaschule und bat ihn, mich probeweise aufzunehmen; sie wollte sich dafür verbürgen, daß ich mitkäme. Da sie selbst eine ausgezeichnete Schülerin gewesen war und kürzlich ihr Lehrerinnenexamen bestanden hatte, wurde ich auf ihre Fürsprache hin angenommen. An meinem ersten Schultage fragte mich der gestrenge Herr Direktor, ob ich schon meine Geburtstagsgeschenke bekommen hätte, und der Lehrer, der die unterste Vorschulklasse hatte, brachte mir eine Tüte mit Schokoladenplätzchen mit. Es war anfangs recht schwer, ohne jede Vorübung sofort mit Feder und Tinte zu schreiben und ganze Worte zu lesen. Aber Ostern wurde ich mit den andern versetzt und von da an behauptete ich immer einen der ersten Plätze.

Von den Freuden und Leiden des Schullebens habe ich schon erzählt. Ich war eine übereifrige Schülerin. Ich konnte mit hochgerecktem Zeigefingerchen bis zum Katheder vorhüpfen, um nur ja „dranzukommen“. Meine Lieblingsfächer waren Deutsch und Geschichte. Zu Beginn des neuen Schuljahrs verschlang ich immer sofort das neue Lesebuch und das neue Geschichtsbuch. Ich fing schon am frühen Morgen an zu lesen, während mich meine Mutter frisierte. Aufsätze zu schreiben, war mir ein Vergnügen. Da konnte ich doch etwas von dem anbringen, was mich innerlich beschäftigte. Ich hatte auch keine Scheu, sie den Lehrern abzugeben. Dagegen liebte ich es gar nicht, sie zu Hause lesen zu lassen, erst recht nicht, sie Freunden zu zeigen, die zu Besuch kamen und denen man von meinen Leistungen erzählt hatte. Ich wurde überhaupt außerhalb der Schule still und schweigsam, sodaß es in der ganzen Familie auffiel. Das lag wohl daran, daß ich in meiner inneren Welt eingesponnen war. Zum Teil war vielleicht auch die herablassende Art mit schuld, in der Erwachsene mit Kindern zu verkehren pflegen. Wenn ich anfing über Dinge zu reden, für die ich ihnen zu klein schien, dann konnten sie lachen und es sich gegenseitig als Kuriosität erzählen. Da schwieg ich lieber still. In der Schule wurde ich ernst genommen. Vielleicht sagte ich im Unterricht manches, was die meisten Mitschülerinnen nicht verstanden. Aber ich merkte das nicht, und auch die Lehrer ließen nichts merken, als daß sie mich mit guten Noten auszeichneten.

III

Von Sorgen und Zerwürfniesen in der Familie

1.

⟨Hier fehlen 28 Blätter im Manuskript⟩*

am liebsten für sich allein haben und nicht mit seinen vielen Verwandten teilen wollte. Aber wenn sie im Bad war und der Onkel allein zu Hause, dann lud er alle seine Geschwister mit sämtlichen Kindern zusammen ein. Ich sehe ihn noch auf der Freitreppe stehen, die zum Garten hinunterführte. Wir erhielten unsere Abendmahlzeit draußen auf dem Rasen, und seine Augen leuchteten vor Freude, während er uns ermunterte, es uns recht schmecken zu lassen. Als wir ihn das letztemal besuchten, wohnte er nicht mehr in diesem schönen Hause. Er hatte es aufgegeben und mit einer Mietwohnung vertauschen müssen. Bei diesem Besuch war er besonders weich und gütig, nahm uns auf die Knie und fragte eingehend nach unsern Schulangelegenheiten. Ich war damals 10 Jahre alt. Ich glaube, es war nicht lange danach, als wir plötzlich die Nachricht von seinem Tode erhielten. Meine Mutter ging sofort hin, obgleich es Werktag und Geschäftszeit war. Es herrschte eine schreckliche Aufregung in der ganzen Familie; wir Kinder sollten nichts Näheres erfahren, aber allmählich sickerte es doch zu uns durch, daß er sich erschossen hatte. Geschäftliche Sorgen hatten ihn dahin gebracht. Seine eigene Geschäftsführung war tadellos; aber er hatte seinen Brüdern ausgeholfen, die in Schwierigkeiten waren — einem in Rumänien und einem in Breslau —, und wurde in ihren geschäftlichen Zusammen-

* Es fehlt ein Bündel von 28 Blättern (im Manuskript: S. 162-190). Die letzte Seite des voraufgehenden Bündels (S. 161) läßt eindeutig erkennen, daß auf ihrer unteren Hälfte ein neuer Absatz beginnt. Dieser Teil von S. 161 ist abgeschnitten und ebenfalls dem Manuskript entnommen.

bruch mithineingezogen. Als er keinen Ausweg mehr sah, wie er seine Gläubiger befriedigen konnte, wollte er den drohenden Verlust seiner Ehre nicht überleben. Man sagte nachher, daß es sehr wohl möglich gewesen wäre, seine Angelegenheiten zu ordnen. Wenn ich mich recht erinnere, war seine Beerdigung die erste, die ich mitmachte. Wir saßen vorher mit unserer Mutter unter den Leidtragenden in dem Vorraum der Leichenhalle, entferntere Verwandte und Freunde traten an uns heran und reichten uns die Hand zum Zeichen der Teilnahme; meine Mutter sagte mit einem Blick auf uns: „Der zweite Vater". Dann öffneten sich die Türen der Leichenhalle, und alles strömte hinein. Eine ernste Musik empfing uns, der Raum war feierlich geschmückt; vorn stand zwischen grünen Bäumen der Sarg, ganz mit Blumen bedeckt. Der Rabbiner begann die Leichenrede. Ich habe viele solche Reden gehört. Sie warfen einen Rückblick auf das Leben des Verstorbenen, hoben hervor, was er Gutes getan, und rührten damit den ganzen Schmerz der Angehörigen auf; etwas Tröstendes enthielten sie nicht. Es wurde zwar mit feierlich erhobener Stimme gebetet: „Und wenn der Leib zu Staub zerfällt, so kehrt der Geist zu Gott zurück, der ihn gegeben". Aber dahinter stand kein Glaube an ein persönliches Fortleben und an ein Wiedersehen nach dem Tode. Als ich viele Jahre später zum erstenmal einem katholischen Leichenbegängnis beiwohnte, machte mir der Gegensatz einen tiefen Eindruck. Es war ein namhafter Gelehrter, der zu Grabe getragen wurde. Aber von seinen Verdiensten, ja von dem Namen, den er in der Welt getragen hatte, war nicht mehr die Rede. Nur unter ihrem Taufnamen wurde die arme Seele der göttlichen Barmherzigkeit empfohlen. Doch wie tröstend und beruhigend waren die Worte der Liturgie, die den Toten in die Ewigkeit geleiteten!

Ein schrecklicher Augenblick war es immer, wenn die Träger am Schluß der Leichenfeier den Sarg aufhoben und hinaustrugen. Die Trauernden folgten paarweise über den weiten Friedhof zum geöffneten Grabe. Dann kam wieder etwas Fürchterliches: das Herablassen des Sarges und das dumpfe Aufstoßen, wenn er den Grund erreicht hatte. Dagegen empfand ich es tröstlich, wenn ich an die Reihe kam, drei Schaufeln Erde hinabzuwerfen. Das war so wie ein letzter Gruß. Am Schluß wurde noch einmal in der Leichenhalle gebetet.

Ein Jahr später, genau um dieselbe Zeit, kam ein ganz ähnlicher Schlag. Der jüngste Bruder meines Vaters, der das großelterliche Geschäft in Gleiwitz übernommen hatte, machte wegen geschäftlicher Schwierigkeiten seinem Leben ein Ende. Wir hatten ihn wenig gekannt, denn er besuchte uns selten; aber das Ereignis als solches und die Parallele zu dem im Vorjahr wirkte erschreckend. Daß der Selbstmord etwas Furchtbares sei, ganz anders furchtbar als der Tod als solcher, das fühlte ich wohl. Und meine Mutter mit ihrer unverwüstlichen Lebensfrische pflegte in solchen Fällen zu sagen, nur in einer augenblicklichen Geistesverwirrung könne ein Mensch einen solchen Entschluß fassen und durchführen; bei gesundem Verstande sei es nicht möglich. Wenn ich später erwog, wie so etwas möglich sei, und zugleich bedachte, warum wohl gerade bei Juden der Selbstmord ziemlich häufig ist, fand ich noch eine andere Erklärung. Auch der wirtschaftliche Kampf gegen die Juden, der im vorigen Jahr so viele mit einem Schlage ruinierte, hat ja zu einer erschreckenden Anzahl von Selbstmorden geführt. Ich glaube, die Unfähigkeit, dem Zusammenbruch der äußeren Existenz ruhig ins Auge zu sehen und ihn auf sich zu nehmen, hängt mit dem mangelnden Ausblick auf ein ewiges Leben zusammen. Die persönliche Unsterblichkeit der Seele ist nicht Glaubenssatz. Das ganze Streben ist ein diesseitiges. Selbst die Frömmigkeit der Frommen ist auf Heiligung *dieses* Lebens gerichtet. Der Jude kann zähe, mühevolle, unermüdliche Arbeit und die äußersten Entbehrungen Jahr um Jahr ertragen, solange er ein Ziel vor Augen sieht. Nimmt man ihm dies, dann bricht seine Spannkraft zusammen; das Leben erscheint ihm nun sinnlos, und so kommt er leicht dazu, es wegzuwerfen. Den wahrhaft Gläubigen freilich wird die Unterwerfung unter den göttlichen Willen davon zurückhalten.

Der Onkel in Gleiwitz hinterließ sechs Kinder. Die beiden ältesten Töchter — Zwillinge — wurden durch die Trauernachricht von einer Vergnügungsreise zurückgerufen. Sie waren sehr verwöhnt und hatten bisher keine ernste Arbeit kennengelernt. Nun wurden sie nach Breslau geschickt, um einen Kursus in einer Handelsschule durchzumachen und möglichst schnell kaufmännische Stellungen anzunehmen. Man brachte sie, getrennt voneinander, bei Schwestern ihrer Mutter unter. Wir hatten auch sie früher selten zu sehen bekommen. Jetzt besuchten sie uns öfters am Sonntag und schütteten bei unserer Mutter ihr Herz aus. Als sie einmal unter Tränen gestanden, wie wenig liebevoll sie von ihren Verwandten behandelt wurden, sagte meine Mutter einfach: „Kommt zu uns". Sie horchten fast ungläubig auf, aber es war deutlich zu merken, wie verlockend ihnen der Vorschlag erschien. Ebenso freudig wurde er von ihren Tanten begrüßt (die eine der beiden Damen war kinderlos, die andere hatte eine einzige Tochter). Der Umzug war schnell bewerkstelligt. Wir hatten damals noch nicht unser eigenes Haus. Aber es wurde den beiden ein geräumiges Zimmer überlassen; wir rückten etwas enger zusammen. Es konnten bei uns immer beliebig viel Gäste untergebracht werden. Ich weiß nicht mehr, wie lange die beiden Cousinen bei uns gewohnt haben. Sie heirateten später und bewahrten meiner Mutter immer eine dankbare Anhänglichkeit.

Bei der großen Ausdehnung unserer Familie und dem engen Zusammengehörigkeitsgefühl aller Glieder konnte es nicht ausbleiben, daß bald da, bald dort Sorgen und Ängste mitzutragen waren. Unsere großen Schwestern kamen abwechselnd an die Reihe, eine kranke Tante ins Bad zu begleiten, einer andern beizustehen, die eine schwere Operation durchzumachen hatte, eine dritte im Wochenbett zu pflegen. Kam so ein telephonischer Hilferuf aus Berlin oder anderswoher, dann überlegte meine Mutter nicht lange, sondern gab kurzerhand den Befehl an eine ihrer Töchter: „Mach dich reisefertig". Mehr als durch alle Krankheitsfälle wurde die ganze Familie jahrelang durch eine andere Sorge in Spannung gehalten. Unter den 14 Geschwistern meiner Mutter war ein „schwarzes Schaf", ihr Bruder *Sigmund*, einige Jahre jünger als sie. Er war ein gutmütiger Mensch, hatte die Freude meines Großvaters am Schenken, und wenn er kam, so brachte er gewöhnlich für jedes Kind etwas mit. Er besaß auch manche Anlagen zu einem tüchtigen Kaufmann, vor allem eine hervorragende Rechenfähigkeit. Aber es fehlte ihm die strenge Rechtlichkeit seiner Eltern und Geschwister, und er war schlechten Einflüssen leicht zugänglich. Er selbst neigte zur Verschwendung, seine Frau mindestens ebenso. So lebten sie immer über ihre Verhältnisse, und immer wieder mußten die Geschwister eingreifen, um ihnen wieder auf die Füße zu helfen. Erst lebten sie mit ihren drei Söhnen in Glatz, dann eine Reihe von Jahren in Breslau. Der Jüngste war jener Liebling meiner Mutter, der sich am liebsten bei uns aufhielt. Die Kinder empfanden es alle, daß ihre eigene Mutter nicht im mindesten verstand, mit ihnen umzugehen. Wenn sie mit ihrem unablässigen nörgelnden Gerede ihnen gar zu lästig wurde, nahm sie der Mittlere auf den Arm, trug sie in ein anderes Zimmer und schloß sie dort ein. Als er einmal bei uns war, umarmte er meine Mutter und sagte: „Warum ist unsere Mutter nicht so wie Du?“ Am meisten hatte ihr Ältester unter ihr zu leiden, weil er ganz anders war als andere Kinder. Obgleich er nur wenige Jahre älter war als wir, nahm er doch an unsern Spielen nicht mehr teil. Von Kindheit an brachte er die großen Leute in Verlegenheit durch seine unermüdlichen Fragen, auf die sie oft keine Antwort wußten. Später saß er am liebsten über seinen Büchern; er interessierte sich für alles Wißbare, vor allem aber war er ein vorzüglicher Mathematiker.

Mit dem Zusammenbruch des Breslauer Geschäfts hing das unglückliche Ende unseres Onkels Jakob zusammen. Im Anschluß daran gab es so unerfreuliche geschäftliche Auseinandersetzungen, daß die Geschwister beschlossen, den Verkehr mit diesem Ehepaar aufzugeben. Meine Mutter litt sehr unter diesen Vorfällen. Einen Schatten auf dem Namen ihres Vaters zu wissen, den Zwist unter ihren Brüdern mit anzusehen, war ihr schrecklich. Und wenn sie viele Jahre hindurch mit ihrem Bruder nicht mehr zusammenkam, so zeigte sie seinen Kindern umso herzlichere Teilnahme und Hilfsbereitschaft, und hatte die große Freude, daß sie alle brave und tüchtige Menschen wurden, die durch eigenen Ernst ersetzten, was die Eltern in ihrer Erziehung versäumt hatten. Ihr Liebling *Ernst* ging mit Vater und Mutter nach Berlin und blieb am längsten bei ihnen. Ich erwähnte schon, daß er im Weltkrieg gefallen ist. Der zweite Sohn, *Fritz*, wurde von der Firma, bei der er seine kaufmännische Ausbildung erhielt, schon früh nach Rom geschickt und hat seine Stellung noch heute inne. *Richard*, der Älteste, blieb in Breslau und verdiente sich mit Mathematikstunden das Geld, um seine Gymnasial- und Universitätsstudien bestreiten zu können. Als Unterprimaner bereitete er schon andere zum Abitur vor, und als ihm erklärt wurde, daß dies nicht gestattet sei, ging er vom Gymnasium ab und bestand das Maturium als Externer. Dann begann er Mathematik zu studieren, ging nach einigen Semestern als Assistent zu David *Hilbert* nach Göttingen, habilitierte sich dort und bekam später die Professur des zweiten führenden Göttinger Mathematikers Felix *Klein*. (Bei der „Reinigung“ der Universität von „Nichtariern“

verlor auch er seine Stellung. Eben bereitet er seine Übersiedlung nach Amerika vor). Solange er noch in Breslau war, besuchte er uns häufig. Eine Zeit lang kam er jede Woche einmal zum Mittagessen. Wir freuten uns immer darauf, weil er die erstaunlichsten witzigen Einfälle hatte. In diesem trockenen, humoristischen Ton hielt er aber mit meiner Mutter die ernstesten Beratungen, wie er seinen Eltern beistehen und seinen Vater von unsoliden Geschäften zurückhalten könnte. Er durchschaute die Verhältnisse ganz scharf und klar, hielt aber den Verkehr mit ihnen immer aufrecht und ließ sich durch nichts in seiner Kindesliebe beirren. Wir wußten bei diesen Gesprächen meist nicht, ob wir über die komische, oft drastisch übertreibende Ausdrucksweise lachen oder über den Inhalt weinen sollten.

Zu diesen ernsten Sorgen kamen weniger schwerwiegende Zerwürfnisse in der Familie, die meiner Mutter aber auch viel Kummer bereiteten. Die Brüder *Courant* hängen sehr aneinander, aber aus Empfindlichkeit und Rechthaberei gerieten sie oft aneinander und es konnte dann vorkommen, daß sie jahrelang kein Wort miteinander sprachen und es vermieden, zusammenzutreffen. Die sehr viel friedlicher gesinnten Schwestern litten darunter sehr und suchten immer zu vermitteln; aber das war keine einfache Sache. Glückte die Versöhnung zwischen zwei solchen Eisenköpfen, dann war niemand froher als sie. Sie erwiesen einander dann alle möglichen Aufmerksamkeiten, ja sie wagten, durch die Erfahrung nicht belehrt, wieder ein so nahes Zusammenleben, daß bei der nun einmal vorhandenen Eigenart ein neuer Zusammenstoß kaum zu vermeiden war.

2.

Zu den großen und kleinen Sorgen in der weiteren Familie kamen auch immer wieder aufregende Ereignisse in der engeren. Ich habe schon erwähnt, wie heftig sich meine Mutter gegen die Verlobung und Eheschließung meines Bruders *Paul* wehrte. Seine Hochzeit war die erste, die ich mitmachte. Natürlich war die Freude an diesem Fest für uns Kinder so groß, daß wir den Kummer meiner Mutter darüber vergaßen. Und wie stolz war ich, als ich mit 10 Jahren zum erstenmal Tante wurde! Auch meine Mutter schloß ihren ersten

Enkel sofort fest in ihr Herz. Aber die mangelhafte Pflege, die der kleine *Gerhard* bei seiner Mutter hatte, war für sie eine Quelle beständiger Aufregung. Jeder Besuch in dem „genialen" Haushalt meiner Schwägerin kostete sie schwere Überwindung. Die glückliche junge Mutter hatte vorher nie ein neugeborenes Kind gesehen. Sie war sehr enttäuscht, daß ihr Bübchen nicht mit langen blonden Locken zur Welt kam. Meine Mutter geriet fast außer sich, wenn ihre Schwiegertochter immer wieder versicherte, diese Unerfahrenheit habe nichts zu sagen, der „Instinkt der Mutter" ersetze alles. Tatsächlich hinderte dieser „Instinkt" nicht, daß das kräftige und gesunde Kind in einen jämmerlichen Zustand kam. Nun nahm meine Mutter den Kleinen zu uns, und in der sorgfältigen Pflege von Großmutter und Tanten verloren sich bald alle Schäden. Dieser Vorgang hat sich noch oft wiederholt. Jedesmal, wenn meine Mutter das Kind krank und ohne die nötige Pflege fand, wickelte sie es in eine große Decke, ließ eine Taxe kommen und nahm es mit nach Hause. *Gerhard* hat alle seine Kinderkrankheiten bei uns durchgemacht. Natürlich war die Großmama, zu der es überhaupt alle Kinder hinzog, sein Höchstes; sie ging ihm weit über die Eltern.

Es ist begreiflich, daß die Mutter eifersüchtig wurde. Das zweite Kind, den kleinen *Harald*, bekamen wir selten zu sehen. Er starb schon in seinem zweiten Lebensjahr an einem verschleppten Scharlach. Seitdem blieb *Gerhard* der Einzige. In den ersten Jahren besuchte er uns täglich, wenn er nicht für Wochen ganz bei uns war. Anfangs kam er auf dem Arm des Mädchens. Er hatte nun wirklich schöne, goldblonde Löckchen, dazu große dunkle Augen, war überhaupt ein bildhübsches Kerlchen, das jetzt allen Träumen seiner Mutter entsprach. Wenn er in seinem weißen Mäntelchen und Kapuzchen in die Straßenbahn getragen wurde, hieß es: „Das Christkindel kommt". Er konnte laufen und sprechen, ehe er ein Jahr alt war; im zweiten Jahr fing er schon an, kleine Einkäufe in der Nachbarschaft selbständig zu besorgen; ja es kam vor, daß er aus dem Höfchen, in dem er allein spielte, durch die Haustür entwischte, im Nebenhaus eine Tüte Kirchen einkaufte und dazu sagte: „Die Großmutter wird's bezahlen". Mit drei Jahren machte er die Straßenbahnfahrt zu uns schon allein. Er wurde zu Hause an die Haltestelle geführt und bei uns abgeholt. Alle Schaffner kannten ihn. Manchmal erschreckte er sie, indem er nicht bei unserer Wohnung ausstieg. Wenn sie ihn darauf aufmerksam machten, winkte er mit einer gelassenen Handbewegung ab. An der nächsten Haltestelle stieg er dann würdevoll ab und schlug den Weg zum Holzplatz ein. Auch für ihn war dort das Kinderparadies. Dieses reizende Kind mit seinen drolligen Einfällen war natürlich eine unerschöpfliche Freudenquelle für die Großmutter und für uns alle. Aber als er etwas älter wurde, bot seine Mutter alles auf, um ihn an sich zu fesseln und von uns loszulösen. Sobald er anfing in die Schule zu gehen, machte sie mit ihm die Schularbeiten, und das nahm mit jedem Jahr mehr Zeit in Anspruch. Die glänzende Begabung der ersten Jahre schien verschwunden, er blieb trotz aller Anstrengungen ein mittelmäßiger Schüler. Wenn ich mich manchmal mit ihm beschäftigte, merkte ich wohl, woran es lag. Er war unglaublich zerfahren, hatte immer tausend Dinge im Kopf und konnte sich keine fünf Minuten auf eine Aufgabe konzentrieren. Dagegen war er ganz bei der Sache, wenn er bei seinen selbsterdachten Spielen war. Kam er jetzt einmal zu uns, so trug er die Stühle aus dem ganzen Haus zusammen, um sie zu einer Eisenbahn zusammenzukoppeln. Wenn er mit den Vorbereitungen fertig war, dann war gewöhnlich seine Zeit abgelaufen und er mußte nach Hause. Später war die Lieblingsbeschäftigung, elektrische Leitungen anzulegen. Aber auch sie erlebten es niemals, fertig zu werden. Wenn er das ganze Haus auf den Kopf stellte und am liebsten noch alle Tanten als Hilfsarbeiter beschäftigen wollte, war er natürlich kein gern gesehener Gast mehr. Besonders von seiner Tante *Rosa,* die ja als Hausfrau die Hauptleidtragende war, bekam er die längsten Standpauken zu hören. Dadurch ließ er sich aber nicht im mindesten beirren. Als er sein Abitur bestanden hatte und sein Studium an der Technischen Hochschule begann, hatten seine Tanten nicht viel Zutrauen, daß etwas dabei herauskommen würde. Tatsächlich nahm auch die Versuchsanordnung für seine Arbeiten immer unglaublich lange Zeit in Anspruch. Schließlich kam er aber doch ans Ziel. Eines Abends bat er seine Eltern, sich mit ihm bei der Großmutter zu treffen. Er erschien in Gehrock und Zylinder und teilte uns mit, daß er eben seine Doktorprüfung bestanden habe. Das war wieder mal ein Tag, an dem alle mit ihm zufrieden waren. Sonst hatte die Großmutter oft Kummer über den ehemaligen Liebling. Je größer er wurde, desto mehr waren auch die Eigenheiten seiner Mutter an ihm hervorgetreten. Die Bewunderung, mit der er zu Hause umgeben wurde, machte ihn eitel und egoistisch. Die Eltern mußten sich nach seinen Wünschen richten, er selbst nahm keine Rücksichten. Sein Vater kränkte sich oft schwer darüber, vermochte aber nichts zu ändern. In seinem Beruf wußte er sich durchzusetzen; er war erst jahrelang Assistent an der Technischen Hochschule in Breslau. Dann wurde er bei der A.E.G. in Berlin angestellt, mit der Möglichkeit, in ihren Instituten wissenschaftlich zu arbeiten. Auch ihm ist diese Stellung und die Aussicht auf die akademische Laufbahn durch die antisemitische Welle genommen worden.

3.

Wenn die Eheschließung des ältesten Sohnes meiner Mutter so viel Kummer bereitet hatte, so war die Nachricht von der Verlobung der ältesten Tochter eine große Freudenbotschaft. *Else* war ja für sie immer ein Sorgenkind. Sie war nach ihrer Lehrerinnenprüfung in verschiedenen Familien als Hauslehrerin, manchmal in Breslau nur für die Nachmittage zur Beaufsichtigung der Schularbeiten, einigemale auch in kleinen Provinzstädten, wo sie den Unterricht und die Erziehung der Kinder übernahm. Sie war mit ganzer Seele Erzieherin, hatte starken Einfluß auf ihre Zöglinge und wurde sehr von ihnen geliebt. Aber nirgends blieb sie lange. Manchmal war Eifersucht der Hausfrau auf die schöne, junge Hausgenossin für sie die Veranlassung, zu gehen. Die Beziehungen zu den Kindern blieben oft bestehen; meine Schwester ist überhaupt eine treue Freundin und hat manche Verbindungen mit Lehrerinnen und Schulgefährtinnen das ganze Leben hindurch erhalten.

Ihr Bestreben war es seit der Prüfung, eine Anstellung im Schuldienst zu bekommen. In Preußen war das fast unmöglich für eine Jüdin, und so folgte sie der Anregung einer Freundin, sich in Hamburg zu bemühen. Es glückte ihr auch, dort an einer Privatschule anzukommen. Es sollte nicht für lange Zeit sein. Sie traf in Hamburg mit einem Verwandten zusammen, einem Vetter unserer Mutter, der sich vor Jahren dort als Hautarzt niedergelassen hatte. Im September des Jahres 1903 erhielten wir die Nachricht von ihrer Verlobung. Ich erinnere mich noch deutlich an die näheren Umstände. Es war an einem schönen Sonntag und die ganze Familie war zu einem Kunden in seinen großen Obstgarten eingeladen, um sich an den reifen Pflaumen gütlich zu tun und soviel mitzunehmen, wie man selbst pflücken konnte und wollte. *Gerhard* leistete bei dieser Gelegenheit Erstaunliches. Er saß in seinem weißen Spitzenkleidchen im Gras unter einem großen Baum, hielt einen mächtigen Apfel mit beiden Händchen und vertiefte sich in den Genuß. Auf den Apfel folgten ein paar Pflaumen, dann wieder ein Apfel u.s.w. Als er nach der Heimkehr noch etwas von dem mitgebrachten Obst verlangte und sein Vater fand, daß es nun endlich genug sei, kam er zu mir und sagte in anklagendem Ton: „Edi, der gibbt nischt". (Er sprach als kleines Kind ganz stark Schlesisch, obgleich niemand in der Familie das tat außer seiner Mutter, wenn sie sich etwas gehen ließ und in den Tonfall ihrer Heimat Ohlau verfiel).

Mitten in der Fröhlichkeit der Obstlese kam der Eilbrief aus Hamburg, in dem Max *Gordon* seiner Cousine Gustel in wenigen Worten mitteilte, daß er sich mit ihrer Else verlobt habe. Später erzählte uns meine Schwester, er hätte ihr diesen Brief fertig vorgelegt und ihre Zustimmung zur Absendung verlangt. So hatte sich die Verlobung vollzogen. Ebenso ungewöhnlich war die Brautzeit. Sie dauerte nur zwei Monate. Else blieb noch bis Oktober im Schuldienst und kam dann nur noch für ganz kurze Zeit nach Hause. In ihrer Abwesenheit rüsteten wir mit Fiebereifer und größter Freude die Aussteuer. Es wurden Kataloge durchgesehen, manches wurde fertig gekauft, mehr aber im Hause genäht. Es kam eine Weißnäherin ins Haus, unter deren geschickten Händen aus Leinwand, Damast und Schweizer Stickereien die erstaunlichsten Kunstwerke entstanden. Meine Schwester Frieda half fleißig mit. In unserer schulfreien Zeit durften auch wir mitwirken. Manchmal kamen sogar noch unsere Cousinen dazu. Dann saßen wir in großem Kreis zusammen, nähten und stickten, und eine las etwas Lustiges vor. Schließlich war alles vollendet, die ganze Herrlichkeit verschwand in großen Kisten und ging nach Hamburg ab. Eine Enttäuschung für uns war es, daß die Hochzeit in Hamburg gefeiert wurde und daß wir nicht dabei sein konnten. Der neue Schwager verreiste niemals, außer manchmal für 2 Feiertage zu seiner Mutter nach Berlin. Er wollte seine Sprechstunde nicht ausfallen lassen und auch keinen Vertreter nehmen, denn er stand mit seinen Kollegen auf Kriegsfuß. Meine Mutter mußte da manches in Kauf nehmen, was keineswegs in ihrem Sinn war. Am schmerzlichsten war es, daß das Brautpaar von einer kirchlichen Trauung nichts wissen wollte. Beide waren völlig ungläubig. Es war ein großes Opfer, daß meine Mutter trotzdem zur Hochzeit mit nach *

Schwagers, der ebenfalls die Menschen abschreckte, sobald eine Meinungsverschiedenheit zur Sprache kam. Er hatte sich eine Reihe von Ansichten gebildet, die zu denen der Umwelt in scharfem Gegensatz standen und ihm auch die äußere Existenz immer mehr erschwerten. Er hatte wiederholt Zusammenstöße und lange gerichtliche Auseinandersetzungen mit dem Leipziger Ärzteverband, dessen Begriff der „Standesehre" er sich nicht zu eigen machen konnte. Als junger Arzt hatte er sich seine Existenz in Hamburg damit begründet, daß er seine Sprechstunden regelmäßig durch Inserate in den Zeitungen bekannt gab. Bei seinem Spezialfach (Haut- und Geschlechtskrankheiten) und in der Hafenstadt mit dem beständigen Zustrom von Fremden hatte sich das sehr bewährt. Der Ärzteverband sah in diesem kaufmännischen Verfahren „unlauteren Wettbewerb" und eine Verletzung der Standesehre. Mein Schwager konnte es nicht einsehen, warum ein tüchtiger und gewissenhafter Arzt die leidenden Mitmenschen nicht auf einfache und praktische Weise wissen lassen sollte, wo sie Hilfe finden könnten. Er sah in dem Eifer der Kollegen für die Standesehre nur einen maskierten Konkurrenzneid, ließ sich ruhig aus dem Ärzteverband ausschließen und damit auch gesellschaftlich isolieren; in wiederholten Verhandlungen hat er sich selbst mit großem Scharfsinn und der ehrlichen Entrüstung eines guten Gewissens verteidigt. Wer auf dieses Thema zu sprechen kam, der rührte natürlich an einen wunden Punkt.

Max war sonst liebenswürdig und nicht leicht aus der Ruhe zu bringen. Aber hier konnte er sehr scharf werden, wie er überhaupt Widerspruch gegen seine Ansichten nicht vertrug. Die Wandlungen in der ärztlichen Praxis während der letzten Jahrzehnte verwickelten ihn in neue Schwierigkeiten. Er war immer ein Feind der Krankenkassen, weil er sagte, daß der Massenpraxis der Kassenärzte

* Hier fehlen 4 Blätter des Manuskripts: S. 219 bildet das letzte Blatt des vorhergehenden Bündels; S. 220-224 fehlen; S. 225 liegt als loses Blatt vor dem folgenden Bündel, das mit S. 226 beginnt.

eine gewissenhafte Behandlung unmöglich sei. Dabei blieb er auch, als durch die große Ausdehnung des Kassenwesens die Zahl der Privatpatienten sich sehr verminderte und seine Einnahmen immer mehr zurückgingen. Schließlich konnte er beim Aufkommen der Salvarsanbehandlung für Syphilis kein Vertrauen zu dieser neuen, allgemein mit so großem Jubel begrüßten Behandlungsweise fassen und blieb bei seiner alten, erprobten Methode. Alle diese Umstände trugen dazu bei, daß seine Praxis allmählich auf ein Minimum zusammenschmolz, und brachten außerdem bei jedem Verkehr mit andern die Gefahr eines Zusammenpralls mit widersprechenden Auffassungen. In alle diese Schwierigkeiten wurde natürlich auch seine Frau verwickelt. Sie liebte und verehrte ihren Mann und verteidigte in seiner Abwesenheit seine Ansichten in ihrer leidenschaftlichen Weise auf Tod und Leben. Das hinderte sie aber nicht, ihm selbst bei jeder Gelegenheit zu widersprechen, sodaß es trotz der gegenseitigen Zuneigung keinen Frieden im Haus gab. Von vornherein war es für meinen Schwager schwer zu ertragen, daß nichts in Hamburg meine Schwester befriedigen konnte, daß sie immer über Einsamkeit klagte, sich „nach Hause" sehnte und nach ihren Angehörigen verlangte. Gleich im ersten Jahr nach ihrer Hochzeit, als er sie einmal niedergedrückt fand und nach der Ursache fragte, sagte sie, sie sehne sich so sehr nach „den Kindern". Er war etwas betroffen über diese Antwort — die Geburt des ersten Kindes war in einigen Monaten zu erwarten. Da kam die Aufklärung, „die Kinder" seien ihre jüngsten Schwestern. Sofort gab er bereitwillig die Erlaubnis, uns für die Sommerferien einzuladen. Die Reise nach Hamburg war für uns ein großes Ereignis.

Wir waren bisher noch nie so weit gekommen; außerdem kannten wir ja unsern Schwager noch nicht. Wir hatten allen Grund, von ihm entzückt zu sein. Er empfing uns mit brüderlicher Herzlichkeit und überhäufte uns mit Aufmerksamkeiten. Die Sehenswürdigkeiten von Hamburg zeigte uns freilich unsere Schwester allein, weil er dafür keine Zeit hatte; aber Sonntag ging er mit uns aus, und wir waren ein dankbareres Publikum als unsere Schwester, wenn wir in den „Alsterpavillon" geführt wurden, uns nach unserm Geschmack Kuchen oder Torte zum Kaffee aussuchen durften, unter einem eleganten internationalen Reisepublikum saßen und den Ausblick auf die Binnenalster mit ihren vielen Dampf- und

Segelbooten genossen; oder wenn wir in dem schönen Ratskeller ein Souper mit unbekannten Genüssen vorgesetzt bekamen. Höchst ergötzlich waren uns auch die Scherze unseres Schwagers, der selten ein ernstes Wort sprach, sondern einen großen Vorrat an stehenden Redensarten hatte, die bei den verschiedensten Gelegenheiten vorgebracht wurden. Meist gehörte eine nette Anekdote dazu, die dann auch gelegentlich in trockenem Ton erzählt wurde. Und mit größter Freude hörten wir zu, wenn er stundenlang Klavier spielte und sang. Er hatte nicht viel Unterricht gehabt, war aber sehr musikalisch und hatte durch beständige Übung eine große Fertigkeit erlangt. Außerdem war er ein geborener Komiker; einer seiner Brüder hatte tatsächlich diesen Beruf gewählt. An unserm Schwager also lag es nicht, wenn trotz all dieser Freuden Hamburg im Lauf der Jahre für uns seine Anziehungskraft verlor und wenn wir den Wunsch meiner Schwester, daß wir alle unsere freie Zeit bei ihr zubringen sollten, nicht erfüllten. Es lag an den geschilderten unerquicklichen häuslichen Verhältnissen, wie sie sich allmählich herausbildeten.

Als die Kinder kamen, mehrten sich die Schwierigkeiten. Das Telegramm, das uns die Geburt des ersten Töchterchens meldete, kam wieder an einem denkwürdigen Tag. Es war der 27. September 1904, und meine Mutter mit ihrem ganzen Personal war damit beschäftigt, den Umzug des großen Holzlagers auf das neuerworbene eigene Grundstück zu bewerkstelligen. Als meine Schwester Erna ihr die Freudenbotschaft aus der Wohnung ins Geschäft brachte, wandte sie sich an den Fuhrwerkbesitzer, der den Umzug besorgte: „Ich muß jetzt abreisen. Ihnen vertraue ich alles an und verlasse mich auf Sie, daß alles gut besorgt wird“. Es war einer jener Geschäftsfreunde, die sie wie eine Mutter verehrten. Er übernahm den Auftrag mit Freude und Stolz. Meine Mutter ging nach Hause, machte sich reisefertig und fuhr noch am selben Tage ab. Als Wochenpflegerin war schon meine Schwester *Frieda* in Hamburg. Der Frauenarzt, der meine Schwester behandelte, neckte sie nach der Entbindung, weil sie beständig gerufen hätte: „Telegraphieren! Telegraphieren!“. Und er freute sich, die Mutter zu sehen, nach der so stürmisch verlangt worden war. Bei der Namengebung durften wir alle mit abstimmen. Die Kleine bekam den Rufnamen, auf den sich ihre Tanten geeinigt hatten: *Ilse*. Dazu kam noch der

Name ihrer Großmutter väterlicherseits: *Mathilde*, außerdem der Name der Freundin, die meine Schwester nach Hamburg gerufen hatte: *Felicitas*. Die kleine *Ilse Mathilde Felicitas* war ein zartes Kindchen. Ihre Mutter war ja selbst ein zartes Persönchen und hatte überdies bis kurz vor der Hochzeit im Schuldienst gestanden, der sie sehr anstrengte; sie litt immer viel unter Kopfschmerzen, und in der Zeit der Erwartung ging es ihr recht schlecht. Als wir wenige Monate vor der Geburt des Kindes in Hamburg waren, hatte man uns nichts von dem bevorstehenden Ereignis gesagt. Wir waren ja noch Kinder und man sprach zu Hause mit uns nicht über solche Dinge, obgleich wir längst durch Freundinnen „aufgeklärt“ waren. Meine Schwester rühmte mir später immer nach, wie besorgt ich in diesen Wochen um sie gewesen sei, wie ich sie die Treppen herauf- und heruntergeführt hätte u.s.w., obgleich ich offiziell „nichts wußte“. Nach unserer Rückkehr aus den Ferien wurden wir doch in das Geheimnis eingeweiht, weil die „Großen“ es nicht übers Herz brachten, die entzückende Baby-Ausstattung abgehen zu lassen, ohne sie uns zu zeigen.

Meine Schwester ließ es sich nicht nehmen, ihre Kinder selbst zu nähren, und zwar immer sehr lange — so lange, bis das nachfolgende sie zum Aufhören zwang. Sie entwickelten sich auch alle gut; Ilschen blieb immer zart, war aber gesund, die andern waren schon von Geburt an kräftige Kinder. Die Älteste hing am meisten an der Mutter und war scheu gegen fremde Menschen. Die Großmutter konnte sich bei ihren Besuchen gar nicht darein finden, daß sie auch zu ihr nicht gehen mochte, während doch sonst alle Kinder sich zu ihr hingezogen fühlten. Später wurde das anders. Die Kinder wurden mit der sehnsüchtigen Liebe der Mutter zu den Ihren erfüllt; sie verlangten immer wieder nach Breslau und nach den Besuchen dort.

Meine Mutter war früher fast nie verreist; nur „nach Hause“ fuhr sie regelmäßig, d.h. nach Lublinitz, um die Geschwister und die Gräber der Eltern zu besuchen und die kleinen Kindergräber, die sie dort zurückgelassen hatte. Aber dafür brauchte sie meist nur den Sonntag. Sehr selten gab es auch einen kurzen Besuch bei den Geschwistern in Berlin. Ihre jüngste Schwester *Emma* war dort verheiratet. Sie wurde nach dem Tode der Eltern von den Geschwistern wie ein Kind betreut, behielt auch ihr ganzes Leben lang etwas Kindliches. Als meine Mutter dort einmal überraschend hinkam und der junge Schwager ihr die Türe öffnete, nahm er sie in seiner Freude mit beiden Armen und trug sie zu seiner kleinen Frau. Die ganze Familie, Eltern und drei Kinder, waren oft unsere Feriengäste.

Für meine Schwester Else gab es natürlich nichts Höheres als den Besuch der Mutter. Sie fuhr in den ersten Jahren immer Weihnachten für acht Tage hin. Das war eine lange, lange Zeit für sie und für uns. Obgleich wir sie doch auch sonst tagsüber nicht bei uns hatten, kam uns das Haus in dieser Woche tot und leer vor, und wir wußten nicht, was wir mit uns anfangen sollten. Sie selbst fühlte sich nicht minder unbehaglich. Sie war sonst niemals krank, aber in dem ungewohnten Hamburger Klima bekam sie gewöhnlich rheumatische Schmerzen. Sehr schwer war es ihr immer, so lange in einem Haushalt zu sein, der nicht rituell geführt wurde. Sonst hatte sie einen sehr gesunden Appetit und konnte kräftig essen; aber dort widerstand ihr alles. Am meisten aber litt sie darunter, daß sie die Haushaltführung ihrer Ältesten und die Art, wie sie mit Mann und Kindern umging, nicht billigen konnte. Die mütterlichen Ermahnungen, mit denen nicht gespart wurde, waren ganz fruchtlos, da Else nicht zur Einsicht eines Fehlers zu bringen war. So gab es nur beständige Auseinandersetzungen, die beiden die Freude am Zusammensein verdarben. Fast noch schlimmer war es bei ihren Besuchen in Breslau, weil sie dann gegen eine geschlossene Phalanx anrannte.

Als das zweite Kind zur Welt kam, war ich bei meiner Schwester. Ostern 1906 hatte ich die Schule verlassen und war auf Elses Wunsch zu ihr gefahren, um ihr Gesellschaft zu leisten und zu helfen und dabei Hauswirtschaft und Kinderpflege zu erlernen. Ich hatte eine Rückfahrkarte, die sechs Wochen Gültigkeit hatte; aber sie wurde für den Rückweg von jemand anderem benützt, und ich blieb da. Ich hatte zu Hause als verwöhnte Jüngste und in dem fröhlichen Kreis von Geschwistern und Verwandten eine viel bequemeres und angenehmeres Leben. Trotzdem äußerte ich nie den Wunsch, heimzufahren. Ich wagte es nicht, weil ich wußte, wie sehr ich meiner Schwester damit wehtun würde. Sie war 15 Jahre älter als ich, hatte mich als kleines Kind mit großer Liebe betreut und versichert mir heute noch, daß sie mich ebenso liebe wie ihre eigenen Kinder. Als ich hinkam, war Ilschen noch allein; sie war anderthalb Jahre alt, und es war meine Hauptaufgabe, sie zu hüten. So scheu sie sonst war, so gewöhnte sie sich doch schnell an mich und blieb bei mir ebenso gern wie bei ihrer Mutter. Überhaupt fühlten sich Kinder immer zu mir hingezogen und hingen an mir, auch wenn ich mich gar nicht um sie bemühte. Anfangs sagte mein Schwager zu meiner Schwester (nicht in meiner Gegenwart, aber sie hat es mir später oft erzählt), wie sie so einem verträumten Mädchen ein Kind anvertrauen könne. Sie erwiderte mit Nachdruck: „Dieses Mädchen ist m e i n e Schwester". Tatsächlich konnte sie sich auf mich verlassen. Als im Sommer unsere spätere Schwägerin *Martha* aus Amerika auf Besuch kam, ging sie manchmal den ganzen Vormittag mit ihr „shopping" und überließ mir beide Kinder und die ganze Hausarbeit. Und trotz aller Zwischenfälle, die dann gewöhnlich kamen, fand mein Schwager, der immer auf die Minute pünktlich kam, das Mittagessen fertig, und die Babies waren versorgt. Am 5. Juni wurde das zweite Kind geboren. Es war ein kräftiger Junge. Nachdem seine Schwester drei Namen bekommen hatte, sollte er auch nicht weniger haben. Sein Vater hielt auf Gerechtigkeit. Die Tanten waren sich diesmal nicht einig. Die Mehrheit war für *Werner,* eine kleine Minderheit für *Ulrich.* An zweite Stelle sollte der Name meines Vaters. So wurde es ein *Werner Siegfried Ulrich.* Für kurze Zeit kam eine geprüfte Wochenpflegerin. Dann sorgte ich für Mutter und Kind; meine Schwester stand zwar früh wieder auf und ging wieder an ihre Arbeit, aber sie blieb doch noch schonungs- und pflegebedürftig.

Der kleine Junge war ein richtiges Sonnenkind, strahlend vergnügt und liebenswürdig gegen jedermann. Als er im nächsten Jahr zum erstenmal nach Breslau kam, waren alle entzückt von ihm, und er blieb dort der Liebling. Da ich ihn vom ersten Tage an kannte, hing er an mir natürlich besonders. Mit einem Apparat, den ich damals geschenkt bekam, machten wir viele Aufnahmen, nachdem der amerikanische Gast mit dem Photographieren angefangen hatte. Meine Schwester klebte die Bildchen alle sorgfältig in ein Album. Als die Kinder sprechen konnten, begann sie auch ihre Kinderwitze aufzuzeichnen. Ich glaube fast, daß die Zeit, die ich dort war, die beste im Eheleben meiner Schwester war. Sie hatte nun die Gesellschaft, nach der sie immer verlangte. Wir machten alle Arbeiten zusammen, teilten die Freude an den Kindern und die Sorge um sie. Wenn abends die Kinder schliefen und noch Zeit bis zur Heimkehr meines Schwagers war, lasen wir oft etwas zusammen. Und wenn ein zuverlässiges Mädchen da war (ein seltener Fall), gingen wir manchmal ins Theater oder in ein Konzert. Obgleich ich noch so jung war, sprach sich doch Else mit mir über alles aus. Ich hörte meist ruhig zu und widersprach nicht leicht. Und wenn ich mich manchmal doch verpflichtet fühlte, eine abweichende Meinung zu äußern, so geschah es mit so großer Ruhe, daß es zu keiner aufgeregten Auseinandersetzung kam. Da meine Schwester zufrieden war, hatte es auch mein Schwager leichter. Ich mochte ihn sehr gern und freute mich mittags und abends immer, wenn er aus der Sprechstunde nach Hause kam. Und da seine erste Frage meist war: „Edith, wie stehen die Lombarden?“, fing ich sogar an, den Kurszettel zu studieren. Max hatte nämlich begonnen, etwas an der Börse zu spekulieren, sehr vorsichtig und mit mathematischer Berechnung, um ein zweites Eisen im Feuer zu haben, wenn die Praxis einmal nicht mehr ausreichen sollte, die Familie zu ernähren.

So blieb ich zehn Monate in Hamburg. Meine Mutter drängte nicht auf Rückkehr, obgleich sie ihre Jüngste sicher sehr vermißte. Überhaupt fühlte sie sich immer am glücklichsten, wenn sie alle ihre sieben Kinder um sich hatte. Sie hatte wohl denselben Grund, mich nicht zurückzurufen, der mich bestimmte, zu bleiben: die Furcht, meiner Schwester weh zu tun. Die andern Geschwister konnten mein langes Fernbleiben nicht verstehen; es erschien ihnen als ein Mangel an Anhänglichkeit. Schießlich kam doch ein energischer Abruf. Die schwere Erkrankung des kleinen *Harald*, des zweiten Kindes unseres ältesten Bruders, war die Veranlassung dazu. Ich konnte zwar ebensowenig wie die andern helfen, aber wenn ein schwerer Schlag drohte, dann sollte die Familie möglichst vollständig beisammen sein. Seitdem bin ich nur noch zweimal zu längerem Aufenthalt (d.h. für die Sommerferien) in Hamburg gewesen. Später wurden die Besuche kürzer und seltener. Die Verbindung löste sich dadurch nicht; meine Schwester schrieb häufig und ausführlich, außerdem kam sie möglichst jedes Jahr einmal nach Hause, und solange die Kinder noch klein waren, brachte sie alle mit.

Bei der Geburt des dritten Kindes war Rosa Wochenpflegerin. Aber Erna und ich lernten die kleine *Anni Martha Erika* auch noch als Säugling kennen, da wir bald darauf als Feriengäste hinkamen. Mein Schwager war ein sehr zärtlicher Vater. Wenn er mittags nach Hause kam, trug er das jeweils Jüngste auf den Armen und sang ihm vor; sobald es so weit war, daß es bei Tisch essen konnte, saß es auf dem hohen Kinderstühlchen neben ihm und wurde von ihm gefüttert. Aber je größer die Kinder wurden, desto weniger verstand er es, mit ihnen umzugehen. Und natürlich hatten sie unter den wachsenden Spannungen zwischen Vater und Mutter zu leiden. Die Älteste stand, beiden unbewußt, am stärksten unter dem Einfluß der Mutter und nahm gegen den Vater Partei. Die Jüngste wußte sich am besten zu helfen. Sie hatte die gesellschaftlichen Talente aus der väterlichen Familie geerbt, war immer heiter und unternehmungslustig und hielt sich schon als Kind meist außerhalb des Hauses bei Freundinnen auf. Am schwersten hatte es der Junge. Unter allem, was meiner Mutter in Hamburg mißfiel, machte die Behandlung dieses Kindes ihr den größten Kummer. Meine Schwester, die so viele Kinder erzogen hatte und sich rühmte, es mit jedem zu verstehen, fand ihrem einzigen Jungen gegenüber nie den richtigen Ton. Er, der als kleines Kind immer so strahlend und liebenswürdig war, sagte schon mit vier oder fünf Jahren immer wieder, er wolle nicht groß werden, und wurde allmählich immer trotziger und verbitterter. Er war ein kleiner Neckteufel, und wenn die Schwestern sich über ihn beklagten, gab es endlose Strafreden von der Mutter und Bericht über alle seine Untaten an den heimkehrenden Vater, der ihn dann in derben Worten zurechtwies. Anni ließ als kleines Kind ganz gewohnheitsmäßig in kurzen Abständen den Klageruf ertönen: „Der Werner ärgert mich!“ Einmal war sie mit ihrer Mutter allein in Breslau; es war während der Schulzeit, darum hatten die Großen in Hamburg bleiben müssen. Sie spielte allein im Garten; trotzdem erscholl es plötzlich: „Der Werner!“ Jemand ging ans Fenster und sagte: „Der Werner ist doch gar nicht hier“. Prompt erfolgte die Antwort: „Er ärgert mich aber immer“!

Großmutter und Tanten waren voll Mitleid mit dem armen Jungen, der vielleicht auf solche Klagen hin abgekanzelt wurde. Je älter er wurde, desto heftiger rebellierte er gegen seine Mutter. Er bekam förmliche Wutanfälle und sprach in respektloser, verächtlicher Weise mit ihr. In Breslau war er ein ganz anderer Mensch: glücklich, in einer Umgebung zu sein, in der er sich geliebt wußte, freundlich gegen alle — allerdings ein Kobold, der alle gern neckte —, dankbar für das kleinste Geschenk und jedes gute Wort, immer bereit zu helfen und schon sehr früh auch für die Arbeit im Geschäft zu brauchen. Er besuchte gern alle Verwandten und alle mochten ihn gern. Am meisten hing er an der Großmutter. In den letzten Tagen vor der Abreise trennte er sich überhaupt nicht mehr von ihr. Und von ihr hörte er sich die längsten Ermahnungsreden ganz sanftmütig an. Wir hatten nie so viel von ihr zu hören bekommen. Aber bei Werner wollte sie die Ferienwochen benützen, um ihn zum rechten Verhalten daheim anzuhalten. Er hatte auch sichtlich guten Willen, aber keine Hoffnung auf Besserung. Unter Tränen klagte er uns, wie er zu Hause behandelt würde. Und wir wußten ja, daß die Tatsachen stimmten. Seit kein Dienstmädchen mehr gehalten wurde, schlief er im Mädchenzimmer und mußte es selbst in Ordnung halten. Er hätte es sich gern etwas nett gemacht, aber er bekam nicht das Notwendige dazu. Ebenso schlecht wurde für seine Kleidung gesorgt. Die Kinder bekamen, so lange sie kleiner waren, zu jedem Geburtstag schöne Sachen von uns geschenkt. Aber die „guten" Kleider wurden immer geschont und durften nicht getragen werden. Und später wurde es immer schwerer, ohne Anprobe etwas Passendes zu besorgen, Freunde konnte sich Werner nicht ins Haus bringen, weil seine Mutter auch dafür nicht zu haben war. So gewöhnte er sich daran, auf der Straße zu spielen. Später trat er in einen Sportverein ein und das Ansehen, das er dort genoß, entschädigte ihn ein wenig für die Leiden des Familienlebens.

In diesen Jahren, in denen die Kinder heranwuchsen, spitzte sich alles schließlich zu einer Krisis zu. Die drei Kinder, die so schnell hintereinander kamen und die sie so lange nährte, zehrten an der Kraft der Mutter. Dem Haushalt war sie nicht gewachsen, wollte ihn aber durchaus ohne Dienstmädchen führen. So war sie immer übermäßig angestrengt und wurde immer nervöser. Auf der andern Seite litt mein Schwager unter den Schwierigkeiten, in die er im Berufsleben hineingeraten war, und in seiner Häuslichkeit fand er keine Entspannung. So bekamen wir eines Tages wieder eine Eilnachricht aus Hamburg, diesmal aber war der Inhalt niederschmetternd. Mein Schwager teilte unserer Mutter kurz mit, daß er seine Wohnung verlassen habe, und forderte sie auf, ihre Tochter zu sich zu holen; eher wollte er nicht nach Hause zurückkehren. Es muß nach meiner

Berechnung während der Osterferien 1914 gewesen sein. Ich studierte damals in Göttingen, war aber für die Universitätsferien in Breslau. Wir saßen bedrückt nach dem Mittagessen um den großen Eßtisch zusammen und berieten. Meine tapfere Mutter fühlte sich dieser Situation nicht gewachsen. Und da ich merkte, wie ihr vor der Reise graute, sagte ich: „Wenn es Dir recht ist, will ich hinfahren". Sie atmete erst etwas erleichtert auf und sagte ganz überrascht: „Wenn Du dat tun wolltest, wäre ich Dir sehr dankbar". Aber dann sah sie mich an, und da ich wohl auch blaß vor Erregung war, fügte sie gleich hinzu: „Nein, es ist für Dich auch zu schwer". Ich versicherte, ich würde es schon können, und so durfte ich abreisen. Meine Schwester hatte damals unsere Schwägerin *Martha* mit ihrem Erstgeborenen, dem kleinen Wolfgang, bei sich. Martha war als fröhliche Gesellschafterin gut zu brauchen, aber einer solchen Lage gegenüber ziemlich hilflos. Die beiden hatten unsere Mutter schonen wollen und Onkel *Emil* aus Berlin zu Hilfe gerufen, um Max zur Rückkehr zu bewegen; aber es war ihm nicht gelungen, und er war ohne Ergebnis wieder abgereist. Ich wurde dankbar und freudig begrüßt. Wir verständigten meinen Schwager telephonisch von meiner Ankunft, und ich verabredete mit ihm eine Zusammenkunft in der Stadt. Er war gegen mich höflich und freundlich, aber die Erregung, in der er sich befand, ließ sich nicht verbergen, und ich mußte mir alles anhören, was sich in Jahren an Bitterkeit in ihm angesammelt hatte: nicht nur Klagen über meine Schwester, sondern auch Vorwürfe gegen meine Mutter, weil sie ihm nach der Verlobung geschrieben hätte, er werde in Else eine gehorsame Frau finden. Unsere gute Mutter! In der Freude ihres Herzens hatte sie wohl damals als Tatsache vor sich gesehen, was sie wünschte und hoffte, und etwas versprochen, was nicht in ihrer Macht stand. Max verlangte entschieden, daß ich Else mit nach Breslau nähme. Wir sollten sie von einem Frauen- oder Nervenarzt behandeln lassen und dafür sorgen, daß sie gesundheitlich wieder in die Höhe käme. Wenn sie dann verspräche, sich ganz anders zu verhalten als bisher, dürfte sie zurückkommen.

Ich sah wohl, daß hieran jetzt nicht zu rütteln sei und daß ich alles aufbieten müßte, Else zum Mitfahren zu bewegen. Auch das war keine leichte Sache. Sie wollte durchaus ihre Rechte und Pflichten als Hausfrau, Gattin und Mutter nicht preisgeben. Vor allem aber war ihr die räumliche Trennung von ihrem Mann unerträglich, und trotz des tiefgehenden Zerwürfnisses und der täglichen Reibungen war sie fest überzeugt, daß auch er sie nicht entbehren könne. Sie war in einer Erregung, die tatsächlich schon fast über die Grenze des Normalen hinausging, und das äußerte sich darin, daß sie beständig redete. Selbst nachts gab es keine Ruhe. Ich mußte bei ihr sein, und sie enthüllte vor mir ihr Eheleben bis in alle Einzelheiten; manchmal unterbrach sie sich, weil ihr plötzlich einfiel, daß sie mit einem jungen, unerfahrenen Mädchen sprach; dann bat sie mich um Verzeihung, weil sie von Dingen redete, die für mich gewiß sehr peinlich zu hören wären. Nach vielen Bemühungen erklärte sie sich bereit, mitzufahren, wenn Max vorher in die Wohnung zurückkäme und wenn Martha dabliebe und für den Haushalt und die beiden größeren Kinder sorgte; *Anni,* die noch nicht zur Schule ging, wollten wir mitnehmen. Sie wollte nicht, daß ihr Mann eine seiner Schwestern zu ihrer Vertretung kommen ließe; sie stand mit ihren Schwägerinnen nicht besonders gut und befürchtete einen ungünstigen Einfluß auf Mann und Kinder.

Martha war mit allem einverstanden, wir mußten ihr nur von ihrem Mann Nachurlaub erwirken. Bei der Gutherzigkeit meines Bruders Arno war das nicht schwer zu erreichen. (Allerdings wollte er schließlich Frau und Kind doch nicht so lange entbehren, wie Elses Verbannung dauerte. Nach einigen Wochen fuhr er nach Hamburg und holte beide ab, und es übernahm doch eine der Schwestern Gordon das Regiment im Hause. Bei dieser Gelegenheit kam es zwischen den beiden Schwägern zu einer heftigen Auseinandersetzung, weil Max seine Vorwürfe gegen unsere Mutter wiederholte und der Hitzkopf Arno darüber in die größte Aufregung geriet. Für ihn war nach einem solchen Ausbruch die Sache immer völlig erledigt, und es blieb keine Spur von Groll in ihm zurück. Mein Schwager aber trug jede Kränkung jahrelang nach und konnte sie niemals vergessen).

Ich mußte Max die Bedingungen vortragen und er ging darauf ein. Um die Stunde, wo wir ihn zu Hause erwarteten, hielt ich die Kinder im Kinderzimmer und fesselte sie, indem ich ihnen Geschichten erzählte. Else öffnete ihrem Mann die Tür, wie sie es gewöhnlich tat. All die Jahre pflegte sie ihm vom Balkon nachzuwinken, wenn er in die Praxis ging, ihm von dort wieder entgegenzusehen, wenn er kam, und dann schnell die Türe zu öffnen. Es gab eine lange Begrüßung unter vier Augen. Ich vermute, daß sie aus stürmischen Zärtlichkeiten bestand und daß wenig Worte gewechselt wurden. Schließlich kam der Vater auch die Kinder begrüßen. Am nächsten Morgen reisten wir ab. Mein Schwager begleitete uns zum Bahnhof. Er reichte mir noch vor der Abfahrt zum Fenster hinein die Hand und dankte für meine Hilfe. Meine Schwester war auch anfangs voller Dankbarkeit. Später pflegte sie zu sagen, trotz aller Anerkennung der guten Absicht könne sie mir nicht danken; ich hätte ihr damals schlecht geraten, sie hätte auf keinen Fall aus dem Hause gehen dürfen.

Unterwegs wußte uns die immer lebhafte und lustige Anni zu beschäftigen und ließ keinen Trübsinn aufkommen. Die Zeit in Breslau war für alle schwer. Meine Mutter wollte den Wünschen ihres Schwiegersohns nach Möglichkeit entgegenkommen. Else mußte einen Arzt konsultieren und zur Erholung fortgehen. Sie war einige Wochen im Riesengebirge und dann in Lublinitz; dort hatte sie ja ihre Kinderzeit verlebt, mit den Tanten verband sie herzliche Freundschaft. Schließlich erhielt sie die Erlaubnis, nach Hause zurückzukehren. Es ist kein zweiter solcher Konflikt vorgekommen, obgleich Else sicherlich nicht wesentlich verändert war. Etwas ängstlich war sie geworden und nahm sich in den Gesprächen zusammen. Und mit zunehmendem Alter wurden beide etwas ruhiger. Dazu kam, daß die heranwachsenden Töchter eine Stütze für die Mutter wurden und ihr ganzes Vertrauen besaßen. Außerdem zwang das Schwinden seiner Praxis meinen Schwager zur äußersten Genügsamkeit. Er mußte nun seiner Frau dankbar sein, daß sie mit fast nichts zu wirtschaften verstand und in früheren Zeiten etwas zurückgelegt hatte. Diese drückende wirtschaftliche Not und die immer schwankende Gesundheit meiner Schwester blieben eine dauernde Sorge für unsere Mutter, aber die schlimmste Krisis war in Hamburg überstanden.

4.

Einige Jahre vorher hatte sich die kurze Ehetragödie meiner Schwester *Frieda* abgespielt, und nicht lange nach Frieda hatte sich *Arno* verheiratet. Meine Mutter hatte zu seiner Eheschließung ausdrücklich ihre Zustimmung gegeben. Sie mochte *Martha* gern leiden, so lange sie nur als Freundin ins Haus kam. Ihr fröhliches Wesen und ihre treue Anhänglichkeit an unsere ganze Familie machte sie uns allen lieb. Erst im nahen Zusammenleben ergaben sich aus der großen Verschiedenheit der Naturen viele Schwierigkeiten. Das geräumige Wohnhaus, das wir kurz nach Friedas Hochzeit bezogen hatten, war für zwei Familien gebaut; es war vertikal geteilt und hatte zwei Treppenhäuser. Arno und Martha wurden in dieses Haus mit aufgenommen. Eine Zeit lang bewohnten wir gemeinsam die größere Seite und hatten die kleinere vermietet. Später erhielt das junge Ehepaar die kleinere Seite für sich und meine Mutter mit ihren vier Töchtern und der kleinen Enkelin Erika die größere. Die Hoffnung, daß meine Schwägerin eine tüchtige Hilfe im Geschäft sein würde, erfüllte sich nicht. Die Art, Geschäfte zu betreiben, die sie in Amerika gelernt hatte, war von den Traditionen unseres Hauses so verschieden, daß meine Mutter sie bald am liebsten wieder ganz ferngehalten hätte. Ihre Hilfe beschränkte sich auch schließlich darauf, daß sie Gänge besorgte, für die gerade niemand Zeit hatte. Sie übernahm das immer gern, da das „shopping" eine ihrer Lieblingsbeschäftigungen blieb. Ein dauernder Stein des Anstoßes war es für meine Mutter, die wenig geordnete Wirtschaftsführung täglich im eigenen Hause mitanzusehen. Natürlich vermehrten sich die Schwierigkeiten mit dem Anwachsen der Familie. Martha wünschte sich viele Kinder; groß, kräftig, gesund und schön sollten sie sein. Sie selbst war groß und stark und sah aus wie das blühende Leben.

Ihre Hoffnungen erfüllten sich nicht bald. Umso glücklicher war sie, als das erste Kind zu erwarten war. Sie versicherte uns beständig, es würden „twins" (Zwillinge) sein. Während der Entbindung waren wir alle im Eßzimmer, und sie unterhielt sich durch die halbgeöffnete Tür mit uns; als ihr schließlich der kleine *Wolfgang* gereicht wurde, fragte sie, wo das zweite Kind bliebe. Meine Mutter und ebenso der erfahrene Frauenarzt erklärten, daß ihnen so etwas noch nicht vorgekommen sei. Wolfgang war ein Kind, wie sie es sich gewünscht hatte, und ebenso Nummer 3 und 4, *Helmut* und *Lotte*: alle groß und kräftig, blond und blauäugig, rund und rotbäckig. Bei *Eva* aber, die an zweiter Stelle kam, stellte sich schon im ersten Jahr heraus, daß sie nicht ganz normal war. Sie lernte sehr spät und nie ganz korrekt sprechen und blieb auch geistig zurück. Daß dies Kind durch die Unvernunft der Eltern nicht sachgemäß behandelt wurde und daß sie auch die andern nicht zur gebührenden Rücksicht erzogen, war für meine Mutter eine neue dauernde Sorge. Sie hatte für Eva viel mehr Teilnahme als für die drei gesunden Kinder. Zeitweise nahm sie sie ganz zu uns, um sie mit großer Geduld sprechen zu lehren, ihr richtiges Essen und manches andere beizubringen. Die beste Unterstützung hatte sie dabei an der kleinen *Erika,* die mit den Vettern und Cousinen wie mit Geschwistern aufwuchs und sich um das unglückliche kleine Geschöpf liebevoll annahm. Die Erziehungsmethode meiner Schwägerin Martha bestand hauptsächlich darin, daß sie die Kinder reichlich fütterte, für ausgiebigen Schlaf und frische Luft sorgte. Und ihr Stolz war es, daß sie bei dieser Behandlung körperlich prächtig gediehen. Wenn sie krank wurden, dann wurde die Mutter nicht nur traurig und besorgt, sondern zornig, als ob ihr ein Unrecht geschähe. Sie sagte auch ganz offen, daß sie von Krankenpflege nichts verstünde, und war froh, wenn wir ihr dann zu Hilfe kamen.

Als gelernte Krankenpflegerin war ich die Nächste dazu, so oft ich bei solcher Gelegenheit zu Hause war. Im Februar 1920 hatten einmal alle Kinder zugleich die Grippe; an einem Abend stieg bei dreien die Temperatur auf über 40. *Helmut,* der damals vier Jahre alt war, hatte am längsten damit zu tun, er hatte eine schleichende Lungenentzündung, die immer wieder neue Stellen ergriff und ein Vierteljahr anhielt. Als die andern gesund waren, wurde er von ihnen abgesondert und kam in ein großes Zimmer, daß an mein Arbeitszimmer stieß. Wenn er allein war, rief er: „Tante Edith, komm doch herein. Du kannst deine Schularbeiten hier machen". (Die „Schularbeiten" waren meine philosophische Arbeit.) „Meine Mutter läßt immer kranke Kinder ganz allein liegen". Ich raffte dann meine Papiere zusammen und versuchte nebenan am Schreibtisch meines Bruders weiterzuarbeiten. Wenn der kleine Patient mich dann immer wieder an sein Bettchen rief, sagte ich: „Helmut, wenn du so oft störst, kann ich doch nicht arbeiten". „Du brauchst ja nicht!", war die Antwort. Und das war so überzeugend, daß ich zu ihm ging und mit ihm spielte. Dafür faßte er eine große Zuneigung zu mir.

Als einige Zeit nach seiner Genesung meine Schwester *Erna* sich verlobte, kam er an einem Sonntag nachmittag zu uns herüber, während wir gerade bei Kaffee und Kuchen um den Familientisch saßen. Er lief auf mich zu und flüsterte mir ins Ohr: „Willst du meine Braut sein?" Ich gab bereitwillig mein Jawort, nahm ihn auf den Schoß, schenkte ihm etwas von einem Kuchen und sagte, Braut und Bräutigam müßten alles miteinander teilen. Das gefiel ihm sehr gut. Auf einmal erschrak er: „Ich habe eben drüben schon Kuchen gegessen und dir nichts davon gegeben". Doch sofort beruhigte er sich selbst: „Aber da warst du ja noch nicht meine Braut". Von diesem Tage an brachte er mir alle kleinen Arbeiten, die er im Kindergarten verfertigte; ich mußte sie sorgfältig aufbewahren, denn von Zeit zu Zeit öffnete er die Truhe, in der ich sie aufhob, um sich zu überzeugen, wieviel er mir schon geschenkt hätte. Einmal stand er vor den langen Reihen meiner philosophischen Bücher und zählte sie. „Die mußt du alle später lesen, damit wir darüber sprechen können", sagte ich. „Ja, wenn ich groß bin, werde ich alle lesen", antwortete er in entschlossenem Ton. Er hielt an dieser Verlobung jahrelang fest. Nur manchmal kam ihm eine leise Ahnung, daß an der Sache etwas nicht ganz stimmte. Einmal fragte er: „Tante Edith, wenn ich groß bin, bist du dann auch noch groß?" Endlich brachten ihn die Neckereien der Größeren darauf, daß aus seinen Heiratsabsichten nichts werden könnte. Das war aber in meiner Abwesenheit, und als ich wieder zu Besuch kam, vertraute er seinem Vater an, er würde doch die Verlobung sehr gern aufrecht erhalten.

Ein Tag aus seiner schwerer Krankheit ist mir noch besonders in Erinnerung. Es war die Krisis. Das Kind lag bleich und ohne Besinnung in seinem Bettchen; manchmal sagte es ein paar Worte aus seinen Fieberträumen; der Puls war kaum noch zu fühlen. *Erna* und ich saßen bei ihm. Sie war damals schon fertige Ärztin, hatte aber solche Fälle noch wenig gesehen. Sie hatte gar keine Hoffnung mehr, und große Tränen liefen ihr über die Wangen. Ich war viel ruhiger und zuversichtlicher. Ich hatte während des Krieges bei meinen Typhuspatienten manche Lungenentzündung gesehen und es öfters erfahren, wie sie sich nach einem schweren Kollaps, der einem Todeskampf glich, wieder erholten. Einmal kam unsere Schwägerin herein. Sie beugte sich über das Bettchen und sagte mit zornigen Tränen: „So ein schönes Kind soll man verlieren!" Dann ging sie wieder hinaus. Wir beide sahen uns entsetzt an. Es war eine uns völlig fremde und fast unbegreifliche Einstellung, die aus diesen Worten sprach. Bald darauf kam der Kinderarzt und brachte noch einen Lungenspezialisten mit. Sie untersuchten, und der Internist befahl, eine Wanne mit heißem Wasser zu bringen. Das regungslose Kind wurde hineingehalten; nach kurzer Zeit fing es an, lustig zu strampeln und die Herren tüchtig zu bespritzen. Als der kleine Kerl mit roten Bäckchen und großen Augen wieder in seinem Bettchen lag, wurde ihm noch eine Tasse starker Kaffee zur Belebung des Herzens gebracht. Erstaunt rief er, als der kräftige Duft ihm in die Nase stieg: „Das ist ja kein Kinderkaffee, das ist Menschenkaffee!“ Dann verlangte er, wir sollten dunkel machen und ihn allein lassen. „Wenn kleine Kinder schlafen sollen, müssen große Menschen rausgehen“. Wir atmeten auf. Die Gewalt der Krankheit war gebrochen.

Wenn später wieder einmal eins der Kinder sich krank meldete, kam meine Schwägerin zu mir und sagte einfach: „Wolfgang (oder Helmut) läßt dich grüßen und dir sagen, er sei krank“. Bei *Helmut* kam noch einmal eine Lungenentzündung, als er sieben Jahre alt war. Es war gerade in meinen großen Ferien. Diesmal übernahm ich sofort die ganze Pflege, nachdem der Arzt die Diagnose gestellt hatte. Ich machte ihm einen Brustwickel nach dem andern und erzählte ihm Geschichten, um ihn ruhig zu halten. Ich brauchte meinen ganzen Vorrat an Sagen und Märchen auf und ging schließlich zur Biblischen Geschichte über. Als ich ihm vom Sündenfall und von der Vertreibung aus dem Paradies sprach, sagte er vorwurfsvoll: „Wie kannst du mir denn so etwas Schreckliches erzählen?“ Aber sonst wurde er nicht müde, zuzuhören. Wenn seine Mutter ihm etwas zu essen brachte, nahm er es gnädig an, sagte aber sofort: „Du kannst wieder gehen, zwei Menschen brauche ich nicht“. Manchmal mußte ich ihm etwas verweigern, was er verlangte, dann verschwand er schmollend unter der Bettdecke. Ich setzte mich ruhig an meine Arbeit und kümmerte mich nicht weiter um ihn. Nach einigen Minuten tauchte er mit strahlendem Gesicht wieder auf, und der Friede war wiederhergestellt. Wenn mein Bruder mittags nach Hause kam, löste er mich ab, damit ich zum Mittagessen gehen könnte; ebenso abends. Um 7 Uhr wurde für den kleinen Patienten Nacht gemacht. Dann entließ er mich bereitwillig, schärfte mir aber ein, daß ich früh um 7 wieder da sein sollte. An einem Sonntag hörte ich, wie Martha im Nebenzimmer in heftigen Worte klagte, sie könnte es nicht länger ertragen, so angebunden zu sein, sie müsse einmal an die frisse Luft. Mein Bruder war sehr verlegen, weil er sich sagte, daß ich die alles hören könnte. Als er ins Kinderzimmer kam, redete ich ihm zu, sie sollten ruhig fortgehen, ich bliebe gern allein bei dem Kleinen. So ging die ganze Familie in ihren Garten vor der Stadt, und wir blieben allein im Haus. Es war uns beiden sehr wohl dabei. Nach einigen Stunden kamen alle vergnügt zurück; Martha versicherte mir, sie sei nun wieder ein ganz anderer Mensch. Nach 14 Tagen kam der Arzt wieder und stellte ganz überrascht fest, daß von der Entzündung keine Spur mehr vorhanden war. Ich konnte meinen Krankendienst einstellen, und meine Schwägerin sagte überglücklich: „Muzchen, wenn Du wieder etwas hast, rufen wir sofort die Tante Edith. Die Mama ist für so etwas nicht zu brauchen“. Meine Mutter kam bei jeder Erkrankung der Kinder mehrmals am Tage nach ihnen sehen. Aber bei jedem Besuch fiel ihr etwas in die Augen, was sie aufregte. Wenn sie darauf aufmerksam machte, gab es unliebsame Auseinandersetzungen. Darum vermied sie es sonst nach Möglichkeit, in den Haushalt der Schwiegertochter hineinzusehen. Den Höhepunkt erreichte die Unordnung und Unruhe im Hause, wenn Marthas Mutter und ihre Schwester mit den Kindern aus Amerika kamen.

Meine Schwägerin sprach stets mit der größten Liebe von diesen Angehörigen, rühmte ihre Schönheit, ihre Klugheit, ihre witzigen und geistreichen Einfälle. Sie hatte meiner Schwester Else schon während der gemeinsamen Seminarzeit von ihrer schönen Mama vorgeschwärmt und nicht geruht, bis sie die beiden miteinander bekannt machen konnte. Da war dann Else sehr erschrocken; man konnte nämlich bei näheren Zusehen an Frau *Kaminski* noch Spuren ehemaliger Schönheit fein geschnittener Gesichtszüge entdecken, aber sie war durch ein Augenleiden und einen Hautausschlag sehr entstellt. Später, wenn sie von Amerika kam, fiel sie außerdem schon von weitem durch ihre Kleidung auf, durch schreiende Farben, riesenhafte Hüte und ebenso riesenhafte Schuhe. In Amerika hatten Mutter und Töchter zusammengelebt. Seit Martha wieder in Deutschland war, wechselten sie viele und lange Briefe, teilten sich alle Einzelheiten des täglichen Lebens mit und setzten die Neckereien, die zu ihrem Verkehrston gehörten, schriftlich fort. Monatelang wurde der Besuch der Angehörigen mit großer Freude erwartet.

Es war überhaupt Marthas Grundsatz, sich lange und ausgiebig auf bevorstehende Ereignisse zu freuen, weil man die Vorfreude jedenfalls sicher hätte. Meine Mutter dagegen warnte immer davor, zu früh zu jubeln, faßte nicht gern Pläne auf lange Sicht und sprach von etwas Künftigem fast nur mit dem Zusatz: „Mit Gottes Hilfe" oder: „Wenn Gott will". Mit den amerikanischen Gästen zogen nun große Koffer und Körbe ins Haus, denen ein bunter Inhalt entquoll: Kleider, Hüte, Schuhe in allen Farben, Formen und Größen; Süßigkeiten und Spielsachen, Zeitschriften und Bücher. All das war teils zu eigenem Gebrauch bestimmt, teils als „Mitgebrachtes" gedacht. Es war aber oft schwer, zu den Gegenständen Menschen zu finden, die sie verwenden konnten. Es war unmöglich, für diese ganze Jahrmarktsherrlichkeit Schränke und Schubfächer zu finden, die sie aufnehmen konnten. Das wurde aber auch gar nicht beansprucht. Man war gewöhnt, aus den Koffern zu leben und das, was man herausgezogen hatte, auf dem Fußboden umherzustreuen. In Amerika gab es wohl Dienstboten, die immer wieder hinterherräumten. Hier aber war für einen Haushalt mit 4 kleinen Kindern höchstens e i n Mädchen, meist nur eine Stundenfrau da. Und wenn nun noch zwei Erwachsene und zwei Kinder hinzukamen, so war an gar keine Ordnung mehr zu denken. Meine Schwägerin hatte sich gewöhnt, die Hausarbeit zu machen, wenn sie auch alles möglichst vereinfachte, um für andere Dinge Zeit übrig zu behalten. Ihre Mutter aber sah es nicht gern, daß sie Arbeiten verrichtete, die in Amerika Sache der Dienstboten oder der Männer waren. Das führte zu Mißstimmungen zwischen Schwiegermutter und Schwiegersohn, aber auch zwischen Mutter und Tochter. Nach ihrem letzten Besuch reiste die alte Dame schwer gekränkt ab, sodaß wir herzliches Mitleid mit ihr hatten. Sie war bei allen Eigenheiten eine gütige Frau, die ihre Kinder und Enkel herzlich liebte und auch allen andern Menschen freundlich entgegenkam, geistig beweglich und vielseitig interessiert, humorvoll und unterhaltend. Manches Schwere was das Leben ihr gebracht hatte, trug sie, ohne etwas davon merken zu lassen.

Außer den Mängeln in der Haushaltsführung und Kindererziehung gab es noch etwas anderes, was meine Mutter an ihrer Schwiegertochter enttäuschte. Solange sie nur als Gast zu uns kam, hatte sie uns alle mit (zweifellos aufrichtig gemeinten) Liebesbeweisen überschüttet und war überglücklich, als sie in die Familie aufgenommen wurde. Ich erinnere mich noch, wie sie lachend und weinend zugleich meine Mutter umarmte, als sie sie als Braut ihres Sohnes begrüßte. Meine Schwester Else, die auf ihren jüngeren Bruder immer etwas herabgesehen hatte, behauptete sogar, es sei Martha weniger um ihn als um die Familie zu tun. Niemand hätte ihr zugetraut, daß sie darauf bedacht sein könnte, ihren Vorteil auf Kosten der andern sicherzustellen. Meine Mutter gewann aber im Lauf der Jahre immer mehr den Eindruck, daß ihr Sohn in diesem Sinn beeinflußt wurde. Ihm selbst lag eigennützige Berechnung von Natur aus durchaus fern. Er war uns ein sehr guter Bruder und hatte es früher geliebt, uns gelegentlich kostbare Geschenke zu machen, z.B. hatte er für Erna zum Beginn ihres Medizinstudiums ein gutes Mikroskop gekauft. Und für Gerhard, seinen ältesten Neffen, den er besonders liebte, hatte er lange Zeit regelmäßig etwas von seinem Einkommen beiseite gelegt, weil er sagte, er als Junggeselle brauche für sich nicht zu sparen. Bis zu seiner Verheiratung war meine Mutter alleinige Geschäftsinhaberin, *Arno* und *Frieda* waren Angestellte mit Prokura. Meine Schwägerin besaß ein kleines Vermogen, das als Betriebskapital in unser Geschäft mit aufgenommen wurde; im Verhältnis zum Wert des großen Grundstücks und des reichen Warenlagers war es nicht beträchtlich, wenn auch eine willkommene Hilfe im Zahlungsverkehr. Sie gründete aber darauf den Anspruch auf Mitinhaberschaft, und mit dem Anwachsen der Kinderzahl kam das Verlangen, deren Zukunft sicherzustellen, hinzu. Meine Mutter litt sehr unter diesen Auseinandersetzungen. Sie hatte ihre ganze Arbeitskraft für ihre Kinder eingesetzt, und was wir besaßen, verdankten wir ihr. Für sich brauchte sie fast nichts; für ihre Kleidung mußten die Töchter Sorge tragen. Meist schenkten wir ihr zu ihrem Geburtstag, was sie brauchte, weil sie sich sonst zu sehr gegen Neuanschaffungen sträubte; und auch dann bekamen wir noch Vorwürfe, daß wir unnötige Ausgaben gemacht hätten. Wenn sie etwas nach jahrelangem Gebrauch ablegen oder wenigstens nur noch im Hause auftragen sollte, verteidigte sie mit komischer Entrüstung ihr „gutes, neues Kleid“. So lebten wir alle im Vertrauen auf die mütterliche Fürsorge und dachten nicht daran, für uns selbst Sorge zu tragen; auch wir Geschwister untereinander kannten keine Berechnung.

Eine Regelung der Vermögensverhältnisse für die Zukunft zu verlangen, konnte uns schon darum nicht einfallen, weil wir den Gedanken an eine Zeit, wo unsere Mutter nicht mehr sein würde, gar nicht aufkommen ließen. Den Tod eines lieben Menschen als Tatsache, die unvermeidlich einmal kommen muß, nüchtern ins Auge zu fassen, davon zu sprechen und dafür Vorkehrungen zu treffen, gilt dem jüdischen Empfinden als Herzlosigkeit. So etwas überläßt man den „Gojim", für die man einen Mangel an Zartgefühl und Herzenstakt als charakteristisch ansieht. Daß nun solche Überlegungen in unsere Familie hineingetragen wurden, war für meine Mutter ein großer Schmerz. Nachdem sie aber einmal den Verdacht geschöpft hatte, daß ihre Schwiegertochter eigennützig auf ihren Vorteil bedacht sei, hielt sie sich ihrerseits für verpflichtet, ihre Töchter gegen künftige Übergriffe sicherzustellen. Sie begann mit uns über eine Lösung zu beraten, und nachdem wir unter uns zu einem Ergebnis gekommen waren, das uns für alle annehmbar schien, sollte ich als Sprecherin für Mutter und Schwestern meinem Bruder in ihrer Gegenwart unsern Vorschlag unterbreiten. Das hatte sie sich ausgedacht, weil sie sich alle vor seiner Heftigkeit fürchteten und sich selbst nicht genügend Selbstbeherrschung zutrauten, um seinen Zornausbrüchen gegenüber ruhig und sachlich zu bleiben.

Es war ein sehr peinlicher Augenblick, als Arno in diesen Familienrat hineingerufen wurde. Er blieb sehr ruhig auf meine Ansprache und antwortete nur mit wenigen Worten, die kein klares Ja oder Nein enthielten. Es kränkte ihn schwer, daß so förmlich mit ihm verfahren wurde und daß man ihm die jüngste Schwester als Autorität gegenüberstellte. Er rief nun einen andern Vermittler zu Hilfe, der ebensosehr sein Vertrauen besaß wie das unserer Mutter: ihren Bruder *Eugen* aus Berlin. Ich habe schon einmal erwähnt, daß dieser jüngere Bruder besonders an ihr hing und ihr oft in geschäftlichen Dingen zur Seite stand. Er war ein hervorragend tüchtiger Kaufmann, hatte eine Fabrik für Maschinenteile mit ausgebreitetem Exporthandel, besonders nach England und Rußland, selbst ins Leben gerufen und leitete dieses ganze Unternehmen mit großer Umsicht. Solange er an seinen eigenen Söhnen keine genügende Unterstützung hatte, rief er meinen Bruder öfters zu Hilfe bei größeren Abschlüssen in den Büchern; von daher bestand auch zwischen ihnen ein besonderes Vertrauensverhältnis. Nach der ersten Regelung, die bei uns getroffen wurde, blieb meine Mutter Geschäftsinhaberin, Arno wurde als Teilhaber mit Gewinnanteil aufgenommen. Als sie etwa siebzig Jahre alt war, begannen Geschwister und Kinder in meine Mutter zu dringen, sie sollte sich zur Ruhe setzen und das Geschäft ganz ihrem Sohn übergeben. Sie wollte davon nichts wissen, und ich habe sie in ihrem Widerstand immer unterstützt, weil es mir klar war, daß die Tätigkeit im Geschäft unlöslich zu ihrem Leben gehörte. Zehn Jahre später fiel es niemanden mehr ein, sie in den Ruhestand versetzen zu wollen. Sie hat aber in diesem hohen Alter noch einmal eine Umordnung vorgenommen: Arno als Inhaber des Geschäfts eintragen lassen und sich selbst und Frieda nur einen Gewinnanteil gesichert. An der Arbeitsteilung zwischen den Dreien wurde dadurch nichts geändert; meine Mutter nannte aber seitdem ihren Sohn den „Chef“. Nach außen hin war nun er der verantwortliche und bestimmende Leiter, er schloß die Geschäfte ab und nahm unter den Kaufleuten der Stadt eine angesehene Stelle ein, wie es der Bedeutung der alten, soliden Firma entsprach. Er spielte die soziale Rolle, nach der ein Mann in reifen Jahren zur Befriedigung seines Selbstbewußtseins verlangt. Eingeweihte freilich wußten, daß er erntete, was die Mutter gesät und in mühevoller Lebensarbeit gehegt und gehütet hatte.

5.

Das Regiment im Hause war schon vor Jahrzehnten in die Hände meiner Schwester *Rosa* übergegangen. Wenn meine Mutter im Geschäft oft unter der Heftigkeit des „Chefs“ zu leiden hatte, so bedeutete die Heimkehr in ihre Häuslichkeit häufig einen Übergang vom Regen in die Traufe. Diese beiden Geschwister glichen einander sehr im Temperament; das wollte aber keines wahr haben, eines entsetzte sich über die Fehler des anderen, ohne zu ahnen, wie sehr es selbst darein verstrickt war. Rosas natürliche Heftigkeit war wohl noch zu besonderer Reizbarkeit gesteigert, weil sie sich unbefriedigt fühlte. Sie hatte stets jeden Versuch wohlmeinender Verwandten, ihr eine „gute Partie“ zu vermitteln, entrüstet zurückgewiesen. Nach Friedas unglücklicher Ehe durfte ihr schon gar niemand mehr von so etwas sprechen. Obgleich sie in der Haushaltsführung sehr selbständig war, konnte sie sich doch nie ganz als die Hausfrau fühlen, Mutter und Schwestern hatten ihre bestimmten Wünsche, auf die sie Rücksicht nehmen mußte, wenn sie sich auch häufig erst mit heftigen Worten dagegen sträubte. Sie selbst hatte das Mißtrauen, daß die andern ihre Arbeit geringschätzten, und sehnte sich darum nach etwas anderem, hatte aber bei aller Entschiedenheit, mit der sie in Worten ihre Ansicht zu vertreten pflegte, nicht genügend Initiative und Energie, um gegenüber Widerständen in der Familie ihre Berufspläne durchzusetzen. Meine Mutter, die sich nach Ruhe und Frieden in ihrer Häuslichkeit sehnte, litt schwer unter den täglichen Reibungen. Ein Vorschlag, den sie oder *Frieda* machten, eine Ansicht, die sie äußerten, traf meist sofort auf heftigen Widerspruch. Beide halfen in den frühen Morgenstunden, in der Mittagspause und abends nach Geschäftsschluß eifrig bei den häuslichen Arbeiten. Dazu bestellten sie das Gartenland, worein sie ein Stück des Lagerplatzes umgewandelt hatten, säten, pflanzten und ernteten; ja, wenn es ihre Zeit zuließ, richteten sie Gemüse und Obst so her, daß es kochfertig abgeholt werden konnte. Aber alle ihre Dienstleistungen wurden einer scharfen Kritik unterzogen.

Meine Mutter mußte sich oft wie ein ungeschickter Dienstbote abkanzeln lassen, als ob sie nie selbst einen Haushalt geführt hätte. Und sie hatte doch im Elternhaus für die vielköpfige Familie und zahlreiche Gäste zur Zufriedenheit aller gekocht, und ihren Kindern war niemals wohler, als wenn die Mutter selbst für sie sorgte. Freilich hatte sie seit dem Tode unseres Vaters den Haushalt aus der Hand geben müssen und es war ihr nun manches ungewohnt. Aber sie übernahm sonntags gern noch alle Arbeit, weil es sie freute, wenn wir Schwestern einmal alle zusammen einen Morgenausflug machen konnten; dann bereitete sie in aller Ruhe alles für unsere Rückkehr vor und trug uns mit der größten Liebe und Freude die selbstbereiteten Speisen auf. Wenn ich mir in unsern Studienjahren ganz im stillen einen idealen Haushalt dachte, war es einer, in dem meine Mutter mit Erna und mir allein lebte und für uns beide sorgte. Die täglichen Störungen des häuslichen Friedens zehrten an allen; es kamen aber tiefgehende Unstimmigkeiten hinzu. Meine Mutter wünschte die Familie möglichst zusammenzuhalten, alle sollten alle Freuden und Leiden gemeinsam haben; besonders aber sollten die Pärchen, die die Alterszusammengehörigkeit gebildet hatte, nicht auseinandergerissen werden. Bei Erna und mir machte das keine Schwierigkeiten, wir schlossen uns ohnehin in der gemeinsamen Studienzeit noch inniger zusammen, als es in der Kindheit der Fall gewesen war. Es war uns nur manchmal lästig, wenn die viel älteren Schwestern bei unsern Zusammenkünften mit unsern Freunden und Freundinnen dabei sein sollten, weil es ihnen an eigenem Verkehr mangelte. Größere Schwierigkeiten gab es zwischen *Frieda* und *Rosa*, die im Temperament so verschieden waren und bei denen zu den Banden des Blutes keine starke geistige Gemeinschaft kam. Zudem äußerte sich Rosas unbefriedigtes Selbständigkeitsbedürfnis darin, daß sie etwas Eigenes für sich haben wollte. Sie begann sich dagegen aufzulehnen, daß sie „mit Frieda zusammengespannt würde". Sie wollte nicht mehr mit ihr gleich gekleidet gehen, sie wollte ihr eigenes Zimmer haben und es nach eigenem Geschmack einrichten, sie wollte auch Menschen haben, mit denen sie allein verkehrte. Alle diese an sich so begreiflichen kleinen Wünsche — mir wurden solche Zugeständnisse mit der größten Selbstverständlichkeit gemacht, ohne daß ich ein Wort darüber zu verlieren brauchte — erregten Anstoß, weil sie sie in schroffen Worten äußerte. Außerdem war meine Mutter seit Friedas Ehescheidung besonders darauf bedacht, sie vor Kränkungen zu schützen, und darum waren ihr Rosas Absonderungsbestrebungen, die sich ja vornehmlich gegen diese Schwester richteten, überaus schmerzlich. Dazu kam noch der nicht ganz unbegründete Verdacht, daß in den freundschaftlichen Aussprachen mit Außenstehenden über Mutter und Schwester und die Schwierigkeiten des häuslichen Lebens geklagt würde. Es ist öfters vorgekommen, daß Frauen, die ursprünglich mit mir befreundet waren, sich in meiner Abwesenheit um Rosa annahmen und in herzliche Verbindung mit ihr kamen. Wenn ich gelegentlich von ihnen hörte, welches Bild sie aus ihren Schilderungen von unserm häuslichen Leben bekommen hatten, dann mußte ich bei aller Anerkennung von Rosas täglichen Opfern doch manche Berichtigungen anbringen.

Sie wollte natürlich nur die Wahrheit sagen; aber sie sprach bloß von dem, was sie litt; und es kam ihr nicht in den Sinn, auch zu sagen, worunter die andern zu leiden hatten. Diese Freundinnen waren begeistert von ihrer Herzensgüte, ihrer zarten Aufmerksamkeit. Sie war im Verkehr mit ihnen — ganz ungeheuchelt — so sanft und bescheiden, daß sie sich von ihrem ganz andersgearteten Verhalten im Familienkreis gar keine Vorstellung machen konnten.

Meine Mutter wünschte oft, daß sie nur einen kleinen Teil der Liebenswürdigkeit, mit denen sie Freunden begegnete, für die eigenen Angehörigen übrig hätte. Nur eine große Verschlossenheit und eine gewisse Enge und Starrheit des Urteils erschwerte auch den Freundinnen den Verkehr. Die Besorgnis, auf Widerspruch und schroffe Abwehr zu stoßen, brachte meine Mutter so weit, daß sie sich schließlich fürchtete, ihre Wünsche im eigenen Hause zu äußern. In späteren Jahren kam sie mit dringenden Anliegen zu mir, damit ich sie bei Rosa vorbringen solle: „Du mußt ihr das sagen, mir würde sie nur widersprechen". Ich hatte nämlich, als ich gereift war, einen immer stärkeren Einfluß auf meine Schwester gewonnen, ohne mich im mindesten darum zu bemühen. Ich will nur einen solchen Fall erzählen: Als die Silberhochzeit unseres ältesten Bruders herannahte, hatte meine Mutter den dringenden Wunsch, sie in unserm Hause zu feiern, weil wir die schönsten Festräume hatten, während die beschränkte und mit altem Hausrat vollgestopfte Mietwohnung des Silberpaares keineswegs für eine solche Feier geeignet war. Sie wußte wohl, welche Arbeit und Mühe Rosa damit auf sich nehmen mußte, und vor den Verhandlungen mit der Schwiegertochter graute ihr selbst am meisten, weil sie deren Art so schlecht ertragen konnte. Aber sie hielt es für eine Pflicht der Liebe und Gerechtigkeit gegen ihren ältesten Sohn. Ich konnte ihr das gut nachfühlen und wußte es auch meiner Schwester begreiflich zu machen. Die Einwände waren ihr vom Gesicht abzulesen, aber sie sprach sie nicht aus und fügte sich ohne weiteres. Der Vorschlag wurde gemacht und mit großer Dankbarkeit angenommen. Ich konnte der Feier selbst nicht beiwohnen, weil ich beruflich ferngehalten wurde. Nach den Berichten muß sie schön und friedlich verlaufen sein. Wie es kam, daß meine so viel ältere Schwester sich von mir so willig leiten ließ und daß ihr Weg schließlich in meinen mündete, das muß ich später im Zusammenhang berichten.

IV

Vom Werdegang der beiden Jüngsten

1.

Wenn ich uns sieben Geschwister an meinem Geist vorüberziehen lasse, dann muß ich sagen, daß *Erna* von uns allen die glücklichsten Anlagen hatte: schön, offen und mitteilsam, von großer Herzensreinheit und -güte, überaus bescheiden und ihrer eigenen Vorzüge unbewußt, gut begabt, geschickt und anpassungsfähig. So war sie wie geschaffen, um glücklich zu sein und glücklich zu machen. Natürlich hatte auch sie ihre Fehler, und sie wurden im Familienkreis nicht übersehen: das leichte Aufbrausen, die allzu große Beeinflußbarkeit und eine gewisse Passivität. Aber diese Fehler waren von der Art, die man leicht erträgt und verzeiht. Wenn auch durch dieses Kind der Mutter schwerer Kummer erwuchs, so geschah es nicht durch Härten und Kneten, sondern durch eine schwere Last, die das Leben ihr auferlegte und an der die Liebe der Angehörigen mit trug.

Ich habe früher von unserer gemeinsamen Kinder- und Jugendzeit gesprochen und von Ernas Berufswahl. Die zehn Monate, die ich in Hamburg verbrachte, waren unsere erste längere Trennung. Sie wurde aber dadurch abgekürzt, daß Erna für die Sommerferien auch nach Hamburg kam. Nach meiner Rückkehr bewohnten wir wieder ein gemeinsames Zimmer. Und als ich ein Jahr darauf die Aufnahmeprüfung für das Gymnasium bestanden hatte, sagte sie: „Gott sei Dank; nun brauche ich nicht mehr allein den Schulweg zu machen!" Ein Jahr lang sind wir dann noch wie in unsern Kinderjahren miteinander jeden Morgen über die Oderbrücke zum Ritterplatz gepilgert. Unterwegs sagte sie mir gern ihre Schulaufgaben her. Auch bei der Vorbereitung zum Abitur mußte ich ihr helfen. Ich suchte in die Eintönigkeit des gedächtnismäßigen Einpaukens etwas Abwechslung zu bringen, indem ich mir die verschiedensten Aufgaben für meinen Prüfling ausdachte. Z.B. verlangte ich auf Fragen aus der englischen und französischen Geschichte die Antworten in englischer und französischer Sprache. Sie stöhnte zwar etwas über diese Häufung der Schwierigkeiten, ich versicherte aber, das sei eine sehr nützliche Vorübung für die Prüfung in den neuen Sprachen, und so fügte sie sich nach einigem Widerstreben. Sie mußte sich auf eine scharfe Prüfung gefaßt machen. Unsere Schule bekam erst im folgenden Jahr das Recht, selbst das Abitur für ihre Absolventinnen abzuhalten. Bis dahin wurden alle an ein Knabengymnasium überwiesen und von den fremden Lehrern in fast allen Fächern durchgeprüft. Die Examensnöte wurden natürlich von der ganzen Familie geteilt. Während der mündlichen Prüfung hielt ich mich fast den ganzen Tag in den Vorzimmern auf, um nach jedem Fach sofort das Ergebnis zu hören und in den Pausen nicht nur meine Schwester, sondern auch ihre Leidensgefährtinnen zu ermuntern und zu trösten. Am Abend waren Mutter und Geschwister fast vollzählig zur Stelle, um sie nach geschlagener Schlacht im Triumph heimzuführen. Daß ich mich an ihrer Mulusreise beteiligen durfte, erwähnte ich schon. Auch auf den ersten Wegen zur Universität, z.B. zur Immatrikulation, mußte ich sie begleiten, während meiner Pfingstferien jede Vorlesung einmal mithören, um die Professoren und den ganzen Betrieb kennenzulernen; sogar in die Knochen- und Bändersammlung der Anatomie nahm sie mich mit, um ihr beim Lernen Gesellschaft zu leisten. Das war aber nur während der ersten Semesterwochen; sehr bald hatte sie andere Gesellschaft. Die schöne, junge Studentin zog die Augen der Kommilitonen auf sich. Der Keckste stellte sich selbst und einige nähere Bekannte ihr vor. Zwei begleiteten sie nun regelmäßig auf den Wegen von einem Institut zum andern. Bald schlugen sie auch eine Verabredung zum Tennisspielen vor; auf dem Tennisplatz lernte ich den kennen, der bald meinen Platz an der Seite meiner Schwester einnehmen sollte. Allerdings nicht so, daß dies eine Trennung zwischen uns bedeutet hätte. Das war schon darum nicht nötig, weil wir beide — Hans *Biberstein* und ich — uns recht gut verstanden. Er gefiel mir gleich sehr gut, wie er da auf dem Tennisplatz mir gegenüberstand. Der weiße Tennisanzug stand ihm ausgezeichnet zu dem braunen Gesicht und den glänzend schwarzen Haaren, gegen die sich die sehr hellen Augen eigenartig abhoben. Er war klein, schlank und sehnig und flog selbst leicht wie ein

Gummiball von einem Ende des Platzes zum andern. Er spielte mit Leidenschaft, und es konnte ihn in gelinde Verzweiflung bringen, wenn ich mit stoischer Ruhe einem Ball nachsah, den ich nach meiner Berechnung doch nicht kriegen konnte. Hatte man ihn zum Gegner, dann war er ein erbitterter Feind, solange das Spiel dauerte. Sobald es aber zu Ende war, trat er dicht ans Netz und reichte einem darüber hinweg mit treuherzigem Blick die Hand zur Versöhnung. In den Gesprächen auf dem Heimweg stellten sich bald starke gemeinsame Interessen heraus. Er war wie ich begeistert für Geschichte, hätte sie auch gern als Studium gewählt, wenn sie ihm nicht zu sehr als brotlose Kunst erschienen wäre, nahm leidenschaftlichen Anteil an allen politischen Ereignissen und war ein glühender Patriot. Vor meinem Abitur kam er öfters zu mir, um mit mir Geschichte zu arbeiten. Allerdings merkte ich, daß er meine Vorträge über große „Kettenfragen", wie sie unser Direktor liebte, nicht sehr aufmerksam anhörte. Er hat meiner Schwester später einmal gestanden, daß sie damals einigen Grund gehabt hätte, auf mich eifersüchtig zu sein. Ich ließ mich durch seine Zerstreuung nicht beirren, sondern erledigte das Pensum, das ich mir vorgenommen hatte. Sobald es fertig war, gönnte ich uns beiden aber auch eine Belohnung. Gewöhnlich setzten wir dann Erna ans Klavier und ließen uns zum Tanz aufspielen. Hans war der beste Tänzer, den man sich wünschen konnte — ich pflegte zu sagen, wenn man mit ihm tanze, verziehe man ihm alle seine Fehler —, und wir beide hatten die größte Freude am Tanz als solchem. Meine Schwester machte sich weniger daraus, sie tanzte nur mit meinem Schwager gern und gut.

In den ersten Monaten unserer Bekanntschaft sahen wir uns nur außerhalb des Hauses. Ich erinnere mich noch gut an den Abend, an dem wir den neuen Freund unserer Mutter vorstellten. Sie sah uns vom Fenster aus entgegen, als wir vom Tennisspielen kamen. Und von der Straße aus zum Fenster hinauf wurde die Bekanntschaft vermittelt. Im folgenden Winter stellten wir bei einem Ball die Mütter einander vor. Seitdem gab es häufig gegenseitige Einladungen in der Familie und gemeinsame Ausflüge. Frau *Biberstein* war Witwe und lebte allein mit ihrem Sohn. Er hatte wie wir seinen Vater sehr früh verloren. Wenn man Sohn und Mutter kannte, dann konnte man sich nicht nur aus ihren Erzählungen, sondern auch auf Grund ihres Wesens ein Bild von dem Vater machen. Er war Lehrer in Laurahütte bei Kattowitz, nicht nur für die jüdischen Kinder, sondern an einer allgemeinen Volksschule. Er muß ein stiller Gelehrter und ein feiner, gütiger Mensch gewesen sein. Wenn unter den polnischen Bauernkindern in seiner Schule ein armer Junge war, der gern Priester werden wollte, dann bereitete er ihn gern unentgeltlich zum Studium vor. Nach Jahrzehnten kam es in Breslau vor, daß Frau Biberstein auf der Straße von einem katholischen Geistlichen freudig begrüßt wurde und daß er sich dann als ehemaliger Schüler ihres Mannes vorstellte. Auch die andern Schüler bewahrten ihm ihr Leben lang eine dankbare Erinnerung. Die Forschernatur und das Lehrtalent hat Hans von seinem Vater geerbt.

Von der Mutter stammen das lebhafte Temperament und die großen gesellschaftlichen Gaben: er versteht ausgezeichnet zu erzählen und ist unerschöpflich an den überraschendsten witzigen Einfällen. Wenn er Geschichten und Geschichte in oberschlesischer Mundart — z.T. eigene Erzeugnisse — oder jüdische Witze zum Besten gab, dann hörte man ihm gern stundenlang zu und kam aus dem Lachen nicht heraus. Es war kein Wunder, daß er in jedem geselligen Kreis sofort der Mittelpunkt wurde, daß es Einladungen für ihn regnete, daß Mütter und Töchter ihn als eine „Glanzpartie" ins Auge faßten. Er besaß zwar gar kein Vermögen, aber eine große Laufbahn schien ihm sicher. Frau Biberstein war die zweite Frau ihres Mannes. Aus erster Ehe waren ein Sohn und eine Tochter da. Nach dem Tode des Vaters blieb sie mit den Kindern noch einige Jahre in Laurahütte und verdiente zu ihrer kleinen Pension durch Handarbeitsunterricht etwas bei. Als Hans sieben Jahre alt war, siedelte sie nach Breslau über. Der ältere Sohn, *Fritz,* studierte Medizin und ließ sich als Hautarzt in Gleiwitz nieder. Da er bald eine gute Praxis hatte und überdies eine vermögende Frau heiratete, konnte er Mutter und Bruder einen regelmäßigen Zuschuß geben, sodaß Frau Biberstein nun nicht mehr für den Lebensunterhalt zu arbeiten brauchte. Er ist ein stiller, bescheidener Mensch und gleicht offenbar sehr dem Vater. Die Stiefmutter behauptete stets, daß sie ihn nicht weniger liebe als ihren eigenen Sohn; ebenso war das Verhältnis zwischen den Brüdern das denkbar herzlichste; so lange wie möglich wurde es Hans verheimlicht, daß sie nicht dieselbe Mutter hatten. Dagegen hatte man den Eindruck, daß Frau Biberstein für ihre Stieftochter

Rudolfine nicht viel übrig hatte; jedenfalls wußte sie nicht viel Gutes von ihr zu sagen. Nach ihren eigenen Erzählungen schien es, daß sie schon dem Kinde das Leben recht schwer gemacht haben mußte; und wir vermuteten, daß das junge Mädchen, weil es sich zu Hause unglücklich fühlte, in die Ehe mit einem Mann gewilligt hatte, dem es sonst wohl nicht leicht sein Jawort gegeben hätte.

Er war sehr häßlich und schrecklich verwachsen, hatte auch menschlich wenig Anziehendes, was über die körperlichen Gebrechen hinweghelfen konnte. Trotzdem schien die Ehe gut zu sein. Rudolfine war gutherzig, anhänglich und zutraulich, besaß aber augenscheinlich nicht die Geistesgaben ihrer Brüder, verstand es auch nicht, ihren drei Töchtern die rechte Erziehung zu geben. Der Verkehr zwischen den Familien *Biberstein* und *Böhm* war durchaus verwandtschaftlich-herzlich. Man besuchte und beschenkte sich gegenseitig und half in Schwierigkeiten aus. Wenn es uns schwer wurde, an die entsprechenden Gesinnungen zu glauben, so lag es daran, daß Mutter und Sohn vor uns und vor Fernerstehenden an den Verwandten unbarmherzig Kritik übten und ihre Schwächen zur Zielscheibe ihres Spottes machten. Aber es war wohl verfehlt, das bei ihnen als Maßstab der Gesinnung zu nehmen; denn es war ihnen so zur zweiten Natur geworden, sich auf Kosten anderer zu belustigen, daß kaum irgend ein Mensch in ihrem ganzen Verwandten- und Bekanntenkreis vor ihren scharfen Zungen sicher war. Das war ein Umstand, der auf die Dauer den Verkehr mit ihnen sehr erschwerte. Dazu kam, daß beide überaus empfindlich waren, hinter den harmlosesten Äußerungen eine beleidigende Absicht witterten und dann sofort merklich einschnappten. Meine gute Mutter, die immer frei heraus redete und sich niemals daran gewöhnen konnte, ihre Worte auf die Goldwaage zu legen, hat unzählige Male nichtsahnend ein Gewitter heraufbeschworen. Mutter und Sohn hingen mit zärtlichster Liebe aneinander. Frau Biberstein sonnte sich in ihrem Hans und verwöhnte ihn gründlich. Trotzdem sie in bescheidenen Verhältnissen lebten, wurde er in Essen und Kleidung sehr anspruchsvoll erzogen. Seine Vorzüge wurden in seiner Gegenwart beständig gerühmt — und wehe dem, der nicht einstimmte! Da sich alles um ihn drehte, war er, ohne es selbst zu merken, im häuslichen Leben recht rücksichtslos geworden. Andererseits äußerte sich seine Kindesliebe in ganz rührenden Formen. Seine Mutter war schwer herzleidend und mußte immer auf Anfälle gefaßt sein. Da außer ihm niemand zur Pflege da war — sie hatten als einzige Hilfe gewöhnlich nur ein sehr junges Dienstmädchen, auf das man sich nicht verlassen konnte —, schlief er mit ihr in einem Zimmer. Wenn sie große Handarbeiten anfing, fürchtete er, sie könnte sich überanstrengen, und half dann selbst mit; seine schmalen, geschickten Hände waren dabei ebenso kunstfertig wie beim Präparieren in der Anatomie und später in der ärztlichen Praxis. Er gehorchte auch noch, wo die mütterliche Besorgnis zur liebevollen Tyrannei wurde. So waren wir anfangs sehr erstaunt, daß er nicht mit uns rudern durfte. Es war ihm als zu gefährlich, ein für allemal verboten. Alle Sommerferien verbrachte er Jahrzehnte hindurch mit seiner Mutter in demselben Badeort. Und er hatte sich vorgenommen, sich niemals von ihr zu trennen, immer mit ihr zusammen zu leben, im Alter für sie zu sorgen und ihr so zu danken, was sie für ihn getan hatte.

Darum wollte er gar nicht heiraten oder eine reiche Frau, deren Vermögen ihm gestatten würde, den Lebensabend seiner Mutter schön zu gestalten. Für diese jugendlichen Zukunftspläne war es eine Gefahr, als er meine Schwester kennenlernte. Er hat uns öfters erzählt, wie es geschah. Er kam zur Universität mit dem Vorurteil, daß alle Studentinnen häßlich seien, älter als er und eine Brille trügen. Bei der Eintragung in die Matrikel (die Stammrolle der Universität, in die jeder Student seine Personalien eigenhändig eintragen muß) stand Erna vor ihm. Daß sie schön war und keine Brille trug, war ohne weiteres zu sehen. Er konnte ihr aber auch über die Schulter gucken, während sie ihr Geburtsdatum eintrug, und feststellen, daß sie zwei Monate jünger war als er. Einige Tage danach vermittelte sein Schulkamerad *Weiß* die Bekanntschaft. Bald war man an der Universität gewöhnt, sie immer zusammen zu sehen.

Sie gingen miteinander von einer Vorlesung zur andern, saßen nebeneinander im Hörsaal, arbeiteten zusammen und machten alle Prüfungen zusammen. Eine Mitstudentin nannte sie scherzend (Erna + Biber-) Stein. Man glaubte allgemein, daß sie verlobt seien. Aber sie redeten sich mit „Sie“ an, und in unserer Familie verkehrte Hans nur als Freund. Über die gegenseitige Neigung waren sie sich bald klar. Es setzten zwar noch immer viele Mädchen ihre Hoffnung auf den vielbegehrten jungen Mann, und er liebte das, aber ernstlich zog er niemand anders mehr in Betracht. Und meine gute Schwester hatte für keinen andern Mann mehr einen Blick übrig. Natürlich lernte sie andere Kommilitonen kennen und war freundlich gegen sie, aber keiner konnte sich mit einer Hoffnung schmeicheln. Wie ihr Verhältnis eigentlich war, das habe ich erst viel später genau erfahren. In ihrem täglichen Zusammensein sprachen sie sehr offen miteinander. Hans schilderte ihr die Verpflichtungen, die er seiner Mutter gegenüber hätte, und sie kamen schließlich überein, daß sie niemals heiraten wollten. Wenn ich mich recht erinnere, sind sie jahrelang dabei geblieben. Dieses eigenartige Verhältnis bedeutete für Erna natürlich eine schwere seelische Belastung. Dazu kamen häufige Zerwürfnisse infolge der großen Empfindlichkeit des verwöhnten einzigen Sohnes. Sie hätte an all dem wohl noch schwerer getragen, wenn nicht treue Freundschaft die Bürde mit ihr geteilt hätte. In der Klasse zwischen uns, die ein Jahr nach Erna und vor mir Abitur machte, war ein Paar unzertrennlicher Freundinnen, Lilli *Platau* und Rose *Guttmann*. Ich hatte mit den beiden oft in den Pausen auf dem Schulhof geplaudert, wir hatten uns gegenseitig unsere Aufsätze gezeigt, hatten auch einige Zeit zusammen private Literaturstunden. Erna lernte sie erst näher kennen, als Lilli anfing Medizin zu studieren und viele Vorlesungen und Übungen mit ihr gemeinsam hatte. Beide schlossen sich bald sehr herzlich aneinander an. Rose studierte Mathematik und Naturwissenschaften, und als ich zur Universität kam, fanden wir uns in den philosophischen und psychologischen Vorlesungen zusammen. Bald standen auch wir sehr nahe miteinander, und so erwuchs ein vierblättriges Kleeblatt, das fest zusammenhielt. Da Hans von Erna nicht zu trennen war, gehörte er als fünftes Blättchen mit dazu. Er wurde auch von uns keineswegs nur um ihretwegen mitgeduldet, sondern es verbanden ihn mit jeder einzelnen von uns herzliche freundschaftliche Beziehungen und sachliche Interessen. Nur waren wir keineswegs gesonnen, uns ihm so gefügig zu unterwerfen, wie seine Mutter und Erna das zu tun pflegten, sondern setzten uns sehr entschieden zur Wehr, wo er uns im Unrecht zu sein schien; es gab oft scharfe Auseinandersetzungen, sie endeten aber immer mit einer aufrichtigen und feierlichen Versöhnung. Da wir im Semester an verschiedenen Stellen beschäftigt waren, verabredeten wir alle einen gemeinsamen Abend in der Woche. Im Sommer kamen wir, wenn irgend möglich, im Freien zusammen, und ich erinnere mich noch an die tiefe

Freude, wenn wir nach der Last des Tages in einem Garten vor der Stadt unter einem blühenden Apfelbaum beim Nachtessen saßen und freimütig und von Herzen über die Fragen sprachen, die uns bewegten. Im Winter kamen wir abwechselnd in unsern Häusern zusammen und arbeiteten fortlaufend etwas miteinander. Die Mediziner verlangten nämlich, daß die Philosophen etwas für ihre Allgemeinbildung tun müßten. Besonders die überaus lebhafte, geistig bewegliche und vielseitig interessierte Lilli fürchtete sich immer vor der Gefahr, im Fachstudium zu versimpeln. Natürlich stürzten wir uns sofort auf Kants „Kritik der reinen Vernunft". Wie weit wir darin kamen, weiß ich nicht mehr. In einem Semester arbeiteten wir uns mit Todesverachtung durch Meumanns „Experimentelle Psychologie" hindurch, obwohl uns der dicke Band mit seinen vielen Versuchsberichten sehr langweilte und oft höchst lächerlich vorkam.

Heiß bewegten uns alle damals die Frauenfrage. Hans war unter den Studenten ein weißer Rabe; er trat nämlich so radikal für vollständige Gleichberechtigung der Frauen ein wie nur irgend einer von uns. Oft sprachen wir über das Problem des doppelten Berufs. Erna und die beiden Freundinnen waren sehr im Zweifel, ob man nicht der Ehe wegen den Beruf aufgeben müsse. Ich allein versicherte stets, daß ich um keinen Preis meinen Beruf opfern würde. Wenn man uns damals die Zukunft vorausgesagt hätte! Die drei andern heirateten und behielten trotzdem ihren Beruf bei. Ich allein blieb unverheiratet, aber ich allein ging eine Bindung ein, der ich mit Freuden jeden andern Beruf zum Opfer bringen wollte.

2.

Außer den Zusammenkünften im engsten Kreise trafen wir uns auch in erweiterter Geselligkeit. Die Familien *Guttmann* und *Platau* standen schon in Verkehr und wurden nun auch mit unsern Familien bekannt. Frau Platau war Witwe und hatte noch einen Sohn, der ein Jahr jünger war als Lilli. Ihr Mann war schon vor der Geburt des zweiten Kindes gestorben, und sie hatte sich, wie unsere Mutter, entschließen müssen, selbst für ihre Kinder zu sorgen. Es fiel ihr sehr viel schwerer, weil ihre natürliche Begabung und Neigung gar nicht in diese Richtung ging. Sie eröffnete eine mechanische Stickerei, in der sie eine größere Anzahl Mädchen beschäftigte. Sie war aber immer glücklich, wenn sie das Maschinenzimmer verlassen und sich in ihre einfachen, aber behaglichen Wohnräume begeben konnte.

Ihre beiden Kinder, besonders die begabte und temperamentvolle *Lilli,* waren ihr Stolz und ihre Freude. Sie liebte ihren *Hans* sicherlich nicht weniger, aber er war still und bescheiden und wurde von der lebhaften und selbstbewußten Schwester immer etwas in den Schatten gestellt. Das geschah ganz unbewußt, die ungleichen Geschwister hingen mit der größten Liebe aneinander. Lilli war ausgesprochen häßlich, nahm aber durch ihre Frische und Liebenswürdigkeit so für sich ein, daß man es im Gespräch mit ihr bald vergaß. Ihre Mutter dagegen war eine schöne Frau mit edelgeschnittenen Zügen und großen, seelenvollen Augen; bis ins hohe Alter bewahrte sie eine außerordentliche Anmut. Sie nahm an unserm Studium und allen unsern Angelegenheiten lebhaften Anteil, hatte auch von sich aus starkes Verlangen nach geistigen Anregungen, war aber viel ruhiger und zarter als ihre Tochter. Ich fühlte mich zu dieser feinen, gütigen Frau sehr hingezogen, und auch sie faßte zu mir eine tiefe Zuneigung, die sie mir durchs ganze Leben bewahrte. Plataus wohnten ganz in der Nähe der Universität, und Lilli stellte mir für meine Hohlstunden ihr nettes, kleines Arbeitszimmer zur Verfügung. Oft habe ich zwischen zwei Kollegs dort an ihrem Schreibtisch gesessen. Frau Platau kam nur herein, um mich kurz zu begrüßen und mir eine kleine Stärkung zu bringen; dann ließ sie mich ungestört. Besonders schön waren die Abende, an denen Erna und ich allein in diesem gastlichen Hause eingeladen waren. Erst wurde am Teetisch gemütlich geplaudert; die liebevolle Hausfrau sorgte stets dafür, daß er reich mit guten Sachen besetzt war. Dann spielten Frau Platau und Erna vierhändig, Lilli und ich aber zogen uns in ihr Zimmerchen nebenan zurück. Ich mußte mich auf ihre Chaiselongue legen, sie setzte sich daneben, und dann gab es den vertraulichsten Gedankenaustausch.

Nicht so unbedingt heimisch wie in diesen wohlgeordneten, harmonischen Verhältnissen fühlten wir uns in der Familie *Guttmann.* Hier lebten noch beide Eltern. Der Vater war ein großer, stattlicher Mann, etwas rauh und wortkarg. Tonangebend im Hause war seine kleine, behende und sprudelnd lebhafte Frau. An ihr hingen die drei Kinder — *Rose, Hede* und das verwöhnte Nesthäkchen *Karl* —

mit zärtlicher Liebe und Bewunderung. Während unsere Mutter und Frau Platau für uns alles mit der größten Selbstverständlichkeit taten, ohne Gegenleistungen zu verlangen, wurde hier mehr die Mutter von den Töchtern verwöhnt. Sie nanten sie „Katerchen“ und nahmen ihr möglichst viel von den häuslichen Arbeiten ab; sie waren dazu viel besser angehalten als wir, beide tüchtig und gewandt.

Da die Agenturen des Vaters für den Unterhalt der Familie nicht ausreichten, fingen beide Mädchen auch schon sehr früh an mitzuverdienen, Rose durch Mathematikstunden, Hede durch Musikunterricht. Sie war stets überlastet und oft von Krankheiten heimgesucht, Hede besonders litt schon als junges Mädchen an quälenden Anfällen von Herzasthma. Rose war von schlanker, ebenmäßiger Gestalt und wußte sich mit erlesenem Geschmack zu kleiden. Ihr schönster Schmuck aber waren zwei lange und schwere glänzendschwarze Zöpfe, die sie einfach um den Kopf geschlungen trug. Ihr Gesicht war nicht schön zu nennen, vor allem wurde es durch den etwas starren Blick der braunen Augen entstellt. Trotzdem hatte sie eine große Anziehungskraft. Sie hatte nicht Lillis lebhafte und warmherzige Art, die jedem Menschen mit ungezwungener Herzlichkeit entgegenkam. Fremden gegenüber war sie zurückhaltend und fast abstoßend; in unserer Familie konnte sich darum außer Erna und mir niemand für sie erwärmen, und selbst Erna zog sich nach anfänglicher herzlicher Annäherung später innerlich von ihr zurück, wenn auch der freundschaftliche Verkehr immer erhalten blieb. Menschen, an denen ihr etwas lag, gewann Rose durch ihre außerordentliche Gabe, auf andere einzugehen. Sie verstand vorzüglich zuzuhören, sodaß man sich ihr gern anvertraute. In wissenschaftlichen Gesprächen faßte sie die Gedanken anderer schnell und leicht auf und konnte mit großer Redegewandtheit darauf eingehen. Die meisten merkten es nicht, daß das, was sie sprach, selten ihr geistiges Eigentum war; ihre selbständige Begabung wurde allgemein überschätzt und sie selbst täuschte sich wohl darüber; ich glaube aber sicher, daß sie es im Grunde fühlte und bei allem zur Schau getragenen Selbstbewußtsein innerlich unsicher war. Und damit erklärte ich mir auch den Zug, der Erna und Hans schließlich entfremdete: eine gewisse Unwahrhaftigkeit. Sie vertrat keine feste innere Überzeugung, sondern paßte sich in Gesprächen dem andern an und konnte in verschiedener Umgebung ganz widersprechende

Ansichten äußern. Auch auf ihre tatsächlichen Angaben konnte man sich nicht verlassen. Meine Mutter fühlte sich besonders dadurch abgestoßen, daß sie sehr viel von ihren Leistungen und Erfolgen sprach. Sie tat das in einer ruhigen, sachlichen Art, als berührte sie nur nebenbei diese Tatsachen. Aber die Absicht, zu imponieren war doch unverkennbar. Unleugbar und ganz ungewöhnlich war ihr Lehrtalent und ihr starker Einfluß auf ihre Schülerinnen. Als Hans Biberstein und Rose sich kennenlernten, fühlten sich beide stark zueinander hingezogen. Erna, die von Natur aus keineswegs zu Eifersucht neigte, hat in diesem Fall doch nicht immer ruhig bleiben können. Andererseits war es gerade die gemeinsame Neigung, die die beiden Mädchen anfangs nahe miteinander verband. Aber Roses Unzuverlässigkeit war für Erna und Hans eine solche Enttäuschung, daß sie darüber nicht hinwegkamen. Lilli und ich sahen diese Schwäche auch und litten darunter, zogen uns aber nicht zurück.

Als ich zur Universität kam, wurde auch ich von dem Zauber ergriffen, den Rose auszuüben verstand. Sie war anfangs in unserer Freundschaft der führende Teil, aber nicht sehr lange. Durch die Bestimmtheit, mit der ich mir meine Ansichten bildete und sie gegen jedermann vertrat, später wohl auch durch die Fähigkeit zu selbständiger wissenschaftlicher Arbeit, gewann ich einen starken Einfluß auf sie. Als die andern sie aufgaben, hatten wir einmal eine gründliche Aussprache miteinander. Ich sagte ihr auf ihre Klagen hin gerade heraus, ich fände die Vorwürfe, die man ihr mache, durchaus berechtigt. Ich verschwieg auch nicht, wie ich mir ihre Schwächen erklärte. Ich sähe aber in den Fehlern eines Menschen keinen Grund, ihm die Freundschaft zu entziehen. Sie nahm alles, was ich sagte, dankbar und ohne Empfindlichkeit an, und hielt sich von da an noch viel fester an mich. Ich glaube, daß ihr Verhältnis zu mir nun ein ganz anderes war als die Beziehungen zu andern Menschen. Daß ich sie nicht in bengalischer Beleuchtung sah, sondern bei nüchternem Tageslicht, das war ihr wohl schmerzlich, aber es gab ihr andererseits eine Ruhe und Geborgenheit, die ihr sonst fehlte. Sie hat dies niemals ausgesprochen, ich weiß auch nicht, ob sie sich je darüber klar geworden ist. Sie fühlte sich nur von Zeit zu Zeit gedrängt mir zu schreiben, wie groß ihre Liebe zu mir sei; manchmal fügte sie noch hinzu, es sei eine „unglückliche Liebe“.

Das war wohl insofern richtig, als ein solches Verhältnis ja unmöglich wechselseitig sein konnte. Aber eine treue Freundschaft und herzliche Zuneigung habe auch ich ihr immer bewahrt.

Wenn wir mit Guttmanns zusammen waren, wurde viel musiziert. *Hede* wurde als Pianistin und Musiklehrerin ausgebildet; sie hatte auch eine gute Stimme und war eine geborene Schauspielerin. Wenn sie uns Lieder zur Laute sang, wurden wir nicht müde, zuzuhören. Obgleich diese Gaben sie oft in den Mittelpunkt stellten, fühlte sie sich in unserm Kreise doch immer etwas zurückgesetzt. Sie war äußerlich sehr viel weniger anziehend als ihre Schwester. Außerdem kam sie sich unter den „Akademikern" — ähnlich wie unsere älteren Schwestern — als nicht ganz ebenbürtig vor. Wir steckten doch immer voll von unsern Studienangelegenheiten und konnten das „Fachsimpeln" nicht lassen. Eine besondere Freundschaft verband Hede mit Hans Platau, der als junger Kaufmann unsern Gesprächen meist nur sehr bescheiden zuhörte. Meine Mutter sagte damals schon voraus, daß sie ihn nicht mehr loslassen würde. Sie war damit durchaus nicht einverstanden. Hans gefiel ihr sehr gut, weil er so still und ernst war; und es tat ihr leid, daß der hübsche junge Mensch eine so wenig schöne und obendrein kranke Frau bekommen sollte.

Außer den Familienmitgliedern gab es noch eine ganze Reihe anderer Menschen, die im geselligen Verkehr unsern Kreis erweiterten. Da wir verschiedene Studienfächer und Semesterzahl hatten, hatte jede auch noch ihre eigenen Bekannten und brachte sie nach und nach mit den andern in Verbindung. Zu Lilli fanden sich zwei Medizinstudenten von außerhalb als getreue Trabanten, *Skupin* und *Jakobi*. Sie waren bei uns gern gesehen, besonders Hans Biberstein freundete sich mit ihnen an. Dagegen wurde ein dritter Freund Lillis, der später hinzukam, von uns allen entschieden abgelehnt. Paul *Bey* kam aus der Provinz Posen. Er war streng jüdisch erzogen und wußte viel mehr vom Judentum als wir alle. Bei Guttmanns, Bibersteins und Plataus war der Zuschnitt des Hauses noch sehr viel liberaler als bei uns; sie lebten alle nicht mehr rituell. Wir konnten uns nicht darüber beklagen, daß Paul Bey uns mit seinen Anschauungen lästig gefallen wäre, er trat kaum damit hervor. Er hatte auch keineswegs den unangenehmen Tonfall der ungebildeten Ostjuden, der den deutschen „Assimilationsjuden" noch viel mehr auf die Nerven fällt als den „Ariern". Er sprach vielmehr ein sehr reines und gepflegtes Deutsch. Wir hatten ihm eigentlich nichts vorzuwerfen, als daß er übertrieben höflich und liebenswürdig war und eine weichliche, süßliche Art hatte, die zu unserm ungezwungenen, etwas kecken Studententon gar nicht paßte. Mich reizte seine Gegenwart immer dazu, ihn durch besonders burschikose Redensarten zu erschrecken, und Hans Biberstein verfolgte ihn beständig mit seinem beißenden Spott. Augenscheinlich hatte er Lilli gegenüber die ernstesten Absichten und ließ sich durch nichts abschrecken. Uns aber empörte der Gedanke, ihn an ihrer Seite zu sehen, weil er geistig nicht entfernt an sie heranreichte. Aus ihr selbst wurden wir nicht ganz klug. Sie verteidigte ihn nur schwach gegen unsere Angriffe, hielt aber an der Freundschaft fest, sodaß wir uns wohl oder übel an ihn gewöhnen mußten. Als wir vier Freundinnen und unsere Schwester Rosa einmal in den Weihnachtsferien zum Wintersport ins Riesengebirge fuhren, schloß er sich als einziger männlicher Begleiter uns an und war uns allen eine diensteifrige Kammerzofe. Wenn wir naß von Schnee in eine Baude kamen, half er uns allen die Sweater aus- und anziehen; er nähte die abgerissenen Knöpfe an, und wenn eine beim Bergangehen müde wurde, zog er den Rodelschlitten. Wir ließen uns das alles lachend gefallen. Wenn wir dann abends in dem gemütlichen „Landhaus Martha" in Oberschreiberhau um einen großen runden Tisch saßen und in ernsten Weltanschauungsgesprächen heiße Köpfe bekamen, war er sichtlich mit ganzem Herzen dabei. Wir fühlten, wie dankbar er war, in einen so hochgestimmten Kreis aufgenommen zu sein, und das stimmte uns milder. Von da ab pflegte ich ihn zu verteidigen, wenn in seiner Abwesenheit in der gewöhnlichen Weise über ihn gespottet wurde.

Bei allen gern gesehen war ein junger Mathematiker, den Rose bei uns einführte. Er hieß Willy *Strietzel* — das enfant terrible Karl Guttmann sagte, mit Rose zusammen gebe das Rosinenstrietzel — und war aus kleinbürgerlicher Familie, der Sohn eines Tischlers, dem Namen nach protestantisch, aber nicht gläubig. Er war klein, hatte blonde Stehhaare und eine etwas aufgestülpte Nase und sprach mit stark schlesischem Anklang, wie es in den „besseren" Kreisen bei uns durchaus nicht üblich ist. Der Unterschied der Abstammung und des Standes sprang auf den ersten Blick hervor, wurde aber auf beiden Seiten keineswegs als störend empfunden. Seine hervorragende mathematische Begabung sicherte ihm die Achtung der Kommilitonen. Er war hell und geweckt, humorvoll und fröhlich wie ein Kind; in unserm Kreis bewegte er sich mit der größten Ungezwungenheit, auch in Gegenwart der Mutter. Den Höhepunkt unserer geselligen Zusammenkünfte bildete der Sylvesterabend, den die vier Familien jahrelang zusammen feierten. Er wurde als „Picknick" gestaltet, d.h. alle trugen etwas zur Bewirtung und Unterhaltung bei. Diese gemeinsame Sylvesterfeier war bei Guttmanns und Plataus schon eingeführt, ehe wir sie kennenlernten; als wir hinzukamen, wurde sie in unser Haus verlegt, weil wir die größten Räume hatten. Frau Guttmann verstand es vorzüglich, so etwas zu arrangieren. Sie konnte Knittelverse dichten, im Plakatstil malen und kleine Aufführungen einstudieren. Für Tafellieder und Bierzeitung sorgten besonders Hans Biberstein und ich. So mußte jeder der Anwesenden darauf gefaßt sein, an diesem Abend tüchtig hergenommen zu werden, und die Ereignisse des abgelaufenen Jahres zogen noch einmal in heiteren Bildern an uns vorüber.

Unsere größte Freude im Sommer war seit früher Kindheit ein Familienausflug ins Freie. Meine Mutter mietete dafür einen großen Wagen, und dann ging es an einem Sonntag früh hinaus in den Wald; Proviant wurde mitgenommen, sodaß man im Waldlager zu Mittag essen konnte. Es war immer dafür gesorgt, da außer für den engsten Familienkreis noch für eine Reihe von Gästen Platz war. Früher waren das unsere Vettern und Cousinen, jetzt wurden die befreundeten Familien eingeladen. Wenn wir abends heimkamen, stiegen alle bei uns ab; man reinigte sich von dem Staub des Tages, und dann gab es ein einfaches Abendessen. Meine Mutter ließ nicht gern einen Gast unbewirtet aus dem Hause gehen, aber sie liebte auch nicht, „viel herzumachen"; es sollten sich alle zu Hause fühlen und nicht den unbehaglichen Eindruck haben, als würde nun ihretwegen alles auf den Kopf gestellt. Die ungeladenen Gäste waren auch nicht anspruchsvoll, sondern ließen sich Tee oder Milch, Butterbrot und Obst gut schmecken. Am meisten Anklang fand stets das kräftige Roggenbrot, das meine Mutter nach oberschlesischer Sitte immer noch selbst buk.

In den Sommerferien 1911 und 1912, als wir alle in Breslau studierten, ging das vierblättrige Kleeblatt auch zusammen für einige Wochen ins schlesische Gebirge. Das erstemal wählten wir Groß-Aupa als Hauptquartier, ein langgezogenes Dorf auf der bömischen Seite des Riesengebirges. Es lag weit von der Bahnstrecke entfernt, von Johannesbad führte ein Postauto hin. Außer uns waren, wenn ich mich recht erinnere, gar keine Sommergäste da; wir beherrschten das ganze Dorf. Wenn wir abends bei Mondlicht die Dorfstraße entlang gingen und mit kräftiger Stimme unsere Studentenlieder sangen, horchten in allen Häusern die Leute auf. Einmal wurden wir sogar von den Honoratioren des Ortes gebeten, abends ins Gasthaus zu kommen, wo sie am Stammtisch saßen, und ihnen dort vorzusingen. Wir nahmen die Einladung unbedenklich an, unsere harmlose Fröhlichkeit war für die biederen Leute in diesem stillen Erdenwinkel eine ungewöhnliche Abwechslung.

Auch auf dieser Reise waren wir nicht allein. Frau *Guttmann* und ihre unverheiratete Schwester, die an Basedow litt, hatten sich angeschlossen. Wir wohnten im Hause eines Bäckers und hatten für sehr wenig Geld mehrere Zimmer zur Verfügung. Die beiden Damen kochten selbst, wir andern aßen Mittag im Gasthaus, für ein einfaches Frühstück und Abendessen sorgten wir selbst. Für einen Teil der Zeit schickte unsere Mutter *Frieda* zu uns. Es war nicht lange nach der Trennung von ihrem Mann; sie war noch recht bedrückt von dem, was hinter ihr lag, und sollte etwas Ablenkung und Erholung haben. Dazu kamen noch andere Gäste, die uns für kürzer oder länger aufsuchten. Eine Schulgefährtin von Lilli und Rose wurde uns von den besorgten Eltern anvertraut, weil sie von unserer Gesellschaft einen günstigen Einfluß erhofften. Es war ein liebes, stilles Mädchen, das damals anfing, einige Sonderbarkeiten im Verhalten zu zeigen: die ersten Vorboten einer *dementia praecose*, die nicht lang danach zum Ausbruch kam. Eine sehr muntere Gefährtin war dagegen Lotte *Baerthold* aus Sagau. Sie hatte mit Erna zusammen das Gymnasium besucht. In diesen Jahren war sie in Breslau in Pension und war fast täglich bei uns, um mit Erna zu arbeiten. Dafür mußte meine Schwester einmal in den Ferien Gast in ihrem Elternhause sein. Ihr Vater hatte in Sagau eine Tuchfabrik; er war ein begeisterter Politiker, echter alter Liberaler, lange Zeit hindurch Stadtverordneter. Die Mutter war eine gütige, liebenswürdige Frau von mädchenhafter Anmut. Lotte war die einzige Tochter, sie hatte nur einen älteren und einen jüngeren Bruder. Sie wurde vorzüglich erzogen, hatte tadellose Umgangsformen, wie sie in guten protestantischen Familien besonders gepflegt wurden, war dabei aber einfach und natürlich geblieben, lebhaft und fröhlich. Mit ungezwungener Herzlichkeit schloß sie sich an uns an; auch diese freundschaftlichen Beziehungen blieben durchs ganze Leben erhalten. Da die Eltern öfters in Breslau zu tun hatten, lernten wir auch sie allmählich kennen; und ich bin später oft in ihrem behaglichen, gastlichen Hause eingekehrt, wenn ich auf dem Heimweg nach Breslau nach langer Bahnfahrt in Sagau Aufenthalt hatte. Lotte entschloß sich nach dem Abitur für das Studium der neuen Sprachen. Sie studierte ein Semester in Berlin und eins in Paris; auf der Fahrt dorthin war ihr ein Mitreisender, ein junger Ingenieur, behilflich. Er suchte sie dann in Paris auf und kam öfters mit ihr zusammen. Als sie am Ende des Semesters nach Hause zurückkehrte, reiste er ihr nach und hielt bei den Eltern um ihre Hand an. Im Sommer 1911 stand sie vor der Hochzeit und sollte sich von den Anstrengungen der Brautzeit noch etwas erholen. Dazu kam sie zu uns nach Groß-Aupa. Andere Bekannte, die ihre Ferien im Gebirge verbrachten, suchten uns gelegentlich für einen Tag oder ein paar Stunden auf. Eine lustige Medizinerin, die uns besuchen wollte, fragte auf der Dorfstraße, in welchem Hause die vielen Fräuleins wohnten, und wurde sofort zu uns gewiesen. Unser Häuschen lag unmittelbar an dem schmalen Aupaflüßchen. Durch die Hintertür kam man direkt ans Wasser. Am andern Ufer war ein grasbedeckter Abhang; wenn wir uns dort lagern wollten, mußten wir auf den flachen Steinen hinüberbalancieren. Das war morgens gewöhnlich unsere erste Übung. Frau Guttmann begleitete dieses Manöver oft mit kleinen Angstrufen um ihre Kissen und Decken, die wir mit hinübernahmen.

Ehrensache war es auch, täglich einmal den steilen Abhang hinaufzuklettern. Dieser Prüfung mußten sich auch unsere Gäste unterziehen. Um bequem liegen zu können, hatten wir alle unsere Ferienfrisuren. Ich trug Schnecken über den Ohren. Die drei andern, die lange und schwere Zöpfe hatten, schlangen sie nicht zur Gretchenfrisur um den ganzen Kopf, sondern vorn über der Stirn mehrmals hin und her, um den Nacken frei zu behalten. Wir hatten uns für die Ferienwochen ausreichend mit Büchern versehen, und jede vertiefte sich in das ihre, während wir draußen lagen. Ich errinnere mich, daß Rose Nietzsches Zarathustra mithatte. Manchmal unterbrach sie sich und rief mich zur Hilfe: „Kücken, du bist doch so gescheit. Kannst du mir sagen, was das bedeutet?“ „Kücken“ nannten sie mich, weil ich die Jüngste im Kleeblatt war. Außerdem sah ich so jung aus, daß Frau Guttmann öfters sagte, wenn wir wieder nach Breslau kämen, würden sie mich für die Schule anmelden. Ich stand damals am Ende meines ersten Semesters und hatte als Ferienlektüre Spinozas Ethik mitgenommen. Ich trennte mich niemals von dem kleinen Büchlein. Wenn wir in den Wald hinaus gingen, trug ich es in der Tasche meines regendichten Wettercapes; und während die andern sich unter den Bäumen lagerten, suchte ich mir in ihrer Nähe eine Hirschkanzel und kletterte ganz oben hinauf; dort ließ ich mich nieder und vertiefte mich abwechselnd in die Deduktionen über die eine Substanz und in den Ausblick auf Himmel, Berge und Wälder.

Einmal durfte uns auch Hans *Biberstein* von Bad Reinerz aus besuchen. Seine Mutter gab ihm einige Tage Urlaub für einen größeren Ausflug. Er holte uns ab, und wir besuchten zusammen die Felsenstadt von Adersbad-Weckelsdorf. Im nächsten Jahr war die Rücksicht auf ihn schon so beherrschend, daß wir als Ferienaufenthalt einen Ort in der Nähe von Reinerz wählten: Grunwald an der hohen Meuse, das höchstgelegene Dorf in Preußen. Erna und ich kannten es schon aus unserer Kinderzeit; wir hatten einmal mit unserer Schwester *Else* und unserer Schwägerin *Trude* eine Ferienreise dorthin gemacht; das war das erstemal, daß ich richtige Berge zu sehen bekam. Wir hatten aber diesen Aufenthalt in wenig angenehmer Erinnerung, denn die beiden unternehmungslustigen jungen Damen hatten damals die beiden Kinder einigemal bei sehr schmaler Kost den ganzen Tag sich selbst überlassen. Wir wohnten im Lehrerhaus, und es geschah uns nichts Schlimmes. Aber wir bekamen es doch schließlich satt, Blaubeeren zu suchen und Honigbrote zu essen, die von einer Mahlzeit zur andern immer trockener wurden, und die Tage dehnten sich endlos in die Länge.

Diesmal wohnten wir im Gasthaus. Es gab außer uns noch einen Kurgast, Bürgermeister *Westram* aus Ratibor. Er war ein älterer Herr, dem aber die Gesellschaft von vier jungen Kommilitoninnen sehr willkommen war. Er schrieb uns noch jahrelang Briefe und hat uns später einmal einen wichtigen Dienst geleistet. Ehe wir nach Grunwald hinaufgingen, hielten wir uns einige Tage in Altheide auf.

Dort trafen wir unsere Schwester Else, die mit einer Tante zur Erholung von Breslau aus hingefahren war und nun vor der Heimreise stand. Ein größeres Ereignis aber war, daß wir unsere Mutter überredet hatten, mit uns zu kommen. Sie machte sonst nie eine Badereise, hatte überhaupt nie im Leben größere Reisen gemacht.

Die Ungunst der Zeit hatte sie um die Hochzeitsreise gebracht (sie heiratete 1871); damals versprach ihr mein Vater, später einmal die Hochzeitsreise nachzuholen, aber da bald Kinder kamen, eins schnell nach dem andern, war das nicht mehr möglich. Wenn sie davon sprach, pflegte sie uns in Aussicht zu stellen, sie werde noch einmal mit uns die versäumte Hochzeitsreise nachholen, und nun nahmen wir sie beim Wort. Sie kam also mit und fühlte sich sehr wohl. Unser Haus lag unmittelbar am Waldrand, und sie war immer sehr empfänglich für Naturschönheit. Aber nach drei Tagen war sie nicht mehr zu halten und fuhr zurück. Wir setzten dann unsern Weg nach Reinerz fort und fuhren von dort im Wagen zu viert mit unserm Gepäck hinauf auf unsern Höhensitz. Diesmal kam *Rosa* für einige Zeit zu uns herauf. Es war ein verregneter Sommer, und fast jeder Tag brachte strömende Regengüsse. Aber sowie es ein wenig lichter wurde, waren wir draußen im Freien, Beeren und Pilze zu sammeln, weiter hinaufzusteigen. Hans besuchte uns oft, und wir gingen auch häufig nach Reinerz hinunter. Da Frau Biberstein Heidelbeeren liebte, nahmen wir ihr immer einen ganzen Waschkrug voll mit hinunter, und es bereitete uns ein besonderes Vergnügen, so über die Kurpromenade mit den eleganten Badegästen zu gehen. Auch diesmal sollte eine mehrtägige Wanderung den Höhepunkt der Ferienzeit bilden. Hans arbeitete das Programm aus, und da er ein Freund von Rekordmärschen war, sah er etwa 40 km für einen Tag vor. Wir fuhren zunächst nach Wölfelsgrund, um von dort den Glatzer Schneeberg zu besteigen, dann sollte die Fahrt weitergehen ins Altvatergebirge, das uns allen noch unbekannt war.

Rose Guttmann konnte sich damals eine solche Tour nicht zumuten, weil ihr Herz etwas angegriffen war; sie fuhr für diese Tage nach Gräfenberg und sollte dann an der Grenzstation Mittelwalde wieder mit uns zusammentreffen. Unsere Schwester Rosa ergänzte an ihrer Stelle unsere Vierzahl. Leider gab es gleich zu Beginn eine empfindliche Störung. Ich verstauchte mir schon beim Aufstieg zum Schneeberg einen Fuß und konnte nur unter den größten Beschwerden die

Wanderung fortsetzen. Bergan ging es etwas leichter; darum gab ich mir immer Mühe, beim Steigen den Zeitverlust wieder einzubringen, den ich bei jedem Weg bergab verursachte. Denn beim Hinuntergehen war jeder Schritt eine Qual und während es sonst meine größte Freude war, in vollem Lauf die Berge hinunter zu springen, mußte ich jetzt mühselig Fuß vor Fuß setzen. Hans war empört. Die schöne Tour, auf die er sich so lange gefreut hatte, war ihm nun ganz verdorben. Wenn ich streckenweise rasch voranschritt, so sah er darin kein Zeichen guten Willens, sondern sagte: „Da sieht man es ja, daß se kann, wenn sie will". Er rannte in seinem gewöhnlichen Schritt voran und Erna ging mit ihm. obgleich ihr dabei sehr wenig wohl war. Die Arme hatte das Schlimmste auszuhalten. Sie mußte die Ausbrüche der bösen Laune ihres verwöhnten Freundes anhören und obendrein die Vorwürfe meiner Begleiterinnen, die über das Verhalten der beiden angehenden Ärzte entrüstet waren und sich von mir nicht zurückhalten ließen, ihnen gründlich ihre Meinung zu sagen. Natürlich steigerte sich das Übel mit jedem Tage. Als wir am Schluß noch mehrere Stunden lang eine sehr steile und steinige Schlucht zur Bahnstation hinuntergehen mußten, legte Lilli fest den Arm um mich und trug mich mehr als daß ich ging.

Dabei kamen wir durch die herrlichsten Gebirgslandschaften, und wenn das vorauseilende Pärchen außer Sicht war, dann vergaßen wir drei friedlichen Hinterdreinmarschierenden allen Zwist und freuten uns miteinander. Dazu gab es noch einige komische Intermezzos, die in den folgenden Jahren noch viel Stoff für Tischlieder, Bierzeitungen und dergleichen gaben. Am ersten Abend kamen wir spät bei Nacht in Ramsau an. Von dort aus sollte am nächsten Morgen die Altvaterwanderung beginnen. Auf dem Bahnstieg war es stockdunkel. Mit Hilfe einer Taschenlaterne tasteten wir uns nach dem Ausgang und zu dem entlegenen Gasthaus. Es war schon stark besetzt: Hans wurde in einem taubenschlagähnlichen Zellchen auf dem Hof untergebracht. Wir vier Mädchen bekamen alle zusammen ein Zimmer. Als wir nach dem späten Abendessen in der Gaststube dorthin gewiesen wurden, mußten wir durch ein anderes Zimmer hindurchgehen, in dem zwei Herren und eine Dame gerade im Begriff waren, sich auszukleiden. Wir bedauerten die Leidensgefährtin und priesen uns unglücklich, daß man uns wenigstens nicht zugemutet hatte, unseren schmollenden Kavalier mit bei uns zu beherbergen. Es stand nämlich noch ein fünftes Bett in unserm Zimmer. Da die Verbindungstür zu den Nachbarn nicht verschließbar war, ergriffen wir dieses Bett und schoben es davor. Als wir nach allen Anstrengungen, Aufregungen und Abenteuern dieses langen Tages endlich auf ein wenig Schlaf hofften, machten sich bei Lilli unliebsame Nachwirkungen der ungewohnten Reisekost bemerkbar. Mehr als Übelkeit und Schmerzen quälte sie der Umstand, daß auch unsere Nachtruhe dadurch gestört wurde. Wir atmeten alle auf, als der neue Tag uns aus unserm Gefängnis befreite. Wieder ging es bergauf und bergab, von morgens bis abends. Diesmal aber erreichten wir noch vor Einbruch der Nacht einen wirklichen Ruheort, das liebliche Karlstal.

Es wurden uns von der Kurverwaltung in einem reizenden Häuschen saubere und nette Zimmer angewiesen. Als wir hier nach gründlicher Reinigung richtig rasten konnten, fühlten wir uns wie im Himmel. Von der beschwerlichen Schlußwanderung am nächsten Tag erzählte ich soeben. Sie endete an einer Bahnstation, wo wir feststellen mußten, daß der K.K. österreichische Bahndienst sich um Kursbücher wenig kümmerte. Der fahrplanmäßige Zug ging nicht, wir mußten stundenlang warten und konnten Rose nicht zur verabredeten Zeit in Mittelwalde erreichen. Ein Bahntelegramm sollte sie davon in Kenntnis setzen. Als wir wiederum spät am Abend endlich in Mittelwalde anlangten — mit dem letzten Zug, der überhaupt einlief —, war von Rose nichts zu sehen. Wir schlugen den Weg zum nächsten Hotel ein. Es war kein Zimmer mehr frei. Wohl wären in manchen Zimmern noch leere Betten, aber man könnte die Gäste nicht wecken, um noch jemand bei ihnen einzuquartieren. Wir mußten weiterziehen, obgleich mein Fuß schon fast den Dienst versagte. Das zweite Gasthaus war etwas weniger vornehm als das erste. Aber danach fragten wir nicht mehr viel. Der Bescheid lautete ebenso wie im ersten. Das dritte lag schon am äußersten Rande des Städtchens und sah wenig verlockend aus. Immerhin, wir hatten keine Wahl mehr. Ich ging sofort in die Gaststube und erklärte, wir würden hier bis zum Morgen sitzen bleiben, wenn man keine Betten für uns hätte. Daraufhin gestand man, daß noch e i n Zimmer frei sei und stellte es uns zur Verfügung, diesmal nun wirklich uns allen zusammen. Es standen zwei Betten und ein Sofa drin. Wir blieben in unsern Kleidern, ja wir hüllten uns noch fest in unsere

Mäntel, da wir gegen die Reinlichkeit der Bettwäsche begründete Bedenken hatten. Je zwei Damen richteten sich, so gut es ging, auf einem Bett ein. Hans war mit dem Sofa vielleicht noch am besten dran, fand aber offenbar keinen Schlaf; in kurzen Abständen knipste er seine Taschenlampe an, um nach der Uhr zu sehen. Zwischendurch hörte man die Turmuhr schlagen. Am Morgen machten wir nacheinander an dem winzigen Waschtisch Toilette.

Dann gingen wir den Weg zurück, den wir am Abend in der Dunkelheit gekommen waren. Als wir zu dem vornehmen Hotel gelangten, kam Rose gerade gut ausgeschlafen zum Tor heraus. Sie hatte allein ein Zimmer mit vier Betten zur Verfügung gehabt und es erst kurz, ehe wir vergeblich an diese Tür klopften, bezogen. Bis dahin hatte sie am Bahnhof gewartet, gelesen und ein belegtes Butterbrot nach dem andern verspeist; schließlich sagten ihr die Bahnbeamten, es käme nun kein Zug mehr, und zeigten ihr den Weg ins Hotel. Wir besaßen noch Humor genug, um über diese Tücke des Schicksals zu lachen. Überhaupt trug das Wiedersehen mit Rose und der Austausch der Erlebnisse dazu bei, die Atmosphäre zu entspannen. Allerdings, als unsere Schwester Rosa sich von uns trennen mußte, um nach Breslau zurückzufahren, fiel der Abschied von Hans noch recht frostig aus. Es kostete ihn sichtlich Überwindung, ihr die Hand zu reichen. Mir gegenüber war er schon etwas versöhnlicher gestimmt. Er hatte sich wohl indessen überzeugt, wenn er es auch nicht aussprach, daß das Übel nicht fingiert war; außerdem hatte ich in die Vorwürfe der andern nicht eingestimmt, es bedrückte mich viel zu sehr, daß ich an der gestörten Freude unschuldig-schuldig war. Wir mußten wieder über Reinerz zurück; es gab keinen anderen Weg nach Grunwald. Frau Biberstein empfing uns im Hausflur. Ein Blick in das Gesicht ihres Lieblings zeigte ihr, wie verärgert er war. Damit waren wir für sie erledigt. Nur Erna wurde noch zum Abschied ins Zimmer gebeten. Wir andern erhielten hier unsere Entlassung. Nun begaben wir uns ins Kurbad, um allen Staub der Landstraße und Eisenbahn loszuwerden. Dann saßen wir wieder zu viert in einem geschlossenen Wagen und fuhren nach Grunwald hinauf. Wir atmeten innerlich auf, daß wir wieder unter uns waren, aber es wurde unterwegs kaum gesprochen. Erna saß kleinlaut unter uns in dem Gefühl, von allen für schuldig gehalten zu werden. Als wir oben anlangten, kniete sie gleich in der Gaststube vor mir nieder und zog mir den schweren Wanderschuh von dem dick angeschwollenen Fuß. Nach dem Mittagessen wurde ich zu Bett gebracht, die beiden Medizinerinnen legten einen kunstgerechten Verband an und lagerten den Fuß hoch. Dann gingen Rose und Lilli etwas spazieren; Erna setzte sich zu mir auf den Bettrand und las mir aus Goethes Briefen vor. Nach einiger Zeit kamen die beiden andern sehr frisch und vergnügt zurück. Rose holte eine dicke Tafel Lindt-Schokolade, die sie aus Gräfenberg für uns mitgebracht hatte. Das Kleeblatt machte sich darüber her, und mit diesem Schmaus wurde die Versöhnung vollzogen, ohne daß noch ein Wort über das Vergangene gesprochen wurde. Wie der Frieden diesmal mit Hans geschlossen wurde, daran erinnere ich mich nicht mehr. Jedenfalls hat es nicht lange gedauert, bis die Freundschaft wiederhergestellt war. Wir waren immer schnell bereit zu gütlicher Einigung. Aber solche Vorfälle machten uns doch sehr nachdenklich und besorgt um das Los, das Erna erwartete.

Wir vier hatten bei diesen Gebirgsaufenthalten zwei Zimmer mit zwei Betten; Erna und Lilli bewohnten das eine, Rose und ich das andere. In Grunwald lag das Zimmer des Herrn Bürgermeisters zwischen den unsern, und er konnte durch die Wände hören, wie auf der einen Seite medizinische Lehrbücher gemeinsam durchgearbeitet wurden, auf der andern Seite die Grundfragen der Mathematik und theoretischen Physik behandelt. Wir wechselten aber auch manchmal die Kombinationen, damit jede mit jeder sich einmal gründlich aussprechen konnte; denn dafür waren die stillen Abendstunden am geeignetsten, und der Gedankenaustausch ging meist bis tief in die Nacht hinein. Ich weiß nicht mehr im einzelnen, was wir uns in diesen vielen und ausgedehnten Gesprächen zu sagen hatten. Jedenfalls ging uns der Stoff niemals aus und wir kannten nichts Schöneres als so die Herzen zu öffnen. Meist handelte es sich um die Geschichte des Kleeblatts und der Menschen, die ihm nahestanden, um Zukunftspläne, die Gestaltung unseres eigenen Lebens und die Ideale, denen wir durch unser Wirken in der Welt zum Siege verhelfen wollten.

3.

Der Winter 1912/13 brachte noch die gemeinsame Rodelfahrt nach Schreiberhau. Im Sommersemester 1913 aber trennte sich das Kleeblatt, da *Rose* und ich Breslau verließen. Für die Klarheit der Darstellung wird es vielleicht gut sein, wenn ich meinen eigenen Werdegang bis zu diesem Zeitpunkt nachtrage, ehe ich Ernas weitere Schicksale erzähle. Ich habe berichtet, wie ich meinen Kinderglauben verlor und etwa um dieselbe Zeit anfing, mich als „selbständiger Mensch" aller Leitung durch Mutter und Geschwister zu entziehen. Mit 14½ Jahren hatte ich die neun klassige höhere Mädchenschule durchlaufen. Das war zu Ostern 1906. Aber gerade zu diesem Zeitpunkt wurde die bisher freie „Selecta", in die immer nur wenige Schülerinnen übergegangen waren, zur 10. Klasse erklärt, und an ihren Besuch wurden bestimmte Berechtigungen geknüpft. Als der Direktor den Brief bekam, in dem ich von der Schule abgemeldet wurde, war er ganz aufgeregt und legte mir alle Gründe vor, die es ratsam erschienen ließen, noch ein Jahr zu bleiben. Aber ich ließ mich nicht umstimmen.

Ebenso entschieden hatte ich es zwei Jahre früher abgelehnt, ins Gymnasium überzugehen. Damals wurden die bisher vierjährigen Realgymnasialkurse, die sich an unsere 9. Klasse anschlossen, in eine sechsjährige realgymnasiale Studienanstalt umgewandelt, die sich nach dem 7. Schuljahr abspaltete. Unsere Jahrgang traf es so, daß wir in die vierjährigen Kurse nicht mehr aufgenommen werden konnten, in die sechsjährige Anstalt nur mit einem Jahr Zeitverlust. Das hatte mich wohl etwas abgeschreckt. Aber ich glaube, das eigentlich Ausschlaggebende war damals und jetzt ein gesunder Instinkt, der mir sagte, daß ich nun lange genug auf der Schulbank gesessen hätte und mal etwas anderes brauchte. Gerade im 7. Schuljahr hatten meine Leistungen etwas nachgelassen. Ich behauptete immer noch einen der ersten Plätze, aber es kam doch manchmal vor, daß ich versagte. Zum Teil lag es wohl daran, daß mich mancherlei Fragen, vor allem weltanschauliche, zu beschäftigen begannen, von denen in der Schule wenig die Rede war. Hauptsächlich ist es aber wohl durch die körperliche Entwicklung zu erklären, die sich vorbereitete. Meine Mutter setzte meinem entschiedenen Willen keinen Widerstand entgegen. „Ich werde Dich nicht zwingen", sagte sie, „ich habe Dich in die Schule eintreten lassen, als Du es wolltest; Du magst auch fortgehen, wenn Du es jetzt willst“. So verließ ich die Schule und fuhr einige Wochen später nach Hamburg zu jenem ausgedehnten Aufenthalt, von dem ich früher berichtete.

Nicht lange, ehe ich die Schule verließ, riß der Tod zum zweitenmal eine Lücke in den Geschwisterkreis meiner Mutter. Ihre zweitälteste Schwester, Cilla *Burchard,* starb nach einem langen, qualvollen Krebsleiden und einer schweren Operation, die das Ende nur um kurze Zeit verzögerte. Wir erlebten alle Stadien dieser Krankheit mit, denn mit der Familie Burchard verbanden uns besonders nahe Beziehungen. Der Onkel war der treue Freund meiner Mutter, der ihr im Geschäft beistand, so gut er konnte. In der Jugend hatte sie ihn im elterlichen Geschäft angelernt. Er war auch jetzt kein selbständiger Kaufmann und schaute zu der Nichte, die nun seine Schwägerin war, (ich erwähnte früher, daß er der Bruder unserer Großmutter war) mit Bewunderung auf. Er führte ihr eine Zeitlang die Bücher. Als das nicht mehr nötig war, kam er noch ziemlich regelmäßig jeden Tag einmal nachfragen, ob er einen geschäftlichen Gang besorgen könne. Meine Mutter hegte für ihn eine dankbare Zuneigung und trat stets für ihn ein. Im eigenen Hause war er nämlich wenig angesehen. Meine Tante Cilla war ein herber, verschlossener Charakter. Sie war überaus freigebig, und liebte es, als Hausfrau aus dem Vollen zu wirtschaften. Es verletzte ihren Stolz, daß ihr Mann nicht imstande war zu verdienen, was sie brauchte, daß die Eltern manchmal nachhelfen mußten und daß ihre geliebten Töchter schon früh zum Mitverdienen genötigt waren. *Fritz,* der einzige Sohn, studierte Medizin. Von ihm war zunächst keine Hilfe zu erwarten. Es war in jener Zeit durchaus üblich, daß die Schwestern angestrengt arbeiteten, um ihren Brüdern das Studium zu ermöglichen. *Martha,* die ältere Tochter, war nur wenig älter als meine Schwester *Else* und ihre treueste Freundin. Solange Else zu Hause war, erschien Martha regelmäßig jeden Abend bei uns, und wir alle sahen sie wie eine Schwester an. Sie machte das Lehrerinnenexamen, fand aber dann Anstellung als Beamte an der Landesversicherungsanstalt in Breslau und war hier mehrere Jahrzehnte mit großer Gewissenhaftigkeit tätig, bis sie pensioniert wurde. Sie war still und verschlossen wie ihre Mutter; beide Töchter hatten auch ihre Freigebigkeit und unbegrenzte Gastfreundlichkeit geerbt. Nur war Martha nicht herb und kurz angebunden wie die Tante, sondern freundlich und zuvorkommend im Verkehr. Meine Mutter konnte es nicht begreifen, daß diese Menschen, die allen Freunden gegenüber liebenswürdig und hilfsbereit waren, für den eigenen, guten Vater kein freundliches Wort übrig hatten. Als sie Martha das einmal unter vier Augen vorhielt, bekam sie eine schroff abweisende Antwort, aus der hervorging, daß sie ihrem Vater eine Ehrlosigkeit vorwarf. Worin diese bestanden haben sollte, wußte niemand von uns. Meine Mutter war überzeugt, daß eine völlig irrige Auffassung bei meiner Tante vorhanden gewesen sein müsse und sich ihren Töchtern mitgeteilt habe. *Adelheid*, die Jüngste — Heidel genannt — wurde von ihrer Mutter am meisten verwöhnt. Im Gegensatz zu den sehr ruhigen Geschwistern war sie übergesprächig und laut, in ihrem ganzen Wesen etwas hemmungslos, aber in ihren kaufmännischen Stellungen tüchtig und gewissenhaft, auch im Haushalt recht geschickt, als sie während der Krankheit der Mutter und nach ihrem Tode dazu herangezogen wurde. In diesem Hause haben Erna und ich oft die Vormittage verbracht, ehe wir zur Schule gingen. Unsere Mutter durfte uns jederzeit hinschicken, wenn sie uns gut aufgehoben wissen wollte. Die Tante ließ uns machen, was wir wollten. Nur wenn wir nicht wußten, was wir anfangen sollten, beschäftigte sie uns. So habe ich hier zum ersten Mal einen Strumpf zum Stopfen in die Hand bekommen. Die Tante zeigte mir, wie es gemacht werden müßte, und überließ mich dann mir selbst. Ich war damals vielleicht fünf Jahre alt. Ich saß auf dem hohen Stuhl und vertiefte mich mit großem Eifer und strenger Amtsmiene in das überaus schwierige Geschäft. Ganz empört war ich, als der große Vetter — er war etwa 20 Jahre älter als ich — hinzukam und sich stellte, als wollte er mir die Arbeit wegreißen. Ich sprang schnell vom Stuhl herunter und wurde ein paarmal um den Tisch herumgejagt, bis die Tante mir mit ein paar energischen Worten zu Hilfe kam. Fritz liebte es, mich zu necken. Er war wortkarg wie seine Mutter und hatte wie sie einen trockenen Humor, der bei ihm aber noch nicht durch manchen seelischen Druck eingedämmt war. Wir sahen ihn später selten. Nach seinem Staatsexamen machte er zunächst einige Reisen als Schiffsarzt und kam uns sehr interessant vor, wenn er sonnengebräunt und mit einer blauen Mütze wieder auftauchte. Dann ließ er sich in einem kleinen Städtchen in Thüringen nieder; es wurde uns erzählt, es sei dort nach seiner Ankunft ein Ausrufer mit einem Glöckchen durch die Straßen gegangen und hätte ausgeschellt, daß ein neuer Arzt eingetroffen sei. Später lebte er in Berlin und kam einigemal im Jahr für ein paar Tage zu seinen Angehörigen. Dann sahen wir uns flüchtig und wechselten ein paar Worte. Er behielt alles, was er in meinen Kinderjahren an mir beobachtet hatte, treu im Gedächtnis, und ich hatte immer das Gefühl, daß etwas von der Zuneigung in ihm weiterlebte, die seine Mutter für mich hatte. Denn ich war ihr erklärter Liebling. Das äußerte sich zwar auch in etwas rauher Weise, war aber unverkennbar. Wenn sie früh ihre Morgeneinkäufe für den Haushalt machte, begegneten wir ihr manchmal, und dann bekam ich fast immer etwas geschenkt. Das war gewöhnlich ein Trost auf meinem Weg zu dem verhaßten Kindergarten. Als ich einmal wieder zwangsweise dahin abgeführt wurde, kaufte sie mir eine ganze große Tüte voll gelber Pflaumen. Ich war fast bestürzt über diesen Reichtum. Aber bestechen ließ ich mich durch solche materiellen Dinge doch nicht. Meine Abneigung gegen diesen Ort der Erniedrigung blieb immer gleich groß. Tante Cilla unterstützte mich auch kräftig, als ich so energisch nach der „großen" Schule verlangte; sie hielt mir später immer vor, daß ich ihr das gewonnene Jahr verdanke, und war sehr stolz auf meine Schulleistungen. Sie brachte auch das in einer mir sehr unangenehmen Form zum Ausdruck: sie nannte mich nämlich mit Vorliebe „Streberin". Ich fühlte wohl, daß dies eine liebevolle Neckerei war. Aber es enthielt doch für mich einen Stachel.

Von früher Kindheit an wurde ich in der ganzen großen Verwandtschaft hauptsächlich durch zwei Eigenschaften charakterisiert: man warf mir Ehrgeiz vor (sehr mit Recht) und man nannte mich mit Nachdruck die „kluge" Edith. Beides schmerzte mich sehr. Das Zweite, weil ich herauszuhören glaubte, daß ich mir auf meine Klugheit etwas einbildete; außerdem schien mir darin zu liegen, daß ich n u r klug sei; und ich wußte doch von den ersten Lebensjahren an, daß es viel wichtiger sei, gut zu sein als klug. Als meine Cousine Leni *Pick* zu mir in die Klasse kam, setzte ihr Tante Cilla einen Preis von 1 Mark aus, wenn sie mich einmal überflügeln würde, d.h. in einem Zeugnis einen besseren Klassenplatz bekäme als ich. Die beiden aber waren von vornherein überzeugt, daß diese Prämie unerreichbar sei.

Bei Burchards war von der Begründung des Haushalts an immer offenes Haus gewesen. In der älteren Zeit trafen sich dort jeden Sonntag alle Brüder und Vettern meiner Mutter, die in Breslau auf der Schule oder Universität oder in kaufmännischen Stellungen waren. Dort waren später auch unsere unzertrennlichen Gefährten, die Zwillinge *Hans* und *Franz*, in Pension. Sie wurden von der Tante vorzüglich verpflegt, jeder mit seinen besonderen Lieblingsspeisen, wurden aber gelegentlich auch kräftig angefaßt. Wenn sie in den Flegeljahren einmal nicht gehörig gewaschen waren, wurden sie unter die Wasserleitung gehalten und gründlich abgeseift. Auch die Geburtstagskaffees waren hier besonders anziehend. Nirgends wurden wir im Kinderzimmer so reichlich mit Kuchen und Schlagsahne versehen; nirgends konnten wir ungestörter spielen. Nur eine unliebsame Unterbrechung gab es: wenn man an der Tafel der Großen erscheinen, rings herum die Hand geben und sich von allen älteren Tanten und Cousinen beaugenscheinigen lassen mußte. Mein größter Schrecken war ein Studienfreund meines Vetters, der nie an dieser Kaffeetafel fehlte: ein Arzt von vortrefflichem Charakter und vielseitiger Bildung, aber etwas überspannt und verstiegen in seinen Gedankengängen und Reden. Ich verkündete schon vorher in der Kindergesellschaft, was er sagen würde, wenn er mich erblickte; denn es war jedesmal dasselbe: ich hätte einen Christuskopf und Madonnenaugen; und ob sich immer noch kein Bildhauer gefunden hätte, den meine Alabasterfarbe gelockt hätte, mich als Modell zu wählen. Ich konnte mich kaum beherrschen, wenn ich diese Reden über mich ergehen lassen mußte. Sobald wir draußen waren, schüttelte ich mich vor Widerwillen und machte meinem Ärger in boshaften Bemerkungen Luft. Z.B. sagte ich, der Alabaster hätte ja seine Farbe sowieso und brauchte mich nicht dazu. Als ich erwachsen war, regte mein Erscheinen diesen Stammgast zu andern Gesprächen an, die mir nicht minder peinlich waren: er legte mir dann seine philosophischen Probleme vor, und ich fand, daß dazu die Kaffeetafel und der Kreis meiner Verwandten ein sehr ungeeigneter Ort sei.

In ihrer verschlossenen Art hielt meine Tante die Anzeichen ihres Leidens so lange wie möglich geheim. Als die Schmerzen unerträglich wurden, war es schon so weit vorgeschritten, daß keine Rettung mehr möglich war. Ich errinnere mich an meinen letzten Besuch bei ihr. Sie lag im Bett und war so schwach, daß sie sich nicht mehr aufrichten, auch nur mit leiser Stimme sprechen konnte. Ich hatte gar nicht erwartet, daß ich zu ihr ins Zimmer dürfte. Heidel schickte mich aber gleich hinein und gab mir sogar ein Tellerchen mit einer kleinen Stärkung mit, die ich der Kranken löffelweise reichen sollte. Mir war sehr beklommen dabei, denn ich dachte, wie schwer es für diesen stolzen und selbständigen Menschen sein müsse, sich von einem Kinde füttern zu lassen. Sie war das aber schon gewöhnt und ließ es ruhig geschehen. Dann erkundigte sie sich nach meinen Schulangelegenheiten, besonders nach einem peinlichen Ereignis, von dem man ihr erzählt hatte: ich hatte meinen ersten und einzigen Tadel während der ganzen Schulzeit bekommen.

Wir hatten damals Geographieunterricht bei dem strengen und sehr gefürchteten Direktor *Röhl*. Es war das Fach, das ich am wenigsten gern mochte. Trotzdem hatte es sich als feste Einrichtung eingebürgert, daß ich vor diesen Stunden früh am Morgen für die ganze Klasse an der Landkarte das aufgegebene Pensum vortrug. Der Direktor war allmählich dahintergekommen, hatte aber offenbar nichts dagegen; jedenfalls erkundigte er sich einmal, als eine andere etwas falsch sagte, ganz friedlich bei mir, ob ich denn nicht richtig vorgetragen hätte. Eines Morgens nun kamen meine Cousine *Leni* und ihre Freundin *Johanna* sehr spät zur Schule; mein Vortrag war vorbei und es hatte schon zur Morgenandacht geläutet. In ihrer Angst vor dem „Drankommen“ baten mich die beiden, ich sollte mit ihnen in der Aula ganz hinten an der Tür bleiben und sie während der Andacht vorbereiten. Es war mir sehr unangenehm, aber nach echter Schülermoral geht Kameradschaft über alles. Also steckten wir die Köpfe zusammen und ich dozierte im Flüsterton. Leider war eine Lehrerin noch nach uns hereingekommen und hatte uns beobachtet. W a s wir sprachen, hatte sie nicht hören können. Aber d a ß man sprach und sich um die Andacht nicht kümmerte, war ja ein haarsträubendes Verbrechen. Sie stürzte sich auf uns, sobald wir am Schluß zur Türe herauskamen, und hielt uns eine gehörige Standpauke. Da sie in unserer Klasse keinen Unterricht gab, hielt sie es für angemessen, die Sache dem Direktor zu melden. Er hielt uns die zweite Strafpredigt, und trug uns einen Tadel ins Klassenbuch ein. Ich weiß nicht mehr, ob die beiden andern Missetäterinnen auch einen Tadel bekamen oder nur ich als die Hauptrednerin. Jedenfalls meldeten sie sich zum Wort und boten ihre ganze Beredsamkeit auf, um zu beweisen, daß sie allein schuldig seien und daß mir die Strafe erlassen werden müsse. Es half nichts. Der Tadel blieb stehen. Das Lehrerkollegium muß aber doch das Verbrechen nicht für gar so schwer angesehen haben, denn im nächsten Zeugnis stand als Betragungsnote: „Sehr gut, bis auf einen Fall". („Sehr gut" war bei uns Note I.)

Von diesem Vorfall mußte ich der sterbenskranken Tante erzählen. Sie lächelte geringschätzig über das Verhalten des Direktors und sagte: „Dummer Kerl!"

Danach habe ich sie nicht mehr gesehen, auch nach ihrem Tode nicht. Ich hatte noch nie eine Leiche gesehen, und meine Mutter wollte es mir ersparen. Aber ich war bei der Beerdigung und nachher im Trauerhause, als alle Verwandten noch einmal dort zusammenkamen. Es war uns immer befremdlich und abstoßend, daß man sich bei solchen Gelegenheiten wie bei Festlichkeiten an einer großen Kaffeetafel zusammenfand und sprach, wenn auch die Stimmung ernst und gedrückt blieb.

Als alles vorbei war, wurde die Wohnung geschlossen. Die Zwillinge hatte man bei andern Verwandten untergebracht; dort blieben sie nun in Pension, bis später ihre Eltern aus Oberschlesien nach Breslau zogen. Martha und Heidel kamen zu uns, bis sie in eine neue Wohnung einziehen konnten. Für den Onkel wurde ein Zimmer uns gegenüber gemietet. Verpflegt wurde auch er bei uns. Martha war ganz starr in ihrem Schmerz. Sie konnte weder weinen noch sprechen. Wir bemühten uns alle um die Wette, es ihr bei uns angenehm zu machen. Besonders *Frieda* konnte sich damals nicht genug tun an Liebesdiensten, bis sich die Erstarrung gelöst hatte. Später führten die beiden Schwestern einen gemeinsamen Haushalt in derselben Gastfreiheit, wie es zu Lebzeiten ihrer Mutter gewesen war. Auch der Vater lebte bei ihnen bis zu seiner letzten Krankheit. Meine Mutter nahm es ihnen sehr übel, daß sie ihn ins Krankenhaus bringen ließen, als der Zustand hoffnungslos wurde. Er starb im ersten Kriegsjahr. Martha und Heidel blieben zusammen, obgleich sie einander wegen der großen Verschiedenheit ihrer Naturen schwer ertragen konnten. Die schwesterliche Treue und Anhänglichkeit war aber größer als alle Mißstimmungen.

Ich habe diese Erinnerungen hier nachgetragen, weil sie mit

meinen letzten Schuleindrücken verwoben sind. Im allgemeinen sind die Bilder aus den letzten Jahren in der Mädchenschule stark verblaßt und in den Hintergrund gedrängt durch die späteren aus der Gymnasial- und Studienzeit. Der Abschied von der Schule fiel mir nicht schwer. Das Lernen hatte ich zunächst einmal satt. Ich hing an keinem von meinen Lehrern oder Lehrerinnen. Backfischmäßiges Schwärmen war mir immer ein Greuel; ich hatte es niemals mitgemacht und bei andern darüber gespottet. Drei Jahre lang hatten wir einen Lehrer, den ich sehr gern mochte. Er war ganz jung, als er zu uns kam; es war seine erste feste Anstellung. Er hatte ein frisches, offenes Wesen und verstand mit Kindern umzugehen; das war damals eine Seltenheit. Darum wurde er uns auch bald weggeholt — als Direktor nach Königsberg. Ich war damals 13 Jahre alt. Unsere Klasse schenkte ihm auf meine Anregung Böcklins „Toteninsel" zum Abschied; auf die Rückseite des Bildes ließ er einen Zettel kleben, darauf mußten wir alle eigenhändig unsern Namen schreiben. Als Gegengabe erhielt jede sein Bild mit eigenhändiger Unterschrift. Nach einer Reihe von Jahren kam er als Provinzialschulrat nach Breslau zurück. Beim Eintritt in den Schuldienst mußte ich mich ihm vorstellen. Er erkannte mich sofort wieder und sagte: „Sie waren ja bei mir in der 4. Klasse".

Auch keine meiner Mitschülerinnen stand mir sehr nahe. In den unteren Klassen war ich fast täglich mit einem Kinde zusammen, das nur wenige Häuser von uns entfernt wohnte. Wir lernten uns aber erst in der Schule kennen; sie trat ein halbes Jahr nach mir ein, vorher hatte sie Privatunterricht erhalten. Ihre Mutter führte sie zur Schule und holte sie ab; da sie bemerkte, daß ich denselben Weg hatte, sprach sie mich gleich in den ersten Tagen auf der Straße an und lud mich dringend ein, *Mariechen* zu besuchen. Auch später waren es hauptsächlich die Eltern, die mich immer wieder ins Haus zogen, weil sie sich von mir einen günstigen Einfluß auf ihr Kind versprachen; denn die Klasse war groß und die Kinder aus verschiedenen Schichten gemischt, und Mariechen war nicht wählerisch im Verkehr. Der Vater, Dr. *Grünberg*, war ein vielbeschäftigter praktischer Arzt, der später auch manchmal zu uns gerufen wurde, wenn unser guter alter Hausarzt Dr. *Kamm*, ein Vetter unserer Mutter, krank oder verreist war; er war frisch und freundlich, ehemaliger Verbindungsstudent mit ein paar kleinen Schmissen in dem runden, hübschen Gesicht. Die Mutter war eine lebhafte Polin, deren harter Aussprache man noch die Herkunft anmerkte. Auch die Großmutter lebte im Hause; außerdem gab es noch ein kleines Schwesterchen, dessen ersten Geburtstag ich mitfeierte — später hatte ich sie als Schülerin im Gymnasium —, eine Köchin und ein Stubenmädchen, die eng mit der Familie verbunden waren. Die Wohnung war weit ausgedehnt, das Kinderzimmer angefüllt mit schönen Spielsachen und Büchern, die für mich der größte Magnet waren. Mariechen und ich kamen gut miteinander aus, ohne uns näher zu kommen. In unserer Familie war sie gern gesehen, weil sie munter und zutraulich war. Aber in der Schule traten manche Charakterzüge hervor, die mich sehr abstießen. Sie sagte nicht immer die Wahrheit, und sie brachte es fertig, falsch vorzusagen — nach Schulmaßstäben zo ziemlich das Verwerflichste, was man tun kann. Als unsere Klasse wegen Überfüllung geteilt wurde, kamen wir in verschiedene Abteilungen, und ein Jahr später ging sie aufs Gymnasium über. Seitdem lockerte sich unser Verkehr, und nachdem wir in eine entferntere Wohnung gezogen waren, hörte er schließlich ganz auf.

Mit einigen andern stand ich so, daß wir uns gegenseitig zum Geburtstag einluden, aber sonst wenig außerhalb der Schule zusammenkamen. In den höheren Klassen war eine Kindheitsgespielin bei uns, die früher eine andere Schule besucht hatte. Ihre Mutter stammte wie die meine aus Lublinitz; dadurch hatten wir uns schon früh kennengelernt. *Kaethe* war in Ernas Alter, ihre ältere Schwester *Emma* war mit Frieda nah befreundet, ihr Bruder *Emil* verkehrte mit unserm Bruder Arno. Frau *Kleemann* war eine große, stattliche Frau von imponierender Haltung. Meine Mutter vergaß aber nie, daß sie aus einer wenig angesehenen Lublinitzer Familie stammte und im Hause meiner Großeltern als Schneiderin gearbeitet hatte. Ihr Mann hatte sich mit Fleiß und Energie vom Schlossergesellen zum vermögenden Fabrikbesitzer emporgearbeitet. Er arbeitete auch jetzt unermüdlich; wir bekamen ihn selten zu sehen, und wenn er da war, hörte man kaum ein Wort von ihm. Kaethe war mehrere Jahre meine Banknachbarin, und wir verstanden uns gut. In den Pausen und auf den Schulwegen hatten wir oft Gespräche über jene Fragen, die in der Schule zu kurz kamen; es war bei ihr wie bei mir das ernste Suchen nach Wahrheit erwacht. Trotzdem hörte auch zwischen uns der Verkehr auf, als wir die Schule verließen. Es lag wohl daran, daß der Verkehr zwischen den Familien schon früher sich gelöst hatte. Kleemanns waren in den Süden der Stadt gezogen, wo sich — ähnlich wie in Berlin W. — die reich gewordenen Juden sammelten: für meine Mutter ein neuer Beweis des „Parvenü"-Charakters. Wir waren durch unser Geschäft an den wenig vornehmen Norden gebunden. Dazu kam, daß Emma einen Rabbiner in Hamburg geheiratet hatte (später gingen sie nach Amerika), Emil als Apotheker nach Berlin gegangen war. Nach dem Verlassen der Schule dauerte es mehrere Jahre, bis Kaethe und ich uns nur einmal wieder begegneten. Es war 1909 bei einer Schiller-Gedenkfeier. Sie hatte sich kurz zuvor verlobt. Wir begrüßten uns mit aufrichtiger Freude, und sie bat mich herzlich, sie doch einmal wieder zu besuchen, möglichst auch Erna mitzubringen. Wir gingen auch bald einmal hin und verbrachten einen angeregten Abend zusammen. Der Bräutigam, ein junger Arzt, war nicht zugegen. Frau Kleemann freute sich besonders, als Arno uns abholen kam, weil er noch mehr als wir „Kleinen" an die alten Zeiten erinnerte. Er mußte sich noch mit an den Teetisch setzen und einige Zeit bleiben. Es wurde uns ein Gegenbesuch versprochen, Frau Kleemann wollte auch mitkommen, um unsere Mutter wiederzusehen. Aber es kam nicht dazu. Es sollte über 20 Jahre dauern, bis wir uns wieder begegneten.

Es fiel mir auch nicht schwer, von zu Hause fortzugehen. Freilich war der Besuch in Hamburg zunächst nur für einige Wochen gedacht. Mein Vetter *Franz* sagte vor meiner Abreise, es sei so schlimm, daß ich keine Rückfahrkarte hätte. Sonst wüßte man, daß es sechs Wochen dauerte, und das wäre erträglich. Aber nun sei es ganz unabsehbar. Darüber lachte ich nur, und niemand von den Anwesenden wußte, wie berechtigt seine Befürchtung war. Er schrieb mir anfangs ziemlich häufig. Da ich aber nur ein- oder zweimal antwortete, unterließ er es schließlich. Es kam mir gar nicht in den Sinn, daß er die ausbleibenden Antworten als Zeichen von Gleichgültigkeit auffassen könnte. Als ich nach zehnmonatlicher Abwesenheit spät abends in Breslau ankam und beim Aussteigen ihm zuerst auf dem Bahnsteig begegnete, war mir das nur selbstverständlich. Die Zeit in Hamburg kommt mir, wenn ich jetzt darauf zurückblicke, wie eine Art Puppenstadium vor. Ich war auf einen sehr engen Kreis eingeschränkt und lebte noch viel ausschließlicher in meiner inneren Welt als zu Hause. Soviel die häusliche Arbeit es erlaubte, las ich. Ich hörte und las auch manches, was mir nicht guttat. Durch das Spezialfach meines Schwagers kamen manche Bücher ins Haus, die nicht gerade für ein Mädchen von 15 Jahren berechnet waren. Außerdem waren *Max* und *Else* völlig ungläubig, Religion gab es in diesem Hause überhaupt nicht.

Hier habe ich mir auch das Beten ganz bewußt und aus freiem Entschluß abgewöhnt. Über meine Zukunft dachte ich nicht nach, aber ich lebte weiter in der Überzeugung, daß mir etwas Großes bestimmt sei. Meine Cousine *Leni*, die mit mir zugleich die Schule verließ, begann damals sich durch Privatstunden für eine höhere Gymnasialklasse vorzubereiten. Der Familienrat hatte beschlossen, daß sie Apothekerin werden solle. Ich erfuhr es — noch in Breslau — durch unsern gemeinsamen Vetter Richard *Courant*. Lenis Mutter hatte ihn gebeten, die Mathematikstunden zu übernehmen. Er wollte der Tante ungern etwas abschlagen, wollte aber seine Zeit auch nicht für ein aussichtsloses Unternehmen opfern. „Wie dumm ist sie denn?“, fragte er mich. Ich sagte, sie sei keineswegs dumm, sondern guter Durchschnitt. Ich bezweifelte aber, ob sie die Ausdauer haben würde, längere Zeit so angespannt zu arbeiten, besonders da der Plan ja nicht von ihr stamme, sondern ihr von außen aufgenötigt sei. „Wenn Du es wolltest, täte ich es natürlich sofort“, meinte er. Nein, ich wollte es nicht (mich aufs Gymnasium vorbereiten). Wenn ich mich recht erinnere, hat er die Aufgabe nicht übernommen; an seiner Stelle wurde Hans *Horowitz* damit betraut; er war Jurist und kein so erprobter Lehrer wie Richard, aber er hatte ein gutes Abitur gemacht und mußte doch so viel Mathematik und Latein können, wie für die Sekundareife nötig war. Man wandte sich nicht an Fremde, solange in der Familie Hilfe zu finden war. Im Herbst mußte sich Leni zur Aufnahmeprüfung melden und fiel durch. Sie schrieb recht betrübt, als sie mir bald danach nach Hamburg zu meinem Geburtstag gratulierte. Ich antwortete mit einem herzlichen Trostbrief: sie solle über diesen Mißerfolg nicht trauern, vielleicht käme etwas Besseres nach; ich hätte bisher ja noch gar nichts unternommen und sei doch überzeugt, daß noch etwas Rechtes aus mir würde.

Meine Mutter sorgte aus der Ferne, daß es nicht zu einsam für mich würde. Sie veranlaßte meinen ältesten Bruder, seinen Urlaub in Hamburg zu verbringen und gab ihm strenge Weisung, mich zu allen Besichtigungen und Ausflügen mitzunehmen; Else müsse mich dafür freigeben. Das Schönste war eine zweitägige Fahrt nach Helgoland. Bis dahin war ich nicht über Cuxhaven hinausgelangt. Die Fahrt auf der Elbe hatte ich schon öfters gemacht. Diesmal hüllte uns dicker Nebel ein, sodaß man von den schönen Ufern gar nichts sah. Alle paar Minuten ertönten die fürchterlichen Sirenen, um vorbeifahrende Schiffe anzukündigen; es war sehr nötig, denn man sah erst, wenn sie ganz nahe waren, gespenstische Umrisse. Plötzlich riß der Nebel und in hellem Sonnenlicht lag die Rheede von Cuxhaven mit ihren vielen Dampfern, Masten und Segeln vor uns. Dann kam die weite Fläche der Meeres, durchsichtig-klar und grün. Und schließlich stiegen aus den grünen Wellen steil die roten Felsen der kleinen Insel auf. Da war die berühmte „Lästerbrücke", der Landungssteg, von dem aus die gelangweilten Badegäste die anlegenden Schiffe und die Neuankömmlinge musterten. Schnell hatten wir das Unterland mit seinen großen Hotels durchquert; das Oberland mit seinen kleinen Fischerhäuschen und dem großen, weißen Leuchtturm gefiel mir besser. Dort oben nahmen wir in einer Pension Zimmer für die Nacht. Abends gingen wir noch einmal zu dem einsamen Leuchtturm hinaus. Nicht weit davon war ein Schaf an einen Pfahl gebunden. Es blöckte jämmerlich, als wir in seine Nähe kamen, und aus seinen hellgrünen, wasserklaren Augen sprach ein solcher Abgrund der Todesangst und Verständnislosigkeit, daß ich es nie vergessen konnte. Von dem Zimmer, in dem ich schlief, konnte man das Meer sehen. Und nachts drang das Rauschen der Wellen bis zu mir herauf. Das alles freute mich so, daß ich kaum schlafen konnte.

In den Sommerferien kam *Erna* und zu Weihnachten meine Mutter selbst, zwischendurch noch manche durchreisende Verwandte.

Es ist mir, als sei ich im Verhältnis zu früher und später geistig etwas dumpfer gewesen. Aber körperlich entwickelte ich mich rasch und kräftig; das schmächtige Kind entfaltete sich zu fast frauenhafter Fülle; da außerdem die blonden Haare stark nachdunkelten, erkannte man mich in Breslau nach der Rückkehr kaum wieder. Ich wurde mit meiner Cousine Martha *Courant* verwechselt, an die ich schon früher immer erinnert hatte.

Wie ich schon früher erwähnte, war die schwere Erkrankung unseres kleinen Neffen *Harald* der Anlaß, aus dem ich heimgerufen wurde. Es war Anfang März, an einem bitterkalten Abend, als ich ankam. Nur mein Bruder *Arno* und der treue Vetter *Franz* erwarteten mich an der Bahn. Meine Mutter ließ es sich sonst selten nehmen, uns selbst abzuholen. Diesmal ließen sie und die Schwestern sich durch die Witterung zurückhalten, sie waren wohl alle durch die Aufregungen der letzten Tage und die häufigen Krankenbesuche etwas angegriffen. Trotz der Trauerstimmung wurde ich mit großer Freude begrüßt. Meine Schwester *Frieda* erklärte lächelnd: „Wir haben gesagt: wenn sie j e t z t nicht kommt, dann ist sie nicht unsere Schwester". Das berührte mich peinlich zum Empfang, und ich zog mich gleich etwas in mich selbst zurück.

Das kranke Kind starb wenige Tage später. Ich hatte nun eigentlich keine richtige Beschäftigung. Ich half ein wenig im Haushalt und übernahm ihn einmal für acht Tage ganz, während *Rosa* eine Gebirgswanderung machte. Sonst hatte ich viel freie Zeit. Ich benützte sie hauptsächlich, um zu lesen — am liebsten Dramen: Grillparzer, Hebbel, Ibsen, und vor allem Shakespeare waren mein tägliches Brot. In dieser farbenprächtigen Welt der großen Leidenschaften und Taten war ich viel heimischer als im Alltagsleben. Als ich mir aber eines Tages Schopenhauers „Die Welt als Wille und Vorstellung" herbeiholte, protestierten die älteren Schwestern energisch. Sie fürchteten für meine geistige Gesundheit, und ich mußte die beiden Bände ungelesen wieder in die Bibliothek zurücktragen.

Die Zwillinge *Hans* und *Franz* kamen wieder fast täglich zu uns, seit ich zurück war; in meiner Abwesenheit hatten sie sich seltener bei uns blicken lassen und sich mehr mit unsern Cousinen Heidel und Grete *Pick* angefreundet, den älteren Schwestern meiner Klassengefährtin Leni. Sie kamen jetzt gewöhnlich nach dem Abendessen, da sie tagsüber beschäftigt waren, der eine als Jurist, der andere als Bankbeamter. Es wurde wieder viel musiziert, und etwas Sport getrieben: Tennis gespielt und gerudert. Ich war nun kein ganz harmloses Kind mehr. Wenn ich meine Wünsche nicht zu äußern brauchte, sondern mit einem Blick erreichen konnte, was ich wollte, so freute es mich.

Erna war jetzt Unterprimanerin und hatte viel zu arbeiten. Jedesmal, wenn es einen Aufsatz zu machen galt, kam sie stöhnend nach Hause. Dann ließ ich mir das Thema sagen, erkundigte mich nach den Anweisungen des Lehrers und besprach mit ihr, wie die Sache anzufangen sei. Zu jedem Sprichwort oder Zitat fielen mir gleich einige erläuternde Beispiele aus meinen geliebten Büchern ein. Dann machte ich ihr Mut, anzufangen; und wenn das Schmerzenkind geboren war, bekam ich es zur Begutachtung. Manchmal war alles geglückt, nur die Einleitung fehlte noch. Dann schrieb ich die Einleitung dazu. Einmal gefiel mir der ganze Aufsatz nicht recht; ich setzte mich schnell hin und schrieb einen andern. Den fand nun Erna viel schöner als den ihren; sie gab nach einigem Zögern meinen ab. Er gefiel auch dem strengen Professor *Olbrich*. Übrigens hatte meine Schwester diese Hilfe gar nicht nötig, sie konnte selbst gute Aufsätze machen; aber sie liebte die Anstrengung nicht und hatte keine Freude am Schreiben wie ich. Einmal hatte sie Goethes Gedicht „Auf Micdycis Tod" zu behandlen. Ich schrieb die Einleitung über die „humoristische" Schilderung der Weimarer Theaterverhältnisse in der Eingangsstrophe. „Humoristisch?" Erna guckte mich etwas zweifelnd an. In der Schule war nichts davon erwähnt worden und es kam ihr wohl etwas merkwürdig vor, daß ein Trauergedicht einen humoristischen Anfang haben sollte. Ich ließ mich nicht beirren. „Lies doch nur! Es ist ganz klar". Sie beruhigte sich und ließ die Einleitung stehen. Der Professor hatte nichts dagegen einzuwenden.

Damals kam mir manchmal der Gedanke: Es wäre eigentlich gescheiter, selbst aufs Gymnasium zu gehen als nur so gelegentlich ein bißchen mitzuarbeiten. Aber ich faßte es nicht ernstlich ins Auge; es war mir, als hätte ich vor einigen Jahren für immer den Anschluß verpaßt. Die ganze enge und weitere Familie wartete damals mit Spannung, was ich über meine Zukunft beschließen würde. Die Geschwister machten mir sogar mancherlei Vorschläge. Weil ich als Kind gern und viel gezeichnet hatte, fragten sie, ob ich nicht auf die Kunstschule gehen wollte. Ich lehnte es ab, denn es war mir ganz klar, daß kein ausreichendes Talent vorhanden war. Einmal nahm mich mein Bruder Arno zu einem ihm bekannten Photographen mit und erkundigte sich nach den Bedingungen für die Ausbildung in seinem Atelier. Ich hörte mir alles an und ließ dann die Sache auf sich beruhen. Ich konnte nicht handeln, solange kein innerer Antrieb vorhanden war. Die Entschlüsse stiegen aus einer mir selbst unbekannten Tiefe empor. Wenn so etwas einmal ins helle Licht des Bewußtseins getreten war und feste gedankliche Form angenommen hatte, dann ließ ich mich durch nichts mehr aufhalten; ja ich hatte eine Art sportliches Vergnügen daran, scheinbar Unmögliches durchzusetzen.

Meine Mutter hatte die ganze Zeit geschwiegen; das schützte mich auch vor lästigem Drängen der andern. Gegen Ende des Sommers fragte sie einmal morgens, während sie mich frisierte — sie tat das noch gern, obgleich ich es längst selbst konnte —, ob ich denn zu gar nichts Lust hätte. Ich sagte, es täte mir leid, daß ich nicht aufs Gymnasium gegangen sei. Das brauchte mir doch nicht leid zu tun, meinte sie. Es fingen ja andere Leute mit 30 Jahren noch an; dann würde es wohl für mich mit noch nicht 16 nicht zu spät sein.

Ein paar Tage darauf suchte sie mein Vetter *Richard* im Geschäft auf. Er hatte den Sommer in Zürich studiert und meldete sich als zurückgekehrt. Meine Mutter fragte ihn sofort meinetwegen um Rat. Er erklärte es für möglich, bis zum nächsten Juli — es war jetzt September — die Aufnahme nach der Obersekunda ze erreichen. Die Mathematikstunden wollte er selbst übernehmen. Für Latein brachte er uns einen Altphilologen, der vor dem Abschluß seines Studiums stand und als tüchtiger Privatlehrer bekannt war. Herr Dr. *Marck* kam zu einer Besprechung: ein schlanker junger Mann mit einem Zwikker und sehr korrekten Manieren. Meine Mutter fragte ihn, ob er es übernehmen könne, mich bis zum nächsten Sommer für die Obersekunda vorzubereiten. Er erklärte, das könne er heute noch nicht versprechen, denn es hinge ja nicht von ihm allein ab. Ich verstand den zarten Wink: daß er erst die Leistungsfähigkeit seiner Schülerin kennenlernen müsse. Diese Vorsicht erweckte mein Vertrauen und war mir symphatisch. Es begann nun ein ganz anderes Leben. Ich hatte jeden Tag eine Stunde Latein und eine Stunde Mathematikunterricht und bekam dafür soviel Aufgaben, daß ich den ganzen Tag zu tun hatte. In diesen Fächern hatte ich das Pensum von drei Jahren der realgymnasialen Studienanstalt nachzuholen. Diese Klassen hatten aber schon mehr zu bewältigen als die entsprechenden Knabenklassen, da der Lehrstoff auf eine kürzere Zeit verteilt war. In Latein war es die ganze Grammatik, dazu die ersten Schriftsteller Caesar und Ovid. In den andern Fächern langten meine Vorkenntnisse von der Höheren Mädchenschule, ich mußte sie nur ein wenig auffrischen. Das sollte ich ohne Hilfe tun; ich verschob es auf die letzte Zeit vor der Aufnahmeprüfung. Ich wollte das Unternehmen, das mir doch sehr gewagt erschien, vor der weiteren Familie geheimhalten. Ich liebte es überhaupt nicht, daß viel über mich gesprochen wurde. In diesem Fall hatte ich noch das Gefühl, daß vorzeitiges Schwätzen den Erfolg gefährden könnte. Meine Mutter dachte ebenso. Bis zum Dezember schwiegen auch die Geschwister sehr brav. Dann ärgerte sich meine Schwester *Frieda,* weil ich an ihrem Geburtstag meine Stunden nicht ausfallen lassen wollte und verriet mich an einen Onkel, der ihr gratulieren kam und meinen Mathematiklehrer im Vorzimmer traf. Das war leider nicht mehr mein Vetter Richard. Ich hatte nur wenige Stunden bei ihm gehabt; in diesen Stunden hatte ich ihn erst richtig schätzen gelernt. Dann ging er auf den Rat seiner Freunde nach Göttingen, weil dies für seine spätere Laufbahn von entscheidender Bedeutung war. Es mußte für Ersatz gesorgt werden. Dr. Marek konnte uns seinen Bekannten empfehlen.

Herr Dr. *Großmann* war ein bejahrter Student, schon über 30 Jahre alt; er hatte sein Studium spät begonnen, vorher in einem praktischen Beruf gestanden. Er war sofort sehr zuversichtlich und machte mir von vornherein keinen sehr zuverlässigen Eindruck. Später fiel er mir durch seine schlechten Angewohnheiten so auf die Nerven, daß jede Stunde eine kleine Tortur war. Er lief während des Unterrichts im Zimmer umher und riß an seinen Nägeln. Außerdem liebte er kleine Scherze, die ich abgeschmackt fand — z.B. verwandelte er die Figur, die er zum pythagoräischen Lehrsatz gezeichnet hatte, in ein Männchen und sagte, das sei der alte Pythagoras —, und versuchte öfters Privatunterhaltungen anzuknüpfen. Das glückte ihm freilich nicht: ich erklärte kurzerhand, wir hätten keine Zeit zu plaudern; wir könnten sonst das Pensum nicht bewältigen. Er erwiderte etwas gekränkt, was ich denn wolle; wenn ich nicht so ungewöhnlich begabt wäre, hätten wir unmöglich das schaffen können, was schon erreicht sei. Aber dann kehrte er wohl oder übel zum Unterrichtsstoff zurück. Öfters versicherte er mir, ich müsse unbedingt Mathematik studieren; ich hätte die Begabung dafür, und es sei viel vorteilhafter als alles andere, weil man es nicht nur in der Schule verwenden könne. An was ich denn sonst dächte. Ich sagte kurz, es käme z.B. Medizin in Betracht. Er war ganz verblüfft, er hatte offenbar nur an die philologischen Fächer gedacht. So hatte die Diskussion ein Ende; nur das hatte ich mit dieser Bemerkung erreichen wollen. Eine andere peinliche Untugend war, daß er nicht pünktlich sein konnte. Er kam manchmal eine Stunde zu spät, manchmal auch gar nicht. Wir waren zu strengster Pünktlichkeit erzogen; das war Courantsches Familienerbe. So war mir diese Unzuverlässigkeit ein Greuel. Jedesmal, wenn er mir zum Abschied die Hand reichte, sagte ich: „Aber, bitte, das nächste Mal recht pünktlich". Er versprach es ganz treuherzig, aber er besserte sich nicht. Ich hätte mich gern von diesem unangenehmen Lehrer befreit. Aber ich sagte mir, daß ein neuer Wechsel Zeitverlust bedeuten würde, und ertrug das Übel mit Rücksicht auf mein Ziel. Mit Herrn Dr. Marek dagegen war ich restlos zufrieden. Wir sprachen fast nie ein Wort miteinander, das nicht zur Sache gehörte, und es ging unaufhaltsam, ruhig und sicher voran. Nach einigen Wochen sagte er, wenn ich in diesem Tempo weiterarbeitete, könne ich schon Ostern in die Obersekunda eintreten. Es sei ja auch viel angenehmer zum Eingewöhnen, zu Beginn des Schuljahres anzufangen als später mitten hinein zu kommen. Natürlich war ich hocherfreut. Auf die Einwände des Mathematiklehrers wurde keine Rücksicht genommen. Er wurde noch schärfer als bisher angetrieben und mußte sich seufzend dem Schaffenseifer der rastlosen Schülerin anbequemen. Nachdem meine Mutter anfangs einmal mit den Herren gesprochen hatte, machte ich alles Weitere selbst mit ihnen ab. Sie nannten mich „gnädiges Fräulein" und begegneten mir mit großer Hochachtung. Ich überreichte ihnen auch jeden Monat ihr Honorar. Das war mir immer etwas peinlich, denn mir selbst erschien es als etwas Beschämendes, Geld anzunehmen. Ich suchte das etwas zu mildern, indem ich nach Möglichkeit mir lauter Goldstücke für diesen Zweck geben ließ. Das schien mir etwas würdiger als Silber oder gar Papier. Die beiden Herren haben sicher von solchen Hemmungen nichts empfunden. Sie waren auf diese Einnahme angewiesen; besonders Herr Großmann war gegen Ende des Monats meist in Verlegenheit und mußte sogar manchmal um Vorschuß bitten.

Dieses halbe Jahr rastloser Arbeit ist mir immer als die erste ganz glückliche Zeit meines Lebens in Erinnerung geblieben. Es lag wohl daran, daß zum ersten Mal meine geistigen Kräfte in einer ihnen entsprechenen Aufgabe voll angespannt waren. Wenn ich ganz allein in dem Zimmer, das mir zur Arbeit angewiesen war — ich hatte damals noch kein eigenes Arbeitszimmer — am Schreibtisch saß, kümmerte mich die ganze übrige Welt nichts mehr.

Nach jeder gelösten Mathematikaufgabe pfiff ich ein paar Takte als Triumphlied. Ich zog es nie in Erwägung, Mathematik zu studieren. Ich hatte ein sportliches Vergnügen daran als an einer gesunden geistigen Turnübung. Aber es war nicht das, wofür ich geboren war. Ganz anders war es beim Latein. Das Erlernen der neuen Sprachen hatte mir nicht annähernd soviel Freude gemacht. Diese Grammatik mit ihren strengen Gesetzen entzückte mich. Es war, als ob ich meine Muttersprache erlernen würde. Daß es die Sprache der hl. Kirche ist und daß ich später einmal in dieser Sprache beten sollte, davon ahnte ich damals noch nichts.

Die Familie sah mich in dieser Zeit fast nur bei den Mahlzeiten und nach dem Abendessen. Abends durfte ich nicht weiter arbeiten. Wir waren als Kinder daran gewöhnt, pünktlich um acht Uhr schlafen zu gehen. Später wurde die Zeit auf neun Uhr heraufgedrückt. Ich habe auch in den obersten Gymnasialklassen nicht daran gerüttelt, weil mir daran lag, früh frisch und leistungsfähig zu sein.

In den ersten Monaten der heimlichen Arbeit sagte ich auch meinem treuen Ritter *Franz* nichts davon. Einmal fand er auf meinem Schreibtisch einen beschriebenen Zettel. Ich haschte schnell danach und nahm ihn an mich, ehe er ihn lesen konnte. Er fragte etwas betrübt, ob ich ein Geheimnis hätte. Nach einem kleinen inneren Kampf reichte ich ihm das Papier. Es standen lateinische Zahlwörter darauf. „Du willst aufs Gymnasium gehen?“ „Ja“. Er wurde sehr nachdenklich, sprach aber keinen Einwand aus. Ich bat ihn noch, gegen alle zu schweigen; dann war dieses Gespräch zu Ende. Ich weiß nicht, was in jenem Augenblick in ihm vorging. Es ist wohl möglich, daß er sich sagte, ich sei nun für ihn verloren. Er war ernster und grüblerischer als sein Zwillingsbruder — gerade das hatte mich immer angezogen. Aber er lernte schwerer, und nach einer langen Diphterieerkrankung, die ihn sehr angriff, war er sogar eine Klasse zurückgeblieben. Nach schwerem Kampf hatte er sich entschlossen, mit Primareife das Gymnasium zu verlassen und als Lehrling in ein Bankgeschäft zu gehen. Ich hatte ihn damals tief enttäuscht, weil ich für die Schwere der Entscheidung noch kein Verständnis hatte; ich war ja noch ein richtiges Kind, als er die Krisen der Reifezeit durchmachte. Daß ich beim Studium in meinem Element sein würde, wußte er. Aber er mochte sich sagen, daß sich damit unsere Wege trennten. Ich erwähnte früher, daß die Zwillinge kurz nach meinem Eintritt ins Gymnasium ihre täglichen Besuche bei uns einstellten und daß wir uns nur noch selten sahen. Beide blieben unverheiratet. Wir haben niemals darüber gesprochen, warum sich unsere Freundschaft löste. Aus dem Felde schrieb *Hans* mir einmal, es sei doch schade, daß wir uns nach den schönen gemeinsamen Kinderjahren so fremd geworden seien.

Nachdem einige Zeit der Vorbereitung verstrichen war, suchte meine Mutter mit mir den strengen Direktor *Roehl* auf. Ich mußte ja zur Aufnahmeprüfung angemeldet werden und einige Ratschläge für die Vorbereitung erbitten. Es war, als wollte er sein Möglichstes tun, um mich zu entmutigen. Er stellte das Ziel als äußerst schwer erreichbar vor, schärfte mir ein, daß ich nicht nur für Latein und Mathematik, sondern auch für alle andern Fächer sehr gut vorbereitet sein müsse. Er riet auch, nach den eingeführten Lehrbüchern zu arbeiten. Um mir diese zu verschaffen, suchte ich meine alte Kindheitsgespielin Marie *Grünberg* auf, die in der Obersekunda war. „Die alte Freundin ist wiedergekommen", sagte ihre Mutter mit herzlicher Freude. Der Vater äußerte sich in wenig schmeichelhaften Worten über die alberne Wichtigtuerei des Direktors. Sie wollten mir vielmehr zureden, mich für die nächsthöhere Klasse zu melden, dann käme ich wieder mit Mariechen zusammen. Aber das schien mir doch unerreichbar. Ich mußte mich schon entschließen, zu den Jüngeren in die Klasse zu gehen, nachdem ich mich so spät zum Studium entschieden hatte. Ich habe es übrigens nie bereut. Die beiden Jahre, die ich frei von Schulzwang war, hatten mich körperlich so gekräftigt, daß ich nun allen Anstrengungen mühelos gewachsen war.

Mit allen nötigen Büchern und Auskünften und mit guten Wünschen versehen ging ich von Grünbergs fort. Ich begann nun auch Französisch, Englisch und Geschichte zu wiederholen. Dafür bekam ich bald eine Gefährtin. Eine Klassengefährtin erzählte Erna, daß bei ihren Eltern ein junges Mädchen aus Oberschlesien in Pension sei und sich auch für die Obersekunda vorbereitete; sie würde gern etwas mit mir zusammen arbeiten. So kam nun Trude *Mervins* öfters zu mir. Sie war ein reizendes Persönchen, sehr nett anzusehen, munter und liebenswürdig. Aber ihre Kenntnisse waren so minimal, daß ich wenig Hoffnung für sie hatte. Ich war auch für mich besorgt, als die Prüfung näherkam. Ich hatte noch nie eine Prüfung machen müssen und stellte mir vor, daß man alles wissen müsse, was im Lehrstoff der drei unteren Klassen enthalten war. Daß ein Examinator froh ist, wenn er nur e t w a s aus seinem Opfer herauslocken kann, erfuhr ich erst, als ich selbst zu prüfen hatte. Wenn meine Geschwister so sprachen, als könnte ich unmöglich durchfallen, so wurde ich ganz aufgebracht. Frieda berichtete mir einmal: „Dein Bruder hat eine sehr gute Meinung von Dir. Er hat gesagt, die Lehrer müßten nicht recht gescheit sein, wenn sie Dich durchfallen ließen. Es könnte doch niemand mehr wissen". Ich fuhr ganz empört auf: „Er hat keine Ahnung, was dazu gehört". Ein andermal fragte sie, was ich denn zu tun gedächte, wenn ich wirklich durchfiele. Sie glaubte durchaus nicht daran. Aber gesetzt den Fall ... Frieda führte bei uns die Kasse. Die stattliche Anzahl von Goldstücken, die ich ihr für meine Stunden schon entführt hatte, war gegen ihren haushälterischen Sinn, und sie war keineswegs dafür, diesen kostspieligen Privatunterricht noch länger fortzusetzen. Am liebsten hätte sie mich schon aufhören lassen, als Richard Courant fortging. (Der Vetter hatte umsonst unterrichtet.) Nun meinte sie, wenn ich Ostern nicht aufgenommen würde, dann sollte ich das ganze Unternehmen aufgeben. Was ich gelernt hätte, würde mir auf alle Fälle nützen. Ich könnte z.B. eine Nachmittagsstellung bei Kindern zur Beaufsichtigung der Schularbeiten annehmen, wie es Leni Pick getan hatte. Ich war innerlich ganz fassungslos über das Ansinnen, mich in einen so engen Kreis einsperren zu lassen. Aber das sprach ich nicht aus. Ich lehnte die ganze Fragestellung ab. Dazu war Zeit nach der Prüfung.

Anfang März, bei Semesterschluß, verabschiedete sich Dr. Marek von mir. Er wollte die Ferien in seiner Oberschlesischen Heimat verbringen. Mit dem Pensum waren wir fertig; ich sollte mich während der nächsten Wochen noch allein weiter üben. „Kommen Sie wirklich vor der Prüfung nicht mehr wieder?", fragte ich ganz erschreckt. Nein, er hätte nicht die Absicht. Es sei ja auch nicht nötig. Ob ich mich denn fürchte? Ja, freilich fürchtete ich mich. Er war höchst erstaunt. „Wovor denn? Die Grammatik beherrschen Sie so sicher wie kaum irgend ein Mensch, übersetzen können Sie und Verse lesen auch". Herr Marek hatte mir nie eine Schmeichelei gesagt. So war mir diese Versicherung wirklich beruhigend.

Ende April kam endlich der gefürchtete Tag. Außer Trudi *Wervins* und mir war noch eine dritte Kandidatin für die Obersekunda zur Stelle. Wir machten uns miteinander bekannt, während wir in einer leeren Klasse auf den Beginn warteten. Die Fremde versicherte uns, sie wüßte sehr viel, aber man würde ihr wohl zu einfache Fragen stellen, und dann könnte es ihr schlecht gehen. Wir wurden in Latein, Mathematik, Französisch und Englisch schriftlich geprüft. Es dauerte mehrere Stunden. *Erna* erwartete die Examinatoren, wenn sie aus dem Prüfungsraum kamen, und erkundigte sich nach dem Verlauf. Sie durften ja nicht viel sagen, ließen aber doch merken, daß es gut ging. Gegen Mittag kam auch meine Mutter und wartete mit uns in der Aula auf die Verkündigung des Prüfungsergebnisses. Der Direktor verlas, wer für die einzelnen Klassen — von unten angefangen — aufgenommen war. Für die Obersekunda hatte ich als Einzige bestanden. Trudi Mervins wurde der Vorschlag gemacht, nach Obertertia zu gehen. Sie versuchte es auch; in den ersten Wochen schlüpfte sie noch in den Pausen aus ihrer Klasse zu mir und hängte sich an meinen Arm. Aber sie konnte sich doch nicht eingewöhnen und kehrte zu ihren Eltern zurück. Ich weiß nicht, was aus ihr geworden ist.

4.

So begann nun das Schulleben von neuem. Als ich am Tage der Prüfung zum Schulbeginn eintrat, begegnete ich dem alten Direktor im Treppenhaus. Er begrüßte mich so freundlich wie vor 10 Jahren, als ich zum ersten Mal hier eingezogen war; ich fragte ihn, wo der Klassenraum der Obersekunda sei, und er zeigte mir selbst den Weg.

Ich war, wenn ich mich recht erinnere, die Erste im Zimmer. Allmählich fanden sich die andern ein. Ein großes Mädchen mit rötlichen Haaren kam herein, warf einen Ranzen auf einen Tisch und sagte seufzend: „Das Leben ist mühsam und zeitraubend“. Da hatte ich gleich den richtigen Schülerjargon. Einige meiner neuen Mitschülerinnen kannte ich, weil sie auch früher die Viktoriaschule besucht hatten. So meine Banknachbarin Julia *Heimann*. Sie galt als das reichste Mädchen der Stadt und wurde wohl von den Eltern aufs Gymnasium geschickt, weil dies die beste Ausbildungsmöglichkeit war. Auch sonst wurde viel für ihre Bildung getan; sie hatte eine „Miss“, die sie immer mit einem schönen schwarzen Hund von der Schule abholte; außerdem bekam sie auch Privatunterricht in französischer und italienischer Konversation. Sie war nicht sehr begabt, arbeitete aber fleißig und hielt sich dadurch immer unter den Besseren in der Klasse. Von Natur aus war sie zu mancherlei Streichen aufgelegt und wäre wohl ohne die sorgfältige Erziehung kein braves Kind gewesen. Ihre Kleidung war immer sehr gut und geschmackvoll, aber ganz einfach. Schmuck trug sie fast gar nicht, und sie erzählte uns einmal, ihre Eltern hätten allen Verwandten untersagt, ihr welchen zu schenken. Die Großmutter mußte wohl eine Ausnahme machen, denn ich erinnere mich an eine Halskette aus Gold und Türkisen, die sie Julia aus Ägypten mitgebracht hatte. Besonders Eindruck machte mir, daß sie nachts ihren Wecker unter dem Kopfkissen hatte, um die Miss nicht zu stören, die im selben Zimmer schlief.

Außer Julia und mir waren noch sieben jüdische Schülerinnen in der Klasse, aber keine war streng-gläubig erzogen. Von der Obersekunda an hatten wir auch in der Schule keinen Religionsunterricht mehr, weil Religion für uns auch nicht Prüfungsfach war. (Das wurde später geändert.) Ich habe allerdings auch bei den andern Mädchen kaum etwas von tieferer Frömmigkeit bemerkt. Den protestantischen Religionsunterricht gab in den Oberklassen ein Herr, der sichtlich darauf Wert legte, von seinen Schülerinnen angeschwärmt zu werden und für manche wohl eine wirkliche Gefahr bedeutete.

Nur eine einzige Klassengefährtin war katholisch, und diese eine mußte wegen Schwierigkeiten im Latein die Obersekunda wiederholen, sodaß wir nach einem Jahr voneinander getrennt wurden. Solange die Schule noch am Ritterplatz war, hatten wir den Schulweg gemeinsam und gingen jeden Mittag zusammen nach Hause. Wenn ich einmal die Schule versäumen mußte, holte ich mir bei ihr die Aufgaben. Es war ein ruhiges, verständiges und gleichmäßig-freundliches Mädchen, und ich mochte sie gern. Über religiöse Dinge haben wir nie gesprochen. Nach meinem Abitur verloren wir uns zunächst aus den Augen. Später hörten wir durch eine gemeinsame Bekannte voneinander; so erfuhr ich auch, daß sie — ziemlich spät — als Benediktinerin in St. Gabriel (Steiermark) eingetreten war. Von da aus hat sie im letzten Jahr brieflich die Beziehung wieder angeknüpft.

Die erste Stunde in meiner neuen Schulperiode war lateinische

Lektüre bei Professor *Olbrich*. Er war ein gründlich gebildeter, kenntnisreicher Lehrer, und wir schätzten seinen Unterricht sehr. Aber die meisten Mädchen fürchteten ihn, denn er stellte hohe Anforderungen und hatte eine schroffe, verletzende Art zu tadeln. Es fiel uns auch auf, daß er uns nie richtig ansah und daß es ihm offenbar unbehaglich war, wenn wir uns einmal nach der Stunde wie bei andern Lehrern um den Katheder drängten, um noch etwas mit ihm zu besprechen oder etwas anzusehen, was er uns zum Zeigen mitgebracht hatte. Darum nannten wir ihn einen Misogyn und hatten den Eindruck, daß er sich eigentlich zu gut für eine Mädchenschule vorkam.

Die Klasse übernahm er neu; er unterrichtete nur auf der Oberstufe. Er hatte mich auch nicht geprüft und mochte dem Urteil seines Kollegen wohl nicht ganz trauen. Jedenfalls nahm er mich gleich als Erste dran, um einige Verse zu lesen. Es war der Anfang von Ovids Autobiographie: „Ille ego qui fuerim, tenerorum lusor amorum ..." Die Stelle war mir schon bekannt, das Versmaß vertraut; so las ich ein längeres Stück mit scharf betontem Rhythmus glatt herunter. „Sie können lesen", sagte der Gestrenge.

Anfangs wußte ich nicht Bescheid, ob in puncto Vorsagen und Abschreiben im Gymnasium dieselben Bräuche herrschten wie in der Mädchenschule. Bei der ersten Klassenarbeit klärte mich ein freundlicher Rippenstoß meiner Nachbarin Julia darüber auf. Seitdem wußte ich, was ich zu tun hatte, und legte mein Hefte immer so, daß die Nachbarin bequem hineinblicken konnte.

Im Herbst bekamen wir die ersten Zensuren. Offiziell waren die Klassenplätze abgeschafft, aber Professor Olbrich, unser Klassenlehrer, gab uns die Zeugnishefte genau der Rangordnung nach. Das meine lag zu oberst. Ehe er es mir überreichte, hielt er mir vor der ganzen Klasse eine kleine Ansprache: ich sei, offenbar infolge meiner Begabung, bei weitem die Beste. Das solle mich aber nun nicht veranlassen, in meinen Anstrengungen nachzulassen. Diese sehr wohlmeinenden, aber in seiner gewöhnlichen rauhen Art vorgebrachten Worte kränkten mich so, daß mir zunächst die Freude an dem guten Zeugnis ganz verdorben war. Vor der Haustür traf ich mit *Erna* zusammen, die natürlich begierig nach dem Buch griff und sich meine Mißstimmung mit den guten Noten gar nicht zusammenreimen konnte. Ich berichtete, fast weinend, den Vorgang und sagte: „Für was für eine eingebildete Gans muß er mich halten, daß er mir so etwas sagt". Zu Hause war natürlich helle Freude über den Erfolg; darüber verschmerzte ich die bittere Pille.

Die Klasse, in die ich eintrat, war in keinem guten Zustand. Sie hatte öfters den Lateinlehrer gewechselt und zuletzt einen gehabt, der eine wahrhaft komische Figur war und in keinem seiner zahlreichen Fächer ganz festen Boden unter den Füßen hatte. So fand Professor Olbrich viel zu tadeln und kanzelte manchmal die ganze Gesellschaft gehörig ab. Als ich schon längere Zeit da war, hielt er gern mich den andern als Muster vor; das war mir immer sehr peinlich. Einmal sagte er, es gehöre schon eine große Charakterfestigkeit dazu, um in solcher Umgebung noch etwas zu leisten. Er nannte keinen Namen, aber sofort nach der Stunde wurde ich von den Mitschülerinnen ironisch als „die Charakterfeste" begrüßt. Ein andermal sagte er in einer andern Klasse: „In der Klasse unter Ihnen kommt erst Fräulein Stein, dann kommt ein großer Abstand und dann kommen die übrigen". Das wurde natürlich sofort in der ganzen Schule und dadurch auch ziemlich weit in der Stadt verbreitet. Ich ärgerte mich besonders darüber, weil es geeignet war, das gute Einvernehmen mit den Klassengefährtinnen zu stören. Es litt aber nicht ernstlich darunter. Wir waren nicht viele, bis zum Abitur gelangten nur 15. Diese kleine Schar hielt sehr kameradschaftlich zusammen, und ich glaube, ich besaß das Vertrauen aller. Vor jeder Lateinstunde mußte ich vorübersetzen, was wir zu präparieren hatten. Gewöhnlich saß ich dazu auf einem Tisch mitten in der Klasse, die andern auf Tischen und Stühlen dichtgedrängt um mich herum. Manche brachten mir ihre deutschen und manche die französischen Aufsätze zum Durchsehen, ehe sie sie ins Reine schrieben. Als ich fremd in die Klasse kam, hatten wir uns „Sie" genannt, aber nach kurzer Zeit standen wir alle auf „Du". Beim ersten Schulausflug bat mich während einer größeren Ruhepause eine Mitschülerin, ein wenig mit ihr allein spazieren zu gehen, und trug mir bei diesem Gespräch unter vier Augen ihre Freundschaft an. Sie gab mir genau an, mit wem sie bisher außerhalb der Schule verkehrt habe; es sei aber keine darunter, die sie ganz befriedige. Dieser förmliche Antrag kam mir etwas komisch vor, ich willigte aber ohne weiteres darein, sie demnächst zu besuchen. Ich wurde vor allem der Mutter vorgestellt und fand Gnade vor ihren Augen, lernte auch den Vater und das Schwesterchen kennen. Seitdem besuchten wir uns öfters gegenseitig; im nächsten Sommer mußte ich auch mit der ganzen Familie für einige Wochen ins Riesengebirge gehen. Lene *Koppel* war jünger als ich und noch sehr kindlich. Als Hans *Biberstein* sie bei uns kennen lernte, prophezeite er mir, ich würde einmal einen Mann heiraten, der mir sehr inferior wäre. (Lene hat später seinen Vetter, Dr. Martin *Biberstein*, geheiratet, und zwischen beiden Familien besteht jetzt freundschaftlicher Verkehr.)

Ich ließ mich durch seine Neckereien nich irremachen. Die jüngere Freundin war offen und treuherzig, und sie hing mit aufrichtiger Zuneigung an mir. Sie war auch gut begabt, besonders in den mathematischen Fächern, und eifrig; wenn wir für eine Mathematik- oder Physik-Arbeit zusammen wiederholten, hatten wir beide Nutzen davon. Durch sie bin ich auch in den Literaturzirkel von Fräulein *Freyhan* hineingekommen, an dem Rose *Guttmann* und Lilli *Platau* teilnahmen. Mit Lenes Freundinnen aus unsere Klasse, Hanna *Tworoger* und Lotte *Henschel*, kam ich auch manchmal, aber seltener, zusammen. Hanna war eine der Ältesten in der Klasse und hatte vielerlei Interessen; das gab manche Berührungspunkte. Aber sie hatte etwas Überspanntes, Unruhiges und Zerfahrenes in ihrem Wesen, was mich sehr abstieß. Es schien mir, daß sie sich zu sehr zersplitterte und darum in der Schule unverhältnismäßig wenig leistete; sie mußte sogar im Abitur vor der mündlichen Prüfung zurücktreten, während alle andern durchkamen. Lotte war ein lieber, lustiger Kamerad, mehr künstlerisch als wissenschaftlich begabt. Sie verließ auch am Ende meines ersten Gymnasialjahres die Schule und ging auf die Münchener Kunstakademie. Als wir uns nach Jahren wiederbegegneten, bat sie mich dringend um Unterricht in Philosophie und kam dann einige Zeit regelmäßig zu mir zur „Stunde“.

Einige Monate nach mir trat wieder eine „Neue“ in die Klasse ein: Grete *Bergius*, ihrer äußeren Erscheinung nach das, was wir ein „Elefantenküken“ nannten, groß, stark, plump; und diesem Äußern entsprach ihre laute, kindliche Fröhlichkeit. Es steckte dahinter aber eine reine und edle Seele. Sie war voll jugendlicher Begeisterung und hatte damals vor allem zwei Steckenpferde: Schiller und die Chemie. Ihr Vater hatte eine chemische Fabrik in der Nähe von Breslau; nach dem Tode beider Eltern hatte sie ihr Bruder übernommen. Auch für sie kam kein anderes Studium in Frage. Auf dringende Bitten besuchte ich sie manchmal an Sonntagnachmittagen. Sie wohnte ganz allein mit einer Tante, die nur für dieses Kind zu leben schien und sich freute, etwas Gesellschaft für sie zu haben. Es war mir sehr wohl in dieser ganz ruhigen und sauberen Atmosphäre. Grete spielte gern Schach und ich erneuerte ihr zu Gefallen meine Kenntnisse darin; als Kind hatte ich es manchmal mit meinen Vettern gespielt.

Mit meiner Nachbarin Julia lebte ich in guter Kameradschaft. In den sehr langweiligen Geschichtsstunden bei Professor *Scholz* (den ich vorhin eine komische Figur nannte) suchten wir uns aus einzelnen Wörtern in unserm Lehrbuch für alte Geschichte das griechische Alphabet zusammen und übten uns gemeinsam darin. Als wir später weiter von einander entfernt saßen, schrieben wir uns während der Stunden kleine Briefchen in griechischen Buchstaben; nach dem Muster des Briefwechsels zwischen Schiller und Körner unterzeichneten wir uns als „Julius“ und „Raphael“. Julias nahe Freundinnen waren Toni *Hamburger* und Hedi *Kopf*. Hedi war die Jüngste aus der Klasse, wie Julia aus sehr begütertem Hause; sie machte den Eindruck eines sehr sorgsam behüteten Kindes. Sie gehörte zu den Begabtesten unter uns, besonders in Mathematik; dabei war sie so bescheiden, daß sie trotz ihrer Leistungen niemals als „glänzende“ Schülerin auffiel. Ihr feines und stilles Wesen zog mich sehr an, ich glaube fast, daß ich sie am liebsten von allen Mitschülerinnen hatte. Trotzdem kamen wir außerhalb der Schule nicht zusammen. Es war nicht meine Art, jemanden zuerst zu mir zu bitten, und bei ihr lag es vielleicht an derselben Zurückhaltung. In den Pausen war ich viel mit ihr und ihren Freundinnen zusammen.

Einmal wurde in der Klasse die Frage aufgeworfen (naturlich nicht im Unterricht, sondern unter uns), wer sich entschließen könnte zu heiraten. Hanna und ich erwogen sehr kritisch das Für und Wider. Als die Frage an Hedi kam, sagte sie einfach: „Ja — wenn sich jemand findet, der mich mag!“ Das gefiel mir viel besser als meine eigene, damals stark frauenrechtlerische Haltung. Toni Hamburger verkehrte mit den reichsten Mädchen, stammte aber selbst aus bescheidenen Verhältnissen. Durch ältere Geschwister war sie stark geistig angeregt und fühlte sich durch diese Interessen wohl auch zu mir hingezogen. Sie lud mich zu sich ein, und ich habe manchmal ein paar Stunden bei ihr verbracht. Die Familie war kunstliebend, und ich bekam dort — ebenso auch bei Koppels — manches zu sehen, was bei uns zu Hause fehlte; der Zug zur bildenden Kunst war in unserer Familie im Vergleich zur Literatur und Musik wenig ausgebildet.

Toni war eifrig bestrebt, in der Schule etwas Ordentliches zu leisten; die mathematischen Fächer lagen ihr gut, die Sprachen aber machten ihr große Schwierigkeiten, zeitweise so sehr, daß sie daran dachte, vor dem Abitur abzugehen. Damals wurde auch ich ins Vertrauen gezogen und um Rat gefragt, während sonst außer den beiden nächsten Freundinnen niemand in der Klasse etwas wissen durfte. Wir bemühten uns, ihr über die Krisis hinwegzuhelfen; sie bestand die Prüfung auch glatt und wurde eine sehr tüchtige Chemikerin. Kurz nach Ausbruch des Krieges kamen wir in einem Ausbildungskurs für Krankenpflege wieder zusammen; nach Abschluß des eigentlichen Lehrgangs arbeiteten wir freiwillig noch einige Wochen auf verschiedenen Stationen der Allerheiligenhospitals. In dieser Zeit herrschte zwischen uns ganz der alte, kameradschaftliche Ton, aber später sahen wir uns nicht mehr wieder.

Abgesehen von Professor *Scholz*, der uns in Obersekunda Deutsch und Geschichte gab, hatten wir sehr tüchtige Lehrer. Der Mathematiker Professor *Sumpf*, in Unterprima unser Klassenlehrer, war ein Original und hatte einen etwas merkwürdigen Verkehrston: Wenn jemand an der Tafel einen Beweis oder eine Aufgabe lösen sollte und dabei in Verwirrung geriet, sagte er: „Sie sind wohl heute mit dem Dummbeutel geklopft?“ oder „Haben Sie heute wollene Strümpfe an?“ Er nannte uns auch nicht, wie es für die beiden Primen vorgeschrieben war, „Fräulein X.“, sondern nur mit dem Nachnahmen, oder — wenn er besonders gnädig gestimmt war — rief er uns alle „Lotte“. Da dies alles mit einem trockenen, gutmütigen Humor herauskam, nahmen wir es auch mit Humor auf; außerdem schätzten wir seinen ausgezeichneten Unterricht. Als wir in der Literatur erklärt bekamen, was ein Akrostichon sei, machte ich gleich eins auf ihn:

„**S**eht den kleinen Mann,
Unsern Liebling an:
Mit vergnütem Sinn
Pilgert er dahin,
Fest die Mütze über beiden Ohren“.

Ich hatte immer „Gut“ in Mathematik, aber ich wußte jetzt noch besser als früher, daß ich nicht die spezifische mathematische Begabung besaß, wie einige meiner Mitschülerinnen sie hatten. Es schien mir auch, daß meine Leistungen in den andern Fächern das Urteil des Professors etwas beeinflußten. Nur einmal hat er mir, sicher ohne es zu wollen, sehr weh getan. Es war auf der Rückfahrt von einem Ausflug beim Pfänderspiel. Ich wurde ins Nebenabteil geschickt, und die andern besprachen sich über mich; jedes mußte eine gute oder schlechte Eigenschaft sagen; eine trug mir dann die gesammelten Urteile vor; ich mußte gestehen, was mich am meisten gefreut und was mich am meisten geärgert habe und raten, von wem die betreffende Aussage stamme. Ich fand nur e i n e n Vorwurf kränkend: jemand hatte gesagt, ich sei schadenfroh, und dieser Jemand war unser Klassenlehrer. Ich konnte mir kaum etwas Häßlicheres denken, und daß mir so etwas zugetraut wurde, das ging mir so zu Herzen, daß mir die Tränen kamen. Man war nicht gewöhnt, mich weinen zu sehen. Die Mitschülerinnen gaben sich alle Mühe, um mich zu beruhigen. Sie versicherten mir, es sei wohl nicht so ernst gemeint gewesen; ich könnte vielleicht den Eindruck erweckt haben, weil ich oft über dumme Antworten im Unterricht lachte; die Lehrer wüßten ja nicht viel von uns und könnten uns nicht beurteilen. Hedi Kopf hatte anfangs zu der Äußerung des Professors zustimmend genickt; das war mir noch besonders schmerzlich. Als sie dann sah, wie ich mir den Vorwurf zu Herzen nahm, guckte sie ganz scheu von der Seite nach mir hin. Der gute Ordinarius sagte gar nichts. Er hatte die ganze Sache wohl als einen harmlosen Scherz aufgefaßt und war verblüfft über die Wirkung.

Unser Neuphilologe, Professor *Leugert,* hatte sich mit unermüdlichem Fleiß ein gründliches Wissen erworben. Er hatte eine unverhohlene Bewunderung für Menschen, denen es sehr viel leichter wurde als ihm. Man konnte bei ihm etwas lernen, und ich bin ihm mein ganzes Leben hindurch dankbar gewesen für die Sprachkenntnisse, die ich aus seinem Unterricht mitnahm. Aber die Stunden waren sehr langweilig. Die meisten Schülerinnen dösten oder beschäftigten sich mit andern Dingen. Ich hatte zwei Methoden, mich wach zu halten. Die eine bestand darin, daß ich sehr lebhaft am Unterricht teilnahm. Wenn ich den Lehrer scharf ansah, so hatte dies meist die suggestive Wirkung, daß er mich zum Lesen oder

Übersetzen drannahm. Aber das ging nicht oft in einer Stunde zu wiederholen, weil ja auch die andern drankommen mußten. Wenn etwas erzählt wurde, was mich interessierte, so streute ich Fragen und ergänzende Bemerkungen ein. Der Professor wandte sich auch manchmal mit Fragen an mich, sodaß der Unterricht zum Dialog wurde. Er hatte z.B. herausgefunden, daß ich regelmäßig Zeitung las und zog mich heran, wenn Tagesereignisse zur Sprache kamen. Wenn alles das nichts nützte und die Langeweile kommen wollte, nahm auch ich unter der Bank eine andere Arbeit vor. Herr Leugert merkte das wohl und bemühte sich oft, mich auf einer Unaufmerksamkeit zu ertappen; aber wenn er mich plötzlich anrief, wußte ich immer, wo man stand, und konnte die angemessene Antwort geben. Dann schüttelte er lachend den Kopf, und ich behielt stets meine „Eins" in Aufmerksamkeit. Eine boshafte Mitschülerin behauptete, er schaue beständig nach mir und lese die Urteile über die Leistungen der andern mir vom Gesicht ab. Eine andere rief mir einmal während des Unterrichts zu, als ich wieder unaufgefordert eine Bemerkung einschob: „Sei nicht so vorlaut!" Der Professor nickte zustimmend, wenn auch mit gutmütigem Lächeln. Dies erschien mir nun geradezu als Undankbarkeit. Ich fühlte mich als seine einzige zuverlässige Stütze, „Warte", dachte ich, „Du sollst es einmal spüren, wie es ist, wenn ich nicht 'vorlaut' bin". In der nächsten Stunde saß ich still auf meinem Platz, ohne aufzusehen. So oft ich gefragt wurde, gab ich ruhig Antwort, rührte mich aber von selbst nicht. Als es zur Pause läutete, trat der gute Leugert (wir nannten ihn „Lämmchen") an mich heran und fragte, was mir fehle: ob ich eine schlechte Arbeit zurückbekommen hätte oder ob mir etwas geschehen sei. Ich antwortete kurz, es fehle mir nichts, und die andern lachten. Er ging nachdenklich zur Klasse hinaus. Ich blieb innerlich beschämt zurück. Von da an war ich wieder wie immer, und beide Teile waren zufrieden.

Geschichte gab uns in Prima Direktor *Roehl*. Wir fürchteten uns nicht mehr vor ihm wie als Kinder. Er selbst war mit den Jahren milder geworden. Vor allem aber waren wir jetzt schlau genug, um ihn zu behandeln. Wenn wir kein zu großes Pensum aufbekommen wollten, unterbrachen wir seinen Vortrag mit einer Frage über die Sozialdemokratie. Wir wußten, daß der stockkonservative Mann dann kein Ende fand, bis es läutete. Und so behielten wir den

Nachmittag frei für andere Arbeiten. Der Geschichtsunterricht war durchaus preußisch-konservativ. Brandenburg - Preußen - das neue Deutsche Reich: das war die glanzvolle Entwicklung, die uns vorgeführt wurde. Der Große Kurfürst, Friedrich der Große, Wilhelm I. waren die großen Männer. Nur könne man nicht wissen, ob Wilhelm II. nicht schließlich noch alle in den Schatten stellen werde! Ich war gegen diese Beleuchtung schon sehr kritisch. Mein Bruder *Arno* war eifrig liberaler Politiker; zu Hause wurden nur liberale Zeitungen gelesen. Das war ein Gegengewicht gegen den offiziellen Hurra-Patriotismus. Meine Anfechtung war die „Sedanfeier" an jedem 2. September. Wenn das Wetter schön war, fuhr die ganze Schule mit Ausnahme der Kleinsten auf einem großen Dampfer die Oder aufwärts nach Schaffgotschgarten. Dort wurde im Freien eine zündende patriotische Rede gehalten (dazu wurden die Lehrer abwechselnd verurteilt), wir sangen vaterländische Lieder, und einige mußten Gedichte deklamieren. Dazu wurde ich zu meiner Freude niemals ausgewählt, denn jegliches Pathos lag mir fern; es war für mich schon peinlich, Deklamationen anzuhören. Die Tatsache, daß man den Sieg über die Franzosen immer noch feierte, war mir an sich schon sehr unsymphatisch. Ich war keine Pazifistin, aber ein solches Verhalten einem überwundenen Gegner gegenüber erschien mir unritterlich. Als ich in meinem vorletzten Schuljahr wieder einmal dieser Feier in der Aula beiwohnte, wurde wie gewöhnlich das Gedicht vorgetragen: „Nun lasset die Glocken von Turm zu Turm ..." Bei der Stelle: „Er warf den Drachen vom goldenen Stuhl mit Donnerkrachen hinab zum Pfuhl" kam mir der Gedanke: „Das soll doch hier offenbar auf Napoleon III. bezogen werden. Was für ein Blödsinn!" Und es packte mich plötzlich ein solcher Abscheu vor diesem ganzen Treiben, daß ich mir feierlich gelobte, so etwas nicht mehr mitzumachen. Als im nächsten Jahr der 2. September wieder herankam, war ich in einiger Verlegenheit. Man durfte einer Schulfeier ebenso wenig wie dem Unterricht ohne Entschuldigung fernbleiben. Den wahren Grund anzugeben — das war offenbar so unmöglich, daß mir der Gedanke gar nicht kam. Einen falschen vorschieben wollte ich nicht, und dazu hätte sich auch meine Mutter nicht überreden lassen. Es kam mir eine rettende Idee. Meine Schwester hatte einmal mit ihre Klasse einen zweitägigen Ausflug gemacht. Das war damals etwas ganz Ungewöhnliches, und ich hatte immer schon vor, für uns auch so etwas zu erreichen. Jetzt stellte ich meinen Klassengefährtinnen vor, daß nun für uns die letzte Gelegenheit vor dem Abitur sei. Wenn der Direktor uns den Sedantag und den darauffolgenden freigäbe, dann könnten wir bis auf die Schneekoppe gelangen. Natürlich waren alle gleich Feuer und Flamme. Die Lehrer wiesen uns an den Direktor und hatten wenig Hoffnung, daß wir Gehör fänden. Ich ging mit noch einigen andern Beherzten zu ihm ins Amtszimmer und trug ihm mit eindringlichen Worten unser Anliegen vor. Er sagte schließlich, wenn sich jemand aus dem Lehrerkollegium bereit fände, mit uns zu gehen, und wenn unterwegs des Sedantages gedacht würde, dann wolle er seine Einwilligung geben. Eine Begleiterin hatten wir schon in Bereitschaft; unsere freundliche, noch junge Turnlehrerin ließ sich leicht von uns überreden. Die Sedanrede freilich übernahm sie nicht; dafür mußte ich Sorge tragen. Ich verfaßte eine Rede in Versen, die sich von den üblichen wesentlich unterschied. Unterwegs stellte sich heraus, daß jemand einen Bi-ba-bo mithatte — damals das Modespiel der großen Kinder. (Ein Chinesenköpfchen aus Celluloid, dem man ein Puppenkleid überhängte. Man setzte den Kopf auf zwei Finger, steckte zwei Finger in die leeren Ärmel und konnte dann das Männchen gestikulieren lassen.) Den ließ ich mir geben und ließ ihn die Ansprache halten. Damit war unsere Pflicht erfüllt. Wir erreichten es wirklich, daß wir vor der Dunkelheit auf der Koppe waren — der Gipfel wurde auf dem steinigen und steilen Zickzackweg im Sturm genommen — und oben übernachten konnten. Wir hatten einen gemütlichen Abend mit einer netten Aufführung, Gesang und Tanz, und am nächsten Tag eine schöne Rückwanderung. Die ganze Schule erwartete mit Spannung unsern Bericht über den Verlauf des ungewöhnlichen Unternehmens und bewunderte unsere Kühnheit.

In Unter- und Oberprima hatten wir außer Latein auch Deutsch bei Professor *Olbrich.* Davon waren alle begeistert. Es war wirklich ein großer Reichtum, den er den empfänglichen, jungen Gemütern bot. In Schillers philosophischen Gedichten fand ich die mir genehme Weltanschauung. Unser reguläres Pensum schloß mit den Klassikern ab. Wir bekamen aber als großmütige Zugabe einen Überblick über die dramatische Dichtung des 19. Jahrhunderts. Grillparzer - Hebbel - Otto Ludwig: das waren ja meine vertrauten Freunde. Ich lauschte mit größter Spannung und konnte bei allem Respekt vor dem „großen O“ manchmal auch hier eine Zwischenbemerkung nicht unterdrücken. Einmal, als er über Hebbels „Rubin“ sprechen wollte und mit der Inhaltsangabe begann, rief ich erstaunt: „Das ist ja der ‘Diamant’, nicht der ‘Rubin’!“ Tatsächlich war ihm diese kleine Verwechslung unterlaufen. Nach einer Darstellung der „Agnes Bernauer“ meldete ich mich zum Wort, um meine abweichende Auffassung vorzutragen. An diesem Vormittag trat Olbrich noch einmal in einer Pause an mich heran, um die Diskussion fortzusetzen. Das war etwas Außergewöhnliches. Er ließ sich sonst kaum auf Privatgespräche mit uns ein. Vielleicht war es nicht immer angenehm, eine so kritische Zuhörerin zu haben. Aber das ließ er mich nicht fühlen.

Die Aufsätze, für viele das größte Kreuz, waren immer noch meine Freude. Olbrich fing immer sofort an zu korrigieren, sobald er einen Stoß Hefte bekam. Im alten Schulhaus konnten wir ihn in der Pause von einem gegenüberliegenden Fenster aus beobachten. Wenn er unserer Berechnung nach fertig sein konnte, hielt sich eine von uns in der Nähe des Lehrerzimmers. Auf einmal öffnete sich die Tür ein wenig, und durch den Spalt kam eine Hand mit den Heften. Schleunigst wurden sie verteilt und mit Herzklopfen geöffnet. Fand ich eine große I, so hüpfte ich vor Freude. Eine Mitschülerin sagte mir einmal dabei: „Ich freue mich, daß Du Dich noch so freuen kannst. Ich denke immer, Du müßtest es längst gewöhnt sein“. Dieser Zustand aber trat niemals ein. Ich hatte selbst kein Urteil über das, was ich schrieb, und die Note war wie ein Orakelspruch.

Die guten Noten wurden übrigens bei uns eine kostspielige Sache: in den letzten beiden Jahren wurden sie mit Steuern belegt, um Geld für unser Abschiedsfest zu sammeln. Die schlechten Arbeiten waren abgabenfrei; für eine Drei waren 5 Pf. zu entrichten, für eine Zwei 10 Pf., für eine Eins 20 Pf. Eine Eins im Aufsatz aber kostete 50 Pf. Wenn ich zu Hause von meinen Arbeiten erzählte, ersetzte mir meine Mutter mit Freuden die Ausgaben. Trotzdem tat ich es selten, oft erfuhr die Familie erst auf Umwegen meine Schulerfolge. Das kränkte meine Mutter sehr. Natürlich gönnte ich ihr die Freude. Aber die Scheu davor, der Stolz der Familie zu sein, war noch größer.

Meine Gymnasialjahre waren eine glückliche Zeit. In Obersekunda kostete das Eingewöhnen noch einige Anstrengung; die beiden Primen aber waren wie ein Spiel. Wenn wir nicht gerade einen Aufsatz zu machen hatten, war ich um 4 Uhr fast immer mit meinen Arbeiten fertig und hatte den Rest des Nachmittags frei für meine Lieblingsbeschäftigungen. Was ich damals an schöner Literatur las, war ein Vorrat fürs ganze Leben. Es wurde mir später sehr nützlich, als ich selbst Literatur-Unterricht zu geben hatte. Noch größere Freude als das Lesen machte mir der Besuch des Theaters. Wenn in jenen Jahren die Aufführung eines klassischen Dramas angekündigt wurde, so war mir das immer wie eine persönliche Einladung. Ein bevorstehender Theaterabend war mir ein leuchtender Stern, der allmählich näher kam. Ich zählte die Tage und Stunden, die mich noch davon trennten. Es war schon beglückend, im Theaterraum zu sitzen und zu warten, bis der schwere eiserne Vorhang langsam in die Höhe ging — das Klingelzeichen ertönte —, endlich die neue, fremde Welt sich öffnete. Dann lebte ich ganz in dem Geschehen auf der Bühne, und der Alltag versank. Nicht weniger als die großen Tragödien liebte ich die klassischen Opern. Die erste, die ich hörte, war die „Zauberflöte". Wir kauften uns den Klavierauszug und konnten sie bald auswendig. Ebenso den „Fidelio", der mir immer das Höchste blieb. Ich hörte auch Wagner und konnte mich während einer Aufführung dem Zauber nicht ganz entziehen. Aber ich lehnte diese Musik ab. Nur mit den „Meistersingern" machte ich eine Ausnahme. Eine besondere Liebe hatte ich für Bach. Diese Welt der Reinheit und strengen Gesetzmäßigkeit zog mich im Innersten an. Als ich später den gregorianischen Choral kennenlernte, fühlte ich mich erst recht heimisch, und von hier aus verstand ich dann, was mich an Bach so bewegt hatte.

Als das Abitur herannahte, wurde es für alle Zeit, ernstlich an die Berufswahl zu denken. Wir mußten sogar in der Schule zu statistischen Zwecken unsere Studienfächer angeben. Ich hatte kaum noch etwas zu überlegen. Die Frage war zum ersten Mal an mich herangetreten, ehe ich noch ins Gymnasium aufgenommen war. Als es schon in der weiteren Familie bekannt war, daß ich mich vorbereitete, erkundigte sich mein Vetter *Franz* einmal in einem größeren Kreis, was ich denn studieren wolle. Ich ließ ihn raten. Er riet alle Fakultäten durch. Schließlich sagte er: „Ich weiß - Literaturgeschichte". Ich nickte: „Literatur und Philosophie". Das Gesicht meiner Schwester *Frieda* war bei diesem Gespräch lang und länger geworden. Ich schien ja ans praktische Leben überhaupt nicht zu denken! Ich las ihr das Entsetzen vom Gesicht ab und lächelte im stillen darüber. In der Tat lag mir jede Sorge um das tägliche Brot fern. Aber ich begriff wohl, daß ich auf meine Angehörigen Rücksicht nehmen mußte. Ich überlegte mir, daß die Sachgebiete, die mich interessierten, im Lehrberuf zu verwenden wären. Und wenn mich nun jemand nach meinen Studienplänen fragte, so nannte ich die Fächer, in denen ich Staatsexamen machen wollte: Deutsch, Geschichte und Latein. Die Philosophie behielt ich auf meinem Programm, sprach aber nicht mehr darüber, weil ich noch nicht wußte, daß sie als Prüfungsfach in Betracht käme.

Einmal besuchte uns mein Vetter Richard *Courant* von Göttingen aus. Man hatte ihm wohl schon von meinen unpraktischen Ideen gesprochen. Auch ihm hatten einst unsere Onkels von seiner Mathematik abgeraten und ihm angeboten, sein Studium zu bezahlen, wenn er Mediziner oder Jurist werden wolle; für eine brotlose Kunst aber wollten sie nichts geben. „Wie kommst du eigentlich darauf, Philosophie zu studieren?“ fragte er mich. „Ei, wie bist du denn darauf gekommen, Mathematik zu studieren?”, gab ich lächelnd zurück. Er verstand wohl, was ich meinte, gab sich aber noch nicht zufrieden. „Hast du dich denn schon damit beschäftigt?“ „Nein, noch nicht eigentlich. Aber ich will es. Ich habe wohl mal etwas Haeckel gelesen. Aber das verdient ja nicht den Namen Philosophie“. Vielleicht erweckte dieses Urteil sein Vertrauen zu meinen philosophischen Fähigkeiten. Er fragte nicht weiter.

Meine Berufswahl wurde von niemandem durchkreuzt. Meine Mutter hielt ihre schützende Hand darüber. Sie sagte wohl gelegentlich, ihr würde Jura gut für mich gefallen. Das konnte ich damit zurückweisen, daß damals Frauen noch nicht zu den juristischen Prüfungen zugelassen wurden. An einen sozialen Beruf dachten wir beide nicht. Im übrigen war das von meiner Mutter nur eine bescheiden geäußerte Anregung. Sie wollte mir ganz freie Hand lassen. „Es hat Dir niemand etwas dreinzureden. Es gibt uns ja auch niemand etwas dazu. Tu, was Du für richtig hältst“. So konnte ich unbekümmert meinen Weg gehen.

Die Klasse, die vor uns Abitur machte, durfte es zum ersten Mal an der eigenen Schule. Damals durfte keiner die mündliche Prüfung erlassen werden, weil es gleichsam eine Prüfung der Anstalt war. Wir hatten daran lebhaften Anteil genommen. Zum Beginn des schriftlichen Examens stifteten wir den Prüflingen eine Torte (das wurde von da ab Tradition), während des „Mündlichen" fanden wir uns immer wieder in der Schule ein, um uns nach dem Ergehen der einzelnen zu erkundigen, und am Abend überreichten wir jeder ein Veilchensträußchen. Nun waren wir selbst so weit. Für die schriftlichen Arbeiten mußten wir in einen andern Raum übersiedeln. Wir tanzten erst in unserer Klasse kehraus. Es kam die stärkende Torte der Unterprima. Als wir uns ihr gerade widmen wollten, störte uns eine Lehrerin, mit der wir immer etwas auf Kriegsfuß standen; sie gab keinen Unterricht bei uns; aber wenn sie auf unserm Gang Pausenaufsicht hatte, suchte sie uns pflichtgemäß aus unserer Klasse herauszutreiben, während wir immer gerade etwas Dringendes drinnen zu tun hatten. Jetzt ergriff ich schnell die Torte, ging auf sie zu und fragte liebenswürdig: „Dürfen wir Ihnen vielleicht ein Stück anbieten?" Sie wich erschrocken zurück, verließ die Klasse und ward nicht mehr gesehen.

Es begann mit dem deutschen Aufsatz. Sonst hatte ich bei unsern Klassenaufsätzen immer eine Stunde weniger gebraucht als zur Verfügung stand. Diesmal wurde ich mit der Reinschrift nicht fertig. Das war wahrhaft kein Unglück, denn wir mußten unser Konzept mit abgeben, und das meine sah ganz wie eine Reinschrift aus. Trotzdem war ich am Nachmittag untröstlich. Auch Professor *Olbrich* war am nächsten Tag etwas besorgt. Er kam während der Lateinarbeit wiederholt zu mir und erkundigte sich, ob ich auch fertig würde. Aber diesmal war ich meiner Sache ganz sicher; ich war mir schon beim Diktieren des Textes klar über die Übersetzung, und das Niederschreiben ging schnell. So ließ ich mich nicht aus der Ruhe bringen. Auch alles andere ging glatt. Bei uns gab es nun Befreiung vom Mündlichen. Die Lehrer durften uns nichts von dem Ergebnis der schriftlichen Arbeiten verraten, aber ihr Verhalten war ziemlich eindeutig. Die nächsten Wochen waren ja nur der Vorbereitung auf die mündliche Prüfung gewidmet, und wer nicht hinein mußte, kam überhaupt nicht mehr dran. Ich merkte wohl, daß ich in den Stunden so gut wie ausgeschaltet war, aber ich fühlte mich doch nicht ganz sicher. Immerhin: unnötig zu büffeln, das wäre doch verlorene Zeit gewesen. Im Notfall würde ich am Prüfungstage selbst genügend Zeit zum Wiederholen haben, wenn ich dran käme. Ich hatte während des Jahres allerhand für die mündliche Prüfung vorbereitet. So besaß ich ein Heft, in dem alle Horaz-Oden, die wir durchgenommen hatten, übersetzt und erläutert waren. Ich hatte eine Reihe von Themen für Geschichte ausgearbeitet, auch einige in französischer und englischer Sprache. Alle diese Schätze verteilte ich nun in der Klasse unter die Bedürftigen. Bittende Hände streckten sich danach aus, mit herzlichem Dank wurden die Gaben empfangen. Mir wurde die ehrenvolle Aufgabe zuteil, in dieser Zeit das „Bierdrama" zu verfassen. Ich habe es nicht aufbewahrt, erinnere mich aber noch an den Gang der Handlung. Die Heldin war eine Abiturientin nach der Prüfung. Ihr Geist ist durch das viele Lernen in Verwirrung geraten, die Mutter geht mit ihr zu einem Magier, der die bösen Geister austreiben soll. Er beschwört sie, und sie erscheinen einer nach dem andern: Cicero und Horaz, Frau von Stein und Gretchen und Klärchen u.s.w. Am Schluß erwacht die Patientin wie aus einem bösen Traum, fühlt sich sehr wohl, weiß aber nichts mehr. Da findet sie bei sich ein Papier, das ihr jede Sorge nimmt:

Ist auch mein Kopf von Wissen leer,
Ich fürchte nichts und niemand mehr:
Hier steht's ja klar und deutlich drin,
Daß ich jetzt reif zum Studium bin!

Es wurde außerdem eine Kommission ernannt, um das Abschiedsfest vorzubereiten. Außer mir gehörten ihr meist die Mädchen aus sehr begüterten Häusern an, die wußten, wie man Abschiedsgesellschaften arrangiert. Unsere Steuerkasse reichte natürlich bei weitem nicht für unsere kühnen Pläne. Aus Rücksicht auf unsere unbemittelten Mitschülerinnen wollten wir keine allgemeinen Beiträge mehr einziehen. Die wohlhabenden übernahmen freiwillige Leistungen: eine wollte für Blumenschmuck sorgen, eine für kalte Platten, wieder andere für Getränke, für Kuchen und Torten. So wurde alles sehr vornehm und schön; an den Stil eines Kommerses erinnerte nur das „Bier"-drama und die „Bier"-zeitung. Wir verschickten die Einladungen schon vor der mündlichen Prüfung. Das wurde uns von den Lehrern als sträflicher Leichtsinn schwer verübelt und trug uns lange Standreden ein. Sie kamen aber dann doch alle, selbst unser alter Direktor, der damals schon sehr leidend war.

Der Prüfungsmorgen, der 3. März 1911, kam heran. Wir mußten erst in einem der Sprechzimmer im Erdgeschoß warten, bis wir in den Prüfungsraum gerufen wurden. Als wir alle, auch ich, ganz in der vorschriftsmäßigen Stimmung hinüberwanderten, sagte Professor *Sumpf* auf dem Gang mit gutmütigem Lächeln zu mir: „Na, haben Sie große Angst?" Das klang sehr beruhigend.

Die Prüfungskommission — unsere Lehrer, ein Provinzialschulrat und der zweite Bürgermeister als Vertreter der Stadt — war versammelt. Erst eine feierliche Ansprache — dann wurden die Namen derer genannt, die vom Mündlichen befreit waren; es waren fünf. Wir durften gleich gehen. In unserm Wartezimmer umarmten wir uns gegenseitig — ganz gegen unsere Gewohnheit, denn sonst gab es in der Schule keine Zärtlichkeiten. Wir warteten noch auf die andern, denen der Prüfungsplan bekannt gegeben wurde. Wer später an die Reihe kam, durfte noch einmal nach Hause gehen. Julia *Heimann* hatte etwa 2 Stunden Zeit. Sie bat mich, sie mit zu mir zu nehmen, denn sie hatte eine Stunde Weg nach Hause, während ich, seit wir in das neugebaute Schulhaus in der Blücherstraße übergesiedelt waren, nur wenige Minuten zu gehen hatte. Daheim erwartete mich schon eine Torte, die in Schokoladenbuchstaben die Glückwünsche der Familie aussprach. Ich konnte mich gar nicht lange den freudigen Begrüßungen meiner Angehörigen überlassen, denn ich mußte mich meinem Gast widmen. Julia hatte verschiedene Wünsche. Ich sollte noch etwas Geschichte mit ihr arbeiten. Außerdem gestand sie mir, daß sie schon lange auf eine Gelegenheit wartete, um mich einmal nach ihrem Geschmack zu frisieren. Ich holte bereitwillig Kamm und Bürste, setzte mich vor den Spiegel, und während sie meinen Kopf bearbeitete, hielt ich ihr den bestellten Vortrag über den dreißigjährigen Krieg. Julia hatte mich früher nicht besucht. Sie sah sich sehr genau bei uns um, und ich hatte fast den Eindruck, als sei sie nicht nur der Zeitersparnis wegen gekommen, sondern auch, um endlich einmal meine häusliche Umgebung kennen zu lernen. Sie äußerte offen ihre Überraschung, in dieser wenig vornehmen Gegend ein so schönes Haus zu finden. Besonders die breite interne Eichentreppe und der „Saal", in dem ich sie aufnahm, imponierten ihr. Sie ließ es sich auch gut schmecken, als eine meiner Schwestern uns zwei Tassen Schokolade und etwas Gebäck zum zweiten Frühstück heraufbrachte. Während ich mit ihr beschäftigt war, gab meine Mutter die gute Nachricht telephonisch ihren Geschwistern bekannt. Auch der Onkel in Chemnitz hatte sich telephonisch Bericht erbeten. Ich wurde wiederholt gerufen, um persönliche Glückwünsche in Empfang zu nehmen. Als es schließlich für Julia Zeit wurde, begleitete ich sie zur Schule zurück; ich mußte doch auch nach den andern Prüflingen sehen. Der Besuch in unserm Hause hatte offenbar großen Eindruck auf sie gemacht; jedenfalls wußte ihre Freundin Toni *Hamburger* aus ihren Erzählungen noch nach Jahren alle Einzelheiten.

5.

Am Morgen nach dem Prüfungstage blieb ich etwas länger als sonst im Bett. Man brachte mir die Post herauf; es waren schon Glückwunschbriefe — auch einer von Onkel *David* mit der Einladung, nach Chemnitz zu kommen. Ich las und dann lag ich still da und dachte nach. Von dem großen Glücksgefühl, wie ich es nach der Prüfung erwartet hatte, war gar nichts vorhanden, vielmehr eine große innere Leere. Eine liebe und vertraute Lebensweise war für immer vorbei. Was kam nun? Ich erwog die unausgesprochenen Einwände des guten Onkels gegen meine Berufswahl. Hatte ich wirklich die richtige Entscheidung getroffen? Wir sind auf der Welt, um der Menschheit zu dienen ... Das kann man am besten, wenn man das tut, wofür man die geeigneten Anlagen mitbringt ... Also ... Der Schluß schien mit einwandfrei. Ich schüttelte alle Zweifel ab und schrieb noch am selben Tage den früher erwähnten entschlossenen Brief nach Chemnitz.

Das Abschiedsfest verlief gut bis auf einen kleinen Zwischenfall. Es wurde ein Tischlied gesungen, das eine der Schlechtesten aus der Klasse gedichtet hatte. Es stammte von unserm Sedanausflug und wurde jetzt noch einmal wiederholt. Ein Schultag vom ersten bis zum letzten Glockenschlag wurde darin geschildert; eine Strophe behandelte alle unsere Nebenbeschäftigungen in der englischen oder französischen Stunde. Nach der Tafel war der gute Professor *Leugert* verschwunden. Niemand hatte gemerkt, daß er ging. Als er vermißt wurde, waren alle sehr bestürzt. „Warum habt ihr mich nicht neben ihn gesetzt?" sagte ich vorwurfsvoll. „Ich hätte ihn bestimmt nicht gehen lassen". Mir hatte man unsern früheren Religionslehrer zum Tischnachbarn gegeben. Wir hatten längst keinen Unterricht mehr bei ihm, aber er erkundigte sich immer teilnehmend nach unserm Ergehen, wenn er uns im Schulhaus traf. So hatten wir ihn eingeladen, und er war gekommen. Wir hatten auch, wenn ich mich recht erinnere, aus einem rituellen Restaurant das Essen für ihn kommen lassen. Nach dem Fest machte uns Direktor *Roehl* Vorwürfe wegen das taktlosen Liedes. Die Klassenälteste Elisabeth *Spohr* (die schon Lehrerin war, ehe sie zu uns kam) und ich wurden beauftragt, den Gekränkten in seiner Wohnung aufzusuchen und zu versöhnen. Professor Leugert empfing uns mit der gewohnten Freundlichkeit. Er sagte ganz offenherzig, daß wir das Lied unter uns gesungen hätten, fände er nicht schlimm. Nur in Gegenwart des Herrn Direktors sei es ihm unangenehm gewesen. Der Arme! Solche Sorgen lagen uns noch fern. Als ich ihn noch einmal bat, unserer Klasse nichts nachzutragen, legte er die Hand aufs Herz und sagte: „Aber, gnädiges Fräulein, Sie kennen mich doch!"

Das Bierdrama hatte mir noch viel Sorge gemacht, weil die Schauspielerinnen ihre Rollen bis zur Generalprobe nicht ordentlich lernten. Bei der Aufführung ging es dann natürlich doch. Ich spielte nicht mit, sondern war Regisseur und Souffleur. Am Schluß aber wurde nach dem Autor verlangt, und Horaz setzte mir auf offener Bühne seinen Kranz auf. Professor *Olbrich* versicherte mir, er habe noch bei keinem Abschiedsfest ein so wohlgeordnetes Stück gesehen. Das betrachtete ich als ein zweifelhaftes Kompliment.

Die Bierzeitung wurde laut verlesen. Sie enthielt u.a. Xenien auf jede einzelne von uns. Die Lehrer verlangten, daß jede nach dem auf sie gemünzten Verschen aufstehen solle, weil sie nicht immer erraten konnten, wer gemeint war. Das meine lautete:

> Gleichheit der Frau und dem Manne
> So rufet die Suffragette,
> Sicherlich sehen dereinst
> Im Ministerium, wir sie.

Als ich mich danach erhob, waren alle erstaunt. Es wurde ihnen selbst klar, wie wenig sie uns im Grunde gekannt hatten.

Als wir am Schluß noch plaudernd zusammensaßen, ließen wir uns von den Lehrern noch etwas zum Andenken auf die leere Rückseite der Bierzeitung schreiben. Mein Name verlockte wie gewöhnlich zu Anspielungen. Der einst so gefürchtete Direktor schrieb mir den freundlichen Spruch: „Schlag an den Stein und Schätze springen hervor“. Am besten gefiel mir aber ein kurzes Ibsen-Wort, das Professor Olbrich mir mitgab:

Hammerschlag auf Hammerschlag
Bis zum letzten Erdentag.

Nach der Prüfung brauchten wir nicht mehr in die Schule zu kommen. Die Klasse zerstreute sich, und wir kamen nie mehr wieder zusammen. Nicht einmal die Reifezeugnisse wurden uns feierlich in der Aula überreicht. Sie wurden erst später in die Wohnungen geschickt. Ich war in Berlin, als das meine eintraf, meine Angehörigen schickten mir eine Abschrift davon zu. Meine Mutter war so stolz darauf, daß sie es sogar ihren Geschäftsfreunden zeigte. Nach Jahren erfuhr ich durch eine gemeinsame Bekannte, daß einer von ihnen es sich abgeschrieben hatte und wieder in seinem Freundeskreis weitergab.

Meine Mulusreise ging also zuerst nach Berlin. Der Lieblingsbruder meiner Mutter, Eugen *Courant*, feierte am 19. März seinen 50. Geburtstag. Ich fuhr etwas früher hin, zu dem Fest kam meine Mutter mit den andern Töchtern nach. Ich blieb noch einige Zeit dort, weil mein Onkel mit seiner Frau eine Reise nach Italien machte und gern wollte, daß ich mit einem seiner Söhne das Haus hüten sollte. Dieser Vetter, Fritz *Courant*, war uns von den drei Brüdern der liebste, weil die Familieneigenart bei ihm am stärksten ausgeprägt war. Ihre Mutter übrigens war auch mit uns verwandt: väterlicherseits unsere Cousine. Sie war sonst gegen Gäste wenig liebenswürdig, aber mich hatte sie von Kindheit auf besonders in ihr Herz geschlossen. Als “Anstandsdame” mußte noch eine ältere Cousine bei uns wohnen; tagsüber war sie nicht zu Hause, weil sie kaufmännische Angestellte war. Ich machte mich über die Überwachung lustig und war zugleich innerlich empört darüber, denn in meinem Tugendstolz fand ich den Gedanken, daß wir einer Aufsicht bedürften, ganz absurd. Mit der Cousine aber vertrug ich mich sehr gut. Mein Vetter Fritz hatte seinen Vater in Geschäft und Fabrik zu vertreten und konnte sich tagsüber auch wenig um mich kümmern. Häusliche Pflichten hatte ich auch nicht. Um Zeitausfüllung aber war ich nicht verlegen. Wir hatten viele Verwandte in Berlin und waren immer nur in Gefahr, jemanden von ihnen zu kränken, wenn wir ihnen nicht genug Zeit widmeten. War man nur wenige Tage dort, so konnte man unmöglich bei allen herumkommen, und dann gab es immer "Beleidigte". Diese Schwierigkeit hat uns schließlich den Aufenthalt in Berlin ganz verleidet. Diesmal hatte ich drei Wochen Zeit und wurde abwechselnd von allen eingeladen — bald zum Mittag-, bald zum Abendessen oder zu einem Theaterbesuch. Diese Theaterbesuche waren aber wenig nach meinem Geschmack. Man führte mich zu den neuesten Operettenschlagern und Berliner Possen — lauter Sachen, die ich mir aus eigener Wahl niemals angesehen hätte. Der brave Vetter holte mich ab, wo ich auch war, und dann endete der Abend gewöhnlich in einem Café. Von den Berliner Verwandten waren mir die liebsten meine Cousinen Adelheid und Martha *Courant*, beide um einige Jahre älter als ich. Sie waren in Rumänien aufgewachsen, wo ihr Vater als Holzhändler viele Jahre lang ansässig war. Ihre Mutter stammte aus Galizien; sie war in ihrer Jugend eine bildschöne Frau, ihr Temperament und ihre Lieblingsgewohnheiten stimmten aber wenig zu dem, was man in der Familie Courant schätzte; und die Töchter hatten darunter zu leiden. Mein Onkel legte Wert darauf, sie deutsch zu erziehen. Er ließ sie eine Klosterschule besuchen und schickte sie schließlich für ein Jahr nach Deutschland; während dieser Zeit gingen sie mit uns in die Viktoriaschule. Alle Verwandten waren entzückt von ihnen.

Sie waren sehr klein und im Verhältnis zu ihrer Größe etwas stark, aber überaus anmutig und liebenswürdig. Am liebsten sahen wir sie in ihren rumänischen Nationalkostümen, deren reiche Stickereien sie selbst angefertigt hatten. Sie ließen sich aber nur sehr selten überreden, sie einmal für ein paar Stunden an einem Festabend anzulegen. Adelheid schloß sich besonders an mich an; obwohl sie in einer viel höheren Klasse war, verbrachten wir regelmäßig die großen Pausen zusammen. In der Zeit, als ich mich für das Gymnasium vorbereitete, waren sie noch einmal für einige Wochen von Rumänien aus als Gäste bei uns im Haus. Später siedelte die ganze Familie nach Berlin über. Es waren noch zwei Söhne nachgeboren: *Sigurd* und *Helmut*, bildhübsche und sehr begabte Jungen. Sigurd war jetzt schon 15 Jahre; er rief mich manchmal zu Hilfe, wenn er eine Mathematikaufgabe nicht lösen konnte, und ich freute mich dann immer an seiner raschen Auffassungsgabe. Den Familienvater, meinen Onkel *Berthold*, hatte ich bisher noch wenig gekannt, da er von Rumänien aus natürlich nicht oft nach Deutschland gekommen war. Er war ein außerordentlich tüchtiger Kaufmann, im persönlichen Verkehr liebenswürdig und humorvoll, etwas an unsern Großvater erinnernd. Er hatte aber in jener großen geschäftlichen Krisis, die seinen ältesten Bruder *Jakob* das Leben gekostet hatte, eine verhängnisvolle Rolle gespielt. Ich war damals noch zu klein, um in alles eingeweiht zu werden, aber es war eine gewisse Scheu vor ihm in mir zurückgeblieben. Jetzt ging es ihm pekuniär wieder sehr gut. Die Familie bewohnte eine große, elegante Wohnung im Westen Berlins, und der Haushalt wurde nach großem Zuschnitt geführt. Die Töchter aber waren bescheiden und häuslich erzogen und tüchtig zu jeder Arbeit. Leider wurde ich bei meinem nächsten Besuch in Berlin in einen der früher geschilderten Familienkonflikte hineingezogen. Es gab damals eine sehr unangenehme geschäftliche Auseinandersetzung zwischen den Brüdern *Berthold* und *Eugen Courant*.

Onkel Eugen war so empört über das Unrecht, das ihm (wirklich oder vermeintlich) geschehen war, daß er mir verbot, bei "B.C.'s" einen Besuch zu machen. Ich war nur auf der Durchreise in Berlin und hatte nicht viel Zeit. Die Tante fand das Verlangen des Onkels zu weitgehend und erweckte auch in ihm Bedenken. Ich merkte aber, daß es ihm ein wohltuendes Vertrauensvotum sein würde, wenn ich zu ihm hielte. Ich dachte an seine Liebe zu meiner Mutter und alles Gute, was er ihr schon getan hatte, und wollte ihm diesen Gefallen tun. Als *Martha Courant* mich telephonisch begrüßte und fragte, wann ich zu ihnen kommen wolle, sagte ich, ich könnte nicht kommen. Darauf telephonierte ihr Vater noch einmal selbst und verlangte Angabe des Grundes. Er erbot sich, mir alles Material vorzulegen, damit ich mir selbst ein Urteil bilden könne. "Du bist doch ein gebildetes Mädchen und kennst den Spruch: *Audiatur et altera pars*!" Aber ich ging nicht darauf ein. Ich sagte, ich hätte in der Sache kein Urteil, aber so, wie das Verhältnis meiner Mutter zu Onkel Eugen immer gewesen sei, fühle ich mich verpflichtet, zu ihm zu stehen. Die ganze Angelegenheit war mir sehr peinlich, und ich habe später mein Verhalten bereut. Onkel Berthold war viele Jahre hindurch nicht nur mir, sondern auch meiner Mutter sehr böse. Da ich dann sehr lange nicht mehr nach Berlin kam, habe ich ihn und auch die lieben Cousinen nicht wiedergesehen. Ich habe ihm nur viel später einmal sagen lassen, daß mir die Sache leid sei, und dann auch von ihm einen Gruß als Zeichen der Versöhnung bekommen.

Nach der Rückkehr der Italienreisenden fuhr ich nach Chemnitz. In dem schönen, wohlgeordneten Hause und in dem ganzen Bekanntenkreis war ich noch von dem früheren Besuch her ganz heimisch. Diesmal war auch mein Vetter *Erich* zu Hause. Er war ein Jahr jünger als ich und gerade in die Oberprima gekommen. Nun wurde ihm mein gutes Abitur als Muster vorgehalten; das gefiel ihm gar nicht. Als er einmal feststellte, daß ich den II. Teil des "Faust" gelesen hatte, sagte er ganz erbost: „Ihr habt nur so viel Zeit zu lesen, weil Ihr zu faul seid, Sport zu treiben". Im übrigen kamen wir recht gut miteinander aus. Als ich einmal mit der Tante von einem Ausgang zurückkehrte, übte er sich gerade mit einem Freunde im Tanzen; die Musik lieferte ein Grammophon. Sobald Erich mich sah, fragte er, ob ich wohl tanzen könne. Die Tante verwies ihm diese Dreistigkeit, ich aber war gern bereit, den Tatbeweis zu liefern.

Durch Hans *Biberstein* war ich mit allem, was damals letzte Mode war, vertraut. Erich mußte sich als geschlagen erklären und versicherte mir aufrichtiger Bewunderung: „Ein Mädel, das Abitur gemacht hat, vom Mündlichen befreit, den 'Faust' gelesen hat und Walzer linksrum tanzen kann — das muß im Hansa-Theater (dem größten Variété von Chemnitz) ausgestellt werden". Er selbst hat sein Abitur auch recht gut bestanden, aber dann nicht studiert. Er ging als junger Kaufmann nach Amerika. Ich habe auch ihn seit Jahrzehnten nicht mehr gesehen. Sein älterer Bruder *Walter* hatte den Eltern immer viel Kummer gemacht. Die etwas verschwenderische Art der Mutter war bei ihm zu einem fast krankhaften Leichtsinn gesteigert. Mit großer Mühe wurde er bis zum "Einjährigen" gebracht. Dann kam er als Kaufmannslehrling in ein solides Geschäft möglichst weit entfernt von der Heimat und den alten Beziehungen. Aber weder dort noch in einer späteren Stellung konnte er lange bleiben, weil er immer bald tief in Schulden steckte und in allerhand böse Händel verwickelt war. Sein Vater schickte ihn nach Amerika — aber nach kürzester Zeit tauchte er wieder auf. Zu Beginn des Krieges kam er sofort ins Feld; er war ein tollkühner Soldat und kam sehr bald mit dem Eisernen Kreuz und einer schweren Kieferverletzung wieder zurück. Dann fing das alte Leben wieder an. Mein Onkel wußte sich schließlich nicht mehr anders zu helfen, als daß er alle Beziehungen zu ihm abbrach und ihn nicht mehr ins Elternhaus kommen ließ. Ich habe es selbst miterlebt, daß er in Berlin telephonisch anfragte, wie es den Eltern ginge und ob er nicht kommen dürfe, und daß er kurz abgewiesen wurde. Er heiratete schließlich ein christliches Mädchen aus kleinbürgerlichen Verhältnissen. Er lebte mit in der engen Proletarierwohnung des Schwiegervaters, eines braven Tischlermeisters. Seine Eltern waren wenig erbaut von der "Mißheirat" und kümmerten sich auch jetzt nicht um ihn und seine Familie. Die Ehe aber war gut und die junge Frau war untröstlich, als er nach kurzer Krankheit starb. Sie blieb mit zwei kleinen Kindern zurück. Zur Beerdigung kamen die Eltern, mein Onkel führte seine Schwiegertochter an seinem Arm zum Grabe. Als der Rabbiner die letzten Gebete gesprochen hatte und das ganze Trauergefolge sich zum Gehen wenden wollte, kniete die junge Frau am Grabe nieder und betete in ihrem Schmerz laut das Vaterunser. Das war natürlich etwas ganz Unerhörtes auf dem jüdischen Friedhof, aber niemand nahm daran Anstoß; es waren alle gerührt.

Während ich in Chemnitz war, unterhandelte mein Onkel über den Verkauf seiner Apotheke. Er war damals leidend und konnte die Luft der Fabrikstadt augenscheinlich nicht mehr vertragen. Außerdem spielte wohl der Einfluß seiner Frau mit, die gern nach Berlin übersiedeln wollte. Es war ein Bewerber da, der die vorzüglich gelegene Apotheke dicht am Markt und das große Haus sehr gern haben wollte; aber die hohe Kaufsumme schreckte ihn immer wieder ab. Mein Onkel blieb ganz ruhig. „Das Zögern kommt dem Mann teuer zu stehen", sagte er. „Jedesmal, wenn er aufs neue anfragt, kostet es 10000 Mark mehr". Und dabei blieb er fest. Der Kollege mußte, als er sich endlich entschloß, 30000 Mark über den ursprünglichen Preis hinaus zahlen. Mein Onkel meldete den glücklichen Abschluß telephonisch nach Breslau. Dabei erkundigte ich mich, ob schon bald Vorlesungen anfingen, die für mich in Betracht kämen. Ich hatte Erna beauftragt, am „schwarzen Brett" nachzulesen. Ich erfuhr, daß schon für den nächsten Tag — den 27. April — einige Vorlesungen angekündigt seien. Obgleich dies der Geburtstag des guten Onkels war, rüstete ich unaufhaltsam zum Aufbruch. Die Tante konnte mich gar nicht begreifen, aber der Onkel ließ mich lächelnd gewähren.

V

Von den Studienjahren in Breslau

1.

Am nächsten Tage stand ich vor dem berühmten „schwarzen Brett". Es waren eine ganze Reihe von Wandtafeln in einem schmalen Gang unserer lieben alten Breslauer Universität. Sie waren bedeckt mit kleinen weißen Zetteln, auf denen die Dozenten Thema, Zeit, Ort und Beginn ihrer Vorlesungen ankündigten. Man mußte das alles genau studieren, denn es kamen manche Abweichungen von dem gedruckten Vorlesungsverzeichnis vor. Hier stellte ich mir meinen Stundenplan zusammen. Es war gut, daß manche von den Kollegs, die ich in Betracht zog, zeitlich zusammenfielen, sodaß ich eine Auswahl treffen mußte. Sonst wäre ich wohl auf 40-50 Wochenstunden gekommen. Es blieben auch so immer noch genug: Indogermanisch, Urgermanisch und neu-deutsche Grammatik, Geschichte des deutschen Dramas, Preußische Geschichte im Zeitalter Friedrichs des Großen und Englische Verfassungsgeschichte, ein griechischer Anfängerkursus (ich war immer sehr unzufrieden, daß wir kein humanistisches Mädchengymnasium hatten, und wollte jetzt etwas von dem Versäumten nachholen; außerdem wurden für das Geschichtsstudium auch einige Kenntnisse im Griechischen durch die Prüfungsbestimmungen verlangt); dazu kam das, worauf ich am meisten gespannt war: eine vierstündige Einführung in die Psychologie bei *William Stern* und ein einstündiges Kolleg über Naturphilosophie bei *Richard Hönigswald*. Beide nahmen mich auch schon im ersten Semester in ihr Seminar auf. Das Psychologie-Kolleg war das erste, was ich überhaupt hörte. Das mochte ein Vorzeichen sein, denn ich habe mich in den vier Semestern, die ich in Breslau studierte, wohl am meisten mit Psychologie beschäftigt. Sterns Vorlesung war sehr einfach und leichtverständlich gehalten, ich saß darin wie in einer angenehmen Unterhaltungsstunde und war etwas enttäuscht. Um so mehr mußte man sich bei Hönigswald anstrengen. Sein bohrender Scharfsinn und seine strenge Gedankenführung entzückten mich. Er war ausgesprochener Kritizist und gehört ja heute zu den wenigen, die dieser Richtung noch treu geblieben sind; man mußte sich den Begriffsapparat des Kantianismus zu eigen machen, um ihm folgen zu können. Es hatte für die jungen Leute in seinem Seminar etwas Verführerisches, sich mit diesen scharfgeschliffenen Waffen in dialektischen Kämpfen zu üben. Wer etwas herbeitragen wollte, was nicht auf diesem Boden gewachsen war, wurde von Hönigswald mit seiner überlegenen Dialektik und beißenden Ironie mundtot gemacht, aber schwerlich innerlich überwunden. Ein älterer, sehr selbständiger Student sagte mir einmal: „Es gibt Dinge, die man in Hönigswalds Seminar nicht zu denken wagt.Aber außerhalb kann ich mich ihnen doch nicht verschließen". Immerhin war es eine ausgezeichnete Schulung im logischen Denken, und das genügte damals für mich, um mich glücklich zu machen. Außerdem waren seine philosophiegeschichtlichen Vorlesungen, die ich später hörte, ausgezeichnet in ihrer klaren und scharfen Herausarbeitung des Gedankensystems. Im Vergleich dazu lehnte ich seinen damals berühmten und vielumschwärmten Fachkollegen *Eugen Kühnemann* mit seinem pathetischen Schwung und seiner für alles bereitstehenden Begeisterung als „Schöngeist" ab. Übrigens war man außerhalb Breslaus immer erstaunt zu hören, daß er das Ordinariat für Philosophie innehabe. Er war bekannt durch seine Werke über Schiller und Herder, und Uneingeweihte hielten ihn darum für einen Literaturhistoriker. Stern und Hönigswald stand in ihrer akademischen Laufbahn die jüdische Abstammung im Wege. Der Lehrstuhl für Psychologie war in Breslau Extraordinariat, und Hönigswald war noch Privatdozent und blieb es auch noch mehrere Jahre. Er erreichte es später, daß ihm die Psychologie übertragen wurde, als Stern einen Ruf nach Hamburg annahm. Die Berufung auf einen philosophischen Lehrstuhl (München) wurde ihm erst sehr spät zuteil. Er hat darunter augenscheinlich sehr gelitten.

Die „akademische Freiheit", in die ich eintrat, war ein zweischneidiges Schwert. Es gab damals für uns keinen vorgeschriebenen Studiengang wie z.B. für die Mediziner, die für jedes Semester einen festgelegten Plan haben. Das einzig Bindende für uns waren die staatlichen Bestimmungen über die Prüfung für das höhere Lehramt. Daraus konnten wir ersehen, was am Ende von uns verlangt würde. Ich kaufte mir diese Bestimmungen schon im ersten Semester, angeregt durch eine Studiengefährtin, die von Anfang an sehr zielbewußt auf das Staatsexamen hinarbeitete. Das lag mir an sich fern. Das Staatsexamen wollte ich ja nur „für meine Familie" machen, mir war es vorläufig nur um die Wissenschaft zu tun. Ich sah aber ein, daß es vernünftig sei, von vornherein bei der Aufstellung des Semesterplans das Notwendige mit zu berücksichtigen. Natürlich durften die Dinge, die mir am Herzen lagen, dadurch nicht zu kurz kommen. Eine für mich erfreuliche Tatsache entnahm ich den Prüfungsbestimmungen: daß „Philosophische Propädeutik" Prüfungsfach sei. Natürlich beschloß ich sofort, dieses Fach zu wählen. Damit hatte ich ja eine moralische Deckung für mein Lieblingsstudium. Ich behielt anfangs trotzdem die andern Fächer, die ich vorgesehen hatte, alle bei. Nach einigen Semestern sah ich ein, daß 4 Hauptfächer eine zu große Zersplitterung bedeuteten (Für die Prüfung wurden als Minimum 1-2 verlangt — d.h. ein Fach für die Oberstufe und zwei für die Mittelstufe). Da ich außerdem bemerkte, daß die klassischen Sprachen eigentlich nicht zu trennen waren und daß Latein ohne Griechisch eine halbe Sache sei, entschloß ich mich — nicht ohne Bedauern — das Lateinstudium der Philosophie zu opfern.

Ich trug einmal in der Zeit des Überlegens meine Gründe pro et contra meiner Mutter vor. „Liebes Kind", sagte sie, „ich kann dir leider darin gar nicht raten. Tu, was du für richtig hältst; du wirst es selbst am besten wissen". Ich wußte auch sonst niemanden, der mir raten konnte. Und so suchte ich mir ganz getrost selbst meinen Weg. Es gibt viele Leute, die mehrere Semester an der Universität verbringen, ehe ihnen klar wird, was sie eigentlich anfangen sollen. Viele wechseln das Studienfach, weil sie merken, daß sie sich auf der Schule über ihre Begabung und Neigung getäuscht haben. Besonders bei Mathematik ist das häufig, weil hier durch bloßen Fleiß ohne die spezifische Veranlagung nichts zu erreichen ist. Manche werden durch diese Unsicherheit sehr entmutigt und kommen vielleicht gar nicht ans Ziel. Am besten sind natürlich die dran, die aus einer Gelehrtenfamilie stammen und vom Vater die rechte Anleitung bekommen. Immerhin, zu der Erkenntnis kommt wohl jeder am

Ende seines Studiums: daß er jetzt erst wüßte, wie es anzufangen sei.

Ich litt damals unter meiner Freiheit keineswegs. Ich ließ es mir an der vollbesetzten Tagesordnung wohl sein und schwamm seelenvergnügt wie ein Fisch im klaren Wasser und bei warmem Sonnenschein. Erst lange Jahre später ist mir die Erkenntnis gekommen, welche verhängnisvolle Folgen auch bei mir der Mangel einer sachkundigen Leitung hatte.

Die erwähnte zielbewußte Studiengefährtin lernte ich bald in den ersten Wochen kennen. Sie hatte kein Abitur, sondern Lehrerinnenexamen und zwei Jahre Schulpraxis hinter sich: der sogenannte „4. Weg" zur Universiteit, der von der Frauenbewegung als ein Danaergeschenk abgelehnt wurde, weil er keine geeignete Vorbereitung zum Studium war und darum die Gefahr eines ungünstigen Urteils über die Leistungen der studierenden Frauen mit sich brachte. Die meisten Lehrerinnen sahen den Mangel zunächst nicht ein und begrüßten die Erleichterung der Zulassung freudig. Die umsichtigsten aber machten von der Erleichterung keinen Gebrauch, sondern holten das Abitur nach oder suchten sich wenigstens die fehlenden Kenntnisse anzueignen. Kaethe *Scholz* war ein ungewöhnlich tüchtiger und begabter Mensch. Ich kannte sie schon vom Sehen, denn sie hatte während ihrer beiden praktischen Jahre an der Viktoriaschule in den Vorschulklassen unterrichtet. Das genügte als Anknüpfung. Bald hatten wir verschiedene Arbeitsverabredungen und wandelten in den Pausen zwischen den Vorlesungen in lebhaften Gesprächen in den Gängen der Universität auf und ab. Wir waren nicht das einzige solche feste „Pärchen". Es ist allgemeine Erscheinung, daß sich solche feste Verbindungen beim Studium herausbilden, und wenn man ein paar Monate an einer Universität ist, dann kennt man diese Kombinationen genau. Kaethe Scholz stammte aus einer protestantischen Familie vom Lande. Sie war groß, schlank und blond, aus ihren hellen Augen leuchteten Frische, Lebenslust und ein übersprudelndes Temperament. Wenn sie von Anfang an auf die Prüfung und den Lehrerberuf hinarbeitete, so war sie doch nicht mit geringerer Freude als ich beim Studium. Überdies war sie sehr „geschäftstüchtig". Sie hatte mehrere Zirkel, in denen sie Damen der Gesellschaft in geschichtliche und philosophische Fragen einführte. Das war viel einträglicher als gewöhnliche Privatstunden — sie konnte davon ihr Studium bestreiten. Es machte ihr außerdem

Freude und war eine gute Methode, sich das, was sie im Kolleg gehört hatte, einzuprägen. Ihre Eltern wohnten draußen in Brokkau; sie kam jeden Morgen mit der Eisenbahn hereingefahren und blieb tagsüber in Breslau. Sie kam sehr gern in ihren freien Stunden zu mir zu gemeinsamer Arbeit und war bald ganz bei uns zu Hause. Dankbar und ohne Ziererei nahm sie es an, wenn uns eine kleine Stärkung gebracht wurde. Auch in der Universität verspeiste sie oft mit gutem Appetit mein Frühstücksbrot. Wir lernten zusammen eifrig Griechisch. Für den Anfängerkursus waren drei Wochenstunden angesetzt; in einem Sommersemester wurde die ganze Grammatik, natürlich in großen Umrissen, durchgenommen.

Im Winter folgte noch ein einstündiger Fortbildungskursus zur ersten Einführung in die Lektüre: Xenophons Anabasis und ein wenig Homer. Natürlich konnte dieser Unterricht nichts anderes sein als eine Anregung für eigene Arbeit. Die meisten Teilnehmer — Juristen, Theologen und Historiker — konnten sich dazu nicht entschließen und blieben nach wenigen Stunden fort. Sie wollten nur später eine Bescheinigung ihrer Teilnahme vorweisen können. Wir beiden gaben uns viel Mühe, uns die vielen Verbformen einzuprägen, und hielten durch. Aber freilich — wir waren Studentinnen und mochten dem eigentlichen Studium nicht gar zu viel Zeit für dieses schulmäßige Lernen entziehen. So bin ich zu meinem großen Schmerz nie zu einer so gründlichen und sicheren Beherrschung der griechischen Sprache gelangt, wie ich sie für das Lateinische hatte. Auch das Studium des Althochdeutschen begannen wir gemeinsam. Tatians Evangelienharmonien und etwas später Ulfilas' Bibelübersetzung vermittelten mir die erste Bekanntschaft mit dem Evangelium (abgesehen von Bruchstücken, die ich in den Schulandachten kennen gelernt hatte). In unserm gotischen Lesebuch stand unter dem gotischen der griechische Urtext. Ich wurde aber damals nicht religiös davon ergriffen. Auch bei Kaethe Scholz habe ich nicht bemerkt, daß die Schrift für sie etwas Heiliges bedeutet hätte. Die Verschiedenheit der Konfession und Abstammung störte unsere Freundschaft nicht und wir hätten über religiöse Fragen ebenso offen wie über andere gesprochen, wenn sie uns bewegt hätten. Eine kleine Verstimmung gab es manchmal bei politischen Gesprächen. Ich stand damals stark unter liberalen Einflüssen. Die schlesische Landbevölkerung war unter dem Druck des beherrschenden Großgrundbesitzes überwiegend preußisch-konservativ. Kaethes Bruder begann damals gerade die Offizierslaufbahn. Dieses Milieu wirkte noch etwas bei ihr nach, obgleich sie viel in anderen Kreisen verkehrte. Später hat sie mancherlei Gesinnungswandlungen durchgemacht. Auch bei mir begann damals eine Veränderung in meinem Verhältnis zum Staat sich anzubahnen. Dazu trug mein Geschichtsstudium bei. Der alte Geheimrat *Kaufmann,* ein Greis mit schönem schneeweißem Haar und jugendlich-leuchtenden blauwen Augen, und der noch ziemlich junge, kleine, aber straffe und schneidige Professor *Ziekursel* waren national-liberale Politiker. Sie hatten den freudigen Stolz auf das neue Reich, in dem wir alle erzogen waren, aber es war keine blinde Vergötterung des Herrscherhauses und keine Einengung durch den preußischen Gesichtswinkel. Die großzügige Belichtung weltgeschichtlicher Zusammenhänge weckte meine alte Liebe zur Geschichte wieder auf, sodaß ich in den ersten Semestern noch schwankte, ob ich nicht sie zu meinem Hauptarbeitsgebiet machen sollte. Diese Liebe zur Geschichte war bei mir keine bloß romantische Versenkung in vergangene Zeiten; mit ihr hing aufs engste zusammen eine leidenschaftliche Teilnahme an dem politischen Geschehen der Gegenwart als der werdenden Geschichte, und beides entsprang wohl einem ungewöhnlich starken sozialen Verantwortungsbewußtsein, einem Gefühl für die Solidarität der Menschheit, aber auch der engeren Gemeinschaften. So sehr mich ein darwinistischer Nationalismus abstieß, so fest war ich doch immer von dem Sinn und der natürlichen wie geschichtlichen Notwendigkeit einzelner Staaten und verschieden gearteter Völker und Nationen überzeugt. Darum konnten sozialistische Auffassungen und andere internationale Bestrebungen niemals Einfluß auf mich gewinnen. Mehr und mehr machte ich mich auch von den liberalen Ideen frei, in denen ich aufgewachsen war, und kam zu einer positiven, der konservativen nahestehenden Staatsauffassung, wenn ich mich auch von der besonderen Prägung des preußischen Konservativismus immer freihielt. Zu den rein theoretischen Erwägungen kam als ein persönliches Motiv eine tiefe Dankbarkeit gegen den Staat, der mir das akademische Bürgerrecht und damit den freien Zugang zu den Geisteswissenschaften der Menschheit gewährte.

Alle die kleinen Vergünstigungen, die uns unsere Studentenkarte sicherte — die billigen Theater- und Konzertkarten u.dgl. sah ich als eine liebevolle Fürsorge an, die der Staat seinen bevorzugten Kindern angedeihen ließ, und sie erweckten in mir den Wunsch, später durch meine Berufsarbeit dem Volk und dem Staat meinen Dank abzustatten. Ich war empört über die Gleichgültigkeit, mit der die Mehrzahl der Kommilitonen den allgemeinen Fragen gegenüberstand: ein Teil ging in den ersten Semestern nur dem Vergnügen nach, andere waren ängstlich darauf bedacht, das nötige Examenswissen zusammenzubekommen und sich später eine Futterkrippe zu sichern. Aus diesem starken sozialen Verantwortlichkeitsgefühl heraus trat ich auch entschieden für das Frauenstimmrecht ein; das war damals innerhalb der bürgerlichen Frauenbewegung noch durchaus nicht selbstverständlich. Der preußische Verein für Frauenstimmrecht, dem ich mit meinen Freundinnen beitrat, weil er die volle politische Gleichberechtigung für die Frauen anstrebte, umfaßte überwiegend Sozialistinnen.

2.

Wenn auch die große Mehrzahl der Studenten ziemlich stumpf dahinlebte (ich nannte sie in zorniger Verachtung „die Idioten“ und hatte in den Hörsälen keinen Blick für sie), so stand ich doch mit meinen Idealen nicht allein und fand bald Gesinnungsgenossen. Von unserm engsten Freundeskreis — meiner Schwester Erna, Hans Biberstein, Rose Guttmann und Lilli Platau — ist ja schon ausführlich die Rede gewesen. Mit Rose traf ich in den philosophischen und psychologischen Vorlesungen zusammen, und durch sie wurde ich einem Kreis von jungen Menschen zugeführt, dem ich wohl das Wertvollste in meiner Breslauer Studentenzeit verdankte. Er nannte sich *Pädagogische Gruppe* und war hauptsächlich aus Schülern und Schülerinnen des Sternschen Seminars hervorgegangen. Diese künftigen Lehrer und Lehrerinnen empfanden es als unerträglichen Mangel, daß an der Universität eigentlich nichts zur Vorbereitung auf den späteren Lehrberuf geschah. Es gab wohl theoretische Vorlesungen über Pädagogik und man mußte im Staatsexamen einige Kenntnisse daraus nachweisen. Aber in lebendiger Verbindung mit den großen Erziehungsfragen und mit der Schulpraxis kam man dadurch nicht. Es war der Mangel, der später zur Reform der Lehrerbildung und zur Begründung der Pädagogischen Akademien führte. So hatten diese jungen Menschen zur Selbsthilfe gegriffen.

Stern stellte in seiner gütigen Weise das psychologische Seminar als Versammlungslokal zur Verfügung. Es war damals im II. Stock des ehemaligen Konviktgebäudes Schmiedebrücke 35 untergebracht. (Wir erlebten es noch, daß es mit dem Philosophischen Seminar zusammen in die schöneren und würdigeren Räume des I. Stocks verlegt wurde, und durften mit dorthin übersiedeln.) Dort kamen wir jede Woche einmal abends von 8-10 zusammen. Um 10 wurde das Haus geschlossen. Wenn die Diskussion dann noch nicht zu Ende war, ging man noch in ein Café, im Sommer auch manchmal in den Scheitinger Park (einen schönen, alten, englischen Park im Osten der Stadt), um die Nachtigallen schlagen zu hören. An diesen Abenden gab es Vorträge und Aussprachen über pädagogische Fragen. Am liebsten hatten wir Rektoren oder Lehrer der verschiedenen Schulgattungen, die uns aus ihren Erfahrungen berichten konnten. Öfters kamen auch Dozenten der Universität; Stern durften wir jedes Semester einmal zu uns bitten. Wenn niemand anders zu haben war, referierte jemand von uns über ein Buch oder eine Frage, die ihn gerade beschäftigte. Fr. W. *Förster, Kerschensteiner, Gaudig, Wyneken* beschäftigten uns oft und lebhaft. Wir waren auch alle Mitglieder des „Bundes für Schulreform“ und besuchten gemeinsam seine Versammlungen. Ich empfand aber schon damals, daß dort noch sehr viel Unklarheit herrschte und oft weit übers Ziel hinaus geschossen wurde. In jedem Semester wurden mehrere Besichtigungen gemacht: wir besuchten unter sachkundiger Leitung Hilfschulen, Taubstummen- und Blindenanstalten, Fürsorgeerziehungsanstalten, Heime für Schwachbefähigte und für verwahrloste Kinder. Den tiefsten Eindruck machte uns ein Kinderheim auf dem Warteberg, das wir mehrmals besuchten. Es war ein ehemaliges Schloß in landschaftlich schöner Lage in der Nähe von Obernigk, mit ausgedehntem Garten. In den hellen, freundlichen Räumen waren Kinder aus verwahrlosten Familien untergebracht. Die Jüngsten waren damals Zwillinge von zwei Jahren. Sie lagen im Garten in einem Zwillingswagen, sauber und wohlgenährt und vergnügt. Die Ältesten konnten schon zur Pflege und Beaufsichtigung der Kleinen herangezogen werden. Diakonissen aus dem Mutterhaus der „Mutter Eva“ (Gräfin Thiele-Winkler) in Miechowitz - Oberschlesien verwalteten das Haus. Die Leiterin, die kleine, bescheidene und freundliche Schwester Frieda führte uns durch alle Räume und gab die nötigen Erklärungen. Die Kinder waren in „Familien" eingeteilt: Große und Kleine, Jungen und Mädchen gehörten zusammen, wie es in der natürlichen Familie ist. Die Familien hatten Blumennamen, ihre Zimmer waren entsprechend ausgemalt: mit Heckenrosen, Kornblumen u.s.w., und die Mädchen hatten Schleifchen von der passenden Farbe in den Haaren.

In einem Arbeitsraum zeigte uns Schwester Frieda eine Nähmaschine. „Wir brauchten so nötig eine Machine", erzählte sie ganz einfach und natürlich, „da haben wir darum gebetet, und bald bekamen wir eine". Es waren wohl alle Freigeister, zu denen sie das sagte. Aber niemand lächelte. Wir beugten alle den Kopf vor diesem kindlichen Vertrauen. Schwester Frieda ist während des Krieges ohne alle Mittel nach Warschau gegangen und hat dort ein Kinderheim gegründet, um der schrecklichen Kindernot zu wehren.

Nach dem Rundgang durch Haus und Garten wurden wir im kühlen Speisesaal mit Kaffee und Butterbrot und großen Schüsseln voll Erdbeeren aus dem eigenen Garten bewirtet. Zum Abschied sangen uns die Schwestern einen Choral.

Begründer und Seele unserer Pädagogischen Gruppe war Hugo *Hermsen,* ein Niederdeutscher, aus einer kleinen Stadt in Braunschweig gebürtig. Er war etwa 27 Jahre alt, als ich anfing zu studieren, und stand vor dem Abschluß seiner Studien. Klein, aber kräftig, gesund und sportlich geschult. Ein Kopf, den man nicht leicht wieder vergaß, wenn man ihn einmal gesehen hatte: sonnengebräunt, mit schönen, edlen Zügen; aus den grauen, etwas tiefliegenden Augen leuchtete ein heiliges Feuer. Der weichen, etwas verschleierten Stimme hörte man es an, daß alles, was er sagte, aus dem tiefsten Herzen kam. Einmal nahm er Rose und mich mit zu einem Nestabend bei den Wandervögeln. Er las den Jungen plattdeutsche Märchen vor — die Sprache seiner Heimat. Ich habe besonders das Märchen vom „Machandelboom" in Erinnerung und glaube noch jetzt — nach mehr als 20 Jahren — die leise und verhaltene Stimme zu hören, mit der er das eingestreute Verschen sang:

Mîn Suster, das Marlencken
Sammelt mîne Bencken
In een sîden Dôk,
Kiwitt, Kiwitt,
Wat forn schoenen Vogel bun ik.

Die moderne Massenerziehung war ihm zuwider. Sein Ideal war die Hofmeistererziehung des 18. Jh.'s. Er suchte es auch praktisch zu verwirklichen. Damals war ihm ein junger Graf Rothschild, Jurist im ersten Semester, anvertraut. Sie hatten eine gemeinsame Wohnung und Hermsen hatte ihn überall bei sich; er kam auch mit zu unsern Gruppenveranstaltungen. Später ging er auf das Gut des Grafen Yorck von Wartenburg; er sollte dort die Erziehung eines kranken Knaben übernehmen, aber bald hing die ganze zahlreiche Kinderschar an ihm. Nachdem er in Breslau Doktor- und Staatsexamen gemacht hatte, wurde er als Erzieher des Prinzen von Wied berufen. Von dort aus ging er in den Krieg und kehrte nicht wieder.

Hermsen hatte die Leitung der Gruppe an einen andern abgegeben, als ich eingeführt wurde. Aber er beherrschte sie immer noch. Unwillkürlich sahen alle nach ihm und warteten auf sein Urteil, wenn er anwesend war. Und wenn er nicht kommen konnte, dann fehlte das Beste. Ich glaube, daß seit meiner Kinderzeit kein Mensch mehr einen so starken Einfluß auf mich ausgeübt hatte. Wir sahen uns nur bei den Gruppenveranstaltungen und sprachen ganz selten einmal persönlich miteinander. Diese wenigen Male sind mir deutlich in Erinnerung. Das erstemal war es in einem Café nach einem Vortrag, den Professor Stern uns gehalten hatte. Wir saßen in größerem Kreis zusammen, Hermsen und ich nebeneinander, Stern uns gegenüber. Am vorausgehenden Gruppenabend hatte ich zum erstenmal in unserm Kreis gesprochen: über Koëdukation. (In meinem jugendlichen Idealismus und in meiner Unerfahrenheit, die von den wirklichen Schwierigkeiten noch nichts wußte, hatte ich die Frage positiv beantwortet.) Stern interessierte sich für das Thema, war aber an jenem Abend verhindert. So wollte er sich jetzt erzählen lassen, was ich gesagt hatte. Hermsen und ich antworteten abwechselnd auf seine Fragen. Nach einer Weile mußte der Professor abbrechen, um sich den andern zu widmen, die natürlich auch auf ein paar Worte von ihm warteten. Und nun begann mein Nachbar leise ein vertrauliches Gespräch mit mir. Es handelte sich um ein Mißverständnis zwischen ihm und einem gemeinsamen Bekannten; er hoffte, daß ich Gelegenheit bekäme, zur Aussöhnung zu helfen. Wir waren bald so vertieft, daß wir unsere Umgebung völlig vergaßen und wie aus einem Traum aufwachten, als alles um uns herum aufbrach.

Ein andermal saßen wir auf der Rückfahrt vom Warteberg nebeneinander. Das Rattern des Zuges verbot eine allgemeine Unterhaltung; Hermsen erzählte mir leise von seinen Erfahrungen im Hause Yorck und von seinen Zukunftsplänen.

Kurz ehe wir beide Breslau verließen — ich, um nach Göttingen, er um nach Neuwied zu gehen — lud eine studierende Lehrerin, mit der er viel zusammengearbeitet hatte und die ihn sehr gern hatte, uns beide und Rose Guttmann zu einem Abschiedsabend ein. Hermsen begleitete mich nach Hause. Nach den Gruppenabenden hatte er das immer andern überlassen, weil er weit entfernt von mir wohnte. Als wir vor unserm Hause angekommen waren, sagte er: „Nun wünsche ich Ihnen, daß Sie in Göttingen Menschen treffen möchten, die Ihnen recht zusagen. Denn hier sind Sie doch etwas gar zu kritisch geworden". Über diese Worte war ich sehr betroffen. Ich war an gar keinen Tadel mehr gewöhnt. Zu Hause wagte mir kaum noch jemand etwas zu sagen; meine Freundinnen hingen mit Liebe und Bewunderung an mir. So lebte ich in der naiven Selbsttäuschung, daß alles an mir recht sei: wie es bei ungläubigen Menschen mit einem hochgespannten ethischen Idealismus häufig ist. Weil man für das Gute begeistert ist, glaubt man selbst gut zu sein. Ich hatte es auch immer als mein gutes Recht angesehen, auf alles Negative, was mir auffiel, auf Schwächen, Irrtümer, Fehler anderer Menschen, schonungslos den Finger zu legen, oft in spottendem und ironischem Ton. Es gab Leute, die mich „entzückend boshaft" fanden. So mußten mich diese ernsten Abschiedsworte eines Mannes, den ich hochschätzte und liebte, sehr schmerzlich berühren. Ich war ihm nicht böse darum. Ich schüttelte sie auch nicht als ungerechten Vorwurf ab. Sie waren wie ein erster Weckruf, der mich nachdenklich machte.

Wir begegneten uns noch einmal, als wir beide zum Ferienaufenthalt in Breslau waren. Hermsen versprach mir, mich in Göttingen zu besuchen, wenn er von Neuwied in seine Heimat führe. In den ersten Augusttagen 1914, kurz nach Kriegsausbruch, bekam ich eine Karte von Göttingen nach Breslau nachgesandt, in der er seinen Besuch ankündigte. Ob es für ihn noch zu dieser Reise gekommen ist oder ob auch seine Pläne durch die Kriegsereignisse durchkreuzt wurden, weiß ich nicht. Ich erhielt keine persönliche Nachricht mehr von ihm, nur später durch Rose die Mitteilung, daß er als „vermißt“ gemeldet sei und einen Bericht über seine letzten Tage im Karpathenwinter, bis sich seine Spur verlor. Als ich im Herbst 1916 nach Freiburg i.Br. kam, sah ich im Schaufenster eines Photographen in der Kaiserstraße Hermsens Bild; er trug die kleidsame Uniform des deutschen Alpenjägerregiments, das im Schwarzwald für den Hochgebirgskampf geübt wurde. Die Platte war noch vorhanden, und ich konnte die alten Freunde des Toten mit Abzügen erfreuen.

Nach Hermsen war das einflußreichste Gruppenmitglied Hermann *Popp*. Er war schon über 30 Jahre alt, hatte mehrere Jahre als Lehrer in der Volksschule gestanden, ehe er das Abitur machte und auf die Universität kam. Er war lang und mager; seine äußere Erscheinung erinnerte etwas an Don Quijote, den Ritter von der traurigen Gestalt. Man konnte in jeder Diskussion sicher sein, daß er das Wort ergreifen würde und daß dann nicht so bald jemand anders an die Reihe käme. Er hatte schon seine festen Grundsätze, wonach er zu jeder Frage mit Sicherheit Stellung nahm. Er trug seine Meinung mit viel Temperament und Nachdruck, mit schallender Stimme und oft in komisch übertreibender Weise vor. Es war nicht leicht, ernst dabei zu bleiben, auch wenn es ihm selbst ganz ernst war. Wir schätzten ihn aber alle hoch als einen charakterfesten und aufrechten Menschen, einen selbständigen und scharfsinnigen Denker. Er machte seine Doktorarbeit bei Stern (über das Assoziationsproblem), hatte sich aber von der Leitung dieses „Meisters“ ganz frei gemacht. Überhaupt war unser Verhältnis zu unserem Lehrer ein sehr selbständiges. Stern vertrat einen bestimmten Typus jüdischen Menschentums. Er war damals anfangs der 40er, gut mittelgroß, wirkte aber kleiner, weil er etwas gebückt ging. Das blasse Gesicht war von einem braunen Bart umrahmt, die Augen blickten klug und gütig, der Gesichtsausdruck und der Klang der Stimme waren überaus milde und freundlich. Als er einmal bei einem Maskenfest in orientalischem Kostüm erschien, sah er aus wie Nathan der Weise. Er hat immer versichert, daß er im tiefsten Herzen Philosoph sei (darum eiferte er auch gegen die Trennung der philosophischen und psychologischen Lehrstühle) und daß sein großes philosophisches Werk „Person und Sache“ ihm wichtiger sei als alle andern. Trotzdem war er mehr und mehr in die experimentelle Psychologie hineingeraten und verdankte seinen Ruhm den psychologischen Schriften, die in alle Kultursprachen übersetzt wurden. Sein Werk über „Kindersprache" und die „Psychologie der frühen Kindheit" stützten sich auf genaue Beobachtungen an seinen eigenen Kindern und auf die sorgfältigen Tagebücher seiner klugen und liebenswürdigen Frau, die seine treueste Mitarbeiterin war. Damals war er viel mit Methoden der Intelligenzprüfung beschäftigt; sein Verfahren der Berufseignungsprüfungen, mit dem er später in Hamburg praktisch durchdrang, wurde darin vorbereitet. Wir hatten gegen alle diese Dinge starke Bedenken, ebenso gegen sein allgemeines Prinzip der „goldenen Mitte". Sein boshafter Kollege Hönigswald äußerte sich einmal zur Frage der Einführung von „Schulpsychologen": „Der Schulpsychologe wird dann der mächtigste Mann im Staat. Er bestimmt einem jeden Menschen, was er werden soll, und wenn er jemanden ganz besonders gewogen ist, dann bestimmt er ihn zum Schulpsychologen!" Sterns eifrigste Schüler waren seine schärfsten sachlichen Gegner. Wir saßen im Seminar an dem hufeisenförmigen Tisch rechts und links von ihm und antworteten oft wie aus einem Munde mit einem lebhaften und entschiedenen „Nein!" Er nahm uns das nicht übel, war immer gleich gütig und freundlich, behielt aber seine eigene Linie unbeirrt bei. Popp, dieser radikale Denker, konnte sich natürlich bei einer so vorsichtigen Mittellinie nicht beruhigen. Er ging seine eigenen Wege. Ich wurde gründlich in seine Probleme eingeweiht, denn von meiner ersten Einführung in die Gruppe an war es sein Ehrenamt,mich heimzubegleiten. Er hat es sich nie von jemand anderm abnehmen lassen, obwohl sich meist noch mehrere andere uns anschlossen. Wenn wir vor unserm Hause anlangten, war er gewöhnlich noch lange nicht mit seinen Erörterungen fertig. Ich mußte dann eine ganze Weile mit ihm vor dem Gitter unseres Vorgärtchens auf und abspazieren, um den Vortrag zu Ende anzuhören. Manchmal kam inzwischen mein Bruder heim, ich habe die beiden vor dem Gittertürchen einander vorgestellt.

Diese Gespräche spät abends vor der Haustür waren nicht im Sinne meiner Mutter. Sie glaubte dagegen Einspruch erheben zu müssen und sagte, das erinnere ja ganz an meine Schwester Else, die auch oft abends, wenn sie heimkam, noch solche „Standerln" vor der Tür gehabt hätte. Ich wies das mit Empörung zurück: ich bäte dringend, mich nicht mit Else zu vergleichen. Ich wußte wohl, daß es sich dort um „Verehrer“ gehandelt hatte, und davon war in diesem Fall wirklich keine Spur. Meine Mutter hatte wohl auch nicht diesen Verdacht. Aber natürlich — die Leute aus der Nachbarschaft, die uns bei diesen nächtlichen Promenaden zuschauen mochten, konnten nicht ahnen, daß wir in psychologische oder erkenntnistheoretische Probleme vertieft waren. Doch solche Rücksichten lagen uns damals fern. Wir betonten bei jeder Gelegenheit, es sei uns gleichgültig, was „man“ sagte und was „die Leute“ dächten. Es war eine der wenigen scharfen und ungezogenen Antworten, die meine Mutter von mir bekommen hat; ich habe sie später bitter bereut.

Im Sommer 1912 arbeitete Dr. Popp für sein Staatsexamen. Wenn es in seinem Studierzimmer so heiß wurde, daß sein Kopf nicht mehr funktionieren wollte, ging er in die Küche an den heißen Ofen. Kehrte er nach einer Weile an seinen Schreibtisch zurück, dann empfand er eine so angenehme Abkühlung, daß das Gehirn nun wieder zur Arbeit fähig war. Als er sein Staatsexamen hinter sich hatte und an eine Schule in der Provinz gehen sollte, bat er mich auf einer Postkarte noch um einen Abschiedsspaziergang. Er hätte auf seinen Karten die intimsten Geheimnisse schreiben können, denn niemand außer mir vermochte seine Hieroglyphen zu entziffern. Es war die erste und letzte Verabredung. Er wollte sich vor dem Untertauchen ins Philisterium noch einmal gründlich aussprechen.

Der Verkehr mit Menschen, die soviel älter, reifer und wissenschaftlich fortgeschrittener waren, bot der kleinen Studentin natürlich viel Anregung und Förderung; er war aber auch eine Gefahr. Wenn die Kommilitonen mir von ihren Doktor- und Staatsarbeiten sprachen, so erlaubte mir eine leichte Auffassungsgabe und eine ungewöhnliche Fähigkeit, sich in andere hineinzudenken, ihnen im Augenblick zu folgen, vielleicht sogar kritische und anregende Bemerkungen einzustreuen. Das erweckte den Anschein, daß ich ihnen gleichstünde, und täuschte auch mich selbst. Ich besuchte die Kollegs und Seminare für Fortgeschrittene und übersprang manche Grundlagen, die mir nötig gewesen wären.

Leiter der Pädagogischen Gruppe war in jenen Semestern Alfred *Mann*. Auch er war einige Jahre älter als ich, aber doch erheblich jünger und unreifer als Hermsen und Popp. Er trat auch in den

Diskussionen noch bescheiden hinter ihnen zurück. Nur manche Bemerkungen in privatem Gespräch zeigten ausgesprochen demokratische Neigungen (die Gruppe als solche war ganz unpolitisch), scharfe Kritik und einen derben Humor. Er war groß und für seine Jugend schon viel zu dick, sein rundes, hübsches Gesicht war bleich; eine nervöse Schwäche — eine in kurzen Abständen wiederkehrende zuckende Bewegung des Kopfes — wirkte sehr störend. Außerdem war er sehr zerstreut und vergeßlich und kokettierte etwas damit: oft sagte er mir schon morgens vor acht Uhr telephonisch alles, woran ich ihn im Laufe des Tages erinnern sollte. Da ich damals noch ein vorzügliches Gedächtnis hatte, konnte er dann beruhigt sein. Von dem gesteigerten Selbstbewußtsein und der lauten, rücksichtslosen Art, die später im öffentlichen Leben unangenehm auffielen, als er nach der Revolution Leiter der Breslauer Volkshochschule wurde, war damals noch kaum etwas zu bemerken.

Verkehrsgast der Pädagogischen Gruppe und des Sternschen Seminars war Georg *Moskiewicz* (von seinen Freunden „Mos“ genannt), damals schon Dr. med. et phil., etwa 33 J. alt, als ich anfing zu studieren. Die nähere persönliche Bekanntschaft zwischen uns vermittelte Rose Guttmann. Mos war der Sohn eines wohlhabenden jüdischen Kaufmanns. Mit Rücksicht auf seinen Vater hatte er das „praktische“ Medizinstudium gewählt, später erhielt er aber die Erlaubnis zur Philosophie und Psychologie überzugehen. Er war Schüler von Ebbinghaus und sollte sich bei ihm habilitieren; aber sein Lehrer starb, ehe es dazu kam. Nun arbeitete er weiter an seiner psychologischen Habilitationsschrift, ohne zu wissen, wer sie ihm abnehmen würde. Er hatte — wie viele Ostjuden — rötliche Haare und helle Augen. Seinem blassen, nervösen Gesicht und dem etwas scheuen und unruhigen Blick merkte man an, daß ihn etwas innerlich quälte. Welche Tragik sein Leben verbarg, das fand ich aber erst später heraus. Damals schmeichelte es mir sehr, daß auch dieser vielseitig gebildete Mann danach verlangte, mit mir zusammen zu arbeiten. Er bat mich zunächst darum, ihm als Versuchsperson für seine Arbeit zu dienen. Es handelte sich um „Ausfrageexperimente“ nach der damals vieldiskutierten „Würzburger Methode“ (Külpe, Bühler, Messer etc.). Wir trafen uns regelmäßig im psychologischen Seminar; aber wir verbrachten mehr Zeit mit Diskussionen über die Methode als mit wirklichen Versuchen. Ich merkte allmählich, daß von der Arbeit noch kaum etwas vorhanden war außer einer Sammlung von Versuchsprotokollen und daß seine eigenen Zweifel an der Tauglichkeit der Methode ihn lähmten und ihm die Weiterarbeit schließlich unmöglich machten. Dabei bedrückte es ihn schwer, daß seine Familie auf die Habilitation wartete und an seine akademische Laufbahn glaubte; daß sein alter Vater im Vertrauen darauf immer noch für ihn sorgte zu einer Zeit, in der andere längst in Amt und Würden sind und eine eigene Familie haben.

Die Pädagogische Gruppe war nicht die einzige akademische Vereinigung, der ich angehörte. In den ersten Semestern war unser ganzes Kleeblatt im Studentinnenverein. Der Charakter der wöchentlichen Vereinsabende war ein überwiegend geselliger. Wir hatten eine kleine Wohnung in der Nähe der Universität, die wir auch tagsüber benützen konnten. Wenn wir abends zusammen waren, kam kurz nach Beginn ein Laufbursche aus einer nahen Konditorei, nahm unsere Bestellungen entgegen und brachte uns das Gewünschte. Dann saßen wir bei Kaffee, Schokolade oder Tee und Torte in kleinen Gruppen und plauderten ungezwungen, berieten uns über unsere Fachangelegenheiten oder sprachen auch alle zusammen über eine allgemein interessierende Frage. Die Vorbereitungen auf ein großes Kostümfest, das der Verein am Ende meines zweiten Semesters gab, führten zu einem sehr kindlichen Konflikt zwischen unserm ganzen Kreis und der Vorsitzenden. Da wir unsere Lehrer und Studiengefährten eingeladen hatten, mußten wir das Fest noch mitmachen. Hinterher aber erklärten wir geschlossen unseren Austritt. Die Freude an dem fröhlichen Abend ließen wir uns übrigens durch den vorausgehenden und nachfolgenden Verdruß nicht stören. Eine ebenso anmutige wie geistvolle Studentin — Ernas Klassengefährtin Else *Heß* — hatte die Einladung in munteren Versen verfaßt und hielt auch eine „Herrenrede“ in Versen. Aufführungen und Tanz wechselten miteinander ab bis zum Morgen. Herr Dr. Popp war in altdeutschem Kostüm erschienen. Er holte meine Schwester und mich unermüdlich zum Tanz. Gegen sechs Uhr früh begleitete er uns nach Hause. Meine Schwestern gingen voraus, wir folgten in lebhafter philosophischer Diskussion. Der Hauptreiz war natürlich, unsere Professoren in Kostümen zu sehen und mit ihnen zu tanzen. Es war zur Zeit des Konfliktes zwischen Türkei und Italien: Stern kam als Türke, seine Frau als Italienerin. Kühnemann trug ein griechisches Gewand und einen Kranz auf dem Haupt. Er stellte sich als „Speusippos" vor. „Er s a g t Speusippos", bemerkte ich boshaft, „aber er m e i n t Plato". Ich war als Holländerin gekleidet und mußte mir wiederholt anhören, daß mir das sehr gut stünde. Else *Heß* versicherte mir mit der sachkundigen Miene der erfahrenen Balldame, daß ich „sehr gut gefiele". Das war mir sehr unsympathisch. Ich tanzte auch jetzt noch sehr gern. Aber ich mochte es lieber, wenn wir es zu Hause zwanglos improvisierten, als diese offiziellen Veranstaltungen. Erna und ich haben wenig Bälle besucht, und wenn wir nach so einem Abend heimkamen, sagten wir beim Zubettgehen zueinander: „Gott sei Dank, daß dies nicht unser Lebensinhalt ist".

Wenn ich nicht irre, war es eine klassische Philologin aus dem Studentinnenverein, die mich in den „Akademischen Zweigverein des Humboldt-Vereins für Volksbildung" einführte. Die Studenten, die diesem Verein angehörten, stellten sich zur Leitung von Arbeiterunterrichtskursen zur Verfügung. Diese Kurse waren von den späteren Volkshochschulen wesentlich unterschieden. Sie umfaßten nur Elementarfächer, wie Deutsch und Rechnen; die Leute, die hinkamen, wollten zu praktischen Zwecken — z.B. für den Übergang vom niederen zum mittleren Postdienst — ihre Schulkenntnisse wieder auffrischen. Im ersten Semester gab ich mit einem etwas älteren Studenten zusammen einen Rechtschreibungskursus (jede Woche einen Abend), im zweiten hatte ich ihn allein. Für den Winter 1912 kündigte ein älterer Student einen Anfängerkursus in Englisch an. Das ging über den bisherigen Rahmen hinaus und war ein erster Versuch. Es meldeten sich soviel Teilnehmer, daß drei Parallelkurse vorgesehen wurden; der ursprüngliche Leiter bat mich, einen davon zu übernehmen. Die Bekanntschaft dieses Herrn — er hieß Artur Wilhelm *Wolf* — hatte ich auf etwas eigenartige Weise gemacht. Er sprach mich eines Tages nach einer Vorlesung an und stellte mich zur Rede, weil ich auf der Straße seinen Gruß nicht erwidert hätte. Ich antwortete wahrheitsgetreu, ich hätte seinen Gruß nicht bemerkt, könnte mich auch gar nicht erinnern, ihn überhaupt schon gesehen zu haben. (Ich hatte ein ausgezeichnetes Personengedächtnis und erkannte jeden Menschen, den ich einmal richtig erfaßt hatte, noch nach Jahren wieder. Ich hatte auch noch nie etwas von „Abtötung der Augen" gehört und sah mir die Leute, die mich interessierten, scharf und gründlich an. Aber die Masse der Studenten betrachtete ich als quantité négligeable. Ich ging durch die Hörsäle, ohne auf sie zu achten, und wählte möglichst einen Platz in der ersten Reihe, um ungestört der Vorlesung folgen zu können. Dabei kam mir gar nicht der Gedanke, daß ich vom Katheder aus beobachtet werden könnte. Ich glaubte, die Professoren seien so von ihrem Thema in Anspruch genommen, daß sie sonst nichts bemerken könnten. Erst später, im freundschaftlichen Verkehr mit Dozenten und schließlich aus eigener Erfahrung, lernte ich, wie ein Hörsaal vom Dozentenstandpunkt aussieht.) Ganz übersehen zu werden — das war für einen selbstbewußten jungen Mann natürlich noch kränkender als „geschnitten" zu werden. Er machte mich darauf aufmerksam, daß er mir in einer Sitzung des Akademischen Humboldtvereins vorgestellt worden sei, also ein Recht habe, mich zu grüßen. Nun erklärte ich mein Bedauern, gab mir auf der Straße Mühe, etwas besser aufzupassen, und dankte höflich, wenn ich ihn wieder traf. Auch jetzt sagte ich freundlich zu, als er mir seine Bitte aussprach. Noch vor Beginn der Unterrichtskurse machte mich der damalige Vorsitzende des Akademischen Zweigvereins, Eduard *Metis*, darauf aufmerksam, daß Herr Wolf und sein Freund, der den dritten Parallelkursus übernehmen wollte, moralisch nicht einwandfrei seien und die Kurse benützten, um mit den weiblichen Teilnehmern Beziehungen anzuknüpfen. Ich war ganz außer mir über diesen empörenden Mißbrauch einer sozialen Einrichtung. Nach einigem Überlegen kam mir ein glücklicher Gedanke: ich bat Herrn Wolf, mir die „Damen" zu überlassen, die sich gemeldet hätten, und sich mit Herrn *Fellmann* in die „Herren" zu teilen. Der Vorschlag war so natürlich, daß ich gar keinen Grund anzugeben brauchte, und er kam für den gefährlichen Don Juan so überraschend, daß er zunächst Ja sagte. Als wir aber an dem Eröffnungsabend in der Realschule am Nikolaistadtgraben zusammentrafen (dort wurden die Kurse gegeben), teilte er mir wenige Minuten vor Beginn mit, sie hätten es sich überlegt und wollten doch lieber gemischte Kurse bilden. Ich erschrak sehr, hatte aber Geistesgegenwart genug, um zu sagen, wir müßten doch wenigstens den Vorschlag machen und die Leute selbst entscheiden lassen. Das war wieder so einleuchtend, daß er nichts dagegen einzuwenden fand.

Wir begaben uns nun zu dritt in den großen Raum, in dem die

ganze Schar der Lernbegierigen auf die Eröffnung wartete. Herr Wolf begrüßte sie, erklärte die Notwendigkeit zu teilen, stellte Herrn Fellmann und mich vor und fragte, ob die Damen einen eigenen Kursus wünschten, dann sollten sie sich mir anschließen. Mit Ausnahme eines einzigen Mädchens hoben alle den Finger, und ich zog, froh wie nach einer gewonnen Schlacht, mit meiner Herde ab. Ich trauerte zwar noch um das verlorene Schäfchen und hätte es gern zu mir geholt; aber ich konnte es ja nicht zwingen. Bald darauf erfuhr ich, daß dieses Mädchen schon seit mehreren Semestern die Kurse des Herrn Wolf besuchte. Die andern folgten mir in den für uns bestimmten Klassenraum. Sie sprachen mir in lebhaften Worten ihre Freude und Dankbarkeit aus, daß ich sie aus dem allgemeinen Kursus gerettet hätte; sie hätten sich so sehr vor den jungen Herren geniert. Es waren größenteils nicht mehr ganz junge kaufmännische Angestellte. Von dem, was hinter den Kulissen vorgegangen war, und von meinen Beweggründen ahnten sie natürlich nichts. Ich hatte aber im vornherein ihr Herz gewonnen. Sie lernten eifrig, wenn auch natürlich mit sehr ungleichem Erfolg, und bewahrten mir eine große Anhänglichkeit. Als ich am Ende des Wintersemesters mich von ihnen verabschiedete, schickten sie mir als Dank einen großen Rosenstrauß und ein wertvolles kunstgeschichtliches Werk, schrieben mir auch noch nach Göttingen.

Zu diesen regelmäßigen Veranstaltungen kam gerade in meinem ersten Semester, dem Sommer 1911, noch manches Außerordentliche. Wir feierten damals das 100jährige Jubiläum unserer „Schlesischen Friedrich-Wilhelms-Universität". Sie war 1811, in der Zeit der Franzosenherrschaft von Friedrich Wilhelm III. begründet worden, nicht als völlige Neugründung, sondern durch Zusammenlegung der protestantischen Universität Frankfurt a/O., einer Schöpfung der Reformationszeit, mit dem Breslauer Jesuitenkolleg, der „Leopoldiner", von Kaiser Leopold zu Ende des 17. Jh.'s eingerichtet. Ihr verdankten wir das schöne alte Gebäude mit den dicken Mauern und tiefen Fensternischen, dem üppigen Barockschmuck der „Aula Leopoldina" und des Musiksaals. Wie festlich waren offizielle Feiern — Kaisers Geburtstag, Rektoratsübergabe u.dgl. — in diesen Räumen, wenn zu der Farbenpracht der Wand- und Deckengemälde und der reichen Stuckverzierung das bunte Bild der Studenten „in Wichs" kam, der Chargierten, die mit ihren Fahnen die Fensternischen füllten, und wenn schließlich der ganze Lehrkörper einzog, voraus der Pedell mit seinem dicken Stabe, hinterdrein der Rektor, die Dekane und Dozenten mit Talaren und Baretts in der Farbe ihrer Fakultät, manche noch mit einer breiten bunten Schärpe über der Brust, dem Abzeichen des Ehrendoktorats (meist von amerikanischen Universitäten)!

Das alte graue Gebäude an der Oder (vor einigen Jahren hat man es „im Stil der Zeit" gelb angestrichen) war mir schnell eine liebe Heimat geworden. In freien Stunden setzte ich mich gern in einen leeren Hörsaal auf eins der breiten Fensterbretter, die die tiefen Mauernischen ausfüllten, und arbeitete dort. Von diesem Hochsitz konnte ich auf den Fluß und die belebte Universitätsbrücke hinaussehen und kam mir vor wie ein Burgfräulein. Ebenso heimisch fühlte ich mich in dem nahegelegenem, ebenso ehrwürdigen Konviktgebäude, wo wir das psychologische und philosophische Seminar hatten, und in der Universitätsbibliothek, einem ehemaligen Augustinerchorherrnstift in der Sandstraße. Daneben liegt die Sandkirche, ein schwerer, frühgotischer Bau. Es ist die Dompfarrkirche, und gleich dahinter führt die kleine Dombrücke auf die Dominsel. Das ist eine stille, in sich abgeschlossene Welt. Die breite, gerade Domstraße führt von der Dombrücke an der Kreuzkirche mit ihrem schlanken, nadelspitzen gotischen Turm vorbei zum Hauptportal des Domes. Zu beiden Seiten liegen die niedrigen vornehm-schlichten Häuser der Domherrn, zunächst dem Dom das Palais des Fürsterzbischofs. Ich wählte gern den Weg über die Dominsel. Ich fühlte mich dort wie in einer Welt der Stille und des Friedens und wie in längst vergangene Jahrhunderte zurückversetzt. In die schönen Kirchen aber ging ich nicht hinein, vor allem nicht, wenn Gottesdienst darin war. Ich hatte ja dort nichts zu suchen und hätte es taktlos gefunden, andere in ihrer Andacht zu stören. Ein einzigesmal war ich mit Julia Heimann während einer Freistunde in der Matthiaskirche, die an die Universität anstößt und früher zu ihr gehörte; ein vermauertes Türchen verrät noch die ehemalige Verbindung.

Ich sah in der Universität wirklich meine „alma mater", und so war es mir eine große Freude, an ihrem Jubelfest teilzunehmen. Natürlich waren wir bei dem großen Festakt in der Aula zugegen. Einige Bedenken gab es wegen der Teilnahme an dem Festkommers. Dafür war ein Riesenzelt auf dem Exerzierplatz vor dem königlichen

Schloss aufgeschlagen, weil kein Saal groß genug war, um die Menge der „Alten Herren" zu fassen, die zum Fest herbeiströmten. Im Studentinnenverein gab es große Beratungen; wir hatten Nachrichten aus Berlin, daß dort im vorausgegangenen Jahr beim Jubiläum der Berliner Universität der Kommers wenig schön verlaufen sei. Wir sagten darum zunächst ab. Nun kam eine zweite Einladung „Seiner Magnifizenz", des Herrn Rektors: er würde doch sehr ungern die Studentinnen vermissen und wolle einige Professorendamen mit an unsern Tisch setzen, um uns gegen alle Unannehmlichkeiten zu schützen. Nun versprachen wir unser Erscheinen, die „Bemutterung" aber lehnten wir als lächerlich ab. Wir wollten so lange bleiben, bis die eigentliche „Fidelitas" anfinge, und uns dann still zurückziehen. Das ging sehr gut. Der Tisch mit den weißgekleideten Mädchen zog natürlich die Aufmerksamkeit aller Alten Herren auf sich, die in dem großen Zelt umhergingen und sich nach alten Bekannten umsahen: so etwas hatte es ja „zu ihrer Zeit" nicht gegeben. Es wurde ein reizendes Festspiel aufgeführt, das zwei Alte Herren gedichtet hatten: Redakteur Dr. Hermann *Hamburger* und Rechtsanwalt Dr. *Tarnowski,* beide in Breslau als geistvolle und witzige Menschen bekannt (beide Juden).

Als die Aufführungen und Ansprachen vorbei waren, verschwanden wir, ohne daß ein Mißton unsere Freude getrübt hätte.

Zu den vielen allgemein-studentischen Angelegenheiten kamen noch als weitere Nebenbeschäftigung einige Privatstunden. Ich hätte eigentlich lieber meine ganze Zeit dem Studium gewidmet, obwohl die Mehrzahl der Studenten sich auf diese Weise etwas verdiente. Meine Mutter sorgte ja für Unterhalt und Kolleggelder, und unsere wirtschaftlichen Verhältnisse waren jetzt so, daß niemanden damit ein Opfer auferlegt wurde. Darum schien es mir besser, die Zeit nicht unnötig zu zersplittern. Ich wurde aber immer wieder um Nachhilfestunden oder Vorbereitungsunterricht für eine höhere Gymnasialklasse angesprochen und konnte nicht alle Bittenden abweisen; so hatte ich fast immer einige Schülerinnen. Es fing schon an, als ich selbst noch aufs Gymnasium ging. Eines Tages kam der Schuldiener in unsere Zeichenstunde hinein und meldete, Fräulein Stein solle zum Herrn Direktor kommen. Das war etwas ganz Ungewöhnliches und setzte die ganze Klasse in Aufregung. Während ich die drei Treppen hinunterstieg, ging ich in Gedanken die letzten

Wochen durch: es fiel mir nichts ein, wofür ich einen Vorwurf verdient hätte. So betrat ich ganz ruhig das Amtszimmer. Es war ein fremder Herr beim Direktor, der besorgte Vater einer Unterterzianerin. Sie stand sehr schlecht und hatte kaum noch Aussicht auf Versetzung. Der Direktor schlug als letzten Versuch Beaufsichtigung der Schularbeiten vor und bat mich, dieses Amt zu übernehmen. Es lockte mich wenig, aber beide Herren drängten so sehr, daß ich schließlich zusagte. Ich bemerkte bald, daß nichts zu machen sei; das Kind hatte weder Begabung noch Neigung zum Studium und quälte sich ganz nutzlos. Ich erklärte dem Direktor, es sei mir peinlich, für eine so aussichtslose Sache Bezahlung anzunehmen. Er redete mir aber zu, bis Ostern auszuhalten. Der Vater wisse, daß keine Aussicht sei und wolle sich nur die Beruhigung verschaffen, alles Erdenkliche getan zu haben. Ostern wurde ich also von dieser ersten Schülerin frei. Aber nicht lange danach kam eine andere.

In der Untertertia war ein reizendes Polenkind, 15 Jahre alt, blondlockig und blauäugig und überaus temperamentvoll. In der Pause sah man sie meist in einem Kreis von älteren Mädchen, die sie bewunderten und sich über ihr komisches Deutsch amüsierten. Ich beteiligte mich nie daran. Eines Tages hängte sie sich auf dem Schulhof plötzlich an meinen Arm und zog mich von meinen Klassengefährtinnen weg. Sie stünde schlecht in der Schule und sollte Pfingsten in Breslau bleiben, um während der Ferien tüchtig zu wiederholen. Ihre Pensionsmutter — eine alte Dame, die mit der Familie des Direktors befreundet war — würde an mich schreiben, aber sie hätte gern schon vorher mit mir sprechen und mich bitten wollen, mit ihr zu arbeiten. Ich ging während der kurzen Pfingstferien jeden Morgen zu ihr. Ich konnte sie nicht zu mir kommen lassen, weil sie nicht allein ausgehen durfte. Lena war gut begabt und lernte jetzt bei mir eifrig. Sie bewunderte mein Wissen sehr und faßte auch in diesen einsamen Ferientagen eine lebhafte Zuneigung zu mir. Eines Tages bat sie mich schmeichelnd, mit ihr in die Oper zu gehen. Ohne Begleitung dürfte sie es nicht und sie wünschte es sich so sehr. Es würde „Carmen“ gegeben. „Ich möchte Carmen sein“, sagte sie mit blitzenden Augen, „daß alle Männer mich lieben müßten!“ Ich sah mir das kleine Persönchen ganz betroffen an. Sie war für ihr Alter gut entwickelt und konnte für 18 Jahre gelten.

Und ich kam mir neben diesem Kinde auf einmal vor wie ein unerfahrenes Mädchen neben einer wissenden Frau. Als ich am Morgen des Theaterabends in ihre Pension kam, empfing sie mich mit einer Trauerbotschaft: ihr Vater sei schwer erkrankt und sie müsse sofort heimfahren. Sie bat mich, die Theaterkarten mit meiner Schwester zu benützen. Als sie sah, daß ich in meiner Teilnahme selbst wenig Lust zum Theaterbesuch hatte, redete sie mir zu, doch ja hinzugehen. Dann umarmte und küßte sie mich weinend. Erna und ich gingen in die Oper, aber ich dachte an das arme Kind, das nun allein die traurige Reise machte. Lena kam in Trauerkleidern zurück. Sie hatte ihren Vater nicht mehr lebend getroffen.

Aus derselben Pension *Scheel* bekam ich noch mehrere Schülerinnen. Ein Bittbrief um Stunden erwartete mich schon als ich zum Beginn meines Studiums aus Chemnitz kam. Das Honorar für meine Tätigkeit lieferte ich meiner Mutter ab. Sie nahm den ersten Verdienst ihrer Jüngsten mit freudigem Stolz entgegen. Er wurde gar nicht wie gewöhnliches Geld behandelt, d.h. er durfte nicht ausgegeben werden. Weihnachten 1911 wollte ich von dem Ersparten mit Erna zusammen eine Winterfahrt ins Riesengebirge machen. Meine Mutter stimmte bereitwillig zu und gab uns auch noch Rosa mit. Die Kosten aber bestritt sie aus ihrer Tasche, und mein Schatz blieb unangetastet. Freilich wurde er nicht in einen Strumpf gesteckt. Alles bare Geld kam bei uns sofort in den Geschäftsbetrieb und wurde uns „gutgeschrieben". Wir hatten alle ein eigenes Konto im Geschäft. Unsere Großmutter Stein hatte jeder von uns einige tausend Mark hinterlassen. Als unter der Leitung unserer Mutter das Geschäft aufblühte und etwas Grundbesitz erworben war, erhöhte sie diese Konten auf je 10000 M. In den Jahren, in denen ich außerhalb studierte und später ohne entsprechende Einnahmen wissenschaftlich arbeitete, bestritt ich meine Ausgaben von diesem Konto. Ich war erst in Göttingen, dann in Freiburg bei der Dresdener Bank akkreditiert; meine Abhebungen wurden mit unserer Firma verrechnet. Als ich einmal meine Schwester Frieda fragte, ob mein Vermögen nicht längst aufgebraucht sei, antwortete sie, eigentlich wäre es so, aber meine Mutter hätte bei jedem Jahresabschluß die zusammengeschmolzene Summe wieder auf die alte Höhe ergänzt. Während des Krieges wurde zum ersten Mal ein größeres Bankkapital auf der Bank angesammelt. Unser Geschäft war besser als andere mit ausländischen Hölzern eingedeckt; so war der Absatz groß, und die eingehenden Summen konnten nicht wieder in Waren angelegt werden, weil nichts über die Grenzen hereinkam. Kriegsanleihen und Inflation haben dieses Vermögen aufgezehrt.

3.

Wenn ich auf alles das zurückblicke, was ich in meinen ersten Semestern trieb, dann frage ich mich selbst, wo ich die nötige Zeit zum Studium hernahm. Tatsächlich füllte es aber doch meine Tage aus. Die Privatstunden legte ich möglichst auf den frühen Morgen oder auf die Zeit vor dem Nachtessen. Die andern Veranstaltungen waren abends. So behielt ich den Tag frei, und ich nützte ihn gut aus. In den ersten Semestern war meine Hauptarbeitsgefährtin Kaethe *Scholz*. Als sie später nach Paris ging, trat an ihre Stelle Eduard *Metis*. Ich lernte ihn bei den sehr seltenen Sitzungen des Akademischen Humboldt-Vereins kennen, die er als Vorsitzender leitete. Ich schenkte ihm dabei ebensowenig Beachtung wie den andern Anwesenden. Es wurden bei diesen Sitzungen nur geschäftliche Dinge — die Verteilung der Kurse u.dgl. — besprochen, und ich war froh, wenn sie vorbei waren. Am Ende des Sommersemesters 1912 wurde ein Sommerfest für die Kursteilnehmer und ihre Familien veranstaltet. Ich liebte solche Volksbelustigungen nicht, aber es war Anstandspflicht gegen die Hörerschaft, mitzutun. So fuhr ich nachmittags mit hinaus ins Freie und suchte das Beste aus der Sache zu machen. Vor allem beteiligte ich mich an den Spielen der Kinder auf dem Rasen. Als es dunkel wurde, brachen die Mütter und Kinder auf. Die Zurückbliebenden rüsteten sich zum Tanz.

Das war auch für mich das Zeichen zum Aufbruch. Als ich sah, daß Herr Metis sich zurückziehen wollte, schlug ich ihm vor, den Weg zur Stadt zu Fuß zurückzulegen. Denn es strömten große Scharen zum Bahnhof, und ich hatte wenig Lust, mich jetzt in ein überfülltes Abteil zu setzen. Er willigte sehr gern ein. So wanderten wir allein durch den warmen mondhellen Sommerabend. Ich weiß nicht, wovon wir sprachen. Ich empfand die Stille auf dem einsamen Feldweg wohltuend, und wir freuten uns beide wie die Kinder, als in der Ferne ein Zug, von dem man nur noch die Lichter sah, wie eine leuchtende Schlange durch die Nacht fuhr. An der Endstation der Straßenbahn stiegen wir in die Tram, da ich von dort noch einen weiten Weg hatte. Unterwegs bemerkte mein Begleiter, der Heimweg sei das Schönste an der ganzen Veranstaltung gewesen.

Dagegen hatte ich nichts einzuwenden, weil mir Ruhe immer lieber war als große Menschensammlungen. Ich behielt eine angenehme Erinnerung an den nächtlichen Spaziergang. Als etwas Außergewöhnliches war er mir nicht erschienen. Bald darauf machten wir unsere Ferienreise nach Grunwald. Nach unserer Rückkehr erhielt ich eines Tages ein kurzes Briefchen von Herrn Metis, in dem er mich bat, an einem bestimmten Tage, wenn ich gerade in der Universität zu tun hätte, ins Germanistische Seminar hineinzusehen; er hätte mir etwas zu sagen und ich würde ihn dort treffen. Ich nahm an, daß es sich um die Abiturkurse handle, und ging im Vorbeigehen ins Germanistische Seminar, wo ich mich sonst nicht viel aufhielt. Die geschäftlichen Mitteilungen, die mir Herr Metis machte, waren unbedeutend. Als sie erledigt waren, fragte er, ob ich jetzt mit ihm in den Scheitinger Park hinausfahren wolle. Ich merkte, daß er sich dazu innerlich einen Ruck gab und sich sehr kühn vorkam. Das amüsierte mich. Was war denn das Großes, in den Ferien einen kleinen Spaziergang zu machen? Ich ließ mir aber nichts merken und sagte leichthin zu. Auf diesem Spaziergang lernte ich den guten Jungen erst richtig kennen. Er war das einzige Kind seiner Eltern, von seiner zärtlichen Mutter übersorgfältig gehütet und bisher von jedem weiblichen Verkehr ängstlich ferngehalten. Auch unter einer Studentin stellte sie sich offenbar etwas sehr Gefährliches vor, und jener nächtliche Spaziergang hatte sie wohl sehr erschreckt. Tatsächlich hatte er auf das empfängliche Gemüt des unschuldigen jungen Menschen einen tiefen Eindruck gemacht; die Erinnerung hatte ihn die ganzen Wochen seither nicht losgelassen. Als ich das merkte, wurde mir klar, daß ich jetzt vorsichtig sein müßte. Kurz darauf schlug mir Metis — wieder schriftlich — den gemeinsamen Besuch einer Stadtverordnetensitzung vor, in der über Theaterfragen verhandelt werden sollte. Diesmal ging ich nicht hin. Ich sagte ab und benützte den Brief, um ihm meinen „Standpunkt" klar zu machen: an einen kameradschaftlichen Verkehr mit Kommilitonen sei ich gewöhnt und auch ihm gegenüber dazu bereit, jeden andern Gedanken aber müsse er aufgeben. Dieser Vorschlag wurde angenommen, und erstaunlicherweise glückte es dem neuen Freunde, die aufkeimende Neigung zu unterdrücken, obwohl wir uns nun fast täglich in der Universität trafen und viel zusammen arbeiteten. Ich habe nie etwas abzuwehren brauchen. Noch in den Ferien fingen wir an, zusammen sehr energisch Gotisch zu treiben, da wir zu Beginn des Wintersemesters in die Oberstufe des Germanistischen Seminars aufgenommen werden wollten und in der Aufnahmeprüfung gründliche Kenntnis des Gotischen nachweisen mußten. Wir lasen den ganzen Evangelientext des Ulfilas durch; um das Übersetzen ins Gotische zu üben, machten wir uns gegenseitig Texte zurecht. Außer Deutsch hatten wir kein Fach gemeinsam. Er hatte daneben neue Sprachen, das Thema für die Doktorarbeit ließ er sich aus der deutschen Literatur geben (über Gutzkows Dramen). Nach Semesteranfang schlug er mir vor, daß wir uns jede Woche einmal auf einem Spaziergang Rechenschaft über unsere Vorlesungen geben sollten. Allerdings war er dann immer beschämt, weil er mir nur einige trockene philologische Daten zu bringen hatte, während ich die interessantesten philosophischen und historischen Vorträge halten konnte und immer viel mehr Stoff hatte als sich in unserer Zeit unterbringen ließ. Er prophezeite mir damals schon ein glänzendes Examen. Auch Herr Popp hatte das schon getan; er stützte sich dabei allerdings weniger auf den Nachweis meiner Kenntnis als auf sein psychologisches Urteil, das mir die geeignete Examensnatur zusprach.

Eduard Metis betätigte sich neben dem Studium schon etwas als Journalist. Er hatte feste Verbindungen zur Breslauer Zeitung, dem alten liberalen Blatt, das in fast allen jüdischen Familien gelesen wurde. Die Sonntagsnummer brachte regelmäßig eine Literaturbeilage, und darin fanden sich meist einige Buchbesprechungen, die E.M. gezeichnet waren. Natürlich las ich sie jetzt mit doppeltem Interesse, seit ich den Verfasser kannte. Es war ihm auch immer sehr wichtig, mein Urteil über diese ersten literarischen Versuche zu hören. Einmal fand ich in der Besprechung eines Novellenbandes erotische Dinge in etwas frivolem Ton behandelt. Das regte mich sehr auf. Ich hatte diesen freundschaftlichen Verkehr aufgenommen in dem festen Vertrauen, es mit einem ganz reinen Menschen zu tun zu haben. Sollte ich mich getäuscht haben? Dann wäre es mit der Freundschaft aus. Ich wollte nicht mit Leuten umgehen, die in diesem Punkt nicht ganz sauber wären. Erna hatte mit Hans Biberstein einmal eine Aussprache über solche Fragen gehabt, und wir waren hinterher beide sehr glücklich, daß wir uns auf ihn verlassen konnten. Ich wollte auch jetzt der Sache auf den Grund gehen. Als wir uns am nächsten Tage in einer Freistunde trafen, mußte der Arme eine gehörige Predigt über sich ergehen lassen. Er hörte sie ganz still an und war vielleicht noch erregter als ich. Als ich fertig war, erklärte er mir, es sei ihm äußerst peinlich gewesen, solche Dinge berühren zu müssen, und er hätte möglichst schnell darüber hinwegkommen wollen. Dazu hatte er den üblichen leichten Journalistenton gewählt. Auf eine solche Wirkung war er nicht gefaßt. An seiner Ehrlichkeit war nicht zu zweifeln. So waren wir schnell wieder versöhnt. „Ach, wenn doch meine Mutter diese Unterredung gehört hätte", sagte er am Ende. Er hatte etwas mädchenhaft Zartes. Er war groß und schlank, und das schmale Gesicht war meist etwas gerötet; äußerlich war ihm keine Krankheit anzumerken, aber er litt sehr an Migräne und war an manchen Tagen ganz arbeitsunfähig. Da ich meine ganze Studienzeit hindurch immer völlig frisch und gesund war, so hatte ich für ihn immer etwas von dem Mitleid gegenüber dem vital Schwächeren.

Metis hatte etwas, was ihn von all meinen andern Gefährten unterschied: er war ein strenggläubiger und gesetzestreuer Jude. Wir sprachen nicht viel davon; ich ließ ihn gewähren, und er bemühte sich nicht, auf mich Einfluß zu gewinnen. Wenn er bei mir zum Arbeiten war, nahm er nur etwas Obst an. Als ich ihm einmal Gebäck anbot, sagte er lächelnd: „Was ich nicht definieren kann, das seh' ich als verboten an". Eines Tages, als ich mit ihm unterwegs war, hatte ich in einem Hause etwas zu erledigen. Ich gab ihm vor der Haustür schnell meine Aktenmappe zum Halten und ging hinein. Zu spät fiel mir ein, daß es Samstag sei und daß man am Sabbath nichts tragen dürfte. Im Torbogen fand ich ihn geduldig warten. Ich entschuldigte mich, daß ich ihn in meiner Gedankenlosigkeit zu etwas Verbotenem genötigt hätte. „Ich habe nichts Verbotenes getan", sagte er ruhig, „nur auf der Straße darf man nichts tragen, im Hause ist es erlaubt". Dazu war er im Eingang stehen geblieben und hatte sich sorgfältig gehütet, einen Fuß auf die Straße zu setzen. Das war eine der talmudistischen Spitzfindigkeiten, die mich abstießen. Ich sagte aber nichts.

Als ich später in Göttingen anfing, mich mit religiösen Fragen zu beschäftigen, fragte ich ihn einmal brieflich nach seiner Gottesidee: Ob er an einen persönlichen Gott glaube. Er antwortete kurz: Gott ist Geist. Mehr sei darüber nicht zu sagen. Das war mir, als ob ich einen Stein statt Brot bekommen hätte.

Ich bekam nach Göttingen regelmäßig jede Woche einen Brief. In den Ferien arbeiteten wir zusammen deutsche Literatur: ich fürs Staatsexamen, er zur Doktorprüfung. In dieser Prüfung hatte er zunächst Pech und mußte sie ein zweitesmal machen. Das bedrückte ihn sehr. Bei seiner öffentlichen Promotion war ich zugegen; dabei lernte ich auch seine Eltern kennen und wurde von ihnen freundlich begrüßt, auch von der Mutter, die meinen Einfluß früher so gefürchtet hatte. Als ich später „summa cum laude" promovierte, schrieb er mir: „Und es kam, wie es kommen mußte". Zum Kriegsdienst war er untauglich. Er hatte indessen auch Staatsexamen gemacht und trat in den Schuldienst ein. Nach Freiburg bekam ich überraschend die Nachricht, daß er an einer Lungenentzündung gestorben sei.

Meine Angehörigen schickten mir die Todesanzeige und berichteten mir, wie traurig der Anblick der Eltern am Grab des einzigen Kindes gewesen sei. Natürlich schrieb ich ihnen, und später kam mir öfters der Gedanke, ob ich wohl die Mutter einmal aufsuchen solle. Die Erwägung, daß meine spätere Entwicklung ihr wohl ganz unverständlich sei, hielt mich aber immer wieder davon zurück. Ich weiß nicht, wie er selbst sich zu dieser Entwicklung gestellt hätte. Es war schon eine gewisse Entfremdung eingetreten, als ich ins rein wissenschaftliche Fahrwasser einlenkte. Ich hatte ihn in Breslau in die Pädagogische Gruppe eingeführt, und es war ihm schmerzlich, daß die, die ihm die Erziehungsfragen nahe gebracht hatte, nun selbst einen ganz anderen Weg einschlug.

4.

Wenn die vielen allgemein-studentischen Angelegenheiten und freundschaftlichen Beziehungen der Arbeit nicht schadeten, so hatte doch etwas anderes darunter zu leiden: für das Familienleben blieb mir kaum noch Zeit übrig. Meine Angehörigen bekamen mich fast nur noch bei den Mahlzeiten zu sehen — und auch da nicht einmal immer. Kam ich zu Tisch, so waren meine Gedanken meist noch bei der Arbeit, und ich sprach wenig. Meine Mutter pflegte zu sagen, man könne mir auf den Teller legen, was man wolle, ohne daß ich es merkte. Und sie war noch froh darüber, weil sie so wenigstens dafür sorgen konnte, daß etwas Rechtes auf den Teller kam. In späteren Jahren, wenn ihr meine Appetitlosigkeit Kummer machte, dachte sie mit Sehnsucht an diese Zeit zurück. Ich hatte es schwerer als Erna, von meinem Studium zu erzählen. In den Kliniken gab es immer Erlebnisse, für die jedermann Verständnis und Interesse hatte. Aber meine philosophischen Probleme waren nichts für den Familientisch. Meine Mutter kam einmal in mein Arbeitszimmer, während ich gerade mit Plato beschäftigt war. Sie nahm mir das Buch aus der Hand, um doch einmal zu sehen, in was für Dinge ich da vertieft sei. Ganz verblüfft sagte sie: „Nun, das weißt du doch längst". Wenn ich mich nicht irre, war es der „Parmenides", und sie hatte gerade ein paar Sätze über das Eine und das Viele erwischt, die für den naiven Menschen wie platte Selbstverständlichkeiten klingen.

Es geschah auch nicht selten, daß mich meine Mutter den ganzen Tag, ja manchmal zwei Tage lang überhaupt nicht zu sehen bekam. Früh ging sie oft schon ins Geschäft, ehe ich zum Frühstück herunterkam. Ihre Mittagsstunde war zwischen 12 und 1 Uhr, ich aber hatte manchmal bis 1 Uhr Vorlesung und aß dann allein nach. Und wenn ich abends bis 7 Uhr in der Universität zu tun hatte und um 8 Uhr schon wieder bei einer Abendveranstaltung in der inneren Stadt sein wollte, dann lohnte es nicht heimzugehen. Ich verbrachte die Stunde im Philosophischen Seminar oder in der Wohnung des Studentinnenvereins und verzehrte dort die mitgebrachten Butterbrote. Kam ich dann nach Hause, so schlief schon alles; auf dem Tisch im Eßzimmer erwartete mich ein liebevoll bereitgestellter Imbiß und die eingelaufene Post.

Auch darin unterschied ich mich von Erna, daß ich meine Freunde nicht wie sie in die Familie einführte. Ich lud sie überhaupt nicht zu mir ein, wenn es nicht eine gemeinsame Arbeit notwendig machte. Kam jemand zu diesem Zweck zu mir, so fand ich, ich könnte es ihm nicht zumuten, sich mit einer vielköpfigen Familie bekannt machen zu lassen und seine Zeit auf eine allgemeine Unterhaltung zu verschwenden. Nur, wenn wir im Vorzimmer oder Treppenhaus jemandem begegneten, stellte ich vor. Mit großer Beschämung muß ich gestehen, daß mir solche Begegnungen stets sehr unangenehm waren. Ja, ich war so albern, daß ich mich der Arbeitskleidung und der harten Arbeitshände meiner lieben Mutter schämte, wenn sie gerade vom Holzplatz heimkam. Die Freundinnen allerdings, die zu mir kamen, haben immer von selbst dafür gesorgt. daß sie auch mit meinen Angehörigen bekannt wurden, und es war keine darunter, die nicht die ungewöhnlichen Eigenschaften meine Mutter bald erkannt und mit Liebe und Verehrung zu ihr aufgeblickt hätte.

An Geburtstagsfeiern und andern Familienfesten nahm ich auch weiter teil, mußte dann auch durch die nötigen Gelegenheitsdichtungen für Unterhaltung sorgen. Wie sehr ich mich sonst den Meinen entzogen hatte und daß sie es schmerzlich empfanden, das merkte ich selbst kaum. Ich lebte ganz in meinem Studium und den Bestrebungen, zu denen es mich geführt hatte. Darin sah ich meine Pflichten und war mir keines Unrechts bewußt.

Die ständige Anspannung aller Kräfte erweckte das beglückende Gefühl eines hochgesteigerten Lebens, ich erschien mir als ein reiches und bevorzugtes Geschöpf. Im Anfang meiner Studienzeit bat mich einmal unser alter Direktor zu sich, um mir eine Stundenschülerin zu empfehlen. Natürlich erkundigte er sich auch, wie es mir gehe, und als ich so recht von Herzen erwiderte: „O, m i r geht es s e h r gut!“, öffnete er seine großen, runden, etwas vorstehenden Augen noch weiter als gewöhnlich und sagte verwundert: „Nun, das hört man selten“. Zu dieser Hochstimmung stand in merkwürdigem Gegensatz ein Erlebnis, das ich wohl nicht viel später hatte. Ich schlief damals — wie immer bis zu ihrer Verheiratung — mit meiner Schwester Erna in einem Zimmer. Wir hatten noch kein elektrisches Licht im Haus, sondern Gasbeleuchtung; an der Lampe in unserm Schlafzimmer war ein Kleinsteller angebracht, und wir pflegten nachts den Hahn nicht abzudrehen, um jederzeit rasch wieder Licht haben zu können. Eines Morgens öffnete unsere Schwester Frieda die Tür zu unserm Zimmer und stieß einen Schrei des Schreckens aus. Ein starker Gasgeruch strömte ihr entgegen; wir beide lagen totenbleich und wie in schwerer Betäubung in unsern Betten. Die Flamme war ausgegangen und das Gas ausgeströmt. Frieda riß schnell das Fenster auf, drehte den Hahn ab und weckte uns. Ich erwachte aus einem Zustand süsser, traumloser Ruhe, und als ich zu mir kam und die Situation erfaßte, war mein erster Gedanke: „Wie schade! Warum hat man mich nicht für immer in dieser tiefen Ruhe gelassen?“ Ich war selbst ganz betroffen über die Entdeckung, wie wenig ich „am Leben hing“.

Auch aus dem wachen Tagesleben erinnere ich mich an eine Zeit, in der die Sonne erloschen schien. Es war wohl im Sommer 1912, als ich den Tendenzroman „Helmut Haringa“ las. Er schilderte das Studentenleben, den wüsten Betrieb in den Verbindungen mit ihrem unsinnigen Alkoholzwang und die moralischen Verirrungen, die daraus folgen, in den abschreckendsten Farben. Das erfüllte mich mit solchem Ekel, daß ich mich wochenlang nicht davon erholen konnte. Ich hatte alles Vertrauen zu den Menschen verloren, unter denen ich mich täglich bewegte, ging herum wie unter dem Druck einer schweren Last und konnte nicht wieder froh werden. Bezeichnend ist, was mich von dieser Depression heilte. In jenem Jahr wurde in Breslau das große Bachfest gefeiert. Bach war ja mein Liebling, und ich hatte eine Karte für alle Vorstellungen: Orgelkonzert, Kammermusik und einen großen Orchester- und Gesangabend. Ich weiß nicht mehr, welches Oratorium an diesem Abend zur Aufführung kam. Ich weiß nur, daß Luthers Trutzlied „Ein feste Burg ...“ darin vorkam. Ich hatte es in unsern Schulandachten immer gern mitgesungen. Als nun so recht kampfesfroh die Strophe erklang: „Und wenn die Welt voll Teufel wär' / und wollt' uns gar verschlingen, / so fürchten wir uns nimmermehr, / es muß uns doch gelingen ...“, da war mit einmal mein ganzer Weltschmerz verschwunden. Gewiß — die Welt mochte schlecht sein: aber wenn wir unsere ganze Kraft einsetzen, die kleine Schar von Freunden, auf die ich mich verlassen konnte, und ich — dann würden wir schon mit allen „Teufeln“ fertig werden.

5.

Vier Semester hatte ich an der Universität Breslau studiert. Ich hatte am Leben dieser „alma mater“ wie wohl nur wenige Studenten teilgenommen und es mochte scheinen, als sei ich so mit ihr verwachsen, daß ich mich nicht freiwillig von ihr trennen würde.

Aber hier wie später noch oft im Leben konnte ich die scheinbar festesten Bande mit einer leichten Bewegung abstreifen und davonfliegen wie ein Vogel, der der Schlinge entronnen ist. Ich hatte es immer vorgehabt, einmal an einer andern Universität zu studieren. Solange ich aufs Gymnasium ging, war es mein Plan, gleich in meinem ersten Semester mit Erna nach Heidelberg zu gehen, dessen Zauber die alten Studentenlieder so verlockend besangen. Dieser Plan wurde dadurch vereitelt, daß Erna in meinem ersten Semester ihr Physikum machte und nicht von Breslau fortkonnte. Im nächsten Sommer hieß es, sie stünde nun schon zu dicht vor dem Staatsexamen und müßte zu Hause bleiben. Der stärkere Magnet war wohl Hans Biberstein; er hatte den Sommer vor meinem Abitur in Freiburg i.Br. studiert und durfte nicht noch einmal fort. Ich sah nun ein, daß ich mich nicht an meine Schwester binden könnte. Und ich wollte nicht warten, bis auch mich die Examensrücksichten festhielten. In meinem vierten Semester bekam ich den Eindruck, daß Breslau mir nichts mehr zu bieten hätte, und daß ich neue Anregungen brauchte. Objektiv stimmte das keineswegs. Es gab noch genügend unausgenützte Möglichkeiten, und ich hätte hier noch sehr viel dazu lernen können. Es drängte mich aber fort. Für die Wahl der Hochschule spielte nun die Poesie der Studentenlieder keine Rolle mehr. Etwas ganz anderes bestimmte sie eindeutig. Im Sommer 1912 und im Winter 1912/13 wurden in Sterns Seminar Probleme der Denkpsychologie behandelt, hauptsächlich im Anschluß an die Arbeiten der „Würzburger Schule" (Külpe, Bühler, Messer u.s.w.). Ich übernahm in beiden Semestern ein Referat. In den Abhandlungen, die ich dafür durchzuarbeiten hatte, fand ich immer wieder *Edmund Husserls* „Logische Untersuchungen" angeführt. Eines Tages traf mich Dr. *Moskiewicz* bei dieser Beschäftigung im Psychologischen Seminar. „Lassen Sie doch all das Zeug", sagte er, „und lesen Sie das hier; die andern Leute haben ja doch alles nur daher". Er reichte mir ein dickes Buch: es war der II. Band von Husserls „Logischen Untersuchungen". Ich konnte mich nicht sofort darauf stürzen, das erlaubten die laufenden Semesterarbeiten nicht; aber ich nahm es mir für die nächsten Ferien vor. Mos kannte Husserl persönlich; er hatte ein Semester bei ihm in Göttingen studiert und sehnte sich immer wieder dorthin. „In Göttingen wird nur philosophiert — Tag und Nacht, beim Essen, auf der Straße, überall. Man spricht nur von ‚Phänomenen' ". Eines Tages war in den illustrierten Zeitungen das Bild einer Göttinger Studentin zu sehen, die eine philosophische Preisarbeit gemacht hatte: Husserls glänzend begabte Schülerin *Hedwig Martius*. Mos kannte auch sie und wußte, daß sie sich eben mit einem älteren Husserlschüler, Hans Theodor *Conrad*, verheiratet hatte. Als ich einmal wieder abends spät nach Hause kam, fand ich auf dem Tisch einen Brief aus Göttingen. Mein Vetter Richard *Courant* war seit kurzem dort Privatdozent für Mathematik und hatte sich eben mit seiner Studienfreundin Nelli *Neumann*, einer Breslauerin, verheiratet. Dieser Brief war von Nelli an meine Mutter gerichtet und enthielt den Dank für unser Hochzeitsgeschenk. Er schilderte auch das Leben des jungen Paares; und dabei kam dann der Satz: „Richard hat viele Freunde, aber wenig Freundinnen mit in die Ehe gebracht. Möchtest Du nicht Erna und Edith zum Studium herschicken? Das wäre dann etwas Ausgleich". Dies war der letzte Tropfen, der bei mir gerade noch fehlte. Am nächsten Tage teilte ich der staunenden Familie mit, daß ich im kommenden Sommersemester nach Göttingen gehen wolle. Da ihnen die ganze vorausgehende Entwicklung unbekannt war, kam es wie ein Blitz aus heiterm Himmel. Meine Mutter sagte: „Wenn es für dein Studium nötig ist, will ich dir gewiß nicht im Wege sein". Aber sie war sehr traurig — viel trauriger als es der Trennung für ein kurzes Sommersemester entsprach. „Es gefällt ihr nicht mehr bei uns", sagte sie einmal in meiner Gegenwart zur kleinen Erika. Das Kind hing sehr an mir. Sie liebte es, bei mir im Zimmer zu sein, während ich arbeitete. Ich setzte sie auf den Teppich und gab ihr ein Buch mit Bildern in die Hand. Dann war sie still beschäftigt und störte mich nicht. Man konnte ihr die besten Bücher geben. Sie beschädigte keines. Und sie verlangte keine andere Unterhaltung, sondern blieb ruhig und zufrieden da, bis sie jemand herausholte.

Der erste Schritt zur Ausführung meines Planes war eine Karte an meinen Vetter mit der Bitte, mir über die Vorlesungen der Göttinger Philosophen im nächsten Semester Auskunft zu verschaffen. Er schickte mir bald darauf die Druckbogen des neuen Vorlesungsverzeichnisses. Die Weinachtsferien benützte ich zum Studium der „Logischen Untersuchungen". Da sie damals vergriffen waren, mußte ich das Exemplar des Philosophischen Seminars benützen und verbrachte dort meine Tage. Professor Hönigswald kam auch öfters hin und fragte mich schließlich einmal, was ich denn die ganzen Ferien durch so eifrig studierte. „So, nichts Geringeres als Husserl!" war seine Antwort auf meine Auskunft. Jetzt ging das Herz auf. „Im Sommer gehe ich nach Göttingen", erzählte ich freudestrahlend. „O, wenn man nur selbst schon so weit wäre, etwas in dieser Richtung arbeiten zu können!" Er war etwas verblüfft. In jenem Winter hielt er zum erstenmal eine Vorlesung über Denkpsychologie; es war der Anfang seiner Auseinandersetzung mit der Phänomenologie, die später in eine scharfe Gegnerschaft ausartete. Damals war seine Ablehnung noch nicht so entschieden; es war ihm aber doch wohl nicht ganz recht, daß eine Schülerin mit fliegenden Fahnen in jene Lager überging. Mir war dieser Gedanke gar nicht gekommen. Bei aller Bewunderung für Hönigswalds Scharfsinn kam es mir nicht in den Sinn, daß er es wagen könnte, sich mit Husserl auf eine Linie zu stellen. Denn davon war ich damals schon überzeugt, daß Husserl der Philosoph unserer Zeit sei. Wenn von da ab in Hönigswalds Seminar die Rede auf Phänomenologie kam, wurde ich als „Sachverständige" aufgerufen.

Am Sylvesterabend trugen Lilli Platau, Rose und Hede Guttmann eine kleine Scherzdichtung vor. Sie hatten für jeden der Anwesenden eine Strophe mit dem bekannten Refrain: Ist das nicht um Kopf zu stehen? Sie sangen hinter einer Spanischen Wand, über die nur ihre Köpfe hervorragten. Beim Kehrreim verschwanden jedesmal die Köpfe, und es tauchten dafür die Füße auf (tatsächlich ausgestopfte Schuhe und Strümpfe, die sie über die Hände gezogen hatten). Meine Strophe lautete:

Manches Mädchen träumt von Busserl,
Edith aber nur von Husserl.
In Göttingen da wird sie sehn
Den Husserl leibhaft vor sich stehn.

Ich bekam aber auch noch etwas Ernsteres zu hören. In unserer Sylvesterzeitung stand ein Märchen von einem blauen Steinchen, das mir in zarter Symbolik klar machte, wie sehr meine Angehörigen und Freundinnen mein Versinken in der reinen Wissenschaft als menschlichen Verlust empfanden. Lilli hatte es verfaßt.

Allmählich wurden alle nötigen Vorbereitungen zum Aufbruch

getroffen. Nachdem für mich selbst der Sommer in Göttingen gesichert war, kam mir ein neuer Gedanke. Göttingen war ja nicht nur ein Paradies für Philosophen, sondern auch für Mathematiker. So machte ich Rose den Vorschlag mit mir zu gehen. Es lockte sie natürlich sehr, aber sie hatte Bedenken, ob sie es sich leisten könnte. Sie pflegte sich ja durch Privatstunden ihr Studium zu verdienen, und davon konnte an einer fremden Universität keine Rede sein; dort mußte dann alle Zeit ausgenützt werden, um die Anregungen aufzunehmen, die sie bot. Das war es aber gerade, was ich für Rose wünschte. Ihre ständige Überarbeitung in so jungen Jahren machte mir Sorge, und ich hätte sie gern wenigstens für ein paar Monate diesem Betrieb entzogen. Eines Tages, als ich mit meiner Mutter allein war, fragte ich scherzend: „Mutti, bist du eine reiche Frau?" Sie antwortete im selben Ton: „Ja, mein Kind; was möchtest du denn?" Nun rückte ich mit meinem Anliegen heraus, ob sie Rose die Mittel geben wollte, um ein Semester in Göttingen zu studieren. Sie war sofort dazu bereit. Als ich meiner Freundin das mitteilte, entschloß sie sich, mit mir zu gehen; nach Rücksprache mit ihren Angehörigen ergab es sich auch, daß sie es aus eigenen Mitteln konnte und die Güte meiner Mutter nicht in Anspruch zu nehmen brauchte. Unser Entschluß brachte auch bei Georg Moskiewicz den Plan zur Reife, noch einmal nach Göttingen zu gehen. Das war für uns sehr angenehm, weil er schon dort bekannt war und uns in den Kreis der Phänomenologen einführen konnte.

. Ich hatte nie daran gedacht für länger als ein Semester fortzugehen. Wenn das Studium an einer kleinen Universität auch damals ein billiges Vergnügen war, so kostete es immerhin mehr als wenn man zu Hause war. Und die von Kindheit an gewöhnte Sparsamkeit ließ den Wunsch gar nicht aufkommen, eine solche Mehrausgabe für längere Zeit in Anspruch zu nehmen. Darum schien mir auch die Betrübnis meiner Mutter über die bevorstehende Trennung übertrieben. Im tiefsten Herzen hatte ich aber — wie sie wohl auch — eine geheime Ahnung, daß es ein schärfer einschneidender Abschied sei. Und wie nun dieser kaum bewußten Ahnung entgegenzuarbeiten, tat ich etwas, was mich zur Rückkehr zwingen sollte: ich ging zu Professor Stern, um mir ein Thema für eine psychologische Doktorarbeit zu erbitten. Ich zog ihn den andern Philosophen vor, weil ich nach meinen bisherigen Erfahrungen glaubte, daß er mir am meisten freie Hand lassen würde. Aber darin hatte ich mich getäuscht. Er hatte unsere Kritik an seinen Methoden im Seminar immer freundlich und ohne jede Empfindlichkeit aufgenommen. Aber er war so festgelegt auf seine Idee, daß er durch nichts darin zu beirren war; und an den Arbeiten seiner Schüler wollte er doch auch eine Hilfe für die seinen haben. Das wurde mir aus unserer Unterredung ganz klar. Er empfing mich gütig wie immer, ging auch bereitwillig auf meinen Wunsch ein, obwohl ich ja noch reichlich jung war; aber was er mir vorschlug, das konnte nicht ernstlich für mich in Betracht kommen: Ich sollte — im Anschluß an das Referat, das ich in diesem Winter gehalten hatte — die Entwicklung des kindlichen Denkens bearbeiten, und zwar mit Ausfrageexperimenten, wie sie der unglückliche Mos zu seiner Qual seit Jahren betrieb. Da ich vorhatte, über Berlin und Hamburg nach Göttingen zu reisen, sollte ich von Berlin aus das „Institut für angewandte Psychologie" in Klein-Glieneke bei Potsdam besuchen und mir von Sterns Mitarbeiter Dr. Otto *Lipmann* das dort vorhandene Bildermaterial zeigen lassen, ob etwas für diese Arbeit Passendes darunter sei. Der Besuch in Klein-Glieneke war das Einzige, was ich für meine psychologische Dissertation getan habe.

Moskiewicz war mit Dr. Lipmann befreundet und meldete uns — sich selbst, Rose und mich — für einen Nachmittag dort an. Der Hausherr und seine reizende kleine Frau empfingen uns mit herzlicher Gastfreundschaft. Wir wurden zum Kaffee und Abendessen eingeladen, bekamen die netten Kinder vorgestellt und das ganze Häuschen gezeigt und machten einen schönen Spaziergang an den Havelsee, an dem der Ort liegt. Zwischendurch wurden wir auch einmal in die hellen Kellerräume geführt, in denen das „Institut" untergebracht war. Die Bildersammlungen, die in einem Schubkasten vorhanden waren, lockten mich wenig, und der kluge Dr. Lipmann bestätigte mir, daß damit nicht viel anzufangen sei.

Ich nahm die Erinnerung an einen netten Nachmittag mit und die Überzeugung, daß aus der Arbeit nichts werden könne. Es war von vornherein verfehlt, an eine psychologische Arbeit zu denken. Mein ganzes Psychologiestudium hatte mich ja nur zu der Einsicht geführt, daß diese Wissenschaft noch in den Kinderschuhen stecke, daß es ihr noch an dem notwendigen Fundament geklärter Grundbegriffe fehle und daß sie selbst nicht imstande sei, sich diese

Grundbegriffe zu erarbeiten. Und was ich von der Phänomenologie bisher kennen gelernt hatte, entzückte mich darum so sehr, weil sie ganz eigentlich in solcher Klärungsarbeit bestand und weil man sich hier das gedankliche Rüstzeug, das man brauchte, von Anfang an selbst schmiedete. Die Erinnerung an mein psychologisches Thema war anfangs in Göttingen noch ein leichter Druck, aber ich schüttelte ihn bald ab.

VI

Aus dem Tagebuch zweier Mädchenherzen

1.

Ehe ich daran gehe, über diesen neuen und so entscheidenden Lebensabschnitt zu berichten, muß ich die Geschichte meiner Schwester Erna fortführen. In meinem ersten Semester, im Sommer 1911, machte sie ihr Physikum. Die vielen Prüflinge waren in Gruppen zu je vier eingeteilt. Erna und Hans Biberstein waren natürlich in einer Gruppe und bereiteten sich zusammen vor. Sie hatten Mühe, noch zwei Gefährten zu finden, weil man ihren Fleiß und ihre guten Kenntnisse fürchtete. Da die Prüfung öffentlich war, ließ ich es mir nicht nehmen, ihr beizuwohnen. In Physiologie konnte ich sogar auf Grund meines Psychologiekollegs schon etwas vorsagen; darauf war ich sehr stolz. Erna schnitt mit dem Gesamtergebnis 1 ab; aber Hans, der begabte, fleißige und so ehrgeizige Hans hatte einen „Schwanz" — er hatte in Zoologie versagt und mußte in diesem Fach einige Zeit später noch einmal geprüft werden. Das Physikum gilt selbst mit mehreren „Schwänzen" noch als bestanden; sie kommen häufig vor, und andere Leute tragen sie mit Humor. Hans aber kränkte sich bitter und konnte lange nicht darüber hinwegkommen; fast noch mehr ärgerte sich unsere Mutter über die „Schande". Die gute Erna hätte von Herzen gern mit ihm getauscht und konnte ihrer blanken Eins nicht froh werden. Zum Glück ging es beim Staatsexamen besser. Hier ernteten beide auf allen Stationen eine Eins. Bald darauf durften sie die mündliche Doktorprüfung machen, ehe noch ihre Arbeiten abgeschlossen waren. Sie hatten beide in der inneren Klinik unter der Leitung eines tüchtigen jungen Assistenten — Dr. Felix *Rosenthal,* dem Sohn eines orthodoxen Rabbiners — serologische Untersuchungen gemacht, Erna an weißen Mäusen, Hans an Kaninchen; die Versuchsreihen waren abgeschlossen, das Zusammenschreiben der Ergebnisse durfte als unwesentlich bis nach der Prüfung verschoben werden.

Im Frühsommer 1914 waren die Prüfungen beendet. Sie hatten große Anforderungen gestellt, und nun war eine Erholung wohlverdient. Das Pärchen hätte sehr gern nach der gemeinsamen Arbeit eine gemeinsame Reise gemacht. Aber die beiden so ganz allein in die Welt hinausfliegen zu lassen, das ging doch zu sehr gegen alles Herkommen. Unsere Mütter kamen uns und sich selbst ohnehin schon immer wie Hennen vor, die junge Entlein ausgebrütet haben und sie nun mit Schrecken davonschwimmen sehen. Diesmal gab es einen entschiedenen Einspruch. Da griff ich ein, teils aus treuer Schwesterliebe und Freundschaft, teils aus Freude daran, den „Leuten“ ein Schnippchen zu schlagen. Ich schlug den beiden vor, mich in Göttingen zu besuchen, und das wurde vom Familienrat genehmigt. Ob der Gedanke ursprünglich von mir oder von Hans ausging, weiß ich nicht mehr. Jedenfalls kamen die beiden eines Tages nach Göttingen. Erna konnte bei mir wohnen, Hans wurde von einem Breslauer Bekanten gastfreundlich aufgenommen. Dieser gute Erich *Danziger* und eine ältere Breslauer Freundin, die in diesem Sommer in Göttingen studierte — Toni *Meyer* — halfen mir treu meinen Gästen den Aufenthalt angenehm zu machen. Es war ja noch mitten im Semester, ich hatte viel Arbeit und konnte mich nur verhältnismäßig wenig um sie kümmern. Aber ich hatte einen großen Plan für sie aufgestellt und sorgte dafür, daß sie die schönen Weser- und Leineberge, Kassel und seine herrlichen Bildergalerien, das entzückende alte Hannoverisch-Münden und Hildesheim kennen lernten. Hans mußte etwas früher abreisen. Mit Erna machten Danziger und ich noch zum Schluß eine mehrtägige Harzwanderung. Ich glaube fast, daß diese Tage für Erna die friedlichsten und schönsten waren. Auch in Göttingen waren die Stunden, in denen wir alle zusammen waren, ungetrübt fröhlich. Auf den Ausflügen zu zweien aber gab es, wie ich später hörte, häufig Zusammenstöße, die die Freude an der schönen Natur und den alten Kulturstätten störten.

Wenige Wochen nach diesem Besuch brach der Krieg aus. Hans meldete sich sofort zum Felddienst. Er wurde als Feldunterarzt eingestellt — alle, die damals gerade die Prüfung bestanden hatten, erhielten gleich die Approbation, nicht wie sonst erst nach einem

Praktikantenjahr; er kam zunächst in einen Lazarettzug und auf diese Weise häufig besuchsweise nach Breslau oder doch so in die Nähe, daß seine Mutter und Erna ihn besuchen konnten. Erst viel später wurde er Truppenarzt im Feld, erhielt die Beförderung zum Feldarzt und schließlich zum Feldoberarzt. Damit hatte er Offiziersrang und fühlte sich auch durchaus als Offizier. Erna wurde kurz nach Kriegsausbruch vom Chef der Universitäts-Frauenklinik, dem alten Geheimrat *Küttner* auf der Straße angehalten und gefragt, ob sie als Assistentin zu ihm kommen wolle. Natürlich sagte sie sofort zu: es war eine Ausbildungsmöglichkeit, auf die man im Frieden nie hätte rechnen können. Der Andrang zu diesen Stellen war sonst so groß, daß man froh war, wenn man als Volontär ankam und unentgeltlich zur Arbeit zugelassen wurde. Jetzt holte sich der alte Herr seine Schülerinnen zusammen, weil fast alle seine Mitarbeiter ins Feld mußten. Ich war gerade bei Erna und ihren Freundinnen in der Klinik zu Besuch, als der Oberarzt in Uniform ins Ärztekasino kam, um sich zu verabschieden, und sagte: „Meine Damen, machen Sie sich's hier bequem, Sie sind jetzt die Herren der Klinik". Lilli war auch unter den „Ersatz"-Assistenten, obwohl sie noch vor dem Staatsexamen stand. Sie und Erna bewohnten gemeinsam zwei Zimmer in der Klinik. Es war eine schwere und verantwortungsvolle Tätigkeit. Oft wurden sie in die Häuser der Armen zu gefährlichen Entbindungen gerufen und mußten unter den ungünstigsten äußeren Bedingungen Eingriffe machen, die sie bisher nur als Zuschauer mitangesehen hatten oder gar nur aus Büchern kannten. Diese „poliklinische" Tätigkeit wurde unentgeltlich geübt, weil die Armen das Material waren, an dem die jungen Ärzte lernen konnten. Es gab viel Aufregung bei diesen, oft nächtlichen, Fahrten, aber auch manche Freude. Und man reifte dabei zu Selbständigkeit und Sicherheit in der Ausübung des Berufs heran. Im Kasino herrschte ein fröhlicher, kameradschaftlicher Ton. Allerdings gab es auch Gelegenheit zu schlimmen menschlichen Erfahrungen. Wenn Erna nach Hause kam oder wenn wir sie in der Klinik besuchten, hatte sie immer viel zu erzählen. Neben der praktischen Berufstätigkeit schloß sie ihre Doktorarbeit ab und sammelte für Hans aus Büchern und Zeitschriften das literarische Material, sodaß auch er die seine beenden und abliefern konnte. Auch die Sorge für seine Mutter übernahm sie an seiner Stelle. Wenn Frau Biberstein krank war, mußte sie — wenn irgend möglich — täglich nach ihr sehen. Sonst wurde sie häufig zu uns oder in die Klinik eingeladen, um ihr die Zeit zu vertreiben. So erfüllte Erna alle Pflichten einer Braut und Schwiegertochter, ohne den Namen tragen zu dürfen.

Sie war wohl etwa anderthalb Jahre an der Frauenklinik tätig gewesen, als ihr eine Stellung im Städtischen Säuglingsheim angeboten wurde. Nach längeren Überlegungen und Beratungen nahm sie sie an, da ihr ja eine gute Ausbildung auf diesem Gebiet für ihre spätere Tätigkeit als Frauenärztin sehr nützlich sein mußte. Ebenso fanden wir es für nötig, sich Erfahrung in der inneren Medizin zu erwerben. Darum ging sie im Oktober 1916 als Assistentin auf die innere Station des Rudolf-Virchow-Krankenhauses nach Berlin. Es war das erstemal, daß sie auf längere Zeit die Heimat verließ. Zur selben Zeit ging ich nach Freiburg i.Br. Ich machte die Reise über Berlin und brachte sie — zusammen mit unserm Onkel Emil Courant, der ihr die Stellung verschafft hatte — in ihr neues Heim, ehe ich weiterfuhr. Als ich Ostern 1917 für die Ferien nach Breslau fuhr, hielt ich mich einen Tag und eine Nacht bei ihr auf. Das Virchow-Krankenhaus ist eine kleine Stadt für sich. In geraden, regelmäßigen Straßenzügen reihen sich die Pavillons aneinander. In einem netten Häuschen waren Ernas Station und die beiden Zimmer, die sie bewohnte. Für die Nacht überließ sie mir ihr Bett und schlief auf dem Sofa in ihrem Wohnzimmer. Wir ließen die Tür zwischen den beiden Räumen offen und sprachen abends noch lange miteinander. Ich fragte auch nach ihren Beziehungen zu Hans Biberstein, denn ich wußte, daß sie viel auf dem Herzen hatte, was nach Aussprache verlangte. Einige Zeit vorher hatte Lilli mir einmal verraten, daß Erna sich scheue, mit mir davon anzufangen, weil sie glaubte, ich hätte für solche Dinge keinen Sinn. Diese Auffassung, die wohl von der ganzen Familie geteilt wurde, war durchaus nicht richtig. Bei aller Hingabe an die Arbeit trug ich doch die Hoffnung auf eine große Liebe und glückliche Ehe im Herzen. Ohne irgendwelche Kenntnisse von katholischer Glaubens- und Sittenlehre zu haben, war ich doch ganz vom katholischen Eheideal erfüllt. Es kam vor, daß mir unter den jungen Menschen, mit denen ich zusammenkam, einer sehr gut gefiel und daß ich ihn mir als den künftigen Lebensgefährten dachte. Aber davon merkte kaum jemand etwas, und so mochte ich den meisten Menschen als kühl und unnahbar erscheinen. Auch Hans Biberstein mochte ich sehr gern, aber es stand von vornherein bei mir fest, daß er für mich nicht in Betracht käme, weil mir ganz klar war, wie Erna zu ihm stand.

Es hatte mir ein bißchen weh getan, daß sie sich den Freundinnen anvertraut hatte und mir nicht; aber ich konnte verstehen, wie es dazu gekommen war, und wußte, daß es ihr eine große Erleichterung sein würde, mit mir zu sprechen. So fragte ich geradezu: „Denkt ihr eigentlich daran, zu heiraten?" Fast weinend kam es zurück: „Wir können ja bald nicht mehr daran denken". Der Krieg dauerte jetzt schon das dritte Jahr und es war noch kein Ende abzusehen. Wenn Hans aber dann heimkäme, müßte er ganz von vorn mit seiner praktischen Ausbildung anfangen und könnte noch jahrelang nicht an Niederlassung denken. Außerdem hatte er immer den Wunsch gehabt, sich zu habilitieren, und sie wollte doch nicht gern, daß er ihr die wissenschaftliche Laufbahn zum Opfer brächte. Ich wußte für all diese Sorgen — vom Kriegsende abgesehen — schnell Abhilfe. „Du mußt alles darauf einstellen, daß Du Dich möglichst bald niederlassen kannst. Dann müßt Ihr für den Anfang von deiner Praxis leben". Erna hielt es für unwahrscheinlich, daß Hans darauf eingehen würde. Aber ich ließ keine Bedenken gelten. „Es bleibt ihm doch gar nichts anderes übrig. Wie lange sollt ihr denn noch warten?"

Im Sommer 1917 kamen Erna, Rose und Lilli zu mir nach Freiburg und wir gingen zusammen für einige Wochen in den Schwarzwald. Auf der einsamen Höhe des Herzogenhorn lebten wir so frei und ungezwungen und so einträchtig wie früher im schlesischen Gebirge. Als es sich um die Frage handelte, ob Erna nach Ablauf des ersten Berliner Jahres an die Frauenklinik nach Breslau zurückkehren solle, riet ich entschieden dazu, trotzdem mancherlei Unannehmlichkeiten auf sie warteten. Es schien mir der geradeste Weg zum Abschluß ihrer Ausbildung als Frauenärztin. In den folgenden Sommerferien hatten Rose und Lilli das Verlangen, etwas Neues kennenzulernen. Erna aber schloß sich ihnen nicht an, sondern zog es vor, wieder zu mir zu kommen. Wir blieben diesmal in Freiburg, und ich machte sie in meinen freien Stunden mit der schönen Umgebung bekannt. Sie stand wieder vor einer Entscheidung, über die sie mit mir beraten wollte. In einigen Monaten wollte sie sich niederlassen. Unsere Mutter wollte sie am liebsten im Hause haben und wollte ihr zwei nebeneinanderliegende Räume im Erdgeschoß als Warte- und Sprechzimmer einrichten. Andere Leute aber redeten ihr zu, eine Wohnung im Süden der Stadt zu wählen, weil dort die reichen jüdischen Familien wohnten; da wäre mehr Aussicht auf eine einträgliche Praxis als bei uns im Nordosten, wo man hauptsächlich mit Proletariern, bestenfalls mit kleinen und mittleren Beamten zu rechnen hätte, jedenfalls vorwiegend mit Kassenpatienten. Erna zog es nicht zu den reichen und verwöhnten Damen des Südens. „Ich glaube, ich würde es doch nicht verstehen, mit diesen Leuten umzugehen. Ich will ja auch keine Reichtümer sammeln; wenn ich nur soviel verdienen kann, wie wir zum Leben brauchen". Das war durchaus in meinem Sinn. Dazu kamen noch die praktischen Erwägungen, daß in jener Zeit eine Wohnungseinrichtung kaum erschwinglich war, und daß Erna im Hause unserer Mutter stets auf die Hilfe der Schwestern rechnen konnte, während sie anderswo mit fremdem Personal arbeiten müßte. So entschlossen wir uns für einen bescheidenen Anfang in der Michaelisstr. 38.

Wenige Monate danach kam der große Zusammenbruch, das Ende des Krieges, die Revolution. Zur Beruhigung meiner Mutter ging ich damals nach Hause — nicht, als hätten die politischen Verhältnisse ihr Furcht eingeflößt; das konnten sie nicht; aber sie hätte mich in so unruhigen Zeiten sehr ungern in so weiter Ferne gewußt. Zur selben Zeit etwa gab auch Erna ihre Stellung an der Frauenklinik auf, um ihre Niederlassung vorzubereiten. Und so kehrten wir gleichzeitig ins Elternhaus zurück und bezogen wieder unser gemeinsames Schlafzimmer im Giebel. Sie durfte sich für ihre Praxis die schon erwähnten Zimmer im Erdgeschoß einrichten. Mir aber stellte meine Mutter in der Freude, mich wieder daheim zu haben, den großen „Saal" im ersten Stock als Arbeitszimmer zur Verfügung.

Es dauerte sehr lange, bis Hans aus dem Feld zurückkam. Für ihn hatte der Krieg bis zuletzt einen romantischen Schimmer behalten, und er konnte sich in den Zusammenbruch durchaus nicht finden. Als sein Hauptmann — Professor *Lehnel*, ein Freiburger Jurist — fiel, ließ er bei jedem Stellungswechsel die Leiche wieder ausgraben und brachte sie auf dem langen Rückzug wirklich bis in die Heimat mit — „wie die alten Goten ihren toten König", sagte er selbst. Nach Ausbruch der Revolution sorgte er mit dem neuen Hauptmann dafür, daß ihre Mannschaften nicht auseinander liefen, sondern in geordnetem Zuge heimkämen. Mit dem Revolver in der Hand ritten sie neben den Leuten her, „um die Bande in Zucht zu halten“. Es war nicht nötig, von dem Revolver Gebrauch zu machen. Der feste Ordnungswille genügte. In Deutschland erwartete Hans, zwei große Parteien zu finden: eine republikanische und eine Kaiserpartei; und er wollte sich mit Begeisterung für den Kaiser einsetzen. Er konnte es gar nicht fassen, daß niemand es wagte, sich zur Monarchie zu bekennen. Als er Ende Dezember endlich nach Breslau gelangte, fand er seine Braut und seine Mutter als Mitglieder der „Deutschen Demokratischen Partei“, und bei den Wahlen blieb ihm auch nichts anderes übrig als sich dafür zu entscheiden, denn weiter rechts konnte er als Jude auf keine Sympathien rechnen.

Lagen so über dem Wiedersehen schwere Schatten — das Glück des Vereintseins nach der jahrelangen Trennung brach doch siegreich durch. Eines Tages erschien Hans in feierlichem Schwarz bei meiner Mutter, um nun endlich in aller Form um Ernas Hand anzuhalten. In „meinem“ Saal wurde die Verlobung von beiden Familien mit herzlicher Freude gefeiert. Bald darauf gab es allerdings eine neue Trennung. Hans mußte ja nun erst mit seines spezialärztlichen Ausbildung beginnen. Er wollte wie sein Bruder Fritz Dermatologe werden und ging jetzt zunächst für ein Jahr zu dem Bakteriologen Professor *Morgenroth* nach Berlin. Berlin in der Nachkriegszeit mit seinen bolschewistischen Unruhen, den Streiks, den Drahtverhauen und Barrikaden in den Straßen — eine schlimmere Umgebung hätte es für ihn kaum geben können. Er vergrub sich ganz in seine Arbeit; er, der die Geselligkeit so liebte, hatte gar keine Lust, auszugehen. Natürlich hatte er Heimweh und war meist in sehr trüber Stimmung. Während dieses Jahres (1919) hatte ich zweimal einige Tage in Berlin zu tun. In diesen Tagen lebte er auf. Er holte mich schon früh, ehe er in seinen Dienst ging, am Bahnhof ab und brachte mich zu meinen Verwandten: seit Onkel David Courant in Berlin wohnte, hatte ich dort mein Absteigquartier, und in diesem gastlichen Haus war auch Hans stets willkommen. Soviel es seine und meine Zeit erlaubte, waren wir zusammen, er ging auch mit mir ins Theater, was er sonst kaum tat. Er war sehr dankbar für diese Besuche; aber sie verstärkten noch seinen stillen Ärger darüber, daß Erna das ganze Jahr hindurch nicht nach Berlin kam. Er sah darin ein Zeichen von Gleichgültigkeit und trug es ihr noch nach, als sie schon längst verheiratet waren. Sicherlich sehnte sich Erna nicht weniger nach einem Zusammensein als er, aber sie hatte ihre junge Praxis zu versehen, und die Familie hätte sich dem Plan einer Fahrt nach Berlin „ohne besondere Veranlassung" sicher widersetzt; bei ihrer leichten Beeinflußbarkeit genügte das für sie, um auf ihren stillen Wunsch zu verzichten. Hans spürte diesen Einfluß der Familie genau, und das wurde der Anfang einer feindseligen Einstellung, die sich immer mehr steigerte.

Für den 1. Februar hatte Erna in den Zeitungen den Beginn ihrer Praxis bekannt gegeben. Am Haus und am Gitter unseres Vortgärtchens war ein Schild angebracht und daneben eine Nachtglocke; die Leitung führte in unser Schlafzimmer. In der Nacht vom 31. Januar zum 1. Februar wurde ich zum erstenmal durch die Nachtglocke geweckt. Ich mußte Erna erst rufen. Sie fuhr schlaftrunken in die Höhe. „Du mußt jetzt ans Fenster gehen", sagte ich. Sie kam erst allmählich zur Besinnung. Richtig — es stand ein Mann unten, um sie zu seiner Frau zu holen: in ein Proletarierhaus in einer sehr finsteren Gegend. Nach einigen Stunden kam sie nach einem erfolgreichen Eingriff zurück. Die Praxis richtete sich erstaunlich schnell ein. Die ganze Familie nahm lebhaften Anteil daran und wollte am liebsten über jeden Fall genauen Bericht haben, sodaß Erna manchmal kopfschüttelnd abwehrte, da es ja bekanntlich eine Schweigepflicht gäbe. Im Winter erkrankte eine ältere Cousine an einem schweren Unterleibsleiden. Sie wurde von einem „berühmten" Frauenarzt operiert (meine Mutter und Hans nahmen das sehr übel), Erna wurde nur gebeten, der Operation beizuwohnen, und als der Zustand der Kranken sich nachher verschlimmerte und hoffnungslos wurde, verlangte sie häufig nach ihr. Einmal wurde Erna noch spät am Abend in die Klinik gerufen; zum Rückweg in der kalten Winternacht konnte sie kein anderes Gefährt finden als einen offenen Schlitten. Die Folge war ein schwerer Bronchialkatarrh, der lange nicht weichen wollte. Zusammen mit den Anstrengungen eines Arbeitsjahres, in dem sie sich keine Erholung gegönnt hatte, und den Aufregungen dieser Tage ergab das eine große Erschöpfung: sie sah elend aus und magerte ab. Im November starb unsere Cousine, im Januar 1920 kam Hans nach Breslau zurück, um dauernd daheim zu bleiben. Er begann nun seine Tätigkeit an der Universitätsklinik: erst als Volontär, später als etatsmäßiger Assistent; schließlich rückte er zum Oberarzt auf. Er hatte sich herzlich auf diese Heimkehr gefreut; nun fand er seine Mutter und seine Braut leidend vor. Dieses Mißgeschick empfand er wie eine persönliche Kränkung; er empörte sich darüber wie ein verwöhntes Kind. Er verlangte, daß Erna jeden Tag Temperatur messen müsse, tatsächlich zeigte sich abends meist eine leichte Steigerung. Nun war für ihn kein Zweifel mehr, daß die Lunge angegriffen sei. Meine Mutter war außer sich. Sie kannte kein ärgeres Schreckgespenst als die „Schwindsucht", und es schien ihr ausgeschlossen, daß in unserer gesunden Familie so etwas vorkommen könnte. Das tägliche Messen erschien ihr als die Wurzel des Übels; sie glaubte, daß Hans durch seine schwarzen Befürchtungen nur alle quälen wolle. Das war wohl nun nicht ganz richtig, aber der Ärger über die Familie spielte doch neben seiner Besorgnis eine große Rolle: Zu ihm hätte sie nicht kommen dürfen, aber um der Verwandten willen, denen sie als behandelnder Arzt nicht gut genug war, hätte sie ihre Gesundheit aufs Spiel setzen müssen. Schließlich schickten wir sie mitten im Winter für einige Wochen ins Riesengebirge. Dort erholte sie sich schnell und konnte ihre Praxis bald wieder aufnehmen.

Als Erna abgereist war, nahm ich mir meinen Schwager vor und bat ihn um das Versprechen, Erna während ihrer Erholungszeit Ruhe zu lassen und sie mit keinerlei Klagen oder Vorwürfen zu quälen. Wenn er oder seine Mutter sich durch irgend jemanden aus der Familie beleidigt fühlten — ein Fall, mit dem man erfahrungsgemäß in kurzen Abständen immer wieder rechnen mußte — dann sollte er es mir sagen; ich wollte mir die größte Mühe geben, Abhilfe zu schaffen. Nach einigem Zögern ging er darauf ein.

2.

Ich wohnte damals nicht zu Hause. Als unsere Cousine Selma *Schlesinger* starb, war ich in Hamburg, kam aber bald darauf nach Breslau zurück. Ihre Mutter — Tante Bianca, die älteste Schwester meiner Mutter — hatte die letzten Jahre mit ihr allein gelebt. Die älteste Tochter war in Budapest verheiratet, die zweite leitete ein Kinderheim im Berlin. Der einzige Sohn, der Stolz der ganzen Familie, hatte eine große ärztliche Praxis in Berlin. Tante Bianca war damals 75 Jahre alt, sie hatte ein unheilbares Augenleiden und war auch sonst kränklich. Trotzdem besorgte sie ihren kleinen Haushalt noch allein mit einem ganz jungen Dienstmädchen. Die Pflege ihrer jüngsten Tochter, die bis zu ihrer Erkrankung einen Vertrauensposten als Büroangestellte bekleidete, war ihre Hauptbeschäftigung. Natürlich hatte sie der Verlust dieses geliebten Kindes sehr hart getroffen, und man konnte sie jetzt nicht allein lassen. Der Familienrat beschloß, daß eine ihrer Nichten bei ihr schlafen müsse. Erst war es Grete Pick, dann Martha Burchard. Aber beide waren tagsüber außerhalb des Hauses beruflich tätig und empfanden es als große Last, wenn sie sich abends nicht in ihr gewohntes Heim zurückziehen konnten. Beim ersten Besuch nach meiner Rückkehr durchschaute ich diese Situation und sagte zu meiner Mutter, als wir aus dem Hause heraustraten, ich würde recht gern zu der Tante übersiedeln, da die andern doch offenbar nur gezwungen bei ihr blieben. Meine Mutter war sehr erfreut über diesen Vorschlag, und auch allen andern Beteiligten war er willkommen. Am Neujahrstag übernahm ich mein neues Amt. Die Tante begrüßte mich überrascht und gerührt. „Bist du wirklich zu mir gekommen? Ich habe es gar nicht glauben können". Tatsächlich war ich in diesem Hause fremder als bei den andern Verwandten. Aus einem sehr eigenartigen Grunde hatte der Verkehr zwischen den beiden Familien Jahre hindurch geruht. Unsere älteste Cousine Jenny war in ihrer Jugend mit unserm Schwager Max Gordon verlobt. Er hatte die Verbindung gelöst, weil man ihn drängte zu heiraten, ehe er noch imstande war, eine Frau zu ernähren. Als er sich viele Jahre später mit meiner Schwester Else verlobte, wurde das von der ganzen Familie Schlesinger als eine schwere Kränkung empfunden und sie betraten unser Haus nicht mehr, obgleich meine Mutter doch an dieser Verlobung gänzlich unschuldig war. Man muß der Tante ihren Schmerz darüber zugute halten, daß ihre drei schon reichlich bejahrten Töchter noch unverheiratet waren. Als es endlich noch glückte, für ihre Älteste einen Mann zu finden — einen Witwer mit drei Töchtern — söhnte sie sich sofort mit meiner Mutter aus.

Häusliche Pflichten brauchte ich nicht zu übernehmen. Im Gegenteil, es kam darauf an, daß die Tante wieder jemanden zu betreuen hatte. Sie hatte ihr Nähtischchen auf einem erhöhten Platz am Fenster, sodaß sie die Strasse gut übersehen konnte. Das mußte nun mein Arbeitsplätzchen werden. Wenn ich dort schrieb und sie nicht gerade in der Küche beschäftigt war, saß sie ganz still mit ihrem Strickstrumpf am andern Fenster und sah mir ehrfürchtig zu. Für jedes Viertelstündchen, das ich mit ihr verplauderte, war sie herzlich dankbar; ebenso, wenn ich ihr etwas vorlas, da sie selbst mit ihren schwachen Augen kaum noch etwas lesen konnte.

3.

Wenn Hans in jenen Wochen etwas auf dem Herzen hatte, holte er mich hier ab und ich begleitete ihn zur Klinik. Manchmal verabredeten wir uns auch in der Klinik und machten dann gemeinsam einen Besuch in der Michaelisstr. 38. Ich lernte nun aus eigener Erfahrung die Diskussionen kennen, in die Erna beständig verwickelt wurde; sie griffen mich nur viel weniger an als sie. Ich will einen Fall anführen, der mir noch in Erinnerung geblieben ist. Hans und seine Mutter wollten einen Abend bei uns zubringen. Frau Biberstein kam von ihrer Wohnung aus, Hans aus der Klinik. Er kam meist lange nach unserer gewöhnlichen Abendessenszeit. Da meine Mutter, wenn sie aus dem Geschäft kam, Verlangen nach heißem Tee hatte und überhaupt nicht gern spät aß, warteten wir nicht auf ihn. Er bekam später allein serviert. An jenem Abend hatte Rosa für ihn statt unseres einfachen Abendmahls ein Beafsteak vorbereitet, da sie fand, daß er nach der langen Dienstzeit etwas Kräftiges brauchen könnte. Es war ihr aber nicht eingefallen, auch für seine Mutter eins aufzutragen. Ich weiß nicht, ob sie schon zu Hause ihr Abendessen genommen hatte oder an dem unsern teilnahm. Jedenfalls wurde ihr Tee, süßes Gebäck und Obst vorgesetzt, wie wir alle es noch am späteren Abend zu nehmen pflegten, wenn Gäste da waren. Aber das nicht vorhandene Beafsteak wurde als Zeichen der Nichtachtung und Gleichgültigkeit schwer übel genommen. Ich blieb ganz ernsthaft, während ich diese schwere Anklage hörte. Ich versicherte natürlich mit aller Entschiedenheit, daß Rosa jede kränkende Absicht fern gelegen habe, aber ich wollte dafür sorgen, daß sie sich entschuldigte. Tatsächlich besprach ich die Angelegenheit mit ihr unter vier Augen, redete ihr gut zu, zur Wiederherstellung des Friedens dieses Opfer zu bringen, da man die Menschen nun einmal nehmen müsse, wie sie seien, und bewog sie, brieflich um Verzeihung für die unbeabsichtigte Kränkung zu bitten. Das genügte, um Mutter Biberstein zu versöhnen, und es herrschte nun wieder Ruhe bis zur nächsten Gelegenheit.

Diese Aussprachen zwischen Hans und mir dienten nur zur Befestigung der alten Freundschaft. Ich erinnere mich, daß er einmal in einer solchen Unterredung in sehr herzlichem Ton sagte: „Du weißt doch, daß ich nächst Erna zu dir das größte Vertrauen habe — ein fast unbegrenztes". Wir gerieten nie aneinander, wie es in unserer Studentenzeit manchmal geschehen war. Das lag daran, daß ich meine Einstellung zu den Menschen und zu mir selbst völlig geändert hatte. Es kam mir nicht mehr darauf an, Recht zu behalten und den Gegner unter allen Umständen „unterzukriegen". Und wenn ich noch immer einen scharfen Blick für die Schwächen der Menschen hatte, so benützte ich das nicht mehr, um sie an ihrer empfindlichen Stelle zu treffen, sondern um sie zu schonen. Auch die erzieherische Einstellung, die ich wohl immer noch hatte, hinderte mich daran nicht. Ich hatte es gelernt, daß man Menschen nur sehr selten bessert, indem man ihnen „die Wahrheit sagt": das kann nur dann helfen, wenn sie selbst das ernste Verlangen haben, besser zu werden, und wenn sie einem das Recht zur Kritik einräumen. So war es auch in jenen Gesprächen mit meinem Schwager für mich das Wichtigste, daß ich ihn und seine Mutter in ihrer uns so fremden Wesensart besser kennenlernte. Ich habe Erna dadurch später oft beistehen können.

Im Laufe des Jahres 1920 wurde die Hochzeit vorbereitet. Die Wäscheaussteuer wurde für beide im Guten Hirten-Kloster genäht. Die Möbel ließ meine Mutter aus gutem Holz, das sie für diesen Zweck zurückgelegt hatte, von einigen ihrer Kunden arbeiten. Hans wollte alles möglichst elegant und modern und war nicht leicht zufrieden zu stellen.

Das Schwerste war, eine passende Wohnung zu finden. Es war die Zeit der größten Wohnungsnot. Während der Kriegsjahre hatte in ganz Deutschland die Bautätigkeit stillgestanden. Dazu kam, daß sich in Breslau die Flüchtlinge aus Posen und Oberschlesien zusammendrängten. Man konnte nur auf Karten durch Vermittlung des Wohnungsamtes eine Unterkunft bekommen. Erna und Hans hatten

No. 23000 (es war etwas darüber, ich weiß die genaue Zahl nicht mehr). Es war klar, daß sie darauf nicht warten konnten. Es blieb nichts übrig als den Giebel unseres Hauses für sie herzurichten. Dazu mußte erst eine sehr unangenehme Haushälterin, die nicht in Güte zum Ausziehen zu bewegen war, durch ein langes Gerichtsverfahren ausquartiert werden.

Während dieses ganzen Jahres war ich in Breslau. Es brannte mir zwar dort der Boden unter den Füßen. Ich befand mich in einer inneren Krisis, die meinen Angehörigen verborgen war und die in unserm Hause nicht gelöst werden konnte. Doch ich hätte nicht fortgehen mögen, ehe Ernas Los entschieden war. Ihre Brautzeit war eine lang ausgedehnte Qual. Wenn sie morgens aus unserm Giebelzimmer herunterkam, saß ich gewöhnlich schon an meinem Schreibtisch bei der Arbeit. Dann kam sie regelmäßig herein, um mir zu berichten, was sich am Abend vorher zugetragen hatte. Die Verlobten waren ja täglich bei uns oder bei Bibersteins zusammen. Sehr oft fing sie mit den Worten an: „Ich weiß mir keinen Rat mehr, ich bin am Verzweifeln". Dann ließ ich sie auf dem Stuhl neben meinem Schreibtisch — mir schräg gegenüber — niedersetzen (meine Freundin Trude *Kuznitzky* nannte ihn immer den „Sprechstunden-Stuhl") und alles erzählen und riet ihr, so gut ich konnte. Meine Richtschnur war immer: Nachgeben in allem, was kein Unrecht wäre. Nach der Aussprache ging sie erleichtert hinunter: zum Frühstück und in ihre Sprechstunde. Es handelte sich meist um ähnliche Fälle wie der, den ich vorhin als Beispiel erzählte. Aber es stand doch etwas Ernsteres dahinter. Als Hans sich entgegen seinen jugendlichen Zukunftsplänen zur Heirat entschloß, hielt er daran fest, daß er sich von seiner Mutter nicht trennen wolle, und Erna willigte darein, daß sie zu ihnen ziehen solle. Aber die ganze Familie riet ihr davon ab, mit der Schwiegermutter gemeinsamen Haushalt zu führen, und sie selbst fürchtete sich davor. Auch Hansens Verwandte, die seine schöne und liebenswürdige Braut bald ins Herz geschlossen hatten, redeten heimlich auf meine Mutter ein, sie solle so etwas nicht zugeben, Erna würde zu viel zu leiden haben. Oft genug sagte meine Mutter in Gegenwart von Frau Biberstein, sie selbst hätte sich immer vorgenommen, niemals zu einem Kinde ins Haus zu ziehen. Praktisch löste sich die Frage dadurch, daß sich keine passende Wohnung fand. In unserm Giebel konnte die Mutter unmöglich mit untergebracht werden. Außerdem sollte sie ihre Wohnung im Süden behalten, um sie für Hans zu sichern, wenn er sich einmal niederlassen wollte. So brauchte das gefährliche Thema zwischen den Beteiligten gar nicht ausdrücklich verhandelt zu werden. Aber Mutter Biberstein und Hans spürten doch deutlich, wie froh meine Angehörigen über die ihnen so schmerzliche Lösung waren und daß selbst Erna aufatmete. Und daraus ergab sich jene Feindseligkeit besonders gegen meine Mutter, von der ich früher sprach. Die beiden wurden ganz blind gegen ihre großen menschlichen Vorzüge und behandelten sie mit so wenig Achtung, wie es ihr sonst kaum je begegnete. Daß sie sich dadurch gekränkt fühlte und dem Schwiegersohn nicht herzlich entgegenkommen konnte, ist begreiflich. Noch mehr als das, was ihr selbst widerfuhr, ging meiner Mutter das zu Herzen, was ihr Kind zu leiden hatte und vermutlich ihr ganzes Leben hindurch leiden müßte. Diese Sorge wurde manchmal so groß, daß sie eine Lösung der Verlobung ins Auge faßte, obwohl sie doch als echte jüdische Mutter nichts sehnlicher wünschte als ihre Töchter gut verheiratet zu sehen. Wenn Erna „am Verzweifeln" war, dann tauchte auch bei ihr mitunter dieser Gedanke auf. Aber ich ließ ihn nicht aufkommen. Ich war fest davon überzeugt, daß die beiden für einander bestimmt seien und daß besonders Ernas Leben zerstört wäre, wenn die Ehe nicht zustande käme. Ich hoffte auch, daß vieles besser würde, sobald sie erst einmal verheiratet wären, weil viele Mißverständnisse durch das Zusammenwachsen im gemeinsamen Leben von selbst verschwinden würden.

Anfang Dezember wurde die Hochzeit gefeiert. Es waren zwei Tage dafür nötig, weil selbst unsere großen Räume für die Zahl der Gäste nicht ausreichten. Am Tage der standesamtlichen Trauung kamen abends unsere Vettern und Cousinen sowie die nächsten Freundinnen, Lilli und Rose mit ihren Verlobten. Zur kirchlichen Trauung mit dem anschließenden Hochzeitsmahl waren nur die Geschwister des Brautpaares mit ihren Kindern und die Geschwister der Eltern geladen (d.h. zur Trauung kamen alle Verwandten und Bekannten, aber die ungeladenen Gäste zogen sich sofort danach zurück). Bei unserer ausgedehnten Familie ergab dieser „engste Kreis" noch eine Tafel von über 50 Personen.

Mir ging es damals gesundheitlich recht schlecht, wohl infolge der seelischen Kämpfe, die ich ganz verborgen und ohne jede menschliche Hilfe durchmachte. Am Morgen der standesamtlichen Trauung, während die letzten schweren Möbel die Treppen hinaufgetragen wurden, lag ich mit heftigen Schmerzen in einem unserer Schlafzimmer auf der Chaiselongue und zuckte bei jedem Geräusch zusammen. Als Erna einmal heraufkam, sagte sie, sie könne das nicht mitansehen und gab mir etwas Morphium. Abends war ich wieder ganz munter. Anfangs beteiligte ich mich nicht am Tanz. Aber als ich schon zu vorgerückter Stunde neben Hans am Flügel stand, begann plötzlich eine altbekannte, lebhafte Melodie. „Ist das nicht ein Dreher?“ fragte ich. Dieser Tanz war in unserer Studentenzeit aufgekommen, und ich hatte ihn von Hans gelernt. „Ja“, sagte er, „hast du etwa Lust zu tanzen? Ich habe es bisher nicht gewagt, dich zu bitten, weil es dir nicht gut war“. Wir fingen an und tanzten den ganzen etwas wilden Tanz durch. Als Hans mich dann zu einem Stuhl führen wollte, ging die Musik in einen langsamen Walzer über, „So“, sagte er, „nun müssen wir doch den Leuten zeigen, daß wir auch vornehm tanzen können“, und wir tanzten noch den ganzen Walzer durch. Es war für mich das letztemal, daß ich richtig tanzte. Nach Jahren habe ich es noch ein paarmal mit meinen Schülerinnen getan, wenn sie an Fastnacht sehr darum baten.

Die kirchliche Trauung fand bei uns im Hause statt. Ich richtete mit meinem Bruder Arno zusammen den Saal dafür her. Bei den jüdischen Trauungen sitzt die Braut zunächst auf einem abgesonderten Platz, während der Bräutigam mit dem Rabbiner und den andern Männern — es müssen mindestens zehn sein — in einem andern Raum betet. Dann spricht der Rabbiner einen Segen über sie, ehe sie der Bräutigam in feierlichem Zuge zum eigentlichen Trauakt unter den „Brauthimmel“ holt. Wir stellten den Sessel für Erna an einen Pfeiler zwischen zwei Fenster, wo sonst mein Schreibtisch stand. Darüber hing ein Bild des hl. Franziskus von Cima. „Das müssen wir wohl fort tun“, sagte Arno, in dem Gefühl, daß der Heilige wohl kein ganz passender Zeuge bei einer jüdischen Trauung sei. „Laß es ruhig hängen“, erwiderte ich, „es wird niemand darauf achten“. Es blieb an seinem Platz. Erna war eine ungewöhnlich schöne Braut. Auf dem liturgisch geschmückten Sessel zwischen grünen Pflanzen saß sie wie eine orientalische Prinzessin. Ich sah auf den hl. Franziskus über ihrem Kopf, und es war mir ein großer Trost, daß er da war.

Das Brautpaar fuhr nach der Hochzeit ins Riesengebirge. Erna schrieb mir von dort einen überglücklichen Brief. Sie müßte mir sagen, wie schön es sei, weil sie wüßte, daß ich mich mit ihr freuen würde. Nun war ich beruhigt und fühlte mich frei, für mich selbst Sorge zu tragen.

VII

Von den Studienjahren in Göttingen

1.

Es war ein weiter Weg, den ich zurückgelegt hatte, von jenem Apriltage i.J. 1913, an dem ich zum erstenmal nach Göttingen kam, bis zum März 1921, als ich wieder einmal dorthinfuhr — der größten Entscheidung meines Lebens entgegen.

Das liebe Göttingen! Ich glaube, nur, wer in den Jahren zwischen 1905 und 1914, der kurzen Blütezeit der Göttinger Phänomenologenschule, dort studiert hat, kann ermessen, was für uns in diesem Namen schwingt.

Ich war 21 Jahre alt und voller Erwartung dessen, was nun kommen sollte. In den Ferien hatte ich noch einen Besuch in Hamburg gemacht. Vor Ende April waren keine Vorlesungen; aber am 15. war offizieller Semesterbeginn, dann waren die Amtsräume der Universität in Betrieb, ich konnte die Immatrikulation und alle andern äußeren Geschäfte erledigen und gleich richtig mit der Arbeit einsetzen, wenn das Leben in den Hörsälen begann. Ich reiste also am 17. April von Hamburg ab. Mein Schwager Max war etwas besorgt, mich so allein in eine ganz fremde Umgebung ziehen zu lassen. Er fragte, ob ich nicht wenigstens die erste Nacht bei Courants schlafen könnte statt in der Studentenwohnung, die sie für Rose und mich besorgt hatten. Das lehnte ich natürlich ab. Ich meldete mich nur bei ihnen an, und Richard holte mich am Bahnhof ab, obgleich er gerade einen schlimmen Fuß hatte. Es war schon Abend, und er führte mich in der Dunkelheit in das neue Heim. Rose sollte erst einige Tage später aus Berlin kommen. Ich war sehr erfreut, als eine junge Frau mit hübschem, freundlichem Gesicht die Tür öffnete. Später gestand sie mir, daß auch sie bei meinem Anblick angenehm überrascht war. Sie hatte noch nie Studentinnen im Haus gehabt und dachte, sie seien alle alt und häßlich. Fast in jedem Bürgerhaus in Göttingen wohnten Studenten. Viele Wirtinnen nahmen grundsätzlich keine Damen auf. Manche hatten moralische Vorurteile. Andere fürchteten, daß ihre Küche zuviel zum Waschen, Kochen und Bügeln in Anspruch genommen würde oder daß im Zimmer durch einen Spirituskocher Schaden angerichtet würde. Es war sehr peinlich, wenn man Wohnung suchte und dann ein mürrisches Gesicht durch einen Spalt herausguckte, um ein paar abweisende Worte zu murmeln. Wir hatten es also sehr gut getroffen.

Das Haus lag in der Langen Geismarstr., einer engen Kleinstadtgasse, die vom Innern der Stadt zum Albanikirchhof heraufführte; es war No. 2., dicht am Kirchhof — mit „Kirchhof" werden in Göttingen die Kirchplätze bezeichnet. Der Albanikirchhof liegt an der Grenze der alten Stadt. Weiter außerhalb ziehen sich nette Villenstraßen mit den Häusern der Professoren und den vornehmeren Pensionen hin. St. Albani ist die älteste Kirche, hat eine ganz glatte Fassade und einen schweren Turm. Die Glocke läutete noch dreimal am Tage den Angelus und verriet dadurch ihre katholische Vergangenheit. Ich hörte das Läuten; seine Bedeutung kannte ich nicht. Gleich am Tage nach meiner Ankunft begann ich meine Erkundungsgänge. Von Kindheit an hatte es mir Freude gemacht, auf Entdeckungen auszugehen. Wenn Erna und ich in Breslau oder Hamburg allein spazieren geschickt wurden, sagte ich gewöhnlich: „Heute wollen wir aber wohingehen, wo wir noch nie gewesen sind". Jetzt hatte ich eine ganze Stadt und ihre nähere und fernere Umgebung zu erobern. Es gab genug zu sehen. Man brauchte nur die Lange Geismarstr. hinunterzugehen und rechts um die Ecke zu biegen, dann war man gleich am Marktplatz. Da stand das schöne gotische Rathaus; an seinen Fenstern blühten rote Geranien, die lustig von den alten, grauen Steinen abstachen. Davor war der reizende Gänseliesel-Brunnen von Schaper. Nicht weit davon in einer Seitenstraße lag das schönste alte Haus von Göttingen, die „Mütze" genannt, eine altdeutsche Weinstube mit Fachwerkgiebel und Butzenscheiben. Vom Markt gerade nach Norden führt die Hauptstraße der Stadt, die *Weenderstr.*, in der nachmittags der große „Bummel" stattfindet, zum Weender Tor. Auf der rechten Seite, etwa in der Mitte, erhebt sich das Wahrzeichen von Göttingen, der hohe Jakobikirchturm. Zusammen mit den beiden weniger stattlichen Türmen der Johanneskirche bestimmt er das Stadtbild, wenn man aus der Ferne darauf sieht. Auf der gegenüberliegenden Straßenseite ist die berühmte Konditorei von Kron und Lanz, wo es die besten Torten gibt und wo Professoren und Studenten (soweit ihre Börse es erlaubt) den Nachmittagskaffee nehmen und Zeitungen lesen. Das letzte Haus am Weender Tor, auf der rechten Seite, ist das Auditorienhaus, der Mittelpunkt des Universitätslebens. Es ist kein Monumentalbau und kann sich weder mit unserer alten Breslauer Leopoldina noch mit den modernen Prunkbauten in Jena oder München messen: ein einfaches, nüchternes Haus mit einfachen, nüchternen Arbeitsräumen. Es liegt etwas zurück von der Straße, durch grüne Anlagen geschützt, in denen die Studenten in den freien Minuten zwischen zwei Vorlesungen herumwandeln und ihre Zigaretten rauchen. Moderner und eleganter ist das nahegelegene Seminargebäude, rechts um die Ecke am Nikolausbergerweg; es war damals ganz neu. Dort waren die meisten Seminare untergebracht, ganz unter dem Dach — wie ich es fast überall gefunden habe — das Philosophische Seminar. Ganz getrennt davon war das Psychologische Institut: es lag in der Nähe der Johanniskirche, etwas westwärts vom Markt; ein altes Haus mit ausgetretenen Stufen und engen Zimmern. Die räumliche Trennung deutete schon an, daß Philosophie und Psychologie in Göttingen nichts miteinander zu tun hatten. Der Nikolausbergerweg führt vom Weender Tor in vielen Windungen ostwärts aus der Stadt heraus und bergan. Wenn man die letzten Häuser hinter sich hat, sieht man auf der Höhe das reizende Dörfchen Nikolausberg liegen. Eingeweihte wußten, daß die Wirtin im Gasthaus besonders gute Waffeln zu backen verstand; wenn man sich vorher bei ihr zum Abendessen anmeldete und nach des Tages Last und Mühen hinaufstieg, bekam man eine dampfende Schüssel vorgesetzt. Das habe ich aber erst viel später erfahren. Links vom Nikolausberg erhob sich ein kahler Hügel mit drei windzerzausten Bäumen, die mich immer an die drei Kreuze auf Golgotha erinnerten.

Ich sah das alles gleich in den ersten Tagen, gelangte aber beim ersten Spaziergang vor die Stadt nicht hinauf, sondern seitwärts in einen Wiesengrund. Dabei machte ich mit der Bodenbeschaffenheit der Leineberge (auf Göttingisch: Laaneberge) Bekanntschaft: man kommt selten von einem Spaziergang ohne dicke Lehmklumpen an den Schuhen zurück. Auch das Straßenpflaster in der Stadt ist eigenartig — eine Sorte Asphalt, der abwechselnd von der Sonne und vom Regen aufgeweicht ist; häufiger vom Regen, da es in Göttingen sehr viel regnet. Die Einwohnerzahl betrug damals etwa 30.000. Es gab keine Straßenbahn. Bis zum Kriege wurde immer darüber verhandelt, ob man eine bauen sollte. Nachher verbot es sich von selbst. Die Universität und die Studenten standen im Mittelpunkt des Lebens; es war eben eine „Universitätsstadt", nicht — wie Breslau — eine Stadt, die u.a. auch eine Universität hatte.

Sehr auffallend waren mir die Gedenktafeln, die fast an jedem älteren Hause angebracht sind: sie berichten von früheren berühmten Bewohnern. So wird man auf Schritt und Tritt an die Vergangenheit erinnert: Die Brüder Grimm, die Physiker Gauß und Weber und die andern, die nicht zu den „Göttinger 7" gehörten — alle, die einmal hier gelebt und gewirkt haben, werden den Nachlebenden beständig ins Gedächtnis gerufen. Es ist auch noch der alte Stadtwall erhalten, mit mächtigen, hohen Linden bepflanzt. Ihr Duft weht im Sommer in die Hörsäle herein (das Auditorienhaus liegt dicht am Wall); und wenn ich drinnen von Heine sprechen hörte, dann dachte ich daran, daß auch er einst auf diesen Bänken gesessen hatte und daß ihm wohl der Göttinger Wall vorschwebte, wenn er in seinen Versen von den „Wällen Salamancas" erzählte. Ich machte gern einen Spaziergang über den Wall: man sah so schön von dort nach der einen Seite auf die alten Häuser der inneren Stadt, nach der andern auf die Villen und Gärten weiter draußen. An einer Stelle stand auf dem Wall ein altes Borkenhäuschen; das hatte Bismarck als Student bewohnt.

Wenige Tage nach mir kam Rose an, und nun richteten wir uns miteinander häuslich ein. Wir hatten zusammen zwei Zimmer; in einem schliefen wir beide; das größere war unser gemeinsames Wohn- und Arbeitszimmer. Früh brachte uns unsere Wirtin heiße Milch und frische Brötchen; dann rührten wir uns selbst Kakao an. Zum Mittagessen trafen wir uns; wir nahmen es gewöhnlich in einem vegetarischen Speisehaus, das eine süddeutsche Wirtin mit drei netten Töchtern unterhielt. Es war sehr stark besucht. An einer langen Tafel, aus mehreren zusammengerückten Tischen gebildet, saßen die englischen und amerikanischen Studenten; ihre laute und harmlose Fröhlichkeit beherrschte den Raum. Das Abendessen — Tee und belegte Butterbrote — machte zurecht, wer zuerst aus der Vorlesung heimkam. Wer spät aus hatte, fand den gedeckten Tisch vor. Ich erinnere mich nicht, daß es in dem Sommer, den wir so gemeinsam lebten, einen Streit oder eine Verstimmung zwischen uns gegeben hätte. Soweit es ihre Zeit erlaubte, nahm Rose an meinen philosophischen Vorlesungen teil; ich trieb auch ein wenig mit ihr Mathematik. Unsere Stundenpläne waren aber doch sehr verschieden. Mittwoch- und Sonnabendnachmittags waren traditionell in Göttingen keine Vorlesungen, weil Studenten und sogar auch Professoren mit ihren Töchtern nach Maria Sprung zum Tanz gingen. Nur die Philosophen Nelson und Husserl nahmen darauf keine Rücksicht. Am Mittwochnachmittag hielt Husserl sein Seminar. Aber den Sonnabendnachmittag hatten auch wir frei. Nach Maria Spring gingen wir nicht, aber doch — wenn es das Wetter irgend erlaubte — ins Freie. Vorher schrieben wir unsern Wochenbrief nach Hause und abwechselnd an die zurückgelassenen Freunde und Freundinnen. Sonntag waren wir bei gutem Wetter fast immer den ganzen Tag draußen. Manchmal blieben wir auch von Sonnabend mittag bis Sonntag abend fort.

Wir wollten doch in diesem Sommer die mitteldeutsche Landschaft kennenlernen. Das konnte man von Göttingen aus herrlich. Die Stadt lehnt sich im Südosten gegen einen Hügel; auf der Höhe steht der Bismarckturm. Schöne Parkanlagen führen vom Stadtrand hinauf und gehen in den Göttinger Wald über. Den kann man den ganzen Tag durchlaufen, ohne an ein Ende zu kommen; meist auch, ohne einem Menschen zu begegnen. Die Göttinger machen keine weiten Märsche. Wenn wir am Sonntag erst nachmittags ausgingen, dann sahen wir sie in großen Scharen hinausziehen. Aber ihr Ziel war nur eine der beiden großen Kaffeestationen, die auf halber Höhe in angemessener Entfernung voneinander an jenem langgestreckten Hügel lagen: der „Rohns" und der „Kehrs". Die Bürgersleute waren von den Studenten deutlich zu unterscheiden dadurch, daß sie Hüte trugen, während Studenten und Studentinnen ohne Hut gingen. Außerdem waren sie alle mit großen Kuchenpaketen beladen. Wenn sie weiter wollten als bis zum Kehrs, dann fuhren sie in Kutschen. Die Sitte, den Kuchen aus der Stadt mitzunehmen, hatte zur Folge, daß man draußen in den Gasthäusern keinen bekam; es gab nur derbes Landbrot und Göttinger Wurst. Für größere Ausflüge nahmen wir unsern Proviant im Rucksack mit und hielten unsere Mahlzeiten im Walde: ein Schwarzbrot, eine Dose mit Butter, etwas Aufschnitt, Obst und Schokolade — das schmeckte besser als ein Diner im Gasthaus.

Auch nach den andern Seiten hin ist Göttingen von Hügeln und Wäldern umgeben; viel Buchenwald, der in Rot und Gold leuchtete, wenn man im Herbst zum Wintersemester kam. Und von den Höhen blicken alte Burgruinen ins Tal. Ich hatte eine besondere Vorliebe für die „Gleichen", zwei Gipfel dicht nebeneinander, beide von Ruinen gekrönt. Auf dem Sattel zwischen den Gipfeln lag ein einfaches Gasthaus; darin war eine Chronik der Grafen von Gleichen, die einst da oben gehaust haben. Wenn wir von oben ins Tal hinabschauten, fühlte ich mich so recht im Herzen von Deutschland: eine liebliche Landschaft — an den Abhängen sorgfältig bebaute Felder, schmucke Dörfer und rings ein Kranz grüner Wälder. Es war, als könnte im nächsten Augenblick drüben am Waldrand ein Hochzeitszug heraustreten wie auf einem Bild von Ludwig Richter.

Auf den größeren Fahrten lernten wir Kassel und das Weserland, Goslar und den Harz kennen. Pfingsten machten wir eine mehrtägige Wanderung durch Thüringen. Wir stiegen von Eisenach zur Wartburg auf, gingen durch die Drachenschlucht zur Hohen Sonne, später auf dem Rempfad zum Inselsberg. Streckenweise benützten wir die Bahn, um in den wenigen Tagen mehr kennenlernen zu können. Natürlich stand auch Weimar auf unserm Programm und den Abschluß sollte eine Besichtigung der Freien Schulgemeinde Wickersdorf bilden. Die ersten Tage hatten wir sehr schönes Wetter. Am dritten (wenn ich mich recht erinnere) begann es gegen Abend zu regnen. Wir waren seit dem Morgen unterwegs und wollten vor der Nacht Ilmenau erreichen, unser letztes Ziel vor Weimar. Der Regen wurde stärker und stärker, die Landstraße dehnte sich länger und länger, unsere Füße wollten gar nicht mehr weiter, und kein Ort zeigte sich. Rose wurde vor Müdigkeit schweigsam und niedergeschlagen, ich kämpfte darum, bei guter Stimmung zu bleiben. Es war wohl schon acht Uhr, als wir endlich in ein langgestrecktes Dorf kamen. Es schien eine Sommerfrische zu sein, denn es lagen Fremdenpensionen am Wege. Aber, wo wir auch anklopften — es war nirgends ein Platz in der Herberge. Ich raffte mich bei jedem Haus von neuem wieder auf, nachzufragen, aber immer vergebens. Wir waren wohl eine halbe Stunde durch die ganze Ortschaft gegangen, als sich am Ende ein Gasthaus fand, das uns aufnahm. Die Fremdenzimmer waren in einem eigenen Gebäude, dem eigentlichen Wirtshaus gegenüber. Während die Betten für uns gerichtet wurden, gingen wir in die Gaststube. Ein kräftiges, warmes Abendessen weckte unsere Lebensgeister. Den freundlichen Wirt fragten wir, wo wir eigentlich wären. Manebach hieß das Nest. Manebach — das klang so langgedehnt wie der endlose Regen und die endlose Landstraße. Wir hatten schon wieder genügend Humor, um herzlich darüber zu lachen. Sobald unser Zimmer bereit war, schlüpften wir aus den durchnäßten Kleidern und in die warmen Betten. Nun mußte ein neuer Schlachtplan gemacht werden. Wir holten Richards schöne Generalstabkarte hervor — das Überbleibsel einer Truppenübung in Thüringen. Bis zu diesem Abend hatte sie uns trefflich geführt. Wo lag Manebach? Richtig: da war es. Wir waren nur eine Bahnstation von Ilmenau entfernt. Aber der Zeitverlust von heute war nicht mehr einzubringen. Wir verzichteten auf Ilmenau und den Gickelhahn und beschlossen, am nächsten Morgen nach Weimar zu fahren. Auch ein Kursbuch hatten wir zur Hand, um den ersten Zug festzustellen.

In Weimar besuchten wir das stattliche Goethehaus am Frauenplan und das reizende Gartenhaus am Stern, das Schillerhaus mit dem rührend armseligen Sterbezimmerchen. Nachmittags gingen wir hinaus nach Tiefurt. Es war ein Sonntag und viele Spaziergänger strömten hinaus. Wir waren etwas kreuz- und lendenlahm von dem vorausgehenden Tagesmarsch und glaubten zu kriechen wie die Schnecken; trotzdem hatten wir bald alle Weimarer Bürger weit hinter uns. Im schönen Park von Tiefurt mußten wir uns auf eine Bank setzen und ein wenig poetisches Geschäft vornehmen: unsere Barschaft zählen. Ich hatte vor der Abreise eine für mich ausreichende Summe von der Bank geholt; aber Rose hatte sich den Weg sparen wollen und nicht genügend vorgesorgt. Nun stellten wir fest, daß der gemeinsame Kassenbestand nicht mehr für Wickersdorf reichte. Wir mußten uns dort telegraphisch abmelden. Dann blieb uns noch soviel, um heute abend nach Jena hinüberzufahren und von dort aus am nächsten Tage geradewegs nach Göttingen. Ich freute mich, Jena kennenzulernen, und fühlte mich dort viel wohler als in Weimar. Man konnte in aller Stille die Erinnerungsstätten aufsuchen; es war hier alles weniger aufdringlich, und man stieß nicht überall auf ein andächtig staunendes Mädchenpensionat.

Als wir nach unserer Rückkehr die Generalstabkarte bei Courants ablieferten, mußten wir natürlich über unsere Wanderung Bericht erstatten. Wir hätten gern den blamablen Abschluß verschwiegen, aber Richard erkundigte sich sofort nach dem Besuch in Wickersdorf. Er hatte eine besondere Gabe, immer nach dem zu fragen, was man nicht gern sagen wollte.

Diese Fahrt hatten Rose und ich allein unternommen. Sonst hatten wir fast immer noch einen Begleiter mit: Dr. Erich *Danziger*, Assistent am Chemischen Institut. Er stammte aus Breslau; Rose hatte ihn dort beim Chemiestudium kennengelernt. Er war klein und unansehnlich und etwas linkisch; aber Rose erzählte, er habe die geschicktesten Hände im ganzen Institut gehabt und sei immer zu Hilfe gerufen worden, wenn etwas besonders zart behandelt werden mußte. Es lag immer ein Druck auf ihm, wohl die Folge sehr trauriger häuslicher Verhältnisse: seine Mutter war seit vielen Jahren dauernd in einer Nervenheilanstanlt; er und seine einzige Schwester waren fast wie Waisenkinder aufgewachsen. Jetzt schloß er sich ganz an uns beide an, andern Verkehr hatte er kaum. Er war ein herzensguter und treuer Mensch. (Es schien mir, daß er eine stille Neigung für Rose hatte, aber gar nicht zu denken wagte, daß dieses geistvolle und elegante Mädchen für ihn in Betracht kommen könnte). Es bedrückte ihn aber immer etwas, daß er außerhalb der philosophischen Welt stand, in der wir lebten.

Etwas später als wir war auch Georg *Moskiewicz* angekommen. Er war erheblich älter als wir; im Mai feierten wir zusammen seinen 35. Geburtstag. Er bezog keine Studentenbude, sondern zwei geräumige, gut möblierte Zimmer in dem stillen Kirchweg in der Nähe der Kliniken. So entsprach es seiner Würde als Dr. med. et phil. und angehender Privatdozent. Doch auch für ihn waren wir der menschliche Halt. An unsern Ausflügen nahm er selten teil, weil zu einem solchen Unternehmen ein Entschluß nötig war, und den brachte er nicht leicht fertig. Wenn er aber mitkam, dann war er sehr fröhlich, ja übermütig wie ein kleiner Junge. Bei ihm war es ganz deutlich, daß er eine tiefe Neigung zu Rose gefaßt hatte. Aber wie konnte er es bei der Ungewißheit seiner Zukunft wagen, sie an sich zu binden? Mit mir verband ihn herzliche Freundschaft und das gemeinsame philosophische Interesse.

Damit komme ich von den vielen Nebenumstände endlich zu der

Hauptsache, die mich nach Göttingen geführt hatte: die Phänomenologie und die Phänomenologen. In Breslau hatte mir Mos die Anweisung gegeben: „Wenn man nach Göttingen kommt, geht man zuerst zu *Reinach*; der besorgt dann alles übrige". Adolf Reinach war Privatdozent für Philosophie. Er und seine Freunde Hans Theodor *Conrad*, Moritz *Geiger* und einige andere waren ursprünglich Schüler von Theodor *Lipps* in München. Nach dem Erscheinen der „Logischen Untersuchungen" hatten sie darauf bestanden, daß Lipps dieses Werk mit ihnen in seinem Seminar besprach. Nachdem Husserl nach Göttingen berufen war, waren sie i.J. 1905 zusammen dorthin gekommen, um sich von dem Meister selbst in die Geheimnisse der neuen Wissenschaft einweihen zu lassen. Das war der Anfang der „Göttinger Schule". Reinach hatte sich als Erster aus diesem Kreise in Göttingen habilitiert und war nun Husserls rechte Hand, vor allem das Bindeglied zwischen ihm und den Studenten, da er sich vorzüglich auf Menschen verstand, während Husserl darin ziemlich hilflos war. Er war damals etwa 33 Jahre alt.

Ich befolgte Moskiewicz' guten Rat aufs Wort. Ich glaube, schon am Tage nach meiner Ankunft machte ich mich auf den Weg nach dem Steinsgraben 28. Diese Straße führt bis ganz an den Rand der Stadt. Das Haus, in dem Reinachs wohnten, war das letzte. Dahinter dehnte sich ein weites Kornfeld; ein schmaler Fußweg führte daran vorbei zum Kaiser-Wilhelm-Park hinauf, durch den man zum Bismarckturm und in den Göttinger Wald gelangte. Als ich nach Herrn Dr. Reinach fragte, führte mich das blonde Dienstmädchen in sein Arbeitszimmer und nahm meine Visitenkarte, um ihn zu rufen. Es war ein schöner, großer Raum mit zwei hohen Fenstern, dunklen Tapeten und braunen Eichenmöbeln. Die beiden Wände links vom Eingang waren fast bis zur Decke hinauf von Bücherregalen verdeckt. Auf der rechten Seite führte eine große Schiebetür mit bunten Glasscheiben zum Nebenzimmer. Die große Ecke zwischen dieser Tür und dem einen Fenster füllte der mächtige Schreibtisch, und dem Schreibstuhl gegenüber standen Klubsessel für die Besucher bereit. In dem Winkel zwischen den beiden Bücherwänden war eine gemütliche Ecke hergerichtet: ein Tisch, ein Klubsofa und mehrere Sessel. Dem Schreibsessel gegenüber hing an der Wand eine große Reproduktion von Michelangelos „Erschaffung des Menschen". Es war das behaglichste und geschmackvollste Arbeitszimmer, das ich je gesehen hatte. Reinach hatte ein halbes Jahr zuvor geheiratet, die ganze Einrichtung der ausgedehnten Wohnung war von seiner Frau mit der größten Liebe ausgedacht und nach ihren Weisungen angefertigt. Ich glaube übrigens nicht, daß ich beim ersten Besuch schon viel von diesen Einzelheiten erfaßte. Denn ich hatte nur wenige Augenblicke gewartet, als ich am Ende des langen Ganges einen Ausruf freudiger Überraschung hörte; dann kam jemand im Laufschritt daher, die Tür öffnete sich, und Reinach stand mir gegenüber. Er war kaum mittelgroß, nicht stark, aber breitschultrig. Ein bartloses Kinn, ein kurzes, dunkles Schnurbärtchen, die Stirn breit und hoch. Durch die Gläser des umfaßten Kneifers blickten die braunen Augen klug und überaus gütig. Er begrüßte mich mit herzlicher Liebenswürdigkeit, nötigte mich in den nächsten Klubsessel und nahm selbst schrägüber an seinem Schreibtisch Platz. „Dr. Moskiewicz hat mir von Ihnen geschrieben. Sie haben sich schon mit Phänomenologie beschäftigt?" (Er sprach mit starkem Mainzer Dialektanklang). Ich gab kurz Auskunft. Er war sofort bereit, mich in seine „Übungen für Fortgeschrittene" aufzunehmen, konnte mir nur noch keinen Bescheid über Tag und Stunde geben, weil er das erst mit seinen Schülern vereinbaren wollte. Er versprach, mich bei Husserl anzukündigen. „Wollen Sie vielleicht jemanden von der ‚Philosophischen Gesellschaft' kennenlernen? Ich könnte Sie den Damen vorstellen". Ich meinte, er brauchte sich darum nicht eigens zu bemühen, Dr. Moskiewicz würde mich einführen. „Richtig! Dann lernen Sie ja bald alle kennen".

Ich war nach dieser ersten Begegnung sehr glücklich und von einer tiefen Dankbarkeit erfüllt. Es war mir, als sei mir noch nie ein Mensch mit einer so reinen Herzensgüte entgegengekommen. Daß die nächsten Angehörigen und Freunde, die einen jahrelang kennen, einem Liebe erweisen, schien mir selbstverständlich. Aber hier lag etwas ganz anderes vor. Es war wie ein erster Blick in eine ganz neue Welt. Nach einige Tagen kam eine Postkarte mit der freundlichen Mitteilung, daß die Übungen für Montag abend 6-8 Uhr festgelegt seien. Leider hatte ich für diese Stunden schon etwas anderes, was ich nicht gerne aufgeben wollte: das historische Seminar von Max *Lehmann*. So verzichtete ich, wenn auch sehr ungern.

Bei *Husserl* machte ich zunächst keinen Antrittsbesuch in seiner Wohnung. Er hatte am Schwarzen Brett eine Vorbesprechung im

Philosophischen Seminar angekündigt. Dort sollten sich auch die Neulinge zur Aufnahme vorstellen. Dort sah ich also zum erstenmal „den Husserl leibhaft vor mir stehen". Es war nichts Auffallendes oder Überwältigendes in seiner äußeren Erscheinung. Ein vornehmer Professorentypus. Die Gestalt mittelgroß, die Haltung würdevoll, der Kopf schön und bedeutend. Die Sprache verriet sofort den geborenen Österreicher: er stammte aus Mähren und hatte in Wien studiert. Auch seine heitere Liebenswürdigkeit hatte etwas vom alten Wien. Er hatte gerade sein 54. Jahr vollendet.

Nach den allgemeinen Besprechungen rief er die Neuen einzeln zu sich heran. Als ich meinen Namen nannte, sagte er: „Herr Dr. Reinach hat mir von Ihnen gesprochen. Haben sie schon etwas von meinen Sachen gelesen" — „Die Logischen Untersuchungen". (Der I. Band der „Logischen Untersuchungen" erschien 1900 und wurde durch seine radikale Kritik an dem herrschenden Psychologismus und allen andern Relativismen epochemachend. Der II. Band folgte im nächsten Jahr. Er übertraf den I. Band an Umfang und Bedeutung bei weitem. Denn hier war zum erstenmal zur Behandlung logischer Probleme die Methode angewendet, die Husserl später als „*phänomenologische Methode*" systematisch ausgearbeitet und auf das gesamte Gebiet der Philosophie ausgedehnt hat). — „Die ganzen Logischen Untersuchungen?" — „Den II. Band ganz". — „Den ganzen II. Band? Nun, das ist eine Heldentat", sagte er lächelnd. Damit war ich aufgenommen.

Kurz vor Semesterbeginn war Husserls neues Werk erschienen: „Ideen zu einer reinen Phänomenologie und phänomenologischen Philosophie". Es sollte im Seminar besprochen werden. Außerdem kündigte Husserl an, daß er regelmäßig an einem Nachmittag der Woche zu Hause sein wollte, damit wir zu ihm kommen und ihm unsere Fragen und Bedenken vortragen könnten. Natürlich kaufte ich mir das Buch sofort (d.h. den I. Band des „Jahrbuchs für Philosophie und phänomenologische Forschung", den es eröffnete; dieses Jahrbuch sollte fortan die Arbeiten der Phänomenologen gesammelt herausbringen). Am ersten „offenen Nachmittag" fand ich mich als erster Gast bei Husserl ein und trug ihm mein Bedenken vor. Bald fanden sich andere dazu. Alle hatten dieselbe Frage auf dem Herzen. Die „Logischen Untersuchungen" hatten vor allem dadurch Eindruck gemacht, daß sie als eine radikale Abkehr vom kritischen

Idealismus kantischer und neukantischer Prägung erschienen. Man sah darin eine „neue Scholastik", weil der Blick sich vom Subjekt ab — und den Sachen zuwendete: die Erkenntnis schien wieder ein Empfangen, das von den Dingen sein Gesetz erhielt, nicht — wie im Kritizismus — eine Bestimmen, das den Dingen sein Gesetz aufnötigte. Alle jungen Phänomenologen waren entschiedene Realisten. Die „Ideen" aber enthielten einige Wendungen, die ganz danach klangen, als wollte ihr Meister zum Idealismus zurücklenken. Was er uns mündlich zur Deutung sagte, konnte die Bedenken nicht beschwichtigen. Es war der Anfang jener Entwicklung, die Husserl mehr und mehr dahin führte, in dem, was er „transzendentalen Idealismus" nannte (es deckt sich nicht mit dem transzendentalen Idealismus der kantischen Schulen), den eigentlichen Kern seiner Philosophie zu sehen und alle Energie auf seine Begründung zu verwenden: ein Weg, auf dem ihm seine alten Göttinger Schüler zu seinem und ihrem Schmerz nicht folgen konnten.

Husserl hatte ein eigenes Haus am Hohen Weg, auch am Rand der Stadt, am Aufgang zum „Rohns" gelegen. (Der Rohns spielte eine große Rolle in seinen philosophischen Gesprächen; er mußte sehr häufig als Beispiel dienen, wenn Husserl von Dingwahrnehmung redete). Es war nach den Anweisungen seiner Frau den Bedürfnissen der Familie entsprechend gebaut. Das Arbeitszimmer des Meisters lag im Oberstock; es hatte einen kleinen Balkon, auf den er hinausging, um zu „meditieren". Das wichtigste Möbelstück war ein altes Ledersofa. Das hatte er als Privatdozent in Halle erstanden, als er einmal ein Stipendium bekam. Ich mußte gewöhnlich in einer Sofaecke sitzen. Noch später in Freiburg haben wir unsere Diskussionen über den Idealismus oft von einer Sofaecke zur andern geführt. Bei seinen Schülern hieß er, wenn sie unter sich waren, nur „der Meister". Er wußte darum und mochte es gar nicht leiden. Seine Frau nannten wir unter uns mit ihrem poetischen Vornamen *Malwine*. Sie war klein und mager; ihre glänzend-schwarzen Haare trug sie glatt gescheitelt, ihre braunen Augen blickten lebhaft und neugierig und immer etwas erstaunt in die Welt. Ihre Stimme klang etwas scharf und hart und immer so, als ob sie einem zu Leibe rücken wollte; es war aber eine Beimischung von gutmütigem Humor darin, die mildernd wirkte. Man war in ihrer Anwesenheit immer etwas besorgt, was es wohl geben würde; denn sie sagte meist etwas, was einen in Verlegenheit brachte. Leute, die sie nicht leiden mochte, wurden sehr schlecht behandelt. Aber sie hatte auch sehr ausgesprochene Sympathien. Ich persönlich habe von ihr immer nur große Freundlichkeit erfahren. Wodurch ich es verdient habe, weiß ich nicht. In späteren Jahren hätte man es darauf zurückführen können, daß ich ihrem Mann wertvolle Dienste leistete. Aber sie kam mir schon so entgegen, als ich noch eine ganz kleine und unbedeutende Studentin war. Wenn ich bei ihrem Mann war, trat sie meist mitten drin ein und sagte, sie wollte mich begrüssen. (Die schönsten Gespräche wurden so plötzlich durchschnitten). Sie besuchte regelmäßig Husserls Vorlesungen und hat mir später gelegentlich gestanden (was wir aber alle längst wußten), daß sie die Hörer zu zählen pflegte. Ein inneres Verhältnis zur Philosophie hatte sie nicht. Sie betrachtete sie als das Unglück ihres Lebens, weil Husserl zwölf Jahre als Privatdozent in Halle leben mußte, ehe er einen Ruf bekam. Und dann war es kein reguläres Ordinariat, das er in Göttingen erhielt, sondern ein persönliches, das der tatkräftige und weitblickende, aber etwas selbstherrliche Kultusminister *Althoff* eigens für ihn schuf; und seine Stellung in der Fakultät war eine sehr peinliche. Diese Erfahrungen bestimmten Frau Malwine, ihre drei Kinder der Philosophie fernzuhalten. *Elli,* die Älteste, war in meinem Alter. Sie studierte Kunstgeschichte. Äußerlich glich sie ihrer Mutter sehr, aber sie hatte etwas viel Weicheres und Zarteres in ihrem Wesen. *Gerhart* wurde Jurist, ließ sich aber in späteren Jahren doch nicht vom Philosophieren abschneiden. *Wolfgang* war damals noch auf dem Gymnasium; er hatte eine außerordentliche Sprachbegabung und wollte Sprachen studieren. Der Jüngste war der Liebling der Mutter. Wenn sie später, nach seinem frühen Tode — er fiel 17jährig als Kriegsfreiwilliger in Flandern — von ihm sprach, lernte man ihr Herz kennen. Sie sagte mir einmal, um Wolfgangs Zukunft habe sie sich nie Sorgen gemacht. Sie habe immer gewußt, wo und in welcher Stellung er auch sein werde, da werde er seine Umgebung glücklich machen.

Beide Husserls waren von Geburt Juden, aber frühzeitig zum Protestantismus übergetreten. Die Kinder wurden protestantisch erzogen. Man erzählte sich — für die Wahrheit kann ich mich nicht verbürgen — Gerhart sei mit sechs Jahren zusammen mit Franz *Hilbert,* dem einzigen Kind des großen Mathematikers, zur Schule gekommen. Er fragte den kleinen Kameraden, was er sei (d.h. welcher Konfession). Franz wußte es nicht. „Wenn du es nicht weißt, dann bist du sicher ein Jude". Der Schluß war nicht richtig, aber charakteristisch. Später pflegte Gerhart sehr offen von seiner jüdischen Abstammung zu sprechen.

In jenem Sommer hielt Husserl seine Vorlesung über „Natur und Geist", Untersuchungen zur Grundlegung der Natur- und Geisteswissenschaften. Diesen Gegenstand sollte auch der II. Teil der „Ideen" behandeln, der noch nicht veröffentlicht war. Der Meister hatte ihn mit dem I. Teil zusammen entworfen, die Ausarbeitung für den Druck aber verschoben, um erst die Neuauflage der „Logischen Untersuchungen" zu besorgen. Sie war dringend erforderlich, weil das Werk seit Jahren vergriffen war und beständig verlangt wurde.

Bald nachdem Moskiewicz in Göttingen eingetroffen war, fand auch die erste Semestersitzung der „Philosophischen Gesellschaft" statt. Das war der engere Kreis der eigentlichen Husserlschüler, der jede Woche einmal abends zusammenkam, um bestimmte Fragen durchzusprechen. Rose und ich wußten gar nicht, wie kühn es von uns war, daß wir uns sofort bei diesen Auserwählten einfanden. Da Mos es für selbstverständlich fand, daß wir mitgingen, so sahen auch wir es so an. Sonst konnte es semesterlang dauern, ehe man von dieser Einrichtung erfuhr, und wenn man eingeführt wurde, dann hörte man monatelang ehrfürchtig schweigend zu, ehe man es wagte, selbst den Mund aufzumachen. Ich aber sprach sofort keck mit. Da Moskiewicz bei weitem der Älteste war, übertrug man ihm für dieses Semester den Vorsitz. Aber es war wohl kaum jemand in diesem Kreis, der sich sachlich so unsicher fühlte wie er. Man sah ihm bei den Sitzungen an, wie unglücklich er in seiner Rolle war. Er präsidierte am Tisch, aber die Führung des Gesprächs entglitt ihm jedesmal sehr bald. Unser Versammlungsort war das Haus des Herrn *von Heister*. Das war ein junger Gutsbesitzer, der es sich zum Vergnügen machte, in Göttingen zu leben, philosophische Vorlesungen zu hören und mit den Philosophen persönlich zu verkehren. Es freute ihn, daß wir bei ihm zusammenkamen, und es störte ihn nicht, daß man seine Diskussionsbemerkungen meist als belanglos unter den Tisch fallen ließ. Seine zarte, blonde Frau war uns allen sehr viel lieber als er. Sie war eine Tochter des Düsseldorfer

Malers Achenbach. Zahlreiche Gemälde ihres Vaters schmückten das Haus. Wenn wir kamen — oft genug bei echtem Göttinger Regenwetter mit unseren Mänteln und Schuhen — half uns der Diener mit schweigsamer Höflichkeit beim Ablegen. Aber es war ihm wohl anzumerken, daß er heimlich über die merkwürdigen Gäste den Kopf schüttelte. Auch wenn er uns dann in dem feudalen Eßzimmer Tee oder Wein — je nach Wahl — einschenkte, mußte er manches Ungewöhnliche beobachten. Ich werde es nie vergessen, wie Hans *Lipps* während eines eifrigen Gesprächs die Asche seiner Zigarre in die silberne Zuckerdose abstreifte, bis unser Lachen ihn aufschreckte.

Die Gründer der Philosophischen Gesellschaft waren damals alle nicht mehr anwesend. *Reinach* kam nicht mehr, seit er Dozent und verheiratet war. *Conrad* und Hedwig *Martius* lebten seit ihrer Verheiratung abwechselnd in München und in Bergzabern (Pfalz). Dietrich *von Hildebrand* war nach München gegangen, Alexander *Koyré* nach Paris. Johannes *Hering* wollte im nächsten Sommer Staatsexamen machen und hatte sich, um ungestörter arbeiten zu können, in seine Heimat Straßburg zurückgezogen. Es waren aber noch einige Leute da, die semesterlang mit diesen Koryphäen zusammengearbeitet hatten und jetzt die Tradition an uns Neulinge weitergeben konnten. Eine führende Rolle spielte Rudolf *Clemens*. Er war Sprachwissenschaftler. Sein dunkelblonder Bart und seine Krawatten, seine weiche Stimme und seine zugleich gemütvollen und schelmischen Augen erinnerten an die Zeit der Romantiker. Sein Ton war freundlich, aber es war eine Freundlichkeit, die mir kein unbedingtes Vertrauen einflößte. Fritz *Frankfurther* stammte aus Breslau und studierte Mathematik. Aus seinen braunen Augen schaute kindliche Offenheit, Treuherzigkeit und Güte. Die helle Freude am Philosophieren, die den meisten von uns eigen war, trat bei ihm besonders liebenswürdig hervor. Als er mir einmal etwas aus Husserls Kant-Kolleg erzählte, das ich noch nicht gehört hatte, unterbrach er sich selbst plötzlich und sagte: „Nein, was jetzt kommt, ist zu schön, um es vorher zu verraten. Das müssen Sie selbst hören". Am meisten Eindruck von allen machte mir Hans *Lipps*. Er war damals 23 Jahre alt, sah aber noch viel jünger aus. Er war sehr groß, schlank, aber kräftig, sein schönes, ausdrucksvolles Gesicht war frisch wie das eines Kindes, und ernst — fragend wie die eines

Kindes — blickten seine großen, runden Augen. Er sagte seine Ansicht gewöhnlich in einem kurzen, aber sehr bestimmten Satz. Bat man um nähere Erläuterung, dann erklärte er, mehr liesse sich nicht sagen, die Sache leuchte von selbst ein. Damit mußten wir uns zufrieden geben, und wir waren alle überzeugt von der Echtheit und Tiefe seiner Einsichten, auch wenn wir nicht imstande waren, sie mit zu vollziehen. Wenn er sich in Worten schwer ausdrücken konnte, so sprachen seine Augen und sein lebhaftes unwillkürliches Mienenspiel umso eindringlicher. Er konnte übrigens in jenem Sommer nicht regelmäßig an den Abenden teilnehmen, weil er damals sein Physikum und zugleich — mit einer pflanzenphysiologischen Arbeit — den philosophischen Doktor machte. Das medizinische und naturwissenschaftliche Studium betrieb er zur Ausfüllung der Stunden, in denen man nicht philosophieren konnte. Manches andere lag schon hinter ihm. Er hatte als Innenarchitekt und Kunstgewerbler begonnen, aber das konnte ihn nicht ausfüllen. Immerhin bastelte er auch später noch gern, und ein stark ausgeprägter künstlerischer Zug gehörte zu seiner Natur. Während er als Dragoner im Leibgarderegiment in Dresden sein Jahr abdiente, lernte er die „Logischen Untersuchungen" kennen, und das wurde für ihn der Anfang eines neuen Lebens. So war er nach Göttingen gekommen. Er war der Einzige aus dem Kreis, der mit dem armen Mos öfters persönlich zusammenkam und ihn lieb hatte. Die andern machten sich heimlich über seine Unsicherheit und seine ewig ungelösten Fragen lustig.

Bei den bisher Genannten war die Philosophie das eigentliche Lebenselement, wenn sie auch anderes außerdem studierten. Dazu kamen einige andere, bei denen es umgekehrt war: ihre Spezialwissenschaft war ihnen die Hauptsache, aber sie wurde von der Phänomenologie wesentlich befruchtet. Dazu gehörten die Germanisten Friedrich *Neumann* und Günther *Müller*, die später beide verhältnismäßig früh ein Ordinariat in ihrem Fach erreicht haben.

Auch zwei Damen waren seit einer Reihe von Semestern Mitglieder der Philosophischen Gesellschaft: Grete *Ortmann* und Erika *Gothe*. Sie waren erheblich älter als ich; beide hatten schon einige Zeit Schultätigkeit hinter sich, ehe sie sich entschlossen, zur Universität zu gehen. Sie stammten aus Mecklenburg: Fräulein Gothe aus Schwerin, Fräulein Ortmann von einem Gut. Sie war ein kleines, schmächtiges Persönchen, trat aber mit solchem Gewicht auf, daß ihr Mantel meist bis hoch hinauf von Göttinger Straßenschmutz bespritzt war. Ebenso sprach sie mit großer Eindringlichkeit, aber der Inhalt der Sätze, die wie feierliche Verkündigungen klangen, kam mir oft recht trivial vor. Sie sprach aber nicht oft, sondern hörte in den Seminaren und in der Philosophischen Gesellschaft mit dem Ausdruck schwärmerischer Andacht in ihren großen blauen Augen zu. Bei ihr erschien mir das komisch. Bei Erika Gothe dagegen zog mich die Haltung ehrfürchtigen Schweigens an. Fräulein Ortmann ließ sofort deutlich merken, daß ich ihr sehr unsympathisch sei. Sie selbst erzählte mir später in einer vertraulichen Stunde, Reinach habe ihr einmal eindringlich ins Gewissen geredet, warum sie so unfreundlich gegen Fräulein Stein sei, die sei doch so nett. Sie habe als Begründung angegeben: „Sie redet immer einfach mit. Und die Sachen sind doch so schwer". Überdies hatte mich Mos gleich in der ersten Sitzung gebeten, die Protokollführung zu übernehmen, und ich hatte mich unbedenklich dazu bereit erklärt. Von den andern schien niemand an meiner Aktivität Anstoß zu nehmen. Sie waren sehr freundlich gegen mich und nahmen meine Diskussionsbemerkungen durchaus ernst. Immerhin hatte Fräulein Ortmanns Verhalten zur Folge, daß es zunächst zu keinem persönlichen Verkehr mit dem ganzen Kreis kam. Sie und Erika Gothe schienen unzertrennlich. Und es wäre die Aufgabe der Damen gewesen, mich näher heranzuziehen. Ich vermißte es in diesem Sommer nicht, weil mein Bedarf an menschlichen Beziehungen durch die Breslauer Bekannten reichlich gedeckt war. Außerdem erfuhr ich erst viel später von dem, was sich außerhalb der Philosophischen Gesellschaft und der Universität abspielte, und konnte daher gar nicht merken, daß ich ausgeschaltet war.

Außer Rose und mir gab es noch einige neu eingeführte Mitglieder. Betty *Heymann* war eine Hamburger Jüdin, klein und nicht ganz normal gewachsen, das feine, zarte Gesicht etwas entstellt durch zu große Zähne, die schönen Augen ungewöhnlich klug und klar. Sie war Schülerin von Georg *Simmel,* hatte auch vor, bei ihm zu promovieren, und kam zunächst nur für ein Semester, um auch Husserl kennenzulernen. Ebenso hatte Fritz *Kaufmann* schon eine philosophische Vergangenheit, auf die er mit einigem Stolz zurückblickte. Er kam aus Marburg von *Natorp* und hatte schon soviel Neukantianismus aufgenommen, daß ihm das Einleben in die phänomenologische Methode Schwierigkeiten machte. Er war der älteste Sohn einer offenbar sehr wohlhabenden jüdischen Kaufmannsfamilie aus Leipzig. Da er noch zwei jüngere Brüder hatte, die das väterliche Geschäft übernehmen konnten, durfte er sich ganz der Philosophie widmen und geradewegs auf die Hochschullaufbahn zusteuern. Er war wohl der Einzige von uns, der auf gar kein Brotstudium Rücksicht zu nehmen hatte. In diesem Kreise, wo man sonst um äußere Dinge sehr unbekümmert war, fiel seine elegante Kleidung sehr auf. Alle freuten sich im stillen, als einmal sein Nachbar im Seminar, ein Amerikaner, recht energisch die Füllfeder ausspritzte und Kaufmann sichtlich besorgt um seinen hellgrauen Anzug war. Seine Sprache war ein tadelloses Hochdeutsch ohne den leisesten sächsischen Anflug, während Lipps zu seinem größten Kummer den Sachsen schon mit den ersten Worten verriet. (Er wollte durchaus keiner sein, sondern betonte immer, er sei Preuße, da er von seinem Vater die preußische Staatsangehörigkeit geerbt habe).

An dem Tage, an dem wir die Vorbesprechung bei Husserl hatten, gingen Rose und ich nachmittags zum erstenmal auf den Bismarckturm. Während wir unterwegs eifrig Veilchen pflückten, holte uns Kaufmann ein. Er erkannte uns von der Begegnung am Morgen wieder, grüßte und sagte freundlich: „Es sind eine Menge Veilchen da". Damit war das erste Gespräch eingeleitet. Ich war sehr erstaunt, als er mir gelegentlich erzählte, Reinach habe ihn beim ersten Besuch „beinahe hinausgeworfen" und ihm die Aufnahme in seine Übungen entschieden verweigert. Bisher war mir gar nicht der Gedanke gekommen, daß die Güte, mit der ich empfangen wurde, eine persönliche Auszeichnung sein könnte. Als ich später an Reinachs Übungen teilnahm, fand ich die Erklärung. Reinach wehrte bei aller Güte und Freundlichkeit jede Anmaßung, der er begegnete, sehr ernst ab. Und Kaufmann mochte sich mit einigem Selbstbewußtsein bei ihm vorgestellt haben. Er schadete sich durch diese Haltung und durch eine gewisse Manieriertheit in seiner Sprache bei fast allen. Ich merkte aber ziemlich bald, daß dies nur die Oberfläche war. Ich nahm es mir heraus, ihn manchmal recht kräftig zu necken, ohne von seiner zur Schau getragenen Würde Notiz zu nehmen. Dann guckte er sehr erstaunt wie bei etwas ganz Ungewohntem, aber es schien ihm gutzutun; er taute allmählich auf, und es kam vor, daß sein Ton ganz schlicht und herzlich wurde.

Es gab in Husserls Seminar auch Leute, die bei ihm persönlich arbeiteten, aber nicht in die Philosophische Gesellschaft kamen. Als ich bald nach Semesterbeginn einen Abend bei Courants eingeladen war, sagte Richard: „Wenn du in Husserls Seminar bist, mußt du doch *Bell* kennengelernt haben". Er sei ein Kanadier. Ich hatte einige Amerikaner und Engländer bemerkt, wußte aber nicht, welchen er meinte. „Er ist der netteste Student in Göttingen. Du wirst ihn bestimmt herausfinden". Bald danach sah ich auf der Rampe des Auditorienhauses einen Studenten in Sportanzug und ohne Hut stehen. Er schien nach jemanden auszublicken und hatte etwas gewinnend Freies und Ungezwungenes in seiner Haltung. „Das ist Bell", dachte ich. Und es stimmte auch. Er kam nicht viel mit den andern Phänomenologen zusammen. Die Amerikaner und Engländer in Göttingen bildeten eigene Kolonien und hielten sehr zusammen. Außerdem hatte er einen Freundeskreis, der nicht durch das Fachstudium bestimmt war. Dazu gehörte mein Vetter. Durch ihn erfuhr ich auch Bells Vorgeschichte. Er war ursprünglich Ingenieur, aber bei Fahrten im nördlichen Eismeer — seine Heimat war Halifax — hatte er angefangen zu philosophieren. Er kam dann zunächst zum Studium nach England, später nach Deutschland. Er selbst erzählte mir gelegentlich, daß ihn eine Rezension von Moritz *Schlick* auf die „Logischen Untersuchungen" aufmerksam gemacht und nach Göttingen geführt habe. Jetzt war er schon seit drei Jahren da und machte bei Husserl eine Doktorarbeit über den amerikanischen Philosophen Royce. Er war schon 31 Jahre alt, sah aber viel jünger aus.

Als Gegenstand der Besprechungen in der Philosophischen Gesellschaft wählten wir für jenen Sommer das zweite große Werk, das damals im Jahrbuch erschienen war und das auf das gesamte Geistesleben der letzten Jahrzehnte vielleicht noch stärker eingewirkt hat als Husserls „Ideen": Max *Schelers* „Der Formalismus in der Ethik und die materiale Wertethik". Die jungen Phänomenologen standen sehr unter Schelers Einfluß; manche — wie Hildebrand und Clemens — hielten sich mehr an ihn als an Husserl. Er war damals persönlich in einer sehr üblen Lage. Seine erste Frau, von der er sich scheiden ließ, hatte ihn in München in einen Skandalprozeß verwickelt. Das belastende Material, das dabei zu Tage kam, hatte zur Folge, daß ihm die Universität die Venia legendi entzog. So war ihm die Lehrtätigkeit genommen; außerdem war er ohne festes Einkommen, lebte von seiner Schriftstellerei — meist in Berlin, mit seiner zweiten Frau (Märit Furtwängler) in einem bescheidenen Pensionszimmer, oft auch auf Reisen.

Die Philosophische Gesellschaft lud ihn jedes Semester für ein paar Wochen zu Vorlesungen nach Göttingen ein. Er durfte nicht in der Universität sprechen, wir durften auch nicht die Vorträge durch Anschlag am Schwarzen Brett bekannt geben, sondern konnten nur mündlich darauf aufmerksam machen. Wir mußten im Gesellschaftszimmer eines Hotels oder Cafés zusammenkommen. Auch am Ende dieses Semesters kam Scheler. Zunächst wurden einige Abende der Woche für die Vorträge angesetzt; aber er verstand die Zeit nicht einzuteilen, und zum Schluß drängte sich der Stoff so, daß wir täglich kommen mußten. Wenn der offizielle Teil vorbei war, blieb er mit einem kleineren Kreis noch stundenlang im Café zusammen. Ich habe nur ein- oder zweimal an diesen Nachsitzungen teilgenommen. So sehr ich darauf aus war, möglichst viel sachliche Anregungen zu erhaschen, so stieß mich doch hier etwas ab: der Ton, in dem von Husserl gesprochen wurde. Scheler war natürlich auch scharf gegen die idealistische Wendung und äußerte sich fast von oben herab; manche von den Jungen erlaubten sich nun einen ironischen Ton, und das empörte mich als Ehrfurchtslosigkeit und Undankbarkeit. Die Beziehungen zwischen Husserl und Scheler waren nicht ganz ungetrübt. Scheler betonte bei jeder Gelegenheit, daß er nicht Husserls Schüler sei, sondern selbständig die phänomenologische Methode gefunden habe. Allerdings hatte er nicht als Student bei ihm gehört, aber Husserl war doch von seiner Abhängigkeit überzeugt. Sie kannten sich schon seit vielen Jahren. Während Husserl noch Privatdozent in Halle war, lebte Scheler in dem nahen Jena; sie kamen häufig zusammen und standen in lebhaftem Gedankenaustausch. Wie leicht Scheler Anregungen von andern aufnahm, weiß jeder, der ihn gekannt oder auch nur seine Schriften aufmerksam gelesen hat. Es flogen ihm Ideen zu und arbeiteten in ihm weiter, ohne daß er selbst etwas von der Beeinflussung merkte. Er konnte mit gutem Gewissen sagen, es sei alles sein Eigentum. Zu diesem Wettstreit um die Priorität kam bei Husserl noch eine ernste Besorgnis für seine Schüler. Er gab sich die größte Mühe, uns zu strenger Sachlichkeit und Gründlichkeit, zu „radikaler intellektueller Ehrlichkeit" zu erziehen. Schelers Art aber, geniale Anregungen auszustreuen, ohne ihnen systematisch nachzugehen, hatte etwas Blendendes und Verführerisches. Dazu kam, daß er von lebensnahen Fragen sprach, die jedem persönlich wichtig sind und besonders junge Menschen bewegen, nicht wie Husserl von nüchternen und abstrakten Dingen. Trotz dieser Spannungen bestand damals in Göttingen noch ein freundschaftlicher Verkehr zwischen beiden.

Der erste Eindruck, den Scheler machte, war faszinierend. Nie wieder ist mir an einem Menschen so rein das „Phänomen der Genialität" entgegengetreten. Aus seinen großen blauen Augen leuchtete der Glanz einer höheren Welt. Sein Gesicht war schön und edel geschnitten, aber das Leben hatte verheerende Spuren darin hinterlassen. Betty Heimann sagte, er erinnere sie an das Bildnis des Dorian Gray: jenes gemeinisvolle Bild, in welches das wüste Leben des Originals seine entstellenden Linien zeichnete, während der Mensch seine unversehrte Jugendschönheit behielt. Scheler sprach mit großer Eindringlichkeit, ja mit dramatischer Lebendigkeit. Die Worte, die ihm besonders lieb waren (z.B. „pure Wahrheit") sprach er mit Andacht und Zärtlichkeit aus. Stritt er sich mit angenommenen Gegnern herum, so hatte er einen verächtlichen Ton. Damals behandelte er die Fragen, die auch das Thema seines unmittelbar vorher erschienenen Buches „Zur Phänomenologie und Theorie der Sympathiegefühle" bildeten. Sie waren für mich von besonderer Bedeutung, da ich gerade anfing, mich um das Problem der „Einfühlung" zu bemühen.

Im praktischen Leben war Scheler hilflos wie ein Kind. Ich sah ihn einmal in der Garderobe eines Cafés ratlos vor einer Reihe von Hüten stehen: er wußte nicht, welcher sein eigener war. „Nicht wahr, jetzt fehlt Ihnen Ihre Frau?" sagte ich lächelnd. Er nickte zustimmend. Wenn man ihn so sah, konnte man ihm nicht böse sein — auch nicht, wenn er Dinge tat, die man bei andern Menschen verurteilt hätte. Selbst die Opfer seiner Verirrungen pflegten sich für ihn einzusetzen.

Für mich wie für viele andere ist in jenen Jahren sein Einfluß weit über das Gebiet der Philosophie hinaus von Bedeutung geworden. Ich weiß nicht, in welchem Jahr Scheler zur katholischen Kirche zurückgekehrt ist. Es kann damals nicht sehr lange zurückgelegen haben. Jedenfalls war es die Zeit, in der er ganz erfüllt war von katholischen Ideen und mit allem Glanz seines Geistes und seiner Sprachgewalt für sie zu werben verstand. Das war meine erste Berührung mit dieser bis dahin völlig unbekannten Welt. Sie führte mich noch nicht zum Glauben. Aber sie erschloß mir einen Bereich von „Phänomenen", an denen ich nun nicht mehr blind vorbeigehen konnte. Nicht umsonst wurde uns beständig eingeschärft, daß wir alle Dinge vorurteilsfrei ins Auge fassen, alle „Scheuklappen" abwerfen sollten. Die Schranken der rationalistischen Vorurteile, in denen ich aufgewachsen war, ohne es zu wissen, fielen, und die Welt des Glaubens stand plötzlich vor mir. Menschen, mit denen ich täglich umging, zu denen ich mit Bewunderung aufblickte, lebten darin. Sie mußten zumindest eines ernsten Nachdenkens wert sein. Vorläufig ging ich noch nicht an eine systematische Beschäftigung mit den Glaubensfragen; dazu war ich noch viel zu sehr von andern Dingen ausgefüllt. Ich begnügte mich damit, Anregungen aus meiner Umgebung widerstandslos in mich aufzunehmen, und wurde — fast ohne es zu merken — dadurch allmählich umgebildet.

Es fehlt in der Darstellung meiner ersten Göttinger Zeit noch etwas Näheres über die Beziehungen zu meinen Verwandten. Mein Vetter Richard *Courant* war damals 25 Jahre alt, seit kurzer Zeit Privatdozent und verheiratet. Seine Frau, Nelli *Neumann* aus Breslau, war etwas älter als er. Sie hatte mit ihm zusammen Mathematik studiert, hatte in diesem Fach promoviert und auch ihr Staatsexamen gemacht. Justizrat Neumann hatte sehr lange gezögert, diesem jungen Menschen, der noch keine feste Existenz hatte, sein einziges Kind anzuvertrauen. Vater Neumann war ein überaus gütiger und edler Mensch. Schon seine äußere Erscheinung war vornehm und gewinnend: hochgewachsen, schlank, hellblond und blauäugig, wirkte er keineswegs wie ein Jude aus der Provinz Posen (das war er), sondern eher wie ein germanischer Aristokrat. Da Nellis Mutter starb, als das Kind erst zwei Jahre alt war, hatte er ihr Vater und Mutter sein müssen. Er umgab sie mit der zärtlichsten Liebe, teilte alle ihre Freuden und Leiden, arbeitete mit ihr wie ein Kamerad. Das Glück ihres Zusammenlebens wurde nur gestört durch seine Schwiegermutter, die er nach dem Tode seiner Frau im Hause behielt, obgleich sie ihn und das Kind mit ihren Launen beständig quälte. Sie starb erst, als Nelli bereits verheiratet war. Ich habe früher von der ernsten und schweren Jugend meines Vetters gesprochen. Er hatte sich ganz aus eigener Kraft emporgearbeitet, wir alle hegten die größte Bewunderung für seine ungewöhnliche Begabung und seinen Charakter. Das Vermögen seiner Frau verschaffte ihm zum erstenmal die Möglichkeit eines sorgenfreien Daseins und eines jugendlich unbekümmerten Lebensgenusses.

Ähnlich wie Anne Reinach hatte Nelli mit größter Sorgfalt eine schöne und behagliche Wohnungseinrichtung arbeiten lassen. Das Häuschen in der Schillerstraße, in dem sie zwei Stockwerke bewohnten, lag am Südrand der Stadt, dahinter dehnten sich Gärten und Felder. Dieses schöne Heim stand für eine ungezwungene Geselligkeit offen. Richard liebte es, unangemeldete Gäste mitzubringen. Er hatte einen großen Freundeskreis, Dozenten und ältere Studenten. Auch von seinen Schülern und Schülerinnen brachte er gern jemanden mit, wenn er etwas mit ihnen zu besprechen hatte. Nelli hatte mir ja die Anregung gegeben, nach Göttingen zu kommen, und nahm mich herzlich auf. Ich wurde öfters zum Essen eingeladen; das Badezimmer wurde mir zu beliebiger Verfügung gestellt; überhaupt liebte es Nelli, an dem Guten, was sie besaß, andere teilnehmen zu lassen. Sie war heiter und gesprächig, dabei aber ein Mensch, der allen Dingen auf den Grund gehen wollte. Besonders war sie für ethische Fragen interessiert und unternahm nichts, ohne alle Gründe für und wider eingehend erwogen zu haben. Sie hörte noch etwas Vorlesungen; einmal in der Woche hatten wir ein gemeinsames Kolleg und machten dann den Heimweg zusammen. Sie erkundigte sich dann genau nach allen meinen Angelegenheiten, verfolgte mein Studium mit großer Teilnahme und hatte Freude daran, daß hier augenscheinlich ein Mensch den Weg gehe, für den er geboren sei. Zur Hausfrau war sie wenig geeignet, ihre ganze Erziehung war nicht darauf angelegt. Als sie einige Monate nach der Hochzeit zur Beerdigung ihrer Großmutter nach Breslau kam, erzählte sie mit viel Humor von allerhand Mißgeschick in dem jungen Haushalt und erklärte: „Die Dinge sind umso komplizierter, je weiter sie sich von der Mathematik entfernen, und der Haushalt ist am weitesten von der Mathematik entfernt“. Richard verkehrte mit ihr in dem neckenden Ton, der ihm überhaupt eigen war. Mit mir verband ihn die nahe Verwandtschaft; ohne es wahr haben zu wollen, hing er sehr an der Familie und fragte mich immer nach allen ihren Mitgliedern. Er sprach auch gern mit mir über die Sorge um seine Eltern, wie er sich früher in Breslau mit meiner Mutter beraten hatte. Auch er zeigte für meinen wissenschaftlichen Werdegang lebhafte Teilnahme.

Ich war der Philosophie wegen nach Göttingen gekommen und wollte ihr hier den größten Teil meiner Zeit widmen. Die andern Fächer aber sollten auch nicht vernachlässigt werden. Da ich ja vorhatte, nur den einen Sommer zu bleiben, wollte ich ihn auch gern ausnützen, um andere Germanisten und Historiker als die Breslauer kennenzulernen. Ein Kolleg über „Börne, Heine und das Junge Deutschland" bei Richard *Weißenfeld* war mehr Erholung als Arbeit. Auch den gestrengen und gefürchteten Edward *Schröder* genoß ich sorgenlos als „Phänomen". Er war ein großer, kräftiger Mann mit breitem, graumeliertem, in der Mitte geteilten Bart. Es war sein Stolz, daß er eine „gewachsene Sprache" — die Sprache seiner Heimat Hessen — besaß. Noch passender aber schien es mir, wenn er mittelhochdeutsch oder gar althochdeutsch redete —, ich freute mich jedesmal, wenn er in seinem Kolleg eine Textprobe vorlas. Wie sein Schwager *Roethe* in Berlin war er ein Gegner des Frauenstudiums und hatte bisher keine Damen in sein Seminar aufgenommen. Ich habe aber seine „Bekehrung" miterlebt. Als er zu Beginn jenes Semesters die Seminarschlüssel an die Mitglieder verteilte — dazu mußten wir einzeln vortreten und ihm mit Handschlag versprechen, kein Buch aus der Seminarbibliothek mit nach Hause zu nehmen — erklärte er öffentlich, von nun an wolle er Damen in die Oberstufe des Seminars zulassen; sie hätten sich das durch ihren Fleiß und ihre tüchtigen Leistungen verdient. Überdies war er ein Gemütsmensch; als er einmal in seiner Vorlesung eines verstorbenen Kollegen gedachte, kamen ihm die Tränen.

Von den Philosophen hörte ich außer den Phänomenologen noch Leonard *Nelson*. Er war noch jung, kaum über die 30 Jahre alt, aber schon in ganz Deutschland berühmt oder eher berüchtigt durch sein Buch über „das sogenannte Erkenntnisproblem". Darin hatte er mit großem Scharfsinn alle bedeutenden Vertreter der neuzeitlichen Erkenntnistheorie einen nach dem andern durch Nachweis formaler Widersprüche „getötet". In seinem Kolleg — ich hörte seine „Kritik der praktischen Vernunft" — verfuhr er nicht glimpflicher. Er hatte zwei schematische Zeichnungen zur Darstellung der typischen Widersprüche; sie wurden fast jede Stunde für neue Gegner an die Tafel gemalt und hießen bei den Hörern die „Guillotine“. Der einzig Überlebende auf dem Schlachtfeld war der Kant-Schüler *Fries,* nach dem Nelson seine eigene Philosophie benannte. Seine Ethik gipfelte in der Ableitung eines etwas abgewandelten kategorischen Imperativs. Überhaupt war die ganze Vorlesung eine lückenlose Deduktion aus einigen vorausgeschickten Thesen. Seinen Schlußfolgerungen konnte man sich schwer entziehen, aber ich hatte durchaus den Eindruck, daß in den Voraussetzungen Fehler steckten. Das Gefährliche war, daß er das, was er in seiner Ethik theoretisch ableitete, auch unweigerlich praktisch durchführte und dasselbe von seinen Schülern verlangte. Er hatte einen Kreis von jungen Menschen um sich (hauptsächlich Jugendbewegte), die sich ganz von ihm führen ließen und ihr Leben nach seinen Leitsätzen gestalteten. Richard Courant, der zeitweise selbst stark unter seinem Einfluß gestanden hatte, pflegte zu sagen: „Wie die Corpsstudenten zum Frühschoppen gehen, so gehen die Freischärler ins Nelsonkolleg“. Er war eine echte Führernatur; die Festigkeit seines Charakters, die Unbeugsamkeit seines Willens, die stille Leidenschaft seines sittlichen Idealismus gaben ihm Macht über andere. Äusserlich hatte er wenig Bestechendes. Er war groß und breitschultrig, sein Gang war schwer, schwer lagen die Lider über den hellblauen Augen, und auch seine Sprache klang schwer und etwas müde trotz der Entschiedenheit und dem Nachdruck, womit er alles vorbrachte. Das Gesicht war häßlich, aber anziehend; das Schönste an ihm waren die dichten, welligen blonden Haare. Er sprach ganz nüchtern und trocken; den Hauptgedankengang skizzierte er an die Tafel; der Schrift und den schematischen Zeichnungen sah man es an, daß er die Hand eines Malers hatte.

Es gab wenige Menschen, die er seines Verkehrs würdigte, ohne daß sie sich seiner Philosophie und seiner Lebensweise bedingungslos verschrieben. Zu diesen wenigen gehörte Rosa *Heim,* eine russische Jüdin, die schon seit Jahren in Göttingen Psychologie studierte. Ich hatte sie im Psychologischen Institut kennengelernt, und eines Tages, als ich auf der Straße mit ihr ging, begegneten wir Nelson. Sie begrüßte ihn, stellte mich vor und erklärte, wir müßten uns miteinander aussprechen. Darauf verabschiedete sie sich und ließ uns allein weitergehen. Nelson kannte mich vom Sehen aus seinem

Kolleg und wollte gern hören, was ich dazu sagte, denn er wußte, daß ich Husserlschülerin war, und es verlor sich nicht oft jemand aus diesem Lager zu ihm. Er selbst kannte Husserls Schriften nicht genau und erklärte, es koste zuviel Zeit, sich in dessen schwierige Terminologie hineinzufinden. Ich fragte, ob er sich nicht einmal mit Reinach auseinandergesetzt habe; das ginge doch leichter. „Reinach ist klarer, aber dafür ist er weniger tief", lautete die bündige Antwort. Damit war unser Gespräch zu Ende, denn wir waren vor dem Verlag von Vandenhoeck und Rupprecht angelangt, dem er zusteuerte. Es dauerte Jahre, bis ich noch einmal persönlich mit ihm zusammentraf.

Im Psychologischen Institut hörte ich „Psychophysik der Augenempfindungen" bei Georg Elias *Müller*, einem Veteranen der alten, rein naturwissenschaftlich verfahrenden Methode. Es war eine Exaktheit darin, die mich anzog und mir vertrauenswürdiger war als das, was ich bei Stern kennengelernt hatte. Aber ich hatte daran nur Freude wie an theoretischer Physik oder Mathematik: es waren Arbeitsgebiete, über die ich mich gern unterrichten ließ, in denen aber für mich persönlich keine Aufgaben lagen. Müller war ein rabiater Gegner der Phänomenologie, weil es für ihn etwas anderes als Erfahrungswissenschaft nicht gab. Husserl dagegen empfahl uns, bei ihm zu hören, weil er Wert darauf legte, daß wir die Methoden der positiven Wissenschaften kennenlernten. David *Katz*, der als Privatdozent neben Müller im Institut wirkte, hatte sich in seiner Studienzeit auch mit Phänomenologie beschäftigt, und man merkte es seinen Vorlesungen an, daß sie davon befruchtet waren. Durch Moskiewicz und Rosa *Heim* (mit der er sich später verheiratete) lernte ich ihn auch persönlich kennen. Der Betrieb im Institut war sehr eigenartig. Müller hatte eine ganze Reihe von Schülern, die bei ihm promovieren wollten, obgleich das keine einfache Sache war. Es dauerte oft Monate, ehe man nur die Versuchsanordnung und die nötigen Apparate zusammenhatte. Keiner sagte dem andern, was er für eine Arbeit machte. In den verschiedenen Versuchsräumen des alten Gebäudes in der Paulinerstraße wirkten sie an ihren Maschinen geheimnisvoll herum. Einige Zeit diente ich einem dänischen Psychologen als Versuchsperson. Ich saß im verdunkelten Zimmer vor einem Tachystoskop, bekam nacheinander eine Reihe von verschiedenen grünen, leuchtenden Figuren jeweils einen Augenblick gezeigt und mußte nachher angeben, was ich gesehen hatte. Daran merkte ich, daß es sich um das Wiedererkennen von Figuren handelte, aber näheren Aufschluß erhielt ich nicht. Wir Phänomenologen lachten über die Geheimniskrämerei und freuten uns unseres freien Gedankenaustausches: wir hatten keine Furcht, daß einer dem andern seine Ergebnisse wegschnappen könnte.

Neben der Philosophie war mir in Göttingen das Wichtigste die Arbeit bei Max *Lehmann*. Ich hatte in Breslau schon sein großes Werk über den Freiherrn von Stein durchgearbeitet und freute mich, ihn persönlich kennenzulernen. Ich hörte sein großes Kolleg über das Zeitalter des Absolutismus und der Aufklärung und ein einstündiges über Bismarck. Ich freute mich an seiner Art, europäisch zu denken, einem Erbteil seines großen Lehrers *Ranke*, und war stolz, durch ihn eine Enkelschülerin von Ranke zu werden. Mit seinen Auffassungen konnte ich freilich nicht in allem übereinstimmen. Als alter Hannoveraner war er stark antipreußisch gesinnt; der englische Liberalismus war sein Ideal. Besonders stark trat das natürlich in der Bismarckvorlesung hervor. Da mich Einseitigkeiten immer dazu anregten, der Gegenseite gerecht zu werden, wurde ich mir hier mehr als daheim der Vorzüge des preußischen Wesens bewußt und wurde in meinem Preußentum bestärkt.

Ich habe schon erwähnt, daß ich auf Reinachs Übungen verzichtete, um das gleichzeitige Lehmannsche Seminar mitzumachen. Allerdings bereute ich es fast, als ich merkte, welche Arbeitsanforderungen hier gestellt wurden; denn soviel Zeit hatte ich in Göttingen nicht auf das Geschichtsstudium verwenden wollen. Unsere Aufgabe für das ganze Semester war ein Vergleich der damaligen Deutschen Reichsverfassung mit dem Verfassungsentwurf von 1849. Die wichtigsten Bücher für das Studium dieser Frage waren in einem kleinen Arbeitszimmer neben dem großen Übungsraum für unsern Gebrauch zusammengestellt. Ich habe manche Stunde dort zugebracht. Die peinlichste Überraschung aber war, daß jedes neue Mitglied eine große schriftliche Arbeit übernehmen mußte. Die Themen wurden gleich in der ersten Stunde verteilt, und zwar so, daß je zwei — möglichst ein Herr und eine Dame — dasselbe zu bearbeiten hatten. Auch der Ablieferungstermin wurde sofort festgesetzt. In der zweiten Semesterhälfte wurden die Arbeiten in den Seminarsitzungen besprochen. Dazu mußten die beiden Opfer an dem großen hufeisenförmigen Tisch die Plätze Lehmann gegenüber einnehmen und Rede und Antwort stehen. Das war für ihn die Gelegenheit, einen gründlich persönlich kennenzulernen. Er hatte sehr schwache Augen und konnte uns nicht sehen, wenn wir entfernter saßen. Zu Beginn jedes Semesters ließ er sich die Tische aufzeichnen und den Namen jedes Teilnehmers an seinem Platz eintragen. Dann kannte er uns als Funktion unseres Platzes, und wir durften die Reihenfolge nicht mehr ändern. Mein Thema hieß: Die Verwirklichung der Parteiprogramme in dem Verfassungsentwurf von 1849. Mein Partner und ich kamen ganz am Schluß des Semesters an die Reihe. Wir hatten uns vorher nicht gekannt; aber da wir nun unter der gleichen Last seufzten, begleitete er mich einigemal nach Hause, um sich unterwegs mit mir über unsere Sorgen auszusprechen. Es war ein kluger und fleißiger Mensch; ich traute seiner Arbeit alles Gute zu. Unsere Aufgabe war mühsam. Man mußte sich über den Aufmarsch der Parteien in der Frankfurter Nationalversammlung genau unterrichten, mußte sich die Programme verschaffen: sie waren nicht alle ohne weiteres zugänglich, wenn auch die meisten in einer handlichen Sammlung abgedruckt waren; eines bekam ich erst nach langem Suchen in einem alten Zeitungsband von 1848 aus der Heidelberger Bibliothek. Und dann kam erst die Vergleichsarbeit. Ich stand das ganze Semester hindurch etwas unter diesem Druck. Endlich kam die Sitzung, in der Lehmann uns aufs Korn nahm. Er tat dies übrigens immer in sehr freundlicher Weise und äußerte sich diesmal auch recht zufrieden über den Verlauf des Gesprächs. Allerdings gab es eine tragikomische Schwierigkeit. Er hatte meine Arbeit nicht ganz entziffern können, weil die Tinte für seine schwachen Augen zu blaß war. Eine ältere Kollegin (studierende Lehrerin) gab mir den guten Rat, Lehmann aufzusuchen und zu fragen, ob ich die Arbeit noch einmal in Maschinenschrift abliefern dürfte. So machte ich mich auf den Weg nach der Bürgerstraße, wo er ein eigenes Haus bewohnte, ein älteres Haus, von einem Garten umgeben. Ich wurde in den Oberstock geführt. Schon der Vorplatz vor seinem Studierzimmer war bis zur Decke mit Bücherregalen umstellt. Lehmann empfing mich sehr gütig. Nein, es sei nicht nötig, die Arbeit abschreiben zu lassen. Er wüßte ja jetzt durch die Besprechung genau Bescheid und sei sehr befriedigt. Überhaupt die Damen! Was würde aus seinem Seminar, wenn er die Damen nicht hätte, die so fleißig und so tüchtig arbeiteten! Das schien mir nun etwas übertrieben, und ich fühlte mich verpflichtet, für meinen männlichen Kollegen einzutreten: es gäbe doch auch Herren, die etwas leisteten. Er war etwas erstaunt über diese Erwiderung, stimmte mir aber zu. „O ja, einzelne wohl. Ihr Partner z.B. hat ja auch eine gute Arbeit geliefert". Nun aber kam eine große Überraschung. Lehmann eröffnete mir, da die Arbeit so gut ausgefallen sei, wolle er sie gern als Staatsexamensarbeit annehmen. Einige kleine Ergänzungen könnte ich noch anbringen. Das war keine ungewöhnliche Auszeichnung; Lehmann pflegte gute Seminararbeiten als Examensarbeiten einreichen zu lassen. Aber ich wußte nichts davon, da ich mich bisher um den Göttinger Examensbetrieb kein bißchen gekümmert hatte. Einmal hatte ich das Staatsexamen als etwas sehr Fernliegendes betrachtet, da ich immer die Absicht hatte, zuerst den Doktor zu machen. Und außerdem war ich ja nur für diesen Sommer nach Göttingen gekommen und rechnete mit einem Staatsexamen in Breslau. Freilich, je näher das Semesterende kam, desto unmöglicher war mir der Gedanke, daß ich nun fortgehen und nicht wiederkommen sollte. Diese Monate, die hinter mir lagen, waren doch keine Episode, sondern der Anfang eines neuen Lebensabschnittes. Nun kam mir Hilfe von einer Seite, von der ich sie nicht im mindesten erwartet hatte. Eine fertige Staatsexamensarbeit konnte man doch nicht ungenützt lassen. Das würde auch meinen Leuten einleuchten.

Ich glaube, daß schon auf dem Heimweg von diesem folgenreichen Besuch mein Plan fertig wurde. Ich mußte nun vor allem mein Verhältnis zu Professor Stern in Ordnung bringen. Er bekam einen Bericht über den Verlauf dieses Semesters: An meiner psychologischen Arbeit hätte ich nichts getan, dagegen mich ganz in die Phänomenologie eingelebt; nun sei es mein dringender Wunsch, weiter bei Husserl zu arbeiten. Es kam eine sehr gütige Antwort: wenn ich diesen Wunsch hätte, so könne man mir nur raten, bei Husserl den Doktor zu machen. Auch bei meinen Angehörigen stieß ich auf keinen Widerstand. Nun kam der größte Schritt: ich ging zu Husserl und bat ihn um eine Doktorarbeit. „Sind Sie denn schon so weit?" fragte er überrascht. Er war gewöhnt, daß man jahrelang bei ihm hörte, ehe man sich an eine selbständige Arbeit heranwagte. Immerhin wies er mich nicht zurück. Er stellte mir nur alle Schwierigkeiten vor Augen. Seine Ansprüche an eine Doktorarbeit seien sehr hoch; er rechne, daß man drei Jahre dafür brauche. Wenn ich die Absicht hätte, Staatsexamen zu machen, dann würde er mir dringend raten, dies erst zu tun, sonst käme ich zu sehr aus meinen andern Fächern heraus. Und er selbst lege großen Wert darauf, daß man in einer Spezialwissenschaft etwas Tüchtiges leiste. Es tauge nichts, nur Philosophie zu betreiben, als solide Grundlage brauche man gründliche Vertrautheit mit den Methoden der andern Wissenschaften. Das stieß zwar alle meine bisherigen Pläne um und machte mir das Herz etwas schwer; aber ich ließ mich durch nichts abschrecken, sondern wollte auf jede Bedingung eingehen. Nun wurde der Meister etwas entgegenkommender. Er hätte nichts dagegen, wenn ich mein Thema jetzt schon wählte und anfinge, daran zu arbeiten. Wenn ich dann mit meiner Vorbereitung zum Staatsexamen weit genug wäre, wolle er mir die Aufgabe für die Staatsarbeit so stellen, daß ich sie nachher zur Doktorarbeit ausbauen könnte.

Nun war also die Frage, worüber ich denn arbeiten wolle. Darum war ich nicht in Verlegenheit. In seinem Kolleg über Natur und Geist hatte Husserl davon gesprochen, daß eine objektive Außenwelt nur intersubjektiv erfahren werden könne, d.h. durch eine Mehrheit erkennender Individuen, die in Wechselverständigung miteinander ständen. Demnach sei eine Erfahrung von anderen Individuen dafür vorausgesetzt. Husserl nannte diese Erfahrung im Anschluß an die Arbeiten von Theodor *Lipps* Einfühlung, aber er sprach sich nicht darüber aus, worin sie bestünde. Da war also eine Lücke, die es auszufüllen galt: ich wollte untersuchen, was Einfühlung sei. Das gefiel dem Meister nicht übel. Allerdings bekam ich nun gleich eine neue bittere Pille zu schlucken: er verlangte, daß ich die Arbeit als Auseinandersetzung mit Theodor Lipps durchführe. Er wollte nämlich gern, daß seine Schüler in ihren Arbeiten das Verhältnis der Phänomenologie zu den andern bedeutenden philosophischen Richtungen der Zeit klarstellten. Ihm selbst lag das wenig. Er war zu sehr von seinen eigenen Gedanken erfüllt, um sich für die Auseinandersetzung mit anderen Zeit zu nehmen. Aber auch bei uns stieß er mit dieser Forderung auf wenig Gegenliebe. Er pflegte lächelnd zu sagen: „Ich erziehe meine Schüler zu systematischen Philosophen, und dann wundere ich mich, daß sie keine philosophiegeschichtlichen Arbeiten machen mögen". Fürs Erste aber war er unerbittlich. Ich mußte in den sauern Apfel beißen, d.h. daran gehen, die lange Reihe der Werke von Theodor Lipps durchzustudieren.

Das war nun wieder ein folgenschwerer Besuch. Ganz neue Pläne mußten gemacht werden. Aber ich war auch damit schnell fertig. Wenn ich das Staatsexamen vor dem Doktor machen sollte, dann wollte ich es mir so bald wie irgend möglich vom Hals schaffen. Ich hatte jetzt fünf Semester hinter mir. Damit durfte ich mich noch nicht zur Prüfung melden. Die vorgeschriebene Mindestzahl war sechs. Aber ich stammte aus alter Zeit, als noch nicht so viel Stoff zu bewältigen war. Jetzt nehmen sich die meisten Leute 8-10 Semester Zeit. Davon konnte bei mir keine Rede sein. Mein Entschluß war gefaßt: im kommenden Winter mußte der Entwurf der Einfühlungsarbeit fertig werden und ich mußte mit der Vorbereitung zur mündlichen Prüfung so weit kommen, daß ich mich am Ende des Semesters zur Prüfung melden könnte.

Das war das Ergebnis meines ersten Sommers in Göttingen. Anfang August reiste ich für die Ferien nach Hause. Ich weiß nicht mehr, ob ich diese Fahrt mit Rose gemeinsam machte. Für sie war es der endgültige Abschied von Göttingen. Wir gaben unsere Wohnung auf, weil sie für mich allein zu kostspielig war. Ich wollte mir im Herbst ein neues Quartier suchen.

2.

Anfang August reiste ich also für die großen Ferien nach Hause. Der Sommer 1913 war für Breslau eine große Zeit: Die Jahrhundertfeier der Befreiungskriege. Man hatte sich darum auch gewundert, daß ich gerade dies Semester außerhalb verbrachte. Manches von den Festlichkeiten hatte ich schon versäumt; vor allem das Festspiel, das Gerhart Hauptmann für diesen Zweck geschrieben hatte und das in der ebenfalls eigens neu erbauten „Jahrhunderthalle", einem Kuppelbau aus Beton und Eisen, damals dem größten der Welt, aufgeführt wurde. Ich hatte die Dichtung in Göttingen gelesen, und die Lösung war mir genial erschienen: die denkwürdigen Begebenheiten, — Preußens Größe, Fall und Erhebung, Napoleons glänzender Aufstieg und sein Sturz — waren mit einem kecken Griff erfaßt, indem sie als ein Puppenspiel dargestellt wurden, wie sie sich, von oben gesehen, ausnehmen mochten. Diese Auffassung hatte aber allerhöchsten Orts Anstoß erregt. Es war ja in Berlin alte Tradition, daß kein Hohenzoller auf die Bühne gebracht werden durfte. Sie nun gar als Puppen auftreten zu lassen, das erschien als offene Majestätsbeleidigung. Der deutsche Kronprinz legte sein Protektorat über die Jahrhundertfeier nieder; um ihn und den Kaiser zu versöhnen, verzichtete die Festleitung auf weitere Aufführungen des Puppenspiels. Der Besuch des Kaisers fiel in die Zeit, während ich in Breslau war. Er hielt sich — wie gewöhnlich — nur sehr kurz dort auf. (Vor Jahren hatte einmal in unserer Stadt eine Frau ein Attentat auf ihn versucht, das mochte ihm den Besuch verleidet haben). Als er das Festgelände besichtigte, stand der Erbauer, Stadtbaurat *Berg*, bereit, um sich vorstellen zu lassen und ein freundliches Wort zu hören. Aber er wurde nicht beachtet und mußte die schroffen Worte hören: der Magistrat hätte besser getan, die große Summe, die für diesen Bau verwendet wurde, der Universität zu überweisen. Der gekränkte Baurat wurde Sozialdemokrat. Der Kaiser hatte auch keine Zeit für ein Konzert in der Jahrhunderthalle, bei dem 10000 Volksschulkinder Volkslieder sangen. Der König von Sachsen hatte es sich kurz zuvor angehört und den kleinen Künstlern einige freundliche Worte gesagt. Ich fand das Verhalten des Kaisers unbegreiflich töricht. Ich dachte, mit ein paar Worten hätte er so viele Kinderherzen gewinnen und für ihr Leben zu treuen Untertanen machen können. Aber es war ihm nicht gegeben, solche Gelegenheiten zu erfassen.

Ich habe außer diesen Liederchören in der Festhalle noch manches andere Schöne gehört, z.B. ein großes Bachkonzert auf der eingebauten Riesenorgel. Natürlich sah ich auch die Jahrhundertausstellung. Die ebenfalls neuerbauten Ausstellungshallen, die historischen Gärten und die andern schönen Anlagen um die Festhalle wurden als dauernder Schmuck der Stadt erhalten.

Zu Hause wurde ich mit herzlicher Liebe aufgenommen. Meine Zukunftspläne stießen auf gar keinen Widerstand. Ich hatte auch nicht mehr den Eindruck, daß meine Mutter das auswärtige Studium schmerzlich empfand. Als ich von meinen beiden Arbeiten berichtete, war Erna voll Bewunderung für diese selbständigen Leistungen.

Ihre eigene Doktorarbeit kam ihr daneben wie ein Kinderspiel vor, da ihr die ganze Fragestellung fertig vorgelegt wurde und nur die Ausführung der Versuche ihr überlassen wurde. In dem alten Freundeskreis erregte meine wissenschaftliche Entwicklung einiges Aufsehen, ich wurde aber genau so wie früher „dazugerechnet". Stern lud mich immer noch mit dem engsten Schülerkreis zusammen ein und zog mich heran, um eine große pädagogische Tagung und eine damit verbundene psychologische Ausstellung vorzubereiten. Im Mittelpunkt stand eine Auseinandersetzung zwischen Wyneken, der sein Ideal der Erziehung in Freien Schulgemeinden mit radikaler Entschiedenheit vertrat, und Stern, der sich in milderen Formen, aber nicht minder fest für die Familienerziehung einsetzte. Diesmal stand ich ganz auf seiner Seite. Wynekens düsteres Äußere, sein fanatischer Blick stießen mich ebenso ab wie seine Theorien, und die Wikkersdorfer Zöglinge, die er mitgebracht hatte, schienen mir in ihrer blinden Gefolgschaft kein vertrauenerweckendes Ergebnis der Erziehungskunst ihres Führers.

In der zweiten Oktoberhälfte, einige Tage vor Beginn der Vorlesungen, war ich wieder in Göttingen. Ich mietete ein Zimmer in der Schillerstraße, nur um einen Häuserblock von Courants entfernt. Die ganze Straße war neugebaut, das Zimmer modern und geschmackvoll mit weißer Decke, lichtgrauer Tapete und schmaler Goldleiste. Die Wirtsleute gehörten zum guten Mittelstand; Frau *Mußmann* war weder jung noch hübsch, aber sehr freundlich. Sie versorgte mich, wie ich es bisher gewohnt war, mit Milch zum Frühstück und Tee zum Abendessen. Nach einigen Monaten übernahm sie es auch, mir mittags eine Portion von ihrem Essen zu bringen; damit war ich für wenig Geld viel besser versorgt als in den Gasthäusern. Mein Zimmer lag außerhalb der Wohnung, hatte einen eigenen Eingang vom Treppenhaus; es war im Erdgeschoß, sodaß man mir von der Straße mit einem Stock am Fenster klopfen konnte. Richard machte sich manchmal so bemerkbar, wenn er abends aus einem Konzert heimkam und bei mir noch Licht sah. Ich war in diesem Winter sehr einsam. So lange Rose mit mir zusammenlebte, hatten wir beide nichts von Heimweh gespürt. Ich vermißte sie jetzt sehr. Ich vermied es, durch die Lange Geismarstraße zu gehen, weil der Anblick unseres alten Wohnhauses mir zu weh tat. Darum habe ich es auch niemals über mich gebracht, unsere guten früheren Wirtsleute zu besuchen. Der treue *Danziger* holte mich weiter zu Sonntagsspaziergängen ab. Ich konnte mir nur jetzt nicht mehr so viel Zeit dafür nehmen wie früher, weil ich ganz im Bann meines großen Arbeitsprogramms stand. Außerdem muß ich gestehen, daß der gute Junge mich etwas langweilte.

Moskiewicz war auch wiedergekommen; ich zog seine Gesellschaft bei weitem vor, obgleich der Verkehr mit ihm immer aufreibender wurde. Gewöhnlich bat er mich, den Sonntagnachmittag für ihn frei zu halten; aber ich mußte damit rechnen, daß am Vormittag ein Roter Radler einen Absagebrief brachte. Manchmal kam ein zweiter hinterher, der die Absage wieder zurücknahm. Ich nahm ihm das nicht übel, weil ich durchschaute, was dahinterstand. Die Phänomenologie war seine unglückliche Liebe. Sie hatte ihm die psychologische Arbeit verleidet, und er konnte dorthin nicht mehr zurückfinden; in der Phänomenologie aber kam er nie über die Anfangsschwierigkeiten hinaus und vermochte nichts Selbständiges darin zu leisten. Er glaubte, daß ich jetzt weiter sei als er und daß er jedes Zusammensein ausnützen müsse, um sich von mir vorwärtsbringen zu lassen. Anderseits fürchtete er diese Gespräche, weil sie ihn aufs neue entmutigten. Wenn wir von andern Dingen sprachen, war ihm wohl, aber das gönnte er sich selten. Er war hauptsächlich wieder nach Göttingen gekommen, weil Reinach ihm zugesagt hatte, daß er jede Woche einmal allein zu ihm kommen dürfe. Auf diese Nachmittage legte er den größten Wert, sie sollten ihm die Lösung aller Zweifel bringen. Ich erschrak darum heftig, als mir gegen Ende des Semesters Reinach einmal gestand, daß ihm diese Gespräche eine unerträgliche Last seien. Er wußte ja, daß ich Moskiewicz gut kannte, und wollte von mir ein Urteil hören. Er selbst hielt ihn für einen hoffnungslosen Fall. „Er soll doch bei seiner Psychologie bleiben, als Phänomenologe wird er nie etwas erreichen. Könnte man ihm das nicht einmal sagen?" Ich bat ihn dringend, das ja nicht zu tun. So wie ich Moskiewicz' nervöse Verfassung kannte, fürchtete ich, daß er einen solchen Schlag nicht überstehen würde. Reinach versprach auch gleich, nichts zu sagen und weiter geduldig immer wieder dieselben Zweifel und Bedenken anzuhören. Dagegen übernahm ich es, unauffällig dahinzuwirken, daß Mos seinen Aufenthalt in Göttingen nicht länger als diesen Winter ausdehne. Tatsächlich verbrachte er den folgenden Sommer in Frankfurt a.M., um sich dort durch die Anregungen bedeutender Psychologen (Wertheimer, Gelb, Köhler) weiterhelfen zu lassen.

Für mich brachte der Winter noch mehr philosophische Förderung als der Sommer. Husserl las sein großes Kant-Kolleg. Vor allem aber erlaubte es mein Stundenplan, diesmal Reinachs Vorlesung (Einführung in die Philosophie) und seine Übungen für Fortgeschrittene mitzunehmen. Im Sommer hatte ich sein Kolleg nur manchmal gastweise gehört, wenn ich gerade die Stunde frei hatte. Es war eine reine Freude, ihm zuzuhören. Er hatte wohl ein Manuskript vor sich, schien aber kaum hineinzusehen. Er sprach in lebhaftem und fröhlichem Ton, leicht, frei und elegant, und alles war durchsichtig-klar und zwingend. Man hatte den Eindruck, daß es ihn gar keine Mühe kostete. Als ich später einmal diese Manuskripte ansehen durfte, bemerkte ich zu meinem größten Erstaunen, daß sie von Anfang bis zu Ende wörtlich ausgearbeitet waren, unter die letzte Vorlesung des Semesters pflegte er zu schreiben: „Fertig, Gott sei Dank!“ Alle diese Glanzleistungen waren das Ergebnis unsäglicher Mühen und Qualen.

Die Übungen hielt Reinach in seiner Wohnung. Da wir unmittelbar vorher Husserl-Kolleg hatten, gab es dann einen Dauerlauf von 20 Minuten hinauf zum Steingraben. Die Stunden in dem schönen Arbeitszimmer waren die glücklichsten in meiner ganzen Göttinger Zeit. Wir waren uns wohl alle darüber einig, daß wir hier methodisch am meisten lernten. Reinach besprach mit uns die Fragen, die ihn selbst in seiner eigenen Forscherarbeit gerade beschäftigten, in jenem Winter das Problem der Bewegung. Das war kein Dozieren und Lernen, sondern ein gemeinsames Suchen, ähnlich wie in der Philosophischen Gesellschaft, aber an der Hand eines sicheren Führers. Alle hatten vor unserem jungen Lehrer eine tiefe Ehrfurcht; hier wagte nicht leicht jemand ein vorschnelles Wort, ich hätte kaum gewagt, ungefragt den Mund aufzumachen. Einmal warf Reinach eine Frage auf und wollte wissen, wie ich darüber dächte. Ich hatte angestrengt mitüberlegt und sagte sehr schüchtern in wenigen Worten meine Ansicht. Er sah mich überaus freundlich an und sagte: „So habe ich es mir auch gedacht“. Eine höhere Auszeichnung hätte ich mir nicht vorstellen können. Aber auch diese Abende waren für ihn eine Qual. Wenn die zwei Stunden herum waren, wollte er das Wort „Bewegung“ gar nicht mehr hören. Es wurden ihm aus unserm Kreis damals gewisse Einwendungen gemacht, die ihn schließlich nötigten, den ursprünglichen Ansatz ganz aufzugeben. Er fing nach Ostern noch einmal ganz von vorn an. Auch diesen Bruch konnte ich später in seinen schriftlichen Entwürfen feststellen.

Abgesehen von der Philosophie beschränkte ich meine Vorlesungen jetzt auf ein Mindestmaß, um möglichst viel zu Hause arbeiten zu können. Ich begann mit der systematischen Vorbereitung für die mündliche Prüfung: für Geschichte, deutsche Literatur und Philosophiegeschichte bedeutete das eine gewaltige Masse von Gedächtnisstoff. Es kam noch etwas anderes hinzu. Die Göttinger Philosophische Fakultät hatte sich vor einigen Jahren in eine mathematisch- naturwissenschaftliche und eine philosophisch-historische Sparte geteilt. Die Philosophen mußten sich entscheiden, welcher sie angehören wollten. Trotz seiner eigenen mathematischen Vergangenheit und zum Ärger der Mathematiker, die sich für seine Berufung nach Göttingen eingesetzt hatten, wählte er die andere Sparte, aus der sachlichen Überzeugung, daß die Philosophie mehr innere Zusammengehörigkeit mit den Geisteswissenschaften habe. Zur Promotion in der philologischen Sparte aber wurde das humanistische Abitur verlangt. Hedwig *Martius*, die ebenso wie ich ein Realgymnasium besucht hatte, war mit der Preisarbeit, die sie bei Husserl gemacht hatte, zur Promotion nach München gegangen, weil dort diese Schwierigkeit nicht bestand. Ich war sofort entschlossen, die Ergänzungsprüfung im Griechischen nachzumachen, aber ich wollte das bis nach dem Staatsexamen verschieben, um nicht zuviel auf einmal zu haben. Es war mir darum sehr peinlich, als Frau Husserl mir einmal sagte, das Graecum müsse sechs Semester vor der Promotion gemacht werden. Ich ging sofort zum Dekan der philologischen Sparte — es war damals der Archäologe *Körte* — um mich nach den Bestimmungen zu erkundigen. Er meinte, es möge wohl eine solche Vorschrift bestehen und er könne nicht wissen, wie ein späterer Dekan sich dazu verhalten würde; er persönlich würde immer dafür stimmen, von dieser Bedingung abzusehen. Um aber ganz sicher zu sein, könnte ich zu dem Philologen Hermann *Schultz* gehen, der hier in Göttingen die griechischen Anfängerkurse gab, und mir von ihm bescheinigen lassen, daß ich jetzt schon griechisch könne. Ich frischte nun einige Wochen lang meine Kenntnisse aus den ersten Breslauer Semestern auf und begab mich dann zu Herrn Dr. Schultz. Er war ein noch junger Privatdozent und wohnte bei seiner Mutter, die den ungewöhnlichen Titel „Frau Abt" führte. Das ehemalige Benediktinerkloster Bursfelde an der Weser war nämlich nach seiner Säkularisation der Universität Göttingen überwiesen worden, einer der protestantischen Theologen wurde jeweils mit der Verwaltung betraut und galt als „Abt".

Hermann Schultz empfing mich freundlich. Als ich ihm mein Anliegen vortrug, bestellte er mich für den nächsten Tag zu einer kleinen Prüfung. Er legte mir Thukydides zur Übersetzung vor, von dem ich bisher noch nichts gelesen hatte, war aber von dem Ergebnis durchaus befriedigt. Er sagte, es freue ihn sehr, daß man mit Anfängerkursen doch soviel erreichen könne. Offenbar hatte er in seinem eigenen Unterricht bisher den Eindruck gehabt, daß er sich ziemlich umsonst plage. Ich bekam ein nettes Zeugnis mit, von dem ich hoffen konnte, daß es mir später zum Ziel helfen werde.

Mit meiner übrigen Lernerei aber machte ich trübe Erfahrungen. Ich hatte gehofft, daß ein einmaliges Durcharbeiten genügen würde. Nach einigen Wochen aber stellte ich mit Entsetzen fest, daß vieles schon wieder meinem Gedächtnis entschwunden war. Wie sollte man es dann anstellen, um all diesen Kram zur rechten Stunde gegenwärtig zu haben? Diese Sorge aber wog noch leicht im Vergleich zu den Schmerzen, die mir meine philosophische Arbeit bereitete. Sie war ja bei weitem der größte Berg, den es in diesem Winter zu bewältigen galt. Ihr wurde auch der größte Teil des Tages gewidmet. Meine Tage waren recht lang; ich stand früh um sechs auf und arbeitete bis Mitternacht, fast ohne Unterbrechungen. Da ich meist allein aß, konnte ich auch während der Mahlzeiten nachdenken. Und wenn ich zu Bett ging, legte ich mir Papier und Bleistift auf dem Nachttisch zurecht, damit ich Gedanken, die mir nachts kämen, gleich festhalten könnte. Oft fuhr ich auf, weil mir im Traum etwas eingefallen war, was mir recht gescheit dünkte. Wenn ich es aber im Wachen fassen wollte, blieb mir nichts Greifbares. Auch auf dem Wege zur Universität grübelte ich beständig an meinem Einfühlungsproblem herum. Ich verbrachte oft einen großen Teil des Tages im Philosophischen Seminar, um dort die Werke von Th. Lipps zu studieren. Manchmal ging ich gar nicht zum Mittagessen, sondern nahm mir etwas Backwerk mit, das ich in einer kleinen Arbeitspause verspeiste. Wenn ich zur festgesetzten Zeit von der philosophischen Arbeit zu den andern Fächern überging, hatte ich immer das Gefühl, als ob mein Gehirn sich um 180° herumdrehen müßte. Ich las Buch um Buch, machte große Auszüge, und je mehr Material sich ansammelte, desto wirbliger wurde es in meinem Kopf. Was Husserl sich — nach seinen spärlichen Andeutungen — unter „Einfühlung“ dachte und was Lipps so nannte, hatte offenbar wenig miteinander zu tun. Bei Lipps war es geradezu der Zentralbegriff seiner Philosophie, es beherrschte seine Aesthetik, Ethik und Sozialphilosophie, spielte aber auch in der Erkenntnistheorie, Logik und Metaphysik eine Rolle. So mannigfaltig diese Gebiete, so vielfarbig schien mir der Begriff zu schillern, und ich quälte mich damit ab, etwas Einheitliches und Festes in den Griff zu bekommen, um von da aus alle Abwandlungen verstehen und entwickeln zu können. Zum erstenmal begegnete mir hier, was ich bei jeder späteren Arbeit wieder erfahren habe: Bücher nützten mir nichts, solange ich mir die fragliche Sache nicht in eigener Arbeit zur Klarheit gebracht hatte. Dieses Ringen nach Klarheit vollzog sich nun in mir unter großen Qualen und ließ mir Tag und Nacht keine Ruhe. Damals habe ich das Schlafen verlernt, und es hat viele Jahre gedauert, bis mir wieder ruhige Nächte geschenkt wurden.

Nach und nach arbeitete ich mich in eine richtige Verzweiflung hinein. Es war zum erstenmal in meinem Leben, daß ich vor etwas stand, was ich nicht mit meinem Willen erzwingen konnte. Ohne daß ich es wußte, hatten sich die Kernsprüche meiner Mutter: „Was man will, das kann man“ und „Wie man sich's vornimmt, so hilft der liebe Gott“ ganz tief in mir festgesetzt. Oft hatte ich mich damit gerühmt, daß mein Schädel härter sei als die dicksten Mauern, und nun rannte ich mir die Stirn wund, und die unerbittliche Wand wollte nicht nachgeben. Das brachte mich so weit, daß mir das Leben unerträglich schien. Ich sagte mir oft selbst, daß das ja ganz unsinnig sei. Wenn ich die Doktorarbeit nicht fertig brächte — fürs Staatsexamen würde es doch wohl reichen; und wenn ich keine große Philosophin werden könnte, dann doch vielleicht eine brauchbare Lehrerin. Aber die Vernunftgründe halfen nichts. Ich konnte nicht mehr über die Straße gehen, ohne zu wünschen, daß ein Wagen über mich hinwegführe. Und wenn ich einen Ausflug machte, dann hoffte ich, daß ich abstürzen und nicht lebendig zurückkomen würde.

Es ahnte wohl niemand, wie es in mir aussah. In der Philosophischen Gesellschaft und in Reinachs Seminar war ich glücklich bei der gemeinsamen Arbeit; ich fürchtete nur das Ende dieser Stunden, in denen ich mich geborgen fühlte, und den Wiederbeginn meiner einsamen Kämpfe. Einigemal im Semester verlangte Husserl Rechenschaft über den Fortgang meiner Arbeit. Ich mußte dann abends zu ihm kommen. Aber eine Erleichterung brachten diese Gespräche nicht. Wenn ich ein paar Worte gesagt hatte, so fühlte er sich selbst angeregt zu reden und sprach nun so lange, bis er zu müde war, um die Unterredung fortzusetzen. Ich ging fort und konnte mir sagen, daß ich manches gelernt hatte — aber wenig für meine Arbeit. So war auch der gewöhnliche Verlauf seiner Semestersitzungen.

Hans Lipps hatte durch Mos von meinem Thema gehört und ließ mir sagen, er interessiere sich sehr dafür und wolle gern etwas von mir darüber hören. Einmal nach Husserls Seminar bat er mich, mit ihm zu kommen. Er führte mich auf dem nächsten Weg zu seiner Wohnung: d.h. im Dauerlauf durch das Botanische Institut, das dem Seminar gegenüberlag und den Botanischen Garten zur „Unteren Karspüle". Im Institut flüsterte er mir zu: „Wenn wir jemanden begegnen, müssen wir sagen, daß wir Fräulein Ortmann besuchen, denn wir dürfen eigentlich hier nicht durchgehen. Die Untere Karspüle war ein enges, gewundenes Gäßchen. Hier wohnte Lipps in einem kleinen Häuschen bei Frau Maaß, einer Tischlersfrau von wenig einnehmenden Manieren, vor der er sich sehr fürchtete. Solange *Hering* in Göttingen war, hatte er auch hier gewohnt; wenn ich mich recht erinnere, auch noch einige ältere Phänomenologen. Wir stiegen eine sehr steile und enge Treppe hinauf und kamen in das „Arbeitszimmer": ein winziges Stübchen mit spärlichem und armseligem Hausrat. Lipps stieß mit dem Kopf fast an die Decke, und wenn er in der Mitte des Zimmers die Arme ausbreitete, berührten seine Hände fast die Wände. Ein kleines Türchen führte in das noch winzigere Schlafkämmerchen. Ich mußte mich in die Sofaecke setzen, Lipps zog einen weißen Ärztekittel an, stopfte sich eine Pfeife, setzte sich an seinen kleinen, gelben Klapp-Schreibtisch und sah mich aus seinen großen, runden Augen erwartungsvoll an.

Jetzt gab es kein Entrinnen: ich mußte Rede und Antwort stehen, was ich mir unter Einfühlung dächte. Er schien nicht sehr befriedigt und hatte Einwände. Als ich aber sagte, Reinach habe mir zugestimmt, rief er lebhaft: „Dann durchstreichen Sie alles, was ich gesagt habe. Vor Reinach habe ich den größten Respekt". Mit Reinach hatte ich zu Ende des Sommersemesters gesprochen, ehe ich es wagte, Husserl das Thema vorzuschlagen, und er hatte mich dazu ermutigt. Die Unterredung mit Lipps wirkte aber doch niederschmetternd auf mich. Ich kam mir im Vergleich zu ihm noch wie ein Neuling in der Phänomenologie vor, und der Eindruck verstärkte sich, daß ich mich an etwas herangewagt hätte, was über meine Kräfte ging.

Ich traf Lipps damals manchmal mit einem seiner Bekannten beim Mittagessen. Ich hatte in jenen Monaten kein Stammlokal, sondern ging — wenn überhaupt — dann zu irgend einem Mittagtisch, der mir gerade am Weg lag. Wenn die beiden mich bemerkten, mußte ich mich mit an ihren Tisch setzen; das war dann auch eine kurze Zeit der Entspannung. Einmal entschuldigte sich Lipps, daß er mich hinterher nicht nach der Schillerstraße begleitete. Er müsse jetzt schnell nach Hause gehen und sich schlafen legen. Er probiere es eben aus, möglichst viel zu schlafen und die übrige Zeit ganz konzentriert zu arbeiten. Auf 14 Stunden Schlaf habe er es schon gebracht, er hoffe aber allmählich bis zu 21 zu gelangen. Er führte in jenem Winter den Vorsitz in der Philosophischen Gesellschaft; gegen Ende des Semesters mußte er die Vorbereitungen für Schelers Gastvorlesungen treffen und war sehr dankbar, daß ich auch meine Bekannten darauf hinwies. Im Sommer aber wollte er nicht wiederkommen, er wollte dann zu *Hering* nach Straßburg gehen. Es tat mir sehr leid, als ich das hörte. Ich dachte, ich würde mir noch verlorener vorkommen, wenn keine Aussicht mehr bestand, seine hohe Gestalt und seine marineblaue Jacke irgendwo auftauchen zu sehen.

Kurz vor Weihnachten wurde der ganze Schülerkreis bei Reinachs zum Abendessen eingeladen. Ich hatte Frau Dr. Reinach bisher keinen Besuch gemacht, wie es die älteren Studentinnen taten. Vom Sehen kannte ich sie aus der Vorlesung ihres Mannes, die sie regelmäßig besuchte. Sie war groß und sehr schlank, ihre Bewegungen hatten etwas von der Anmut eines Rehs. Am meisten entzückte uns ihr unverfälschter schwäbischer Dialekt. Einmal ging sie den Steinsgraben hinauf vor mir her, als ich Reinach besuchen wollte. Vor der Tür zu ihrer Wohnung drehte sie sich um, begrüßte mich freundlich und sagte: „Sie wollen gewiß zu meinem Mann". Dann nahm sie mich mit hinein und meldete mich gleich selbst bei ihm an. Nach Jahren erzählte sie mir, was ich damals nicht bemerkt hatte: Reinach hatte damals oben am Fenster gestanden und ihr entgegengesehen; sie rief nun halblaut hinauf: Adole (die Koseform von Adolf), Büble, Herzle! Er winkte entsetzt ab, weil er mich hinterherkommen sah, und machte ihr oben Vorwürfe, wie sie ihn so vor einer Schülerin blamieren könne.

An jenem Abend wurden wir im Salon empfangen, der mit seinen großen silbergrauen Plüschsesseln sehr vornehm, aber weniger behaglich wirkte als die andern Räume. Zum Essen wurden wir in Reinachs Arbeitszimmer gerufen — wohl, weil es geräumiger und heimelicher war als das Speisezimmer. Es war an kleinen Tischen gedeckt, und auf jedem stand ein brennendes Bäumchen; kein elektrisches Licht störte den warmen Kerzenschein. Wir standen vor dem entzückenden Anblick überrascht wie Kinder am Weihnachtsabend. Da unter den Gästen nur drei Damen waren, bestimmte Frau Reinach, daß jede sich an ein Tischchen setzen sollte; die Herren sollten sich dann nach eigener Wahl dazufinden. Sie selbst mußte den größten Tisch wählen, da die Hausfrau natürlich den Hauptanziehungspunkt bildete. Dort ging es auch am lustigsten zu. Einmal schnappte ich etwas von der Unterhaltung auf: Man sprach vom „Kampf um Rom" — wahrscheinlich, mit welcher Begeisterung man früher die vier Bände verschlungen habe. Da tönte Frau Reinachs Stimme durchs ganze Zimmer: „Den hab'i nie kriegt!" — Ich hatte das kleinste Tischchen gewählt, an dem nur drei Plätze waren. Meine Kavaliere waren *Awkford*, ein reicher Amerikaner, der auch in Lehmanns Kolleg mein Nachbar war, und Dr. *Mense*, den ich aus der Philosophischen Gesellschaft kannte — ein etwas düster und unstet aussehender Mensch, von dem wir später nie mehr etwas hörten.

Solche gesellige Veranstaltungen waren damals Lichtpunkte für mich. Ich freute mich lange darauf und zehrte hinterher davon. Sie boten mir auch Stoff für meine Wochenberichte nach Hause, da ich von meinen Sorgen und Schmerzen doch nicht schreiben mochte.

In den Weihnachtsferien traf ich mich mit meiner Mutter in Hamburg. Die Freude über das Wiedersehen war bei uns beiden groß. Dennoch war es ein sehr trüber Aufenthalt. Wir bemerkten die Gewitterstimmung im Hause, die dauernde Gereiztheit meines Schwagers, der sonst stets so gastfreundlich gewesen war. Es war nicht möglich, ein friedliches Gespräch bei Tisch zu führen. Wenige Monate später kam es zu jener Ehekrisis, von der ich früher berichtet habe. Von meinen Schwierigkeiten sagte ich meiner guten Mutter kein Wort. Sie hätte mich sofort mit nach Hause nehmen wollen, wenn sie etwas davon geahnt hätte.

Der Einzige, der wußte, daß ich mit dem Fortgang meiner Arbeit nicht zufrieden war — ohne aber zu vermuten, welche seelischen Qualen mir das bereitete — war Moskiewicz. Der Arme konnte mir natürlich selbst nicht helfen, aber einige Wochen vor Semesterschluß sagte er zu mir: „Warum gehen Sie eigentlich nicht einmal zu Reinach". Und er redete mir solange zu, bis ich mich entschloß, seinem Rat zu folgen. Am nächsten Freitag, nach den Übungen, fragte ich, statt mich zu verabschieden, ob ich Reinach noch einen Augenblick allein sprechen könnte. Er sagte freundlich zu, aber ich mußte etwas warten, da noch andere Leute mit persönlichen Anliegen da waren. Er ging mit einem von ihnen in ein anderes Zimmer. Nach einer Weile holte er mich. Nun sagte ich ihm, daß ich gern einmal über meine Arbeit sprechen würde. „Aber es ist alles noch so unklar!" fügte ich kleinlaut hinzu. „Nun über die Unklarheiten wird man sich doch klar werden können", erwiderte er. Das klang so herzlich und so fröhlich aufmunternd, daß ich mich schon etwas getröstet fühlte. Ich wurde zu einer ausführlichen Unterredung bestellt — ich weiß nicht mehr, ob schon für den nächsten Morgen. Als ich mit beklommenem Herzen kam, wurde ich in den bequemsten Klubsessel, dem Schreibtisch gegenüber, genötigt. Nun berichtete ich von den Stoffmassen, die ich angesammelt hatte, und von dem Plan, der mir vorschwebte, um in dieses Chaos Ordnung zu bringen. Reinach fand, daß ich doch schon sehr weit gekommen sei, und redete mir eindringlich zu, jetzt mit der Ausarbeitung zu beginnen. Es waren noch drei Wochen bis zum Semesterschluß. Dann sollte ich wiederkommen und berichten, was ich zustande gebracht hätte. Das war ein großer Entschluß, aber ich ging unverzüglich an die Ausführung. Es kostete eine so große geistige Anspannung wie noch nichts, was ich bisher gearbeitet hatte. Ich glaube, es kann sich davon kaum jemand eine Vorstellung machen, der nicht selbst schon schöpferisch-philosophisch gearbeitet hat. Dabei erinnere ich mich nicht, daß ich damals schon etwas von jenem tiefen Glück empfunden hätte, wie ich es später stets beim Arbeiten fühlte, wenn einmal die erste schmerzhafte Anstrengung überwunden war. Ich hatte noch nicht jene Stufe der Klarheit erreicht, auf der der Geist in einer gewonnenen Einsicht ruhen kann, von da aus neue Wege sich öffnen sieht und sicher fortschreitet. Ich tastete wie im Nebel voran. Was ich niederschrieb, erschien mir selbst seltsam, und wenn jemand anders alles für Unsinn erklärt hätte, so hätte ich ihm sofort geglaubt. Vor einer Schwierigkeit blieb ich bewahrt: ich brauchte kaum je nach Worten zu suchen. Die Gedanken formten sich mir wie von selbst leicht und sicher zum sprachlichen Ausdruck und standen dann so fest und bestimmt auf dem Papier, daß der Leser von den Schmerzen dieser geistigen Geburt keine Spur mehr fand. Ich verbrachte jede Stunde, die ich dafür erübrigen konnte, an meinem kleinen Schreibtisch. Nach Ablauf der drei Wochen hatte ich etwa 30 große Aktenseiten voll.

Nun ging ich zu Reinach. Es war am Morgen. In seinem Arbeitszimmer war noch der Frühstückstisch gedeckt. Ich hatte mein Manuskript mitgebracht und wollte Reinach bitten, es dazubehalten und durchzulesen. Zu meiner großen Überraschung forderte er mich auf, dazubleiben; er wolle es sofort lesen. Mir gab er indessen Hegels „Phänomenologie des Geistes", die gerade auf seinem Schreibtisch lag, zur Unterhaltung. Ich schlug das Buch auf und versuchte, etwas zu lesen, aber es war mir unmöglich, meine Aufmerksamkeit darauf zu richten. Es war doch zu aufregend, dabeizusitzen, während mein Richter sich den Urteilsspruch über mein Werk zu bilden suchte. Er las eifrig, nickte manchmal beifällig, ließ auch bisweilen einen Ausruf der Zustimmung hören. Erstaunlich schnell war er fertig. „Sehr schön, Fräulein Stein", sagte er. War es möglich? Ja, er hatte wirklich nichts auszusetzen und redete mir nur zu, die Arbeit nicht zu unterbrechen. Ob ich nicht in Göttingen bleiben könnte, bis ich fertig wäre? Zu Hause wäre ich doch gewiß nicht so ungestört. Er wisse ja, wie es sei, wenn er nach Mainz komme. Dann müsse man alle Tanten besuchen. Ich war sofort entschlossen, seinem Rat zu folgen. Er war eben im Begriff, zu seinen Eltern nach Mainz zu fahren, aber nur für etwa acht Tage. Wenn ich fertig wäre, könnte ich ihm den zweiten Teil meiner Arbeit bringen.

Die Ferien begannen, und Göttingen wurde leer. Ich blieb allein zurück und saß in meinem Stübchen am Schreibtisch. Da ich keine Vorlesungen mehr hatte, konnte ich fast ohne Unterbrechung schreiben. Nach einer Woche war ich fertig. Es war etwa acht Uhr abends, ein feiner Regen begann herabzurieseln. Aber ich konnte es nicht mehr im Zimmer aushalten, ich mußte hinausgehen und feststellen, wann Reinach zu erwarten sei. Als ich zum Steinsgraben kam, bog gerade eine Taxe vom Friedländerweg her ein und fuhr die Straße hinauf. Sie hielt vor Reinachs Haus — einige Augenblicke später wurde in seinem Arbeitszimmer Licht. Nun wußte ich genug. Ich machte auf dem Absatz kehrt und ging heim. Mit welcher Freude und Dankbarkeit, das vermag ich nicht zu sagen. Noch heute, nach mehr als zwanzig Jahren, spüre ich etwas von dem tiefen Aufatmen.

Am nächsten Morgen war ich mit meinem Manuskript zur Stelle und schellte an der Tür. Reinach öffnete mir selbst. Er war ganz allein zu Hause; seine Frau war in Stuttgart, um seiner Schwester beizustehen, die dort ihr Abitur machte. Pauline war älter als er; sie hatte sich so spät noch zum Studium entschlossen und das gedächtnismäßige Lernen war ihr sehr mühsam. Beim ersten Versuch war sie durchgefallen, der zweite war nun um so aufregender. Als ich kurze Zeit da war, schellte es nochmals und Reinach mußte wieder an die Tür. Als er zurückkam, berichtete er im Ton eines Kindes, das einen eingelernten Auftrag hersagt: „Der Metzger! Nein, wir brauchen nichts“. So hatte es ihm Auguste eingeschärft, ehe sie zum Markt ging.

Diesmal war ich nicht mehr ganz so ängstlich wie bei der ersten Prüfung. Reinach war sehr befriedigt. Ich fragte ihn, ob die Arbeit wohl fürs Staatsexamen ausreichen würde. O gewiß! Husserl werde sich darüber freuen, er bekäme nicht oft solche Arbeiten. Ich könnte nun völlig unbesorgt in die Ferien fahren. Wir nahmen fröhlichen Abschied bis zum April.

Nach diesen beiden Besuchen bei Reinach war ich wie neugeboren. Aller Lebensüberdruß war verschwunden. Der Retter aus der Not erschien mir wie ein guter Engel. Es war mir, als hätte er durch ein Zauberwort die ungeheuerliche Ausgeburt meines armen Kopfes in ein klares und wohlgeordnetes Ganzes verwandelt. An der Zuverlässigkeit seines Urteils zweifelte ich nicht. Ich legte die Arbeit beruhigt bei Seite, um nun alle Anstrengungen auf die Vorbereitung zur mündlichen Prüfung zu verwenden. Wenn ich auch erst sechs Semester hinter mir hatte, so war ich doch insofern gut dran, als mir fast die ganze Zeit zur Verfügung stand, die man sonst für die beiden großen Arbeiten verwenden mußte. Daß ich diese Arbeiten schon fertig hatte, entsprach ja nicht den Prüfungsbestimmungen.

Die offizielle Meldung zum Staatsexamen war beim Provinzialschulkollegium einzureichen; Lebenslauf, genaue Darlegung des Studiengangs, Nachweis der nötigen Vorlesungen und Übungen und die Exmatrikel waren beizufügen. Dann wurde die Prüfungskommission zusammengestellt, die ernannten Examinatoren hatten die Themen zu stellen und man bekam für jedes drei Monate Zeit. Erst wenn sie abgeliefert waren, wurde der Termin für die mündliche Prüfung festgesetzt. Man durfte keine Wünsche für die Zusammensetzung der Kommission äußern. Das Kunststück war, den Studiengang und die speziellen Arbeitsgebiete so darzustellen, daß sachlich niemand anders als die eigenen Lehrer, die man wünschte, für die Abnahme der Prüfung in Frage kommen konnte. Dieses Kunststück brachte ich fertig: *Husserl* wurde für Philosophie, *Weißenfels* für Germanistik und deutsche Literatur bestimmt. Übrigens hatte ich den Termin für die Meldung verpaßt. Ich wußte nicht einmal, daß es einen Schlußtermin dafür gab und einen Anschlag in der Universität, der darauf aufmerksam machte. Der Sekretär der Prüfungskommission, ein Lehrer des Göttinger humanistischen Gymnasiums, wies mich in ungnädigen Worten darauf hin, ließ sich aber doch noch herbei, die Papiere anzunehmen. Ich weiß nicht mehr, wann ich den Beschcid aus Hannover erhielt. Wahrscheinlich erst nach den Ferien. *Lehmann* hatte das Thema genau so formuliert, wie ich es schon bei ihm im Seminar bearbeitet hatte; hier war nur noch etwas Literatur hineinzuarbeiten; das konnte ich ruhig bis vor dem Ablieferungstermin — das war im November — verschieben. Husserl aber bereitete mir eine unangenehme Überraschung. Sein Gedächtnis hatte ihn wohl etwas im Stich gelassen, und er hatte das Thema so gestellt, daß nicht nur Theodor Lipps, sondern auch die übrige

Einfühlungsliteratur zu berücksichtigen war, wenn auch Lipps in erster Linie. Ich konnte wohl die sachliche Einteilung und den ganzen Aufbau lassen, wie er war, mußte aber neue Massen von Literatur durchstudieren und hineinarbeiten.

3.

Von den Ferien habe ich in Erinnerung, daß gerade Ernas praktische Prüfung begonnen hatte, als ich heimkam. Die Mediziner müssen ja im Staatsexamen in sämtlichen Kliniken ihre Fertigkeit beweisen, und das zieht sich durch Monate hin. Erna war nicht zur Bahn, als ich abends anlangte; sie hatte sich zu Bett legen müssen, weil sie darauf gefaßt war, nachts zu einer Entbindung in die Frauenklinik gerufen zu werden. Ich wurde aber gleich zu ihr geführt. Die ganze Familie war ganz erfüllt von ihren Examensangelegenheiten; die meinen traten dem gegenüber zurück, und ich war froh, daß sich bei mir alles weit von zu Haus entfernt in aller Stille abspielen würde.

Ich weiß ferner noch, daß ich während dieser Ferien viel mit *Metis* zusammenarbeitete, da er auch in Examensvorbereitung war. Und schließlich fiel in diese Zeit die früher geschilderte Reise nach Hamburg, um Else nach Breslau zu holen, und alle Aufregungen, die ihre Anwesenheit und die Spannung, wie alles sich weiter entwickeln würde, mit sich brachte.

Kurz, ehe ich nach Göttingen zurückkehrte, lud mich Rose *Guttmann* für einen Abend ein, um eine Dame kennenzulernen, die auch im Sommer nach Göttingen gehen wollte. Ihr selbst war Toni *Meyer* durch Moskiewicz zugeführt worden, und sie hatte schon im Winter mit ihr etwas Phänomenologie gearbeitet. Die Familien Meyer und Moskiewicz waren miteinander befreundet, Toni und Georg kannten sich schon sehr lange und waren etwa im gleichen Alter, damals im 36. Jahr. Ich bin später, nachdem wir uns in Göttingen nahegekommen waren, viel bei Meyers gewesen und in ihrer schönen Häuslichkeit stets mit warmer Herzlichkeit aufgenommen worden. Toni lebte allein mit ihrer Mutter, einer überaus klugen, alten Dame. Sie hatte nach dem Tode ihres Mannes dessen blühendes Geschäft — Militäruniformen — übernommen und mit großer Umsicht geführt. Jetzt war längst ihr einziger Sohn Inhaber und Leiter, sie war aber noch an dem Gewinn beteiligt. Heereslieferungen während des Siebziger Krieges hatten ihnen ein beträchtliches Vermögen eingetragen. Auch jetzt machte alles bei ihnen den Eindruck großer Wohlhabenheit, aber frei von allem Protzentum. Wenn ich zu einer Mahlzeit bei ihnen war, freute ich mich an dem schön gedeckten Tisch, dem feinen Porzellan und Leinen. Die alte Dame machte selbst noch die kunstvollsten Handarbeiten. Ihr Nähtischchen stand auf einem erhöhten Platz am großen Fenster des behaglichen Speise- und Wohnzimmers. Sie ging nicht sehr viel aus, weil sie einen lahmen Fuß hatte. Immerhin bewegte sie sich an ihrem Stock sehr sicher und lehnte fremde Hilfe ab. Sie liebte anregende Unterhaltung. Ihr Sohn, seine Frau und seine fünf Kinder besuchten sie häufig, ebenso eine Reihe von Freundinnen, die ihre bestimmten Tage hatten. Ihr Haushalt ging wie am Schnürchen, die beiden Dienstmädchen wurden aufs genaueste unterwiesen und angeleitet, dafür allerdings auch mit Güte und Freigebigkeit behandelt.

Schrägüber von Frau Meyers Arbeitsplatz hing an der Wand ein Ölgemälde — ein Kinderbild von Toni. Es war ein ungewöhnlich schöner, zarter und durchgeistigter Kinderkopf. Aber von dieser Jugendschönheit war zur Zeit, als ich sie kennenlernte, kaum etwas übrig geblieben als das reiche, wellige, kastanienbraune Haar. Sie trug es schlicht gescheitelt, die langen Zöpfe waren so aufgesteckt, daß sie den Hinterkopf bedeckten. Die Lider lagen schwer auf den Augen, der Gesichtsausdruck war manchmal sehr müde, mitunter wechselte er plötzlich und überraschend. Sie war gut mittelgroß, die Gestalt kräftig und ebenmäßig, aber der Gang so schwer und schleppend, als ob die Füße gefesselt wären. Ihre Kleidung war immer geschmackvoll und von vorzüglichem Material, aber einfach und unauffällig. Sie konnte sehr lebhaft und fröhlich, ja übermütig sein, aber wenn sie eine Stunde angestrengt gearbeitet oder angeregt gesprochen hatte, mußte sie sich für ein paar Minuten hinlegen; dann ging es wieder weiter. Sie hatte eine große Liebe zu Kindern und jungen Menschen. Vor Jahren hatte sie versucht, einen Kindergarten zu leiten, es war aber zu anstrengend für sie. Psychologische Studien führten sie zu *Stern*; bald war sie in seiner Familie zu Hause und stellte aus Frau Sterns Tagebüchern das Buch „Aus einer Kinderstube" zusammen. Nun war sie durch Moskiewicz auf die Phänomenologie hingewiesen worden und hatte den kühnen Entschluß gefaßt, sie an der Quelle zu studieren. Ein kühner Entschluß war es, weil sie kein Abitur hatte und nur mit persönlicher Erlaubnis der Dozenten Vorlesungen hören konnte. Diese Erlaubnis erhielt sie von Husserl und Reinach, und ich mußte ihr „Stunden" geben, um ihr über die Anfängerschwierigkeiten hinwegzuhelfen. Ich las mit ihr die „Logischen Untersuchungen". Sie war sehr glücklich über diese Stunden. Ich mußte mich auch entschließen, ein Honorar dafür anzunehmen. Sie bestand darauf — Rose hätte es ja auch getan — und bestimmte selbst die Höhe, die mich erst recht beschämte.

Ich hatte mein Zimmer in der Schillerstraße behalten; Toni nahm eine geräumigere und elegantere Wohnung am Feuerschanzengraben, nicht sehr weit von mir entfernt. Sie war entsetzt über meine Lebensweise: die lange Arbeitszeit, den kurzen Schlaf, die Gleichgültigkeit gegen die Verpflegung, die mangelnde Erholung. Die Dame, bei der sie wohnte, empfahl ihr einen guten Privatmittagtisch am Friedländerweg, und sie bat mich, doch mit dort zu essen. Da ich in Dingen, die ich für unwesentlich hielt, nicht eigenwillig war, ging ich ohne weiteres darauf ein. Meist holte sie mich dazu ab und begleitete mich auch wieder nach Hause. Bald bat sie auch um die Erlaubnis, mich zu einem kleinen Abendspaziergang abholen zu dürfen. Nach einiger Zeit sagte sie mir auf einem solchen Abendspaziergang: so glücklich sie über diese beginnende Freundschaft sei, so müsse sie mir doch etwas sagen, was mich vielleicht veranlassen werde, den Verkehr mit ihr aufzugeben. Sie sei zeitweise geisteskrank gewesen; ihre Ermüdbarkeit und andere Störungen, z.B. neuralgische Schmerzen im Kopf und im Arm, die Hemmungen beim Gehen, hingen damit zusammen. Die Krankheit hatte auch ein regelrechtes Studium und die Ablegung von Prüfungen unmöglich gemacht. Ich konnte ihr beruhigend sagen, daß mir die Tatsache längst bekannt sei (meine Mutter hatte sie durch einen Geschäftsfreund erfahren, der nahe Beziehungen zur Familie Meyer hatte) und daß sie mich durchaus nicht abschrecke. Das nahm ihr offenbar einen Stein vom Herzen. Nun erst konnte sie das Glück der Freundschaft ungestört genießen. Sie betrachtete es schon als ein großes Geschenk, daß ein junger, gesunder und gut begabter Mensch mit ihr wie mit seinesgleichen verkehren mochte. Dazu kam, daß sie schon eine große persönliche Zuneigung zu mir gefaßt hatte und eine Hochschätzung, die sie zu mir, der so viel Jüngeren, verehrungsvoll aufblicken ließ. Das hing wohl damit zusammen, daß infolge ihres Geisteszustandes bei ihr alle Gefühle etwas gesteigert waren. Er machte sie allerdings auch sehr empfindlich gegen menschliche Schwächen und hemmungslos in der Kundgabe ihrer Gesinnungen. Dieser Sommer in Göttingen ist wohl der glücklichste ihres Lebens gewesen. Nie vorher und niemals später war sie so leistungsfähig und so frei von den Depressionszuständen, von denen sie sonst in kürzeren oder längeren Abständen heimgesucht wurde. Sie besuchte Vorlesungen und Übungen bei Husserl und Reinach, ging mit mir in die Philosophische Gesellschaft, nahm an meinen Sonntagsspaziergängen mit dem guten Danziger teil, der sofort bereit war, alle Rücksichten zu nehmen, deren sie bedurfte, und war dabei fröhlich wie ein Kind. Einmal trafen wir uns mit meiner Schwester Else in Hildesheim. Die wunderschöne alte Stadt kennenzulernen, war für uns alle ein Fest. Dazu kam noch für Else die Gelegenheit einer gründlichen Aussprache, wonach sie sich immer sehnte. Toni verstand es, den etwas unbeholfenen Danziger zu beschäftigen, sodaß wir uns ungestört sprechen konnten. Sie versäumte es aber nicht, manchmal eine Strecke mit Else allein zu gehen, um sie kennenzulernen und ihr herzliche Teilnahme zu zeigen.

In diesen Sommer fiel auch der Besuch von Erna und Hans Biberstein, über den ich früher berichtete. Ich habe erzählt, wie Toni und Erich Danziger mir halfen, meine Gäste zu versorgen und zu unterhalten. Hans wurde bei Danziger einquartiert, für Erna konnte mir Frau Maßmann, meine gute Wirtin, ein Zimmer zur Verfügung stellen. Das Abendessen nahmen wir meist zu viert in meinem Zimmer, manchmal waren wir auch alle bei Toni eingeladen. Mittag waren meine Gäste meist ausgeflogen, sonst gingen wir, wenn ich mich recht erinnere, wieder in das nette vegetarische Speisehaus. Unser Privatmittagtisch war für diese Tage nicht geeignet, weil man dort an einer langen Tafel aß, an der keine vertrauliche Unterhaltung möglich war.

Die liebevolle Fürsorge, mit der mich Toni umgab — sie hatte z.B. bald eine Gärtnerei in unserer Nähe entdeckt und versorgte mein Zimmer mit frischen Blumen — ihr warmer Anteil an allem, was mich betraf, hat sicher dazu beigetragen, daß dieser Sommer wieder recht sonnig für mich wurde. Natürlich kam dazu, daß ich die schwere Last des letzten Winters los war. Es blieb zwar ein großes Arbeitspensum für die mündliche Prüfung zu bewältigen, außerdem die Überarbeitung der philosophischen Staatsarbeit mit Rücksicht auf das veränderte Thema, aber das alles war ein Kinderspiel im Vergleich zu dem, was hinter mir lag. Eine wesentliche Erleichterung für das rein gedächtnismäßige Einprägen des Prüfungsstoffes war es, daß sich Arbeitsgefährtinnen zu mir fanden.

Für Geschichte war es eine studierende Lehrerin aus Lehmanns Seminar: Käthe *Scharf* aus Hirschberg, also eine schlesiche Landsmännin. Sie war ein fröhlicher Mensch und wollte sich auch das Examen möglichst gemütlich machen. Die Meldung schob sie noch etwas auf, um sich erst in aller Ruhe vorzubereiten. Über alle Prüfungsbedingungen, um die ich mich nie gekümmert hatte, wußte sie genau Bescheid. So erfuhr ich, daß Lehmann sich bei der mündlichen Prüfung genau nach seinen Vorlesungen richte, daß man bei ihm zwei seiner großen und eine der kleineren Vorlesungen als Spezialgebiet angeben müsse; außerdem habe man in der Geschichtsprüfung auch Kenntnis des Griechischen nachzuweisen, wenn man nicht vom humanistischen Gymnasium käme; Lehmann pflegte stets den Anfang Xenophons Anabasis vorzulegen. (Diesen Anfang konnte ich auswendig, noch von dem Breslauer Anfängerkursus her). Wir wählten als Spezialgebiete die Zeit des Absolutismus und das Revolutionszeitalter, ferner die Revolution von 1848/49, aus der wir unsere Staatsarbeiten hatten. Wir arbeiteten unsere sorgfältigen Kollegnachschriften miteinander durch. Die angegebenen Quellenschriften und die wichtigsten Werke über jene Zeitabschnitte ließen wir uns aus der Bibliothek wagenweise in den Lesesaal fahren. Es war unmöglich, alles ganz zu lesen, aber wir wollten doch die Sachen alle einmal gesehen und in der Hand gehabt haben. Soviel sich bewältigen ließ, nahm ich mit nach Hause und las es in den Abendstunden oder sonst zu einer Zeit, in der ich zu anstrengenden Leistungen nicht mehr fähig war. Viel Ranke habe ich damals gelesen, besonders die Staatengeschichten mit großer Freude. Dazu Voltaire, Rousseau, Montesquieu und noch viele andere. Es gab ein großes, farbenreiches Bild, eine wirkliche Berührung mit dem geschichtlichen Leben. Sehr vergnüglich war das gegenseitige Abhören. An schönen Tagen liefen wir dabei über die Göttinger Hügel. Ich kam nun auch hinter die Technik der Examenspaukerei. Die wichtigsten Tatsachen in unsern Heften mußten rot unterstrichen werden, eine noch engere Auswahl rot und blau, die engste rot, blau und grün. Mit dieser Hilfe konnte man in den allerletzten Tagen unglaublich viel noch einmal überfliegen und kam tatsächlich dahin, daß man so ziemlich alles bei der Hand hatte, als es galt.

Wenn wir abends zusammen arbeiteten, luden wir uns schon zum Nachtessen ein. Bei Käthe Scharf war das besonders gemütlich. Sie hatte nämlich ihre Mutter bei sich, die richtig Haushalt für sie führte. Diese gute Frau war mit ihrem Kind auf die Universität gekommen und ließ lieber ihren Mann allein daheim als die Tochter in der fremden Stadt. Das kam mir sehr merkwürdig vor, und der Vater tat mir immer leid. Aber wahrscheinlich waren beide Eltern sich darin einig, daß sie ihr Kind so vor den Gefahren des Studentenlebens schützen wollten.

Philosophiegeschichte und Germanistik arbeitete ich mit Lotte *Winkler*, die ich im Psychologischen Institut kennen gelernt hatte. Hier führte die gemeinsame Arbeit zu etwas mehr als fröhlicher Kameradschaft. Lotte Winkler war wohl auch gern lustig, aber sie hatte tiefgehende wissenschaftliche Interessen. Außerdem hatte sie persönlich Schweres zu tragen und sprach sich mit mir darüber aus: sie war Protestantin, war aber mit einem jüdischen Rechtsanwalt verlobt, dessen Vater entschieden gegen die Heirat war. Wir blieben nach ihrer Verheiratung noch längere Zeit in Briefwechsel.

In diesem Sommer kam Pauline *Reinach* nach Göttingen, um ihr Studium zu beginnen. Sie besuchte nun mit ihrer Schwägerin zusammen das Kolleg ihres Bruders. Persönlich lernte ich sie wohl zuerst bei der üblichen Semesterschluß-Einladung bei Husserls kennen. Sie war in Gesellschaft überaus temperamentvoll, witzig und schlagfertig. Aber wenn man allein mit ihr sprach, bekam man Einblick in eine tiefe, stille und wahrhaft beschauliche Seele. Ihr Kopf erinnerte an gotische Holzskulpturen, und ihre Hände waren so zart und beseelt wie die einer präraffaelitischen Heiligen. Dem entsprach auch die Art, wie sie ihr Studium auffaßte. Sie hatte klassische Sprachen gewählt und konnte sich mit ganzer Seele in einen Schriftsteller vertiefen, der ihr Freude machte; ein schulmäßiges Arbeiten für praktische Zwecke lag ihr ganz fern. Ihr

Bruder Ado pflegte scherzend von ihr zu sagen: „Paulinchen — eine Welt für sich!“ Und Hein, der Jüngste der drei Geschwister Reinach, rief ihr einmal zu, als er sie still dasitzen und vor sich hingucken sah: „Pauline, nimm wenigstens ein Buch in die Hand!“ Wenn man ein paarmal mit ihr in der Familie zusammengewesen war, fing man ganz von selbst an, sie mit ihrem Vornamen zu nennen. Es kam einem unnatürlich vor, „Fräulein Reinach“ zu ihr zu sagen.

Noch einige andere Leute waren in diesem Sommer neu nach Göttingen gekommen. Reinach berichtete mir gleich darüber, als ich ihn am Anfang des Semesters besuchte. Ein russischer Professor wollte die Phänomenologie an der Quelle studieren, ein General a.D. *von Gründell* und ein junger Herr *von Baligaud*. Der General, ein kleiner weißköpfiger Herr, durfte natürlich nur am Anfängerseminar teilnehmen. Er war sehr bescheiden im Auftreten, seine Fragen kamen aber immer noch in kräftigem, militärischem Ton heraus. Herr von Baligaud meinte es ernst mit dem Studium; er nahm an allem teil, was es gab, auch an der Philosophischen Gesellschaft. Wenn er noch etwas zu selbstbewußt und naseweis daherredete, wurde er von Reinach sehr bestimmt in seine Schranken gewiesen, und gegen Ende des Sommers zeigten sich schon die Früchte dieser Erziehung.

In diesem Semester kam auch *Hering* für einige Wochen, um sein Staatsexamen zu machen. An jenem Abend bei Husserl wurde die bestandene Prüfung gefeiert, und ebenso die von Fräulein *Ortmann*. In ihrer Freude war sie auch gegen mich liebenswürdiger als bisher. Mit Hering brauchte man nicht lange zusammen zu sein, um mit ihm Fühlung zu haben. Er kam jedem mit einer kindlich-offenen Art entgegen, hinter der eine tiefe und zarte Güte stand. Dabei war er ein Schalk und hatte beständig die erstaunlichsten Einfälle, sodaß seine Gegenwart alle bösen Geister der Schwermut, der Verstimmung, der Lieblosigkeit bannte. Sein schmales Gesicht, sein blonder Spitzbart, seine dünne Stimme hatten etwas vom tapferen Schneiderlein. Husserl liebte ihn sehr und schätzte zugleich seine philosophische Begabung. Er hatte eine Arbeit über Lotze als Thema zum Staatsexamen gehabt. Seine Abhandlung über Wesen, Wesenheit und Idee, die später im Jahrbuch gedruckt wurde, ist daraus hervorgegangen.

Mit *Bell* wurde ich seit dem Winter dadurch etwas näher bekannt, daß auch er eine Doktorarbeit bei Husserl hatte. Das verband uns als „Leidensgefährten". Er liebte es durchaus nicht, wenn „der Meister" ihn bestellte, um über seine Fortschritte Bericht zu erstatten. Am besten ginge es noch, wenn man einen gemeinsamen Spaziergang mache. Beim Hinaufsteigen zum Rohns ginge Husserl der Atem aus und dann könne man selbst reden. Am Ende des Winters gab Bell die erste Fassung seiner Arbeit ab. Der Meister nahm sie als Reiselektüre mit, als er zum 80. Geburtstag seiner Mutter nach Wien fuhr. (Zu diesem Fest schrieb Reinach in unser aller Namen einen sehr liebenswürdigen Glückwunschbrief, den wir alle eigenhändig unterzeichneten). Bell sagte mir damals: wenn gar nichts oder wenn sehr viel an seiner Arbeit zu ändern wäre, dann wollte er erst einmal nach Hause fahren, ehe er weitermachte. Er hatte seit fünf Jahren seine kanadische Heimat und seinen Vater nicht mehr gesehen. Aber es war weder das eine noch das andere der Fall: es wurden eine Reihe von kleinen Änderungen verlangt, und so entschloß er sich, noch den Sommer dazubleiben. Zu Beginn des Sommers erzählte er mir, sein Vater wolle nun nach Deutschland kommen, um die Kur in Bad Nauheim zu gebrauchen. Er wolle ihn in Antwerpen am Schiff abholen und auch in Nauheim meist bei ihm sein, da er gar kein Deutsch könne. Einige Zeit später erfuhr ich in einer dieser kleinen Unterhaltungen vor Beginn der Vorlesung, sein Vater habe eine Fahrkarte für die „Empress of India" gehabt, konnte aber die Reise wegen eines Herzanfalls nicht antreten. Nun war das Schiff untergegangen, und jenes so unwillkommene Hindernis hatte ihm das Leben gerettet. Dem Wiedersehen zwischen Vater und Sohn aber stellte sich bald eine ganz andere unüberwindliche Schwierigkeit in den Weg.

4.

Mitten in unser friedliches Studentenleben hinein platzte die Bombe des serbischen Königsmordes. Der Juli war erfüllt von der Frage: Wird es zu einem europäischen Kriege kommen? Alles sah danach aus, als ob ein schweres Gewitter heraufzöge. Aber wir konnten es nicht fassen, daß es wirklich dazu kommen sollte. Wer im Kriege oder nach dem Kriege herangewachsen ist, der kann sich von der Sicherheit, in der wir bis 1914 zu leben glaubten, keine Vorstellung machen. Der Frieden, die Festigkeit des Besitzes, die Beständigkeit der gewohnten Verhältnisse waren uns wie eine unerschütterliche Lebensgrundlage. Als man schließlich merkte, daß der Sturm unaufhaltsam näher kam, suchte man sich den Verlauf klar zu machen. Das stand fest, daß er ganz anders würde als alle früheren Kriege. Eine so entsetzliche Vernichtung würde es sein, daß es nicht lange dauern könnte. In ein paar Monaten würde alles vorbei sein.

Wenn Toni und ich um 7 Uhr abends aus Reinachs Kolleg kamen, holten wir uns in einem Zeitungsverkauf in der Judenstraße die „B.Z. am Mittag", die um diese Zeit mit dem Berliner Zug ankam. Manchmal war sie noch nicht da, wenn wir kamen. Dann gingen wir plaudernd vor der Türe auf und ab, bis sie eintraf. Andere machten es natürlich ebenso. Einmal begegneten wir dabei Reinach mit Frau und Schwester. Wir hatten uns gerade aus einem Obstladen Kirschen geholt und aßen davon zum Zeitvertreib. Im Vorbeigehen reichte ich Reinach und den beiden Damen die offene Tüte, und sie langten hinein. Ein paar Augenblicke später lief Frau Reinach hinter uns her und bot uns von ihrem Vorrat an, den sie indessen erstanden hatte. Sie mußte sich aber von ihrem Mann sagen lassen, Fräulein Steins Kirschen seien viel besser als ihre.

Als ich zur letzten Seminarsitzung in Reinachs Arbeitszimmer trat, war noch niemand da. Auf seinem Schreibtisch lag ein großer, aufgeschlagener Atlas. Bald nach mir kam Kaufmann. Auch er bemerkte die aufgeschlagene Landkarte. „Reinach studiert auch den Atlas", sagte er. Es wurde an diesem Abend nicht mehr philosophiert. Man sprach nur noch von den kommenden Ereignissen. „Sie müssen auch mit, Herr Doktor?", fragte Kaufmann. „Ich m u ß nicht, ich d a r f", gab Reinach zurück. Ich freute mich herzlich über diese Antwort. Sie entsprach durchaus meinem eigenen Empfinden.

Von Tag zu Tag steigerte sich die Erregung. Ich verhielt mich aber schon damals so, wie ich es später in solchen Krisentagen ganz bewußt zu tun pflegte: ich blieb ruhig bei meiner Arbeit, obwohl innerlich bereit, jeden Augenblick abzubrechen. Es widerstrebte mir, durch Herumlaufen und unnützes Gerede die allgemeine

Aufregung zu vermehren. Es hat mich immer gefreut, wenn ich bei Homer las, wie Hektor seine Gattin ins Haus und an ihre Arbeit weist, nachdem er von ihr und seinem Söhnlein für immer Abschied genommen hat.

So saß ich am 30. Juli nachmittags um 4 Uhr an meinem kleinen Schreibtisch und vertiefte mich in Schopenhauers „Die Welt als Wille und Vorstellung". Um 5 Uhr wollte ich noch eine Vorlesung besuchen. Da klopfte es an meine Tür, und Fräulein Scharf kam mit ihrer Freundin, Fräulein *Merk*, auch einer Schlesierin, herein. Sie berichteten, daß ich mir den Weg sparen könnte. Es sei ein Anschlag am Schwarzen Brett, daß der Kriegszustand erklärt sei und alle Vorlesungen aufhörten. Sie beide wollten heute abend heimfahren. Während wir noch sprachen, klopfte es zum zweitenmal. Es war Nelli Courant. Richard hatte seinen Stellungsbefehl bekommen. Wenn die Mobilmachung angeordnet würde, müßte er sich nach wenigen Tagen bei seinem Ersatzbataillon in Thüringen als Offizierstellvertreter einfinden. Sie sollte nicht allein in Göttingen bleiben, sondern bei ihrem Vater in Breslau das Ende des Krieges erwarten. Und da Richard meinte, daß bald nach Beginn der Mobilmachung die Bahnen für den Privatverkehr gesperrt würden, sollte sie schon heute abend abreisen. Ob ich mitfahren wolle. Ich überlegte einen Augenblick. Göttingen lag im Herzen Deutschlands und hatte wenig Aussicht, einen Feind zu Gesicht zu bekommen, es sei denn als Gefangenen. Breslau dagegen war nur wenige Stunden von der russischen Grenze entfernt und war die wichtigste Festung des Ostens; es war nicht ausgeschlossen, daß es bald von russischen Truppen belagert würde. Mein Entschluß war gefaßt. Ich klappte die „Welt als Wille und Vorstellung" zu; seltsamerweise habe ich das Buch nie wieder vorgenommen. Es war jetzt etwa 5 Uhr, um 8 ging unser Zug. Ich hatte noch viel bis dahin zu erledigen. So sagte ich, wenn ich mit allem fertig würde, wollte ich um ½8 Uhr bei Courants sein, um mit ihnen zur Bahn zu fahren. Damit trennten wir uns. Ich glaube, mein erster Weg war jetzt zu Toni Meyer. Ich durfte sie nicht allein zurücklassen. Sie konnte sich freilich nicht so schnell entschließen wie ich. Da ich keine Zeit hatte, das Ende ihrer Bedenken abzuwarten, bestellte ich auch sie zu Courants, falls sie sich fürs Mitfahren entschied. Sie ging nun zu andern schlesischen Freunden (Professor Lichtwitz und Frau), um sich weiter beraten zu lassen. Ich setzte meinen Weg fort: zur Bank, um Geld zu holen, zum Mittagstisch, um meine Monatsrechnung zu bezahlen, dann zu Reinach. Ich ließ mir sein Kolleg und Seminar testieren. Er tat es, sagte mir aber, ich brauche mir sonst nirgends mehr Testate zu holen, es werde später niemand danach fragen. Er erkundigte sich, was ich vorhätte. Ich wollte zum Roten Kreuz. Er hatte nicht gedient, aber natürlich würde er sich als Kriegsfreiwilliger melden; und wenn man ihn nicht nehmen wollte, müßte General von Gründell, der jetzt wieder aktiv würde, ihm dazu verhelfen. Er schrieb sich meine Adresse auf: wir wollten einander doch Nachricht geben, was aus uns würde. Zum erstenmal wurde mir klar, daß seine Freundlichkeit mir gegenüber nicht nur einer allgemeinen Menschenliebe entsprang, sondern herzlicher freundschaftlicher Zuneigung.

Nun eilte ich in meine Wohnung zurück, packte das Nötigste für die nächste Zeit zum Mitnehmen ein, verstaute alles andere schnell in meinen Reisekorb und übergab ihn meiner Wirtin zur Verwahrung. Schnell rechnete ich auch mit ihr noch ab und verabschiedete mich. Es war gerade Zeit, zu Courants hinüberzulaufen. Der Wagen stand schon vor der Tür, auch Toni war zur Stelle. Nelli aber ließ noch lange auf sich warten. Richard wollte zwar ein Stück mit uns fahren, aber sie nahmen schon jetzt in seinem Arbeitszimmer Abschied. Und das ging nicht so schnell. Ich war voller Teilnahme für beide. Eigentlich war es ja erstaunlich, daß Nelli abreiste, ehe ihr Mann fortgehen mußte. Ich hätte das an ihrer Stelle bestimmt nicht getan. Es geschah wohl aus Besorgnis um ihren Vater. Und dann war sie überhaupt anders als andere Menschen.

Der Bahnhof und der Zug waren natürlich voll von Reisenden. Wir konnten nicht nach Eidenberg fahren, wo wir sonst den Anschluß an die große Bahnstrecke Kassel - Breslau fanden, sondern mußten nach Kassel. Soweit begleitete uns Richard. In Kassel war die Aufregung und Verwirrung noch größer. Es war nicht einmal zu ermitteln, ob der Zug, in den wir stiegen, wirklich nach Breslau ging. Die Beamten wußten selbst nicht Bescheid und ließen sich schließlich gar nicht mehr blicken, um nicht immer wieder gefragt zu werden. An jeder Eisenbahnbrücke, über die wir fuhren, stand ein Wachtposten. Das war ein kleiner Vorgeschmack des Krieges.

Im übrigen wurde es immer ruhiger und geordneter, je weiter wir nach Osten kamen. Dieselbe Beobachtung habe ich später bei Beginn der Revolution gemacht. Einmal mußten wir unterwegs längere Zeit Halt machen, weil an der Maschine etwas auszubessern war. Das war schon am nächsten Tag. Aus allen Abteilen kletterten die Reisenden hinaus und lagerten sich am Wegrand im hellen Juli-Sonnenschein. Es war ein friedliches und fröhliches Bild und berührte einen seltsam, wenn man daran dachte, daß man in den Krieg hineinfuhr. Irgendwo unterwegs fand sich der treue Danziger zu uns. Am späten Nachmittag des 31. Juli langten wir in Breslau an. Meine Hauptsorge galt Nelli. Ich wollte sie ihrem Vater abliefern, ehe ich selbst nach Hause fuhr. Ich glaube, ich bat Danziger, indessen an meine Leute zu telephonieren, daß ich eingetroffen sei und bald käme. Justizrat Neumann schloß in seiner Freude erst seine Tochter und dann mich in die Arme. Ich hielt mich nicht lange auf; ich hatte die Taxe vor dem Haus warten lassen und fuhr gleich weiter. Meine Mutter wartete am Fenster und kam mir auf die Straße entgegen. Sie stand schon am Wagenschlag, als ich ausstieg. „So gut hast du noch nie gefolgt“, sagte sie freudestrahlend. Ich mußte das Lob ablehnen: ihre Weisung, schleunigst nach Hause zu kommen, hatte mich in Göttingen nicht mehr erreicht.

Die ganze Familie war zusammen. Selbst Bibersteins waren da. Zu meinem Erstaunen war man gar nicht so erfüllt von den Ereignissen wie ich. „Nur keine Angst“, sagte meine Mutter. „Ich habe keine Angst“, erwiderte ich, „aber es ist doch durchaus möglich, daß die Russen in ein paar Tagen über die Grenze kommen“. „Dann nehmen wir einen Besenstiel und hauen sie wieder raus“. — Ich konnte es kaum ertragen, am Teetisch zu sitzen und Frau Biberstein ihre alltäglichen Geschichten erzählen zu hören. Es war für mich geradezu eine Befreiung, als meine Mutter mich zu Bett schickte, um mich nach der durchreisten Nacht auszuschlafen. An Schlaf war freilich nicht zu denken. Ich war in einer fieberhaften Anspannung, sah aber mit großer Klarheit und Entschlossenheit den Dingen ins Auge. „Ich habe jetzt kein eigenes Leben mehr“, sagte ich mir. „Meine ganze Kraft gehört dem großen Geschehen. Wenn der Krieg vorbei ist und wenn ich dann noch lebe, dann darf ich wieder an meine privaten Angelegenheiten denken“.

Der nächste Tag war der Sonntag der Kriegserklärung. Rose kam mich begrüßen. Von ihr erfuhr ich, daß ein Krankenpflegekursus für Studentinnen eingerichtet werde. Ich meldete mich sofort dafür, und bald war ich jeden Tag im Allerheiligenhospital, hörte Vorträge über Kriegschirurgie und Kriegsseuchen und lernte Verbände anlegen und Einspritzungen machen. Meine alte Klassengefährtin Toni *Hamburger* nahm an dem Kurs teil und bemühte sich im Wetteifer mit mir um eine gute Ausbildung. Unser Krankenpflegelehrbuch genügte mir nicht. Ich nahm daheim Ernas anatomischen Atlas und ihre dicken medizinischen Grundrisse zu Hilfe. Ich suchte auch sie und Lilli häufig in der Frauenklinik auf, um mich im Verbinden zu üben. Sie hatten große Freude an meinem Eifer für ihr Fach. Während des Kursus mußten wir angeben, ob wir uns dem Roten Kreuz zur Verfügung stellen wollten; ob nur für das Festungsgebiet Breslau, für die Heimat oder ganz ohne Bedingung.

Natürlich stellte ich mich bedingungslos zur Verfügung. Ich hatte ja keinen anderen Wunsch als möglichst bald und möglichst weit hinaus zu kommen, am liebsten an die Front in ein Feldlazarett. Aber so rasch ging das nicht. Es war Überfluß an Hilfskräften. Nach vierwöchentlicher Ausbildung bestanden wir die Helferinnenprüfung. Aber es kam keine Einberufung. Ich durfte mich zur Übung im Allerheiligenhospital weiter betätigen. Einige Wochen war ich auf einer Tuberkulosenstation, dann auf einer chirurgischen Station in einem Zimmer, in dem meist überfahrene Kinder lagen. Zuletzt half ich in der chirurgischen Poliklinik. Überall fand ich reichlich Arbeit. Nirgends brauchte man sich als fünftes Rad am Wagen zu fühlen. Das Allerheiligenhospital ist ein großes Städtisches Krankenhaus. Es beschäftigt verhältnismäßig wenig voll augebildete Krankenschwestern; die meiste Arbeit wird von „Wärterinnen" gemacht: Mädchen ohne Vorbildung, die zunächst für die häuslichen Arbeiten angestellt werden, aber allmählich unter der Leitung der Stationsschwester oder Stationswärterin die praktischen Handgriffe der Krankenpflege erlernen und verrichten. Ich bekam den Eindruck, daß die Kranken wenig an liebevolle Aufmerksamkeit gewöhnt waren und daß freiwillige Hilfskräfte an solchen Stätten des Leidens dauernd ein reiches Feld für werktätige Nächstenliebe finden würden. Freilich wäre es wohl eine dornenvolle Aufgabe, und es würde wahrscheinlich auch erst einen Kampf kosten, um überhaupt Zutritt zu erlangen. Uns machte man damals keine Schwierigkeiten, weil wir ja zum Zweck unserer Ausbildung und nur für ein paar Wochen da waren.

Meine freiwillige Tätigkeit fand dadurch ein Ende, daß ich mir dabei im Oktober einen schweren Bronchialkatarrh holte. Als er vorbei war, stand der Beginn des Wintersemesters unmittelbar bevor. Ich hatte im August nicht daran gedacht, im Winter wieder nach Göttingen zu gehen. Da aber keine Aussicht auf Einberufung zum Lazarettdienst zu bestehen schien, hatte ich während meiner Krankenhauszeit in den Mittagpausen meine Staatsarbeiten vorgenommen und die letzte Hand daran gelegt. Im November waren sie abzuliefern. Und nun fand ich, wenn ich doch vorläufig im „Heeresdienst" keine Verwendung finden könnte, so wäre es das Gescheiteste, nach Göttingen zu gehen und während der Wartezeit die Prüfung zu erledigen. An meiner Einstellung hatte sich nichts geändert. Ich hätte mich jeden Tag gefreut, wenn man mich von meinen Büchern abgerufen hätte. Die Prüfung erschien mir als etwas lächerlich Unwichtiges im Verhältnis zu den Zeitereignissen, die uns natürlich während dieser Monate dauernd in Spannung hielten. Ich hatte in Breslau manches an Kriegseindrücken erlebt. Die Russen waren zwar nicht gekommen. Wohl hatten sie gleich in den ersten Augusttagen in Oberschlesien die Grenzen überschritten, waren aber schnell zurückgedrängt worden. Dafür erfand die Kriegspsychose die erstaunlichsten Schreckbilder. Das Gerücht, die Russen hätten uns das Trinkwasser vergiftet, führte sogar zu sehr peinlichen obrigkeitlichen Verordnungen. Wir bekamen kein Wasser aus dem Städtischen Wasserwerk, man mußte wie in alten Zeiten von den Brunnen an den Straßenecken Wasser holen; um Wasser zu sparen, sollte man das Baden auf ein Mindestmaß einschränken, keine weißen Kleider und keine weißen Schuhe tragen.

Indessen verfolgten wir im Siegesjubel den Vormarsch unserer Armeen in Frankreich, bezeichneten sie mit bunten Stecknadelköpfen auf unsern Landkarten und warteten auf den Tag, wo „wir" in Paris einrücken könnten. Es war wie eine glanzvolle Wiederholung des Feldzugs von 1870, den wir aus den Schulbüchern im Kopf hatten und unsere Eltern aus eigenem Miterleben. Ganz unfaßlich war der große Rückschlag der ersten Marneschlacht.

Eines meiner ersten niederdrückenden Kriegserlebnisse war der Anblick einer langen Reihe von Pferden, die für den Heeresbedarf eingefordert waren und durch die Straßen geführt wurden. Ich mußte an eine große Saugpumpe denken, die alle Kraft aus dem Lande herausholte. Ähnlich beklemmend wirkte einige Monate später der Anblick des völlig toten Hamburger Hafens mit seinem Wald von starren Schornsteinen und segellosen Masten.

Meine Brüder waren nicht im Feld. Paul wurde bei jeder Musterung für dienstuntauglich erklärt. Arno wurde im Sanitätsdienst verwendet, und zwar so, daß er nicht dauernd abwesend zu sein brauchte, sondern nur Transportzüge zu begleiten hatte. Aber viele meiner Vettern waren im Feld und die Göttinger Studiengefährten wohl alle. Ein ganzes Göttinger Freiwilligenregiment stand in den heißesten Kämpfen in Flandern. Viele Studenten waren dort eingetreten, andere hatten sich in ihrer Vaterstadt gemeldet und waren in die Heimatregimenter eingereiht worden. Reinach wurde als Kanonier in Mainz ausgebildet. Moskiewicz hatte sich als Arzt zur Verfügung gestellt. Felddiensttauglich war er nicht; er wurde als Oberarzt in der Städtischen Irrenanstalt für den Kollegen, der ins Felde mußte, verwendet.

Die erste Todesnachricht aus unserm Bekanntenkreis kam schon im August: Robert *Staiger*, der Göttinger Privatdozent für Kunstgeschichte, zugleich Leiter des akademischen Orchesters, das aus Studenten gebildet war und mit Eifer edelste Klassische Musik pflegte. Jahrelang war er heimlich mit Elisabeth *Klein* verlobt, der Tochter des Mathematikers Felix *Klein*. Der Vater war gegen die Heirat und verbot dem Bewerber das Haus. Felix Klein spielte durch seine überragende Persönlichkeit eine beherrschende Rolle in Göttingen. Man wagte ihm nicht zu widersprechen. Elisabeth (in der Familie und von ihren Freunden „Putti" genannt) hatte etwas von der mathematischen Begabung ihres Vaters geerbt, hatte auch studiert und das Staatsexamen gemacht, war aber dann nicht in den Schuldienst gegangen, sondern zum Musikstudium nach Leipzig. Unter dem Göttinger Professorennachwuchs war sie ähnlich tonangebend wie ihr Vater unter den „Bonzen", allerdings nicht durch gebieterisches Wesen, sondern durch Anmut, Geist und Liebenswürdigkeit. Sie und ihr Verlobter waren mit Reinachs befreundet und trafen sich öfters bei ihnen. Ehe Staiger ins Feld mußte, ließen sie sich kriegstrauen. Nun war er nach wenigen Wochen gefallen.

Diese Nachricht brachte mir Nelli Courant zugleich mit einer andern, die sie in der „Schlesischen Zeitung“ gefunden hatte. Dieses konservative Blatt brachte eine abfällige Notiz über die „vaterlandslose Gesinnung“ einiger Göttinger Professoren. Sie hätten sich zu einem Engländer, der wegen deutschfeindlichen Äußerungen in Schutzhaft war, begeben, um ihm die mündliche Doktorprüfung abzunehmen. Der „deutschfeindliche Engländer“ war unser Freund *Bell*, die „vaterlandslosen Professoren“ unser alter Meister *Husserl* und die beiden Kollegen, die Bell in den Nebenfächern zu prüfen hatten. Ihre Namen waren alle angeführt. Ich war sofort überzeugt, daß es sich um eine Entstellung der Tatsachen handle, und wollte mir Aufklärung verschaffen. Ich schrieb an Bell, welche „Schauermär“ wir gelesen hätten, und bat ihn um Mitteilung des wahren Sachverhalts. Die Antwort trug den Stempel der Polizeidirektion Göttingen und kam aus dem Gefängnis. Bell war als Kanadier zunächst in Freiheit geblieben. (Die Kolonialengländer wurden erst Anfang 1915 interniert). Eines Tages kam ein Bekannter (ein Deutscher) an seiner Wohnung vorbei und fragte ihn zum Fenster hinauf — das war echt Göttinger Stil, aber bei der Gemütsverfassung des Volkes in den ersten Kriegsmonaten höchst unvorsichtig —: „Was sagen Sie zur japanischen Kriegserklärung?“ Bell antwortete ebenso unüberlegt zum Fenster hinaus: „Für uns ist sie natürlich sehr vorteilhaft“. Eine vorübergehende Dame hörte das, geriet in die größte Erregung, erstattete sofort Anzeige. Dabei wurde die Äußerung erheblich entstellt, sodaß sie als deutschfeindliche Kundgebung erschien. Bell wurde in Schutzhaft genommen, durfte aber in seiner Wohnung bleiben. Da er sie nicht verlassen durfte, konnte er sich auch nicht an dem festgesetzten Prüfungstage in die Universität begeben, und seine wohlwollenden und teilnahmsvollen Lehrer beschlossen, die Prüfung in seiner Wohnung vorzunehmen.

Damit erregten sie heftigen Anstoß bei ihren nationalistischen Kollegen, es wurde eine Fakultätssitzung einberufen, die Prüfung wurde für ungültig erklärt und sogar auch die Annahme der Arbeit, die schon vor Kriegsausbruch abgeliefert war. Als ich nach Göttingen kam, erzählte mir Husserl, daß Bell jetzt im „Karzer“ in Haft gehalten werde. Er habe ihn schon dort besucht und ich könne es wohl auch tun, man müsse sich aber dazu die Erlaubnis des Polizeidirektors holen. Natürlich war ich sofort entschlossen, mir diese Erlaubnis zu erbitten. Außer der freundschaftlichen Teilnahme für den Gefangenen spielte wohl auch ein wenig die Romantik eines „Besuchs im Karzer“ mit. Dieses Lokal hatte ich bisher noch nicht gesehen. Es lag im obersten Stock der „Aula“, die ich bisher nur bei festlichen Anlässen betreten hatte und zu Beginn jedes Semesters, um meine Kolleggelder zu bezahlen, denn ich diesem Gebäude waren die Geschäftsräume der Universität. Der Polizeidirektor bewilligte mir die Erlaubnis ohne Schwierigkeiten. Ich erhielt einen Schein mit dem Vermerk, daß ich am folgenden Sonntag vormittag von 11½-12 h im Karzer sein dürfte. Mit diesem Schein meldete ich mich am Sonntag beim Hausverwalter der Aula. Dessen freundliche Frau führte mich hinauf, schloß die Tür auf und — zu meiner großen Überraschung hinter mir wieder zu. Ich war also für eine halbe Stunde mitgefangen. Bell begrüßte mich mit Freude. Die Handbewegung, mit der er mich zum Platznehmen einlud, verwandelte den rohen Holzstuhl in einen Korbsessel. Ich mußte zunächst den Raum besichtigen: es sei kein übler Aufenthalt. In der Tat — ein helles, geräumiges Zimmer; an einer Wand ein kunstvolles Gemälde, von einem früheren Bewohner herrührend: die „Mütze“, jene berühmte Göttinger Weinstube, das netteste alte Haus der Stadt. Dazu manche andere Wandzeichnungen von weniger kunstgeübter Hand. Viel Hausrat war nicht da, aber alles Notwendige: eine eiserne Bettstelle mit einer groben Wolldecke, zwei Holzstühle und ein fester Holztisch mit vielen Büchern darauf.

Der Gefangene war durchaus zufrieden mit seinem Los und ohne jede Bitterkeit gegen die Leute, die seine Haft veranlaßt hatten. Man hatte ihn nicht länger in seiner Wohnung lassen wollen und seine Überführung ins Polizeigefängnis beantragt. Das war aber in Göttingen nicht für längeren Aufenthalt eingerichtet. Es diente nur dazu, gelegentlich einen Betrunkenen für eine Nacht zu beherbergen o.dgl. Längere Haft mußte in Hannover abgebüßt werden. In dieser Verlegenheit hatte sich der Rektor der Universität, der Mathematiker *Runge*, ins Mittel gelegt. Er erklärte, er könne ein geeignetes Lokal — eben den Karzer — zur Verfügung stellen. Professor Runge war ein gütiger und edler Mensch, Patriot, aber kein Nationalist. (Er hatte alles, was er an Barvermögen besaß, in Kriegsanleihe verwandelt in dem Gedanken: wenn Deutschland zu Grunde geht, brauchen wir auch unser Privatvermögen nicht mehr). Für Bell trat er aber nicht nur aus Gerechtigkeit ein, sondern aus persönlichen

Gründen. Bell war mit seinen beiden Söhnen Wilhelm und Bernhard befreundet. Es war wohl eine Art Führerverhältnis, denn er war ganz erheblich älter als sie. Die beiden Brüder waren in das Göttinger Freiwilligenregiment eingetreten, und Bernhard war 17jährig in Flandern gefallen. Seine Eltern erhielten seine Briefe; darunter auch die, die ihm Bell ins Feld geschrieben hatte. Daraus sahen sie erst, wie liebevoll er sich um ihn angenommen hatte und sahen ihn nun selbst wie einen Sohn an.

Nach jenem Besuch im Karzer hörte ich einige Monate nichts mehr von Bell. Im Januar begegnete ich ihm plötzlich auf der Straße. Er machte mit Runge einen Spaziergang, ich hatte Erika Gothe bei mir. Er kam von der andern Straßenseite zu uns herüber und erzählte von seinen jüngsten Erlebnissen. Man hatte ihn nicht lange in dem freundlichen Karzer gelassen. Seine „Freunde", die Philologen, fanden, daß er kein Anrecht auf diesen Aufenthalt habe, da er ja von der Universität verwiesen sei. Er wurde nun ins Gefängnis nach Hannover gebracht. Dort aber brauchte er auch nur zwei Wochen zu bleiben. Professor Runge hatte eine Eingabe gemacht und sich die Erlaubnis erwirkt, ihn in sein Haus aufzunehmen. Er selbst leistete Bürgschaft für ihn, in seiner Begleitung durfte er auch ausgehen. Doch auch diese glückliche Lösung dauerte nicht lange. Einige Wochen später wurde die Internierung aller Kolonialengländer verfügt. Bell kam in das große Konzentrationslager nach Ruhleben und mußte bis zum Ende des Krieges dort bleiben.

5.

Ich war in der zweiten Oktoberhälfte nach Göttingen gekommen. Nelli hatte mir ihre Wohnung mit allem Hausrat zur Verfügung gestellt. Da sie selbst keinen Genuß davon haben konnte, sollte ich mich daran freuen. Ich ließ also meine Sachen von der Schillerstraße 32 nach Nr. 42 bringen. Es war ein ziemlich neues zweistöckiges Häuschen. Im Erdgeschoß wohnte das Ehepaar *Pabst*, dem das Häuschen gehörte. Den ersten und zweiten Stock hatten Courants gemietet. Das war nun mein Reich. Im ersten Stock waren Speisezimmer, Empfangzimmer, Nellis Arbeitszimmer und Küche.

Von diesen Räumen benützte ich nur die Küche. Mein Aufenthalt wurde der Oberstock: Richards Arbeitszimmer und das danebenliegende Schlafzimmer. Beide hatten die großen Fenster nach Süden mit freiem Ausblick über Gärten und Felder nach den „falschen Gleichen", einem Hügelpaar, das den „richtigen" Gleichen ähnlich war. Jetzt im Winter konnte man von hier aus Sonnenaufgang und Sonnenuntergang sehen. Der mächtige Eichenschreibtisch war so vor die Fenster gerückt, daß man beim Arbeiten die Aussicht vor sich hatte. Rechts neben dem Schreibtisch stand an der Wand eine Chaiselongue, darüber hing Rembrandts „Mann mit dem Goldhelm". Die andern Wände waren mit Büchern bestellt. Es war nicht nur mathematische Fachliteratur, sondern vieles dabei, was ich brauchen konnte. In der Ecke zwischen den beiden Bücherwänden stand ein rundes Tischchen. Das benützte ich abends als Eßtisch.

Natürlich mußte ich jemanden haben, der die Zimmer reinhielt; außerdem hatte ich für die Bedienung der Zentralheizung zu sorgen, da Pabsts ihre Heizkörper abgestellt hatten und Öfen benützten. Nelli hatte mir dafür ihre Aufwärterin, Frau *Hartung*, empfohlen, die ihr volles Vertrauen besaß. Ich bestellte sie durch eine Postkarte, und sie erschien zu einer Besprechung: eine stattliche Dame, groß und mächtig breit, sodaß ich ganz daneben verschwand. Sie ließ sich auf die Chaiselongue nieder und erklärte, da Frau Doktor es wünsche, müsse sie dies ja übernehmen. Auf die Heizung verstand sie sich noch nicht. Nachmittags kam sie mit ihrem Mann wieder, um sich von ihm die Behandlung des Kessels erklären zu lassen. Auch das Ehepaar Pabst fand sich zu dieser Beratung ein, und ich kam mir sehr wichtig da unten im Keller vor, da eine ganze Versammlung sich darum bemühte, mir für die nötige Wärme zu sorgen. Von nun an kam Frau Hartung jeden Morgen, ehe der Tag graute. Ich hörte es oben in der Heizung, wenn sie unten das Feuer anmachte; das war für mich das Zeichen zum Aufstehen. Dann begab sie sich in die Küche und kochte für mich Kaffee; Milch und Brötchen brachte sie mit. Während ich frühstückte, machte sie das Arbeitszimmer fertig, sodaß ich mich dann sofort an den Schreibtisch setzen konnte. Ich hörte sie noch eine Weile nebenan im Schlafzimmer herumwirken. Dann verabschiedete sie sich, und ich war für den Rest des Tages allein. Öfters klingelte es unten, und es kamen Angelegenheiten, die Courants betrafen. Wenn ich keinen

Bescheid wußte, holte ich mir in Breslau Weisungen. Sonst erledigte ich die Sachen, wie es mir am besten schien. Nelli war sehr dankbar dafür, und ihr Vater erklärte, sie brauche keinen Rechtsvertreter in Göttingen, solange ich da sei. Öfters bat sie mich, ihr etwas von ihren Sachen zu schicken, und vielleicht noch häufiger hatte Richard Wünsche. Ich erfüllte sie immer so schnell wie möglich, und eines Tages schrieb er, da er von mir alles so viel schneller bekäme als aus Breslau, werde er sich jetzt immer an mich wenden, wenn er etwas brauchte. Es waren manchmal erstaunliche Dinge, die er verlangte, und mitunter kostete es ziemlich viel Zeit und Mühe, sie zu beschaffen, zu verpacken und auf den Weg zu bringen. Ich war aber froh, wenn ich etwas für ihn tun konnte. Pauline *Reinach* wunderte sich, daß es Nelli recht war, so ausgeschaltet zu werden. Aber ich war überzeugt, daß sie mir nur dankbar für die Entlastung war. Sie war ja so sehr unpraktisch und machte alles so umständlich, daß ihr diese Dinge alle viel mehr Zeit genommen hätten als mir.

Der nächste Weg von der Schillerstraße zur Stadt führte über den Albanikirchhof und am Feuerteich vorbei. Als ich einige Tage nach meiner Ankunft auf dem Heimweg an den Teich kam, ging eine Dame vor mir her, deren grüner Mantel mir bekannt war. Sie war eben in den Hainholzweg eingebogen (entgegengesetzt zu der Richtung, die ich einschlagen mußte) — da drehte sie sich um, und als sie mich erblickte, blieb sie stehen, um auf mich zu warten. Es war Erika *Gothe*. Außer uns beiden war niemand von dem engeren Husserlkreis nach Göttingen zurückgekehrt. So war es selbstverständlich, daß wir uns jetzt aneinander anschlossen. Sie ging eben zu ihrem Mittagtisch bei Frau *Gronerweg* am Hainholzweg. Ich hatte an diesem Tage schon gegessen, aber von nun an sollte ich doch auch hinkommen. Pauline Reinach war ganz in Pension bei Gronerweg. Die Wohnung am Steingraben war abgeschlossen, Frau Reinach war bei ihrer Mutter in Stuttgart. Bald war ich in diesem Haus am Hainholzweg ebenso heimisch wie in der Schillerstraße. Ich ging nur mittags hin, abends sorgte ich wie früher für mich selbst. Regelmäßig einmal in der Woche kam ein Päckchen von zu Hause. Wenn meine Mutter Freitag früh die Striezel für den Sabbat auf die vorgeschriebene Weise flocht, da machte sie auch einen kleinen für mich (ebenso für die Hamburger Kinder und Enkel je einen), und mittag wurden sie frisch gebacken zur Post gebracht;

dazu kam als Beilage eine Gänseleber oder ein Stück vom Sonntagsbraten.

Frau Gronerweg war eine ältere Dame, etwas verkümmert und verbittert, weil sie früher bessere Tage gesehen hatte und es jetzt sehr schwer hatte. Ihr Mann lebte noch, aber er hatte vor Jahren einen Schlaganfall gehabt, konnte sich nur mühsam bewegen und schwer sprechen, war auch geistig nicht mehr normal. Er aß mit am allgemeinen Tisch, und das war eine starke Zumutung für die fremden Gäste. Aber es war uns noch leichter, den Anblick des alten Mannes zu ertragen als die Gemütsverfassung der vergrämten Frau, die durch seine Unbeholfenheit offenbar beständig gereizt wurde und das mühsam unter tadellosen gesellschaftlichen Formen zu verbergen suchte. Außer Pauline gab es noch eine Vollpensionärin: Liane *Weigelt*. Sie war mir ein wenig bekannt aus Husserls Seminar und der Philosophischen Gesellschaft. Sie war aber dort nur zu sehen, und nicht zu hören gewesen. Sie hatte sich von dem Philosophen Heinrich *Maier* das Thema zu einer philosophischen Arbeit geben lassen, die Philosophie lag ihr aber offenbar gar nicht. Für ihr anderes Fach, Kunstgeschichte, brachte sie sicher mehr Begabung mit. Aber im Grunde war sie wohl überhaupt nicht zum Studium geschaffen. Sie verstand es, ein Heim behaglich zu machen — das sah man an ihrer Studentenwohnung im romantischen Gartenhäuschen des Gronerwegschen Grundstücks — andere zu verwöhnen und sich verwöhnen zu lassen. Leider hatte sie weder Eltern noch Geschwister und stand eigentlich ganz allein auf der Welt. Ihre freundschaftlichen Beziehungen mußten daher für sie sehr viel mehr bedeuten als für den andern Teil und brachten ihr manche Enttäuschung. Pauline Reinach nahm sich liebevoll um sie an. Paulines Arbeitszimmer wurde überhaupt für uns ein Mittelpunkt. Nach dem Mittagessen fanden wir uns gewöhnlich noch für eine Weile dort zusammen: Erika, Liane und ich. Sogar der Fortmeister, der noch zu unserer Tafelrunde gehörte, kam manchmal dazu. Er hatte als Landwehrhauptmann in Göttingen Rekruten auszubilden und war für diese Zeit bei Frau Gronerweg untergebracht. Er war ein älterer, verheirateter Mann, fühlte sich aber sehr wohl in unserer Gesellschaft. Es gab damals immer so viel, worüber man sich aussprechen mußte: die Kriegsereignisse, die Nachrichten aus dem Feld, die Studienangelegenheiten. Wie glücklich waren wir, wenn eine

Feldpostkarte oder gar ein Brief von Reinach kam! Er stand in der Gegend von Verdun. Einmal schickte er in einem Brief für jede von uns ein Schneeglöckchen mit. Er hatte sie selbst gepflückt, sie kamen ganz frisch an. Erika und ich verschafften uns auch die Feldadressen unserer Studiengefährten und begannen sie mit Feldpostpaketen zu versorgen. Dafür kamen dann Briefe zurück: von Hering, von Lipps, von Kaufmann. Der Herbst brachte auch die ersten Verluste in unserm Kreis: Fritz *Frankfurther* und Rudolf *Clemens*. Frankfurthers Mutter lebte in Breslau, bei Kriegsbeginn ging auch ihre Tochter Magda *Frei* zu ihr. Sie war Ärztin und mit einem Arzt in Göttingen verheiratet, ihr Mann war aber jetzt auch im Feld. Nach dem Krieg siedelten Freis ganz nach Breslau über. Tony Meyer war mit Frau Frankfurther und Frau Dr. Frei befreundet und veranlaßte mich, sie zu besuchen, als ich wieder nach Breslau kam. Die beiden konnten sich jahrelang über den Verlust des einzigen Sohnes und Bruders nicht trösten. Es war ihnen von großer Bedeutung, daß ich zu ihnen kam und daß sie durch mich Fühlung mit dem Kreis behielten, in dem ihr Fritz so glücklich gewesen war. Ich bekam sein Kriegstagebuch zu lesen und seinen ganzen literarischen Nachlaß durchzusehen. Gar zu gern hätten sie seine hinterlassenen Arbeiten veröffentlicht gesehen, aber ich konnte das nicht durchsetzen.

Auch Erikas Bruder Hans *Gothe* war im Feld. Er und der jüngere Bruder Georg stammten aus ihres Vaters zweiter Ehe, ihre Schwester Lene und sie selbst aus der ersten. Nun war auch der Vater längst tot, aber die zweite Mutter war für Erika eine wirkliche Mutter, und auch das Verhältnis zu den Brüdern war ein sehr inniges. Ich habe Frau Gothe und ihr Haus in Schwerin nie gesehen, aber durch Erikas Erzählungen wurde ich mit beiden ganz vertraut. Sie war eine tiefgläubige Protestantin, und von der warmen Güte ihres Wesens strahlte etwas bis zu uns herüber.

Trotz der lastenden Kriegssorgen ist wohl dieser Winter die glücklichste Zeit während meiner Göttinger Studienjahre gewesen. Die Freundschaft mit Pauline und Erika war tiefer und schöner als die alten Studienfreundschaften. Es war zum ersten Mal, daß nicht ich der führende und umworbene Teil war, sondern daß ich in den andern etwas Besseres und Höheres sah als ich selbst war.

Die Arbeit mit meinen beiden Lehrkameradinnen ging weiter.

Wenn Fräulein *Scharf* und ich jetzt in meinem gemütlichen Arbeitszimmer abends zusammensaßen, strickten wir eifrig Strümpfe und andere warme Sachen für die Feldgrauen. Ich hatte es als Schulkind im Handarbeitsunterricht nicht sehr weit in dieser Kunst gebracht und sie seither längst vergessen. Jetzt lernte ich sie neu bei meiner geschickten Gefährtin, und die Nadeln klapperten geschäftig, während wir unser Geschichtspensum durchsprachen und einprägten.

An bestimmten Abenden arbeitete ich mit Erika zusammen Philosophie. Für die letzte Wiederholung erhielt ich von ihr drei Blätter, auf denen Hering einen Abriß der Geschichte der Philosophie aufgezeichnet hatte. Er selbst und Frankfurther hatten ihn schon fürs Staatsexamen benützt, und nun vererbte er sich weiter. Als Letztes war darauf das Zeitalter der Phänomenologie vermerkt; dabei stand: Ende aller übrigen Philosophie. Pauline hatte eine Arbeitsverabredung zwischen Liane und mir vermittelt, und sie selbst las manchmal mit mir Homer. Wenn zwei von Frau Gronerwegs Abendgästen außerhalb eingeladen waren, dann lud ich die dritte zu mir ein, damit sie nicht mit der alten Dame allein sein müßte. Ich kaufte dann reichlicher als sonst zum Essen ein und schmückte das runde Eßtischchen, so schön ich konnte. Es war alles dazu im Hause, und Nelli freute sich, wenn ich ihre Sachen benützte. Der Leinenschrank im Schlafzimmer war übervoll von schöner Wäsche; und wenn ich eine nette Obstschale oder einen silbernen Kuchenkorb herbeiwünschte, so brauchte ich nur ins Eßzimmer hinuntergehen und in das große Büffet hineinzulangen; es fand sich immer, was ich gerade brauchte.

In Husserls Seminar war es ziemlich leer in diesem Winter. Anfangs fand sich von alten Bekannten nur der Germanist Günther *Müller* wieder ein. Während des Semesters kam noch der Pole Roman *Ingarden*. Er hatte in der Polnischen Legion gestanden, mußte aber wegen eines Herzfehlers entlassen werden. Früher hatte er sich an seine Landsleute gehalten. Jetzt war er allein und freute sich, wenn er ein paar Worte mit uns sprechen konnte. Zwei neue Leute waren aufgetaucht, dabei einer, der Philosophie als Fach hatte und zielbewußt auf die akademische Laufbahn lossteuerte: Hellmut *Pleßner*. Mit ihm kam ich auch manchmal außerhalb der Universität zusammen. Ich hatte damals als Vertreterin von Frau Dr. Reinach und Nelli Courant die Berufsberatungsstelle für Studentinnen übernehmen müssen. Diese Stelle war vom Verein „Frauenbildung - Frauenstudium" eingerichtet und brachte mich in Verbindung mit der Vereinsvorsitzenden, Frau Justizrat *Steinberg*. An das Ehepaar Steinberg wurde nun auch Herr Pleßner von seinen Eltern empfohlen, und die freundlichen Leute machten es sich zum Vergnügen, uns manchmal zusammen zum Mittag- oder Abendessen einzuladen. Sie hörten andächtig zu, wenn die beiden Philosophen beim Gänsebraten unverständliche Gespräche führten. Ich mußte später immer lächeln, wenn ich an diese Einladungen dachte. Denn es kam mir nachträglich der wohl nicht unbegründete Verdacht, die gute Justizrätin habe wohl gehofft, es werde sich in ihrem gastlichen Hause ein Pärchen zusammenfinden. Uns beiden aber lag nichts ferner als das. Wenn Herr Pleßner mich aus dem alten Bürgerhause im Innern der Stadt zur Schillerstraße hinausbegleitete, entwickelte er mir sein „System" und suchte mir zu erklären, in welchen Punkten er nicht mit Husserl gehen könne, aber es war ihm noch nicht gegeben, sich verständlich zu machen.

Einige Wochen vor Weihnachten stellten wir unsere Weihnachtspakete ins Feld zusammen. Die Gaben wurden mit der größten Liebe ausgesucht, aus den Konditoreien die erlesensten Leckerbissen zusammengeholt. In jedes große Paket kamen viele kleine, einzeln in schönes Papier gehüllt und mit bunten Seidenbändern umwickelt. Reinach bekam lauter goldgelbe Bänder, Kaufmann violette, Hans Gothe, der zur Jugendbewegung gehörte, Bauernbänder: schwarz mit bunten Blümchen darauf. Das Schwerste war die äußere Umhüllung: es war Vorschrift, daß alles in Sackleinwand eingenäht werden müsse. In Paulines Zimmer lagen wir bis nach Mitternacht auf dem Boden, um diese Arbeit kunstgerecht zu erledigen. Als ich dann allein über den dunklen Kirchhof heimging, begegnete mir zwischen den Gräbern ein Offizier, wohl auf dem Wege zur nahen Kaserne. Er war ganz verdutzt, als er mich bemerkte. „Na, Sie haben aber Courage!" sagte er im Vorübergehen. Ich las noch zu Hause die Frankfurter Zeitung, die ich damals täglich gründlich durchstudierte, und ein wenig in meinen Büchern, ehe ich mir etwas Nachtruhe gönnte.

Im November hatte ich meine Arbeiten abgeliefert und um einen möglichst frühen Termin für die mündliche Prüfung gebeten. Sie wurde auf den 14./15. Januar festgesetzt. Nur die nächsten Freundinnen in Göttingen wurden davon unterrichtet; nach Hause schrieb ich nichts davon; es sollten möglichst wenig Leute in Aufregung versetzt werden. Über Weihnachten wollte ich in Göttingen bleiben. Alle andern fuhren natürlich nach Hause; Liane, die kein Zuhause hatte, wenigstens zu Bekannten. Ehe sie abreisten, hörte ich eines Abends viele Füße die Treppe heraufkommen: Pauline, Erika und Liane brachten mir ein reizend geschmücktes Weihnachtsbäumchen. Das sollte mich trösten, wenn ich allein den Heiligen Abend feierte. Es war das erste Bäumchen, das ich in meinem Leben geschmückt bekam. Ich habe mit Freude und Dankbarkeit die Kerzen angesteckt. Es war für mich nichts Betrübliches, allein zu sein. Ich war ja bisher nicht gewöhnt, Weihnachten überhaupt zu feiern, und vermißte nichts.

Vor der Prüfung mußte ich den Examinatoren Besuch machen. Am wenigsten bekannt war ich noch mit dem Literaturhistoriker *Weißenfels*. Da Eduard *Schröder*, sein gewaltiger Kollege, als Hauptmann im Feld war, hatte er jetzt das germanistische Oberseminar und war stellvertretender Direktor. Er hatte mich zu Beginn des Semesters mit Freuden aufgenommen, ohne eine Zulassungsarbeit zu verlangen. Er versicherte mir, daß er mich von seinen Übungen über „Faust" aus dem vorhergehenden Semester gut kenne und wisse, daß ich etwas könne. Diesmal hielt er Übungen über Heinrich von Kleist. In den ersten Wochen ging ich hin. Da ich es aber langweilig und nutzlos fand, sagte ich ihm dann, er würde wohl verstehen, daß ich so dicht vor der Prüfung notwendig zu Hause arbeiten müsse, und bat, mich von der Teilnahme zu befreien. Kurz vor meinem besuch sagte mir jemand, wenn man die Prüfung in Deutsch für Oberstufe machen wolle und keine Staatsarbeit aus diesem Fach gemacht habe, müsse man eine Klausurarbeit schreiben. Ich fragte Weißenfels, als ich bei ihm war — seine Villa lag unmittelbar neben der Husserlschen am Hohen Weg — ob das stimme. Ja, sagte er, aber das sei nichts Gefährliches; man brauchte nur in 3 Stunden einen kleinen Aufsatz zu schreiben. In drei Stunden, meinte ich könne man doch nichts Rechtes zustande bringen. Es werde auch nichts Großes erwartet, war die Antwort. Es handle sich nur darum, den Stil kennenzulernen. Das, fand ich, könnten wir leichter haben. Ich machte ihm den Vorschlag, doch eine meiner beiden großen Arbeiten zu lesen. Er fand dies ganz praktisch und war sofort bereit, darauf einzugehen. Er erkundigte sich nach den Themen. Ich nannte sie ihm und empfahl ihm die geschichtliche Arbeit, da die philosophische ja doch für Nicht-Phänomenologen schwer zugänglich sei. Er interessierte sich aber gerade für dieses Thema und versprach, sie sich von Husserl geben zu lassen. Damit war die mündliche Prüfung so weit wie nur möglich vereinfacht. Es gab damals neben der Prüfung in den eigenen Spezialfächern noch eine in „allgemeiner Bildung", die Philosophie, Deutsch und Religion umfaßte. Philosophie und Deutsch fielen für mich fort, weil es meine Fächer waren; Religion, weil Juden darin nicht geprüft wurden. So blieb es mir erspart, „allgemeine Bildung" nachzuweisen. Ich brauchte mich nur in meinen Spezialfächern prüfen zu lassen; allerdings, da ich alle für Oberstufe haben wollte, in jedem eine ganze Stunde. Als Spezialgebiet in Deutsch gab ich Lessing an. Ich hatte seine Werke gut durchgearbeitet und auch Weißenfels' Lessing-Kolleg. Dieses hatte ich zwar nicht selbst gehört, aber eine Nachschrift davon geliehen bekommen, meine Schwester Frieda hatte sie in den Ferien für mich abgetippt. Ich mußte noch angeben, was ich an mittelhochdeutschen Epen gelesen hatte. Es war eine ganz stattliche Anzahl, darunter auch der „Meier Helmbrecht" von Werner dem Gartenaere, den ich aus einem Breslauer Kolleg gut kannte und der mir in Göttingen schon zur Aufnahme ins Seminar verholfen hatte.

Sehr ergötzlich fand ich den Besuch bei Max *Lehmann*. Der alte Mann hatte es damals sehr schwer in Göttingen. Als alter Liberaler und begeisterter Englandfreund litt er sehr unter dem Krieg mit England. Die fürchterliche Grußformel „Gott strafe England!", die damals in gewissen Kreisen aufgekommen war, regte ihn immer wieder von neuem auf. Er stand aber in seiner Fakultät fast allein mit seiner Überzeugung und war bei den Kollegen „unten durch". Über all das sprach er ganz offen mit mir. Sein ganzer Trost war sein Seminar. Ohne diese schönen Montagabendstunden wäre es kaum auszuhalten. Er äußerte sich auch sehr kritisch über die Haltung der deutschen Regierung. Als ich mich verabschiedete, sagte er: „Am Freitag werden wir uns nicht über diese Dinge unterhalten". „O, das wäre mir aber viel sympathischer als das andere", antwortete ich lächelnd. Meine Spezialgebiete hatte er sich auf meine Visitenkarte notiert. In der Prüfung hielt er sie in der Hand, um ja bei der

Stange zu bleiben. Daß ich auch für griechische und römische Geschichte ein Spezialgebiet haben sollte, merkte ich erst daraus, daß Lehmann sich danach erkundigte. Ich ließ mich aber dadurch nicht einschüchtern, sondern nannte sofort die Punischen und die Perserkriege, weil mir diese Entscheidungskämpfe von der Schule her noch am besten in Erinnerung waren. Besonders die Punischen Kriege waren mir aus unserer jahrelangen Liviuslektüre vertraut. In den nächsten Tagen las ich noch eifrig in Mommsens Römischer Geschichte, um meine Kenntnisse aufzufrischen und mir einen großen Überblick zu verschaffen.

Am Morgen des ersten Prüfungstages vertraute ich Frau Hartung meine Sorgen an. Sie ließ sich wieder breit und schwer auf die Chaiselongue nieder und sprach mir Mut zu. Durch ihre Arbeit kannte sie fast die ganze Fakultät; bei Frau Weißenfels war sie regelmäßig beschäftigt. „Weißenfels läßt Ihnen nicht durchfallen", versicherte sie mit der größten Bestimmtheit. „Und bei Husserl ist es ja sowieso ausgeschlossen, daß es Ihnen schlecht geht".

Es war am Donnerstag, den 14. 1. Nachmittags um 5 sollte die Prüfung in Deutsch beginnen. Ich ging noch zum Mittagessen zu Gronerweg, die allgemeine Tischunterhaltung ging mir aber so auf die Nerven, daß meine Freundinnen beschlossen, am nächsten Tage solle Erika bei mir zu Hause für mich kochen. Sie übernahm es mit Freuden, alles Nötige einzukaufen und sich dann in der sauberen, netten Küche zu betätigen.

Die Prüfung war im Humanistischen Gymnasium, Gymnasialdirektor *Miller* war der sehr gefürchtete Vorsitzende der Prüfungskommission. An diesem Tage bekam ich ihn noch nicht zu sehen. Ich wurde ganz allein geprüft, aber zur gleichen Zeit kamen andere Kandidaten in andern Klassenräumen in ihren Fächern an die Reihe. Wir warteten zusammen in einem dafür bestimmten Zimmer. Um 5 Uhr kam Weißenfels mich selbst abholen. Es hätte noch ein anderes Mitglied der Prüfungskommission als Beisitzender zugegen sein sollen; da niemand kam, blieben wir allein. Er holte ein kleines Büchlein hervor: den mittelhochdeutschen Text. Was mochte es wohl sein? „Meier Helmbrecht" — ich mußte mich beherrschen, um meine Freude nicht zu verraten. Ich las und übersetzte fließend und konnte auch alle grammatischen Fragen beantworten. Nun begann ein Spaziergang durch die deutsche Literatur. Ich sollte angeben, was aus den mittelhochdeutschen Epen später geworden sei; das gab Gelegenheit, über die Volksbücher zu sprechen. So kamen wir auf das Faustthema und seine verschiedenen Behandlungen. Als ich über Lessings Faustfragment etwas sagen wollte, unterbrach mich Weißenfels. „Sie haben allerdings Lessing als Spezialgebiet angegeben, aber ich möchte doch jetzt lieber noch einige Fragen über die Romantik stellen". „Bitte!" sagte ich ruhig und ergeben. Nachdem ich auch diese Fragen noch beantwortet hatte, war die Stunde herum. Der freundliche Examinator wünschte mir Glück und sagte, er freue sich, daß ich die Prüfung so gut begonnen hätte.

Freitag von 11-12 war die Philosophieprüfung angesetzt. Diesmal war Direktor Miller Beisitzer. Ich wußte, daß Husserl das sehr unangenehm war; er mußte den Vorwurf fürchten, daß er seine Schüler zu milde behandle, und prüfte darum scharf. Eine ganze Stunde lang stellte er Fragen über Geschichte der Philosophie. Ich hatte sehr viel Plato gelesen, aber nun fragte er gerade nach dem „Timaeus", den ich nur aus Darstellungen kannte; das wagte ich jedoch nicht zu sagen, um meinen guten Meister nicht vor dem gestrengen Vorsitzenden zu blamieren, sondern begann kühn den Gedankengang des Dialogs zu konstruieren, indem ich die gestellten Fragen als Anhaltspunkte benützte. Ebenso machte ich es, als ich über die verschiedene Stellungnahme David Humes zur Mathematik in seinen „Essay" und „Treatise" Auskunft geben sollte. Ich hatte den Essay gar nicht, den Treatise nur teilweise gelesen, ging aber mutig an den Vergleich heran. Diese geistigen Akrobatenstücke machten mir sogar Freude, sie kosteten aber eine große Anspannung, und ich war froh, als Husserl endlich zur Logik überging. Zum Schluß kamen noch einige harmlose Fragen aus der Geschichte der Pädagogik. Fünf Viertelstunden hatte ich standhalten müssen. Als ich den schmalen Feldweg vom Albanikirchhof zur Schillerstraße entlang ging, lag Erika schon mit halbem Leibe zum Küchenfenster heraus und winkte mir mit beiden Armen entgegen. Das Mittagessen war fertig und vortrefflich gelungen, das Tischlein für uns beide gedeckt, und während wir uns beide stärkten, mußte ich getreu den Gang der Schlacht von Anfang bis zu Ende erzählen.

Ich war ziemlich erschöpft, hatte aber noch keine Zeit, müde zu sein, denn nachmittags um 5 kam der letzte Akt, die Geschichtsprüfung. Diesmal sollte Weißenfels Beisitzer sein. Da er sich etwas verspätete, begann Lehmann zunächst mit dem griechischen Text. Es war wie immer der Anfang der Anabasis, den ich auswendig wußte. Als Weißenfels hereinkam, empfing ihn der Prüfende mit den Worten: „Die Dame weiß sehr gut Bescheid im Griechischen". „Die Dame weiß überhaupt sehr gut Bescheid", kam es mit gemütlichem Lachen zurück. Dann ging es weiter. Eine kurze Frage über die Perserkriege. Nun kam etwas Überraschendes: „Was halten Sie für Hannibals größte Tat?" Darüber hatte ich noch nie nachgedacht. Ich wußte auch nicht, daß es eine beliebte Frage war und daß Lehmann als Antwort wollte: „Den Alpenübergang". Ich überlegte einen kleinen Augenblick und sagte dann mit großer Bestimmtheit: „Daß er den Kriegsschauplatz nach Italien verlegt hat". Jetzt war wohl Lehmann überrascht. Er merkte daran wahrscheinlich, daß ich mich nicht darum bemüht hatte, mir eine Sammlung früherer Examensfragen mit den dazugehörigen Antworten zu verschaffen und einzuprägen, sondern daß ich ganz unbefangen nachdachte und urteilte. So ließ er meine Antwort gelten und brachte mich durch eine kleine Zwischenfrage auf den Alpenübergang; darüber wußte ich aus Livius ganz genau Bescheid. Die alte Geschichte war nur Vorspiel. Nun ging es an Lehmanns eigentliche Arbeitsgebiete, aus denen ich die meinen gewählt hatte. Wieder kam ein überraschender Anfang: „Wie steht es mit dem Vorwurf des preußischen Militarismus?" Ich dachte: „Wie nett! Jetzt denkt er daran, daß ich neulich bei meinem Besuch gesagt habe, es wäre mir lieber, ein politisches Gespräch zu führen als mich prüfen zu lassen". Die Frage selbst aber war brenzlich. Sie klang wie eine Aufforderung zur Kritik an den bestehenden Zuständen, und das mochte ich nicht. Ich antwortete also zunächst diplomatisch: „Das kommt darauf an, was man unter ‚Militarismus' versteht". Weißenfels lachte laut auf. Lehmann aber sagte mir geduldig seine Definition: Von Militarismus spreche man, wo ein stehendes Heer in Friedenszeiten gehalten werde. Unter dieser Voraussetzung konnte ich nun unbedenklich zugeben, daß es berechtigt sei, von preußischem Militarismus zu reden. Danach mußte ich die Gründe angeben, aus denen man sich in England bisher so sehr gegen den Militarismus gewehrt habe. Jetzt waren wir in glattem Fahrwasser, und es ging Schlag auf Schlag weiter, bis es sechs Uhr war.

Draußen erwartete mich Pauline Reinach. Sie führte mich zunächst zu „Kron und Lanz", um mich nach der geschlagenen Schlacht mit Kaffee und Kuchen zu stärken. An einem benachbarten Tischchen saßen der Mathematiker *Landau* und der Psychologe *Katz*. Nach ein paar Minuten kam Katz zu uns herüber und sagte, Herr Professor Landau habe ihm erzählt, er habe mich soeben noch im Gymnasium gesehen, ich müsse wohl eben Examen gemacht haben. Nun wollte er mir gleich gratulieren. Das ließ ich mir natürlich gern gefallen. An diesem Abend sollte ich bei Gronerweg essen. Unterwegs habe ich wohl an der kleinen Post in der Wendenstraße das Telegramm mit der Freudenbotschaft nach Breslau aufgegeben. Pauline mußte mich noch ein wenig in ihrem Zimmer unterhalten, weil Erika und Liane mit ihren Vorbereitungen im Eßzimmer noch nicht fertig waren. Als wir schießlich zum Nachtessen gerufen wurden, brannten an meinem Platz viele kleine Kerzen in einem gemalten Holzreifen, wie man ihn für Geburtstagskuchen hat; rings herum lagen Veilchensträußchen. Frau Gronerweg hatte für ein Festmahl gesorgt. Erika saß mir gegenüber und ihre dunklen Augen strahlten vor Liebe und Freude.

Am nächsten Tag fuhr ich nach Hamburg. Meine Schwester Rosa war gerade für einige Wochen bei Else, und beide waren froh, daß ich zu ihnen kam, um sie an meiner Freude teilnehmen zu lassen. Hier erhielt ich auch die Glückwünsche aus Breslau. Der Brief meiner Mutter enthielt jene Stelle, die ich früher einmal erwähnte: sie würde sich noch mehr freuen, wenn ich daran denken wollte, wem ich diesen Erfolg verdankte. Aber so weit war ich noch nicht. Ich hatte in Göttingen Ehrfurcht vor Glaubensfragen und gläubigen Menschen gelernt; ich ging jetzt sogar mit meinen Freundinnen manchmal in eine protestantische Kirche (die Vermischung von Politik und Religion, die dort in den Predigten vorherrschte, konnte mich freilich nicht zur Kenntnis eines reinen Glaubens führen und stieß mich auch oft ab); aber ich hatte den Weg zu Gott noch nicht wiedergefunden.

Lange wollte ich meinen Besuch nicht ausdehnen. Am Samstag war ich gekommen, und am Mittwoch nachmittag, zu Husserls Seminar, war ich pünktlich wieder zur Stelle. Er legte Wert darauf, daß man seine Übungen regelmäßig besuchte; jetzt, wo so wenige von seinen alten Schülern da waren, noch mehr als sonst. Ich hatte ihn nach der Prüfung noch nicht wieder gesehen und ging am

Schluß zu ihm ins Direktionszimmer, um zu fragen, wann ich ihn besuchen und etwas Näheres über meine Arbeit hören dürfte. Der sonst so freundliche Meister war merklich verstimmt. Ich hatte einen Fauxpas begangen, indem ich nicht sofort nach der Prüfung zu ihm ging. Nun erklärte er mir, er hätte mir viel zu meiner Arbeit sagen wollen, aber nun habe er es vergessen. Zur Doktorarbeit reiche sie noch nicht aus (Das war mir auch nie in den Sinn gekommen). Und da ich in Geschichte und Literatur so ausgezeichnet bestanden habe, könne ich mir ja noch überlegen, ob ich den Doktor nicht lieber in einem dieser Fächer machen wolle. Schwerer hätte er mich nicht kränken können. „Herr Professor", sagte ich ganz empört, „es kommt mir nicht darauf an, mir mit irgend einer Doktorarbeit den Titel zu erwerben. Ich will die Probe machen, ob ich in Philosophie etwas Selbständiges leisten kann". Das schien ihn zur Besinnung zu bringen. Sein Ärger war auf einmal verflogen; in ganz verändertem Ton sagte er: „Jetzt müssen Sie sich erst einmal richtig erholen, Fräulein Stein. Sie sehen ja ganz angegriffen aus". Ich war noch nicht so schnell versöhnt und verabschiedete mich. Am nächsten Tag wartete er nach seiner Vorlesung vor der Tür des Hörsaals auf mich. Seine Frau ließe mich herzlich grüßen und für Sonntag nachmittag zum Kaffee einladen. Wir müßten doch die bestandene Prüfung etwas feiern. Fräulein Gothe, Fräulein Reinach und Wiegelt seien auch eingeladen. Wenn ich noch jemanden anders gern dabeihätte, sollte ich es nur sagen.

Vor dem Sonntag machte ich noch meine Abschiedsbesuche bei Lehmann und Weißenfels. Beide sprachen mir noch einmal ihre Zufriedenheit aus. Weißenfels verriet mir, daß der Prüfungsvorsitzende gegen das Prädikat „Mit Auszeichnung" Einwendungen erhoben habe, weil ich es durch den Fortfall der Prüfung in allgemeiner Bildung besonders leicht gehabt hätte. Die Examinatoren aber wollten darauf bestehen, daß ich die Note I bekäme. Husserl versicherte mir am Sonntag lachend: „Tatsächlich enthielt das Zeugnis als Ergebnis der schriftlichen und mündlichen Prüfung den Vermerk: „Mit Auszeichnung bestanden".

VIII

Aus dem Lazarettdienst in Mährisch-Weisskirchen

1.

Bald nach der Prüfung richtete ich eine Anfrage an das Rote Kreuz in Breslau, ob ich jetzt in den Sanitätsdienst eintreten könne. Da keine Antwort kam, beschloß ich, bis zum Ende des Semesters in Göttingen zu bleiben, die Vorlesungen fertig zu hören und im übrigen die Zeit für die Doktorarbeit zu verwenden. Ich begann auch wieder etwas Griechisch zu treiben, da ich nun doch möglichst bald das Graecum machen wollte. Vor der Abreise schickte ich aber diesmal alle meine Sachen nach Hause, weil ich es für ungewiß hielt, ob ich wiederkäme.

In Breslau reichte ich bald beim Provinzialschulkollegium die Meldung zur Ergänzungsprüfung im Griechischen ein; ich wollte sie im Herbst machen. Als ich einige Wochen zu Hause war, wurde ich ans Telephon gerufen. Es war eine Dame vom Roten Kreuz, die mich sprechen wollte. In Deutschland sei immer noch keine Nachfrage nach Schwestern, aber in Österreich sei große Not; wenn ich dorthin gehen wollte, so sollte ich mich bereit machen, Anfang April nach Mährisch-Weißkirchen zu fahren. Ich war sofort entschlossen.

Rose Guttmann hatte von dem Lazarett in Weißkirchen schon gehört, da eine Breslauer Studentin seit Monaten dort pflegte. Nun war diese Studentin — Grete *Bauer* — gerade auf Urlaub daheim. Ich suchte sie auf, um Näheres zu hören. Mährisch-Weißkirchen lag halbwegs an der Bahnstrecke Oderberg-Wien, von uns aus mit dem D-Zug in 5-6 Stunden zu erreichen. Es hatte eine große Kadettenanstalt, die als Seuchenlazarett eingericht war: 4000 Betten, zur Etappe der Karpathenfront gehörig. Die kleine Studentin, ein frisches, natürliches Menschenkind, hatte sehr gern dort gearbeitet;

sie sollte auch vor meinem Transport wieder zurückkehren und freute sich darauf.

Bei meiner Mutter stieß ich auf heftigen Widerstand. Daß es sich um ein Seuchenlazarett handle, sagte ich ihr gar nicht. Sie wußte wohl, daß sie mich mit dem Hinweis auf Lebensgefahr nicht umstimmen konnte. Darum sagte sie mir als äußerstes Schreckmittel, die Soldaten kämen alle mit Kleiderläusen aus dem Feld, ich würde mich davor auch nicht schützen können. Das war freilich eine Plage, vor der mir sehr graute — aber wenn die Leute im Schützengraben alle darunter leiden mußten, warum sollte ich es besser haben als sie? (N.B. Die Entlausung in Weißkirchen war so gut organisiert, daß mir diese Prüfung erspart blieb. Ich habe nur gelegentlich auf der Wäsche der Leute — und zwar auf frischer Wäsche, die gerade aus dem Schrank ausgegeben wurde, einige Tierchen zu sehen bekommen). Als dieser Angriff gescheitert war, erklärte meine Mutter mit ihrer ganzen Energie: „Mit meiner Einwilligung wirst du nicht gehen". Ich entgegnete ebenso bestimmt: „Dann muß ich es ohne deine Einwilligung tun". Meine Schwestern fuhren förmlich zusammen bei dieser schroffen Antwort. An einen solchen Widerstand war meine Mutter nicht gewöhnt. Arno oder Rosa hatten ihr wohl oft schon viel schlimmere Worte gesagt. Aber das geschah in Zornesausbrüchen, in denen sie sich selbst nicht kannten, und war schnell wieder vergessen. Hier aber ging es wirklich hart auf hart. Meine Mutter sagte nichts mehr und war einige Tage sehr schweigsam und bedrückt — eine Stimmung, die sich immer auf das ganze Haus zu legen pflegte. Als ich aber dann anfing, meine Vorbereitungen zu treffen, übernahm sie es wie selbstverständlich, für die erforderliche kleine Schwesternaussteuer zu sorgen. Frieda, die sich am besten darauf verstand, mußte die nötigen Einkäufe und Näharbeiten machen.

Ehe ich mit meinem Kriegsdienst begann, mußte ich noch einen Besuch im Provinzialschulkollegium machen, um meine Meldung zum Graecum zurückzuziehen, oder vielmehr zu sagen, daß ich den Termin auf ungewisse Zeit verschieben müsse. Der Dezernent für die humanistischen Gymnasien, Geheimrat *Thalheim*, war ein gefürchteter Mann, ernst und streng. Als er den Grund der Verschiebung hörte, war er sichtlich unzufrieden, sagte aber zunächst nichts. Erst als ich schon im Hinausgehen war, rief er mich noch einmal zurück. „Sind denn Ihre Eltern einverstanden?" „Mein Vater ist schon lange tot. Meiner Mutter ist es nicht recht". Jetzt fuhr er lebhaft auf. (Er hatte selbst eine Tochter in meinem Alter. Ich kannte sie von der Schule her). „Freilich ist es ihr nicht recht. Ich habe Ihnen ja nichts zu sagen. Aber da Sie keinen Vater mehr haben, fühle ich mich doch verpflichtet, Sie zu warnen. Wissen Sie denn, wie es in den Lazaretten zugeht?" Ich wußte es nicht; aber wenn es war, wie er es andeutete — daß man sich sittlichen Gefahren aussetzte und daß die Schwestern in einem schlechten Ruf standen — dann war das ja furchtbar traurig, und ich fand es nun erst recht nötig, daß Menschen mit einer ernsten Auffassung in diese Stellen kämen. So dankte ich dem Herrn Geheimrat mit aufrichtiger Herzlichkeit — es verriet doch eine große Herzensgüte, daß er so um mich besorgt war — ließ mich aber in meinem Entschluß nicht im mindesten beirren.

Nicht lange vor meiner Abreise traf ich einmal bei Nelli Courant mit Susanne *Mugdan* zusammen. Sie war mit Richard befreundet; ihre Mutter hatte ihn während seiner Studienzeit wie einen Sohn bei sich aufgenommen, obgleich sie selbst zwei Söhne und zwei Töchter hatte. Bertha, die ältere, hatte später Richards Freund, den Altphilologen Julius *Stenzel*, geheiratet. Er und Suses Zwillingsbruder Albrecht waren jetzt im Feld. Sie selbst war ein ernster und grüblerischer, überaus zart und tief empfindender Mensch. Sie hatte das Lehrerinnenexamen gemacht und einige Zeit unterrichtet. Da es sie aber nicht ganz befriedigte, hatte sie das Abitur nachgeholt und studierte jetzt Chemie an der Technischen Hochschule in Breslau. Als sie hörte, was ich vorhatte, faßte sie es sofort als eine Mahnung für sich auf, sich auch zur Verfügung zu stellen. Wenige Wochen nach meiner Abreise folgte sie mir nach Weißkirchen.

Ehe ich abfuhr, ließ mich Erna in die Frauenklinik kommen und machte mir die Schutzinjektion gegen Typhus und Cholera. Viele Leute reagierten darauf einige Tage lang mit richtigen, fieberhaften Erkrankungen, aber mir machte es nichts.

Die Lazarette in Böhmen und Mähren waren überwiegend in der Hand der deutschen Schwestern. Die Berufsorganisation deutscher Krankenschwestern hatte es übernommen, sie einzurichten, und das schlesische Rote Kreuz versorgte sie mit Helferinnen. Eine Dame in Breslau, Fräulein Gertrud *Stein*, hatte diese Vermittlung in der

Hand. Sie kam zur Bahn, als ich am 7. April 1915 früh um 6 Uhr abreiste, machte mich mit zwei andern Helferinnen bekannt, die aus Sachsen kamen und mit mir zusammen nach Weißkirchen fahren sollten, und überreichte uns unsere Abzeichen: die Helferinnenbrosche aus Email, ein schwarzes Schleifchen mit einem roten Kreuz auf weißem Feld in der Mitte. Die beiden Gefährtinnen aus Sachsen waren junge Mädchen, die eine aus guter Bürgerfamilie, die andere etwas einfacher, beide — wenn ich mich recht erinnere — Haustöchter ohne Beruf. Natürlich waren wir alle gespannt auf unser neues Betätigungsfeld. In der Mittagsstunde waren wir am Ziel. Wir nahmen am Bahnhof einen Wagen und fuhren zum Lazarett. Es lag ziemlich weit außerhalb der Stadt. Mährisch-Weißkirchen war ein nettes Städtchen. Am Marktplatz steinerne „Lauben" (Arkaden), wie ich sie aus alten Städten in Schlesien und Böhmen kannte; unter den Bogen Verkaufstische, die aus den dahinterliegenden Läden herausgeschoben waren. Vor dem Tor eines langgestreckten Gebäudes hielt unser Wagen. Drei große Häuser lagen unmittelbar aneinander anschließend an der Landstraße. Um an der ganzen Front entlang zu gehen, brauchte man etwa zehn Minuten. In Friedenszeiten waren hier eine Kavalleriekadettenanstalt, das dazugehörige Offiziersgebäude und eine Oberrealschule. Nach hinten schlossen sich eine große und eine kleine Reitschule an. Außerdem waren Baracken für Lazarettzwecke neu hinzugebaut (ich erinnere mich nicht mehr genau, ob 10 oder 20). Jede enthielt zwei Krankensäle mit je 50 Betten.

Wir wurden zunächst in den Speisesaal geführt und erhielten ein kräftiges Mittagessen. Die meisten Schwestern hatten schon gespeist, nur ein paar Nachzügler waren noch da. Sie fragten uns, ob wir ihnen Post mitgebracht hätten. Tatsächlich hatte uns Fräulein Stein Briefe mitgegeben. Wir legten sie auf den Flügel, wo sich dann die Empfängerinnen das Ihre heraussuchten. Diese Briefbeförderung durch hin- und herreisende Schwestern war eine stehende Einrichtung, weil auf dem gewöhnlichen Wege viel verloren ging oder wochenlang aufgehalten wurde. Es war allerdings streng verboten, auf diese Weise die Zensur zu umgehen, die zwischen den verbündeten Staaten bestand. Aber offenbar kümmerte sich niemand um dieses Verbot.

Wenn ich mich recht erinnere, wurde uns nach dem Mittagessen eine Schlafstätte angewiesen. Irgend eine Helferin auf dem Gang wurde gerufen, sie solle mich mitnehmen. Sie zeigte mir in einem großen Schlafsaal ein freies Bett. Das sollte ich mir zurechtmachen. Außerdem sagte sie mir noch in den wenigen Minuten, die sie für mich übrig hatte, ich würde wohl bald die Angina bekommen, die bekämen alle am Anfang. Es schien mir wenig verlockend, in dieser Umgebung krank zu werden. Freundlicher war der Eindruck, als endlich Schwester Oberin Zeit fand, uns zu begrüßen. Sie ließ uns in ihr Amtszimmer rufen. Das war ein heller, großer Raum, der mit seinem soliden Schreibtisch und Blumenschmuck ganz friedensmäßig aussah. Schwester Margarete war ein kleines, aber kräftiges Persönchen, wenig über 30 Jahre alt; das Gesicht unter dem weißen Häubchen war gut und freundlich, ihr Wesen einfach, natürlich und anspruchslos, aber fest und bestimmt. Vor dem Krieg war sie Gemeindeschwester in einer ländlichen Gemeinde in Schlesien. Wie die meisten Schwestern hier gehörte sie der Berufsorganisation an. Sie hatte das Lazarett unter den schwierigsten Verhältnissen mit wenigen Hilfskräften eingerichtet. Ehe sie noch das Nötigste zur Hand hatte, kam schon der erste Transport von Cholerakranken. Nun hatte sie eine Schar von 150 Schwestern und Helferinnen zu leiten, dazu den schwierigen Verkehr mit einem tschechischen Direktor, den Ärzten, der Militärkanzlei. Bei der Bevölkerung fand man keinerlei Unterstützung. Sie war fast ganz tschechisch und deutschfeindlich. Wenn wir auf der Straße jemanden auf Deutsch nach dem Weg fragten, bekamen wir keine Antwort. Das Lazarett erhielt höchst selten von Einheimischen Liebesgaben, weil deutsche Schwestern darin pflegten. Wir waren auf das angewiesen, was uns aus der Heimat geschickt wurde. Während wir ihre Verwundeten pflegten, saßen die Weißkirchener Mädchen schön geputzt auf der Kurpromenade beim Konzert.

Schwester Margarete überlegte einen Augenblick, wo sie die neuen Helferinnen hinschicken sollte. Mich bestimmte sie für die Typhusstation. Sie telephonierte nach der Großen Reitschule, um mich dort anzukündigen. Wer mich hinführte, weiß ich nicht mehr. Wir gingen zum Hoftor hinaus und kamen an der Kleinen Reitschule vorbei zur Großen. Das war ein einstöckiges Gebäude, eigentlich nur eine geräumige Baracke. Links von der Haustür lag am Hausgang zunächst ein kleines Zimmer für den Arzt, der jeweils

Nachtdienst hatte. Dahinter kam ein Schwesternzimmer. Auf der rechten Seite befanden sich das Badezimmer und ein kleiner Raum, in dem Patienten untergebracht wurden, die wegen einer andern Infektionskrankheit von den übrigen abgesondert werden mußten. Dem Eingang gegenüber führten zwei Türen in die beiden vorderen Krankensäle. Dahinter lagen noch zwei andere und je ein kleines Verschreibzimmer für den Oberarzt und die Oberschwester. Zu jedem Saal gehörte noch eine kleine Teeküche. In den beiden vorderen Krankensälen lagen je 60 schwer Typhuskranke, in den hinteren je 58. Die Genesenden wurden in die Baracken verlegt. Jeder Saal hatte einen eigenen Arzt, zwei Berufsschwestern und zwei Helferinnen; außerdem für die häuslichen Arbeiten noch zwei Wärterinnen (einheimische Mädchen) und einen Landsturmmann. Chef der ganzen Typhusabteilung war Geheimrat *Boral*, Schwester *Anna* war die Oberschwester. Ich wurde in den ersten Saal geführt, in dem ich als Helferin arbeiten sollte, und mit den Schwestern bekannt gemacht.

Schwester *Loni* war eine kleine, rundliche Rheinländerin mit stark gerötetem Gesicht und etwas verschwommenen Zügen, gutherzig und gesprächig. Schwester *Emma* war groß und schlank, meist gut beherrscht, aber von manchmal hervorbrechender Leidenschaftlichkeit. Die Schwestern begrüßten mich freundlich. Ich bekam über mein Schwesternkleid und die weiße Latzschürze noch einen weißen Ärztemantel gezogen. Den legten wir ab, wenn wir die Typhusstation verließen, um möglichst wenig Bazillen mit hinauszutragen. Außerdem stand in jedem Saal eine Schüssel mit Sublimatlösung. Darein tauchte man die Hände nach jeder Berührung mit den Kranken. Auch sonst wurde mit Desinfektionsmitteln nicht gespart. Die gebrauchte Wäsche kam sofort in große Bütten mit Lysollösung. Man war stolz darauf, daß sehr selten eine Hausinfektion vorkam. Und von der Oberschwester sagte man, wenn sie sich anstecken würde, dann würde sie nicht am Typhus, sondern an der Scham sterben. Denn die Typhusbazillen werden nicht durch den Atem, sondern nur durch die Ausscheidungen der Kranken übertragen. Es ist zwar bei der Pflege nicht zu vermeiden, damit in Berührung zu kommen. Aber wenn man sich sofort wäscht, kann man sich schützen; Ansteckung ist also ein Zeichen mangelnder Sauberkeit.

Die zweite Helferin, *Steffi*, war eine kleine Polin, zart und blond und traurig. Es waren mehrere Polinnen im Lazarett, Flüchtlinge aus dem galizischen Kriegsgebiet oder „Soldaten" aus der polnischen Legion. So war im Nachbarsaal ein kleiner weiblicher Korporal. Sie war verwundet und danach zum Lazarettdienst bestimmt worden, obgleich sie keine Ausbildung in Krankenpflege hatte. Auch Steffi war eine ungeschulte Hilfskraft. Dem gegenüber hatte ich manches voraus. Aber immerhin: unser Kursus hatte nur einen Monat gedauert, dann hatte ich noch sechs Wochen praktisch gearbeitet. Und das lag nun schon ein halbes Jahr zurück. Einen Typhuspatienten hatte ich noch nie gesehen; ich kannte nur aus unserm Lehrbuch Ursachen, Anzeichen und Verlauf der Krankheit. Natürlich mußte ich mich erst einarbeiten und habe mir wohl manches Stückchen geleistet. In Erinnerung ist mir nur eines: Ich sah im Vorbeigehen einen Kranken, dem vor Frost die Zähne aufeinanderschlugen. Schnell füllte ich eine Bettflasche mit heißem Wasser und legte sie ihm an die Füße. Da mußte selbst der Patient lächeln: er lag nämlich in einer kalten Packung.

Schwester Loni führte mich nach meiner Ankunft im ganzen Saal herum, zeigte mir alle Einrichtungen und sagte mir Bescheid über die Kranken. Vor allem machte sie mich auf den damals schwersten Patienten aufmerksam. Es war ein junger italienischer Kaufmann aus Triest. Man nannte ihn nur mit dem Vornamen; der Name will mir nicht mehr einfallen, ich will ihn Mario nennen. Die Krankheit war bei ihm mit ungewöhnlicher Heftigkeit aufgetreten. Sein Mund war beständig mit einem oft mit Blut untermischten Schleim gefüllt. Schwester Loni wies mich an, ihm jedesmal, wenn ich vorbeikäme, mit einem Läppchen den Mund zu reinigen. Für diesen Liebesdienst dankte er immer mit einem Blick. Sprechen konnte er überhaupt nicht; er hatte die Stimme ganz verloren. Bei jeder Visite wurde er gründlich untersucht. Arzt und Schwestern sprachen dann an seinem Bett von ihm, als ob er nichts verstünde. Aber ich sah es seinen großen glänzenden Augen an, daß er bei völlig klarer Besinnung war und gespannt auf jedes Wort hörte. Meist lag er ganz still da, folgte uns aber mit den Blicken. Die andern Fieberkranken waren fast alle schwer benommen und merkten nichts von dem, was um sie herum vorging. Man besorgte sie wie kleine Kinder und war erstaunt, wenn sie nach Wochen zu sich kamen und sich wie richtige Menschen benahmen. Bei manchen war der Typhus schon im Abklingen, aber sie hatten noch an Begleiterscheinungen zu leiden. Lungen- und Rippenfellentzündungen waren häufig auftretende Komplikationen und forderten mehr Opfer als der Typhus selbst. Einige hatten aus dem Karphatenwinter erfrorene Füße mitgebracht und mußten daraufhin behandelt werden.

Während wir unsern Rundgang durch den Saal machten, kam der Arzt zur Visite und wurde mir vorgestellt. Er war noch recht jung, klein und untersetzt, hellblond und rosig. Nach einigen freundlichen Worten erklärte er: „Die Schwester wird von der Reise ermüdet sein. Wir wollen sie für heute eliminieren".

Indessen war in einem andern Saal ein Fall von Flecktyphus festgestellt worden. Das galt als etwas sehr Schlimmes. Der Verlauf war meist tödlich und die Ansteckungsgefahr groß; man konnte sich auch kaum davor schützen, weil der Erreger noch nicht entdeckt war. Schwester Oberin gab die Weisung, daß die Schwestern der Typhusstation möglichst wenig mit andern zusammenkommen und alle in der großen Reitschule schlafen sollten. So mußte ich mein Gepäck schon wieder aus dem großen Schlafsaal wegholen, wo ich es vor einigen Stunden hingebracht hatte. Ich fand in dem weitläufigen Gebäudekomplex nur mühsam den Weg. Es war mir aber sehr recht, daß ich nicht dort zu schlafen brauchte und früh nicht über lange Gänge und mehrere Treppen hinauf- und heruntergehen mußte, um an meine Arbeitsstäte zu gelangen. Das Schlafzimmer in der Reitschule teilte ich mit drei andern: unserer Schwester Emma, Schwester *Sophie* vom III. Saal und ihrer Helferin *Marga*. Diese beiden waren ein Herz und eine Seele, obgleich Marga erst 18 Jahre und ihre Vorgesetzte wohl fast zehn Jahre älter war. Das junge Kind schien mir in dieser Umgebung recht gefährdet. Schwester Sophie war — wie die meisten von der „B.O." — tüchtig in ihrem Beruf und sorgfältig in der Arbeit; aber Kopf und Herz waren angefüllt von Liebeskummer — natürlich der Stationsarzt — und davon handelten die Gespräche hier im Zimmer. Ich verschloß meine Ohren, so gut ich konnte, und in der dienstfreien Zeit, die ich im Zimmer verbringen mußte, saß ich auf meinem Bett, als ob das ein abgesonderter Raum sei; dort las und schrieb ich meine Briefe und erledigte, was ich sonst zu tun hatte.

Die Mahlzeiten nahmen wir trotz der Schließung unserer Station im allgemeinen Speisesaal. Dort sah ich — wohl schon am ersten

Abend — Grete *Bauer*, die Breslauer Studentin. Es war mir eine rechte Wohltat, mit ihr ein paar Worte sprechen zu können. Sie machte mich auch mit ihrer Freundin, Schwester *Alwine*, bekannt, auch eine Berufsschwester von der B.O. Sie war erheblich älter als wir, aber jugendlich — frisch in ihrem Wesen. Blonde Löckchen guckten unter ihrem Häubchen hervor, und die großen, blauen Augen lachten vor Lebensfreude. Es war aber auch gleich zu merken, daß man einen gescheiten und tatkräftigen Menschen vor sich hatte.

Einige Tage nach meiner Ankunft war auf der Station davon die Rede, daß es in der Großen Reitschule ein „Fest" geben sollte. Der Arzt vom II. Saal wurde in ein anderes Lazarett versetzt und hatte alle Kollegen und Schwestern der Typhusstation zum Abschied in das kleine Ärztezimmer eingeladen. Es war ein junger Pole mit einem adligen Namen, den ich vergessen habe. Ich hatte ihn bisher nur flüchtig gesehen und noch kein Wort mit ihm gesprochen. Dr. *Pick*, unser Stationsarzt, sagte bei der Visite zu mir: „Schwester Edith, Sie kommen doch auch morgen abend?" „Ich hatte nicht die Absicht. Ich kenne ja den Herrn gar nicht". „Das tut nichts. Dann werden Sie ihn kennen lernen". Ich hatte wenig Lust — wir waren doch wahrhaft nicht hier, um Feste zu feiern. Aber ich fragte Schwester Loni um Rat. Sie war die Älteste im Saal und meine Vorgesetzte. Außerdem hielt sie etwas auf ihre gut bürgerliche Herkunft und tadellosen Sitten. Sie riet mir zu gehen. Es würde unangenehm berühren, wenn ich mich gleich bei der ersten Gelegenheit ausschlösse. Sie selbst käme zwar diesmal nicht, aber vor kurzem — als man den 1000. Typhuspatienten feierte — sei sie dabeigewesen; daran hätten sogar auch die Oberschwester und der Medizinalrat teilgenommen. Den 1000. Typhuspatienten gefeiert?! Mir standen fast die Haare zu Berge. Aber ich wollte Schwester Lonis Rat folgen.

Als wir am nächsten Abend das kleine Ärztezimmer betraten, wurde mir etwas beklommen. Es war darin eine große Tafel aufgestellt. Mehrere Torten standen darauf, einige Schalen mit Obst und eine ganze Batterie von Likörflaschen. Ich hatte meinen Platz etwa in der Mitte, Dr. Pick mir gegenüber. Als herumgereicht wurde, nahm ich ein Stück Torte und eine Traube; einschenken ließ ich mir nicht — ich trank ja keinen Alkohol. Anfangs war man sehr interessiert für die neue Schwester. Ich hatte bisher niemanden etwas von meinem „Zivilberuf" gesagt. Aber vielleicht hatte Schwester Oberin vor einem der Ärzte etwas davon erwähnt und die Nachricht war ins Kasino getragen worden. Jedenfalls erkundigten sich die Herren jetzt, was ich studiert hätte. „Philosophie". Das war nicht eindeutig. „Philosophie" bedeutet in Österreich die ganze Fakultät; Sprachen, Geschichte, u.s.w. Das Fach aber heißt „strenge Philosophie". Also: strenge Philosophie! Das Staunen war groß. Aber allmählich verlor man den Geschmack an „gebildeter Unterhaltung". Je öfter die Likörgläser geleert wurden, desto freier wurde der Ton. Ich saß schließlich ganz still da und sah mit großen Augen an, was um mich herum geschah. Ein Arzt hielt eine Schwester, die nicht mehr trinken mochte, beim Kopf fest und flößte ihr Likör ein. Mir wurde immer unheimlicher zumute. Was würde denn noch alles kommen? Plötzlich hörte ich, daß jemand von hinten leise zu mir sprach. Ich wandte mich überrascht um. Hinter meinem Stuhl stand der polnische Ritter, dessen Gäste wir waren. Anfangs hatte man uns miteinander bekannt gemacht, aber dann hatte ich ihn nicht mehr bemerkt. Er war ganz erregt. „Schwester, was müssen Sie von mir denken?" Ich war sehr betroffen. Was sollte ich denn darauf antworten? „Ich werde mir nach diesem einen Abend kein Urteil bilden", sagte ich beruhigend. Wir beide waren wohl die einzigen Nüchternen im Zimmer. Er hatte mich gewiß beobachtet und mir vom Gesicht abgelesen, wie mir zumute war. Und es war ihm augenscheinlich eine Qual, mich in dieser Umgebung zu sehen. Ich dachte an den guten Geheimrat Thalheim: Galten die Schwestern im allgemeinen als Freiwild?

Ein Entrinnen gab es nicht. Der ritterliche Beschützer wußte auch nicht, wie er mich befreien sollte. Bald darauf schlug jemand einen Spaziergang durch den nächtlichen Garten vor. Ich hielt es noch für sicherer, mit allen zusammen mitzugehen als allein in der Reitschule zurückzubleiben. Ich durfte mich ja in dem Zimmer, das ich mit andern teilte, nicht einschließen, solange sie draußen waren. Im Garten bildete man eine lange Reihe. Schwester *Elsbeth*, eine hübsche Brünette, faßte auch mich unter dem Arm und zog mich mit; ich mußte noch froh sein, daß ich so an einem sicheren Platz war und geführt wurde. Ich hatte bisher keine Zeit gefunden, im Garten spazieren zu gehen, und wäre allein jetzt im Dunkeln hilflos umhergeirrt. Plötzlich ging es in eine Tür hinein. Es war das

„Fausthaus". So nannte man die nette Villa, in der die Ärzte wohnten, weil die Helferin *Margareta* von Skoda dort mit untergebracht war. (Skoda war der österreichische „Krupp"). Ehe ich wußte, was geschah, standen wir im Zimmer des Arztes, der Nachtdienst hatte. Er lag im Bett und fuhr aus dem Schlaf auf, als die Gesellschaft hereinpolterte. Der Scherz schien ihm nicht schlecht zu gefallen. Er bemerkte auch bald das unbekannte Gesicht und fragte, wer ich sei. Man schob mich vor ihn hin und stellte mich vor. Ich machte einen Knix wie ein Schulkind — es schien mir noch am besten, das Ganze scherzhaft zu nehmen — und verschwand dann wieder hinter den andern. Da stand wieder der polnische *Ritter* neben mir. „Kommen Sie", sagte er, „ich führe Sie zurück". Wir gingen hinunter und schweigend zur Reitschule zurück. Die andern kamen bald hinterher. An der Haustür dankte ich meinem Begleiter und verabschiedete mich. Nun schnell in unser Schlafzimmer! Aber auch da erwartete mich eine unangenehme Überraschung: Dr. von *Malsburg* (ein verheirateter, älterer Mann) war bei uns eingedrungen und hatte „Budenzauber" veranstaltet. Er hatte die Stühle aufeinandergetürmt und ein schwarzes Tuch darüber gebreitet. Jetzt erklärte er, er wolle uns photographieren. Auch Schwester Elsbeth und ihr Stationsarzt Dr. *Aldor* hatten sich hierher zurückgezogen. Es blieb mir nichts übrig, als in Geduld abzuwarten, bis die Gesellschaft sich auflöste. Als endlich alle unliebsamen Gäste aus dem Zimmer waren, dauerte es noch eine ganze Weile, bis Schwester Sophie und Marga sich einfanden. Jetzt erst konnte ich endgültig die Tür schließen und beruhigt zu Bett gehen. Es war mir nichts geschehen, niemand war mir auch nur mit einem Wort zu nahe getreten. Aber der Ekel zitterte noch in mir nach und die Empörung, daß sich so etwas unter einem Dach mit den Schwerkranken abspielte. Es bestand nicht einmal die Möglichkeit, in einen der Krankensäle zu flüchten. Wir sollten sie außerhalb unserer Dienstzeit nicht betreten.

Am nächsten Tag wurden alle beteiligten Schwestern (nur die Berufsschwestern, nicht die Helferinnen) zu Schwester Oberin gerufen. Sie bekamen wohl eine strenge Zurechtweisung. Ich war besorgt, was Schwester Margarete von mir denken mochte. Sie hatte mich ja bisher nur die wenigen Minuten am ersten Tage gesprochen. Da ich wußte, daß Grete Bauer öfters zu ihr kam, bat ich sie, ihr zu sagen, wie peinlich mir die Verwicklung in diese Angelegenheit sei. Es kam eine sehr freundliche Antwort: Schwester Oberin ließ mir sagen, es tue ihr herzlich leid, daß ich gleich anfangs einen so schlechten Eindruck bekommen hätte.

2.

Einige Wochen später besuchte uns der polnische Ritter noch einmal von seiner neuen Stellung aus. Er kam, während ich mit Dr. Pick Visite machte. Über das Krankenbett hinweg fragte er: „Wie hat sich die Schwester eingelebt?" Dr. Pick antwortete für mich. Lachend sagte er: „Schwester Edith ist gern bei uns. Nur der eine Abend hat ihr nicht gefallen". Das war richtig. Ich hatte die Arbeit auf der Typhusstation liebgewonnen. Die Ärzte konnten dieser Krankheit gegenüber wenig tun, aber von der sorgfältigen Pflege der Schwester hing viel ab. Wir waren stolz darauf, daß wir wenig Todesfälle hatten. Aber manchmal mußte man einen harten Kampf durchfechten, um dem Tod sein Opfer zu entreißen. Die schwere Infektion, besonders wenn noch Lungenentzündung hinzu kam, griff oft das Herz so an, daß es zu versagen drohte. Die ersten Male, als ich einen solchen Kollaps mitansah, dachte ich bestimmt, daß es nun zu Ende gehe. Die Leute sahen ja ganz wie Sterbende aus. Aber bald wußte ich, daß man auch dann nicht die Hoffnung aufzugeben brauchte. Eine Kampferspritze — und das Herz fing wieder an zu arbeiten. Bei großer Gefahr mußten wir jede Stunde eine Spritze geben. Weil die Überanstrengung oft dauernde Herzschäden zurückließ, mußten wir auf die Entfieberten sehr aufpassen, damit sie nicht vorzeitig aufstanden und herumgingen. Noch sorgfältiger mußte man darüber wachen, daß die Kranken nicht dem Nachbarn ein Stück hartes Brot stahlen. So lange das Fieber anhielt, durften sie ja gar keine feste Nahrung zu sich nehmen, weil ein harter Bissen die entzündete Darmschleimhaut durchstoßen, in die Bauchhöhle geraten und Bauchfellentzündung hervorrufen konnte. Wochenlang kam für sie aus der Küche „II. Form", d.h. hauptsächlich Schleimsuppe. Das war natürlich wenig verlockend. Mehr Glück hatte das Getränk, das wir ihnen geben durften: Rotwein, mit Zuckerwasser verdünnt. Jeden Morgen brachten die

Küchenmädchen einen großen Kessel voll auf die Station. In sehr schweren Fällen, wo alles andere verweigert wurde, halfen wir über die schlimmsten Tage hinweg, indem wir löffelweise Ei mit Cognac einflößten. Und wo auch das nicht mehr genommen wurde, da mußte die künstliche Ernährung einsetzen. Auf die völlige Appetitlosigkeit folgte nach der Entfieberung bei Menschen, die von Natur aus gesund und kräftig waren, ein wütender Heißhunger. Die „III. Form" war auch noch recht reizlos: Kartoffelbrei oder „Kukuruz" (Maisgries). Am beliebtesten war die IV. Form, ein normales, nicht zu derbes Mittagessen mit einem guten Stück Kalbfleisch. Das Aufrücken zur V. Form war den meisten wenig willkommen; denn das war die derbe Mannschaftskost der Gesunden: reichlich und kräftig, aber etwas eintönig. Die deutschen Soldaten entbehrten besonders Kartoffeln und Gemüse. Die süßen Mehlspeisen hatten sie bald über. Wenn die Leute so weit waren, daß man ihnen unbedenklich geben konnte, soviel sie verlangten, dann war es eine Freude, wie sie aufblühten. Allerdings mußten wir sie dann bald abgeben: entweder an eine der Baracken oder gleich auf die Abtransportstation. Von da ging es nach wenigen Tagen zum „Kader" (= cadre, Ersatzbataillon).

Mit den Schwestern kam ich gut aus. Sie waren tüchtig und eifrig in ihrem Dienst, wenn es auch den Eindruck machte, daß sie dabei mehr von Ehrgeiz als von Menschenliebe bestimmt waren. Es schien, daß sie mich gern mochten. Ich war ja froh über jede Arbeit, die man mir anvertraute, sprang auch gern für die andern ein, wenn sie etwas vorhatten. Es war feste Einrichtung, daß wir vier abwechselnd zwischen Mittagessen und Kaffee — eine Zeit, in der gewöhnlich nicht viel zu tun war, Freiheit hatten. Ich legte keinen Wert darauf, denn ich war ja gekommen, um zu arbeiten, nicht um spazieren zu gehen oder zu schlafen. Aber im allgemeinen hielt Schwester Loni darauf, daß auch ich meine Erholungszeit bekam. Allmählich merkte ich auch, daß man sie brauchte: Briefe zu schreiben, seine Sachen in Ordnung zu halten, kleine Besorgungen in der Stadt zu machen u.s.w. Wenn ich aber gewahr wurde, daß Steffi Kopfweh hatte — das kam häufig vor — dann erbat ich mir Erlaubnis, sie zu Bett zu schicken und an ihrer Stelle Dienst zu tun. Sie machte nicht viel Worte, aber sie war dankbar, daß sich jemand freundlich um sie annahm. Sie war ja eine heimatlose Vertriebene.

Als ich während des großen deutschen Vormarsches in Galizien öfters freudestrahlend mit einer Siegesbotschaft in den Krankensaal kam, sagte sie in ihrem etwas hart klingenden Deutsch: O Schwester Edith, Sie bringen immer so gute Nachrichten". Einmal konnte ich auch melden, daß ihre Heimatstadt Tarnow von den Russen befreit sei. Weniger Widerhall fanden meine Freudenbotschaften bei den Soldaten. Sie schüttelten ungläubig den Kopf. Sie hatten die Niederlagen und das dauernde Zurückweichen miterlebt und konnten an den Umschwung nicht glauben. Ich war ganz empört darüber.

Auch mit Dr. Pick war gut zu arbeiten. Er kam von der Prager Universitätsklinik, war Internist von Fach und wünschte in unserm Saal ebenso tadellose Ordnung wie in seiner Klinik. Er freute sich über mein medizinisches Interesse und hielt mir gern am Krankenbett belehrende Vorträge, wie es sein Chef bei der großen Visite tun mochte. Auch praktisch habe ich manches von ihm gelernt. Eine sehr angenehme Entdeckung war ihm, daß er sich mit mir, wie mit einem Kollegen, auf Lateinisch verständigen konnte. Freilich war es ein recht barbarisches Latein, das die Mediziner radebrechten.

Mit Schwester Loni verkehrte Dr. Pick in einem gutmütigen Neckton, schätzte sie aber wegen ihrer Sorgfalt. Zwischen Schwester Emma und ihm herrschte meist etwas Gewitterstimmung. Sie hatte eine heftige Zuneigung zu ihm gefaßt, die sich in Empfindlichkeit und Eifersucht äußerte. Die beiden Schwestern vertrugen sich leidlich. Dagegen bestand zu den andern Stationen ein törichtes Konkurrenzverhältnis. Es war manchmal nötig, sich ein Instrument oder Medikament von einer andern Station zu leihen. Wenn das bei uns vorkam, pflegte Dr. Pick zu mir zu sagen: „Schwester Edith, ich wäre Ihnen sehr dankbar, wenn Sie selbst darum gehen würden". (Er sprach nie im Befehlston, sondern immer höflich bittend). Das lag daran, daß ich selten mit leeren Händen zurückkam. Die Schwestern wunderten sich darüber und gewöhnten sich auch daran, mich zu schicken. Ich merkte sehr bald, warum sie bei solchen Gelegenheiten weniger Erfolg hatten als ich. Sie verlangten das, was sie brauchten, in herausforderndem Ton oder nahmen es heimlich weg und behielten es dann als eine für ihre Station eroberte Beute. Wenn man sich so benahm, wurde man natürlich überall als lästiger Eindringling betrachtet und abgewiesen. Da ich selbstverständlich bescheiden, wie es sich gehörte, um das Fehlende bat und versprach, das Geliehene nach der Benützung zurückzubringen, wurde mir kaum je etwas abgeschlagen.

Bei weitem am liebsten war mir der Verkehr mit den Patienten, wenn er auch manche Schwierigkeiten bot. Es waren ja in unserem Lazarett alle Nationen der österreichisch-ungarischen Monarchie vertreten: Deutsche, Tschechen, Slowaken, Slovenen, Polen, Ruthenen, Ungarn, Rumänen, Italiener. Auch Zigeuner waren nicht selten. Dazu kam noch manchmal ein Russe oder Türke. Zur Verständigung des Arztes mit den Kranken gab es ein Büchlein, das die notwendigsten täglichen Fragen und Antworten in neun Sprachen enthielt. Damit machte auch ich mich vertraut. Als ich einmal gerade auf dem Weg zu unserer kleinen Teeküche war, hörte ich Dr. Pick in ziemlicher Entfernung an einem Krankenbett zu Schwester Emma sagen: „Passen Sie auf, sie weiß es bestimmt!“ Dann rief er mir über den ganzen Saal hinweg zu: „Schwester Edith, was heißt „schwitzen“ auf Ungarisch?“. Ich rief ihm die fehlende Vokabel zurück, ohne mich aufzuhalten. Mit diesen paar Brocken und mit Zeichensprache half man sich durch. Es hätte wohl noch mehr Schwierigkeiten gemacht, wenn die Leute Bedürfnis nach Unterhaltung gehabt hätten. Aber die meisten waren ja in einem Zustand, in dem das gar nicht in Betracht kam. Ihre völlige Hilflosigkeit und Pflegebedürftigkeit machte mir die Arbeit besonders lieb. Sehr bald lernte man die Unterschiede der Nationen kennen. Wir hatten keinen einzigen Reichsdeutschen auf der Station. Später habe ich einige als Patienten gehabt. Wir deutschen Schwestern jubelten, wenn wir einen Landsmann bei einem Transport entdeckten. Hatten wir ihn aber ein paar Tage in unserm Krankenzimmer, dann wurden wir meist recht kleinlaut. Sie waren anspruchsvoll und kritisch, unsere Landsleute, und konnten einen ganzen Saal in Aufruhr bringen, wenn ihnen etwas nicht paßte. Die „wilden Völkerschaften“ waren demütig und dankbar. Sie taten mir so leid, die armen Slowaken und Ruthenen, die man aus ihren friedlichen Dörfern herausgerissen und ins Feld geschickt hatte. Was wußten sie von den Geschicken des Deutschen Reiches und der Habsburger-Monarchie? Nun lagen sie da und litten, ohne zu wissen wofür.

Die Ungarn, wegen ihrer Tapferkeit im Felde viel gerühmt und uns gegenüber ritterlich-liebenswürdig, waren die wehleidigsten Patienten. Wenn ein Neuangekommener beim ersten Verbandwechsel im Operationssaal laut jammerte, rief man ihm zu: „Nem sabot, Magyar!“ (Es ist nicht erlaubt, Magyar). Dann verstummte das Wehgeschrei für einige Augenblicke. Man hatte sich in der Nationalität nicht getäuscht. Die Tschechen, die wegen ihres „Verrates“ an der deutschen Sache so verhaßt waren, lernten wir als die geduldigsten Kranken und auch als die hilfsbereitesten kennen. Einmal mußte ich einen besinnungslosen Patienten von großem Körpergewicht auf ein anderes Bett hinüberlegen, um das seine sauber zu machen. Leute, die bei klarer Besinnung und nicht zu schwer waren, trug ich gewöhnlich allein auf das Nachbarbett. Das ging ganz gut, wenn man richtig anfaßte. Aber in diesem Fall war es nicht möglich. Da keine Schwester in der Nähe war, bat ich einen jungen Deutschböhmen, mir zu helfen. Es ging ihm schon gut, und er spazierte müßig im Saal herum. Er war immer freundlich wie ein Kind und mir sehr ergeben. „Schwester“, sagte er jetzt verlegen, „ich tät's gern Ihnen zu lieb. Aber ich kann nicht, ich ekle mich zuviel“. Da kam ein Tscheche freiwillig herbei. Er stand noch lange nicht so fest auf den Füßen wie der andere. „Es ist mir auch nicht leicht“, sagte er, „aber einem kranken Menschen muß man helfen“.

Ein Slovak, daheim ein wohlhabender Bauer, hatte einen großen Abszeß am Bein, weigerte sich aber trotz heftiger Schmerzen, ihn öffnen zu lassen, weil er sich vor dem Schneiden fürchtete. Der Arzt ärgerte sich so darüber, daß er gar nicht mehr an sein Bein gehen mochte. Da ging ich einmal während der Mittagsstunden zu ihm und redete ihm so lange zu — mit meinen paar Brocken Tschechisch und in Zeichensprache — bis er sich zur Inzision bereit erklärte. Vor der Visite stellte ich neben dem Bett alles Notwendige zurecht. Die Schwestern zuckten die Achseln; sie waren überzeugt, daß Dr. Pick sich weigern werde. Als er kam und wie gewöhnlich fragte, ob es etwas Besonderes gäbe, sagte ich ruhig, es sei eine Inzision zu machen. Er ging an die Arbeit, ohne ein Wort zu verlieren, und der gute Wessely war von seiner Qual befreit. („Wessely“ und „Sumtery“ - Fröhlich und Traurig - waren häufig vertretene Namen).

Manchmal kam ein Feldgeistlicher in Uniform in den Saal und ging durch die Reihen. Ich muß sagen, daß er wenig vertrauenerweckend aussah; ich habe auch nicht bemerkt, daß er sich längere Zeit bei jemanden aufgehalten hätte. Nie habe ich es erlebt, daß einem Kranken die hl. Kommunion gebracht oder die hl. Ölung gespendet wurde. Leider war ich so völlig unwissend in diesen Dingen, daß es mir gar nicht einfiel, danach zu fragen oder dafür zu sorgen.

Ein anderer Gast, der bisweilen kam, war der Oberleutnant, dem die Militärkanzlei unterstand. Er war immer überaus höflich und schärfte den Leuten ein, sie hätten den Schwestern zu gehorchen wie ihm selbst. Nötiger als bei den Patienten war das bei den Landsturmleuten, die wir zur Hilfe hatten. Anfangs war ich ganz entsetzt, daß man es Soldaten zumutete, die allerniedrigsten und schmutzigsten Dienste zu tun. Sie lehnten sich nicht offen dagegen auf. Aber die Polen und Tschechen unter ihnen übten passiven Widerstand, indem sie sich stellten, als ob sie die deutschen Befehle nicht verstehen. Wenn man seinen Saal gekehrt haben wollte, mußte man so einen Mann bei den Schultern packen und ihm einen Besen in die Hand drücken. Dann bequemte er sich wohl, die Arbeit anzufangen. Aber wenn man den Rücken drehte, mußte man darauf gefaßt sein, daß der Besen bald wieder in der Ecke stand. Wir hätten die faulen Leute dem Oberleutnant anzeigen sollen. Aber die Österreicher hatten so abscheuliche Strafen — Anbinden oder gar Prügel. Dem wollte man doch niemanden aussetzen.

Ich verkehrte mit allen Schwestern in freundlichem und kameradschaftlichem Ton, hielt mich aber doch in angemessener Entfernung von ihnen. Dazu rieten mir die Erfahrungen jenes „Festabends" und manches, was ich später noch beobachten mußte. So war ich innerlich recht einsam. Ein Trost war es, zu wissen, daß Grete Bauer da war: sie stammte doch aus denselben Kreisen wie ich und war in derselben Gesinnung hergekommen. Ich glaube, es war am ersten Sonntagmorgen, daß ich zum erstenmal mit ihr und Schwester Alwine einen kleinen Spaziergang machte. „Zum heiligen Antonius", schlug Alwine vor. Am Abhang eines Hügels, etwas unterhalb der Höhe, hatte der Heilige seinen Platz. Wir setzten uns zu seinen Füßen und hatten einen weiten Ausblick in die anmutige Landschaft. Durch Weißkirchen schlängelte sich die Beezwa, ein hübsches Gebirgsflüßchen. An beiden Ufern zogen sich Hügelketten hin — die Ausläufer der Beskiden. Auf einem langgestreckten Rücken sah man in der Ferne eine alte Ruine, die Burg Helfenstein. Es war ein überaus fruchtbarer Landstrich, in dem wir uns befanden: die „mährische Hanna", ein wahres Gartenland. Noch in ziemlicher

Höhe dehnten sich die üppigen Weizenfelder, und in den tief eingerissenen Talschluchten waren Wiesengründe mit einem Blumenreichtum, wie ich ihn kaum je anderswo gefunden habe. Dort holten wir uns manchmal früh, noch ehe der Dienst begann, den Blumenschmuck für unsere Krankensäle. Die Schwestern wetteiferten darin, es auf ihren Stationen möglichst freundlich und nett zu haben.

Grete Bauer und Alwine bewohnten mit zwei andern Schwestern zusammen ein Zimmer in der Oberrealschule. Dieses Kleeblatt hielt fest zusammen und blieb dem Treiben der andern Schwestern fern. Es war der Schwester Oberin treu ergeben, sie nannte es ihre „kleine Gemeinde". Manchmal wurde ich abends nach dem Dienst dort eingeladen. Schwester *Klara* war eine tüchtige Krankenschwester, schon in mittleren Jahren, groß, eckig und häßlich, mit tiefer Stimme und männlichem Gebaren, aber herzensgut und von erquickendem Humor. Ihre Helferin Lotte *Neumeister*, ein großes blondes Mädchen, Tochter eines Breslauer Arztes, hing mit eifersüchtiger Liebe an ihr. Manchmal nahm an diesen Abenden auch Schwester Margarete teil, aber oft gestatteten ihr die Oberinnenpflichten die kleine Entspannung nicht. Dem Geschmack von Schwester Klara entsprach es, daß man Kommersbräuche beobachtete. Sie hatte sogar Couleurmützen und Schläger zur Verfügung. Den „Stoff" bildete starker Kaffee, den man im Zimmer braute. Dazu gab es Zigaretten und süße Kuchen. Die holte man während der Mittags-Freizeit in einer kleinen Konditorei am Markt. Es gab vorzügliche Sachen, denn die Österreicher sind Leckermäuler. In der Konditorei traf man gewöhnlich ein paar Offiziere in ihren eleganten, kleidsamen Uniformen. Sie tranken stehend ein paar Gläschen Likör und verspeisten dazu süße Törtchen — ein erstaunlicher Anblick, wenn man deutsche Begriffe von „Heldentum" in sich trug. An starken Kaffee und Zigaretten habe auch ich mich bald gewöhnt. Die Nerven verlangten wohl nach etwas Aufpeitschung, wenn man aus den Krankensälen kam.

Als ich zwei Wochen auf der Typhusstation war, bekam ich Nachtdienst. Wir hielten ihn abwechselnd in unserm Saal. Dann kam man 14 Tage lang nur nachts auf die Station — von abends 7 bis früh um 7 — und hatte den Tag zum Ausruhen. Um 9 Uhr früh gab es für die Nachtwachen Mittagessen, dann sollten sie bis etwa 6 Uhr abends schlafen, um ½7 ihr Nachtessen nehmen und dann auf die Station gehen. Für die Nacht bekamen sie ein Kännchen Kaffee, ein dickes doppeltes Butterbrot und ein Ei mit. Es gab für sie einen eigenen Schlafsaal; in den siedelte auch ich jetzt über. Wenn man gute Freundinnen hatte, die einem für das Mittagessen sorgten, konnte man es sich zur gewöhnlichen Stunde holen und ans Bett bringen lassen. Dann brauchte man nicht schon um 9 Uhr zur Stelle sein, sondern konnte etwas länger im Freien bleiben. Denn nach Licht, Luft und Sonne hatte man noch mehr Verlangen als nach Schlaf.

Als ich am ersten Abend mit meinem Kaffeekännchen zur Reitschule ging, begegnete mir Dr. Pick mit einem Kollegen. Er wünschte mir Glück für die Nacht und sagte zu dem andern: „Seit zwei Wochen ist sie da und übernimmt schon die Verantwortung für 60 Typhuspatienten“. Es erwartete mich aber noch mehr. Die Oberschwester ließ mich rufen und fragte mich, ob ich Spritzen geben könne. Ich hatte es gelernt, wenn auch noch nicht oft getan. Sie bat mich, auf den II. Saal etwas mit achtzugeben; die Polin, die dort Nachtdienst hätte (der kleine Korporal!), verstünde sich nicht auf Spritzen. Auch in den III. Saal sollte ich manchmal sehen, denn dort sei nur eine Wärterin. Schließlich übergab sie mir noch das kleine Absonderungszimmer: dorthin war ein Patient aus unserm Saal verlegt worden, weil bei ihm Diphterie festgestellt war. Es war ein Zigeuner, der uns schon viel Sorge gemacht hatte, weil er jede Nahrungsaufnahme verweigerte. Er war erschreckend abgemagert, und sein braunes Gesicht war erdfahl geworden. Die Diphterie hat ihm den Rest gegeben. Er starb aber nicht während meiner Nachtwache. Dagegen holte mich die kleine Polin voller Angst gleich in der ersten Nacht zu einem Sterbenden. Der Arme konnte sich ihr in seiner Todesnot nicht einmal verständlich machen: es war ein Deutscher, und sie verstand kein Deutsch. Ich schickte sie schnell um den Arzt, der bei uns Nachtdienst hatte, und richtete indessen eine Spritze. Der Arzt kam bald, aber es war nichts mehr zu helfen. Er konnte nur noch den Tod abwarten und feststellen.

Das war das erstemal, daß ich jemanden sterben sah. Den zweiten Todesfall hatte ich in unserm Saal: als ich nach einigen Tagen Nachtdienst abends auf die Station kam, empfingen mich die Schwestern mit der Nachricht, daß ein Sterbender eingeliefert worden sei; sie hätten ihn mir noch für die Nacht aufgespart. Ich bekam die Weisung, ihm jede Stunde eine Kampferspritze zu geben. Mehrere Nächte fristete ich so das Lebensfünkchen bis zum nächsten Morgen. Es war ein großer, kräftiger Mann; er lag immer völlig regungslos und ohne Bewußtsein da. So war er schon angekommen. Niemand von uns hat ihn einmal die Augen öffnen sehen oder ein Wort sagen hören. In der letzten Nacht hatte ich ihm auch noch einige Spritzen gegeben. Dazwischen horchte ich von meinem Platz aus auf den Atem — auf einmal setzte er aus. Ich ging zu dem Bett hin: das Herz schlug nicht mehr. Nun mußte ich tun, was uns für solche Fälle vorgeschrieben war: die wenigen Gegenstände, die sich aus seinem Privatbesitz bei ihm fanden, zusammennehmen, um sie in der Militärkanzlei abzugeben (die meisten Sachen wurden den Leuten gleich bei der Ankunft abgenommen und bis zur Entlassung aufbewahrt); den Arzt rufen und mir einen Totenschein ausstellen lassen; mit dem Schein zur Torwache gehen und Männer bestellen, die den Toten auf einer Tragbahre abholten; schließlich alles Bettzeug entfernen. Als ich die paar Habseligkeiten ordnete, fiel mir aus dem Notizbuch des Verstorbenen ein Zettelchen entgegen: es stand ein Gebet um Erhaltung seines Lebens darauf, das ihm seine Frau mitgegeben hatte. Das ging mir durch und durch. Ich empfand jetzt erst, was dieser Todesfall menschlich zu bedeuten hatte. Aber ich durfte mich nicht dabei aufhalten. Ich raffte mich auf, um den Arzt zu holen. Ich mußte ins Zimmer hineingehen, um ihn zu wecken. Das Bett stand hinter einer Spanischen Wand. Dahinter kleidete er sich an und kam dann hervor. Es war Dr. *Andersmann*, ein junger Pole von der chirurgischen Station. Er sah mich an und sagte mitleidig: „Schwester, setzen Sie sich doch, Sie sehen ja ganz bleich und erschöpft aus". Er stellte den Totenschein gleich nach meinen Angaben aus und ging dann erst mit mir, um den Tod festzustellen. Dann blieb ich wieder allein und erledigte die weiteren Geschäfte. Ganz unheimlich wirkte es, als die Träger den Toten so bei Nacht abholten. Ich wünschte nur, daß keiner von den Kranken es bemerken möchte; es mußte doch einen schrecklichen Eindruck auf sie machen. Am Morgen konnte ich feststellen, daß tatsächlich niemand etwas gesehen hatte. Selbst die Nachbarn waren erstaunt über das leere Bett.

Wenn ich abends in den Saal kam, machte ich zuerst einen Rundgang. In der Teeküche fand ich gewöhnlich die Ungarn, denen es schon gut ging, zusammen. Sie begrüßten mich freudig und lachten, wenn ich sagte: „Da ist wohl der ungarische Klub wieder versammelt?" Der Anziehungspunkt, der sie dort hinlockte, war der große Topf mit der Rotweinlimonade. Der „deutsche Klub" tagte am Bett jenes jungen Deutschböhmen, der damals noch nicht aufstehen konnte. Man erzählte sich Stückchen aus dem Feld und schimpfte über die politischen Zustände. „Nach dem Krieg laß ich mich in Deutschland einschreiben", sagte der junge Bursche. Er war nicht weit von der bayrischen Grenze daheim.

Ich ging durch die Reihen und überzeugte mich, wie es um die Schwerkranken stand. Wenn die Schlafenszeit für die Leute kam und nichts Besonderes zu tun war, setzte ich mich an das kleine Verschreibtischchen, schrieb Briefe oder las. Ich hatte nur zwei Bücher nach Weißkirchen mitgebracht: Husserls „Ideen" und den Homer.

Dicht hinter mir in der ersten Reihe lag ein Tscheche, ein Mann in mittleren Jahren, klein und schwächlich. Seine Füße waren so erfroren, daß einige Zehen wie verkohlt aussahen und abgenommen werden mußten. Er schlief fast nie und hatte fast die ganze Nacht seine Pfeife im Mund. Ich ließ es ruhig zu, obgleich es den Leuten verboten war, im Bett zu rauchen. Ich mochte ihm diesen Trost nicht nehmen.

Auch Mario lag meist schlaflos, mit großen glänzenden Augen da. Einmal winkte er mir und gab durch Zeichen zu verstehen, daß er mir gern einen Brief diktieren würde. Wahrscheinlich hatte er beobachtet, daß ich manchmal schrieb. Ich holte Papier und Feder und kniete neben seinem Bett nieder. Nun formte er die Worte mit den Lippen — er konnte nicht einmal flüstern — ich sah ihm mit gespannter Aufmerksamkeit auf den Mund, las jedes Wort ab, schrieb es auf und zeigte ihm jeden Satz, den ich fertig hatte, zur Nachprüfung. So brachten wir einen ganz guten italienischen Brief an seine Schwestern zustande. Es war sicher die erste Nachricht, die man seit seiner Krankheit daheim bekam. Nicht lange danach berichtete ihm Dr. Pick bei der Visite, daß seine Schwestern geschrieben hätten. Die viele Mühe, die wir uns mit Mario gegeben hatten, wurde reichlich belohnt. Nach einer Reihe von Wochen wich die hartnäckige Krankheit, er bekam seine Stimme wieder — sogar eine recht kräftige Stimme — und konnte mit Appetit essen, schließlich auch aufstehen. Als er so weit war, wurde er in eine Baracke verlegt, zusammen mit seinem Freund, einem andern jungen Kaufmann aus Triest. Bei diesem war die Krankheit von Anfang an nur leicht aufgetreten. Er war Sanitäter, ein sehr freundlicher und gutmütiger Mensch; er hatte sich gern nützlich gemacht, indem er gewaschene Mullbinden kunstgerecht wickelte und andere kleine Dienste für uns verrichtete. Die beiden jungen Burschen besuchten uns öfters von ihrer Baracke, sie wurden zusehends kräftiger, und der romantische Mario entpuppte sich schließlich als ein rechter Lausbub.

Einige Nächte machte mir ein schwer delirierender Patient viel zu schaffen. Er war auch schon ohne klares Bewußtsein eingeliefert worden, schien zwar gutherzig zu sein, aber von Angstbildern geplagt. Wenn ich zu ihm kam, klammerte er sich an meinen weißen Mantel und rief: „Schwester, helfen Sie mir, helfen Sie mir!" In einer Nacht wollte er beständig davonlaufen. Es blieb mir nichts übrig als ihn festzubinden. Ich spannte ein Leintuch über das ganze Bett und knüpfte die Zipfel an den Bettpfosten fest. Der unruhige Kranke guckte nur noch mit dem Kopf heraus, war aber sonst gefangen. Allerdings, wenn er eine Zeit lang gearbeitet hatte — es war ein starker Mann — dann lockerten sich die Knoten, und ich mußte die Arbeit von neuem beginnen. Dabei überraschte mich einmal der Arzt, der in dieser Nacht Dienst hatte und nachsehen wollte, was auf der Station los sei. Es war ein friedlicher Landarzt, der wohl noch nie einen Typhusfall gesehen hatte. Er entsetzte sich, daß ich allein im Saal und bei diesem schwer zu bändigenden Kranken sei. Als er sah, daß ich das Bett sauber machte, rief er erschrocken: „Schwester, Sie werden sich anstecken!“ Ich wies lächelnd auf unsere Sublimatschüssel hin. Um dem Kranken und mir Ruhe zu schaffen, gab er ihm schließlich eine Morphiumspritze. Die Wirkung war aber nicht ganz die erwünschte. Der Mann lag allerdings jetzt friedlich da, aber er fing an, laut zu singen, und weckte mir damit die andern auf. Sie sagten am nächsten Morgen, es sei so gemütlich gewesen, wie die Schwester am Bett saß und Wiegenlieder gesungen wurden.

Anfangs widerstand es mir sehr, auf der Station zu essen. Ich gewöhnte mich aber daran, denn man blieb ja doch frischer, wenn man etwas in der Nacht zu sich nahm.

Gegen Morgen gab es noch eine Arbeit, die mir sehr schwer wurde:

die Nachtschwester mußte bei allen die Temperatur messen und den Puls zählen (das geschah dreimal täglich, bei Gefährdeten noch öfter), und das mußte vor dem Frühstück erledigt sein. Etwa um ½7 Uhr brachten die Küchenmädchen den Kaffee für die Leute, und damit sollten sie fertig sein, wenn die Tagesschwestern kamen. Denn dann ging es sofort ans Bettmachen, damit zur Visite der Saal in schönster Ordnung sei. Es tat mir so leid, die armen Burschen aus dem Morgenschlaf zu wecken. Ich faßte sie so behutsam wie möglich an; aber wenn der kalte Fiebermesser in die Achselhöhle kam, wachten doch die meisten auf. Freilich dösten viele wieder ein und ließen den Fiebermesser herausgleiten; dann mußte man wiederholt einlegen, und häufig fand man auch einen zerdrückt vor.

Der Nachtdienst war mir besonders lieb, weil man dabei nur mit den Kranken zu tun hatte, nicht mit andern Schwestern und sonstigem Personal. Auf einer chirurgischen Station, auf der ich später arbeitete, war als Helferin eine Wiener Bildhauerin, die nur Nachtdienst tat, um sich ungehindert durch unliebsame Zusammenstöße den Verwundeten widmen zu können. Ich hielt mich an die gewöhnliche Ordnung und begnügte mich mit meinen zwei Wochen.

Natürlich atmete man auf, wenn man morgens den Saal mit der verbrauchten Luft von 60 Kranken verlassen durfte. Mein erster Weg war dann immer ins Badezimmer der Station. Nach diesem Morgenbad fühlte ich mich einigermaßen von den Bazillen gereinigt. Dann verließ ich die Reitschule, nahm schnell im großen Speisesaal mein Frühstück und eilte ins Freie. Gewöhnlich fand sich eine Gefährtin zu einem kleineren oder größeren Spaziergang.

Einmal, als ich im Nachtwachezimmer von meinem Tagesschlaf erwachte, fand ich auf meinem Bett Briefe und Päckchen von daheim. Suse *Mugdan* war angekommen und hatte mir diese Grüße leise hingelegt, ohne mich zu wecken. Wie froh war ich, als ich sie dann begrüßen konnte! Wir hatten uns nur ein einziges Mal in Breslau gesprochen und waren beide zurückhaltend, sodaß wir uns anderswo sicherlich nicht sehr schnell nahegekommen wären. Aber hier waren wir bald miteinander vertraut. O was war es für eine Wohltat, zu wissen, daß ein Mensch von solcher Herzensreinheit, von so lauterer Gesinnung, so zartem und tiefem Gefühl im Haus war! Auch für sie bedeutete es eine große Stütze, daß sie mich vorfand. Sie hätte sich allein wohl noch schwerer zurechtgefunden als ich. Suse war ein Pechvogel. Richard *Courant*, der sie sehr gut kannte und gern hatte, sagte, es sei ausgeschlossen, daß bei Suse Mugdan etwas ohne alle nur erdenklichen Schwierigkeiten vor sich ginge. Das zeigte sich auch jetzt. Es war ein großes Opfer, daß sie ihr spät begonnenes Studium nach wenigen Semestern wieder unterbrach; ihre Angehörigen waren keineswegs damit einverstanden. Sie tat es rein aus vaterländischem Pflichtsgefühl und erwartete natürlich, jetzt ihre Kraft voll einsetzen zu können. Statt dessen kam sie auf eine damals wenig belegte Station in der Oberrealschule — zu Schwester *Susi*; die Helferin wurde zum Unterschied „Schwester Susanne" genannt — und mußte das zunächst völlig leere Offizierszimmer betreuen. Als es endlich einen Bewohner erhielt, war es ein gonorrhoekranker Aptheker. Suse besorgte mit der größten Gewissenhaftigkeit erst die Möbel und Blumen des Offizierszimmers und später den jungen Mann mit der peinlichen Krankheit; (er brauchte keine eigentliche Pflege von seiten der Schwester; man mußte ihm nur das Essen bringen und ihn etwas unterhalten und aufmuntern) ; aber es bedrückte sie doch, daß sie nicht vor größere Aufgaben gestellt wurde. Als später große Verwundetentransporte kamen, wurde es anders.

Große Sorge hatte Suse um ihren inniggeliebten Zwillingbruder Albrecht, der im Felde stand. Und dann gab es noch eine Belastung, an der sie immer schwer trug: Mugdans waren der Abstammung nach Juden, aber Frau Mugdan hatte nach dem Tode ihres Mannes alle ihre Kinder protestantisch taufen lassen: aus einer merkwürdig irregeleiteten mütterlichen Fürsorge, um ihnen ein besseres Fortkommen zu sichern. Ich habe sie später als eine gütige und wohltätige Frau kennen gelernt, die für sich selbst keineswegs auf den äußeren Vorteil bedacht war. Suse hat ihrer Mutter jene Maßnahme niemals gedankt. Ihrer reinen und aufrichtigen Seele widerstrebte ein Übertritt, der nicht aus innerster Überzeugung kam. Seit sie erwachsen war, hatte sie oft darüber nachgegrübelt, ob sie den Schritt nicht rückgängig machen sollte. Aber wie konnte sie zum Judentum zurückkehren, da es ihr ganz fremd war? Außerdem war sie in der Schule protestantisch erzogen, und wenn sie auch nicht positiv-gläubig war, so hatte sie doch eine gewisse christliche Prägung mitbekommen und es war ihr manches liebgeworden. Natürlich bekamen wir im Lazarett manchmal eine antisemitische

Äußerung zu hören. Suse beneidete mich förmlich darum, daß ich dann einfach mit dem Bekenntnis, ich sei Jüdin, hervortreten konnte. (Es weckte übrigens jedesmal großes Erstaunen, denn niemand hielt mich dafür). Wenn sie zu einer solchen Bemerkung schwieg, kam sie sich feige vor; und wenn sie etwas sagen wollte, mußte sie eine umständliche Erklärung abgeben, die befremdete und nicht verstanden wurde.

Über all diese Fragen sprachen wir in aller Aufrichtigkeit und Herzlichkeit miteinander. Wir nannten uns aber nicht „Du", solange wir in Weißkirchen waren. Die plumpe Vertraulichkeit, mit der die andern Schwestern sich gegenseitig duzten, ohne innerlich etwas miteinander gemeinsam zu haben, ließ uns das „Sie" als Zeichen gegenseitiger Achtung beibehalten. Es geschah ganz selbstverständlich; wir haben kein Wort darüber gewechselt.

Als ich einige Zeit in Weißenkirchen war, erkrankte Grete Bauer und mußte zur Behandlung nach Hause gehen. Die „kleine Gemeinde" bat mich, an ihre Stelle zu treten, damit man ihnen kein störendes Element ins Zimmer lege. Ich willigte mit großer Freude ein; ich hatte mich im Schwesternzimmer der großen Reitschule ja immer höchst unbehaglich gefühlt. In dem täglichen Zusammenleben mit den neuen Zimmergefährtinnen freundete ich mich besonders mit Schwester Alwine an.

Auf der Typhusstation nahmen indessen die schweren Fälle ab. Zweimal mußten wir noch dem Tod ein Opfer überlassen. Das eine war ein kleiner Kellner, ein gebrechlicher, lungenkranker Mensch. Er starb bei Tag und Dr. Pick und alle Schwestern standen an seinem Bett. Da rief mich ein anderer Kranker zu sich. „Schwester, wenn jetzt ich das wäre!" flüsterte er aufgeregt. Ich redete ihm gut zu, aber ich wußte, daß auch für ihn nicht mehr viel Hoffnung war. Es war ein 20jähriger Maurer mit einer schlimmen Rippenfellentzündung. Er hatte schon lange gar keinen Appetit mehr und nahm von seiner Krankenkost fast nichts mehr zu sich. Einmal fragte ich ihn, ob er denn auf gar nichts Lust habe. Da äußerte er den Wunsch nach einer Orange. Gott sei Dank — die waren in der Kantine zu haben. In jenen Tagen bekam ich auch ein Feldpostpaket mit Lindt-Schokolade. Ich bot ihm davon an, und es schmeckte ihm gut. Seitdem fütterte ich ihn mit Orangen und Schokolade. Das hatte ihn wohl zutraulich gemacht. Denn vorher war er meist mißmutig und schweigsam — kein Wunder bei seinem schlimmen Zustand. Ein paar Tage nach jenem Todesfall merkten wir, daß es auch mit ihm zu Ende gehe. Als ich hörte, daß es nachts im Hause unruhig wurde, wäre ich gern hinübergegangen, um dem Armen beizustehen. Aber das sollten wir ja nicht — es hatte jemand anders Nachtdienst. Er bat, daß man Dr. Pick zu ihm rufe. Der junge Arzt kam bereitwillig, obwohl er keinen Nachtdienst hatte. Er berichtete mir am nächsten Morgen noch ganz erschüttert: „O, Schwester Edith, wenn Sie das gesehen hätten!" Er machte mir vor, wie der junge Mensch den Kopf in beide Hände gelegt und gerufen hätte: „Nur nicht sterben, nur nicht sterben!" Die Leiche wurde geöffnet, um die Todesursache festzustellen. Wieder sagte Dr. Pick: „Wenn Sie das gesehen hätten!" In der Brusthöhle hatten sich dicke pleuristische Schwarten gebildet, die auf die Organe drückten. Kein Wunder, daß der Magen nichts mehr aufnehmen mochte!

Nach einiger Zeit wurde uns auch unser Arzt in ein anderes Lazarett weggeholt. Er nahm von uns allen herzlichen Abschied und schickte uns schöne Blumen für unseren Saal. Ehe er ging, übergab er sein kleines Reich seinem Freunde Dr. *Flusser*, der bisher schon den III. Saal hatte und nun den I. hinzunahm. „Ich mache dich besonders auf unser Stationstagebuch aufmerksam. Es ist tadellos in Ordnung, Schwester Edith hat es geführt". Er hatte es selbst angefangen, aber die Eintragungen oft vergessen. Darum war es ihm sehr willkommen, als ich es übernahm, die Krankengeschichten einzutragen.

Dr. Flusser kannte ich bisher nur vom Sehen und vom Hörensagen; danach hatte ich keinen günstigen Eindruck. Aber in der gemeinsamen Arbeit fand ich keinen Grund zur Klage. Er war gut gegen die Patienten und ließ sich auch uns gegenüber nichts zuschulden kommen.

3.

Indessen leerte sich die Typhusstation mehr und mehr. Die alten Patienten wurden geheilt entlassen, und es kamen kaum noch neue hinzu. Das war ja an sich sehr erfreulich. Ich schrieb es der Wirkung der Schutzimpfung zu, die nun wohl auch in Österreich allgemein durchgeführt war, während es anfangs daran offenbar sehr gefehlt hatte. Wir entließen von der Station keinen Soldaten zum Abtransport, ohne ihn noch einmal gegen Typhus, Cholera und Pocken geimpft zu haben. Nachdem ich Dr. Flusser ein paarmal dabei geholfen hatte, ließ er es mich gern auch selbst machen.

Für mich aber hatte die Entvölkerung unseres Saales zur Folge, daß ich nicht mehr genügend Arbeit hatte und mich unbefriedigt fühlte. Drei Monate hatte ich auf der Typhusstation gearbeitet. Eigentlich hatte ich nun Anrecht auf 15 Tage Urlaub. Man redete mir auch zu, mir jetzt eine Ausspannung zu gönnen. Aber ich fand, daß ich dafür noch nicht genug geleistet hätte. Ich hatte mir allerdings auch die Entwürfe zu meiner Doktorarbeit nachschicken lassen. Wahrscheinlich war es mein Bruder Arno, der sie mir brachte. Er hatte mich nämlich zu Pfingsten besucht. Er kam in seiner Sanitäteruniform und brachte vom Breslauer Roten Kreuz eine ganze Menge Liebesgaben für unsere Leute. Schwester Oberin stellte mir am Pfingstsonntag Wagen und Pferde des Lazaretts für einen Ausflug nach dem Helfenstein zur Verfügung. Und auch den Montag bekam ich frei, um Arno bis Olmütz zu begleiten und mit ihm diese schöne Stadt anzusehen.

So hatte ich einen dicken Stoß Manuskripte da und guckte auch manchmal hinein. Außerdem las ich öfters eine Stunde in meinem Homer. Aber dazu war ich ja nicht hergekommen. Ich beschloß, Schwester Oberin um Versetzung zu bitten. Wir luden sie für einen Abend in die kleine Gemeinde ein. Da konnte ich ihr ungestört meinen Wunsch vortragen. Sie war keinen Augenblick in Verlegenheit. „Gehen Sie zu Schwester *Anni* in den kleinen Operationssaal. Die barmt ja so über zuviel Arbeit!" Solche Weisungen wurden sofort ausgeführt. Schon am nächsten Tage nahm ich von der Typhusstation Abschied. Die Schwestern waren wohl ein bißchen verwundert, daß ich es nicht aushielt, ein paar gute Tage bei ihnen zu verbringen. Ich ging von einem Bett zum andern und reichte jedem meiner Schützlinge die Hand. Manche waren traurig. Ich kam zu einem baumlangen jungen Tschechen, der noch nicht lange da war. Er war mit hohem Fieber gekommen, wir hatten noch kaum ein Wort von ihm gehört oder ein Zeichen der Teilnahme wahrgenommen. Nur daß er hungrig war und sehr darauf aus, sich etwas Verbotenes zu verschaffen, hatten wir gemerkt. Ich erwartete kaum, daß er verstehen würde, was ich wollte, und war daher sehr erstaunt, als er sagte: „Systra briz — Ao nie dobre!“ (Die Schwester geht weg? Das ist nicht gut).

Der kleine Operationssaal befand sich in der Kavallerie-Kadettenanstalt. Man nannte uns daher die „Kavalleristen“. Schwester Anni war ein kleines weißblondes Persönchen, flink und beweglich, gutherzig und redselig. Ihr kleines Reich war der Operationssaal mit drei Operationstischen, Instrumentenschrank und Instrumentiertisch, der danebenliegende Sterilisierraum und ein kleines dunkles Vorzimmer nach dem Gang hin. Dort hockte, wenn nichts zu tun war, in einer finstern Ecke unser Landsturmmann Max und bewachte den Eingang wie ein bissiger Hund. Er unterschied sich von seinen Kameraden dadurch, daß er flink und geschickt und zu manchem zu gebrauchen war. Er drehte uns die schönsten Tupfer und fabrizierte aus kleinen Stäbchen und ein wenig Watte Jodpinsel. Wenn wir viel zu tun hatten und ihm während der Arbeit freundlich zuriefen: „Max, bitte, schnell dies oder das! Sie können das ja so gut“, dann flog er nur so hin und her und überbot sich selbst. Aber vor und nach solchen Glanzleistungen stärkte er sich gern durch reichlichen Alkohol, und wenn er in der Kantine nichts mehr kaufen konnte, dann ging er an unsere Vorräte. Wir mußten unsern 70% Spiritus sorgfältig verschlossen halten, wenn er nicht auf wunderbare Weise abnehmen sollte.

Jeden Morgen wurden die Schwerverwundeten von der angrenzenden chirurgischen Station bei uns verbunden. Bei der Visite wurde außerdem festgestellt, wer zu operieren sei. Zur bestimmten Zeit mußten wir dann alles bereit haben: steriles Verbandzeug, Instrumente u.s.w. Gewöhnlich reichte Schwester Anni die Instrumente zu; ich löste die Verbände, hielt die Patienten fest, wenn das nötig war, und legte am Schluß wieder den Deckverband an, damit die Ärzte nichts Unsteriles anzurühren brauchten.

Chef der Station war ein tschechischer Chirurg, ein älterer Herr, sehr tüchtig und gewissenhaft. Darum schätzte ich den „Pan Primarius“ hoch, obwohl er sehr wortkarg war und uns nicht mit Freundlichkeit verwöhnte. Sehr unangenehm waren mir zwei tschechische Assistenten: ein älterer, der offenbar wenig von Chirurgie und noch weniger von Asepsis verstand; und ein jüngerer, dem ich sichtlich ein Dorn im Auge war. Er vermied es nach Möglichkeit, sich von mir helfen zu lassen, und rief stattdessen unsere böhmische Wärterin herbei, ein dunkeläugiges Mädchen, das an seinen Blicken hing und auf seinen Wink flog. Einmal traf ich ihn in der Mittagsstunde im Garten. Wider Erwarten grüßte er freundlich und fragte, was für ein Buch ich da hätte. Ich reichte es ihm: es waren Husserls „Ideen". Ganz erstaunt rief er aus: „O, Sie sind philosophisch?" Seitdem war das Eis gebrochen. Es war ihm also die vermeintliche Fachkollegin unbehaglich gewesen. Er wußte nicht, daß auch die Philosophin den Ärzten scharf auf die Finger sah. Es kam vor, daß ich einen Patienten wiedererkannte, der auf den Tisch gelegt wurde. Wir hatten ihn erst einige Tage zuvor hier gehabt. Neulich hatte es sich um eine saubere Wunde gehandelt, und heute war am selben Bein ein großer Abszess zu öffnen — das ging doch nicht mit rechten Dingen zu! Wenn ich nachher allein war, sah ich in das Operationsbuch, in das die Namen der Patienten und alle Eingriffe eingetragen wurden. Ich hatte mich nicht getäuscht. Solche Entdeckungen regten mich sehr auf. War es nicht empörend, daß die Leute von dem Ort, wo sie geheilt werden sollten, den Keim zu neuen Leiden mitnahmen? Und man konnte kaum etwas dagegen tun. Es war ja nicht nachzuweisen, daß der Abszess durch eine Unsauberkeit des Operateurs entstanden war. Wir konnten nichts machen als selbst so gut wie möglich für Asepsis sorgen.

Ein einziger deutscher Arzt war bei uns tätig: Dr. *Scharf*, ein freundlicher Österreicher. Er arbeitete gut, und ich war immer froh, wenn ich ihm helfen durfte. Er sprach auch gern ein paar Worte mit mir, wenn die Arbeit erledigt war. Bald hatte er es heraus, was ich „in Zivil" sei. Ich hielt es durchaus nicht mehr geheim. Seit jenen Erfahrungen auf der Typhusstation hatte ich gemerkt, daß es wie ein Schutzwall war. Wenn ein Arzt mich dem andern als „Schwester Edith, in Zivil Philosophin" vorstellte, war ich von vornherein vor Zudringlichkeiten sicher. Dr. Scharf erkundigte sich, warum ich denn meine wissenschaftlichen Arbeiten unterbrochen hätte und hierhergekommen sei. (Darüber schienen sich alle zu wundern). Ich erklärte ihm, meine Studiengefährten seien alle im Feld und ich sähe nicht ein, warum ich es besser haben sollte als sie. Das schien ihm Eindruck zu machen. Wenn ich ihm aber vorschlug, sich für den Frontdienst zu melden und dann auch mir Beschäftigung in einem Feldlazarett zu verschaffen, so konnte er sich dafür nicht begeistern. Trotzdem wurden mir diese kleinen Unterhaltungen lieb. Ich begann auf den täglichen Besuch zu warten und war betrübt, wenn er ausblieb.

Zu meinem Bedauern nahm auch im kleinen Operationssaal die Arbeit bald ab. Das hatte einen bestimmten Grund. Als ich noch auf der Typhusstation war, brach eines Tages in der benachbarten kleinen Reitschule ein großer Brand aus. Wir fürchteten schon, daß die Flammen zu uns herüberschlagen würden und daß wir unsere Kranken hinaustragen müßten. Aber der Wind ging in anderer Richtung. Die kleine Reitschule war zum Glück Abtransport-Station: die Leute waren alle gesund und konnten sich selbst in Sicherheit bringen, es war kein Menschenleben zu beklagen. Von dem Gebäude aber blieben nur die Außenmauern stehen. Die hohen Spiegel, in denen einst die Kavallerie-Kadetten ihre Haltung zu Pferd geprüft hatten, waren zersprungen, Dach und Innenwände eingestürzt, der Fußboden hoch mit Schutt und Trümmern bedeckt, als der Brand endlich gelöscht war. Außerdem war der anstoßende Flügel der Kadettenanstalt mit ergriffen worden. Das war die chirurgische Station, die zu unserm Operationssaal gehörte. Mehrere Zimmer mußten geräumt werden, und so kamen weniger Patienten als sonst zum täglichen Verbandwechsel. Eines Morgens begegnete mir Schwester Alwine im Gang und rief mir zu, es sei ein Transport von 1000 Verwundeten gemeldet. Sie erfuhr das immer zuerst, weil sie das Bad unter sich hatte; dorthin wurden alle Ankömmlinge sofort gebracht. Und vom Bad kamen sie in den Operationssaal zum Verbinden. Ich tat einen Luftsprung vor Freude, daß wir Arbeit bekamen. Schwester Anni und ich setzten sofort unseren Sterilisierapparat in Bewegung und machten uns schlachtbereit. Um 10 Uhr kamen die ersten Verwundeten; von da ab arbeiteten wir mit einer späten und sehr kurzen Mittagspause durch bis gegen 10 Uhr abends, wenn ich mich recht erinnere. Außer den Ärzten, dic täglich bei uns arbeiteten, kamen noch mehrere aus den Baracken zu Hilfe, die in Chirurgie gänzlich ungeübt waren. Schwester Anni sollte mit beim Verbinden helfen. Mir wurde das Instrumententischchen anvertraut; ich mußte allen zureichen, was sie brauchten. Es war keine kleine Aufgabe, für so viele Leute immer das Rechte bereitzuhalten. Ich durfte gar nicht abwarten, bis etwas verlangt wurde, sondern mußte beständig herumschauen, was für Wunden es gab, um für jede das Nötige vorzubereiten. Eine junge Ärztin, die noch gar nichts verstand, stellte sich in meine Nähe, um sich von mir die nötigen Weisungen geben zu lassen. Ich hatte in den Wochen, seit ich im Operationssaal arbeitete, die einfachen Mittel der Kriegschirurgie schon genügend kennengelernt. Der Landsturmmann Max und die Wärterin Helene waren meine Hilfstruppen: wenn meine Vorräte an Tupfern, Pinseln, Jod, Wasserstoff, u.s.w. auszugehen drohten, dann rief ich ihnen ein bittendes Wort zu, und sie sorgten diensteifrig für Ersatz. Offenbar verdoppelte die Aufgabe unsere Kräfte, und ich fühlte mich bei dieser Höchstanspannung so wohl, daß der Tag mir immer als der schönste aus meinem ganzen Lazarettleben in Erinnerung geblieben ist. Als einmal eine kleine Pause eintrat, zündeten sich die Ärzte eine Zigarette an und plauderten ein wenig. Ich hörte, wie einer der fremden fragte, was denn das für eine unermüdliche Schwester am Instrumententisch sei. Dr. Scharf erzählte bereitwillig, was er von mir wußte, und ich mußte im stillen lächeln, wie er wortgetreu wiederholte, was er mir abgefragt hatte.

An diesem Tage änderte sich der Charakter des Lazaretts: es waren nun weit mehr Verwundete als Seuchenkranke da. Die meisten Baracken wurden mit Leichtverwundeten belegt. Die schwersten Fälle kamen auf die I. Chirurgische Station im Offiziersgebäude. Dort war auch der Große Operationssaal, wo sie täglich, oder so oft es nötig war, verbunden werden sollten. An den Tagen, an denen bei uns wenig zu tun war, gingen Schwester Anni und ich nun — auf Tageslohn, wie wir sagten — in den Großen Operationssaal zum Helfen. Da gab es immer alle Hände voll Arbeit, viele Ärzte waren am Operieren oder Verbinden und begrüßten uns freudig, wenn wir kamen. Als ich einmal gerade mit Dr. Andermann einen Verband anlegte, wurde ich zu Schwester Oberin ans Telephon gerufen. Im Saal horchte man auf. „Die Ober-Margarete? Was wird es denn da geben?“ Offenbar war man immer auf einen „Rüffel“ gefaßt, wenn man dorthin zitiert wurde. Aber ich geriet nicht aus der Fassung. Ich wußte ja, daß ich von Schwester Oberin keine Vorwürfe zu befürchten hatte. Sie bat mich, auf die I. Chirurgische Station zu Schwester *Margarete* (eine Namensschwester der Oberin, nicht mit ihr selbst zu verwechseln!) zu gehen und dort für ein paar Stunden auszuhelfen. So lernte ich zum erstenmal die

Station kennen, die später die letzte während meiner Lazarettzeit sein sollte. Ehe ich aber dorthin kam, machte ich noch einige andere Erfahrungen.

Nicht lange nach jenem großen Transport wurde wieder einer gemeldet. Wir bekamen sie jetzt nicht mehr aus den Karpathen, sondern aus der Gegend von Warschau. Es war die Zeit des großen Vormarschs in Polen. Die Meldung kam ganz früh am Morgen, ehe wir noch aufgestanden waren. Alwine mußte sich schleunigst ankleiden und von Schwester Oberin den Schlüssel zum Bad holen. Auf ihre Veranlassung ging ich mit hinauf und bat um Erlaubnis, ihr beim Baden zu helfen. Wir mußten Schwester Margarete aus dem Schlaf wecken. Sie rieb sich die Augen und war noch halb benommen, als sie mir ihr Ja zunickte.

Es waren zwei große Baderäume vorhanden, der eine mit mehreren Wannen, der andere mit Brausen. Die Ankommenden mußten sofort alles Zeug ablegen, das sie am Leibe hatten. Es wurde zur Entlausung weggeschafft. Wer gehen konnte, wurde unter die heißen Brausen geschickt und mußte sich da gehörig reinigen. Die Leute, die sich nicht selbst helfen konnten, mußten wir wie die kleinen Kinder in die Wannen setzen und abwaschen. Wer so schwer verwundet war, daß man ihn nicht baden konnte, der wurde auf der Tragbahre gewaschen. Es war ein lustiges Treiben bei diesem Reinigungsgeschäft. Man kann sich kaum vorstellen, welche Wohltat das Bad für diese Menschen war, die meist seit Monaten, manche vielleicht das ganze Jahr keine Möglichkeit gehabt hatten, sich gründlich zu säubern. Wir freuten uns mit ihnen, daß wir ihnen etwas Gutes tun konnten, ohne ihnen wehzutun. Die nächste Station für sie war der Operationssaal, und da ging es doch für die meisten nicht ohne heftige Schmerzen ab. Die Leute, die aus Polen kamen, waren seit 10 Tagen unterwegs, und viele hatten noch den ersten Verband, den man ihnen sofort nach der Verwundung angelegt hatte. Schon das Ablösen war eine Qual. Und wie sahen die Wunden aus! Hier im Bad aber waren sie froh wie Kinder. Ich wusch einen blutjungen westfälischen Bergmann auf der Bahre ab. Er hatte an beiden Oberschenkeln große Verbände. Seine blauen Kinderaugen strahlten mich glücklich an.

Am Abend dieses Tages rief mich Schwester Oberin im Speisesaal zu sich heran. „Schwester Edith, gehen Sie morgen früh nach

Baracke 6 zu Schwester *Marie Luise*. Sie sind ein ruhiger Mensch. Ich denke, das wird gehen". Also eine neue Versetzung und anscheinend keine ganz leichte! Ich kannte Schwester Marie Luise nicht, aber in der kleinen Gemeinde wurde mir kondoliert: sie sei so nervös, daß keine Helferin es bei ihr aushalten könne; alle liefen nach ein paar Tagen wieder davon. Natürlich nahm ich mir vor, mein Möglichstes zu tun, um Schwester Oberin nicht zu enttäuschen.

Die Baracke 6 lag ziemlich weit von den Hauptgebäuden entfernt. Sie war mit Leichtverwundeten von den beiden letzten Transporten voll belegt worden (zwei Säle mit je 50 Leute); die brauchten nicht in den Operationssaal gebracht zu werden, sondern konnten im kleinen Verbandzimmer der Baracke versorgt werden, einige schwerere Fälle im Bett. Schwester Marie Luise empfing mich überaus freundlich. Sie war ein kleines, zartes Geschöpf; die Nervosität sah man ihr schon am Gesicht an. Der Arbeit war sie nicht im mindesten gewachsen, sie war glücklich, Hilfe zu bekommen, und hatte sich offenbar vorgenommen, sich sehr zu beherrschen, um mich nicht wieder, wie meine Vorgängerinnen, zu vertreiben. Es fiel mir auf, daß sie eine „gute Kinderstube" zu haben schien. Sehr bald hörte ich, daß sie Johanniterin sei; von denen wußte ich schon aus Breslau, daß sie durchwegs aus guten Familien stammen; allerdings sagte man ihnen auch nach, daß sie hochnäsig seien und auf die andern Verbände sehr von oben herabsähen.

Ich sollte einen der Säle übernehmen, aber auch in dem andern, den die Schwester selbst unter sich hatte, beim Verbinden helfen. Darin traute sie mir mehr zu als sich selbst, da ich vom Operationssaal kam. Das Assistieren im Verbandzimmer überließ sie mir ganz. Als ich zum erstenmal in ihren Saal kam, leuchteten mir gleich aus einem der ersten Betten ein paar blaue Augen entgegen. Es war der kleine Bergmann, dem ich im Bad geholfen hatte. Er erkannte mich sofort wieder, als ich zur Tür hereinkam und war froh über das Wiedersehen. Er war am schwierigsten zu verbinden; an beiden Oberschenkeln waren tiefe Fleischwunden von einem Granatsplitter. Da aber die Knochen unverletzt waren, galt er noch als leichter Fall und wurde nicht in der Nähe des Operationssaals behalten. Ich mußte ihn auf dem Arm hochhalten, damit der Arzt ungehindert die Binden lösen und wieder anlegen konnte. Dabei schrie er immer laut, worüber der Doktor sehr ungehalten wurde. Es war ein Pole, der jeden Tag aus seinem Lazarett des nächsten Ortes herüberkam, um bei uns auszuhelfen. Die Baracke hatte zwar noch von der Seuchenzeit her eine Stationsärztin, Frau Dr. *Seidemann,* sie machte auch noch bei uns Visite, hatte aber das Verbinden nicht übernommen.

Einmal redete ich meinem kleinen Bergmann unter vier Augen ins Gewissen. Ich fragte ihn, ob denn das Verbinden so sehr wehtue. Ach nein, gar so schlimm sei es nicht. Dann sollte er auch die Zähne zusammenbeißen und nicht schreien. Es seien lauter Polen und Tschechen um ihn herum, der Arzt selbst sei ein Pole. Denen müsse er doch zeigen, daß ein deutscher Soldat etwas aushalten könne. So, das seien alles Polen und Tschechen? Er hatte es noch gar nicht gemerkt. Gut, er wollte tapfer sein. Vor dem nächsten Verbandwechsel fragte ich noch einmal: „Also, wenn heute der Herr Doktor kommt ...?“ „... Wird nix gesagt!“ war die entschlossene Antwort. Und er hielt Wort.

Dieser polnische Arzt, der nicht mit den Kollegen bei uns zusammenkam und von mir nichts wußte, war der einzige, von dem mir eine Belästigung widerfuhr. Während ich im Verbandzimmer einen gebrochenen Arm festhielt, den er schienen sollte, griff er nach meiner Hand. Ich konnte nicht loslassen, ohne dem Verwundeten große Schmerzen zu verursachen, konnte auch nichts sagen, wenn ich nicht die Leute aufmerksam machen wollte. Das kleine Zimmer war voll von Wartenden. So konnte ich mich nur mit einem Blick wehren — der genügte aber, um mich zu befreien. Zu meinem Verdruß flüsterte mir der Zudringliche nachher noch in Gegenwart der Patienten zu: „Seien Sie mir nicht bös!“ Ich antwortete nichts, sondern ging hinaus, sobald ich meine Pflichten erledigt hatte. Die Sache war aber für mich nicht abgetan. Ich wollte mich vor einer Wiederholung sichern. Ich fragte Schwester Marie Luise um Rat. Sie war sehr erbaut davon: sie hätte sonst andere Erfahrungen mit Helferinnen gemacht. Ihr Lob empfand ich als Beleidigung. Ich wollte am nächsten Tag dem Herrn Doktor im Schreibzimmer gehörig Bescheid sagen; die Schwester war damit einverstanden.

Es war dem langen, schwarzhaarigen Menschen im weißen Kittel sichtlich unbehaglich, als ich hereinkam. Ich hätte gestern vor den Patienten kein Aufsehen erregen wollen, begann ich, aber jetzt wollte ich mir ein solches Verhalten ein für allemal verbitten. Er habe sich ja schon entschuldigt, murmelte er unwirsch. Ich ließ mich aber nicht beirren. Ich wollte ihm bei der Gelegenheit auch sagen, daß es ungehörig sei, wenn er mich „Fräulein" anrede. Im Dienst habe er mich „Schwester" zu nenen; außerhalb des Dienstes solle er zu mir sprechen wie zu einer Dame der Gesellschaft oder gar nicht. Nach diesem „speech" verließ ich das Zimmer — halb befriedigt, daß ich mit dem Burschen „gründlich Deutsch gesprochen hätte", halb beschämt wegen der peinlichen Szene. Immerhin hatte sie ihre Wirkung getan. Er war von da ab tadellos höflich und wagte kein überflüssiges Wort mehr an mich zu richten. Als ich einige Zeit danach einen Tag fehlte, berichtete mir Schwester Marie Luise, er habe sich sofort danach erkundigt, ob ich denn nicht wiederkäme.

Abgesehen von diesem Zwischenfall war mir das Verbinden die liebste Beschäftigung. Im Krankensaal hatte man weniger Kranke zu pflegen als Gesunde wie ein Polizist zu beaufsichtigen, und dazu war ich wenig geeignet. Es waren meist Leute, die eine harmlose kleine Verletzung am Fuß oder an der Hand hatten. Sie konnten herumlaufen, tagsüber im Park spazierengehen, und man mußte nur aufpassen, daß sie sich an die Tagesordnung hielten, ihr Bett machten u.s.w. Meine beste Stütze waren die Küchenmädchen. Da sie auch unter dem aufgeregten Wesen der Schwester zu leiden hatten, faßten sie zu mir bald eine große Zuneigung und halfen mir, wo sie nur konnten. Einmal z.B. befahl Schwester Marie Luise, sämtliche Betten aus einem Saal in den andern zu tragen. Es war eine fürchterliche Arbeit, und es lag nicht der mindeste Grund dazu vor. Aber ich wollte sie nicht durch eine Weigerung aufregen. Ich bestimmte eine Stunde dafür und griff als erste selbst an. Sofort sprang eins der Mädchen zu, ein lebhaftes, munteres Ding; ein Patient, der mit ihr gut Freund war, folgte, andere schlossen sich seinem Beispiel an; schließlich legten selbst die Landsturmleute Hand an, deren Arbeit es eigentlich gewesen wäre. So brachten wir mit vereinten Kräften diese dienstliche Übung noch in verhältnismäßig kurzer Zeit zu Ende.

Von den Patienten sind mir besonders zwei in Erinnerung geblieben: ein großer, junger Tscheche oder Slowak, der die Krätze hatte und den ich jeden Abend von oben bis unten mit Salbe anstreichen mußte; es war ein guter, freundlicher Mensch, der alles geduldig und vergnügt über sich ergehen ließ; sodann ein lustiger Zigeuner, der eine Geige über seinem Bett hängen hatte und sehr schön darauf spielte. Leider spielte er auch gern Karten und ließ sich im Park vom Direktor dabei erwischen, wie er mit andern um Geld spielte. Das war streng verboten, und er wurde dafür mit Haft bestraft. Ich hatte ihn jetzt nicht mehr im Saal, aber er gehörte noch zu uns und mußte mit Kost von uns aus versorgt werden. Wenn ich den täglichen Bestellzettel für die Küche schrieb, ließ ich für ihn immer noch eine „IV. Form" kommen, weil ich wußte, daß die derbere V. ihm sehr zuwider war. Aus dem Gefängnis kam er gleich zum Abtransport. Es erschien noch einmal bei uns zum Abschied in feldmarschmäßiger Ausrüstung, hielt mir in gebrochenem Deutsch eine temperamentvolle Dankrede und küßte mir ritterlich die Hand wie ein echter Magyar.

Das Essenausteilen hätte mir an sich sehr viel Freude gemacht, denn die Leute hatten gesunden Appetit und standen mit ihren Näpfen erwartungsvoll in Reih und Glied, wenn ich aus den großen Kesseln ausschöpfte. Aber Schwester Marie Luise hatte auch dafür das denkbar umständlichste Verfahren ausgedacht. Damit ja nicht etwas von der Resten ungerecht an die noch Hungrigen verteilt würde, mußten die Kessel mehrmals von einem Saal zum andern getragen werden, und die Schwester schoß selbst hin und her, um jeden Löffel zu überwachen.

Auch sonst hatte ich täglich manches hinunterzuschlucken. Ganz schlimm war es, als gerade in diesen Juliwochen Erna mich besuchen kam. Sie hatte Urlaub und wollte ihn nirgends lieber als bei mir verbringen. Weißkirchen war ja auch ein reizend gelegener kleiner Kurort und an sich zur Erholung recht geeignet. Die erste Sorge war, eine Wohnung für sie zu finden. Ich konnte mich schwer losmachen, um zu suchen, aber einigemal nahm ich mir die Freistunde, auf die ich Anspruch hatte, dafür. Doch es war vergeblich. Wenn ich in den Logierhäusern in deutscher Sprache nach einem Zimmer fragte, bekam ich gar keine Antwort. Schwester Oberin hörte von meiner Verlegenheit und ließ mir sagen, Erna solle selbstverständlich die Mahlzeiten mit mir im Lazarett nehmen, und auch ein Nachtquartier wollte sie uns zur Verfügung stellen, wenn es uns gut genug wäre. Alwine hatte ihr den Vorschlag gemacht. In unsern Wohnverhältnissen hatte sich in der letzten Zeit manches geändert. Als Schwester Alwine in Urlaub ging, wurde Suse Mugdan als „Ferienvertretung“ für sie in die kleine Gemeinde eingeladen. Dann gingen auch Schwester Klara und Lotte für 14 Tage fort, und wir beiden Neulinge blieben allein zurück. Schließlich wurde der Raum als Krankenzimmer in Anspruch genommen. Schwester Susi, bei der Suse arbeitete, nahm uns beide bei sich auf. Sie hatte auf ihrer Station ein großes Schlafzimmer mit drei hohen Offiziersbetten. Von ihrer eigenen Anwesenheit merkte man kaum etwas, wir waren weiter ungestört wie zu zweien. Schwester Alwine bekam ein ganz besonderes kleines Reich. Es wurde ein eigener Bahnhof gebaut und unmittelbar daneben ein Bad — beides leicht aus Holz gezimmert — Alwine als Bademeisterin bekam ihr Zimmer in diesem Häuschen. Nun schlug sie vor, einen noch freien Raum für Erna und mich einzurichten. Betten, einen Tisch und Stühle hatte sie schnell herbeigeschafft. Ein paar bunte Bauerntücher, die man für wenig Geld in den Lauben am Markt bekam, als Deckchen und selbstgepflückte Wiesenblumen machten das Zimmer freundlich. Natürlich waren wir sehr dankbar für diese Lösung. Erna stellte keine Ansprüche an meine Dienstzeit. Ich stand morgens sehr früh auf und bereitete für uns beide den Kaffee. Wir hatten einen netten Krug mit passendem Karlsbader Trichter und zwei Täßchen gekauft. Vor- und Nachmittag las mein Gast im Park oder ging spazieren; manchmal fanden Suse oder Alwine Zeit, sie zu begleiten. Die freundliche Frau Dr. Seidemann, die von meinem Besuch gehört hatte, bat mich, sie mit meiner Schwester bekannt zu machen, und führte sie im Kasino ein. Man zeigte ihr das Lazarett, sie half auch gelegentlich beim Verbinden. Zu den Mahlzeiten holte sie mich an der Baracke ab, dann gingen wir zusammen in den Speisesaal. War ich noch nicht mit Essenausteilen fertig, wenn sie kam, dann half sie mir in ihrer lieben, freundlichen Weise. Keine von uns zeigte sich dabei im mindesten ungeduldig. Trotzdem stieß sich Schwester Marie Luise daran. Sie erklärte mir, es sei ihr peinlich, wenn sie Erna nur kommen sähe; es erschiene ihr wie eine Mahnung, daß sie mich jetzt gehen lassen müsse.

Kurz vor Ernas Abreise erfuhr wiederum Schwester Oberin (wohl durch Alwine) von meinem Martyrium. Sie schickte mir den kurzen Dienstbefehl, einen Tag ganz freizumachen und mit Erna einen Tagesausflug zu unternehmen. Wir unternahmen bei strahlendem

Wetter eine schöne Fußwanderung nach dem Helfenstein, glücklich, meiner Peinigerin entronnen zu sein und einmal ungehindert miteinander reden zu können. Erna hatte wie immer viel auf dem Herzen, und bisher konnten wir nur an den Abenden etwas ausführlicher miteinander sprechen.

Als ich am nächsten Morgen wieder zur Baracke kam, erspähten mich die Küchenmädchen schon vom Fenster aus, und die Lebhafteste begrüßte mich mit einem Jubelschrei: „Unsere Schwester ist wieder da!“ Sie hatten gemeint, ich sei für immer verschwunden. Tatsächlich wurde ich, sobald Erna abgereist war, wieder versetzt: auf die I. chirurgische Station, wo ich schon einmal ausgeholfen hatte. Dort lagen die schwersten Fälle, für die ärztliche Hilfe nahe bei der Hand. Schwester Margarete, die Stationsschwester, war ruhig und anspruchslos; sie kehrte nicht die Vorgesetzte heraus, allerdings hatte man an ihr auch keinen festen Rückhalt. Sie hatte ein ganzes Stockwerk unter sich: ein Offiziers- und drei Mannschaftszimmer; davon hatte ich die beiden kleineren zu besorgen, das größte war einer zweiten Helferin — Emmi — anvertraut. Emmi war ein bildhübsches Mädchen, still und zurückhaltend. Weil sie sich von den andern fernhielt, nannte man sie hochmütig und sagte dazu, sie hätte gar keinen Grund, es zu sein, denn sie sei bloß Näherin von Beruf; aber wahrscheinlich sei sie stolz darauf, eine Böhmin zu sein. Wir beide verstanden uns bald sehr gut. Wir wechselten nicht viel Worte miteinander, halfen uns aber gegenseitig, wo wir nur konnten. Die Nachtwache hatte Schwester Elsa, jene Wiener Bildhauerin, von der ich früher erwähnte, daß sie nur Nachtdienst tat. Der Chef war derselbe „Pan Primarius“, den ich schon vom kleinen Operationssaal her kannte, der Stationsarzt ein junger Tscheche — gut gegen die Soldaten und nicht gerade unfreundlich gegen uns; aber er hatte die unangenehme Gewohnheit, mit den Leuten tschechisch zu sprechen, ohne uns seine Weisungen zu verdeutschen.

4.

Der August 1915, den ich auf dieser Station zubrachte, ist wohl der schwerste Monat in meiner Schwesternzeit gewesen — in ganz anderer Weise schwer als der Dienst auf Baracke 6. Ich hatte nun

Menschen, wie ich es liebte. Im größeren Zimmer waren neun Betten; die Leute, die darin lagen, hatten fast alle komplizierte Oberschenkelbrüche und trugen Streckverbände. Während sie im Großen Operationssaal zum Verbinden waren, mußte ich schnell ihre Betten machen, und zwar sehr sorgfältig, da sie ja so steif und fest darin lagen; wenn sie wiederkamen, mußten die Gewichte an ihrem Streckverband genau austariert werden, bis das Bein die Lage hatte, in der es am wenigsten Schmerzen machte. Jede Bewegung im Laufe des Tages machte eine Veränderung der Gewichte nötig. Abends ging ich von Bett zu Bett und rieb jeden an den Stellen, wo der Körper am festesten auflag, mit Alkohol und Puder ein, um das Wundliegen zu verhüten. Ein reichsdeutscher Unteroffizier, der uns durch seine Unzufriedenheit und Krittelei sonst viel zu schaffen machte, sagte: „Die Schwester hat mehr Arbeit mit uns als eine Mutter mit neun Kindern". Am meisten Sorge machte mir hier ein westfälischer Bauer, *Terhart*, dessen steif geschientes Bein immer wieder eiterte. Er sah wachsbleich aus und hatte gar keine Lust zum Essen. Ich fütterte ihn wie ein kleines Kind und redete ihm immer wieder zu, noch einen Löffel zu nehmen. Dabei ärgerte ich mich immer ein wenig, weil er so ganz energielos war und sich selbst gar keine Mühe gab, wieder zu Kräften zu kommen. Er hat mir später am meisten nachgetrauert und mir noch lange nach meiner Schwesternzeit aus seiner westfälischen Heimat geschrieben.

Das zweite Zimmer, das ich zu versorgen hatte, war ein ganzes Stück vom ersten entfernt. Es waren nur vier Leute darin, aber solche, die besonderer Sorgfalt bedurften. Einer hatte einen steifen Arm und mußte täglich massiert werden. Er konnte aber wenigstens umhergehen und den andern einen kleinen Dienst tun. Drei lagen ganz fest. *Andreikowicz*, ein wohlhabender Weinbauer aus der Slowakei, hatte ein Bein amputiert bekommen und der Stumpf war noch nicht gut geheilt. *Mikeska*, ein junger Maler aus Brünn, hatte eine Wunde am Bein, die immer wieder neue Abszesse hervorrief. Er war ein hübscher, fröhlicher Bursche, sehr lieb und geduldig. Aber wenn der Fiebermesser jeden Abend wieder in die Höhe ging, dann wurde er doch etwas niedergeschlagen. Ein wahres Jammerbild war *Pöhl*, ein Tiroler Bauer. Als er mir einmal eine Photographie aus seinen gesunden Tagen zeigte, erschrak ich. Da war er ein großer, kräftiger Rekrut gewesen, breit, mit vollem Gesicht. Jetzt war er überhaupt nicht mehr wiederzuerkennen. Er hatte einen Rückenschuß bekommen und es hatte sich ein Lungenempyem gebildet. Liegen konnte er überhaupt nicht. Er lehnte sich sitzend gegen einen kunstvollen Aufbau von Kissen. Trotz Gummi- und Watteringen, mit denen man ihm zu helfen suchte, war er schon an mehreren Stellen wund. Jede Bewegung verursachte ihm heftige Schmerzen. Die größte Qual war der tägliche Verbandwechsel: das Herausheben aus dem Bett, die Fahrt zum Operationssaal, das Verbinden, die Plage, bis er im Bett wieder eine erträgliche Stellung hatte. Oft holte man ihn zum Verbinden, während ich im andern Zimmer war, ohne mir Bescheid zu sagen, und rief mich erst, wenn er wieder zurückkam. Das regte mich jedesmal sehr auf; denn ich wollte ihm doch während seiner Abwesenheit das Bett sorgfältig richten, wie er es brauchte. Andererseits riefen oft die Leute in dem größeren Zimmer nach mir, wenn ich in dem kleinen Raum war; und da sie ja nicht wissen konnten, wen ich außer ihnen noch zu versorgen hatte, kam es mir oft so vor, als ob sie sich vernachlässigt fühlten. Bei Pöhl war das Füttern noch nötiger als bei Terhart. Er war viel zu schwach, um sich den Eßnapf vom Nachttischchen herüberzulangen oder den Löffel zum Mund zu führen. Die Wärterinnen hatten ihm immer einfach das Essen hingestellt und es dann wieder weggeholt, ohne sich darum zu kümmern, ob er es überhaupt angerührt hatte. Ich richtete es nun ein, daß ich während der Mahlzeiten bei ihm sein konnte, und löffelte ihm dann soviel wie möglich ein. Ich kam auch früh schon, ehe der Tagesdienst eigentlich begann, um ihm das Frühstück zu reichen. Schwester Elsa, die ihn schon seit längerer Zeit kannte, versicherte mir bald, sie fände ihn schon wesentlich besser. Sie nahm sich während der Nacht besonders um ihn an und war froh, daß sich jetzt auch tagsüber jemand recht um ihn kümmerte. U.a. hatte sie ausfindig gemacht, daß er gern Karlsbader Oblaten nahm. Nun holten wir ihm abwechselnd neue Vorräte aus der Stadt. Viel Hoffnung, daß es wirklich besser mit ihm werden könnte, hatte ich trotz aller Mühe nicht. Man hörte kaum etwas anderes von ihm als „Weh, Weh!" Gewöhnlich legte ich zuerst diese vier Leute für die Nacht zurecht, ging dann in das andere Zimmer, und wenn ich mich dort verabschiedet hatte, sah ich noch einmal nach den schweren Patienten und sagte ihnen Gute Nacht. Dabei fragte Pöhl eines Abends, ob ich auch am nächsten

Morgen wiederkäme. Mikeska sagte lachend: „Freilich kommt die Schwester morgen wieder". Ich aber hatte die größte Freude über diese Frage; denn sie war das erste Zeichen, daß dem Schmerzensmann meine Pflege wohltat.

Ich schlief seit Ernas Abreise wieder mit Suse in dem ehemaligen Offizierszimmer in der Oberealschule. Ich stand sehr früh auf und bereitete in einem kleinen Vorraum für uns beide den Kaffee, damit wir uns den weiten Weg zum Speisesaal sparen könnten. Als Suse für zwei Wochen auf Urlaub ging — hauptsächlich um ihren Zwillingsbruder zu treffen, der aus dem Felde daheim war — lohnte es sich nicht mehr, für mich allein etwas zu richten. Ich ging auf die Station, ohne etwas genommen zu haben, und arbeitete nüchtern durch bis zum Mittagessen, manchmal bis ½2 Uhr. Während der Mittagsstunde machten Emmi und ich abwechselnd einen Tag um den andern eine etwas längere Pause, während die andere die ganze Station bewachte. Dann ging es wieder weiter bis in die achte Stunde. Da ich fast den ganzen Tag auf den Füßen war, konnte ich abends kaum noch stehen. Manchmal ging ich sofort in unser Zimmer, und Alwine oder eine andere mitleidige Seele brachte mir das Nachtessen ins Zimmer, damit ich gar nicht mehr aufzustehen brauchte. Es war eine Wohltat, wenn ich ins Bett schlüpfen und die müden Füße ruhen lassen konnte. Wenigstens die Füße — denn ich selbst fand bald gar keinen Schlaf mehr. Ich saß hellwach auf dem hohen Bett und sah durch das große Fenster hinaus auf die Beczwa und den Hügelrücken, an dessen Ende der Helfenstein lag. Es war ein liebliches Bild, wenn der Mond schien. Aber ich dachte an meine Kranken und war froh, wenn der Morgen kam und ich mich überzeugen konnte, daß ihnen nichts fehlte.

Einmal bekamen wir einen frischen Transport und hatten bis zum späten Abend zu tun, bis die Neuankömmlinge richtig in ihren Streckverbänden lagen. Auch das Offizierszimmer, das bisher nur zwei Insassen gehabt hatte, wurde voll belegt. Sehr spät begegnete ich auf dem Gang noch einem sehr merkwürdigen Transport: eine hünenhafte Gestalt lag splitternackt auf dem Krankenwagen; auf der kühnen Hakennase saß ein randloser Kneifer, der Kopf ruhte auf einem rotseidenen Kissen. Es war ein polnischerr Rittmeister, der aus dem Operationssaal ins Offizierszimmer gefahren wurde. Er hatte sich kein Hemd anziehen lassen, aber diese beiden Gegenstände wollte er unbedingt bei sich haben.

Als ich sehr spät und noch erschöpfter als sonst in unserm Zimmer beim Nachtessen saß, klopfte es an der Tür, und es kam die Botschaft, daß der Rittmeister eine eigene Nachtwache brauche. Emmi sollte die erste Hälfte der Nacht bei ihm wachen, ich die zweite. Ich hielt mich im Verschreibzimmerchen der Station auf und ging nur ins Offizierszimmer, wenn der Schwerverwundete — er hatte einen Rückenschuß — etwas wünschte. Das war allerdings sehr häufig der Fall. Er war hellwach und gab mit schallender Stimme seine Befehle, sodaß die andern Offiziere nicht schlafen konnten und halb belustigt, halb verzweifelt waren. Einmal wünschte er Tee und Keks. Zum Glück war gerade die Kontrollnachtwache bei mir eingekehrt und hatte mir beides angeboten, sodaß ich seinen Wunsch erfüllen konnte. Ich sah diese Schwester zum erstenmal. Sie gehörte zum Roten Kreuz. Man sagte ihr nach, sie sei im Felde gewesen und habe sich dort moralisch unmöglich gemacht. Nun wurde sie hier stets für Nachtdienst verwendet, damit sie gar nicht mit andern zusammenkäme. Sie ging von Station zu Station, um zu sehen, ob irgendwo jemand in Lebensgefahr sei und ihrer Hilfe bedürfte. Was an den Gerüchten war, weiß ich nicht. Jedenfalls schien sie froh, einen arglosen Menschen zu finden, mit dem sie ein wenig sprechen konnte.

Mehrmals wünschte mein Patient, daß ich ihm Hände und Arme mit Wasser kühle. Da ich in der Nacht für niemanden zu sorgen hatte, konnte ich ihm alles tun, was ihm einfiel. Als am Morgen die andern Schwestern kamen, durfte ich wohl fortgehen, um mich etwas frisch zu machen. Bei der Rückkehr fand ich alles — vom Chef bis zu den Küchenmädchen — in heller Aufregung. Der Schwerverwundete war ein adliger Herr, Neffe eines Ministers, der sich schon nach seinem Befinden erkundigt hatte. Er war mit nichts zufrieden, äußerte Wünsche über Wünsche, die sich nicht erfüllen ließen, und jagte allen, die ihm nahe kamen, einen großen Schrecken ein. Eben sollte ihm eins der Mädchen das Frühstück bringen. Sie wagte es nicht und bat mich, es für sie zu tun. Während sie die andern Offiziere versorgte, näherte ich mich dem Gefürchteten. „Guten Morgen, Schwesterchen", rief er mir entgegen. Er hatte mich offenbar noch von der Nacht her in guter Erinnerung. Die Wärterin sagte draußen ganz ehrfürchtig bewundernd zu mir: „Ihnen hat er gern, Schwester. Er hat ‚Schwesterchen' gesagt". Als ich wieder ins Offizierszimmer kam, rief mich ein Hauptmann zu sich heran; er war auch erst am letzten Abend gekommen. „Schwesterchen, sorgen Sie doch dafür, daß dieser Mensch in ein anderes Zimmer kommt. Man hat ja keinen Augenblick Ruhe". Das hatten indessen auch schon die höchsten Autoritäten des Hauses eingesehen. Das Ergebnis war, daß ich meine lieben vier Patienten aus dem kleinen Zimmer an andere Stationen abgeben und dafür den Rittmeister hineinbekommen sollte. Der Befehl mußte sofort vollzogen werden. In einer abgestohlenen Minute konnte ich mich nur noch überzeugen, daß der arme Pöhl ein Stockwerk höher in einem großen Krankensaal untergebracht war. Dann hielt der große Herr Einzug in dem völlig umgewandelten Zimmer, und von da ab ertönte alle paar Minuten sein ungeduldiges Klingelzeichen. Sein Zustand verschlimmerte sich fast von Stunde zu Stunde. Er hatte einen Schuß ins Rückenmark bekommen; bald waren die Beine und der Unterleib völlig gelähmt, die Funktionen hörten auf, auch der Geist begann sich zu verwirren. Je unklarer er wurde, desto starrsinniger widersetzte er sich allen Verordnungen. Er wollte weder Nahrung noch Medikamente zu sich nehmen. Wir sollten überhaupt nicht mehr zu ihm kommen; er hatte seinen Burschen bei sich, auf den er große Stücke hielt, und erklärte, der würde ihn gesund pflegen. Iwan lag wie ein treuer Hund zusammengerollt am Ende des Bettes und erfüllte jeden Befehl unverzüglich und ohne Widerspruch. Dabei schien er keine Trauer über den hoffnungslosen Zustand seines Herrn zu empfinden. Wenn er mit einer Botschaft herausgeschickt wurde, plauderte er heiter mit den Mädchen.

Nach einigen Tagen kamen Bruder und Schwester des Verwundeten, um nach ihm zu sehen. Der Bruder saß stundenlang im Zimmer, ohne viel sagen zu können.

Ich war tagelang im Unklaren, wie es eigentlich um meinen Patienten stand. Die Ärzte fanden es nicht für nötig, uns Bescheid zu sagen. Ich sah seine Kräfte rasch verfallen und war ganz verzweifelt, daß ich nichts dagegen tun konnte. Immer wieder versuchte ich ihm etwas Nahrung oder die verschriebenen Medikamente beizubringen. Als ich einmal wieder mit Tropfen an sein Bett kam, stieß er meine Hand weg und rief: „Fahren S' ab, Kanaille!" Der Bruder kam mir nach, als ich das Zimmer verließ, und sagte einige entschuldigende Worte. Natürlich erwiderte ich ihm, man könne doch einem Kranken in diesem Zustand nichts übel nehmen. Aber die aufregende Pflege gab meinen ohnehin schon überreizten Nerven den Rest. Es wurde mir klar, daß es hohe Zeit sei, mir die Erholung zu gönnen, die ich zwei Monate vorher als verfrüht abgelehnt hatte. Aber der Entschluß, fortzugehen, kam doch erst nach heftigen inneren Kämpfen zustande. Bei meinen Überlegungen spielte noch etwas anderes als die nervöse Erschöpfung eine Rolle. Es kehrte jetzt öfters der Gedanke wieder, ob es nicht doch unklug sei, meine wissenschaftliche Arbeit so lange zu unterbrechen, wo für die Pflege soviel andere Hilfskräfte zur Verfügung standen. Andererseits hatte ich Bedenken, ob das nicht eine egoistische Regung sei. Ich litt sehr darunter, daß Suse Mugdan gerade jetzt auf Urlaub war. Mit ihr hätte ich über meine Zweifel sprechen können. Als ich einmal mittags in unserm Zimmer war, das über einem Portal lag, hörte ich einen Wagen vorfahren und sah vom Fenster aus, wie Suse ausstieg. Ich flog die Stufen hinunter und war schon an der Haustür, bis sie mit dem Kutscher abgerechnet hatte. Ich war glücklich, sie wieder dazuhaben. Nun ging alles leichter. Ich bat Schwester Oberin, mich am 1. IX. heimgehen zu lassen. Sie war sofort bereit, wollte mich auch nicht auf zwei Wochen Urlaub festlegen, sondern es mir überlassen, ob und wann ich wiederkommen wolle. Ich bat sie, mich zu rufen, sobald sie meine Hilfe für notwendig hielt.

Das letzte Ereignis meiner Pflegezeit war der Tod des Rittmeisters. Es kam ein prachtvoller Kranz von seinen Geschwistern. Dann wurde er fortgeholt. Ich brachte noch das Zimmer in Ordnung. Danach war es Zeit zum Abschiednehmen. Ich konnte alle meine Leute reichlich mit Zigaretten beschenken, die Suse mir von daheim mitgebracht hatte. Die Ungarn und Slaven küßten mir dankbar die Hand. Auch die Mädchen nahmen mit Handkuß und ein paar Tränchen Abschied. Schwester Margarete und Emmi versprachen mir schriftliche Berichte über unsere Kranken. Frau Dr. *Scharf,* eine Cousine des Chirurgen, die seit einiger Zeit bei uns arbeitete, drückte mir kräftig die Hand und sagte: „Leben Sie wohl, Frau Collega von der andern Fakultät".

Die beiden Helferinnen, mit denen ich gekommen war, fuhren

gleichzeitig auf Urlaub (ich glaube, schon zum zweitenmal). Am Abend unserer Abreise stand an der großen Wandtafel im Speisesaal zu lesen: „Es gehen morgen Schwestern nach Deutschland. Wer Briefe mitzugeben hat, möge sie abliefern". Jede von uns bekam einen dicken Stoß. Ich steckte sie sorglos in meine Handtasche und dachte nicht mehr daran. In Oderberg mußten wir zur Zollrevision. Während die Beamten mit meinen Koffern beschäftigt waren, kam ein deutscher Soldat an uns heran und fragte: „Haben Sie etwa Liebesbriefe bei sich?" Ich reichte ihm die Handtasche hin; er nahm das ganze Paket heraus und beschlagnahmte es. Ebenso erging es den beiden andern. Ich blieb völlig ruhig. Meine Ermüdung war so groß, daß ich mich gar nicht über die Sache aufregen konnte. Ich erzählte auch nichts davon, als ich nach Hause kam. Aber nach einigen Wochen erhielt ich die Nachricht, daß ich vor dem Kriegsgericht wegen Umgehung der Zensur angeklagt sei. Darauf stand Gefängnisstrafe. Die ganze Familie war in heller Aufregung. Eine erste Vernehmung fand in dem Breslauer Amtsgericht statt. Die zweite sollte vor dem Kriegsgericht in Ratibor sein. Ich wollte hinfahren und wahrheitsgetreu angeben, daß mir die Bestimmung nicht unbekannt gewesen sei, daß ich aber gar nicht daran gedacht hätte, weil das Hin- und Herbesorgen der Post ganz üblich war. Um keinen Preis wollte ich sagen, daß ich von dem Verbot nichts gewußt hätte: lieber ins Gefängnis gehen als lügen. Jemand kam auf den Gedanken, ich sollte an unsern alten Bekannten von Grunwald her, den Bürgermeister *Westrum* in Ratibor, schreiben und um seine Hilfe bitten. Er antwortete freundlich: er habe mit dem Kriegsgerichtsrat gesprochen, der die Sache zu behandeln habe; der wolle die Verhandlung verschieben, bis ein Gesetz im Reichstag durchgebracht sei, das für solche Fälle Geldstrafe vorsähe. Gleichzeitig machte das Breslauer Rote Kreuz für mich und meine Gefährtinnen eine Eingabe um Freisprechung. Eines Tages kam wieder ein amtliches Schreiben, mit der angenehmen Mitteilung, der Prozeß sei niedergeschlagen. Die Familie atmete auf. Damit war auch dieses Nachspiel meiner Schwesternzeit beendet.

5.

Ich hatte meinen Abschied von Weißkirchen keineswegs als einen endgültigen betrachtet, sondern wartete ernstlich auf eine Rückberufung. Meine Urlaubszeit benützte ich zunächst, um das Hilfsschwesternexamen zu machen, zu dem man nach halbjähriger praktischer Tätigkeit als Helferin zugelassen wurde. Sodann begann ich jetzt mit Volldampf Griechisch zu arbeiten, um nun endlich das Graecum zu machen. Suse hatte mir dringend empfohlen, mir dabei von ihren Geschwistern helfen zu lassen. Ihr Schwager Julius *Stenzel* war am Johanneum, einem humanistischen Gymnasium, als Lehrer der alten Sprachen tätig, zugleich arbeitete er privat eifrig als Platoforscher, und Bertha, seine Frau, war seine treue und verständnisvolle Mitarbeiterin. An einem Sonntagvormittag suchte ich sie auf. Das Ehepaar war gerade damit beschäftigt, gemeinsam Platos „Staat" zu lesen. Bertha hörte mein Anliegen an und erklärte sich bereit, einigemal in der Woche mit mir zu arbeiten. Sie ließ mich auch gleich probeweise ein paar Zeilen Plato übersetzen, und da sie fand, daß es gar nicht übel ging, forderte sie mich auf, an ihrer Sonntagslektüre teilzunehmen. Nun versuchte ich mich einige Wochen lang ganz in Plato und Homer; zweimal wöchentlich, wenn ich mich recht erinnere, ging ich zu Frau Stenzel. Sie war damals schon Mutter von drei Kindern (später kam noch ein viertes hinzu) und das jüngste, der kleine Jochen, erst wenige Monate alt, schlief meist in seinem Wagen in dem Zimmer, in dem wir arbeiteten.

Manchmal wurde bei schwierigen Stellen auch der Herr des Hauses zu Hilfe gerufen. Auf seinen Rat hin gab ich in der erneuten Meldung zur Prüfung Plato als Spezialgebiet an und bat, mich dem Johannes-Gymnasium zu überweisen. Geheimrat *Thalheim*, mein alter Freund mit dem strengen Ton und dem gütigen Herzen, erklärte mir, das Provinzial-Schulkollegium brauche solche persönliche Wünsche nicht zu berücksichtigen. Ich bekam aber dann doch die Nachricht, daß ich mich im Johannesgymnasium zur Prüfung einzufinden hätte. Der Termin war schon im Oktober; nach meinem alten Rezept, solche Dinge so schnell wie möglich zu erledigen. Ich wußte von Dr. Stenzel, daß ich keine Aussicht hatte, von ihm geprüft zu werden. Sein Chef besorgte dieses Geschäft selbst, aber in dessen Eigenheiten wurde ich gründlich eingeweiht. Z.B. mußte man die Überschriften der einzelnen homerischen Gesänge wissen. Und wenn der alte Herr auf Plato zu sprechen kam, pflegte er sich nach „Phädon" zu erkundigen und dann die Frage zu stellen, warum Sokrates so lange auf die Vollstreckung des Todesurteils warten mußte (Es wird im Anfang des Dialogs erwähnt, daß man auf die Rückkehr des Schiffes wartete, das von Athen nach Delos entsandt war. Diese Fahrt nach Delos war eine staatlich-liturgische Handlung; während ihrer Dauer durfte keine Hinrichtung stattfinden): eine echte Philologenfrage, auf die ein Philosoph nie verfallen würde.

Es war natürlich sehr angenehm, daß ich mich auf diese Weise vorbereiten konnte. Im übrigen war Herr Geheimrat *Landien* das Muster eines Gymnasialdirektors aus der alten Zeit, würdevoll und gütig zugleich, schon in seiner äußeren Erscheinung ehrfurchtsgebietend mit seinem stattlichen Wuchs und dem langen, in der Mitte geteilten, schneeweißen Bart. Die schriftliche Arbeit ließ er mich in seinem Arbeitszimmer schreiben. Davor war mir etwas bange. Ich hatte nämlich fast nur mündlich gearbeitet und war ganz ungeübt, nach Diktat Griechisch zu schreiben; vor allem fürchtete ich, daß ich viele Accentfehler machen würde. Beruhigend war mir während des Diktats, daß ich den Text (nicht Plato, sondern aus einer berühmten Lysias-Rede) sofort verstand; es war also keine Gefahr, daß mir die Übersetzung Schwierigkeiten machen würde. Und dann kam eine sehr angenehme Überraschung: Geheimrat Landien reichte mir seinen Zettel, damit ich vergleichen könnte, ob ich beim Diktieren etwas ausgelassen hätte. Voller Freude griff ich danach und prüfte alle meine Accente nach. Bei der mündlichen Prüfung ging es etwas feierlicher zu, weil auch Geheimrat Thalheim zugegen war. In einem großen Raum saß ich an einem langen grünen Tisch ganz allein den beiden alten Herren gegenüber. Ich bekam auch jetzt nicht Plato vorgelegt, sondern Isocrates — es war ein besonderer Wunsch Wilhelms II., daß im Gymnasialunterricht die berühmten Redner ausgiebig behandelt werden sollten, und das geschah auf Kosten der Philosophen — aber die Frage nach dem Phädon kam und auch die nach den homerischen Gesängen; wenn ich mich recht erinnere, mußte ich auch ein Stück aus der Ilias lesen und übersetzen. Dann hatte ich wieder einmal eine Prüfung bestanden. Ich bekam in mein Reifezeugnis den Vermerk hinzugeschrieben, daß ich mir durch die Ergänzungsprüfung im Griechischen die Reife eines humanistischen Gymnasiums erworben hätte. Die beiden Herren erkundigten sich noch, zu welchem Zweck ich die Prüfung gemacht hätte. Es kam in Breslau sehr selten vor, weil man dort auch mit Realgymnasialabitur zur Promotion in allen Fakultäten zugelassen wurde. Ich berichtete ihnen von der abweichenden Bestimmung in Göttingen. Nun wollten sie noch wissen, was ich für eine Doktorarbeit machte. Als ich vom Problem der Einfühlung sprach, stellten sie keine Fragen mehr. Am nächsten Morgen bat Herr Geheimrat Landien Dr. Stenzel um Auskunft darüber, was „Einfühlung" sei.

Eine Rückberufung nach Weißkirchen hatte ich noch nicht bekommen. Statt dessen traf, — wohl auch noch im Oktober — Suse Mugdan ein und brachte die Nachricht, das Lazarett sei aufgelöst worden. Seit Galizien von den Russen befreit war, gehörte Weißkirchen nicht mehr zum Etappengebiet und die Kadettenanstalt sollte wieder ihrem alten Zweck dienen. Suse und ich stellten uns aufs neue dem Roten Kreuz zur Verfügung, um an anderer Stelle wieder eingesetzt zu werden, aber wir bekamen nie mehr eine Einberufung.

IX

Von Begegnungen und inneren Entscheidungen

1.

So war ich jetzt frei, und nachdem ich „zu meiner Erholung von der Krankenpflege“ das Graecum gemacht hatte (so wurde ich von *Husserl* geneckt), ging ich unverzüglich an die Doktorarbeit. Ich blieb dazu in Breslau, um jederzeit für eine Einberufung verfügungsbereit zu sein. Es war mir aber auch angenehm, ganz allein und unbeeinflußt zu arbeiten, ohne jede Unterbrechüng durch unerwünschte Rechenschaftsberichte an den Meister. Die Beziehung zu ihm hatte durch die Entfernung nicht gelitten, sie war sogar noch wärmer und herzlicher geworden. Er, der seine beiden jungen Söhne in das Göttinger Freiwilligenregiment hatte gehen lassen, war auch voll Verständnis für meinen Entschluß, zu pflegen. Er begleitete meine Tätigkeit mit der herzlichsten Teilnahme, schrieb mir lange Briefe in seiner schönen, feinen und sorgfältigen Handschrift und hatte die größte Freude an meinen Berichten. Es rührte ihn auch, daß ich in seinem Heimatland Mähren war. Gleich erkundigte er sich, ob ich von Weißkirchen aus den Altvater sehen könnte, der ihm von seinem Geburtsort Prosnitz her vertraut war. Natürlich war es für mich immer ein Fest, wenn ein Brief des Meisters kam. Ich war ganz betrübt, als ich einmal feststellen mußte, daß einer verloren gegangen war. Er war so lieb, sich nach einiger Zeit besorgt zu erkundigen, wie es mir ginge, da er keine Antwort bekommen hätte. Auch der Verkehr mit den Freunden im Feld ging weiter. Wie freute ich mich, als *Reinach* schrieb: „Liebe Schwester Edith! Jetzt sind wir Kriegskameraden ...“ Die längsten Briefe kamen von *Kaufmann*. Für ihn war der Kriegsdienst am härtesten. Trotzdem er sicherlich alle Pflichten mit der größten Gewissenhaftigkeit erfüllte, brachte er es niemals weiter als bis zum Gefreiten, während

Reinach ziemlich schnell vom einfachen Kanonier bis zum Leutnant aufstieg. Außerdem fühlte er sich außerhalb des geistigen Milieus wurzellos. Gerade weil er als Philosoph, und besonders als Phänomenologe, noch nicht sicher gewesen war, fürchtete er durch die lange Unterbrechung des Studiums alles zu verlieren. Darum bot ihm die Verbindung mit mir einen Halt, für den er überaus dankbar war. Husserls großes Logik-Kolleg, das ich im ersten Kriegswinter hörte und das ihm noch unbekannt war, schrieb ich sorgfältig mit und ließ dann mein Kollegheft für ihn abtippen. Meine Schwester Frieda war zu solcher Arbeit stets bereit. Dieses Geschenk beglückte Kaufmann so, daß nicht nur er selbst mir dankte, sondern auch seine einzige Schwester Marta, die offenbar mit großer Liebe an ihrem ältesten Bruder hing. Sie hielt die briefliche Verbindung mit mir jahrelang aufrecht; gesehen haben wir uns nie, und nach ihrer Verheiratung schlief auch der Briefwechsel ein. Den äußersten Gegensatz zu Kaufmann bildete Hans *Lipps*. Ihm war die gewöhnliche bürgerliche Ordnung eine Zwangsjacke, die er mit Freuden abgeworfen hatte. Das Unberechenbare des Kriegslebens entsprach ihm so sehr, daß er einmal während eines Urlaubs sagte: „Was fang ich nur an, wenn mal der Frieden ausbricht?" Sein Verhältnis zur Philosophie war ein so organisches, daß keine Umgebung und keine fremde Beschäftigung es stören konnte. Wie er es sich selbst leisten konnte, Naturwissenschaften und Medizin zu studieren und zeitweise als Arzt tätig zu sein, ohne daß seine philosophische Entwicklung darunter litt, so konnte er im Unterstand ebenso gut arbeiten wie bei der Musik eines Cafés oder Tanzlokals in Göttingen oder Dresden. Seine Briefe enthielten meist nur wenige Sätze; in seiner großen Handschrift — für Unkundige nicht zu entziffern, aber jeder Buchstabe ein Ornament — gab das doch einen vollen Bogen. Husserl sagte, es stünde nichts darin. Tatsächlich war nichts über die Kriegslage daraus zu entnehmen. Aber mir bedeuteten die wenigen Worte viel: sie gaben immer ein treues Bild seines Daseins. Bald erzählte er von einer Grille, die in der Nähe seines Unterstands wohnte und mit der er seine Pralinés teilte; bald von dem Käuzchen, das er sich in einer Kirche gefangen hatte; er nannte es Rebekka und behielt es lange Zeit bei sich. Es war ein Ersatz für den Steinkauz Caruso, den er bei seiner Mutter in Dresden zurückgelassen hatte. Frau Lipps fütterte ihn, wie es ihr aufgetragen war, mit Kanarienvögeln. Als sie keine mehr bekommen konnte, entschloß sie sich schweren Herzens, ihn auszusetzen. Sie fuhr in einer Taxe mit Caruso in die Dresdener Heide und ließ ihn dort zurück, besuchte ihn aber noch manchmal später. Mit einem Feldpostpäckchen konnte man Lipps glücklich machen. Er schrieb einmal: „Sie haben eine unerhörte Treffsicherheit im Herausfinden dessen, was ich gerade nötig habe". Das waren sehr verschiedene Dinge: mal ein japanischer Holzschnitt, mal ein paar Abhandlungen über Relationstheorie, öfters nur gute Pralinés oder andere Süßigkeiten.

Auch in Breslau fehlte es nicht an freundschaftlichem Verkehr. Rose und Metis hatten nun auch ihr Staatsexamen gemacht und traten beide sofort in den Schuldienst ein. Erna siedelte damals aus der Frauenklinik für einige Zeit in das Städtische Säuglingsheim über, um sich dort als Assistentin die nötige Erfahrung in Säuglingspflege anzueignen. Von Lilli habe ich nicht mehr genau in Erinnerung, ob sie noch in der Frauenklinik war oder schon im Jüdischen Krankenhaus. Dort war sie jahrelang tätig, zuletzt sogar als Oberarzt der Frauenabteilung; ihr späterer Gatte arbeitete als Assistent unter ihr. Ihre Tüchtigkeit und herzliche Liebenswürdigkeit verschaften ihr großes Ansehen in den wohlhabenden jüdischen Kreisen, und das war eine vorzügliche Grundlage für ihre spätere Privatpraxis im Süden der Stadt.

Öfters führte mich auch der Weg, wie ich früher schon erzählte, in die Irrenanstalt in der Einbaumstraße, wo Dr. Moskiewicz als Oberarzt tätig war. In den ersten Kriegsjahren ging es noch ganz gut, aber allmählich wurde sein Zustand immer betrüblicher und darum auch der Verkehr mit mir immer quälender. Er wünschte die Zusammenkünfte, um von mir zu lernen, aber zugleich fürchtete er sie, weil sie ihm sein eigenes Unvermögen immer wieder klar machten. Je länger ihn die ärztliche Tätigkeit von der philosophischen und psychologischen Arbeit fernhielt, desto weniger hoffte er, je dahin zurückzufinden. Der aufreibende Verkehr mit den Geisteskranken tat das seine, um die Nervenzerrüttung immer mehr zu steigern. Sehr viel schrieb ich aber auch dem Verhältnis zu Rose zu, die er liebte und der er doch seine Hand nicht anzubieten wagte. Auch sie litt darunter: unter seinem Unglück und ihrer eigenen inneren Unklarheit und Unsicherheit. Sie glaubte ihn zu lieben, aber sie hatte nicht den Mut, dem Schwanken und Zögern von sich aus ein Ende zu machen. In den letzten Jahren nahm sie auch eine sehr nahe Freundschaft mit einem jungen Mathematiker innerlich stark in Anspruch.

Sehr Trauriges erlebten wir mit unserer Freundin Toni *Meyer*. Sie entschloß sich, den Winter 1914/15 nach München zu gehen, da sie von Göttingen in Reinachs Abwesenheit nicht so viel für sich versprach. Seinen Vorlesungen hatte sie sehr viel besser folgen können als Husserls. Nun erhoffte sie von den Münchener Phänomenologen *Pfänder* und *Geiger* besondere Förderung. Beide zogen sie durch ihre Beschäftigung mit psychologischen Problemen an. Ihre Arbeiten in der Lipps-Festschrift und in Husserls Jahrbuch hatte sie gründlich gelesen und gut verstanden. Ihre Erwartungen wurden auch nicht enttäuscht, aber mitten im Semester kam ein Anfall ihrer alten Krankheit und zwang sie, heimzukehren. Bei einem zweiten Versuch kam der Ausbruch der Krankheit noch schneller. Nun lernte ich ihre Krankheit näher kennen. Die Ärzte behandelten diese als manisch-depressiven Irrsinn. In Erregungszuständen habe ich Toni damals noch nicht zu sehen bekommen, wohl aber in der Depression, die gewöhnlich darauf folgte. Sie lag dann meist im Bett, fühlte sich unfähig zu gehen oder etwas zu arbeiten, und während sie sonst voll herzlicher Anteilnahme war und keine größere Freude kannte, als sich bis ins Kleinste von meinen Angelegenheiten erzählen zu lassen, kreisten in solchen Zeiten ihre Gedanken nur um das eigene Ich. Wenn der tiefste Punkt überwunden war, konnte sie genaue Schilderungen ihrer krankhaften Zustände geben, ja sie hatte sogar mit Hilfe von Pfänders psychologischen Kategorien eine Analyse ihrer Depression geschrieben, die er für sehr wertvoll hielt. Zu mir hatte sie rückhaltloses Vertrauen, verlangte auch in den Zeiten der Krankheit immer nach mir, während sie ihre Angehörigen dann nicht sehen mochte; und so bekam ich allmählich ihre ganze Krankheitsgeschichte zu hören. Berichte ihrer Mutter ergänzten und bestätigten ihre eigenen. Der erste Ausbruch kam, als sie sechzehn Jahre alt war. Sie besuchte damals die Tanzschule und gewann einen der Teilnehmer lieb. Nach ihrer Erzählung war es ein stiller und schüchterner Mensch, der ihre Neigung erwiderte, es aber nicht zu äußern wagte. Sie glaubte ihn einmal durch ein paar beleidigende Worte verletzt und dadurch ihr Lebensglück verspielt zu haben. Von einer Besuchsreise zu Verwandten in Gleiwitz kam sie im Erregungszustand zurück, und seitdem wiederholten sich die Anfälle in kürzeren oder längeren Abständen. Der junge Mann hatte Jura studiert und war zu der Zeit, als ich die Geschichte hörte, Amtsrichter in Schlesien und noch unverheiratet, obgleich seit jenem Ereignis zwanzig Jahre vergangen waren. Toni glaubte, daß er seiner ersten Liebe treu geblieben sei. Aber etwas später wurde er nach Breslau versetzt und heiratete. In gesunden Zeiten sprach Toni nicht von ihm, und ihre Mutter sah es immer als ein Zeichen eines nahenden Ausbruchs an, wenn sie seinen Namen nannte. Denn jedesmal, wenn ein Anfall kam, tauchte die alte Erinnerung wieder auf und zugleich die Hoffnung, das verscherzte Glück doch noch einmal zu erobern. Die alte Frau Meyer trug seit so vielen Jahren das Leid dieser schrecklichen Krankheit ihres geliebten Kindes. Sie hatte alles versucht, was Hilfe versprach. In den verschiedensten Sanatorien, offenen und geschlossenen Anstalten, war sie schon gewesen. Die Mutter hatte auch probiert, sie zu Hause zu pflegen, hatte es aber als undurchführbar erkannt. Jetzt ließ sie sie immer sofort unter sichere Aufsicht bringen, sobald die Anzeichen der Krankheit kamen. Zu diesen Anzeichen rechnete es die alte Dame auch, wenn Toni „fromm wurde" und anfing, regelmäßig in die Synagoge zu gehen. Auch in den „guten Zeiten" war das Zusammenleben nicht leicht. Frau Meyer hielt zwei Mädchen, damit Toni alle Bequemlichkeiten haben könnte. Aber es konnte nicht ausbleiben, daß die Mädchen Anstoß daran nahmen, einen der äußeren Erscheinigung nach gesunden Menschen völlig untätig zu sehen. Die Mutter selbst suchte ihre Tochter immer wieder zu irgendwelcher Arbeit anzuregen. Nach Tonis Überzeugung war die alte Dame ihr Leben lang zu gesund gewesen, um für Kranke Verständnis zu haben. Sie war darum immer wieder überrascht, wie liebevoll meine Mutter auf ihre kleinen Eigenarten einging, obgleich sie doch auch solche Leiden aus eigener Erfahrung gar nicht kannte. In unserm Hause fühlte sie sich überhaupt sehr wohl. Die einfache Lebensweise, der natürliche und ungezwungene Ton, die heranwachsenden Kinder — das alles zog sie an und ließ sie förmlich aufleben. Ihre Mutter war darum froh über diese Freundschaft und kam trotz ihres hohen Alters manchmal mit zu uns. Groß war ihre Freude, wenn meine Mutter diese Besuche bisweilen erwiderte. Die klugen, lebenserfahrenen Frauen hatten einander viel zu sagen.

Der Verkehr mit den Dienstboten daheim erschwerte Tonis großes Mißtrauen, das sich in der Krankheit zu Verfolgungsideen steigerte. Auch mit der weiteren Familie gab es immer Schwierigkeiten. Ihren einzigen Bruder und seine Kinder liebte sie sehr, mit ihrer Schwägerin aber verstand sie sich nicht, war unglücklich über deren verfehlte Erziehungsmethoden und glaubte immer wieder eingreifen zu müssen. Sie glaubte — wohl nicht mit Unrecht — daß man sie möglichst fernhielt und ihren Einfluß fürchtete. Da sie sehr klug war und einen scharfen Blick für Menschen hatte, auch mit eindringlicher Überzeugungskraft zu reden wußte, war es für mich schwer zu unterscheiden, was an ihren Erzählungen auf Wahrheit beruhte und was Erzeugung einer krankhaft gesteigerten Einbildungskraft war. So war es auch später, wenn ich sie in Sanatorien oder Irrenanstalten besuchte. Dann bekam ich Schilderungen ihrer Umgebung, der Ärzte, Schwestern und Kranken. Meist wünschte sie, daß ich mit dem behandelnden Arzt reden sollte, um ihn in ihrem Sinn zu beeinflussen, gewöhnlich, um ihre Entlassung zu erreichen.

Sobald die Gewalt der Krankheit nachließ, raffte sie sich mit bewundernswertem Lebensmut wieder auf, zeigte die liebevollste Teilnahme für alle, die ihr nahestanden, und begann auch wieder zu arbeiten. Aber die Kranheitsperioden wurden im Laufe der Jahre immer länger und die Anfälle immer heftiger. Nach dem Tode ihrer Mutter brachten sie die Geschwister in dem Krankenstift Scheibe bei Glatz — bei Fransziskanerinnen — unter. Sie hielten noch jahrelang ihre Wohnung in Breslau für sie bereit, bis sie schließlich die Hoffnung auf Rückkehr aufgeben mußten.

In der Zeit, in der ich mit meiner Doktorarbeit beschäftigt war, muß es ihr wieder recht gut gegangen sein. Sie las damals einem blinden Philosophiestudenten — Wilhelm Steinberg — regelmäßig vor und brachte auch eine phänomenologische Arbeitsgemeinschaft unter meiner Leitung zustande, an der außer ihr und dem Blinden Rose Guttmann und Dr. Grete *Henschel* teilnahmen. (Von dieser neuen Bekannten werde ich später noch zu erzählen haben).

Nach meiner Rückkehr erwartete mich noch eine Nachricht, die mich im Augenblick vielleicht noch härter traf als die Leiden lieber Menschen, die ich eben geschildert habe. Ich war erst wenige Tage daheim, als Nelli *Courant* mich zu einem Spaziergang abholte. Es wurde ein sehr ausgedehnter Spaziergang, denn sie hatte mir viel zu sagen. Einleitend fragte sie mich, ob ich nicht ahnte, was sie auf dem Herzen hätte. Das würde ihr die Mitteilung sehr erleichtern. Zu meinem Bedauern ahnte ich gar nichts. Ich war wie aus den Wolken gefallen, als sie mir eröffnete, daß sie im Begriff sei, sich von Richard zu trennen. Es folgte nun eine lange Schilderung ihres Zusammenlebens. Schon in den Jahren der Freundschaft vor der Ehe, besonders in dem gemeinsamen Semester in Zürich, hätte es öfters Zusammenstöße gegeben. Als Ehemann sei Richard sehr rücksichtslos gewesen. Er hätte den Verkehr mit seinen Freunden fortgesetzt wie als Junggeselle. Manche von ihnen sagten ihr wenig zu, andererseits hatte ihr Mann meist keinen Gefallen an den Menschen, die sie gern bei sich hatte. Es sei ihm auch nicht recht gewesen, daß sie mich so oft zu Gesellschaften miteinlud. Er hätte gesagt, sie müßten elegante und amüsante Leute bei sich haben, und ich sei weder das eine, noch das andere. Natürlich entsprachen auch die Reformkleider seiner Frau seinem Geschmack nicht. Um sie zu ärgern, hätte er manchmal im jüdischen Jargon gesprochen, was sie nicht ausstehen konnte. Er habe ihr die größte Sorge gemacht, indem er aufhörte, ernstlich zu arbeiten. Sie war allmählich zu der Überzeugung gekommen, daß er an seinen Mathematikerberuf nicht mehr glaube. Das Schlimmste aber war die Freundschaft mit einer jungen Mathematikstudentin, seiner Schülerin. Er habe sie oft zum Arbeiten mit nach Hause gebracht und offenbar seien die Beziehungen sehr intim geworden. Ich kannte Luise *Lange* vom Sehen recht gut. Sie war ein bildhübsches Personchen, frisch, lebhaft und sehr begabt. Als Vorsitzende des Studentinnenvereins spielte sei eine gewisse Rolle in der Studentenschaft.

Dieser letzte Punkt auf Nellis langer Anklageliste war der einzige, den ich als schwerwiegend ansehen konnte. Bei den andern war es mir unbegreiflich, daß eine Ehe daran scheitern sollte. Und obwohl es mir sehr wehtat, daß Richard in der Zeit, in der er sich so oft vertrauensvoll mit mir über seine Angelegenheiten beraten hatte, zu andern in unschöner Weise von mir sprach, wußte ich viel zu seiner Verteidigung vorzubringen. Daß er nach seiner ernsten Jugend und den Jahren dauernder Arbeit einmal eine Schonzeit brauchte und sich etwas jugendlichen Lebensgenuß gönnen wollte, schien mir sehr begreiflich. Und vieles, was sie vorbrachte, erschien mir wie eine Ungezogenheit eines übermütigen Jungen. Er war ja erst 24 Jahre alt, als er heiratete, und das Übermaß an Arbeit hatte wohl dazu geführt, daß die menschliche Entwicklung mit der wissenschaftlichen nicht Schritt hielt. Nelli führte belastende Äußerungen an, die er selbst über sich getan hatte. Ich schüttelte den Kopf. „Du darfst dich doch nicht an die Worte halten", rief ich lebhaft. „Was die Menschen über sich selbst sagen, ich meist nicht maßgebend, und bei ihm ganz gewiß nicht". „Gerade diese Unwahrhaftigkeit stößt mich ab". Ich stand vor einer starren Mauer. Aber wenn ich auch ihren merkwürdigen Gedankengängen nicht folgen konnte — Nelli tat mir schrecklich leid. Bisher hatte sie ihrem Vater nichts gesagt. Um seinetwillen hatte sie an Richard ins Feld geschrieben. Ja, als er verwundet nach Essen ins Lazarett gebracht wurde, hatte sie ihn dort besucht. Aber gerade dabei sei es ihr klar geworden, daß sie das Zusammenleben nicht mehr auf sich nehmen könne. Nun müsse sie ihrem Vater anvertrauen, daß die Ehe, zu der er so lange seine Zustimmung verweigert hatte, gescheitert sei. Sie hätte ihm diesen Schmerz so gern erspart, aber nun war es nicht mehr zu verheimlichen.

Ich sah Justizrat *Neumann* bald, nachdem er alles gehört hatte. Es traf ihn sehr hart, und man merkte ihm die Empörung über den Mann an, der sein geliebtes einziges Kind unglücklich gemacht hatte. Sofort nahm er die Sache in die Hand und leidete den Scheidungsprozess ein. Dabei zeigte sich aber seine gütige und vornehme Natur. Er legte mir seine Briefe an meinen Vetter vor, ehe er sie abschickte, damit nichts Kränkendes darin stehen bliebe. Ich kam in diesen Monaten öfters mit ihm und Nelli zusammen. Sie verkehrte weiter als Verwandte bei uns und erzählte ihre Geschichte auch meiner Mutter und unserer lieben Tante Mika — den beiden Menschen, die Richard am meisten aus der ganzen Familie schätzte. Wir wurden alle dadurch etwas gegen ihn eingenommen, wenn auch die Stimme des Herzens immer wieder für ihn sprach.

2.

In dieser Zeit, in der so viel Menschliches auf mich eindrang und mich im Innersten traf, nahm ich doch meine ganze Kraft zusammen, um die Arbeit voranzutreiben, die mir nun schon über zwei Jahre als schwere Last auf der Seele lag. Wenn ich in Weißkirchen in dem dicken Stoß von Auszügen und Entwürfen geblättert hatte, war mir immer recht bange geworden. Und der schreckliche Winter 1913/14 war noch unvergessen. Jetzt legte ich entschlossen alles bei Seite, was aus Büchern stammte, und fing ganz von vorn an: eine sachliche Untersuchung des Einfühlungsproblems nach phänomenologischer Methode. O wie anders ging das jetzt als damals! Freilich setzte ich mich jeden Morgen mit Zagen an meinen Schreibtisch. Ich war wie ein winzig kleiner Punkt im unendlichen Raum — würde aus dieser großen Weite etwas zu mir kommen, was ich fassen konnte? Ich legte mich in meinem Stuhl ganz weit hintenüber und richtete mit schmerzhafter Anspannung den Geist auf das, was mir gerade die dringlichste Frage war. Nach einer Weile war es, als ob ein Licht aufginge. Ich konnte zum mindesten die Frage formulieren und fand Wege, ihr zu Leibe zu rücken. Und sobald mir eine Sache klar war, eröffneten sich neue Fragen, nach verschiedenen Seiten („neue Horizonte", pflegte *Husserl* zu sagen). Ich hatte immer neben den schönen Blättern, auf die der laufende Text kam, einen Zettel liegen, um alle die aufsteigenden Fragen zu notieren; sie mußten ja alle an ihrem Ort behandelt werden. Indessen füllte sich Seite um Seite, ich wurde rot und heiß vom Schreiben und ein ungekanntes Glücksgefühl durchströmte mich. Wenn ich zum Mittagessen gerufen wurde, kehrte ich wie aus einer andern Welt zurück. Erschöpft, aber voll Freude ging ich hinunter. Ich war ganz erstaunt, was ich nun alles wußte; Dinge, von denen ich vor ein paar Stunden noch nichts geahnt hatte, und ich war froh über die vielen angesponnenen Fäden, die ich wieder aufgreifen konnte.

Dennoch war es jeden Tag wie ein neues Geschenk, daß es weiterging. Und es ging immer weiter, etwa drei Monate lang in einem Zuge. Dann hatte sich etwas von mir abgelöst und wie zu einem Dasein gerundet. Ich konnte noch nachprüfen, Einzelheiten berichtigen und ergänzen; vor allem mußte ich noch viel Literatur nachlesen und mit Hilfe dessen, was ich mir nun selbst erarbeitet hatte, kritisch erwägen. Aber das alles war nur ein Nachfeilen an einem Gebilde, das als Ganzes fertig dastand. So weit war ich wohl Ende Januar 1916. Weihnachten war, so weit ich mich erinnere, noch nicht die Hälfte niedergeschrieben, aber es war doch schon ein gutes Stück vorhanden, über das ich ganz gern einmal mit Husserl gesprochen hätte, um ein vorläufiges Urteil zu hören. Kurz vor

Weihnachten kam ein Brief von Pauline *Reinach*: ihr Bruder käme zum Fest auf Urlaub; sie fänden es alle sehr nett, wenn ich auch nach Göttingen käme. Urlaub — damit hatte ich bisher nie gerechnet! Wiedersehen mit Reinach war mir bisher immer gleichbedeutend mit Frieden gewesen. Es war fast zu schön, um wirklich zu werden. Ich fragte meine Mutter, was sie zu dem Vorschlag meine. Es war ja doch auch eine Frage des Geldbeutels; zu einer so weiten Reise ohne zwingenden Grund entschloß man sich in unserer Familie nicht so leicht. Aber in diesem Fall redete mir meine Mutter sofort zu. Sie gönnte mir die große Freude des Wiedersehens von Herzen. Außerdem leuchtete es ihr ein, daß eine Aussprache mit Husserl sehr angebracht sei. Pauline Reinach war voller Bewunderung, als ich in Göttingen davon erzählte. Ihre Aufforderung war ihr, nachdem sie den Brief abgeschickt hatte, als eine starke Zumutung erschienen. Und sie selbst hätte bei ihrer Familie in Mainz keineswegs soviel Verständnis gefunden.

Da war ich nun nach fast einem Jahr Abwesenheit wieder in Göttingen. Als mir Liane *Weigelt* wie früher bei Tisch gegenübersaß, sagte sie: „Sie sehen noch ganz unverändert aus, Fräulein Stein". „Das finde ich nicht", erklärte Frau *Gronerweg*. „Man sieht es Fräulein Stein an, daß sie den Ernst des Lebens kennengelernt hat". Pauline wohnte vorläufig noch bei Gronerwegs. Aber sie sollte bald in den Steinsgraben übersiedeln, denn Frau Reinach wollte nicht wieder fortgehen, sondern ihren Haushalt in Göttingen auch nach Reinachs Abreise weiterführen.

Am 23. Dezember hatte Reinach Geburtstag. Das war der Tag nach meiner Ankunft. Am Vormittag wurde ich im Steinsgraben erwartet. Ich kaufte ein schönes zeitgemäßes Buch als Geburtstagsgeschenk und machte mich voll froher Erwartung auf den Weg. Als ich die wohlbekannten zwei Treppen hinaufgestiegen war, sah ich schon durch die Glastür, daß alle draußen vor der Garderobe versammelt waren. Man begleitete gerade einen Gast hinaus. Es wurde geöffnet, ich trat ein und stand meinem Vetter Richard *Courant* gegenüber. Wir waren beide gleich überrascht. „Wie, du bist hier?" rief er lebhaft. „Komm sofort mit mir mit, ich muß mit dir sprechen". Ich sah Reinach hilfesuchend an. Es wäre mir sehr schwer geworden, auf der Schwelle wieder umzukehren. Aber Richard gab nicht leicht etwas auf, was er sich in den Kopf gesetzt hatte. Auch er wandte sich an den Hausherrn als an die oberste Instanz: „Reinach, sagen Sie ihr doch, daß sie mitgehen soll". „Das muß sie schon selbst entscheiden". Das hieß wohl soviel, daß ich mich in mein Schicksal ergeben müsse. Aber da kam Hilfe von einer andern Seite: Frau Reinach griff ein. „Kommen Sie doch beide heute nachmittag zu uns zum Kaffee. Husserls kommen noch außerdem und Putti *Klein*. Dann können Sie sich in ein anderes Zimmer zurückziehen und ganz ungestört miteinander reden, solange Sie wollen". Das war ein so einwandfreier Vorschlag, daß Richard nichts mehr zu erwidern wußte. Er ging, wir atmeten auf und konnten uns erst jetzt richtig begrüßen. Reinach war breit und kräftig geworden, der Felddienst bekam ihm gut. Frau Reinach lernte ich eigentlich jetzt richtig kennen. Früher war ich ja fast nur als Studentin zu meinem Lehrer gekommen. Jetzt aber gehörte ich zum allernächsten Kreis, zu den „Trauernden erster Ordnung", wie Reinach einmal scherzend sagte, als er sich ausmalte, wie es sein würde, wenn er fiele. Dazu rechnete er außer seiner Frau und Pauline nur Erika Gothe und mich. Erika wurde übrigens auch für einige Tage erwartet. Weihnachten wollte und mußte sie zu Hause feiern. Aber zwischen Weihnachten und Neujahr wollte sie kommen, machte also die Fahrt zwischen Göttingen und Schwerin zweimal.

Natürlich war es für Frau Reinach ein Opfer, daß sie ihren Mann in den kurzen Urlaubstagen nicht für sich allein haben konnte. Aber sie brachte es gern, da sie wußte, daß es ihrem Mann Freude machte, uns wiederzusehen. Als Erika dann da war und wir beide einen Spaziergang machten, begegneten wir dem Ehepaar Husserl und Reinach, die auch miteinander ausgingen. Es gab eine kleine Begrüßung. Ich war schon einigemal vorher bei Husserl gewesen, aber Erika hatte es in den wenigen Tagen nicht für nötig gehalten, sich zu zeigen, da sie ja das ganze Semester in Göttingen zubrachte. „Fräulein Stein ist nur Herrn Reinachs wegen gekommen", sagte Husserl neckend. (Er war überzeugt, daß ich meiner Arbeit wegen gekommen war, während ich fand, daß sein Scherz durchaus die Wahrheit traf). „Fräulein Gothe ist auch nur Herrn Reinachs wegen gekommen", sekundierte Frau Malwine. Nun kam wieder der gute Meister: „Was sagt denn Herr Reinach dazu?" „Ich bin ganz beschämt", war die bescheidene Antwort. Nun aber kam die Höhe. „Was sagt denn Frau Reinach dazu?", fragte Frau Husserl. Wir standen alle ganz bestürzt. Da ertönte es im schönsten Schwäbisch: „Ja, *i* kann das natürli am beschte verschtehe". Der Bann war gebrochen. Wir verabschiedeten uns, Erika und ich gingen noch etwas niedergeschlagen heimwärts, die geschmacklosen Scherze gingen uns noch etwas nach. Da hörten wir schnelle Schritte hinter uns. Frau Reinach war uns nachgelaufen und rief jetzt ganz atemlos: „Fräulein Gothe, Fräulein Stein!" Wir drehten uns um. „Sie kommen doch beide heute abend zu uns?" Freudig sagten wir zu. Und das Entzücken über ihre natürliche Herzlichkeit und die Unbeirrbarkeit des Gefühls, die sie jeder Situation gewachsen sein ließ, verscheuchte alle Bedrücktheit.

Nun aber zurück zum Geburtstagskaffee. Die Gäste wurden erst im grauen Salon empfangen. Hier sah ich Husserl zuerst wieder. Und Putti Klein lernte ich bei dieser Gelegenheit überhaupt erst persönlich kennen. Ihre Freunde nannten sie immer noch mit ihrem Kindernamen. Nur ihr Vater rief sie stets „Elisabeth". Und mir wurde sie natürlich als „Frau Staiger" vorgestellt. Ich weiß nicht, ob sie gleich nach ihrer Kriegstrauung oder erst nach dem Tode ihres Mannes in ihr Elternhaus zurückgekehrt war. Sie half ihrem Vater bei seinen Arbeiten. Er war schwer leidend, ließ sich aber im Rollstuhl zur Universität fahren und hielt Übungen im Mathematischen Seminar. Putti war groß und schlank, eine fürstliche Gestalt, ungebeugt durch ihr hartes Schicksal. Sie hatte zu viel Leben in sich, um in Trauer zu versinken.

Courant kam wohl zuletzt. Natürlich wurde in Göttingen viel von seiner Scheidung gesprochen. Er hatte sich aus Essen nach Göttingen ins Lazarett verlegen lassen. Sein Haushalt war aufgelöst, Nelli wollte nichts von ihren Möbeln in seinen Händen lassen. Als er aus dem Lazarett entlassen wurde, nahm ihn die Familie Runge auf; so wohnte er jetzt in dem gastlichen Haus in der Wilhelm-Weberstr., in dem vor ihm Bell eine Zuflucht gefunden hatte. Über die menschlichen Hintergründe der Ehetrennung waren natürlich nur ganz wenig Menschen unterrichtet. Von den Anwesenden außer mir nur Pauline Reinach. Wir hatten am Abend vorher schon darüber gesprochen. Luise *Lange* hatte im letzten Semester mit ihr zusammen bei Gronerwegs gewohnt und sich ihr anvertraut. Sie war voller Teilnahme für Luise und auch für Courant, hatte alle in ganz anderem Licht dargestellt bekommen als ich. Luise Lange hatte auch von mir viel gehört und hätte mich gern kennengelernt; andererseits hatte sie Scheu vor einem Zusammentreffen, weil sie wußte, daß ich durch Nelli eingeweiht war, und mir war es auch sehr lieb, daß es nicht dazu kam. Ich wohnte diesmal bei Gronerwegs, und wenn ich mich recht erinnere, war sie während dieser Zeit wenigstens einen Tag im Hause, aber wir begegneten uns nicht.

Als die Gäste bei Reinachs vollzählig waren, ging es an den Kaffeetisch. Reinach und ich saßen uns an den Schmalseiten gegenüber. An einer Längsseite saß Husserl zwischen Frau Staiger und Frau Reinach, auf der andern Courant zwischen Frau Husserl und Pauline. Richard führte das große Wort. Er machte einen Witz nach dem andern. Als er eine geringschätzige Bemerkung über das Eiserne Kreuz machte, wechselten Reinach und ich über den Tisch hinweg einen Blick. Dann sagte Reinach leise, aber sehr fest: „Mir hat es sehr viel bedeutet". Darauf schwieg Richard. Übrigens sah er mitten im Reden manchmal nervös auf die Uhr. Pauline und ich wußten, daß an diesem Nachmittag sein Prozeß vor dem Gericht verhandelt wurde. Plötzlich winkte er mir und sagte: „Ich muß jetzt gehen". Ich stand sofort auf und verabschiedete mich mit ihm zugleich. Wir gingen zusammen hinaus. Unten sagte er mir, daß er heute die Entscheidung erwarte und bald nach der Verhandlung seinen Rechtsanwalt sprechen wolle. Wir gingen am Gericht vorbei, aber es war noch zu früh. Er wollte nun in der Stadt Weihnachtsgeschenke einkaufen — für alle Mitglieder der Familie Runge — und ich sollte ihm aussuchen helfen. Wir gingen die Wendenstr. entlang, aus einer Buchhandlung in die andere, und unterwegs sprachen wir von seiner Angelegenheit. Ich konnte mir gar nicht denken, daß heute die Scheidung ausgesprochen würde. Das Eherecht war damals ja noch viel strenger als heute, und es war eigentlich kein gültiger Scheidungsgrund vorhanden. Richard war etwas betreten, als ich das aussprach. Obgleich er von sich aus nicht im mindesten an eine Trennung gedacht hatte und von dem Prozeß ganz überrascht wurde, wünschte er doch jetzt sehr, zum Abschluß zu kommen. Am ärgsten war es ihm, daß Luise Langes Namen in die Verhandlungen hineingezogen war; um seine Beziehungen zu ihr nach Möglichkeit auszuschalten und ihren Ruf zu schonen, hatte er selbst etwas anderes für ihn Belastendes angegeben. Ich hatte keinen Zweifel, daß es eine vorgeschobene Sache sei und daß keine wirkliche Schuld vorliege.

Der Schachzug glückte aber, und der Prozeß kam tatsächlich an diesem Tage zum Abschluß. Als wir uns verabschiedeten, war ich wie gerädert. Wir besprachen uns zu einem gemeinsamen Spaziergang, um die Erörterung fortzusetzen. Richard holte mich dazu ab. Ich weiß nicht mehr, ob es schon am nächsten Tag war. Auf einsamen Park- und Waldwegen ließ es sich besser sprechen als im Straßengewühl bei den Weihnachtseinkäufen. Aber quälend war es auch jetzt. Offenbar ging es Richard sehr nahe, daß Nelli durch ihre Erzählungen meine Mutter, Tante Mika und mich gegen ihn beeinflußt hatte. Es lag ihm daran, die Tatsachen klarzustellen, und doch war es ihm sehr peinlich, sich vor mir zu rechtfertigen, und mir war es nicht minder peinlich, diese Rechtfertigung anzuhören und darauf zu erwidern. Es war ihm aber in diesen Gesprächen noch um etwas anderes zu tun. „Sag mal, hast du diese Ehe eigentlich für etwas Mögliches gehalten?" fragte er. Offenbar war er mit dem Geschehenen innerlich noch nicht fertig und suchte nach Klarheit. Ich mußte gestehen, daß ich beim Verkehr in ihrem Hause durchaus nicht den Eindruck einer unglücklichen Ehe gehabt hatte. Und bei Nellis Erzählungen war es mir so erschienen, als ob sie durch das beständige nachträgliche Grübeln und Zergliedern Kleinigkeiten so gesteigert hatte, bis sie zu unüberwindlichen Schwierigkeiten wurden. So hatte auch Richard die Sache ursprünglich angesehen. Aber es stiegen doch jetzt tiefere Fragen auf. War Nelli überhaupt ein Mensch, der mit andern zusammenleben konnte? Als Hausfrau war sie ja bestimmt unmöglich. Wenn er an einem kalten Wintertag einen Gast aus der Universität mitbrachte und um etwas heißen Tee bat, fragte sie freundlich: „Ist das jetzt wirklich nötig? Ich bin gerade so schön am Arbeiten". So ging alles nach umständlichen rationalen Erwägungen, und über dem Prüfen des Guten und Besseren wurde der rechte Augenblick verpaßt. „Eigentlich habe ich nur Eines bei ihr erlebt, was etwas wirklich Elementares bei ihr war", sagte Richard. „Das waren die Wutausbrüche über ihre Großmutter". Diese Behauptung schien mir etwas zu weitgehend. „Die Liebe zu ihrem Vater ist sicher auch etwas Elementares". Das konnte er nicht leugnen. Übrigens war es Richard sehr darum zu tun, wie es Nelli ginge. Es tat ihm auch richtig leid, daß dem „Vater Neumann" die Sache so nahe gegangen war. Auch bei späteren Zusammenkünften versäumte er niemals, sich eingehend nach Nelli zu erkundigen, während sie seinen Namen nie mehr erwähnte. Als er von selbst auf Luise Lange zu sprechen kam, frug ich vorsichtig nach der Art der Beziehungen zu ihr. „Es war etwas, was mit einer ganz idealen Ehe vielleicht nicht vereinbar ist", sagte er.

Nach diesem Spaziergang sahen wir uns nicht wieder; Richard reiste bald darauf nach Berlin. Er hatte drei nicht sehr schwere Verwundungen aus dem Feld mitgebracht, wurde aber nicht wieder hinausgeschickt. Er hatte draußen eine wichtige „Erfindung" gemacht: ein Verfahren, die Schützengräben durch drahtlose Telegraphie zu verbinden, weil die Drahtleitungen natürlich sehr oft zerstört wurden. An dem Frontabschnitt, wo er als Leutnant tätig war, hatte er den Plan ins Werk setzen dürfen. Nun erhielt er den Auftrag, von Berlin aus die drahtlose Verbindung an allen Fronten durchzuführen. In diesem Amt blieb er bis zum Ende des Krieges.

Unsere Gespräche gingen mir noch lange nach, und wie es meine Art war, drängte es mich, ihm manches, was ich ihm nicht hatte sagen können, noch nachträglich zu schreiben. Ich sprach ihm gegenüber ganz offen dasselbe aus, was ich schon Nelli gesagt hatte: es sei mein Eindruck, daß er sich in seiner Ehe benommen hätte wie ein „grüner Junge". Aber an eine schwere Schuld, die eine Scheidung rechtfertigen konnte, glaubte ich nicht. Eine Antwort bekam ich auf diesen Brief nicht. Aber es bestand von da an ein Vertrauensverhältnis zwischen uns, das nie wieder gestört wurde. Daß Nelli mir die kleinen Bosheiten wiedererzählt hatte, die er über mich ihr und andern gegenüber geäußert hatte, das habe ich ihn nie merken lassen. Sie schienen mir belanglos im Verhältnis zu dem Vertrauen, das er mir in unsern Gesprächen bewiesen hatte.

Sehr bald nach meiner Ankunft hatte ich mich natürlich auch mit meinem Manuskript unter dem Arm zum Hohen Weg begeben. Der Meister ließ sich große Stücke vorlesen, war recht befriedigt und gab mir Anregungen zu mancherlei kleinen Ergänzungen. Bei Reinachs mußte ich über diese Besuche genau berichten und erregte großes Erstaunen, da es sonst gar nicht *Husserls* Art war, jemanden lange zuzuhören. Jedesmal wurde ich gefragt: „Ist es immer noch schön bei Husserl?"

Am Heiligen Abend war nur Pauline bei Reinachs. Ich konnte es gut verstehen, daß sie den Abend ganz still für sich sein wollten. Mich hatte Liane Weigelt zusammen mit einem älteren Studenten eingeladen, mit dem sie damals befreundet war. Sie hatte ihr behagliches Stübchen schön geschmückt und tat was sie konnte, um es uns drei nestlosen Vögeln recht weihnachtlich zu gestalten. Wir beide allein hätten uns sicher noch heimelicher gefühlt. Bei Herrn Schäfer spürte ich aber eine starre innere Kruste, an der ihre Bemühungen abspalteten. Tatsächlich bereitete er ihr bald darauf eine große Enttäuschung. Liane schlug vor, zur Mitternachtsmesse in die katholische Kirche zu gehen .Sie hatte das wohl in München öfters getan. Mir war es noch ganz fremd, aber ich ging freudig darauf ein. Wir gingen durch die dunkle Winternacht zur Kurzen Straße. Aber es war weit und breit niemand zu sehen, und die Kirchtür war fest verrammelt. Die Christmette war wohl erst am Morgen. So mußten wir enttäuscht heimkehren.

Am zweiten Weihnachtstage war ich mit Reinachs zusammen bei Husserls zum Abendessen eingeladen. Das war eine große Freundlichkeit von Frau Malwine, und ich freute mich sehr auf den Abend; aber es war natürlich ganz anders als ein Abend bei Reinachs. Außer uns waren noch andere Gäste da: Professor *Jensen* (Mediziner) mit seiner Frau und eine Schweizer Studentin. Jensens waren mit Husserls sehr nahe befreundet, mir aber ganz fremd. Es wurde viel politisiert, und in einer Weise, die uns wenig zusagte; auch die junge Schweizerin schien darunter zu leiden. Bei Tisch kam das Gespräch darauf, wo die Sitte des Weihnachtsbaums herstamme. Professor Jensen holte den Band W des Konversationslexikons herbei und las den Artikel „Weihnachtsbaum“ daraus vor. Frau Husserl forderte uns mit großer Wichtigkeit auf, festzustellen, was besser schmeckte: die Leckerli, die sie selbst gebacken hatte, oder die echten Basler von Fräulein *Stählin*. Als wir dann auf dem Heimweg waren, blieb Reinach plötzlich auf der Straße stehen und fragte: „So, nun sagt einmal ehrlich: Was hat besser geschmeckt — die falschen Basler Leckerli oder die echten? Ich fand, die echten waren viel besser. Aber ich hab mich gehütet, es Frau Husserl zu sagen“. Dabei lachte er spitzbübisch, und wir alle waren frei von der Beklommenheit, die wir mitgebracht hatten.

Ich habe nicht mehr in Erinnerung, wann Reinach und wann ich selbst abreiste. Für meine Arbeit waren die Besprechungen mit *Husserl* sehr ermutigend gewesen, und es ging nun flott weiter. Aber sie war noch nicht abgeschlossen, als die überraschende Nachricht kam, Husserl habe einen Ruf als Nachfolger Heinrich Rickerts nach Freiburg i.Br. bekommen und angenommen. Rickert kam an Stelle des verstorbenen Wilhelm *Windelband* nach Heidelberg. Diese beiden Häupter der „badischen Schule" hatten ja eine gemeinsame und darum sehr wirkungsvolle Tätigkeit ausgeübt. Es war keine ganz leichte Aufgabe, um hier für die Phänomenologie Boden zu gewinnen. Aber Husserl zögerte keinen Augenblick, dem Ruf zu folgen. Er wurde damit aus der peinlichen Lage befreit, in der er in der Göttinger Philosophischen Fakultät so viele Jahre gewesen war, und kam auf einen der angesehensten philosophischen Lehrstühle in Deutschland. Noch glücklicher als er selbst war sicher Frau Malwine. Aber die Freude sollte nicht lange dauern. Mitten während der Vorbereitungen zur Übersiedlung nach Freiburg kam die Nachricht, daß ihr Liebling *Wolfgang* gefallen sei. Er hatte kurz vor Kriegsbeginn sein Abitur gemacht, hatte schon genaue Pläne für sein Sprachenstudium, auf das ihn seine ganz ausgeprägte Begabung hinwies. Als Siebzehnjähriger war er in das Göttinger Freiwilligenregiment eingetreten. Auch den Vater traf der Tod seines Jüngsten sehr hart. „Man muß ausdulden", schrieb er an mich.

3.

Mir machte der rasche Übergang nach Freiburg einen Strich durch die Rechnung. Ich hatte sicher darauf gezählt, daß ich in der mündlichen Prüfung von denselben Herren geprüft würde wie im Staatsexamen und nur noch einer kleinen Wiederholung bedürfe, da für die Nebenfächer im Rigorosum viel weniger verlangt wird als für die facultas docendi. Nun mußte ich mich darauf gefaßt machen, zu ganz unbekannten Professoren zu kommen. Auf die erste Nachricht von Husserls Berufung hatte ich ihm sofort geschrieben, ob ich nicht meine Arbeit schleunigst zum Abschluß bringen und zur Promotion nach Göttingen kommen sollte. Aber er antwortete, das sei nicht mehr möglich. Ich sollte nur in aller Ruhe das „opus eximium" zu Ende führen und dann nach Freiburg kommen. Er werde dort mit der größten Freude erwartet und die neuen Kollegen würden zweifellos auch seinen Doktoranden in jeder Weise entgegenkommen.

Bald wurde meine Arbeit noch von einer andern Seite her bedroht:

Eines Morgens brachte die Post einen Brief des stellvertretenden Direktors der Viktoriaschule. Unser alter Direktor *Roehl* war während des Krieges gestorben. Wohl, weil eine Reihe von Lehrern im Felde standen, wurde die Ernennung eines neuen Schulleiters bis nach dem Kriege verschoben. Die Direktoratsgeschäfte wurden vorläufig Herrn Professor *Leugert* übertragen, unserm alten guten Neuphilologen. Die Lauterkeit seiner Gesinnung und seine große Herzensgüte ließen wohl hoffen, daß er mit den menschlichen Schwierigkeiten dieser Stellung eher als irgend ein anderer fertig werden würde. Man konnte sich keinen milderen und anspruchsloseren Vorgesetzten wünschen. Aber er selbst trug schwer an seiner Last. In wenigen Zeilen bat er um meinen Besuch, ohne den Grund anzugeben. Zur angegebenen Stunde machte ich mich mit einiger Spannung auf den Weg — meinen wohlbekannten alten Schulweg. Es war am Vormittag während des Unterrichts. Ich betrat das Direktorhaus, das vorn an der Straße lag — zum Schulgebäude mußte man über den großen Hof gehen — und klopfte an das Amtszimmer. Mit herzlicher Freundlichkeit wurde ich empfangen. Und nun kam das große Anliegen: Professor *Olbrich,* unser alter Lateinlehrer, stand als Hauptmann der Reserve in Polen. An seiner Stelle hatte bisher Herr Oberlehrer *Kretschmar* den Unterricht in den drei oberen Klassen des Realgymnasiums gegeben — ein junger Lehrer, der noch während meiner Schulzeit angestellt wurde; ich kannte ihn vom Sehen, hatte aber keinen Unterricht mehr bei ihm gehabt. Nun war er erkrankt und brauchte dringend Erholung im Gebirge. Es waren wohl noch Herren da, die die Lehrbefähigung für Mittelstufe hatten, aber die Oberklassen wagte keiner zu übernehmen. Da waren sie auf den Gedanken gekommen, mich um die Vertretung zu bitten. Ich hatte zwar gar keine facultas für alte Sprachen, aber man hatte mich noch als gute Lateinerin in Erinnerung. Und im Krieg ging ja alles. Zwei Studentinnen, die ein Jahr nach mir Abitur gemacht hatten und noch vor dem Staatsexamen standen, halfen bereits in Mathematik und Naturwissenschaften aus. Ich war ganz betroffen über den Vorschlag. Was sollte aus meiner Doktorarbeit werden? Professor Leugert versprach mir einen zusammenhängenden Stundenplan, der mir noch reichlich Zeit für wissenschaftliche Arbeit ließe. „Herr Professor, ich habe noch nie vor einer Klasse gestanden". Er legte die Hand aufs Herz. „O, gnädiges

Fräulein, Sie haben ja immer alles gekonnt; Sie werden auch das können". Als ich immer noch unschlüssig war, bat er mich, mit ihm in das Schulgebäude hinüberzugehen und mit dem kranken Kollegen selbst zu sprechen. Im Amtszimmer des Direktors befand sich ein großer Stundenplan für die Anstalt. Er bestand aus beweglichen bunten Holztäfelchen. Jedes Mitglied des Kollegiums hatte seine Farbe. Mit einem raschen Blick war hier festzustellen, in welcher Klasse sich gegenwärtig Herr Kretschmar befand. Wir gingen hinüber und riefen ihn auf den Gang heraus. Er sagte mir noch einmal alles, was ich zu übernehmen hätte: die Hauptsache war der Lateinunterricht in den drei Oberklassen; dazu kamen noch einige Stunden Deutsch, Geschichte und Erdkunde. „Wenn Sie selbst durchaus nicht können, dann besorgen Sie uns eine andere ehemalige Schülerin. Am liebsten ist es mir aber, wenn Sie selbst kommen" *. Als ich das hörte und zugleich die fiebrig glänzenden Augen sah, brauchte ich keine Überlegung mehr. Anfang Februar begann ich meine erste Schultätigkeit — knapp 5 Jahre nachdem ich dieses Haus als Abiturientin verlassen hatte.

Bis Ostern hatte ich nur 12 Wochenstunden, da das Abitur schon vorbei und die Oberprima entlassen war. Von Ostern ab kamen noch 6 Stunden (Latein und Geschichte) in Oberprima hinzu. In dieser Klasse waren drei Schülerinnen, die die Prüfung nicht bestanden hatten und im Herbst wiederholen mußten. Ich hatte mich darauf gefaßt zu machen, daß ich dann auch der Prüfungskommission angehören würde, um das Examen in Latein abzuhalten.

Völlig unbeschwert durch irgendwelche pädagogische Vorbildung ging ich ohne große Ängstlichkeit an meine Aufgabe heran. Der vorzügliche Unterricht, den wir bei Professor Olbrich gehabt hatten, war mir noch lebhaft in Erinnerung und diente mir als Richtschnur. Die Lateinstunden meiner ersten Breslauer Semester steuerten manche Anregung bei. Meine eigene Freude an den alten Schriftstellern half mir, auch bei den Schülerinnen Verständnis zu erwecken. Ich suchte auch bei der Auswahl der Lektüre das heraus, was fruchtbare Anregung versprach. Z.B. las ich mit den Primen viel mehr Tacitus, als man uns in meiner Schulzeit zugemutet hatte. Es waren sehr begabte Mädchen in den Oberklassen; sie nahmen mit großer Dank-

* Er legte beide Hände auf die Brust und sagte: „Ich bin lungenkrank und soll eine Liegekur machen".

barkeit alles auf, was über den herkömmlichen Schulbetrieb hinausging. Eine Einführung in die griechische Philosophie, die ich ihnen zur Vorbereitung auf Ciceros philosophische Schriften gab, wurde mit Begeisterung begrüßt. Herr Direktor Leugert ließ mir volle Freiheit. Die Obersekunda, die ich übernahm, war in Latein sehr verwahrlost, da sie häufig den Lehrer gewechselt hatte. Als ich einmal als Klassenarbeit eine Übersetzung ins Lateinische schreiben ließ, versagten die meisten. Sie verlangten danach, eine andere Arbeit dafür schreiben zu dürfen. Sie konnten sich dabei auf eine neuere Ministerialverfügung stützen, daß eine Arbeit nicht zu rechnen sei, wenn über ein Drittel der Klasse eine geringere Note als 3 hätte. Ich erwiderte aber: „O nein! Das Ergebnis entspricht nur den Tatsachen. Wenn jemand anders die Klasse übernimmt, kann er gleich sehen, daß über die Hälfte unter dem Durchschnitt ist, den man verlangen muß". Trotzdem erkundigte ich mich bei Professor Leugert, ob ich ein Recht hätte, die Verfügung unbeachtet zu lassen. „Das überlasse ich ganz Ihnen, gnädiges Fräulein", erwiderte er freundlich. „Tun Sie nur, was Sie für richtig halten".

Wenn ich bei solchen Gelegenheiten streng erscheinen mochte, so stand ich doch gut mit meinen Schülerinnen. Es gab eine freigebildete Wandergruppe unter einer selbstgewählten Leiterin, einer jungen Turnlehrerin. Einmal baten die Mädchen mich, an Stelle von Fräulin *Walter* mit ihnen hinauszugehen. Ich sagte bereitwillig zu und war den ganzen Sonntag mit ihnen im Freien, richtig wandervogelmäßig mit Zupfgeigen und Kochgeschirr. An einem Mühlbach wurde abgekocht. Eine aus der Gruppe kannte die Mullersleute und bekam von ihnen einen großen Topf Milch geschenkt. Davon wurde das Hauptgericht — Schokoladenpudding — hergestellt. Ich brauchte nicht zu kochen, aber die Kessel wurden mir vor die Nase getragen, um zu begutachten, ob es kochte.

Ganz eigentümlich war es mir, im Lehrerinnenzimmer unter meinen alten Lehrerinnen zu sitzen und den Konferenzen beizuwohnen. Wie oft hatten wir uns als Kinder gewünscht, in einem verborgenen Winkel als kleine Mäuschen zu sitzen und zuzuhören! Nun war es mir, als sei der Wunsch in Erfüllung gegangen. Und merkwürdig: es ging nicht viel anders zu, als wir es uns damals vorgestellt hatten. Es gab tatsächlich Leute, die sich über kindliche Fehler schrecklich aufregten und moralisch entrüsteten. Daneben gab es freilich auch junge Kräfte, die kameradschaftlich mit den Kindern standen und für sie einraten. Ein sehr gutes Verhältnis bestand zwischen Oberlehrer *Kretschmar* und den Klassen, die ich übernommen hatte. Ich betrachtete mich auch durchaus nur als seine Stellvertreterin und bemühte mich, in seinem Sinn zu arbeiten. Ich gab ihm manchmal brieflich Bericht über den Stand der Dinge, legte ihm vor dem Abitur die Texte vor, die ich für die mündliche und schriftliche Prüfung ausgewählt hatte — wir durften für jedes Fach drei Prüfungsaufgaben vorschlagen; das Provinzial-Schulkollegium bestimmte dann eine davon — und als er einmal für ein paar Tage von Schreiberhau nach Breslau kam, sprachen wir ausführlich miteinander. Dabei konnte ich feststellen, daß er durch Briefe der Kinder über die Ereignisse des Schullebens bis in alle Einzelheiten unterrichtet war. Die Kur, die er damals durchmachte, erlaubte ihm noch einmal, in die Schule zurückzukehren. Aber wenige Jahre später starb er.

Die andern Herren, so weit sie nicht im Felde standen, gehörten alle der älteren Generation an. Sie hielten sich während der Pausen und Freistunden in einem eigenen Zimmer neben dem der Lehrerinnen auf. Als Grund wurde angegeben, daß sie ungestört rauchen wollten. Nur zu den Konferenzen kamen sie zu uns herüber. Die rechte Hand des stellvertretenden Direktors war Professor *Köhler*, bei dem ich einst meinen ersten Chemieunterricht gehabt hatte. Damals hatte er den Spitznamen „Mariechen schon's Chlor". Sein naturwissenschaftlicher Unterricht war nicht schlecht, aber als Mathematiklehrer war er so wenig glücklich, daß die meisten Schülerinnen Nachhilfeunterricht brauchten. Das war in früheren Jahren eine Haupteinnahmequelle für meinen Vetter Richard gewesen. Erna hatte noch unter diesem mangelhaften Unterricht gelitten, später wurden die Mathematikstunden — wenigstens in den Oberklassen — in andere Hände gegeben.

Zu den „Heimkriechern", die noch dem Kollegium angehörten, zählten Professor *Gnerich*. In meiner Schulzeit war er als junger Lehrer an die Schule gekommen und viel angeschwärmt worden; es machte auch den Eindruck, daß er darauf Wert legte. Von den Schülerinnen der oberen Gymnasialklassen wurde er durchaus abgelehnt. Auf einem Schulausflug hörte ich die seufzende Frage: „Wann kommt er denn endlich ins Feld?" Bei den Konferenzen hatte er viel über Respektlosigkeit zu klagen; gerade die begabtesten und eifrigsten Schülerinnen standen mit ihm auf Kriegsfuß. Begreiflicherweise ärgerte es ihn sehr, wenn dann Fräulein *Zucker* und ich erklärten, daß bei uns das Verhalten der Mädchen tadellos sei. Fräulein Zucker war eine sehr kluge und tüchtige Germanistin, einige Semester älter als ich, aber wir kannten uns noch von der Universität her. Auch sie war zur Aushilfe während des Krieges an die Schule gerufen worden. Früher hätten wir beide wegen unserer jüdischen Abstammung keine Aussicht auf Beschäftigung an der Anstalt gehabt, da die Viktoriaschule — wie Professor Leugert auf einer Konferenz einmal sagte — „immer als protestantisch gegolten hatte".

Großer Beliebtheit erfreuten sich die beiden Studentinnen, Käthe *Friedental* und Lotte *Stern,* sehr hübsche, frische und begabte Mädchen. In jeder Pause klopfte es mehrmals an die Tür des Lehrerinnenzimmers, und meist wurde dann eine der beiden hinausgerufen, weil die Kinder eine unaufschiebbare Frage hatten. Die älteren Lehrerinnen wechselten dann einen vielsagenden Blick.

Ich hatte meinen Platz zwischen Fräulein *Sonke,* einer tüchtigen älteren Sprachlehrerin, und Fräulein *Heisler,* die Turn- und Handarbeitsunterricht gab. Auch sie war schon seit Jahrzehnten im Schuldienst. Ihre etwas hysterisch gesteigerte Lebhaftigkeit und Heiterkeit war mir manchmal nicht ganz leicht zu ertragen. Sie ihrerseits hatte an mir auszusetzen, daß ich alle Pausen durch Hefte korrigierte und wenig zu sprechen war. Sonst aber hielten wir gute Kameradschaft.

Professor Leugert hatte Wort gehalten und mir einen Stundenplan zurechtgemacht, der keine einzige Hohlstunde enthielt. Nach Ostern allerdings, als Professor Köhler den neuen Stundenplan für die ganze Schule machte, glückte es nicht mehr ganz. Ich benützte dann die freie Zeit zwischen meinen Unterrichtsstunden — ebenso wie die Pausen und sogar die Konferenzen, solange über fremde Klassen gesprochen wurde — um Hefte zu korrigieren und mich vorzubereiten; so brauchte ich keine Hefte mit nach Hause zu nehmen.

Bald nach meinem Eintritt in den Schuldienst mußte ich mich im Provinzialschulkollegium persönlich vorstellen. Ich machte den Besuch gemeinsam mit Rose *Guttmann,* die damals ihre Tätigkeit an der Augustaschule begann. Dezernent für die höheren Mädchenschulen war seit einiger Zeit Provinzialschulrat *Jantzen,* den wir als jungen Lehrer in der Viktoriaschule gehabt hatten. Von uns aus war er als Direktor nach Königsberg geschickt, nun aber in den Verwaltungsdienst seiner Heimatprovinz berufen. Die jugendliche Schlankheit hatte er eingebüßt, war breit und kräftig geworden; auch das Gesicht war viel voller als früher, hatte aber noch die bleiche Farbe. Die hellblonden Haare und der rote Bart waren unverändert — wir hatten ihn als Kinder „Donar" genannt, nachdem er uns von den Göttern der Germanen gesprochen hatte. Er hielt unsere Visitenkarten noch in der Hand, als er uns empfing. Ich fragte, ob er sich unserer noch erinnere. „Freilich kenne ich Sie noch", sagte er. „Edith Stein — Sie sind ja bei mir in der IV. Klasse gewesen". Er hatte uns auch in der V. und III. Klasse unterrichtet, aber in der IV. war er unser Klassenlehrer gewesen, und dieses Jahr war mir in besonders lieber Erinnerung. Als er hörte, daß ich schon vor über einem Jahr mein Staatsexamen gemacht und bisher die praktisch-pädagogische Ausbildung noch gar nicht begonnen hatte, riet er mir dringend, mich für Ostern zum Eintritt in das Seminarjahr zu melden. Ich hatte einige Bedenken, da ich nach Beendigung meiner Doktorarbeit nach Freiburg gehen wollte. Ich fragte, ob ich das Seminarjahr nicht dort durchmachen könnte. Er riet mir dringend davon ab. In einem fremden Bundesstaat hätte ich kaum Aussicht auf Anstellung. Ich folgte seinem Rat und trat Ostern offiziell in den öffentlichen Schuldienst ein. Der Kreisarzt, der mich für das erforderliche Gesundheitszeugnis untersuchte, fand mich zunächst etwas zart aussehend, stellte aber dann mit Befriedigung fest, daß ich „völlig gesund und tauglich zu dauernder Bekleidung eines öffentlichen Amtes" sei. Unsere Ausbildung bestand darin, daß Provinzialrat Jantzen uns wöchentlich eine Lehrkonferenz in Provinzialschulkollegium hielt, daß wir ihm manchmal eine schriftlich ausgearbeitete Lehrprobe abgeben mußten und daß er auch gelegentlich unsern Unterricht besuchte. Bei mir ist er nur einmal in einer Lateinstunde gewesen. Meine Lehrprobe schrieb ich auf, nachdem ich die entsprechende Stunde gehalten hatte. Es vorher zu tun, wie es Vorschrift war, brachte ich nicht fertig. Ich sagte, das käme mir vor, als ob man eine Liebeserklärung vorher aufsetzen würde. — Die Lehrkonferenzen sagten mir sehr viel weniger zu als einst die Schulstunden des jungen Lehrers. Ich war in vielem ganz anderer Ansicht als Dr. Jantzen. Es trat bei manchen seiner Äußerungen ein Nationalismus zu Tage, den ich nicht teilen konnte, obwohl ich sehr vaterländisch gesinnt war. Zu gelegentlichen abfälligen Äußerungen über das Alte Testament konnte ich nur den Kopf schütteln. Ich scheute mich nicht, meine abweichende Meinung sehr freimütig auszusprechen. Dr. Jantzen nahm das keineswegs übel, und unsere Beziehungen blieben ungetrübt.

Die Gefährtinnen im Seminar waren mir fast alle von der Schule her bekannt, ich war wohl die Jüngste an Jahren und Semesterzahl. Rose trat mit mir zugleich ein, und auch Nelli. Sie hatte Doktor und Staatsexamen vor ihrer Verheiratung gemacht, da sie damals aber schon verlobt war, auf die praktische Ausbildung verzichtet. Nun wollte sie ihren Lehrberuf ausüben. Ihr Vater hatte gerade noch ihren Scheidungsprozeß zu Ende geführt. Bald darauf war er einem Herzleiden erlegen, das er seinem Kinde immer verschwiegen hatte. Nelli beklagte sich nach seinem Tode sehr darüber, daß er sie gar nicht darauf vorbereitet hatte. Sie hätte sonst die letzten Jahre des Zusammenlebens ganz anders ausgenützt. Nun stand sie plötzlich allein. Kurz nacheinander löste sie den Haushalt in Göttingen und den in Breslau auf. Auf meine Bitte öffnete meine Mutter ihr unser Haus. Dankbar siedelte sie mit ihrem ganzen Hausrat zu uns über.

Für meine liebe Mutter war mein Eintritt in den Schuldienst wohl eine ganz große Freude. Sie sagte kaum etwas darüber, aber es war ihr anzumerken, wie froh sie war. Ursprünglich war sie für den Lehrberuf gar nicht sehr begeistert, weil sie ihn für eine große Plackerei hielt. Aber nach den merkwürdigen Zickzacklinien meines bisherigen Lebensweges hatte sie nun den Eindruck, daß ich in einem sicheren Hafen gelandet sei. Wenn die Tätigkeit an der Viktoriaschule auch vorläufig nur eine Aushilfe war, so konnte doch leicht daraus eine Lebensstellung werden — die angesehene Stellung einer „Oberlehrerin" (der gewichtige Titel, „Studienrätin" wurde erst nach der Revolution von 1918 eingeführt). Meine Schwester Else hatte sich jahrelang vergeblich um eine Schultätigkeit bemüht. In Preußen hatte sie als Jüdin nirgends ankommen können und war froh, als sie schließlich in Hamburg an einer Privatschule unterrichten durfte. Mir schien nun das Glück in den Schoß zu fallen. Meine Mutter hatte die Aussicht, mich nach längerer Trennung dauernd daheimzuhalten. Dazu war ich in so vertrauten Verhältnissen — in der Schule, in der ich aufgewachsen war. Und es war eine Tätigkeit, die man verfolgen konnte, von der man am Familientisch erzählen konnte, während mein Studium mich in eine unerreichbare Welt entrückt hatte. Ich war wieder im Kreis der alten Freundinnen.

Oft verbrachte ich den Nachmittag bei Erna im Säuglingsheim und arbeitete auf dem schönen Balkon ihrer Dienstwohnung, wo es luftiger war als in der Michaelisstraße. Ich glaube, auf Lilli *Plataus* Anregung, begannen wir Mensendieck-Gymnastik zu treiben, „um nicht einzurosten". An einem Abend der Woche trafen wir uns bei einer tüchtigen Mensendieck-Lehrerin: Lilli, wir vier Schwestern Stein, Rose und Hede Guttmann; auch Suse Mugdan, Nelli und Grete Henschel nahmen teil. Diesen letzten Namen habe ich schon einmal in anderm Zusammenhang erwähnt: Grete *Henschel* gehörte auch zu dem Kreis, mit dem ich etwas Phänomenologie trieb. Sie hatte mit Nelli zusammen das Abitur gemacht, war also eine Reihe von Jahren älter als ich. Mit einer philosophischen Arbeit bei Kühnemann hatte sie promoviert. Wenn man mit ihr sprach, bekam man den Eindruck einer glänzenden Begabung, sie hatte auch immer Ideen zu großen Arbeiten, aber es kam nie etwas zustande. Wir beide waren denkbar verschieden. Sie war ein jüdischer Rassetypus, dunkelhaarig, übermäßig stark, laut und lebhaft, übersprudelnd witzig und schlagfertig. Meine ruhige und ernsthafte Art schien eine große Anziehungskraft auf sie auszuüben; sie kam häufig zu mir, und wenn wir unsern philosophischen Abend bei ihr hatten, begleitete sie mich um Mitternacht zu Fuß nach Hause — es war ein Weg von einer Stunde — obwohl sie sonst recht bequem war. Auch zu meiner Mutter faßte sie eine warme Zuneigung; und wenn sie in die Schlesische Handelsbank kam, in der ihr Schwager Direktor, mein Bruder Paul aber ein wenig angesehener Angestellter war, dann versäumte sie es nicht, Paul rufen zu lassen und ein wenig mit ihm zu plaudern, weil sie hinter dem allzu bescheidenen Auftreten den verborgenen Wert erkannte. Mich weihte sie bald in ihre geheimen Sorgen ein: ihre Unfähigkeit zu planmäßiger und geregelter Arbeit, die ihre Begabung unfruchtbar machte, und ihre Unentschlossenheit in der Frage einer Bindung fürs Leben. Seit ihrer Studienzeit war sie befreundet mit dem Philosophen Julius *Guttmann,* dem ältesten Sohn des Rabbiners Jakob Guttmann, eines bekannten Gelehrten. Julius war damals Privatdozent in Breslau; ich hatte keine Vorlesungen bei ihm gehört, war aber einmal bei Moskiewicz mit ihm zusammengetroffen und hatte stundenlang mit ihm über Phänomenologie diskutiert, da er als Kantianer grundsätzliche Einwände hatte. Er stand zu Grete Henschel seinem ganzen Wesen nach in nicht geringerem Gegensatz als ich: äußerlich klein und unscheinbar, bescheiden in seinem Auftreten, ein feiner, stiller Gelehrter und ein überaus gütiger Mensch. Jahrelang hatte Grete gezögert, ihm ihr Jawort zu geben. Als sie mit mir sprach, kämpfte sie noch heftig mit sich und meinte, es sei jetzt schon zu spät. Einige Jahre später kam aber die Verbindung doch zustande.

Daß ich bei meiner Jugend schon ein gewisses Ansehen in der Stadt hatte, in den intellektuellen Kreisen und sogar bei der Hochfinanz (beides stand in Breslau in naher Beziehung) etwas galt, erfüllte meine Mutter mit einem gewissen Stolz. Wenn etwas ihre Freude in dieser Zeit trübte, so war es die übergroße Arbeitslast, die ich auf mir hatte. Wenn ich aus der Schule kam, legte ich alle Schulsachen bei Seite und nahm meine Doktorarbeit vor. Zum Abendessen erschien ich in der Familie, zog mich aber nach Tisch sofort wieder zurück. Erst etwa um 10 Uhr begann ich mich für den Unterricht des nächsten Tages vorzubereiten. Wurde ich dabei so müde, daß ich kaum noch etwas auffassen konnte, dann las ich ein wenig Shakespeare. Das wirkte so auf meine Lebensgeister, daß es wieder weiterging. Ehe meine Mutter zu Bett ging, kam sie erst zu mir herein und bot mir ihren Arm, um mich mitzunehmen. Dann wehrte ich lächelnd ab, und sie zog sich nach einem Gutenachtkuß zurück. Sie sorgte aber dafür, daß ich immer noch eine kleine Stärkung für die nächtliche Arbeit bekam. Wenn die Familie Obst aß, wurde ein Tellerchen voll für mich mundfertig zurechtgemacht und mir auf den Schreibtisch gestellt. Außerdem hatte Rosa in einem geheimen Versteck einen Vorrat an Keks und Schokolade und brachte mir jeden Abend etwas davon. Trotzdem machten sich die Folgen der fortgesetzten Anspannung allmählich bemerkbar. Im Sommer 1916 kam zuerst eine längere Periode völliger Appetitlosigkeit, die sich dann fast jedes Jahr wiederholte. Ich nahm in kurzer Zeit wohl etwa zwanzig Pfund ab. Dabei kam ich im stillen zu der Überzeugung, daß sich Schuldienst und angestrengte wissenschaftliche Arbeit auf die Dauer nicht vereinen ließen. Es war mir klar, daß ich ohne Zögern den Schuldienst aufgeben würde (obgleich er mir lieb war), wenn ich hoffen dürfte, wissenschaftlich etwas Tüchtiges zu leisten. Darum bedeutete Husserls Urteil über die Dissertation für mich eine Entscheidung über meinen Lebensweg.

X

Vom Rigorosum in Freiburg

1.

Die Osterferien benützte ich, um meine Arbeit zu diktieren. Meine Cousinen Adelheid Burchard und Grete Pick, beide sehr tüchtige Stenotypistinnen, stellten sich mir zur Verfügung und kamen abwechselnd in ihrer dienstfreien Zeit zu mir. Alle Sonn- und Feiertage wurden dafür ausgenützt. Es war eine große Arbeit, denn die Dissertation war zu einem unheimlichen Umfang angeschwollen. Ich hatte in einem ersten Teil, noch in Anlehnung an einige Andeutungen in Husserls Vorlesungen, den Akt der „Einfühlung" als einen besonderen Akt der Erkenntnis untersucht. Von da aber war ich weitergegangen zu etwas, was mir persönlich besonders am Herzen lag und mich in allen späteren Arbeiten immer wieder neu beschäftigte: zum Aufbau der menschlichen Person. Im Zusammenhang jener Erstlingsarbeit war diese Untersuchung notwendig, um begreiflich zu machen, wie sich das Verstehen geistiger Zusammenhänge vom einfachen Wahrnehmen seelischer Zustände unterscheidet. Für diese Fragen waren mir Max *Schelers* Vorlesungen und Schriften, sowie die Werke von Wilhelm *Dilthey* von großer Bedeutung. Im Anschluß an die umfangreiche Einfühlungsliteratur, die ich durchgearbeitet hatte, fügte ich noch einige Kapitel über Einfühlung auf sozialem, ethischem und aesthetischem Gebiet an. Diese Teile habe ich später nicht mit drucken lassen.

Das Manuskript, auf starkem weißem Aktenpapier getippt, war so umfangreich, daß ich es nicht in einem Band binden lassen konnte. Es hätte einen Folianten ergeben, der für den guten Meister allzu unhandlich gewesen wäre. So ließ ich drei Hefte mit biegsamem blauen Pappeinband herstellen, dazu eine feste Mappe, in die alle drei hineingelegt wurden. In dieser Aufmachung ging das opus kurz nach Ostern als Postpaket nach Freiburg ab. Ich bat *Husserl*, es im Lauf des Sommers zu prüfen. Im Juli, während meiner Großen Ferien, wollte ich selbst nachkommen, um das Rigorosum zu machen. Der Meister freute sich über das stattliche Werk, bereitete mich aber gleich darauf vor, daß er nicht leicht Zeit finden würde, es durchzusehen. Es war sein erstes Freiburger Semester. Er hielt ein Kolleg zur Einführung in die Philosophie und arbeitete es mit größter Sorgfalt ganz neu aus, um den neuen Schülern das Verständnis für die phänomenologische Methode zu erschließen. Das nahm seine ganze Kraft in Anspruch. Ich ließ mich dadurch nicht einschüchtern. Meine schulfreie Zeit benützte ich jetzt zur Vorbereitung auf die mündliche Prüfung. Auch sonst rüstete ich mich für die große Reise. Seit ich in den Schuldienst eingetreten war, hatte ich es schon für notwendig gefunden, mit größerer Sorgfalt meine Kleider zu wählen. Es war mir klar, wie sehr man beobachtet wird, wenn man vor jungen Mädchen auf dem Katheder steht, und ich wollte ebenso wenig durch Nachlässigkeit wie durch übertriebenen Putz auffallen. Für die Reise mußten noch einige neue Sachen angeschafft werden. Für die Prüfung selbst spendete meine Mutter mir das erste seidene Kleid. (Seidene Kleider trug man damals nur bei feierlichen Gelegenheiten. Meine Schwestern hatten die ersten in ihrer Aussteuer bekommen, als sie heirateten. Erst als in den letzten Kriegsjahren keine Wollstoffe mehr zu haben waren, wurde Seide etwas Alltägliches). Wir wählten miteinander einen schweren, weichen Seidenstoff; die Farbe war ein mattes Pflaumenrot.

Ich freute mich sehr auf die Reise. Zum erstenmal sollte ich über die „Mainlinie" hinausgelangen. Ich kannte ja Süddeutschland noch gar nicht und hatte mich schon immer danach gesehnt. Der Aufenthalt in Freiburg sollte zugleich meine Ferienerholung bilden. Suse Mugdan hatte ein Semester dort studiert und gab mir verschiedene gute Ratschläge mit. Vor allem sollte ich nicht im Innern der Stadt, sondern draußen in Günterstal wohnen. Dann wäre ich schon im Schwarzwald. In den ersten Julitagen hatten wir Schulschluß. Ich reiste sofort ab. Ich kann gar nicht sagen, wie tief ich aufatmete, als ich die Schule hinter mir hatte. Ich stellte fest, daß für die Lehrer die Ferien noch viel, viel schöner sind als für die Kinder. (Meine Freundin Erika Gothe erklärte später: „Ferien zur Erholung von der Schule sind schön. Aber Ferien ohne Schule sind noch schöner").

Eine erste große Freude erwartete mich in Dresden. Hans *Lipps* war dort bei seiner Mutter; mein erster Ferientag war sein letzter Urlaubstag, wir konnten uns gerade noch in Dresden treffen und zusammen bis Leipzig fahren. Er erwartete mich am Bahnhof. Auch er war im Kriege stärker geworden und sah in seiner feldgrauen Uniform mit den braunen Ledergamaschen sehr stattlich aus. Wir hatten nicht genügend Zeit, um noch seine Mutter aufzusuchen. So warteten wir auf die Abfahrt unseres Zuges in einem Café in der Nähe des Bahnhofs. Wir tauschten Nachrichten über unsern Kreis aus. Dabei fragte er: „Gehören Sie auch zu diesem Klub in München, der alle Tage in die Messe geht?" Ich mußte über seine drollige Ausdrucksweise lachen, obgleich ich den Mangel an Ehrfurcht lebhaft empfand. Er meinte Dietrich *von Hildebrand* und Siegfried *Hamburger,* die konvertiert hatten und nun einen großen Eifer zeigten. Nein, ich gehörte nicht dazu. Fast hätte ich gesagt: „Leider nein". „Was ist das eigentlich, Fräulein Stein? Ich verstehe gar nichts davon". Ich verstand ein wenig, aber ich konnte nicht viel darüber sagen.

Dann saßen wir in einem Abteil II. Klasse einander gegenüber, die meiste Zeit allein. Lipps hatte auf der Herfahrt den Meister in Freiburg besucht. „Haben Sie gehört, ob er schon etwas von meiner Arbeit gelesen hat?" „O, keine Spur! Gezeigt hat er sie mir. Er bindet manchmal die Mappe auf, nimmt die Hefte heraus, wägt sie in der Hand und sagt wohlgefällig: Sehen Sie nur, was für eine große Arbeit mir Fräulein Stein geschickt hat! Dann legt er sie schön in die Mappe zurück und bindet wieder zu". „Das sind ja gute Aussichten", sagte ich lachend.

Ich erzählte von unserm Schulbetrieb und meinen Lateinstunden. Plötzlich unterbrach mich Lipps: „Ach, Fräulein Stein, Sie wissen gar nicht, wie inferior ich mir Ihnen gegenüber vorkomme!" Ich schüttelte den Kopf. „Wie ist das möglich, da Sie doch diese Dinge selbst für durchaus inferior halten?" „Diese Dinge — ja . . ." Aber der Eindruck war da. Er beruhte übrigens durchaus auf Gegenseitigkeit. Schon früher war mir in seinen knappen Äußerungen eine Tiefe der Einsicht entgegengetreten, neben der mir alle meine Arbeit als Stümperei erschien. Und so ging es mir auch jetzt.

2.

Echt, 7. I. 39

Vorbemerkung

Im Mai 1935, kurz nach meiner 1. hl. Profeß, mußte ich diese Aufzeichnungen abbrechen, da meine Vorgesetzten mir die Vollendung eines großen philosophischen Werkes auftrugen. Erst heute ist es mir nach mancherlei wunderbaren Fügungen möglich, mit der Fortsetzung zu beginnen.

Das Letzte, wovon ich berichtete, war meine Reise von Breslau nach Freiburg im Juli 1916. In Leipzig trennte ich mich von Hans *Lipps* und fuhr die Nacht hindurch bis Heidelberg. Ich hatte während meiner Gymnasialjahre immer den Traum, in Heidelberg zu studieren. Daraus war nichts geworden. Nun wollte ich es wenigstens kennenlernen, und so unterbrach ich für einen Tag die Fahrt. Übrigens bin ich nicht sicher, ob das auf dieser Reise war oder einige Monate später, als ich wiederum nach Freiburg fuhr. Ebenso weiß ich nicht mehr recht, auf welcher der beiden Fahrten ich mich in Frankfurt mit Pauline *Reinach traf*. Wir hatten uns viel zu sagen, während wir durch die Altstadt schlenderten, die mir aus Goethes *Gedanken und Erinnerungen* so vertraut war.

Es machten aber andere Dinge mehr Eindruck auf mich als der Römerberg und der Hirschgraben. Wir traten für einige Minuten in den Dom, und während wir in ehrfürchtigem Schweigen dort verweilten, kam eine Frau mit ihrem Marktkorb herein und kniete zu kurzem Gebet in einer Bank nieder. Das war für mich etwas ganz Neues. In die Synagogen und in die protestantischen Kirchen, die ich besucht hatte, ging man nur zum Gottesdienst. Hier aber kam jemand mitten aus den Werktagsgeschäften in die menschenleere Kirche wie zu einem vetrauten Gespräch. Das habe ich nie vergessen können.

Pauline führte mich später am Main entlang in das Liebig'sche Institut, wo *Myrions Athena* steht. Aber ehe wir zu ihr gelangten, kamen wir in einen Raum, wo von einer Flämischen Grablegung aus dem 16. Jahrhundert vier Figuren augestellt waren: die Mutter Gottes und Johannes in der Mitte, Magdalena und Nikodemus an den Seiten. Das corpus Christi war nicht mehr vorhanden. Diese Figuren waren von so überwältigendem Ausdruck, daß wir uns lange nicht davon losreißen konnten. Und als wir von dort zur Athena kamen, fand ich sie nur überaus anmutig, aber sie ließ mich kalt. Erst viele Jahre später habe ich bei einem erneuten Besuch den Zugang zu ihr gefunden.

In Heidelberg hatte ich auch eine gute Führerin: Elisabeth *Staiger*, die Tochter des Göttinger Mathematikers Felix *Klein*. Wahrscheinlich habe ich schon von ihr erzählt, denn ich lernte sie Weihnachten 1915 bei Reinachs kennen. Sie war nach dem Tode ihres Mannes wieder in den Schuldienst gegangen und nun hier an einer Bubenschule tätig. Es machte ihr die größte Freude, mit mir Schulerfahrungen auszutauschen. Ich habe das Heidelberger Schloß, den Neckar und die schönen Minnesängerhandschriften in der Universitätsbibliothek gesehen. Und doch hat sich wieder etwas anderes tiefer eingeprägt als diese Weltwunder: eine Simultankirche, die in der Mitte durch eine Wand geteilt ist und diesseits für den protestantischen, jenseits für den katholischen Gottesdienst benützt wird.

3.

Am nächsten Mittag um 12 Uhr war ich in Freiburg. Meine Freundin Suse *Mugdan* hatte mir dringend empfohlen, in Günterstal zu wohnen, damit ich auch etwas Ferienerholung hätte. Ein freundlicher Mann führte mich vom Bahnhof zur Haltestelle der Straßenbahn, die nach Günterstal geht. Es ist ein eingemeindetes Dorf im Süden der Stadt, aus der Ebene in die Schwarzwaldberge hineingebaut. Vor dem Eingang zum Dorf liegt am Waldrand, etwas erhöht, ein großes Haus im reinsten italienischen Stil. Der fremdartige Anblick fällt jedem sofort in die Augen. Die Straßenbahnschaffner sagten einem, es sei die Wohlgemut'sche Villa. Sooft man vorbeikam, wünschte man sich, in das verschlossene Paradies einmal eintreten zu dürfen. Es sollte mir später lieb und vertraut werden, als es in den Besitz der *Liobaschwestern* übergegangen war.

Diesmal fuhr ich daran vorbei durch das kleine alte Tor bis zur Endstation der Straßenbahn. Ganz in der Nähe fand ich in einem sauberen Bauernhaus ein nettes Stübchen zu ebener Erde bei einer freundlichen jungen Frau. Ihr Mann war im Felde; sie hatte die alten Schwiegereltern bei sich. Schrägüber in dem ländlichen Gasthaus zum Kybfelsen gab es für wenig Geld gut und reichlich zu essen, bei schönem Wetter im großen Wirtsgarten.

Sobald ich mein Quartier hatte, machte ich mich auf den Weg zu *Husserls*. Sie wohnten in der Lorettostraße, halbswegs zwischen Günterstal und der Stadtmitte, am Fuß des Lorettoberges; nicht im eigenen Hause wie in Göttingen, sondern in einer geräumigen Mietswohnung. Als ich in die Diele geführt wurde, sah ich schon den lieben Meister durch eine große Glastür in seinem Arbeitszimmer am Schreibtisch sitzen. Das tat mir leid. In Göttingen hat er ganz weltabgeschieden im Oberstock arbeiten können. Er kam in Zeiten, in denen er mit Hochdruck arbeitete, nicht einmal zum Abendessen herunter. Und nun saß er wie in einem Glashaus. Ich wurde sofort zu ihm geführt. Er kam mir entgegen und rief scherzend: „Exekution kommt!" Nein, er hatte meine Arbeit noch nicht ansehen können. Das erste Semester an der neuen Universität — er arbeitete sein Kolleg ganz neu aus und brauchte alle Zeit dafür. Übrigens würde mich dieses Kolleg sehr interessieren: die Philosophie der Neuzeit, von unserem Standpunkt aus gesehen, sodaß die Hörer dadurch zugleich in die Phänomenologie eingeführt würden. Unter diesen Umständen werde es für mich kaum angehen, jetzt zu promovieren. Frau Husserl war ganz außer sich. „Fräulein Stein hat eigens die weite Reise von Breslau nach Freiburg gemacht, und nun soll es umsonst sein!" Der Meister ließ sich nicht aus der Fassung bringen. „Fräulein Stein freut sich, Freiburg kennenzulernen und zu sehen, wie ich mich hier einrichte. Sie wird auch viel von meinem Kolleg haben. Den Doktor kann sie das nächste Mal machen". Ich war auch durchaus nicht fassungslos, dachte aber im stillen, daß dies wohl noch nicht das letzte Wort in der Angelegenheit sei. Es war klar, daß ich dies Kolleg hören mußte. Viermal in der Woche von 5-6 Uhr nachmittags, nur Mittwoch und Samstag frei. Frau Husserl ging auch regelmäßig hin. Nachher warteten wir vor der Universität bis der Meister aus dem Dozentenzimmer kam. Dann gingen wir zu Fuß den Weg nach der Lorettostraße. In der ersten Vorlesung sah ich auch einen alten Göttinger Bekannten wieder: Roman *Ingarden*, einen der Polen, die vor dem Krieg schon bei Husserl gehört hatten. Den Anfang des Krieges hatte er in der

Polnischen Legion mitgemacht, war aber bald wegen eines Herzfehlers entlassen worden und nach Göttingen zurückgekehrt. Als einziger aus dem alten Göttinger Kreis hatte er den Meister nach Freiburg begleitet. Außer ihm war noch ein junger protestantischer Theologe, Rudolf *Meyer*, mitgekommen. Dazu kam als neue Anhängerin eine Russin, Frau *Pluicke*. Von diesen beiden wurde mir bei Husserl erzählt, daß sie „darauf brännten", mich kennen zu lernen. Darum wurde ich bald einmal mit ihnen zusammen eingeladen. Frau Pluicke war begeistert für die Phänomenologie, aber noch begeisterter für Rudolf *Steiner*. Unter ihrem Einfluß wandte sich auch der „kleine Meyer" der Anthroposophie zu. Beide verließen Freiburg nach einiger Zeit. Ich weiß nicht, was aus ihnen geworden ist.

Als ich eines Tages von der Lorettostraße nach Günterstal hinausging, begleiteten mich Husserl und seine Frau. Unterwegs sagte er: „Fräulein Stein, meine Frau läßt mir keine Ruhe. Ich muß mir Zeit nehmen, Ihre Arbeit zu lesen. Ich habe noch nie eine Arbeit angenommen, ohne sie zu kennen. Aber diesmal will ich es tun. Gehen Sie zum Dekan und sehen Sie, daß Sie einen möglichst späten Termin für das Rigorosum bekommen, damit ich mich bis dahin hindurcharbeiten kann". Natürlich unternahm ich sofort alles Nötige. Die Mappe mit den drei Bänden mußte ich Husserl nun fortnehmen, um sie der Fakultät einzureichen. Ich konnte ihm einen Durchschlag zur Verfügung stellen, damit keine Zeit verloren ging, bis ihm das andere Exemplar offiziell wieder zugestellt wurde. Gewöhnlich gehen Doktoranden zuerst zum Pedell der Universität und geben ihm ein Trinkgeld, damit er ihnen zu der Prüfungskommission verhelfe, die sie wünschen. Dieses Hintertürchen verschmähte ich. Ich ging geradewegs zum Dekan der Philosophischen Fakultät. Das war damals Professor *Körte*, klassischer Philologe. Während des Krieges war er Hauptmann der Reserve, drillte Rekruten in Freiburg und erledigte in den dienstfreien Stunden seine Amtsgeschäfte als Dekan. So empfing er mich in feldgrauer Uniform. Es war ein sehr liebenswürdiger Herr, man bedurfte wirklich keines Vermittlers, um mit ihm einig zu werden. Die Arbeit konnte niemand anders als Husserl beurteilen. Er mußte also Referent werden. Als Nebenfächer gab ich neuere Geschichte und neuere Literatur an. Dafür kamen Professor *Rachfahl* und Professor *Witkop* als Examinatoren in Betracht. Ich erbat mir den 3. August als Examenstermin. Am 6. fing in Breslau die Schule an, ich mußte also am 5. abends zu Hause sein. Einen Tag wollte ich unterwegs in Göttingen bleiben, daher spätestens am 4. früh von Freiburg abreisen. Professor Körte sagte mir, ich müßte selbst die prüfenden Professoren bitten, so lange in Freiburg zu bleiben. Die Vorlesungen pflegten wegen der großen Hitze Ende Juli zu schließen, und dann ging man in die Sommerfrische. Unter diesem Vorbehalt wurde das *examen rigorosum* auf den 3. August nachmittags 6 Uhr festgesetzt. Nun besuchte ich die beiden Herren und stellte mich ihnen vor. Es war ja etwas Ungewöhnliches, bei ganz Unbekannten die Prüfung zu machen, und ich mußte ein wenig feststellen, wes Geistes Kind sie waren. Rachfahls Bücher hatte ich gelesen. Vor allem war er mir bekannt durch seine Theorie über Friedrich Wilhelm IV. und die Revolution des Jahres 1848 — eine Theorie, die von meinen Lehrern in der neueren Geschichte (Georg *Kaufmann* in Breslau und Max *Lehmann* in Göttingen) — wie auch sonst ziemlich allgemein — entschieden abgelehnt wurde. Die Märzrevolution gehörte zu meinem Spezialgebiet, meine historische Staatsexamensarbeit hing damit zusammen. So mußte ich vorsichtig sein, um einen Zusammenstoß zu vermeiden. Professor Witkop war es, wie ich aus der Unterredung merkte, nicht um Zahlen und Daten, sondern um Ideen zu tun. Er erkundigte sich, ob ich die Bücher von Eugen *Kühnemanns* gelesen hätte. Das sagte mir schon viel. Das Herder-Buch kannte ich noch nicht und holte es mir sofort von der Bibliothek. Mit dem Termin waren beide Herren einverstanden. Ich ging noch einigemal zu ihnen in die Vorlesung, um mich auf ihre Denkweise einzustellen. Ich glaube, nicht mehr als zwei- oder dreimal. Dann meinte ich genügend im Bilde zu sein. Ich mußte ja auch daran denken, daß ich Ferien hatte und mich für ein neues Quartal stärken sollte. Ich ging jetzt gewöhnlich früh morgens mit meinen Büchern von Günterstal aus auf einen der umliegenden Berge, legte mich auf eine Wiese und arbeitete da für die Prüfung.

4.

In diesen Tagen kam meine Freundin Erika *Gothe* von Göttingen. Auch für sie sollte es die Ferienerholung sein; zugleich wollte sie mir beistehen, daß ich nicht mutterseelenallein am Prüfungstage hier sei. Ich holte sie vom Bahnhof ab. Als wir dann in meinem kleinen Stübchen beisammensaßen, legte ich meine Schwarzwaldkarte vor sie hin und zeigte ihr: Hier ist der Feldberg. Da müssen wir einmal hin. Auch an den Bodensee müssen wir einmal. Erika strahlte vor Freude und umarmte mich. Reinachs hatten ihr dringend abgeraten, zu mir zu fahren. Ich würde jetzt doch nur fürs Examen arbeiten und für nichts anderes zu haben sein. Nun wurde sie für ihre Freundestreue belohnt. Wir mußten es aber schlau anstellen mit unsern Ausflügen. Es durfte kein Husserl-Kolleg geschwänzt werden. Für den Feldberg mußte die Zeit von einer Vorlesung zur andern reichen. Wir machten den Hinweg ganz zu Fuß, von Günterstal über den Schauinsland, übernachteten unterwegs und konnten nachmittags stolz nach der Vorlesung erzählen, daß wir früh auf dem Feldberg gewesen waren und beim Morgenkaffee die Alpen gesehen hatten. Mit der Fahrt zum Bodensee warteten wir bis zu den letzten Tagen vor der Prüfung. Dafür mußten wir etwas mehr Zeit haben und benützten den Samstag und Sonntag. Wir beschlossen, bei Husserls vorläufig nichts zu erzählen, weil es den Meister beunruhigen könnte, daß ich mir so etwas unmittelbar vor dem Examen gönnte. Als wir auf dem Wiehrer Bahnhof die Höllentalbahn erwarteten, bemerkten wir die ganze Familie auf dem Bahnsteig. Sie stiegen nicht weit von uns entfernt in denselben Zug und fuhren eine Strecke weit mit, ich glaube, bis Hinterzarten. Es kam uns vor, als wollten sie so wenig von uns gesehen werden wie wir von ihnen. Gerhart war bei ihnen; er war nur für wenige Tage auf Urlaub da, und wir nahmen an, daß die Eltern gern mit ihrem Sohn allein sein wollten. Wir fuhren durch das ganze Höllental durch bis nach Donaueschingen. Dort nahmen wir den Zug nach Singen hinunter. Als wir kürzlich vom Feldberg herab im Osten die Hegauer Berge wie Schaumkämme aufsteigen sahen, hatte ich beschlossen, daß wir den Hohentwiel besuchen wollten. Wir blieben über Nacht in Singen. Es war schön, am Abend auf den Berg hinaufzusteigen, in der alten Burg herumzuwandern, an Eckehart zu denken und an Schillers Jugendjahre, da so mancher Gefangene auf dieser Zwingburg schmachtete. Am Morgen ging es weiter an den See. Eine alte Frau fuhr uns von Radolfszell im Kahn beim Klang der Kirchenglocken hinüber nach der Insel Reichenau. Das Kloster hat mir damals keinen besonders tiefen Eindruck gemacht. Weingärten unter tiefblauem Himmel, in blendendem Sonnenlicht, umpsielt von den grünen Wellen des Sees — das ist es, was mir von diesem Tag geblieben ist.

Neben fröhlichen Wanderfahrten gab es aber auch sehr ernste Eindrücke in diesen Tagen. Gleich in der ersten oder zweiten Nacht nach Erikas Ankunft wurden wir von einem Fliegerangriff geweckt. Ich war es schon so gewöhnt und kümmerte mich nicht viel darum. Erika schlief in einem andern Zimmer, Wand an Wand mit dem alten Ehepaar. Plötzlich klopfte mir der Mann und sagte in seinem badischen Dialekt, mein Kamerad weine. Ich zog mich schnell an und lief zu ihr hinüber. Sie war in der Tat in Tränen aufgelöst, aber nicht aus Angst für sich selbst. Man hatte ihr erzählt, in Freiburg sei das Geschützfeuer aus den Vogesen zu hören, und drüben stand ihr Bruder Hans als Leutnant. Nun hörte sie das Krachen der Granaten und sagte: Wenn das hier schon so entsetzlich klingt, was muß es drüben für eine Hölle sein! Ich kniete vor ihrem Bett und beruhigte sie. Was wir hörten, seien die Abwehrgeschütze, die vom Schloßberg herab Sperrfeuer über die ganze Stadt legten. Von den Vogesen könne man nur ein dumpfes Dröhnen hören. Nun versiegten die Tränen sofort. Erika war völlig getröstet. Sie hatte sogar Augen für das Kleid, das ich schnell übergeworfen hatte. „Sie haben Ihren Stil gefunden", sagte sie. Seit ich Lehrerin war, gab ich mir Mühe, tadellos gekleidet zu sein. Ich stand ja vor erwachsenen Mädchen aus den besten Familien auf dem Katheder und wußte, was für scharfe Augen sie für das Äußere hatten. Ich wollte so wenig durch Nachlässigkeit wie durch übertriebene Eleganz Anstoß geben, sondern möglichst unauffällig sein, um die Aufmerksamkeit so wenig als möglich vom Unterricht auf meine Person abzulenken.

Natürlich mußte ich meine Vorbereitung auf die mündliche Prüfung trotz Erikas Ferien fortsetzen. Wir hatten jetzt früh noch mehr auf die Berge hinaufzuschleppen. Während ich mit meinen Büchern beschäftigt war, studierte Erika meine Arbeit. Sie ging auch ganz getreu nachmittags mit in Husserls Vorlesung, und wir warteten nun nachher zu dritt auf ihn. Einmal sagte er beim Herauskommen zu mir: „Es ist gut, daß Sie jetzt nicht mit im Dozentenzimmer waren, sonst könnten Sie eitel werden; ich habe den andern Herren von Ihnen erzählt, habe auch Ihre Verdienste im Krieg als Schwester hervorgehoben". Es war ihm sehr viel daran gelegen, daß ich die Prüfung gut bestand. Es hatte ja noch niemand aus seinem Schülerkreis in Freiburg promoviert, ich als erste sollte nun einen guten Eindruck machen. Er hatte schon bei mehreren Prüfungen mitgewirkt, da Philosophie öfters als Nebenfach gewählt wurde. Als wir einmal abends bei ihm eingeladen waren, erzählte er von seinen Erfahrungen. Die Anforderungen seien sehr hoch. *Cum laude* sei schon ein sehr gutes Prädikat, *magna cum laude* werde selten gegeben, *summa cum laude* nur für Habilitationskandidaten. „Dann will ich mich mal auf *cum laude* einstellen", sagte ich scherzend. „Seien Sie froh, wenn Sie überhaupt durchkommen", war die Antwort. Das war ein kleiner Dämpfer für meinen Übermut. Übrigens seufzte der Meister sehr unter dem Zwang, meine Arbeit durchzustudieren. Fräulein *Ortmann* kam einmal über Sonntag von Straßburg zu uns herüber. Wir waren nachmittags mit ihr bei Husserls. Der Meister erschien zum Kaffee auf der Veranda, zog sich aber bald zurück. „Ich kann Ihnen gar keine Zeit widmen", sagte er zu Fräulein Ortmann. „Bedanken Sie sich bei Fräulein Stein, ich brauche alle Zeit für ihre Arbeit". Mich rief er zu sich in sein Studierzimmer, ich sollte ihm etwas erklären, was er nicht ganz verstanden hatte. Dabei sprachen wir etwas über das Ganze. „Es ist ja nur eine Schülerarbeit", sagte ich. „Nein, durchaus nicht", antwortete er entschieden, „ich finde sie sogar sehr selbständig". Es war das erste Urteil, das ich zu hören bekam, und klang sehr verheißungsvoll.

Einmal waren wir in größerem Kreis bei Husserls eingeladen. Wenn ich mich nicht irre, war es an diesem Abend, daß ich Martin *Heidegger* kennenlernte. Er hatte sich noch bei *Rickert* habilitiert, Husserl hatte ihn von seinem Vorgänger übernommen. Seine Antrittsvorlesung hielt er erst, als Husserl schon in Freiburg war. Sie hatte unverkennbare Spitzen gegen die Phänomenologie. Seine spätere Frau, damals noch Fräulein *Petri*, war im Seminar bei Husserl und opponierte lebhaft. Er hatte mir selbst davon erzählt: „Wenn ein Weibsbild so widerspenstig ist, dann steckt ein Mannsbild dahinter". An diesem Abend gefiel mir Heidegger sehr gut. Er war still und in sich gekehrt, solange nicht von Philosophie gesprochen wurde. Sobald aber eine philosophische Frage auftauchte, war er voller Leben.

Als wir wieder in Günterstal waren, sprachen wir noch im Bett über den Abend. (Wenn wir spät nach Hause kamen, legte sich die junge Wirtin in mein kleines Zimmerchen nach der Straße hin und überließ uns ihr großes Schlafzimmer mit zwei Betten). Erika hatte lange mit dem Meister allein gesprochen. Er hatte geklagt, daß er mit seiner Arbeit nicht vorankomme. Er hatte den II. Teil seiner *Ideen zu einer reinen Phänomenologie und phänomenologischen Philosophie* im Zusammenhang mit dem I. 1912 entworfen. Nachdem der erste Teil 1913 erschienen war, drängte man ihn, erst die Neuauflage der *Logischen Untersuchungen* zu besorgen, da die alte Auflage vergriffen war. Dann kam der Ausbruch des Krieges, der Tod seines Sohnes Wolfgang, die Übersiedlung nach Freiburg. Das alles hatte ihn aus den Gedankengängen seines Werkes herausgerissen, und er konnte sich nicht wieder hineinfinden. Den Entwurf konnte er nicht mehr entziffern, denn er hatte ihn in winzigen Bleistiftzeichen stenographiert; dafür langte seine Sehkraft nicht mehr aus, er klagte schon lange über die Schwäche seiner Augen, hätte gerne eine Staroperation vornehmen lassen, das Übel wurde aber nie operationsreif. Jetzt wußte er nur *eine* Rettung: er mußte einen Assistenten haben. Wir lagen in unsern Betten und zerbrachen uns die Köpfe: wo sollten wir einen Assistenten für den Meister hernehmen, da alle alten Schüler im Felde standen? Am ehesten hätte sich wohl Fritz *Frankfurther* dafür geeignet. Aber er war ja als einer der ersten gefallen. „Wenn ich dächte, daß er mich brauchen könnte", sagte ich schließlich, „würde ich kommen". Erika war ganz erstaunt. „Wäre das möglich? Ich könnte es nicht. Ich muß jetzt in den Schuldienst gehen und etwas verdienen". Ich hatte auch kein Vermögen, von dem ich leben konnte. Aber Rechnen war nicht meine Sache. Ich würde es einfach tun. Nur schien es mir gar nicht denkbar, daß ich in Betracht kommen könnte. Ich war doch so ein kleines Ding und Husserl der erste unter den lebenden Philosophen — nach meiner Überzeugung einer von den ganz Großen, die ihre Zeit überleben und die Geschichte bestimmen [1]. Aber ich wußte mir Rat. „Ich will ihn selbst fragen. Ich kann noch warten bis nach der Prüfung. Wenn er die Arbeit fertig gelesen

---

[1] Ich schreibe dies am 27. IV. 1939. Heute vor einem Jahr ist der liebe Meister in die Ewigkeit gegangen.

hat, wird er es ja auch besser beurteilen können". Damit beschlossen wir unsere Beratung und sagten uns Gute Nacht.

5.

Als wir am nächsten Tage um 6 Uhr nachmittags mit Frau Husserl vor dem Portal der Universität warteten und Husserl die Stufen herabkam, sagte er zu seiner Frau: „Geh mit Fräulein Gothe voraus, ich habe mit Fräulein Stein zu sprechen". So setzten wir uns zwei und zwei in Bewegung. Ich wartete gespannt, was nun kommen würde. Schon vor einigen Tagen hatte der Meister gescherzt: „Ihre Arbeit gefällt mir immer besser. Ich muß mich in acht nehmen, daß es nicht gar zu hoch hinaufgeht". Jetzt ging es zunächst im selben Ton fort: „Ich bin nun schon ziemlich weit in Ihrer Arbeit. Sie sind ja ein sehr begabtes kleines Mädchen". Dann wurde er etwas ernsthafter. „Ich habe nur Bedenken, ob diese Arbeit neben den *Ideen* im Jahrbuch möglich sein wird. Ich habe den Eindruck, daß Sie manches aus dem II. Teil der *Ideen* vorweggenommen haben". Es gab mir innerlich einen Ruck. Da war ja ein Punkt, wo ich mit meiner Frage einhaken konnte. Nun schnell die Gelegenheit beim Schopf packen. „Wenn das wirklich so ist, Herr Professor — ich habe sowieso noch etwas fragen wollen. Fräulein Gothe sagte mir, Sie müßten einen Assistenten haben. Meinen Sie, daß ich Ihnen helfen könnte?" wir waren gerade im Begriff, über die Dreisam zu gehen. Der Meister blieb mitten auf der Friedrichsbrücke stehen und rief in freudigster Überraschung: „Wollen Sie zu mir kommen? Ja, mit Ihnen möchte ich arbeiten!" Ich weiß nicht, wer von uns beiden glücklicher war. Wir waren wie ein junges Paar im Augenblick der Verlobung. In der Lorettostraße standen Frau Husserl und Erika und sahen uns entgegen. Husserl sagte zu seiner Frau: „Denke Dir, Fräulein Stein will zu mir als Assistentin kommen". Erika sah mich an. Wir brauchten keine Worte zur Verständigung. In ihren tiefliegenden, dunklen Augen leuchtete die innigste Freude auf. Als wir abends wieder in unsern Betten lagen, sagte sie: „Gute Nacht, Assistentin!"

Wenn wir jetzt wieder mit Husserls zusammentrafen, wurden eifrig Zukunftspläne geschmiedet. Ich mußte noch für zwei Monate an die Schule in Breslau zurückkehren. Es war ja im Augenblick kein Ersatz für mich da, noch im Herbst hatte ich im Abiturium Latein zu prüfen. Aber vom 1. Oktober ab wollte ich mich frei machen. Husserls waren selbst erstaunt, daß ich ohne jedes Bedenken den Schuldienst an den Nagel hängen wollte. Frau Husserl zog daraus den Schluß, daß ich wohl sehr vermögend sein müsse. Jedenfalls wurde mir einige Jahre später wiedererzählt, daß sie mich dafür ausgegeben habe. Es wurde ernstlich über die Gehaltsfrage gesprochen. Husserl sagte, 100 Mark im Monat könne er mir geben. Damit würde ich freilich nicht durchkommen, aber es wäre doch eine große Erleichterung; meine Angehörigen würden dann lieber ihre Zustimmung geben. Ich sagte zu allem ja. Solche Dinge waren mir peinlich, ich wollte möglichst schnell davon loskommen.

Die Prüfung stand jetzt gar nicht mehr im Vordergrunde. Husserl sagte lachend: „Wir können sprechen, wovon Sie wollen. Sogar von Einfühlung. (Das war der Gegenstand meiner Doktorarbeit). Nur das Wort müssen wir vermeiden". Ich schärfte ihm ein: „Prüfen Sie nur nicht so lange Geschichte der Philosophie wie im Staatsexamen". Er meinte, dann würde es wohl gerade nötig sein.

Endlich kam der große Tag, der 3. August 1916. Am Vorabend fragte Erika im Bett, wie mir zumute sei. Ich antwortete: „In 24 Stunden ist es auf alle Fälle vorbei". Sie war sehr erstaunt über solchen Fatalismus. Natürlich begleitete sie mich auf das Schlachtfeld. Vorher gingen wir zur Stärkung in Birlingers Kaffeestuben. Dort war ich besonders gern, es waren mehrere reizend eingerichtete Biedermeierzimmer. Wir fanden auch einen Tisch in dem frei, das mir am besten gefiel: in Grün und Schwarz gehalten. Ich bestellte Eiskaffee und Torte und bewies so ungewöhnliche Leistungsfähigkeit, daß Erika fast fürchtete, es könnte mir schlecht bekommen. Es war ein fürchterlich heißer Tag. Der Dekan hatte als Prüfungsraum das Sitzungszimmer der Staatswissenschaftlichen Fakultät gewählt, weil es dort am kühlsten war. Er ließ Husserl und mich am Sitzungstisch in bequemen Ledersesseln Platz nehmen. Er selbst setzte sich mit dem Rücken zu uns an den Schreibtisch, als ginge ihn die Sache nichts an. Natürlich hörte er sehr aufmerksam zu, aber er wollte mich so wenig als möglich beirren. So war es mir ein vertraulicher Gedankenaustausch mit dem Meister. Um die Sache wirkungsvoller zu gestalten, leitete er die Fragen ein: „Es ist zwar viel verlangt, daß man in der Prüfung selbständig denken soll, noch dazu bei solcher Hitze — aber können Sie mir vielleicht sagen ...? usw." Ich vermute, daß der freundliche Beisitzer die fromme List durchschaute. Er ließ aber nichts merken. Die vorgeschriebene Stunde ging mir schnell vorbei. Am Schluß sprang der Dekan auf und sagte: „Nun müssen wir Fräulein Stein aber ein Glas Wasser verschaffen". Er eilte selbst durchs Haus, um etwas herbeizuholen, obgleich ich durchaus nicht schwach oder erfrischungsbedürftig war. Nun kamen noch die beiden Nebenfächer, für jedes war eine halbe Stunde vorgesehen. Professor Witkop fragte so *schöngeistig*, daß ich mich vor Husserl schämte. Ich gab aber die gewünschten Antworten, und der Examinator machte Husserl nachher das Kompliment, man hätte doch gleich die philosophische Schulung gemerkt. Er prüfte sogar 40 Minuten, sodaß der Dekan schließlich unterbrach und sagte: „Herr Kollege, wir wollen Fräulein Stein doch nicht länger als nötig quälen". Die Geschichtsprüfung war nur noch ein kleines Anhängsel. Als mir ein Name nicht einfallen wollte, soufflierte Husserl. Um 8 Uhr durfte ich mich entfernen. Die Herren blieben zur Beratung über das Ergebnis zurück. Unten in der großen Halle warteten Erika und Ingarden.

Jetzt erschien auch der Pedell auf der Bildfläche, den ich bisher noch gar nicht zu sehen bekommen hatte. Er beglückwünschte mich: „*Summa* wird es wohl mindestens geworden sein. Das ist ja gar nicht anders möglich nach dem Urteil, das Husserl unter die Arbeit geschrieben hat". Er bekam sein Trinkgeld, obwohl er nichts für mich getan hatte.

Für den Abend waren wir zu Husserls eingeladen. Wir wußten aber, daß es dort nur etwas Süßes geben würde, so wollten wir noch vorher irgendwo ein Nachtessen nehmen. Ingarden schlug zwar vor, darauf zu verzichten, da wir aber nicht darauf eingingen, führte er uns zu einem Restaurant in der Nähe. Hier wollte er sich verabschieden. Es kam heraus, daß er kein Geld hatte. Sein Monatswechsel war noch nicht eingetroffen, und vom alten Monat war nichts mehr übrig. „Es ist doch selbstverständlich, daß Sie heute mein Gast sind", sagte ich. Als wir mit dem Essen fertig waren, schob ich ihm heimlich mein Geldtäschchen zu und ließ ihn für uns alle bezahlen.

Nun war es aber reichlich spät geworden. Bei Husserls warteten schon alle auf uns. Frau Husserl und Elli hatten einen prächtigen Kranz aus Efeu und Margeriten gewunden. Der wurde mir statt eines Lorbeerkranzes aufgesetzt. „Wie eine Königin", sagte der kleine Meyer ganz begeistert. Husserl strahlte vor Freude. Der Dekan selbst hatte das Prädikat *Summa cum laude* vorgeschlagen. Es war wohl nach Mitternacht, als wir uns verabschiedeten. Es ging keine Straßenbahn mehr. Wir mußten im Stockfinstern den Weg zu Fuß machen. Wegen der Fliegergefahr war ja immer alles völlig abgedunkelt. Ingarden begleitete uns bis vor unser Häuschen. Er hatte gehört, daß ich am 1. Oktober wiederkäme, und war ganz glücklich, daß er dann nicht mehr allein in Freiburg sein werde.

Drinnen wurde die junge Frau wach, als wir hereinkamen. Ich hatte noch den Kranz auf. „So müßte man Sie photographieren", sagte sie, „solange noch der Glückstrahl da ist. Sonst hat sie immer so ein schaffig's Gesicht".

Am Morgen telegraphierte ich nach Hause, um das Ergebnis und die Stunde meiner Ankunft zu melden. Dann reisten wir ab. Ich weiß nicht mehr, warum Erika nicht mehr mit nach Göttingen fahren konnte. Ich erinnere mich nur, daß ich allein dort ankam. Frau Reinach erwartete mich, ich nahm aber ein Zimmer in Gebhards Hotel am Bahnhof, weil ich am nächsten Morgen schon weiterfahren mußte. Dann fuhren wir in einer Taxe zum Steinsgraben.

WEITERFÜHRUNG: DIE ZWEITE LEBENSHÄLFTE

AUS DEN ORIGINALDOKUMENTEN ZUSAMMENFASSEND DARGESTELLT VON SR. MARIA AMATA NEYER OCD

Wer Edith Steins Aufzeichnungen bis zu Ende gelesen hat und im Geiste sieht, wie sie am 4. August 1916 am Steinsgraben 28 dem Taxi entsteigt, der wird gewiß sehr bedauern, daß er ihren Lebensweg nicht weiter verfolgen kann – weiter nicht verfolgen kann nach ihren eigenen Aufzeichnungen. Wohl greift Edith Stein in ihren Erinnerungen zuweilen in die Zukunft voraus, aber das bleiben seltene, obgleich wichtige Ausnahmen. Im übrigen sind wir darauf angewiesen, Edith Steins zweite Lebenshälfte nach Dokumenten zu rekonstruieren[1].

Als Edith Stein am 7. Januar 1939 in Echt die Niederschrift ihrer Lebensgeschichte nach mehrjähriger Unterbrechung wiederaufnimmt, gibt sie den Grund für die lange Unterbrechung an. Sie hatte 1935 auf Wunsch des Provinzials – es war P. Theodor Rauch (1890–1972) – die ins Kloster mitgebrachte philosophische Studie „Potenz und Akt" für den Druck fertig machen wollen. Daraus ergab sich eine völlige Umgestaltung des Werkes, das nun den Titel erhielt „Endliches und ewiges Sein". Es erwies sich jedoch als sehr schwierig, für diese große Arbeit einen Verlag zu finden, und als er gefunden war, konnte der Druck nicht zu Ende gebracht werden[2]. „Das große Opus ruht", schrieb Edith Ende Oktober 1939 aus Echt. „Alle Bemühungen sind gescheitert ... Nachdem die Korrekturarbeit aufhörte, habe ich um Arbeit im Haus gebeten ... Seit Mitte Juni bin ich zweite Windnerin und habe die Sorge für das Refektorium ... Dazu kommen gemeinsame Arbeiten in dem großen ländlichen Haushalt (große Wäsche, Obsternte – in diesem Jahr überreich – und -verwertung, Hausputz und dergl.). Neben unseren sieben Stunden

[1] Dies geschieht in Edith Steins Werken (ESW) Bd. X, von Romaeus Leuven OCD, Druten und Freiburg – Basel – Wien 1983. Der Band wurde für die vorliegende Kurzfassung zu Rate gezogen.

[2] Edith Stein konnte als Jüdin nicht Mitglied der sog. Reichsschrifttumskammer werden, damals Vorbedingung für jede publizistische Tätigkeit.

täglicher Gebetszeit bleibt da selten etwas für den Schreibtisch übrig."[3]

Die wenige Zeit, die Edith Stein zum Schreiben verblieb, hat sie vermutlich für Briefe verwandt. Außerdem schrieb sie ein kleines Lebensbild der Pariser Karmelitin Marie-Aimée de Jésus, verfaßte verschiedene kleinere Vorträge und Sprechspiele für die Klostergemeinde und stellte im Auftrag des Kölner Karmels Texte für Messe und Offizium der Seligsten Jungfrau Maria, der Königin des Friedens, zusammen. An der Weiterführung ihrer Lebenserinnerungen hat sie damals nicht mehr gearbeitet; denn sie hat von dem mehr als 370 Druckseiten umfassenden Text nur 12–13 Seiten in Echt geschrieben, davon neun bis zum 27. April 1939, wie aus der Notiz von Seite 370 hervorgeht.

Im Herbst des folgenden Jahres tritt eine Wende ein. „Wir haben seit dem 29. September eine neue Mutter" (Priorin), schreibt sie an eine Freundin, „die gerne hätte, wenn ich auch wieder etwas schriebe. Bisher habe ich fast nur noch häusliche Arbeiten gemacht."[4] Die neue Priorin, so schreibt sie wenig später, „wünscht, daß ich mich wieder wissenschaftlich betätige". Es stand nämlich der 400. Geburtstag des heiligen Kirchenlehrers und Mystikers Johannes vom Kreuz (1542–1591), eines Schülers und Freundes der Karmelreformatorin Teresa von Ávila (1515–1582), bevor. Damals gab es nur sehr wenige Arbeiten über den hl. Johannes vom Kreuz in deutscher Sprache, und so lag es nahe, Edith Steins Begabungen für ein solches Werk zu nutzen. Mit großer Freude gab sie sich an die Arbeit und machte sich die Aufgabe nicht leicht. Sie sammelte viel Material und schrieb auch eine Vorstudie für das Geplante. In den nächsten zwei Jahren, buchstäblich bis zu ihrer Verhaftung, verwandte sie jede freie Minute auf die „Kreuzeswissenschaft", wie das neue Werk heißen sollte. Von ihren Lebenserinnerungen ist niemals wieder die Rede.

Man mag das bedauern. Hätten sich nicht später anderweitig Fachleute finden lassen für eine solche Arbeit über Johannes vom Kreuz? Ohnehin war an eine Drucklegung des Buches, wie der Priorin klar sein mußte, damals nicht zu denken. Die Konversions-

---

[3] ESW Bd. IX, Nr. 306, Brief an Agnella Stadtmüller OP vom 29.10.1939.

[4] ESW Bd. IX, Nr. 315, Brief an Hedwig Conrad-Martius vom 5.11.1940.

geschichte und das Ordensleben Edith Steins dagegen vermag nachträglich niemand so zu schildern, wie sie selbst es vermocht hätte. Wir werden darauf noch zurückkommen.

Einstweilen müssen wir weit zurückgehen in das Jahr 1916. Edith Stein fährt am 5. August von Göttingen heim nach Breslau und nimmt am 7. August den Unterricht an der Viktoriaschule wieder auf, den sie anfangs Februar aushilfsweise begonnen hatte. Die Dokumente zeigen, daß Edith sich am 1. Oktober 1916 in Breslau polizeilich ab- und in Freiburg im Breisgau am 3. Oktober angemeldet hat. Hier nahm sie ein Zimmer in der Privatpension der Witwe Theresia Keller in der Goethestraße 63 (im III. Stockwerk). Ganz in der Nähe, in der Lorettostraße 40, wohnte Husserl mit seiner Familie, und als seine Assistentin wird sie nun arbeiten.

Wir sahen bereits, wie froh die Beteiligten über die bevorstehende Zusammenarbeit waren; Husserl und Edith Stein hatten schon verabredet, welche der andrängenden Arbeiten sie als erste in Angriff nehmen wollten. Denn obschon sich Husserl in Freiburg persönlich in einer weit angenehmeren Lage befand als in Göttingen, gab es doch auch in Freiburg Schwierigkeiten. Hier mußte für seine phänomenologische Methode erst der Boden bereitet werden; seinen neuen Hörern waren ja seine Art des philosophischen Forschens und seine Terminologie völlig fremd. Hedwig Conrad-Martius hat später Husserls Denkweise „eine geistige Umwälzung" genannt, „die den betreffenden Scholaren in eine völlig neue Weltsicht ... rückt"[5]. Edith hörte als Husserls Assistentin alle seine Vorlesungen; sie erfaßte sofort, wo seine Freiburger Schüler ihm nicht zu folgen vermochten, und begann, eigene Kurse zur Einführung der Anfänger zu halten. Husserl hat auf diese Tätigkeit Edith Steins, als er bald ihren großen Nutzen erkannte, ausdrücklich Wert gelegt und stellte ihr für diese Übungen sein Seminar zur Verfügung. Aus diesem „philosophischen Kindergarten" – wie Edith scherzend diese Einrichtung nannte – sind namhafte Gelehrte hervorgegangen.

Die Hauptbeschäftigung der Assistentin bestand jedoch darin, ganze Massen von stenographierten Manuskripten, die Husserl in vielen Jahren aufgehäuft hatte, zu ordnen, zu transkribieren und auszuarbeiten. Zu ihrer tiefen Bestürzung entwickelte sich jedoch

[5] H. Conrad-Martius, Edith Stein, in: Hochland 51 (Okt. 1958) S. 38ff.

keine wirkliche Zusammenarbeit zwischen ihnen. Romaeus Leuven hat im X. Band der Werke Edith Steins die Situation so zu erläutern versucht, daß Edith ihre Aufgabe als Assistentin als eine wissenschaftliche betrachtete: „... sie ist von intellektuellem Schaffensdrang erfüllt, spürt ihre eigene Kraft und verlangt nach aktiver Anteilnahme am Schaffen des geliebten Meisters"[6], Husserl aber es eher als ein Dienstleistungsverhältnis ansah. Er schien zu erwarten, daß sie ihm jederzeit zur Verfügung stehe, fand aber keine Zeit für die notwendigen Gespräche, damit sie in ihren Ausarbeitungen weiterkam, und noch weniger ließ er sich bewegen, diese gründlich durchzusehen.

Edith hatte Husserls Urteil über ihre Doktorarbeit und erst recht ihre Anstellung als seine Assistentin als Hinweis dafür genommen, daß er sie zu eigener philosophischer Arbeit fähig hielt. Sie hatte daher sein Urteil wie eine Entscheidung über ihren Lebensweg angenommen. Es mußte eine tiefe Enttäuschung für sie bedeuten, von ihm mit Dingen beschäftigt zu werden, deren Sinn ihr nicht einleuchtete. Schon in den ersten Monaten bei Husserl spricht sie von einer „schrecklichen Zeit, wo ich durch die Ordnung der Manuskripte halb verblödet war"[7]. Schon nach neun Monaten ist sie nahe an dem Entschluß, im Oktober ihre Arbeit niederzulegen. Im Februar 1918 bittet sie – von Breslau aus – dann wirklich um ihren Rücktritt, und Husserl ist einverstanden. Jedoch kehrte Edith gegen Anfang Mai nach Freiburg zurück, um noch bei verschiedenen Arbeiten Husserl behilflich zu sein; Ende November desselben Jahres verläßt sie endgültig die Stadt. Von diesem Monat an ist Edith wieder polizeilich in Breslau gemeldet. Aus ihren Briefen läßt sich mit Sicherheit schließen, daß Edith seit ihrem Rücktritt mit einer großen Arbeit beschäftigt war, die sie später als Habilitationsschrift einzureichen gedachte. Es ist die später im V. Jahrbuchband erschienene Arbeit „Beiträge zur Philosophischen Begründung der Psychologie und der Geisteswissenschaften"[8]. Am 6. Februar 1919 hat ihr Husserl ein Zeugnis ausgestellt, das wie folgt lautet:

---

[6] ESW Bd. X, S. 13ff.

[7] ESW Bd. VIII, Nr. 5, Brief an Roman Ingarden vom 18.1.1917.

[8] Jahrbuch für Philosophie und phänomenologische Forschung, hrsg. von Edmund Husserl, V. Band, Halle 1922.

„Freiburg i. B. d. 6. Februar 1919

Fräulein Dr. phil. Edith Stein, meine langjährige Schülerin an den Universitäten zu Göttingen und Freiburg, hat im Sommersemester d. J. 1916 in Freiburg summa cum laude das Doktorat der Philosophie gemacht und zwar mit einer ausgezeichneten wissenschaftlichen Abhandlung über ‚Einfühlung', die sogleich nach ihrem Erscheinen das Interesse der Fachmänner erweckt hat. Sie wirkte nachher 1½ Jahre als meine Assistentin und leistete mir nicht nur wertvolle Dienste bei der Ordnung und Verarbeitung meiner Manuskripte für umfassende wissenschaftliche Publikationen, sondern nicht minder bei meiner akademischen Lehrtätigkeit. Sie hielt zu diesem Zweck regelmäßig philosophische Übungen für meine nach tieferer wissenschaftlicher Ausbildung strebenden Hörer, an welchen nicht nur Anfänger, sondern auch Fortgeschrittene teilnahmen. Von dem ausgezeichneten Erfolge dieser Mitwirkung konnte ich mich im Fortgang meiner eigenen seminaristischen Übungen und durch persönliche Fühlungnahme mit meinen Hörern überzeugen. Fräulein Dr. Stein hat in der Philosophie eine weite und tiefe Bildung gewonnen, und ihre Fähigkeit für selbständige wissenschaftliche Forschung und Lehre sind außer Frage. Sollte die akademische Laufbahn für Damen eröffnet werden, so könnte ich sie an allererster Stelle und aufs wärmste für die Zulassung zur Habilitation empfehlen.

Geh. Hofrat Prof. Dr. E. Husserl
an der Universität zu Freiburg i. B."[9]

Im Oktober 1919 hatte Edith in Breslau und Freiburg polizeiliche Leumundszeugnisse eingeholt; das Freiburger Schriftstück enthält den handschriftlichen Zusatz des ausstellenden Beamten: „behufs Zulassung als Privatdozentin"[10]. Es kann kein Zweifel bestehen, daß Edith damals den Versuch machte, sich zu habilitieren. Dabei muß Husserl ihr, im Widerspruch zu seinem Zeugnis, zu verstehen gegeben haben, daß er in dieser Hinsicht für sie in Freiburg nichts tun könne. Ebenso vergeblich versuchte sie es in Breslau und Göttingen.

[9] Original im Archiv des Kölner Karmels, Sign. A 23/24.

[10] Die Originale der beiden Schriftstücke befinden sich im Archiv des Kölner Karmels, Sign. A 21 und A 22.

Dazu erfahren wir interessante Einzelheiten aus einem Brief an Fritz Kaufmann vom 8. November 1919[11]. In Göttingen hatte man ihre Arbeit abgelehnt, „da die Habilitation von Damen noch immer Schwierigkeiten mache". In Kiel, wo sie Professor Scholz kannte – später traf sie ihn in Münster wieder –, gab es bereits drei Privatdozenten, und drei weitere Habilitationen waren angemeldet. In Hamburg beriet sie sich mit William Stern; aber dort waren in der Philosophie schon zwei jüdische Ordinarien. Überall, so meint sie, gebe man ihr den Rat: „Warum gehen Sie nicht nach Freiburg?"

Nachdem also diese Versuche gescheitert waren, entschloß sich Edith, private Kurse zu erteilen. In einem Brief vom 30. April 1920 lesen wir: „... von mir habe ich Ihnen zu berichten, daß ich mir faute de mieux selbst die venia erteilt habe und in meiner Wohnung Vorlesungen mit Übungen halte (Einleitung in die Philosophie auf phänomenologischer Grundlage), an denen über 50 Hörer teilnehmen. Außerdem beginne ich demnächst mit einem Kursus an der Volkshochschule über Ethische Grundfragen." Und einen Monat später: „An einen neuen Habilitationsversuch denke ich nicht. Der Runderlaß an die Universitäten geht zwar auf meinen Antrag zurück; ich verspreche mir aber praktisch nichts davon."[12]

Dieser Runderlaß an die Universitäten ist ein interessanter Vorgang. Er findet sich erwähnt in dem Buch „50 Jahre Habilitation von Frauen in Deutschland"[13] und behandelt die Zulassung von Frauen zur Habilitierung vom Grundsatz her. Die Antwort auf die darin erwähnte Eingabe erging – laut Auskunft des Zentralarchivs in Merseburg – an „Dr. Edith Stein in Breslau, Michaelisstr. 38..." Der Text lautet:

„Aus: Zentralblatt für die gesamte Universitätsverwaltung in Preußen. Jg. 1920, S. 240:

---

[11] ESW Bd. VIII, Nr. 31.

[12] ESW Bd. VIII, Nr. 35 und Nr. 36, beide an Fritz Kaufmann.

[13] „50 Jahre Habilitation von Frauen in Deutschland", bearbeitet von Elisabeth Boedeker und Maria Meyer-Plath (Schriften des Hochschulverbandes, Heft 27), Göttingen 1974.

B. Universitäten
61. Habilitation von Frauen

Der in Ihrer Eingabe vom 12. Dezember 1919 vertretenen Auffassung, daß in der Zugehörigkeit zum weiblichen Geschlecht kein Hindernis gegen die Habilitierung erblickt werden darf, trete ich bei. Ich habe aus Anlaß des von Ihnen vorgetragenen Einzelfalles sämtliche beteiligten Stellen hiervon in Kenntnis gesetzt.

Abschrift zur Kenntnisnahme.
Der Minister für Wissenschaft, Kunst und Volksbildung.
In Vertretung: Becker."[14]

Wir sehen: Den als Unrecht erkannten Zuständen einfach ihren Lauf zu lassen, ist nicht der Stil Edith Steins.

Mit diesen Ereignissen befinden wir uns schon im Jahre 1920. Noch einmal müssen wir zurückschauen. Im Herbst 1917 war Adolf Reinach an der Westfront gefallen[15]. Der Tod dieses jungen Wissenschaftlers (* 1883) machte auf den Kreis der Göttinger Phänomenologen, auch auf Edith Stein, einen außerordentlich starken Eindruck, ebenso aber seine vorausgehende religiöse Entwicklung. Von seinem Tod ist in Ediths Briefen, soweit sie bis heute zugänglich sind, nur indirekt die Rede, nämlich durch die Erwähnung seiner im Krieg durchlebten Wandlung. Am 12. Januar 1917 schreibt sie an Fritz Kaufmann (1891–1958) [16], Reinach sei jetzt ganz von religiösen Fragen in Anspruch genommen und nach dem Kriege wolle er sich in erster Linie diesem Gebiet widmen. Im folgenden Sommer war Reinach sechs Wochen in der Heimat, zu einem Ausbildungskurs und vermutlich zu anschließendem Urlaub, in dessen Verlauf er sich mit seiner Frau durch die Taufe in die evangelische Kirche aufnehmen ließ. In einem Brief vom 9. März 1918, etwa vier Monate nach seinem Tod, lesen wir in einem Brief Edith Steins: „... Vor einiger Zeit bekam ich eine Abschrift von Reinachs religionsphilosophischen

[14] Carl Heinrich Becker (1876–1933), Orientalist, Professor in Hamburg, Bonn und Berlin; seit 1916 Referent im Preußischen Kultusministerium; 1921 und 1925–30 Kultusminister.

[15] Am 16. November (nach dem polizeilichen Melderegister; die Todesanzeige nennt den 17. November 1917).

[16] ESW Bd. VIII, Nr. 4.

Notizen aus den beiden letzten Jahren, sehr schöne Sachen. Ein paar Seiten Ausführungen sind so schön, daß man sie vielleicht als Fragment drucken könnte …"[17]

Durch einen kleinen Ausschnitt wollen wir uns ein wenig Einblick verschaffen in das, was Reinach bewegte und von dem nun auch Edith erfüllt ist. Wir lesen zum Beispiel:

„… Suchen wir etwas tiefer einzudringen in das Geheimnis, wie irdisches Erleben, das wie alles Irdische innerhalb der Stufenreihe von Vollkommenheit und Unvollkommenheit sich bewegen muß, dennoch des Absoluten teilhaftig werden kann … Die Absolutheit gehört zum Gehalt des Erlebten selbst und nicht zu seinem Erleben. Freilich entspricht der Absolutheit auch im Erleben etwas, dem man vielleicht näherkommen kann mit den Worten: ganz durchdrungen sein, durchaus erfüllt sein u. dgl. m. Und daran nun kann es mangeln … Wir sammeln uns im Gebet, um den Erlebnissen der Hingabe zu Gott die absolute Gewichtigkeit zu verleihen, die sie beanspruchen. Aber wir wissen, in welch unzureichendem Maß das selbst in den Momenten der innigsten Sammlung gelingt. Und vielleicht ist es nur dem Gottessohne selbst möglich, das ‚Dein Wille geschehe' in letzter Tiefe zu erleben …" (vermutlich 1916)[18].

Etwa Ende März 1918 fuhr Edith Stein nach Göttingen und ordnete mit Anne Reinach den Nachlaß ihres Mannes. Diese erste Begegnung mit der Witwe Adolf Reinachs hat in den Biographien oft Erwähnung gefunden. Ich halte mich im folgenden an einen Brief, den Pater Johannes Hirschmann SJ am 13. Mai 1950 an die damalige Priorin des Kölner Karmels schrieb; darin faßt er Erinnerungen an die letzten Gespräche mit Edith Stein im Sprechzimmer des Karmels in Echt zusammen:

„Schwester Teresia Benedicta unterschied selbst den Anlaß ihrer Konversion zum Christentum von dem Anlaß zu ihrem Eintritt in die katholische Kirche. Der entscheidendste Anlaß zu ihrer Konversion zum Christentum war, wie sie mir erzählte, die Art und Weise, wie die ihr befreundete Frau Reinach in der Kraft des Kreuzesgeheimnisses das Opfer brachte, das ihr durch den Tod ihres Mannes an der

[17] ESW Bd. VIII, Nr. 21.

[18] Adolf Reinach, Gesammelte Schriften, hrsg. von seinen Schülern, Halle 1921, S. XXXVf.

Front des ersten Weltkrieges auferlegt war. In diesem Opfer erlebte sie den Erweis der Wahrheit der christlichen Religion und ward ihr geöffnet. Der Grund, warum sie, dem Christentum gewonnen, nicht ... wie Frau Reinach selbst evangelisch wurde, war unmittelbar die Lesung des Lebens der hl. Theresia. Sie glaubte aber, daß der Schritt vorbereitet war durch den Einfluß Schelers, durch den sie besonders in seiner katholischen Zeit angesprochen wurde ..."[19]

Die immer wieder anzutreffende Behauptung, Edith Stein sei bis zum 21. Lebensjahr Atheistin gewesen oder habe sich selbst als solches bezeichnet, konnte ich bisher nirgendwo belegt finden. Edith vollendete ihr 21. Lebensjahr im Oktober 1912, also etwa vor dem Beginn des vierten Breslauer Semesters. Ein Ende ihrer atheistischen Phase sehe ich zu jener Zeit nicht angedeutet[20].

Die Erinnerungen Hirschmanns decken sich mit den Berichten einer Zeugin, die Edith Stein selbst in einem Brief erwähnt als „eine Freundin, die mir sehr nahesteht und meine Konversion ganz stark mit erlebt hat, obgleich sie selbst Jüdin geblieben ist, Frau Professor Kuznitzky"[21]. Diese Dame erhielt von Edith Stein privaten Unterricht zur Einführung in Husserls Phänomenologie. Sie lernten sich in Breslau kennen, als Edith von Freiburg fortging, also Ende 1918. Der Unterricht ging bald in gemeinsame Lektüre auch religiösen Inhaltes über, und es entstand ein langjähriges Vertrauensverhältnis. Die Erinnerungen und schriftlichen Berichte Frau Koebners machen deutlich, daß zu der genannten Zeit aus Edith, der überzeugten und – wie sie später erkannte – von rationalistischen Vorurteilen eingenommenen Atheistin, eine Suchende geworden war. Wir lasen schon, wie die Göttinger Studentin die nähere Beschäftigung mit Glaubensfragen vorläufig vor sich herschob. Die Glaubenswelt blieb

[19] Das Original befindet sich im Archiv des Kölner Karmels, Sign. GI/Hi/50.

[20] In der Schrift „Kölner Selig- und Heiligsprechungsprozeß für die Dienerin Gottes Sr. Teresia Benedicta a Cruce (Edith Stein)" befindet sich zu Artikel 1, Nr. 4 „Edith Stein nannte sich bis zu ihrem 21. Lebensjahr Atheistin" die Anmerkung: „Schreiben von Prof. Dr. B. Rosenmöller vom 24.3.1946." Das Original dieses Briefes befindet sich im Archiv des Kölner Karmels. Sign. GI/Ro/46; er enthält keine Angaben zu unserem Thema.

[21] ESW Bd. IX, Nr. 226, Brief an Petra Brüning OSU vom 3.10.1936. Gertrud Kuznitzky (später Koebner) geb. Elkas (1889–1976); der Titel Professor bezieht sich hier, wie damals üblich, auf den Beruf ihres Mannes.

ein „Phänomen“, das es zwar ernst zu nehmen galt, aber: jetzt noch nicht – später einmal. Nun war das „Später“ gekommen …

Es scheint mir, daß um diese Zeit mehrere schicksalsschwere Umstände in Ediths Leben zusammentrafen und schließlich zu der Krise führten, die sie uns schildert[22]. Da ist zunächst der totale Zusammenbruch Deutschlands 1918 zu nennen mit all seinen fast unabsehbaren Folgen. Er mußte auf die politisch und sozial stets wache, engagierte junge Frau geradezu vernichtend wirken. Noch im Februar 1917 hatte sie an einen polnischen Studienfreund schreiben können: „… ich glaube bei ganz objektiver Betrachtung sagen zu können, daß es seit Sparta und Rom nirgends ein so mächtiges Staatsbewußtsein gegeben hat wie in Preußen und im neuen Deutschen Reich. Darum halte ich es für ausgeschlossen, daß wir jetzt unterliegen …“[23] Selbst im Juli 1918 scheint ihre lebensvolle Zuversicht ungebrochen: „Ich kann nur sagen, daß ich nach allem, was ich im letzten Jahr durchgemacht habe, das Leben stärker bejahe als je …“ Von einem militärischen Sieg Deutschlands im kriegerischen Ringen ist freilich nicht mehr die Rede. Jedoch ist es für Edith „ganz sicher, daß wir an einem Wendepunkt in der Entwicklung des menschlichen Geisteslebens stehen … Alles, was jetzt so schrecklich ist …, das ist der Geist, der überwunden werden muß. Aber der neue Geist ist bereits da, und er wird sich zweifellos durchsetzen. Wir haben ihn ganz sichtbar in der Philosophie und in den Anfängen der neuen Kunst … Man spürt den Willen dazu auch in den politischen und sozialen Kämpfen …, und den Glauben möchte ich Dir beibringen, daß die Entwicklung … letzten Endes eine gute ist.“[24]

Die Ereignisse, die dann eintraten, haben vermutlich diese Hoffnungen zunichte gemacht und die Befürchtungen ihrer Schwester noch übertroffen. Es müssen aber persönliche Dinge noch hinzugekommen sein. Vieles spricht dafür, daß es im Laufe des Jahres 1919 zu einem tiefergehenden Bruch mit Husserl kam, zu einer wirklichen Enttäuschung. Verfolgen wir kurz die Geschehnisse.

Ende August 1918 erwähnt Edith von Freiburg aus, daß sie vermutlich nach dem kommenden Winter ihren Wohnsitz in Breslau

---

22 Vgl. in *dieser* Ausgabe Seite 340 ff.

23 ESW Bd. VIII, Nr. 7, Brief an Roman Ingarden.

24 ESW Bd. VIII, Nr. 24, Brief an ihre Schwester Erna Stein.

nehmen werde, da ihre Mutter es wünsche. Dann fährt sie fort: „Natürlich werde ich häufig zu Besuch hier sein und eine Form zu finden suchen, wie ich auch so mit Husserl zusammenarbeiten kann.“ [25] Die Tatsachen indessen gestalten sich anders: Es gibt kein Anzeichen dafür, daß Edith zwischen November 1918 und Oktober 1926 Husserl noch einmal getroffen hat. Am 9. Oktober 1926 hat Edith in einem Brief an Roman Ingarden einen Besuch bei Husserl in Freiburg geschildert. Daraus geht klar hervor, daß sie den Meister seit etlichen Jahren nicht mehr gesehen hatte[26]. 1930 erwähnt sie in einem Schreiben an Adelgundis Jaegerschmid OSB, sie habe Husserl, als sie ihn zum erstenmal nach ihrer Konversion traf, volle acht Jahre nicht mehr gesehen[27]. Zwischen dem erwähnten Besuch im Oktober 1926 und ihrem Fortgehen von Freiburg im Herbst 1918 liegen genau diese acht Jahre. Wir finden die Erklärung dafür in etwa in einem Brief an Fritz Kaufmann vom 25. Januar 1920. Sie spricht von einer „für den rein menschlichen Verkehr unübersteigbaren Scheidewand“ zwischen Husserl und ihr, und sie fügt hinzu: „Ich kann es mir tatsächlich noch heute nicht vorstellen, wie ich ihm noch einmal persönlich gegenübertreten soll.“ [28]

Es muß also etwas menschlich sehr Entfremdendes zwischen ihnen geschehen sein, für das es freilich nur Vermutungen gibt. Eine naheliegende Erklärung böte die schon erwähnte Tatsache, daß Husserl sich für eine Habilitation in Freiburg für sie nicht verwenden mochte. Anderseits geriet auch ihr Freund Hans Lipps in Freiburg mit Husserl in irgendeine besondere Schwierigkeit, und das muß Edith überaus nahegegangen sein, da sie an Lipps doch besonders hing. „Niemand im Husserlschen Hause hat ihm mehr die Hand gegeben“, klagt sie[29]. In das Jahr 1919 fallen auch die vergeblichen Habilitationsversuche Ediths, von denen wir schon hörten, und etwa um diese Zeit müssen sich auch Ediths und Hans Lipps' Le-

---

25 ESW Bd. VIII, Nr. 25, Brief an Fritz Kaufmann.

26 Aus: Edmund Husserl, Briefe an Roman Ingarden; mit Erläuterungen und Erinnerungen hrsg. von Roman Ingarden, in: Phaenomenologica Nr. 25 Den Haag 1968, S. 149. Das dort angegebene Datum des 9.1.1926 ist ein Lesefehler; Ingarden gab in einem Brief an die Verf. selbst das richtige Datum an: 9.10.26.

27 ESW Bd. VIII, Nr. 52, Brief an Adelgundis Jaegerschmid OSB vom 16.2.1930.

28 ESW Bd. IX, Nr. 32 a, Brief an Fritz Kaufmann vom 25.1.1920.

29 A. a. O.

benswege endgültig getrennt haben. Frau Koebner gibt in ihren Erinnerungen dezent, aber klar zu verstehen, daß die Beziehungen damals zerbrachen.

Müssen wir uns wundern, wenn wir in einem Brief aus dieser Zeit lesen: „Ich bin mit Depressionen sehr viel besser vertraut, als Sie vielleicht ahnen ...“?[30] Auch gesundheitlich kommt es bei Edith Stein zu Krisen. Familiäre Rücksichten halten sie noch bis zum Frühjahr 1921 in Breslau fest; dann bricht sie nach Göttingen auf, „... wo ich mich, wenn überhaupt irgendwo, ein wenig zu Hause fühle“[31]. In diesem Wort – schon drei Jahre zuvor niedergeschrieben – scheint mir die Wurzel- und Orientierungslosigkeit der jungen Edith mitzuschwingen. Inzwischen mußte sich dieses Gefühl in ihr vertieft haben.

Für 1921 ist sie vom 28. März bis zum 27. Mai in Göttingen polizeilich gemeldet. Von dieser Übersiedlung sagt Edith – wie schon erwähnt –, daß sie sie der größten Entscheidung ihres Lebens entgegenführte. Ab dem 30. Mai hat Edith ihren Wohnsitz in Bergzabern/Pfalz, im Hause des Philosophenehepaares Conrad-Martius, beide Husserlschüler und bis zu ihrem Tode mit Edith befreundet und eng verbunden. Edith blieb dort bis Anfang Oktober 1922, allerdings zweimal unterbrochen durch die Sommerferien. Auf diesen Aufenthalt in Bergzabern bezieht sich Ediths Bemerkung: „... seit mir im Sommer 1921 das ‚Leben‘ unserer hl. Mutter Theresia in die Hände gefallen war ...“[32], auf die noch einzugehen sein wird. Diese Lektüre Ediths gab nämlich, wie Hirschmanns Brief uns bereits bestätigte, den letzten Anstoß für die Konversion Edith Steins zur katholischen Kirche.

Hier stehen wir wieder vor einem für den Biographen schwierigen Ereignis. Mit Recht sagt Romaeus Leuven OCD im III. Kapitel seines Buches, „... daß der Glaube an Christus letztlich ein Geheimnis bleibt, und so können wir auch niemals sagen, daß wir den Schlüssel zum Geheimnis des Übertritts Edith Steins zur katholischen Kirche besitzen“. Auch Leuven ist der Überzeugung, daß „eine langjährige

---

[30] A. a. O.

[31] ESW Bd. VIII, Nr. 19, Brief an Roman Ingarden vom 19.2.1918.

[32] Edith Stein, Wie ich in den Kölner Karmel kam. Handschrift im Karmel in Köln, Sign. B I 14a S. 12

Einwirkung vorausging", denn: „Eine Bekehrung ist ja nur selten das Werk eines Augenblicks."[33] In Edith Steins frühen philosophischen Arbeiten finden sich bereits Spuren solch langjähriger innerer Vorbereitung, und erst recht in ihren späteren Studien und Vorträgen. Wenn sie zum Beispiel (1932) sagt: „Unser Sein und Leben sind uns als Problem aufgenötigt. Wir kommen an der Frage nicht vorbei, wer wir sind und was wir sollen. Und nicht nur der reflektierende Verstand stellt uns davor. Das Leben selbst hat unser Leben zum Problem gemacht ..."[34], so dürfen, ja müssen wir annehmen, daß hier eigene Erfahrungen zu Wort kommen, daß Fragen und Probleme formuliert werden, die sich ihr selbst einst gestellt hatten, Fragen, die in den entscheidenden Jahren 1919–21 immer bedrängender für sie wurden.

Hedwig Conrad-Martius macht darauf aufmerksam, daß es im Kreis der Phänomenologen auffallend häufig zu Konversionen kam: „Längst nicht alle haben im katholischen Sinne konvertiert. Manche gewannen im Umkreis des Evangelischen einen neuen tieferen Standort und gelangten zu einer echten Bekehrung. Andere bleiben jüdisch, wurden konfessionell jüdisch oder blieben auch ganz unkonfessionell. Alle aber wurden irgendwie berührt von der Existenz jenseitiger Welten, deren Wesen ihnen ... plötzlich in Sicht trat."[35]

Dies ist eine überaus interessante Stelle. Auch Edith scheint in der Zeit ihrer schweren Krisen zunächst versucht zu haben, die Lebensfragen im Sinne gläubigen Judentums zu lösen, wie Hedwig Conrad-Martius es von manchen jüdischen Phänomenologen aussagt. Gertrud Koebner berichtet, Edith „hatte sich Mühe gegeben, im Judentum zu finden, was ihr Herz suchte. Ihre Mutter war ja der gegebene Wegweiser dafür. Sie begleitete sie in den Tempel (d.i. Synagoge) und sah sie ihr jüdisches Leben leben: ihre Frömmigkeit, ihre Pflichterfüllung, ihre Nächstenliebe ..." Und dennoch: Edith „sagte mir wiederholt, daß sie im Judentum nicht fände, was sie suchte, daß das Leben Jesu ihrer Seele ganz andere Nahrung gebe ...

---

[33] ESW, Bd. X, S. 30.

[34] ESW Bd. V, S. 45. Aus einem Vortrag Edith Steins in Zürich am 18. und 19.2.1932, in: „Christliches Frauenleben", 1. Teil.

[35] Hedwig Conrad-Martius, Edith Stein, in: Hochland 51 (Okt. 1958) S. 38f.

Die Lehre Jesu zog sie unwiderstehlich an. Die Frage, welche Konfession, bewegte sie tief."[36]

Der jüdische Gelehrte Dr. Ernst Ludwig Ehrlich hat mit Recht darauf aufmerksam gemacht, daß – auch nach Ediths Schilderungen – das im Hause Stein gelebte Judentum den Charakter des Kargen, Unlebendigen, Verbürgerlichten an sich trug[37]. Auguste Stein, Ediths Mutter, war zudem die einzige gläubige Erwachsene im Hause; alle Geschwister Ediths bogen in liberale, zum Teil ganz religionslose Auffassungen ein. Als Edith ihren Glauben verlor, war er – nach ihren eigenen Worten – „Kinderglaube" geblieben. Trotz ihrer Gesetzestreue und Gottesfurcht scheint auch an Auguste Stein nichts von jener Begeisterung, nichts von jener vertrauenden Freude auf, die jede lebendige Spiritualität kennzeichnet; es machte sich bei ihr wohl stark die Überforderung durch ihr schweres Leben geltend. Für diesen verständlichen Mangel fand aber Edith keinen Ausgleich. Wir wissen nicht, wo oder durch wen Edith Leben und Lehre Jesu, die Evangelien, kennenlernte. Wahrscheinlich geschah es wirklich erstmalig durch die beiden Reinachs. Jedenfalls begegnete Edith – wir hörten es – in deren Haus die lebenschaffende und durchtragende Kraft des Glaubens an den gekreuzigten Herrn.

Es scheint mir wichtig, daß auch die Frage nach der Konfession des christlichen Glaubens bei Edith Stein nicht – wie man bei einer Philosophin vermuten könnte – auf dem Weg tiefschürfenden Denkens entschieden wurde, sondern durch menschliche Begegnung. An Teresa von Avila konnte es Edith aufgehen, daß der Glaube nicht Lehre ist, sondern Beziehung. Die Heilige von Avila hat in die Konfessionskämpfe ihrer Zeit nicht durch theologische Auseinandersetzungen eingegriffen, sondern durch katholisches Leben in seiner lautersten, von all den zeitbedingten Verirrungen der römischen Kirche völlig unabhängigen Weise. So konnte Edith Stein die Lektüre des Buches abschließen mit der Überzeugung: Das ist die Wahrheit.

Am Morgen des 1. Januar 1922 – damals wurde am 1. Januar das Hochfest der Beschneidung unseres Herrn gefeiert – wurde Edith

---

[36] Unveröffentlichter Brief Gertrud Koebners, Kopie im Archiv des Karmels in Köln, Sign. E III/WE/53, vom 20.7.1953.

[37] Aufsatz in: Allgemeine Jüdische Wochenzeitung, Bonn, 25.7.1986, 41. Jg., Nr. 30, S. 3.

Stein durch Dekan Eugen Breitling (1851–1931), Pfarrer von St. Martin, Speyer, auf die Namen Hedwig Theresia getauft. Mit Erlaubnis des Speyerer Bischofs Dr. Ludwig Sebastian (1862–1943) übernahm die evangelische Freundin Hedwig Conrad-Martius die Patenschaft. Erst im Sommer fuhr Edith, wie auch im Vorjahr, für die Ferien nach Breslau. Ihre Mutter war über die Konversion ihrer Jüngsten schon informiert; Edith hatte ihre Schwester Erna bereits vor Jahresfrist gebeten, die Mutter vorzubereiten; wir lesen die Aufzeichnungen Ernas darüber im Anhang dieses Buches[38]. Für Auguste Stein war es überaus schwer, Edith als Katholikin zu akzeptieren; den Abfall vom Glauben der Väter hatte sie leichter ertragen als die Konversion. Edith selbst hatte damals schon Klostergedanken: „Als ich am Neujahrstage 1922 die hl. Taufe empfing, dachte ich, daß dies nur die Vorbereitung zum Eintritt in den Orden sei. Aber als ich einige Monate später zum erstenmal meiner lieben Mutter gegenüberstand, wurde mir klar, daß sie dem zweiten Schlag vorläufig nicht gewachsen sei. Sie würde nicht daran sterben, aber es würde sie mit einer Verbitterung erfüllen, die ich nicht verantworten konnte."[39]

Ediths wissenschaftliche Laufbahn war abgebrochen. Zunächst scheint es sogar, als sei das Interesse daran in den Hintergrund getreten. Es war für die neugetaufte Katholikin wohl auch klug, sich zunächst in die katholische Welt einzuleben, vor allem auch die gedanklichen Grundlagen ihres Glaubens näher kennenzulernen und sich mit katholischen Einrichtungen vertraut zu machen. Es war eine gute Fügung, daß die in der Pfalz bestens bekannten Dominikanerinnen von St. Magdalena in Speyer für die Lehrerinnenbildungsanstalt und das Mädchenlyzeum eine Lehrkraft für Deutsch suchten. So zog nun Edith nach Speyer um, wo sie mit Datum vom 15. April 1923 polizeilich angemeldet ist. Von da an war sie nämlich auch am Lehrerinnenseminar fest angestellt. Doch hat sie, nach den bei den Dominikanerinnen vorhandenen Dokumenten, vorher schon in St. Magdalena, vielleicht nur aushilfs- oder vertretungsweise, unterrichtet.

So war Edith nun wieder im Schuldienst, der ihr zwar, wie wir

---

[38] In *dieser* Ausgabe Seite 406.
[39] Edith Stein, Wie ich in den Kölner Karmel kam (s. Anm. 32), S. 12f.

hörten, lieb war und dem sie sich mit ganzer Kraft widmete, den sie aber nie so recht als Lebensaufgabe angestrebt hatte. Sie begann denn auch bald, anderes daneben zu betreiben. Zunächst machte sie sich an eine Übersetzungsarbeit. Der Jesuitengelehrte Erich Przywara (1889–1972) hatte eine deutsche Gesamtausgabe der Werke Kardinal Newmans begonnen und suchte eine Übersetzerin für den Band der Briefe[40]. Im September 1925 schreibt Edith, nunmehr wolle sie sich an etwas Größeres wagen, an eine Auseinandersetzung mit dem hl. Thomas von Aquin. Erich Przywara riet ihr zu einer Übertragung und Kommentierung der „Untersuchungen über die Wahrheit". Diese Arbeit hat Edith bis zu ihrem Weggang aus Speyer beschäftigt; der 1. Band erschien 1931, der 2. im folgenden Jahr[41]. Diese große Übersetzungsarbeit wurde für Edith zum Anstoß, sich wieder der wissenschaftlichen Forschung zuzuwenden.

Ostern 1931 schied sie aus dem Schuldienst aus. Schon in Speyer hatte sie mit einem kühnen Werk begonnen, das sie nun in aller Stille fördern wollte. „Potenz und Akt". Es ist ein Versuch der Auseinandersetzung und Gegenüberstellung der beiden philosophischen Welten, in denen die Verfasserin lebte: mit Husserls Phänomenologie und mit der scholastischen Philosophie des hl. Thomas von Aquin. Edith Stein hatte die Absicht, mit dieser Studie einen neuen Versuch zur Habilitation zu unternehmen. Sie hatte erkannt, daß das neue Philosophieren an antike Gedankenmotive anzuknüpfen suchte, daß es aber das Wahrheitsstreben und die Geisteshaltung des christlichen Mittelalters überging. So hielt sie eine Gegenüberstellung der modernen Philosophie mit der Seinslehre der „philosophia perennis" für dringend notwendig[42]. Ihre Versuche, sich zu habilitieren, machte sie in Freiburg und Breslau. Da sie sich aber wiederum nicht verwirklichen ließen, folgte sie einem Ruf als Dozentin an das Deutsche Institut für wissenschaftliche Pädagogik in Münster, wohin die

---

[40] John Henry Kardinal Newman, Briefe und Tagebücher bis zum Übertritt zur Kirche (1801–1845), übertragen von Dr. Edith Stein, hrsg. von P. Erich Przywara SJ, München 1928.

[41] Des hl. Thomas von Aquino Untersuchungen über die Wahrheit, in deutscher Übertragung von Edith Stein, Breslau, 1. Bd. 1931, 2. Bd. 1932.

[42] Vgl. ESW Bd. VI, S. 38. Rezension Edith Steins über: E. Husserl, Die Krisis der europäischen Wissenschaft und die trancendentale Phänomenologie, in: Philosophia, Belgrad 1936, S. 77–176.

weitsichtige, tatkräftige Maria Schmitz (1875–1969), Vorsitzende des Vereins katholischer deutscher Lehrerinnen, sie empfohlen hatte.

Damit sind wir den Ereignissen abermals vorausgeeilt. Die erste Aufgabe, die Gottes Fügung für Edith in der Speyerer Zeit zugedacht hatte, lag sicherlich darin, sie in die Tiefe und Weite katholischen Christseins hineinwachsen zu lassen. Die Umstände in St. Magdalena waren bestens dazu angetan. So hat sie es gewiß empfunden, denn sie fühlte sich dort wie eine Ordensfrau unter Ordensfrauen, freilich ohne Schleier und Klausur. So schreibt sie es selbst, und so versuchte sie es auch zu leben, soweit ihre anderen Pflichten es zuließen. Es ist fast ergreifend, zu sehen, wie diese intelligente, hochgebildete Frau so etwas wie die „Kinderkrankheiten" vieler Konvertiten durchlebt. Jahrelang war sie der Ansicht – „vor und noch eine ganze Weile nach meiner Konversion" –, aus ihren Interessen und ihren Tätigkeiten alles ausschalten zu müssen, was nicht unmittelbar Religiöses zum Inhalt habe. Erst allmählich lernte sie, „daß in dieser Welt anderes von uns verlangt wird" [43], daß es just die Aufgabe des Sauerteiges ist, unter die ganze Mehlmenge gemischt zu werden.

So dachten auch die beiden Priester, die sie in diesen Jahren auf ihrem geistlichen Weg begleiteten: an erster Stelle der hochgebildete Generalvikar in Speyer, Prälat Josef Schwind (1851–1927), und nach dessen Tod der weitblickende und geistreiche Erzabt von Beuron, Dr. Raphael Walzer OSB (1888–1966). Beide Männer widerstrebten Edith Steins wiederholt geäußertem Klosterwunsch. Beide waren der Meinung, Ediths ungewöhnliche Begabungen sollten der Kirche unmittelbar für ihre erzieherischen und wissenschaftlichen Aufgaben zur Verfügung stehen. Keineswegs fehlte es ihnen an Hochschätzung des monastischen oder kontemplativen Ordenslebens, doch wurden sie in ihrer Meinung von der Tatsache bestärkt, daß damals die Zahl der Akademikerinnen unter den Katholiken weit geringer war als heute. Zudem lagen bei Edith Stein die Lebensumstände für Aufträge als Schriftstellerin oder Rednerin besonders günstig; sie benötigte, da sie im Kloster lebte, keinen eigenen Haushalt, hatte keine Angehörigen zu betreuen und erfreute sich, was

[43] ESW Bd. VIII, Nr. 45, Brief an Callista Kopf OP vom 12.2.1928.

Stundenplan und -zahl anging, großer Rücksichtnahme der Dominikanerinnen. Bald wurden die katholischen Verbände – Verein katholischer Lehrerinnen, Akademikerverband, Frauenbund – auf sie aufmerksam, und oft sprach sie auf deren Tagungen oder Bildungsveranstaltungen. Manche dieser Vorträge wurden schon damals, manche erst später veröffentlicht[44]. Viele Zeitschriftenartikel, Buchrezensionen, Weiterbildungskurse für Junglehrer(innen), auch einige Rundfunkvorträge und eine ständig wachsende Korrespondenz bewältigte sie neben der Schultätigkeit und den großen Übersetzungsarbeiten. So reifte nach acht Jahren in ihr der Entschluß, „die Schule an den Nagel zu hängen".

Ehe wir Edith Steins weiteren Tätigkeiten nachgehen, ist noch ein Wort über ihre Beziehungen zu der Erzabtei Beuron notwendig. Wer ihre Briefe in den Speyerer Jahren verfolgt, kann erahnen, was diese Stätte monastischen Lebens für sie bedeutete. Edith lernte Beuron gerade zu dem Zeitpunkt kennen, als ihre Tätigkeit als gesuchte Referentin begann. Ihr bewußt klosterähnlich gestaltetes Leben trat immer mehr in die kirchliche Öffentlichkeit. „Es hat den Anschein", schrieb sie damals, „als ob der Umkreis meines Tagewerkes weiter werden sollte ... Man hat es von mir verlangt, und so habe ich es übernommen, obwohl mir noch dunkel ist, was es einschließt ..."[45] Jedenfalls schloß es mehr Außentätigkeit ein, als sie es bisher kannte. So empfand sie es als Wohltat, von Zeit zu Zeit ganz in den Rhythmus monastischen Lebens mit einschwingen zu dürfen und durch die hochliturgische Gestaltung der Beuroner Gottesdienste die Mysterien der Kirche gleichsam vor ihren Augen sich entfalten zu sehen. Sie wohnte in der Abtei nicht nur dem täglichen Konventamt, sondern immer auch dem ganzen Chorgebet der Mönche bei. „Was man von dort mitbringt", schrieb sie, „das ist dauerhaft. Dort kann man einen Schatz sammeln, der lange währt ..."[46] Sie erlebt hier aber auch, daß nicht nur die Liturgie „Gebet der Kirche" ist – ein Irrtum, der in der damaligen Aufbruchszeit der Liturgischen Bewegung nahelag –, sondern daß jedes echte, auch das in tiefer Einsamkeit geschehende Gebet des einzelnen „Gebet der Kirche"

[44] Vgl. ESW Bd. V: Die Frau, und Bd. VI: Welt und Person.
[45] ESW Bd. VIII, Nr. 45.
[46] ESW Bd. VIII, Nr. 49, Brief an Callista Brenzing OCist. vom 29.4.1929.

darstellt. Denn Gebet kann nur im Heiligen Geist geschehen, der in jedem Menschenherzen lebt und dadurch die Kirche gestaltet[47].

Mit diesen Gedanken nähern wir uns schon der letzten Wegstrecke Edith Steins, die sie ja als kontemplative Ordensfrau durchlebte. Tatsächlich hatte Edith, ehe sie ihre Tätigkeit in Münster übernahm, mit Erzabt Walzer darüber gesprochen, ob nicht jetzt für sie die Zeit gekommen sei, in den Orden des Karmel einzutreten. Diese Tatsache vermerkt Edith Stein in ihren Notizen, ohne näher darauf einzugehen. Es ist zu vermuten, daß sie das Mißlingen der Habilitation als einen Wink verstanden hatte, den seit langem gewünschten Schritt zu tun. Erzabt Raphael hatte dringend abgeraten im Hinblick „auf die Wirksamkeit, die ich seit einigen Jahren im katholischen Leben hatte“[48].

Im Februar 1932 siedelte Edith nach Münster um und begann mit dem Sommersemester ihre Dozententätigkeit. Diese war bekanntlich von sehr kurzer Dauer. Schon ein Jahr später hielt Edith die letzte Vorlesung; man wünschte keine Jüdin auf deutschen Kathedern. Über Ostern 1933 weilte Edith, wie gewohnt, in Beuron. Dabei besprach sie mit dem Erzabt ihr zur Zeit brennendstes Anliegen: „Ich hatte in den letzten Wochen immerfort überlegt, ob ich nicht in der Judenfrage etwas tun könne.“[49] Sie hatte an eine Privataudienz bei Papst Pius XI. gedacht, die sich aber nicht verwirklichen ließ. Auch ein Brief, in dem sie um eine Enzyklika zum Schutze der Juden bat, blieb ohne Erfolg.

Für Edith Steins Leben aber fallen nun rasch weitere Entscheidungen. Durch Bekannte lernte Edith das Kloster der Karmelitinnen in Köln[50] kennen und bat kurzentschlossen um Aufnahme. Schon Mitte Juni war alles Nötige geregelt. Nach einem letzten, längeren Aufenthalt bei ihren Angehörigen in Breslau trat Edith Stein am 14. Oktober 1933 als 42jährige Postulantin in den Kölner Karmel ein und begann am Hochfest der hl. Teresa von Avila ihr Ordensleben.

---

[47] Es sei verwiesen auf den demnächst erscheinenden Band ESW Bd. XI „Verborgenes Leben‘, Aufsatz von Edith Stein „Das Gebet der Kirche“.

[48] Edith Stein, Wie ich in den Kölner Karmel kam (s. Anm. 32), S. 13.

[49] Ebd., S. 4.

[50] Damals noch in Köln-Lindenthal, Dürener Straße 89.

Dieser Schritt Edith Steins in die Verborgenheit eines klausurierten Klosters just zu Beginn der Judenverfolgungen ist oft mißverstanden worden. Selbst Menschen, die sie gut kannten und daher wußten, daß eine Flucht vor widrigen Ereignissen für Edith gar nicht in Betracht kam, fanden es höchst unklug, gerade jetzt sich so völlig aus der Öffentlichkeit zurückzuziehen. „Was ich vorhatte", schrieb Edith in ihren Erinnerungen, schien ihm (ihrem Schwager) den Trennungsstrich zum jüdischen Volk noch schärfer zu ziehen – jetzt, wo es so bedrängt wurde. Daß es von meinem Standpunkt ganz anders aussah, konnte er nicht verstehen."[51]

Wir aber müssen versuchen, es zu verstehen. Teresa von Avila, die dem viel älteren Orden der Karmelitinnen eine neue Gestalt gab, faßte zweifellos den Karmel als Gebetsorden auf. In Schulen unterrichtende, in Hospitälern pflegende oder in der Sozialarbeit engagierte Ordensfrauen gab es damals nicht. Wohl gab es vereinzelte Gemeinschaften geistlicher Frauen, die solche Tätigkeiten ausübten, doch nach dem damaligen Kirchenrecht galten sie nicht als Orden; sie verrichteten nicht das kanonische Stundengebet und legten auch keine Gelübde ab, die als Ordensgelübde galten. Dagegen waren die Karmelitinnen ein Orden im kirchenrechtlichen Sinn, zur Zeit Teresas leider behaftet mit all den Mängeln, die sich überall in der Kirche zeigten und denen das Trienter Konzil entgegenzuwirken suchte. Teresa führte in ihren Klöstern wieder echtes geistliches Leben ein – zuerst bei den Nonnen, dann gründete sie auch Mönchsklöster; sie pflegte mit ihren Schwestern das innerliche Beten zwei Stunden täglich – es ist nicht durchgängig gleichbedeutend mit der heute wiederbelebten Meditation. Teresa, die selbstverständlich auch das große Chorgebet beibehielt und die Schriftlesung pflegte – soweit damals möglich –, machte das innere Gebet zur Hauptaufgabe ihres ganzen reformierten Ordens. Das war etwas völlig Neues und trug ihr demzufolge den Widerstand der kirchlichen Behörden ein.

Neu ist bei Teresa auch die Intention, in der sie das innere Gebet zu verrichten wünschte. Es geht ihr bei ihrem Reformwerk ganz entscheidend um die kirchliche, die missionarische oder apostolische Ausrichtung. Gerade dies will sie ihren Karmelitinnen als das Herzstück ihres Ordenslebens vermitteln. Hier nun sah sich Edith Stein in

[51] Edith Stein, Wie ich in den Kölner Karmel kam (s. Anm. 32), S. 36.

ihrem tiefsten Anliegen verstanden: „Wer in den Karmel geht", schreibt sie als Novizin an einen Studienfreund, „der ist für die Seinen nicht verloren, sondern erst eigentlich gewonnen; denn es ist ja unser Beruf, für alle vor Gott zu stehen."[52] Vor ihrem Eintritt hatte sie einem jungen Mädchen diesen Gedanken so zu erläutern versucht: „... vor allem möchte ich Deine Frage beantworten. Es gibt eine Berufung zum Leiden mit Christus und dadurch zum Mitwirken an seinem Erlösungswerk ... Das in Vereinigung mit dem Herrn ertragene Leiden ist Sein Leiden und darum fruchtbar. Es ist ein Grundgedanke alles Ordenslebens, vor allem aber des Karmellebens, durch freiwilliges und freudiges Leiden ... an der Erlösung der Menschheit mitzuarbeiten ..."[53]

Edith ist sich darüber klar, daß der Herr solche Mitarbeit nicht braucht. Für uns aber ist sie eine große Möglichkeit, christliches Leben zu verwirklichen. Dieses letztere nicht nur für uns selbst. Edith sieht das Gebet und das dem Herrn angebotene Leiden gleichsam als „den Appell ... an die göttliche Liebestätigkeit", um sie „als Bundesgenossen zu werben" im Ringen um das Heil aller Menschen und der ganzen Welt. „Die Möglichkeit dieser Mittlerschaft vor Gott ... ist es, die das Heil zu einer *gemeinsamen* Angelegenheit aller Menschen macht"[54], so schreibt sie. Diese wenigen Sätze müssen hier genügen, um Edith Steins Motive zum Eintritt in den Karmel wenigstens anzuleuchten. Die Lebensjahre, die ihr noch bleiben, sind die Verwirklichung dieser Motive.

Am 15. April 1934 war die vorgeschriebene Probezeit für die Postulantin vorüber. In einer Feierstunde, die viele ihrer Schülerinnen und Freunde als Gäste des Karmels vereinte, erhielt sie das Ordenskleid und den neuen Namen: Teresia Benedicta a Cruce (vom Kreuz). Später schrieb sie darüber: „Ich muß Ihnen sagen, daß ich meinen Ordensnamen schon mit ins Haus brachte. Ich erhielt ihn genau so, wie ich ihn erbat. Unter dem Kreuz verstand ich das Schicksal des Volkes Gottes, das sich damals schon anzukündigen begann. Ich dachte, die es verstünden, daß es das Kreuz Christi sei, die müß-

---

52 ESW Bd. IX, Nr. 174, Brief an Fritz Kaufmann vom 14.5.1934.

53 ESW Bd. VIII, Nr. 129, Brief an Anneliese Lichtenberger vom 26.12.1932.

54 ESW Bd. VI, aus: Die ontische Struktur der Person und ihre erkenntnistheoretische Problematik, S. 161 f.

ten es im Namen aller auf sich nehmen ... Gewiß weiß ich heute mehr davon, was es heißt: dem Herrn im Zeichen des Kreuzes vermählt zu sein ..."[55] Aus diesem Wissen stammt wohl auch die innere Sicherheit, der Edith Stein im Kloster immer wieder Ausdruck gab, daß auch sie dereinst – allem vorläufigen Anschein zum Trotz – die Leiden ihres jüdischen Volkes zu teilen haben werde. Es war ja das Kreuz Christi selbst, so hatte sie es gedeutet, „und daran Anteil zu haben ist mein Verlangen", so sagte sie, als sie sich erstmalig im Karmel vorstellte und um Aufnahme bat.

Vorerst war Edith Stein im Kölner Karmel vielem Ungemach enthoben. Sie werde als Anfängerin im Ordensleben von Gott wie ein kleines Kind behandelt, meinte sie selbst. Alle, die Edith im Kloster während ihrer Ordens„jugend" besuchten, und ihre Mitschwestern im Noviziat bezeugen ihre gewinnende Heiterkeit. Da sie für häusliche Arbeiten nicht eben die Tauglichste war, erhielt sie bald eine Menge Aufträge für kleinere schriftstellerische Arbeiten, und nach der Ablegung der Gelübde am 21. April 1935 wünschten ihre Vorgesetzten, sie möge doch die mitgebrachte Studie „Potenz und Akt" für den Druck fertig machen. Es wurde jedoch eine völlige Umgestaltung des Ganzen mit dem neuen Titel „Endliches und ewiges Sein – ein Versuch zum Aufstieg zum Sinn des Seins". Sie nannte das Werk, das erst nach ihrem Tod als Buch erschien, ihr Vermächtnis für Deutschland.

Als das Manuskript abgeschlossen war, hatte sich die innenpolitische Lage im nationalsozialistischen Deutschland und zumal die Lage der Juden derart zugespitzt, daß Edith um Versetzung ins Ausland bat. Man entschied sich für die Niederlande, deren Neutralität damals unantastbar schien. Am 31. Dezember 1938 übersiedelte Edith in den Karmel nach Echt/Limburg. Das Kloster war eine deutsche Gründung aus der Zeit des sog. Kulturkampfes. Ein mit dem Karmel verbundener Arzt, Dr. Paul Strerath (1880–1945), nahm das Wagnis auf sich, die Gefährdete über die Grenze zu bringen.

In Echt wurde Edith Stein mit großem Verständnis aufgenommen. Sie konnte auch ihre ebenfalls katholisch gewordene Schwester Rosa (* 1883) nachkommen lassen, die als Hausfrau im Pfortenbetrieb des Klosters willkommen war. War es schon schwierig gewesen, in dem

---

[55] ESW Bd. IX, Nr. 287, Brief an Petra Brüning OSU vom 9.12.1938.

von Flüchtlingen überschwemmten Land für Edith die Erlaubnis zum Daueraufenthalt – zur Einwanderung – zu erhalten, so erreichte man dies für Rosa erst nach langwierigen Verhandlungen. Gern hätte man auch die noch in Breslau verbliebene Schwester Frieda Tworoger-Stein (* 1881), deren Tochter schon früh nach Palästina ausgewandert war, nach Echt geholt, aber es gelang genausowenig wie die von den Geschwistern in den USA unternommenen Versuche, sie nach Amerika nachkommen zu lassen. Frieda wurde ebenso wie ihr Bruder Paul (* 1872) und die Nichte Eva (* 1915; Tochter Arno Steins, die die Einreise in die USA nicht erhielt, weil sie nach überstandenem Typhus noch Bazillenträgerin war!) in den Osten verschleppt und starb in den dortigen KZs, vermutlich 1943. Die Mutter Ediths, Auguste Stein (* 1849), war im September 1936 in hohem Alter an Krebs gestorben, dem Glauben ihrer Väter treu bis zum Tode. „Ich habe die Zuversicht", schrieb Edith damals, „daß sie jetzt meine treueste Helferin ist, damit auch ich ans Ziel komme."[56]

Wir erwähnten schon, daß Edith in Echt anfangs noch mit der Korrekturarbeit an ihrem großen Buch beschäftigt war, dann aber häusliche Arbeiten übernahm und „Windnerin" wurde. Diese Aufgabe oblag ihr zeitweise auch in Köln. „Winde" nannte man den in die Klausurmauer eingelassenen Drehkasten, der das Heraus- und Hineingeben von Gegenständen zwischen Klausur- und Außenbezirk ermöglichte. Auch sonst war der Windnerin der nötige Kontakt mit der Außenwelt übertragen, z. B. das Telefon zu bedienen oder den Verkehr mit den Pförtnerinnen zu übernehmen. Edith war durch ihre Zuverlässigkeit und Diskretion für diesen Posten sehr geeignet. In Echt gab diese Aufgabe Edith auch die Möglichkeit, häufiger mit ihrer Schwester Rosa, der Pförtnerin des Karmels, in Kontakt zu kommen, als es sonst die damals sehr strengen Bräuche zugelassen hätten.

Als nun das nationalsozialistische Unheil in die Niederlande hinüberschlug und Rosa bei Ausgängen ins Dorf von immer neuen Schrecken Kenntnis erhielt, als auch immer öfter in Bedrängnis gekommene Menschen Rat und Aussprache an der Klosterpforte suchten, konnte Edith durch ihre Schwester all das leicht in Erfahrung

---

[56] ESW Bd. IX, Nr. 227, Brief an Callista Kopf OP vom 4.10.1936.

bringen. Edith nahm die Schreckensbotschaften nicht nur für sich selbst in ihre Fürbitte auf – vielmehr gehörte es auch zur Aufgabe der Windnerin, solche Gebetsanliegen an den Konvent weiterzugeben. Edith empfand die Verfolgung des Volkes Gottes als ein eschatologisches Zeichen; sie fühlte sich von allen antisemitischen Ausschreitungen – den Vorboten der „Endlösung“ – noch weit tiefer getroffen als alle anderen Schwestern. Für sie bedeuteten diese Ereignisse existentielle Erschütterungen; ihre große Selbstbeherrschung verbarg nur mühsam, wie tief sie von ihnen aufgewühlt wurde.

Wir wissen schon, daß Edith die furchtbare Last dieser Verfolgungen als das Kreuz Christi deutete. Ihn, den Gottesknecht, einen der Ihrigen dem Blute nach, erblickte sie als den Kreuztragenden unter der zermalmenden Wucht der Geschehnisse. Und dieses Geschick, so erahnte sie, betraf die ganze Kirche und die ganze Welt. Die tiefe Erregung der Schwestern Stein teilte sich auf die Dauer unvermeidlich dem ganzen Konvent mit, und die neue Priorin, die ihr Amt im Herbst 1940 antrat, hielt es für gut, der wachsenden Unruhe entgegenzuwirken. So mag sie auf den Gedanken gekommen sein, Edith wieder wissenschaftliche Arbeiten aufzutragen, um sie unauffällig vom Posten der Windnerin entfernen zu können. Eine zweifellos gute Entscheidung! Die Beschäftigung mit dem Werk des hl. Johannes vom Kreuz gab Edith Gelegenheit, sich mehr noch als früher in die mystische Lehre des heiligen Ordensvaters zu vertiefen. Dazu schreibt sie: „Durch die Arbeit, die ich vorhabe, lebe ich fast beständig in Gedanken mit dem hl. Vater Johannes. Das ist eine große Gnade.“[57] Edith gab ihrem Buch den Titel „Kreuzeswissenschaft“. Romaeus Leuven bemerkt sehr schön in seinem Buch: „Schwester Benedicta, die vom Kreuz gesegnete, meint mit Wissenschaft keine rein intellektuelle Erkenntnis, kein nach den Regeln der Beweisführung aufgebautes System, sondern die lebendige und wirksame Erkenntnis des Kreuzes, welche tief und formend in das praktische Leben eingreift.“[58]

Dieses Wort sollte sich bald erfüllen. Edith Stein hatte ihr Werk noch nicht zu Ende geschrieben, als ihr irdisches Schicksal sich vollendete.

---

[57] ESW Bd. IX, Nr. 328, Brief an Johanna van Weersth OCD vom 18.11.1941.
[58] ESW Bd. X, S. 154.

Am 2. August 1942 wurden in den Niederlanden alle katholischen Juden von der SS verhaftet und in Sammellager transportiert. Wie aus Dokumenten erwiesen war diese Aktion ein Vergeltungsschlag für das am 26. Juli von allen Kanzeln der katholischen Kirchen verlesene Protestschreiben der niederländischen Bischöfe gegen die Deportation der Juden. Das Polizeiauto brachte Edith und Rosa Stein mit vielen anderen jüdischen Katholiken, darunter auch mehreren Ordensleuten, über Amersfoort in ein Lager nach Westerbork, wo sie am 4. August eintrafen. An den beiden nächsten Tagen konnten die Häftlinge noch schriftliche Nachrichten absenden und sogar Besuche empfangen. Auch der Karmel von Echt schickte durch Boten Liebesgaben nach Westerbork. Diese Boten, zwei junge Männer, sind die letzten Zeugen, die Edith Stein und ihrer Schwester vor dem Abtransport nach Osten noch begegneten. Beide Schwestern waren gezeichnet von tiefstem Leid, aber ruhig und gefaßt. „Daß meine Brüder und Schwestern *so* leiden müssen", hat Edith dort gesagt, „das habe ich in der Abgeschiedenheit meines Klosters leider nicht gewußt ..."

Wir dürfen sicher sein, daß Edith die langdauernde Versenkung in die Kreuzesliebe des Mystikers Johannes vom Kreuz, die ihr im letzten Jahr ihres Karmellebens noch geschenkt wurde, eine große Hilfe gewesen sein muß, die allerletzte Wegstrecke ihres Leidens zu bestehen und ihr dabei die Kraft gab, auch viele andere zu stützen. In der ersten Morgenfrühe des 7. August 1942 verließ der Eisenbahntransport mit der Gruppe katholischer jüdischer Ordensleute das Lager Westerbork und erreichte mit großer Wahrscheinlichkeit am 9. August Auschwitz. Nach allem, was die Nachforschungen erbrachten, sind die Häftlinge dieses Transportes, ein paar wenige junge Leute ausgenommen, am gleichen Tag in das Nebenlager Birkenau gebracht und dort sofort durch Gas getötet worden.

Edith Stein hat ihr Buch „Kreuzeswissenschaft" begonnen mit dem Hinweis: „Auf den folgenden Blättern wird der Versuch gemacht, Johannes vom Kreuz in der Einheit seines Wesens zu fassen, wie sie sich in seinem Leben und in seinen Werken ausspricht ... Die Zeugnisse kommen ausführlich zu Wort, aber nachdem sie gesprochen haben, wird eine Deutung versucht, und in diesen Deutungsversuchen macht sich geltend, was die Verfasserin in einem lebenslangen Bemühen von den Gesetzen geistigen Seins und Lebens erfaßt zu haben glaubt."[59] Wir dürfen es wohl so ausdrücken: Am Ende ihres Lebens ist Edith Stein, nachdem ihr auf Erden schon reiche Aufgaben zugewiesen worden waren, immer mehr den „Weg nach innen" gegangen, wo wir alle „in Gott versenkt und geborgen"[60] sind. Denn, so möchten wir aus der „Kreuzeswissenschaft" gleichsam als Edith Steins Vermächtnis für uns alle zitieren:

„Der Mensch ist dazu berufen, in seinem Innersten zu leben und sich selbst so in die Hand zu nehmen, wie es nur von hier aus möglich ist; nur von hier aus ist auch die rechte Auseinandersetzung mit der Welt möglich; nur von hier aus kann er den Platz in der Welt finden, der ihm zugedacht ist."[61]

Köln, den 24. Januar 1987 *Sr. Maria Amata Neyer OCD*

---

[59] ESW Bd. I, S. 1.
[60] Ebd., S. 114.
[61] Ebd., S. 145.

ANHANG

AUS DEM VORWORT DER HERAUSGEBER ZUR WERKAUSGABE

I. Zur Authentizität der Ausgabe

Der Hauptteil des Manuskripts ist im Jahre 1933 abgefaßt. Nach der Machtergreifung des Nationalsozialismus im Januar 1933 und der wenige Wochen darauf folgenden Enthebung Edith Steins aus dem Lehramt zu Münster kehrte Edith Stein nach Breslau zurück. Sie schrieb dort im Zeitraum von kaum sechs Monaten, ca. April bis September 1933, den ersten Abschnitt *Aus den Erinnerungen meiner Mutter* nieder. Der zweite Abschnitt *Aus unserer Familiengeschichte: Die beiden Jüngsten* entstand in den darauf folgenden 1½ Jahren. Er blieb unvollendet, da die Autorin im Mai 1935, kurz nach der ersten heiligen Profeß, die Aufzeichnungen abbrechen mußte, um die philosophische Studie *Endliches und Ewiges Sein* zu vollenden.

Wenige Tage nach der Flucht nach Echt, am 7. Januar 1939, beschloß Edith Stein, die Arbeit an der Lebensbeschreibung fortzusetzen. Leider kamen im Laufe von vier Monaten nur wenige Blätter zustande. Die letzten Absätze dieser ergänzenden Aufzeichnungen wurden am 27. April 1939 geschrieben, dem ersten Jahrestag des Todes Edmund *Husserls.* Damit brechen die Aufzeichnungen endgültig ab.

Wir besitzen keine ausdrückliche Begründung dieser Tatsache, doch können wir die Ursachen vermuten, die Edith Stein an der Fortführung der Arbeit verhinderten: einerseits waren die Lebensumstände äußerst ungünstig für die Vollendung dieses Werkes; andererseits erhielt die Autorin den Auftrag, eine Studie über *Joannes a Cruce* zum 400. Jahrestage seiner Geburt abzufassen.

Dieser Ausgabe liegt der Wortlaut des Manuskripts zugrunde. Die Gliederung ist von den Herausgebern durchgeführt, in Anlehnung an vermutliche Absichten der Autorin.

Der Haupttitel *Aus dem Leben einer jüdischen Familie* entstammt einer Maschinenabschrift. Das handschriftliche Manuskript enthält die drei Aufschriften: *Vorwort, Aus den Erinnerungen meiner Mutter, Aus unserer Familiengeschichte: Die beiden Jüngsten.* Alle weiteren Gliederungsbezeichnungen und Aufschriften sind von den Herausgebern ergänzt.

II. Zur Ergänzung der Darstellung

Edith Stein, Lebenslauf (Freiburg 1916)[1]

Am 12. Oktober 1891 wurde ich, Edith Stein, Tochter des verstorbenen Kaufmanns Siegfried Stein und seiner Frau Auguste geb. Courant, in Breslau geboren. Ich bin preußische Staatsangehörige und Jüdin. Von Oktober 1897 bis Ostern 1906 besuchte ich die Viktoriaschule (städtisches Lyzeum) in Breslau und von Ostern 1908 bis Ostern 1911 die ihr angegliederte Studienanstalt realgymnasialer Richtung, an der ich sodann die Reifeprüfung bestand. Oktober 1915 erwarb ich mir durch Ablegung einer Ergänzungsprüfung im Griechischen am St. Johannesgymnasium in Breslau das Reifezeugnis eines humanistischen Gymnasiums. Von Ostern 1911 bis Ostern 1913 studierte ich an der Universität Breslau, dann weitere vier Semester an der Universität Göttingen Philosophie, Psychologie, Geschichte und Germanistik. Im Januar 1915 bestand ich in Göttingen das Staatsexamen pro facultate docendi in Philosophischer Propädeutik, Geschichte und Deutsch. Am Ende dieses Semesters unterbrach ich meine Studien und war einige Zeit im Dienst des Roten Kreuzes tätig. Vom Februar bis zum Oktober 1916 vertrat ich einen erkrankten Oberlehrer an der oben genannten Studienanstalt in Breslau. Dann siedelte ich nach Freiburg i. Br. über, um als Herrn Professor Husserls Assistentin zu arbeiten.

An dieser Stelle möchte ich all denen, die mir während meiner Studienzeit Anregung und Förderung zuteil werden ließen, meinen herzlichen Dank aussprechen, vor allem aber denjenigen meiner Lehrer und Studiengefährten, durch die mir der Zugang zur phänomenologischen Philosophie erschlossen wurde: Herrn Professor *Husserl*, Herrn Dr. *Reinach* und der Göttinger Philosophischen Gesellschaft.

[1] Aus der Inaugural-Dissertation *Zum Problem der Einfühlung*, Halle 1917, S. 133.

Erna Biberstein-Stein, Aufzeichnungen (New York 1949)[2]

Edith war die jüngste von uns sieben Geschwistern und mir im Alter am nächsten. Wir waren knapp zwei Jahre auseinander, und so war es selbstverständlich, daß wir von Kindheit an bis zur Zeit, da sich unsere Wege äußerlich trennten, eng miteinander verbunden waren, mehr als irgendwelche unserer anderen Geschwister.

Ihre früheste Kindheit fiel in die Zeit, in der unsere Mutter nach dem plötzlichen Tode unseres Vaters ihre schwersten Sorgen durchmachte und infolge ungeheurer Belastung sich uns wenig widmen konnte. Wir beiden „Kleinen" waren gewöhnt, allein miteinander auszukommen und zum mindesten am Morgen, ehe die Großen aus der Schule kamen, uns allein zu beschäftigen.

Soweit ich aus Erzählungen meiner Mutter und Geschwister und aus eigener Erinnerung weiß, waren wir ziemlich artig und zankten uns selten. Zu den frühesten Erinnerungen gehört es, daß Paul, mein ältester Bruder, Edith auf dem Arme im Zimmer herumtrug und ihr Studentenlieder vorsang, oder daß er ihr die Bilder in der Literaturgeschichte zeigte und dazu Vorträge über Schiller, Goethe, etc. hielt. Sie hatte ein ungeheuer gutes Gedächtnis und behielt sich alles. Viele unserer zahlreichen Onkel und Tanten pflegten sie aufzuziehen oder versuchten, sie irrezuführen, indem sie ihr einzureden versuchten, daß *Maria Stuart* von Goethe sei, oder ähnliches. Das mißlang mit tödlicher Sicherheit.

Von ihrem vierten bis fünften Lebensjahre an begann sie literarische Kenntnisse zu zeigen. Als ich anfing, in die Schule zu gehen, fühlte sie sich schrecklich vereinsamt, so daß meine Mutter beschloß, sie in einen Kindergarten zu schicken. Das mißlang aber gründlich. Sie fühlte sich so trostlos unglücklich dort und war allen Kindern geistig so weit voraus, daß man es wieder aufgab. Sehr bald darauf fing sie an zu betteln, man möchte sie doch schon im Herbst in die Schule gehen lassen, da sie am 12. Oktober sechs Jahre wurde. Obwohl sie auffallend klein war und man ihr die sechs Jahre nicht glauben wollte, willigte der Direktor der Viktoriaschule in Breslau,

[2] Wir erlauben uns, Herrn und Frau Professor *Biberstein* an dieser Stelle unseren bleibenden Dank auszusprechen für die wertvolle Ergänzung der Selbstbiographie Edith Steins.

die wir vier älteren Schwestern schon vor ihr besuchten, ein, ihren dringenden Bitten nachzugeben.

So begann sie ihre Schulzeit an ihrem sechsten Geburtstage, am 12. Oktober 1897. Da es damals nicht üblich war, das Schuljahr im Herbst zu beginnen, besuchte sie die unterste Klasse nur ein halbes Jahr. Trotzdem war sie schon Weihnachten eine der beiden Besten. Sie war sowohl begabt als auch fleißig, zuverlässig und von einer eisernen Energie. Doch war sie nie eine Streberin im schlechten Sinne, sondern immer ein guter Kamerad und hilfsbereit.

Obwohl sie während der ganzen Schulzeit glänzende Leistungen aufwies und wir alle es als selbstverständlich annahmen, daß sie nach Abschluß der Mädchenschule, wie ich, die relativ neuen Realgymnasialkurse an der Viktoriaschule absolvieren würde, um studieren zu können, überraschte sie uns mit dem Entschlusse, die Schule zu verlassen. Da sie immer noch sehr klein und zart war, willigte meine Mutter ein und schickte sie zunächst, teils zur Erholung, teils zur Hilfe, zu meiner ältesten Schwester Else, die in Hamburg verheiratet war und drei kleine Kinder hatte. Dort blieb sie acht Monate und tat ihre Pflicht auch da gewissenhaft und unermüdlich, obwohl ihr Hausarbeit nicht so gut lag. Als meine Mutter nach etwa sechs Monaten zu Besuch kam, erkannte sie sie kaum wieder. Sie war enorm gewachsen und sah blühend und voll aus. Bei der Gelegenheit aber vertraute sie meiner Mutter an, daß sie ihre Ansichten geändert habe und nun doch zurück auf die Schule wolle, um dann studieren zu können. Sie kehrte nach Breslau zurück, bereitete sich mit Hilfe zweier Studenten für Latein und Mathematik für die Obersekunda vor und bestand das Aufnahmeexamen glänzend.

Der Rest ihrer Gymnasialzeit brachte für uns keine Überraschungen. Sie war, wie immer, obenan in der Klasse und wurde am Schlusse beim Abiturium vom mündlichen Examen befreit. Neben der Schule nahm sie an allen unseren geselligen Unterhaltungen regen Anteil, war nie eine Spielverderberin. Man konnte ihr alle Sorgen und alle Geheimnisse anvertrauen: sie war immer bereit zu raten und zu helfen, und alles war bei ihr gut aufgehoben. Die Studentenjahre waren für uns (ich hatte 1909 begonnen, Medizin zu studieren) eine Zeit ernster Arbeit, aber auch wunderschöner Geselligkeit. Wir hatten eine Menge Freunde beiderlei Geschlechts erworben, mit denen wir unsere Freizeit und Ferien in für damalige Zeit sehr großer

Freiheit und Vorurteilslosigkeit verlebten. Wir hatten Diskusionen über wissenschaftliche und soziale Themen in größeren Zirkeln oder im engen Freundeskreis. Edith war uns allen maßgebend wegen ihrer unbeirrbaren Logik und ihrer großen Kenntnis in literarischen und philosophischen Fragen. Während unserer Ferien machten wir Reisen ins Gebirge und waren dabei voller Lebens- und Unternehmungslust.

Als sie später mit einer unserer gemeinsamen Freundinnen, Rose Guttmann, nach Göttingen ging, um Geschichte und Philosophie zu studieren, erwarb sie auch dort viele neue Freunde, die ihr fürs Leben treu blieben. Aber unser alter Kreis blieb für sie unverändert, und sie hielt ihm die alte Treue. Nach unsern medizinischen Staatsexamen beschlossen mein damaliger Freund und jetziger Mann und ich, Edith und Rose in Göttingen zu besuchen. Es war eine unvergeßliche Zeit von schönen Ausflügen und frohen Stunden, in denen sie suchte, uns ihr liebes Göttingen und seine reizvolle Umgebung von seinen besten Seiten zu zeigen. Im Anschluß daran machten wir eine sehr schöne Wanderung durch den Harz.

Das war im Frühjahr 1914, und kurz nach meiner Rückkehr nach Breslau begann ich meine Assistentenzeit, die aber bald vom Kriegsbeginn unterbrochen wurde. Ich änderte aber nur meine ärztliche Tätigkeit, indem ich an eine andere Klinik ging, während Edith sich verpflichtet fühlte, ihr Studium zu unterbrechen, und als freiwillige Rote-Kreuz-Helferin an ein Kriegslazarett nach Mährisch-Weißkirchen ging. Sie war auch dort, wie überall, mit ganzer Seele bei ihrer Arbeit und war bei den Verwundeten, wie bei ihren Kolleginnen und Vorgesetzten gleich beliebt. Auch dort besuchte ich sie während meines ersten Kriegsurlaubs und verbrachte zwei Wochen mit ihr.

Als sie 1916 nach Freiburg ging, um bei ihrem Göttinger Professor *Husserl* Privatassistentin zu werden, beschlossen zwei unseres alten Kreises, Rose Guttmann und Lilli Platau, und ich (ich war inzwischen als Assistentin nach Berlin gegangen), unseren Sommerurlaub 1917 mit ihr im Schwarzwald zu verbringen. Auch diese Zeit steht als eine leuchtende Erinnerung deutlich vor mir, obwohl wir alle unter dem Druck des Krieges standen und die etwas kärgliche Kost unsere Laune hätte beeinträchtigen können. Wir wanderten, lasen gemeinsam und waren meist äußerst vergnügt. Im nächsten Jahre war ich wieder nach Breslau zurückgekehrt und mußte diesmal allein meine

Ferienreise unternehmen. Ich konnte auch da nichts Besseres planen, als wieder zu Edith zu fahren. Wir blieben in Freiburg und unternahmen von dort aus allerlei sehr schöne Ausflüge, lasen gemeinsam und planten unsere Zukunft.

Als ich 1920 meinen Studienfreund Hans Biberstein heiratete, war Edith natürlich bei der Hochzeit anwesend und machte für alle Nichten und Neffen die schönsten Gedichte, in denen sie die heitersten Erlebnisse aus unseren Studentenjahren und unserer Kindheit wieder aufleben ließ. Zu der Zeit war sie als Lehrerin an die Klosterschule in Speyer gegangen, verbrachte aber alle Ferien in Breslau.

Im September 1921 wurde unser erstes Kind, Susanne, geboren, und Edith, die gerade zu Hause war, pflegte mich in rührender Weise. Allerdings fiel ein starker Schatten auf die sonst so glückliche Zeit. Sie vertraute mir ihren Entschluß an, zum Katholizismus überzutreten und bat mich, unsere Mutter mit diesem Gedanken vertraut zu machen. Ich wußte, daß das eine der schwersten Aufgaben war, denen ich je gegenübergestanden hatte. So sehr meine Mutter sonst für alles Verständnis und uns Kindern weitgehend Freiheit in allen Fragen gelassen hatte, bedeutete dieser Entschluß den schwersten Schlag für sie, die eine wahrhaft gläubige Jüdin war und es als Abtrünnigkeit auffaßte, daß Edith eine andere Religion annahm. Auch uns andere traf es schwer, aber wir hatten so viel Vertrauen zu Ediths innerer Überzeugung, daß wir schweren Herzens ihren Schritt hinnahmen, nachdem wir vergeblich versucht hatten, sie unserer Mutter wegen davon abzuhalten.

Auch nach ihrem Übertritt kam sie weiter regelmäßig nach Hause. Sie pflegte mich auch bei der Geburt unseres Sohnes Ernst Ludwig, und sie liebte beide Kinder, wie übrigens alle Neffen und Nichten, zärtlich und wurde von ihnen ebenso geliebt und verehrt. Ich erinnere mich besonders, wie sie oft, während sie in ihrem Zimmer arbeitete, eins der Kinder bei sich hatte und mit irgend einem Buche beschäftigte und sie dabei sehr glücklich und zufrieden waren.

Als 1933 Edith wegen ihrer jüdischen Abstammung ihre Stellung als Dozentin an der katholischen Akademie in Münster aufgeben mußte, kam sie wieder nach Hause. Auch jetzt war ich wieder ihre Vertraute, der sie ihren Entschluß, ins Karmeliterinnenkloster in Köln einzutreten, als erster mitteilte. Die Wochen, die dann folgten, waren sehr schwer für uns alle. Meine Mutter war geradezu verzweifelt und ist auch nie über diesen Schmerz hinweggekommen. Auch für uns andere war der Abschied diesmal viel einschneidender, wenn Edith selbst es auch nicht zugeben wollte und auch vom Kloster aus in alter Liebe und Zugehörigkeit mit unverändertem Interesse an allem teilnahm.

Als ich im Februar 1939 mit meinen Kindern nach Amerika meinem Manne nachging, wollte sie gern, daß wir sie in Echt, wohin sie inzwischen übergesiedelt war, besuchen sollten. Wir hatten aber Fahrkarten über Hamburg und da die holländische Grenze als besonders unangenehm galt, wollten wir es nicht tun. Wir standen weiter brieflich in Verbindung, und ich war jetzt einigermaßen beruhigt, daß sie im Frieden des Klosters vor dem Zugriff Hitlers gesichert sei, ebenso wie meine Schwester Rosa, die durch Ediths Vermittlung auch in Echt eine Zuflucht gefunden hatte.

Leider erwies sich dieser Glauben als unberechtigt. Die Nazis machten auch vor dem Kloster nicht halt, sondern deportierten meine beiden Schwestern am 2. August 1942. Seidem ist jede Spur von ihnen verschwunden.